다른 삶은 가능한가

환대, 향유, 낙원

HOSPITALITY
ENJOYMENT
PARADISE

신동주 지음

다른 삶은 가능한가

환대, 향유, 낙원

Hospitality

Enjoyment

Paradise

머리말

이성복 시인의 싯구처럼 “모두가 병들었지만 아무도 자기가 아픈지 모르는” 우리의 일상 공간인 도시는 고향 상실, 환경오염, 경쟁으로 인한 과속, 스트레스로 인한 과음과 과식, 참 쉼 없음으로 인한 피로 등 일상화된 비상 상황 속에 있다.

마르크스가 지적한 대로 물신을 섬기는 자본주의적인 욕망에 따라 우리는 아파트든 자동차든 무언가를 ‘우상’처럼 섬기며 살고 있다. 재미없고 무의미하고 심지어는 추하다. 어제와 오늘이 다르지 않은 제대로 향유하지 못하는 삶이다.

반면에, 낙원이라고 생각되는 여기가 아닌 저기는 즐겁고 자유로우며, 서로 사랑하는 아름다운 곳이다. 그래서 낙원은 현실의 일상에서 우리를 구원할 장소이다. 낙원의 시간은 완전하고 너와 나의 구분이 없는 우리, 즉 하나의 영원한 현재(eternal now)이다.

향유는 자기 자신을 있는 그대로 즐기고 누리는 삶이다. 향유하는 삶은 기쁘게 사랑하고, 상처받기를 두려워하지 않으며, 늘 새로운 가능성을 모색한다. 풍부하게 소유하기보다는 풍성하게 존재하려고 한다. 레비나스는 향유하는 감정이 없다면 타인의 고통을 함께 아파하는 감수성도 가능하지 않다고 본다. 그는 인간에게 근원적인 욕망은 자기보존 충동이 아니라, 자기를 초월하여 타자로 나아가려는 충동이라고 한다. 바로 환대이다.

환대란 일상적인 의미에서는 타자에 대한 다정하고 관대한 수용을 뜻한다. 환대란 타자의 권리일 수도 있고, 우리의 의무일 수도 있으며, 세계화 시대 세계 시민의 윤리일 수도 있다.

데리다는 환대의 범주에 동물과 식물 등 이 세상에 존재하는 모든 생명들도 포함해야 한다고 한다. 심지어 죽은 자에 대한 애도도 환대에 포함시킨다. 결국 우리가 맞닥뜨리는 모든 문제는 환대의 문제이다.

환대와 향유는 동전의 앞뒷면 같이 둘이 아니다(二而不二). 내 삶을 향유하지 못하는 사람이 타자를 환대할 수 없고, 타자에 대한 환대 없이 온전한 나의 향유도 가능하지 않다. 나를 스스로 손님처럼 귀하게 모시는 나에 대한 환대가 향유이고, 너가 온전히 즐겁게 누리게 하는 향유가 나의 너에 대한 환대이다. 그리고 이 둘이 하나인 우리가 되는 공간과 시간이 낙원이라고 할 수 있다.

우리는 매사에 낙관적, 긍정적, 능동적, 감사하는 태도를 가지고 낙원을 지향하며 해야 할 일을 해야 한다. 그 일이란 내 삶을 재미있고, 의미 있으며, 심미적으로 즐기고 누리는 향유함이다. 그리고 타자들을 따뜻하게 환대하는 것이다.

랭보는 그의 시 〈나쁜 피〉에서 "다른 삶은 가능한가?"라고 묻는다. 그리고 〈이장바르에게 보내는 편지〉에서 "나는 타자이다"라고 답한다. '너'가 타자로 고정되어 있을 때 사르트르의 말처럼 "타인은 지옥이다." 타자에 대한 적대와 이기심은 트럼프의 이민과 관세정책, 러시아의 우크라이나 침공, 이스라엘의 가자지구 학살 등에서 적나라하게 드러난다.

랭보의 말처럼 '나'가 타자, 즉 '너'가 될 때 나를 위한 향유는 너를 향한 환대가 되고, 너와 나 우리의 '다른 삶'이 가능해져 지옥은 낙원이 된다.

이 책은 '다른 삶은 가능한가?'에 대한 대답으로 '너를 향한 환대, 나를 위한 향유, 우리 모두의 낙원'에 대한 노하우와 노와이를 동시에 생각하는 자기계발서이자 인문서이다.

환대와 향유를 동시에 추구하는 삶은 너와 내가, 다시 말해서 우리가 하나의 큰 나임을 깨닫게 해준다. 그 깨달음은 이기적이고 딱딱한 나의 깨짐을 통해서 가능하다. 그러면 그 자리가 낙원인 것이다.

이 책을 읽는 독자들이 이 관계와 맥락을 깨닫고 모두 행복하길 두 손 모아 기원한다.

2002년 1월 대왕사에서 나온 저자의 첫 번째 단독저서인 『지역관광개발론』 머리말에서 저자는 "이 책을 만드는 과정에서 느끼고 반성했던 많은 단상을 모아 새로운 노력의 계기로 삼을 것을 눈 덮인 아침에 자고 있는 우리 아기 얼굴을 보며 다짐한다"라고 하였다. 그 아기가 자라 25년 뒤 이 책의 표지를 만들어 주었다. 크게 자랑하고자 한다.

마지막으로 사반세기 동안 함께 해준 대왕사에 깊이 감사드린다.

2026년 1월

저자 신동주 드림

차례

1 환대

2 향유

3

낙원

Part 1

환대

타자론: 다른 삶은 가능한가?

포스트모더니즘(Post-modernism)은 21세기의 정치, 경제, 사회, 문화를 설명하는 데 아주 유효한 '인식의 틀'이다. 포스트모더니즘을 말하지 않고 오늘날의 세계를 말할 수 없는 단계에 이르렀다. 그리고 포스트모더니즘의 영향 때문에 타자에 대한 관심이 아주 커졌다. 타자에 대한 관심, 즉 타자론은 20세기 중・후반부터 21세기 현재의 인문학 담론을 특징짓는 하나의 현상이라고 할 수 있다(철학아카데미, 처음 읽는 프랑스현대철학, 동녘, 2013, 57쪽).

타자론은 이성이 아니라 감성, 탈 중심의 주변, 다양성과 복수성, 강자가 아닌 약자, 남성이 아닌 여성적인 것, 성 다수자가 아닌 성소수자(LGBT), 동물, 무대가 아닌 배경, 논리보다는 미학적인 것을 중요시한다.

서구의 사유는 일찍이 선을 자아 정체성 및 동일성의 개념과 같은 것으로 여겼으며, 악의 경험은 우리 밖의 이질적 존재인 타자성과 연결시켜 왔다. 타자성은 영혼의 순수한 동일성을 오염시키는 이질화와 밀접한 관계가 있는 것으로 여겨져 왔다. 서구문화는 지금까지 줄곧 타자를 악마화해 왔다.

사르트르(Jean-Paul Sartre)는 "타자란 나를 바라보는 자"라고 정의하여 타자를 시선 개념을 통해 정의 내린다. 시선은 힘으로 작용한다. 그것은 그 끝에 와 닿는 모든 것을 객체로 사로잡아 버리는 힘이다. 그래서 사르트르의 타자론에서 나와 타자는 조화롭고 평화로운 관계 대신 항상 갈등, 투쟁하는 관계이다. 타자는 나를 바라보면서 나를 객체화시킬 수 있는 존재이기 때문에 나의 지옥으로 여겨진다. 그래서 『닫힌 방』에서 그는 "타인은 지옥이다"라고 말한다.

레비나스(Emmanuel Levinas)는 고대 그리스의 파르메니데스에서 근대 독일의 하이데거에 이르기까지 이어지는 서양철학에서 일원론 전통과 인간의 이기성, 자기중심성, 전체성, 폭력성이 서로 뒤엉켜 있는 것을 발견한다.

아리스토텔레스는 여러 가지 변화 속에서 자기동일성을 유지하는 것을 제1실체로 규정하였다. 일원론적 철학은 헤겔의 변증법적 관념 철학이나 하이데거의 동일성의 철학에서 정점에 이른다. 이들에게 있어서 모두 동일자의 행위 양식은 자신을 중심으로 한 전체성의 형성이라 할 수 있다. 이는 타인과의 관계에서 적대적이고 폭력적으로 나타날 수 있다. 동일성(전체성)의 철학은 파시즘, 나치즘, 제국주의, 자민족중심주의, 백인 중심주의, 남성 중심주의, 인간중심주의, 시각 중심주의, 이성 중심주의 등으로 나타난다. 레비나스는 이와 같은 서구철학의 전체적 흐름을 전체성으로 특징짓는다.

우리가 다른 타자와 평화롭게 지내는 유일한 방법은 타자의 다름, 즉 타자성을 인정하는 것이다. 다름을 인정한다면 우리는 그들에 대해 너그러워지고, 관용을 베풀게 되며, 그들을 수용할 수 있게 된다.

스피노자(Baruch Spinoza)에게 삶의 주체란 자신의 삶을 유쾌하고 즐겁게 증진시키려는 의지, 즉 코나투스(Conatus)를 가진 주체라고 할 수 있다. 자신의 코나투스를 확인하려면 개체는 타자와의 관계를 가져야만 한다. 기쁨의 감정을 타자로 인해 받는다면 코나투스는 증가하고 슬픔의 감정이 든다면 코나투스는 감소한다. 스피노자의 코나투스는 고정된 것이 아니라 타자에 의해 영향 받고 영향 주는 역동적인 힘이다.

들뢰즈(Gilles Deleuze)는 "타인은 내가 못 보는걸 보고 있다"라고 한다. 타자와의 우연한 만남, 혹은 운명적 만남(rencontre)으로 인해 지금까지 내가 영위해 온 삶의 규칙은 완전히 새롭게 재편된다. 마주침은 수동적인 웅크림에서 벗어나 능동적인 만남으로 가는 첫발이다. 그리고 마주침을 통한 공감과 이해는 그 사람의 현재를 만든 모든 삶의 역사를 알아가려는 노력을 이끌어낸다.

타자는 나를 중심으로 돌고 있는 친숙하고 편안한 세계에 낯섦과 불편함을 가지고 오는 무엇이다. 타자와 만나기 이전의 나는 타자와 만난 후 그 타자에 맞게 변화된 나와는 질적으로 다르다. 결국 나는 내가 먹은 음식의 합성물이듯이, 또한 타자와의 만남과 그로부터 유래한 소통의 결과이자 흔적일 뿐이다. 그렇다면 진정으로 중요한 것은 타자와의 소통이 아니겠는가? 타자와 만날 때에만 나는 내가 어떤 사람인지를 생각할 수 있고, 또 앞으로 전혀 다른 새로운 나로 생성될 수도 있기 때문이다.

동양철학에서 타자의 개념을 도입한 장자가 권하는 자유는 우리가 타자와 소통함으로써 부단히 자신을 극복하고 새롭게 생성될 수 있다는 데 그 의미가 있다. 소통을 가능하게 하는 조건으로 장자는 비어 있는 마음을 의미하는 허심(虛心)을 강조한다. 기본적으로 나는 나라는 자의식이 작동하지 않는 마음의 상태이다. 그것이 타자를 받아들이는 환대의 근본이다.

『장자』에서 '곤'이라는 물고기는 바다에서 태어나 충분한 크기가 될 때까지 자라야 한다. 그리고 어느 순간 '붕'이란 새로 변신하여 하늘 위로 치솟아 오르게 된다. 다른 삶이 탄생한 것이다. 붕은 혼자 힘으로 구만리 상공에 이를 수 없다. 거대한 바람이 불 때를 기다려야 한다.

장자의 대붕 이야기는 우리가 타자와 마주쳐야 새로운 의미가 탄생하며, 마침내 자신을 새롭게 변형시킬 수 있다는 것이다. 대붕은 엄청난 바람과 마주쳐서 구만리 상공에 올라야 진정한 의미의 대붕이 될 수 있다. 이런 바람에 몸을 맡겨본 적 없는 메추라기가 어떻게 대붕의 뜻, 자유를 알겠는가? 메추라기들에게는 타자와의 마주침도 없고, 따라서 새로운 의미의 창조도 없다(강신주, 장자, 타자와의 소통과 주체의 변형, 태학사, 2003, 152쪽).

타자와 소통한다는 것은 주체가 그 타자를 삶의 짝으로 받아들이면서 그의 이야기에 귀를 기울이는 것을 의미한다. 우연히 혹은 인연으로 만나는 타자에 맞게 자신을 조절하기 위해서, 주체는 기본적으로 유연함을 가지고 있어야 한다.

현대의 철학자들은 공동체의 바깥과 타자를 존중해야 한다는 데서 의견이 일치한다. 이는 아마 20세기 전반 내셔널리즘이 극도로 고양된 결과와 21세기 초반 소위 "미국(만)을 위대하게 만들자(Make America Great Again)"는 트럼프의 폭주와 러시아의 우크라이나 침공,

이스라엘의 가자지구 학살 등에서 충격을 받은 인류가 도달한 최소한의 공통 윤리이다.

프로이드는 "인간은 강력한 공격성을 본능적으로 타고 난 동물이다. ……인간은 모든 인간에 대해 늑대다"라고 말한다(Sigmund Freud, Civilization and its Discontents, James Strachery, trans. New York: W.W. Norton, 1961, p. 23).

뉴욕 타임즈에 실린 아래의 기사내용은 인간이 얼마나 야수적인가를 보여주는 대표적 사례이다(마이클 멕칼러프, 타인의 친절, 엄성수 역, 로크미디어, 2021, 17쪽).

> "1964년 3월 13일 캐더린 제노비스라는 젊은 여인이 스토커에게 대로에서 30여 분 동안 비명을 지르면서 칼에 세 차례나 찔리면서 죽어가는 동안 38명의 시민이 이를 지켜보면서 아무도 말리거나 경찰에 신고하지 않았다."

헝가리 작가 프리제시 커린티(Frigyes Karinthy)의 『전부 다른 세상』에 따르면, 오늘을 사는 모든 사람, 즉 70억의 인구는 여섯 단계 정도만 거치면 전부 아는 사이로 연결되는데 말이다. 사실 이런 일은 우리 주변에 비일비재하다.

해마다 약 2천 명의 이민자들이 북아프리카에서 유럽으로 이주를 시도하다 사망하고, 미국-멕시코 국경에서 1990년 이후로 하루마다 한 명꼴로 사망한다. 이민자들은 안정된 정체성을 붕괴시키는 괴물로 간주된다. 자기동일성과 우월성을 고수하는 KKK(Ku Klux Klan)단이나 트럼프 같은 사람들에게 이들은 불편하고 불안한 존재이다. 타자가 우리 사회의 순수성을 오염시킨다는 두려움은 종종 역사가 보여주듯이 우리 대 그들, 문명인 대 야만인 같은 폭력적, 일방적 구분을 통하여 희생자를 양산한다.

결국 두려움과 차별적 고정관념은 2024~2025년 미국이 보여주는 외국인 추방, 이에 동반되는 공권력에 의한 폭력, 비인간적인 입법을 통하여 타자를 배제하는 시도로 귀결된다. 우리는 타자에게 열등한 지위를 할당함으로써 그들이 우리의 이웃으로 살지 못하게 하고, 같은 급여나 당연한 존중을 받지 못하게 한다. 2025년 7월 전남 나주의 한 벽돌공장에서 스리랑카 노동자를 지게차에 매단 다음의 사진은 이를 단적으로 증명한다.

지게차에 외국인노동자를 매단 학대의 현장
(출처: 광주전남 이주노동자네트워크)

기원전 1500년경에 제작된 중국의 청동 유물에는 손님이라는 뜻의 글자 빈(賓)이 적혀 있다. 상형문자인 이 글자의 모양을 보면 위에 지붕이 있고, 그 아래 조개껍데기 돈을 든 사람이 있다. 여기서 이방인은 우리의 지붕 밑에 체류하며 가치와 부를 가져다주는 사람이다. 쉽게 생각하여 돈이 있는 관광객들이다. 문제는 가치와 부를 가져다주지 못하는 타자이다. 안정적인 공동체는 문간에 나타난 알 수 없는 이방인을 두려워한다.

낯선 이방인에 대한 공포, 제노포비아(xenophobia)는 우리의 의식 깊은 곳에 자리한다. 제노포비아는 타자를 알 수 없음과 이에 따른 위험이 불러일으키는 막연한 불안에서 비롯된다. 자신의 연약함과 세상의 무자비함을 떠올리면 전율이 인다.

제노포비아의 짝은 새로움에 대한 매혹, 낯설고 익숙하지 않은 것에 느끼는 호기심이다. 그리스인들은 낯선 것과의 이 우호적 관계, 낯선 사람들과 연결되고자 하는 욕망을 필로제니아(philoxenia)라고 부른다(윌 버킹엄, 타인이라는 가능성, 김하현 역, 어크로스, 2022, 89쪽).

모든 새로움과의 만남에는 호기심과 두려움, 필로제니아와 제노포비아, 환대와 적대가 복잡하게 얽혀 있다. 모든 동물은 자기와 다른 것이 나타나면 배척하는데, 이는 개체의 생존과 종족 보존의 본능 때문이다. 낯선 사람들은 언제나 우리에게 불확실성을 안긴다. 천사일까, 악마일까? 기회일까 위험일까? 좋은 쪽이든 나쁜 쪽이든 상황을 변화시킬 가능성이 있다. 환대는 오로지 그것이 선한 타자와 악한 타자, 적대적인 적과 선한 주인을 구분하려는 욕망에 저항할 때만 가능하다.

대부분의 외계인, 신, 괴물, 좀비들은 인간심리의 심연에 존재하는 균열의 증거들이다. 그리고 그들은 우리가 선택권을 가지고 있음을 알려준다. 낯선 것에 대한 우리의 심리를 이해하고 그에 적응하든가, 그것들을 배타적으로 배제하여 아웃사이더로 치부하면서 거부하는 것이다. 우리는 대개 후자를 선택해 왔다(리차드 커니, 이방인, 신, 괴물, 이지영 역, 개마고원, 2004, 102쪽).

우리는 본능적으로 거부감을 느끼게 되는 내 안의 무의식적 두려움들을 타인에게 투사한다. 타자들을 외계인, 즉 에이리언(alien), 괴물로 치부한다. 우리는 공포심 때문에 너무 자주 타자를 악마화해 왔다. 그러나 우리가 타자가 누구인가에 좀 더 관심을 기울인다면 우리는 어둠의 공포를 한결 덜 느끼게 될 것이다. 우리와 타자를 갈라놓는 어떤 경계들을 들쑤시다 보면, 우리 안의 이방인과 이방인 안의 우리를 발견하게 된다.

인류 문화 대부분에 이방인을 희생양으로 삼은 신화가 있음은 잘 알려져 있다. 외지인을 붙잡아 사회에 만연한 악에 대한 책임을 지우는 것이다. 희생양은 격리되거나 제거된다. 이러한 희생양 전략은 공동체를 하나로 묶는 정체성의 기준을 제공하여, 누가 우리에 속하고 누가 배제되는가에 대한 기본적인 의미를 부여해 왔다. 따라서, 집단을 유지하기 위해 치러야 하는 대가로 어떤 아웃사이더를 박해하는 일이 필요하였다. 이방인의 희생은 사람들 사이에 연대의 의미를 발생시키는 데 기여한다. 공동체는 타인에 대한 박해를 공유함으로써 재통합된다. 그러나 희생양이 언제나 매도당하는 것은 아니다. 희생되는 제물들이 때로 그 사건 후에 숭배되는 경우도 있다. 로마와 유대인 사이의 예수, 소피스트들 사이의 소크라테스 등이 그 예이다.

우리가 외계 문명과의 만남을 두려워하는 공포감은 우리 자신의 죄의식을 반영하는 것이다. 우리는 우리가 과거에 저지른 잘못을 잘 알고 있다. 남미대륙에서 코르테스가 아즈텍과 잉카에 그랬다. 동양과 아프리카에서 서양이 그랬다. 우리는 저들도 우리와 같을 것이라고 믿기 때문에 외계 문명과의 조우를 두려워한다(칼 세이건, 코스모스, 홍승수 역, 사이언스북스, 2020, 215쪽).

영화 〈에이리언〉 시리즈에서 인간 우주 여행자들은 외계로부터 온 적대적 괴물에게 손님 역할을 하고 있는 자신들의 모습을 발견한다. 따라서, 괴물은 단지 저편 밖에 있는 것이 아니라 바로 여기 우리 안에 있다. 따라서, 이 영화의 외계생물은 우리 내부에서 소외된 것들이 가상적으로 의인화된 것이다. 그 괴물들은 오래된 역사적·문화적·종교적 괴물들의 현대적 반영물이다.

에이리언은 우리의 본능, 삶의 영역에서 피할 수 없는 운명, 억압된 인간 육체의 회귀를 은유한다. 사실상 우리 인간들이, 바로 내가 에이리언이다. 누가 진짜 괴물이고 악마인가? 타인, 이방인을 희생양 삼는 것은 우리 인간들이다. 에이리언 시리즈는 사실 죽음과 파괴의 근원적 원천은 인류의 야수성, 부와 권력에의 의지에서 찾을 수 있다는 것을 상징한다.

아마도 평화와 안전의 열쇠는 끝도 없이 출현하는 에이리언이라는 괴물들을 죽이는 것에 있는 것이 아니라, 그것들과 함께 사는 법을 배우는 데에 있다. 괴물과 싸우는 자는 그 누구라도, 그 싸움의 과정에서 자신이 괴물이 되지 않도록 조심해야 한다(니체, 선악을 넘어서(니체 전집 7), 청하, 1982, 302쪽).

영화에서 보면 외계인들은 저자의 기억에 ET만 빼고, 항상 적대적으로 우리를 침공하고 우리는 그에 맞서 싸우는 것으로 묘사된다. 에이리언들이 너무나도 두렵다면, 그 까닭은 그들이 우리와 다르기 때문이 아니라 사실은 우리들 자신보다 더 우리와 닮았기 때문이다. 그들은 스스로를 사랑하는 만큼 사랑받기를 원하는 또 다른 우리의 자아들이다(김광기, 이방인의 사회학, 글항아리, 2014, 78쪽).

소외된 이방인, 자유의 이방인인 여행자는 특정 세계로부터 이탈한 자다. 즉, 그들은 고향을 잃은 자들이다. 이방인이 누구인지 알 수 없을 때, 그의 의도와 목적에 대한 의심을 떨칠 수 없을 때, 그래서 그가 안전한 이방인인지 위험한 야만인인지 확인할 수 없을 때 환대는 어려움에 부딪힌다. 도착한 이방인이 환대를 받기 위해서는 주인에게 그들의 언어로 자기를 설명할 수 있어야 한다. 다가오는 이방인이 자신의 이름과 유래와 선의를 말할 수 없을 때, 환대는 철회될 수 있다.

레비나스에 따르면, 주체는 자기정립을 통해 출현한다. 그가 말하는 주체의 자기정립이란, 아무런 존재 규정도 없는 존재의 익명적 존재(il y a) 상태에서 탈피하여 이름을 부여받으면서 세계 안에 자기 자리를 확보하는 것을 말한다.

확고함, 안정성, 세계와의 분리를 성취하기 위해 주체는 집, 즉 거주 공간을 필요로 한다. 거주는 주체가 자기 자신을 회복할 수 있는 안정된 공간이다(레비나스, 존재에서 존재자로, 서동욱 역, 민음사, 2003, 138쪽). 그 거주의 공간에서 주체는 자기 정체성을 구성하고, 자기 세계를 수립한다. 그리고 그곳에서 이방인을 맞이한다. 이방인이 등장하는 장소는 바로 거기, 문지방이다. 만남이 시작되는 곳, 접촉이 이루어지는 장소, 거기서 이방인을 안으로 들일지, 밖으로 내칠지, 즉 환대할지, 적대할지가 결정된다.

이방인은 도착해 머물고 있는 공동체에 아직 완전히 동화되지 않은, 따라서 여전히 낯섦을 간직하고 있는 자라는 사실을 보여준다. 짐멜(George Zimmel)은 이방인을 "잠재적 방랑자로서 비록 더 이상 이동하지는 않지만, 오는 것과 가는 것의 분리상태를 완전히 극복하지 못한 방랑자"로 정의한다(게오르그 짐멜, 짐멜의 모더니티 읽기, 김덕영 역, 새물결, 2005, 79쪽).

이방인에 대한 짐멜의 정의에서 공간적 이동은 문자 그대로의 의미뿐 아니라, 공동체적 질서와의 동화 여부라는 상징적 의미도 갖는다. 이방인은 완전히 동화하지 못한 이질성의 요소와 아웃사이더의 태도를 유지하고 있는 자이다. 따라서, 이방인은 가까이 있으면서 동시에 멀리 떨어져 있는 긴장 속에 있는 자이다. 아주 멀리 떨어져 있는 자는 낯설지도 않다. 그는 직접적인 대면과 접촉으로부터 떨어져 있기 때문이다. 완전히 동화된 자는 당연히 낯설지 않다. 따라서, 가까이 머물면서도 여전히 다름을 간직한 존재자만이 낯설다. 그들은 여기 머물지만, 여전히 이방인이다.

(두 번의) 트럼프의 당선은 전 세계적 차원에서 민족주의를 확산시키는 기폭제로 작용하고 있다(The Economist,November, 2016, pp. 19~26). 트럼프의 MAGA정책은 무슬림 입국 제한과 멕시코 국경 장벽 건설, 전 세계에 관세장벽의 설치 등 지극히 배타적인 미국 중심주의적 사고방식의 결과이자, 세계적 차별과 반목의 원인이다. 인종차별이 심한 한국 사회에서도 유럽이나 미국 등 소위 제1세계에서 온 백인 손님과 아프리카 또는 제3세계에서 온 비 백인 손님을 대하는 태도가 참으로 다르다.

환대란 일상적인 의미에서는 타자에 대한 다정하고 관대한 수용을 뜻한다. 이방인의 삶의 방식에 대한 수용적이고 개방적인 마음가짐과 실행을 말한다. 우리는 환대란 주인이 손님을 환영하는 것, 내가 누군가에게 또는 누군가가 나에게 친절하게 잘 대해주는 것이라고 생각한다.

환대란 이방인의 권리일 수도 있고, 우리의 의무일 수도 있으며 세계 시민의 윤리일 수도 있다. 데리다(Jacques Derrida)는 진정한 환대는 미소 없이는 불가능하다고 한다.

난민, 이주민, 소수자, 장애인 문제 등 현대사회가 직면하고 있는 다양한 위기와 문제들은 포괄적으로 환대의 문제라고 할 수 있다. 이 점에서 볼 때 환대란 낭만적 개념이 아니다. 이뿐 아니라 궁극적으로는 환대의 범주에 동물과 식물 등 이 세계에 존재하는 다양한 생명들까지도 포함해야 한다. 결국 우리가 맞닥뜨리는 모든 문제는 환대의 문제라고 할 수 있다.

원래 너는 하나의 얼굴이었다. 너와 내가 관계를 맺는다함은 너의 맞은편에 앉아 너의 얼굴을 바라보는 일이었다. 그것은 위에서 말한 사르트르의 시선을 감당해 내는 일이자, 레비나스적 무한의 환대이자 상대에게 미소 지어주는 일이다. 이때 너는 얼굴－타자이다.

전화가 발명된 이후에 너는 하나의 음성이 되었다. 전화 속의 너는 나를 바라보지도 않고 표정을 짓지도 않는 그저 하나의 음성일 뿐이다. 이를 음성－타자라고 하자. 얼굴－타자보다 음성－타자가 더 편하다. 전화는 만날 수 없는 고통을 덜어주는 기계이지만, 굳이 만나지 않아도 되는 핑계가 되어주는 기계이기도 하다.

휴대폰 덕분에 너는 마침내 글자가 되었다. 물론, 문자메시지는 편리하다. 그런데, 그 편리함 중에서는 심리적 편리함의 비중도 만만치 않다. 통화보다 오히려 문자를 더 많이 이용하게 된 이유는 얼굴은커녕 음성조차 갖고 있지 않은 글자로서의 타자, 즉 글자-타자만큼 우리를 편안하게 하는 것이 없기 때문이다. 우리 주변에서 '카톡 카톡' 소리가 끊임없이 들리는 이유이다.

얼굴에서 음성으로, 음성에서 글자로, 타자인 너는 점점 축소 조정돼 왔다. 그러면서 너는 쉬워졌다. 이 변화의 와중에 너와 나는 뭔가를 점점 잃어 왔다. '아, 이 사람은 나와 다르구나!' 하면서 느끼게 되는 그 다름 말이다. 타자의 타자성 말이다. 21세기 과학기술의 발달은 우리를 불편하게 하는 너의 타자성을 본의 아니게 점차 축소하는 방식으로 진행돼 왔다(신형철, 슬픔을 공부하는 슬픔, 한겨레, 2018, 94쪽).

그러나 희망은 있다. 20세기 아날로그 시대에는 일사분란이 최고의 가치였으나 21세기 디지털 시대에는 차이가 곧 가치이다(difference is value). 그러므로 낯선 것과의 만남을 즐겨야 한다. 이는 나를 풍성하게 만들어준다. 낯선 것은 언제나 내게 새로운 의문을 던지고 내가 왜 사는지, 어떻게 살아야 할지, 그리고 다른 삶은 가능한지를 질문한다.

저자는 항상 저자의 수업을 듣는 학생들에게 "루틴을 벗어나라"고 말한다. 지방대학의 특성상 대부분의 학생들이 집을 떠나 기숙사나 하숙에서 생활하고 있다. 그리고 학생들이 수업을 듣는 강의실, 2주나 한 달(대개 학년이 높아갈수록 수도권인 집에 가는 빈도는 줄어든다)에 한 번 가는 집의 삼각구도의 루틴이 학생들 대학 생활의 전부이다. 여기에서 이탈하고 탈주하란 말이다.

하숙집이나 기숙사에서 강의실에 오는 길을 한번 바꾸어보라고 말한다. 대학 내의 학과 건물이 아닌 다른 건물도 가보고, 다른 학과 수업, 이웃 대학 수업도 들어보라고 충고한다. 대학 본부 건물에 가서 거기서 근무하는 직원들은 나에게 어떤 도움을 줄 수 있는지 인터뷰도 해보라고 격려한다. 기왕 4년 있는 이 지역에서 종교가 없더라도 교회, 성당, 사찰에 한 번 가보라고 권한다. 어쩌다 집에 가는 경우 중간에 내려서 낯선 이 동네 사람들은 뭘 해 먹고 사는지, 도대체 어떤 곳인지 걸어보라고 한다. 이런 것들이 루틴을 벗어나야 비로소 만나는 보물섬이라고 말해주면 학생들이 고개를 끄덕인다. 이건 학생들만이 아니라 우리 모두에게 해당된다.

우리 삶에는 다른 삶을 가능하게 해주는 여러 겹이 있는데, 한 겹만을 나의 전부인 것처럼 살면 내 삶은 진부하고 단순하게 된다. 현대 물리학 이론상, 이 세상은 11차원까지 존재한다는데, 3차원의 공간에 시간까지 4차원으로만 사는 건 너무 공간 낭비 아닌가? 이 세상의 타자들을 호의적으로 환대하며 다른 삶이 가능한, 즉 풍부한 소유가 아니라 풍부하게 존재하는 것, 그것이 진짜 환대할 대상인 나를 환대하는 일이라 하겠다.

환대의 유래와 보편성

환대의 유래

환대(hospitality)의 개념을 정의하기 전에 먼저 이 단어의 어원을 살펴보자. 영어단어 hospitality(환대), hotel, hospital, hostility(적의), hostage(인질) 등은 모두 라틴어 어원이 같다. 나그네를 신성한 사람으로 후하게 맞이하던 호스피탈리타스(hospitalitas)에 기원을 두고 있다. 환대는 이방인(guest)과 이를 대하는 주인(host) 사이에 밀접한 관련이 있다. 주인이 (위험을 무릅쓰고) 이방인을 대접한다는 뜻이다.

환대는 "이방인이 그가 방문하는 어떤 땅에서도 적으로 취급받지 않을 권리를 의미한다"고 데리다는 말한다(데리다 & 안 뒤프르망텔, 환대에 대하여, 남수인 역, 동문선, 2004, 3쪽). 데리다는 환대란 '타인에게 머물 장소를 주는 것'이라고 하였다. 여기엔 주인과 손님의 구도가 전제된다. 문전박대를 할 수도 있지만, 주인이 손님에게 쉴 공간을 내어주고 따뜻한 음식을 대접한다면 그는 환대를 베푼 것이다. 말하자면, 환대란 주인에게 요구되는 윤리적 의무이자 손님은 할 수 없는 주인만의 특권이다.

이방인은 간신히 목숨을 잃지 않을 정도의 취급을 받고 쫓겨날 수도 있겠지만, 우연히 도착한 장소에서 평화로운 태도로 처신한다면 적대적인 취급을 받아서는 안 된다. 사람은 누구나 땅의 표면을 공유할 권리가 있으므로 타인의 영역에 나타날 권리가 있다. 그리고 주인은 이방인을 대접할 의무를 진다. 이방인이 자신의 집에 있는 것처럼 어색함과 불편함을 느끼지 않는 수준을 경험하는 것이 최고의 환대이다.

"밥 한번 먹자"가 인사인 우리나라는 물론, 모든 문화권에서 누군가와 관계를 맺을 때 그를 초대하여 함께 음식을 먹으면서 친밀해지는 과정을 밟는다. 함께 먹고 마시는 행위를 통해 같은 음식이 몸에 들어가 신체 일부를 구성함은, 같은 어머니의 젖을 먹는 것과도 같은, 즉 형제자매가 된다는 상징적 의미를 지닌다.

친구 사이의 관계인 우정은 환대와 다르다. 환대는 시민적 의무이지만, 우정은 열린 의무가 아니라 사적인 닫힌 친밀도이다. 환대를 거부하는 것은 모욕으로 해석되지만, 우정을 거절하는 것은 모욕이 아니다. 환대는 우정의 가능성을 열어둔다. 현대사회는 보편적인 환대에 기초해 있다. 이 말은 모든 사람이 잠재적으로 친구임을 뜻한다.

환대의 Webster 영어사전의 정의는 "Kindness in welcoming stranger or guests"로, "외부인이나 손님을 환영하는 친절함"으로 해석된다. 네이버 사전은 "반갑게 맞아 정성껏 후하게 대접함"으로 정의한다.

프랑스어 hote는 두 가지 의미, 이방인(손님), 그리고 주인으로 해석된다. 주인은 손님의 손님이 된다. 손님은 주인의 주인이 된다. 환대(hospitalite)를 베푸는 사람과 환대를 받는 사람을 동시에 의미한다.

『레미제라블』에서 미리엘 주교는 이방인에게 문을 열어주고 이름이 무엇인지, 어디에서 왔는지 묻지 않고 환대한다. 미리엘 주교는 빵 한 덩어리를 훔친 죄로 19년 만에 감옥에서 나온 험상궂고 남루한 장 발장을 '므슈(monsieur)'라고 부른다. 우리말로 선생님이다. 말의 환대이다.

한밤중에 장 발장은 은잔과 은 포크, 은 나이프를 훔쳐 간다. 다음날 경찰에 장발장이 잡혀온다. 장 발장은 물론, 경찰관이 어안이 벙벙하게 신부는 자기가 주었다고 말한다. 더군다나 은촛대를 가져가라고 했는데 안 가져갔다면서, 자루에 은촛대를 넣어주기까지 한다. 무한의 환대이다. 그러나 대부분의 경우 우리는 타인을 무섭거나 두려운 존재로 무시하거나 박대한다.

환대는 누군가에게 선물을 주는 행위이다. 우리가 목마른 사람에게 주는 물이나 배고픈 사람에게 주는 밥이나 빵을 포함한 많은 것들이 선물의 범주에 들어가고, 결국 환대와 선물은 같은 말이 된다. 순수한 선물은 주고받는 것이 아니라 아무 조건 없이, 그냥 주는 것이다.

도시화, 현대 자본주의경제의 소비화 그리고 세계화와 관광의 산업화와 대중화가 도래함으로써, 다양한 장소들이 새로운 종류의 현대적 환대와 관련된다. 이전의 시대와는 달리 이제 대부분의 환대는 다소 당황스럽게도 현지인과 이방인 간의 익명의 비인격적이고 상업적이지만 우호적인 사회적 관계를 의미한다(닝왕, 관광과 근대성, 이진형 역, 일신사, 2004, 22쪽).

환대를 인터넷에서 치면 가장 많이 등장하는 것은 호텔과 레스토랑이다(환대산업에 대해서는 뒤에서 자세히 다룬다). 호텔이나 레스토랑사업이 환대와 연계되는 것이 왜 문제인가? 이곳에 손님으로 가면 친절하고 상냥한 주인이 손님을 맞는다. 주인이 손님을 미소로 맞이하는 이 환대의 정황에서 분명한 전제조건이 있다. 손님은 주인에게 금전을 지불해야 한다. 만약 손님이 지불할 금전이 없거나 지불하지 않으려고 할 때 그 환대의 현장은 적대의 상황으로 돌변한다. 흔히 사람들이 생각하는 환대는 이러한 교환경제 속에서 이루어진다. 환대를 베푸는 사람은 환대를 받는 사람으로부터 환대의 대가를 바란다. 또는 개인적으로 환대를 베푸는 경우에도 최소한 상대방이 고마워하거나 다음 기회에 그 환대를 갚는 감정적 대가를 기대한다.

데리다는 이처럼 조건이 붙은 환대는 진정한 환대가 될 수 없다고 강조한다. 이렇게 교환경제로서의 환대는 환대를 받는 사람에게 빚을 안겨주는 것과 같다. 진정한 환대는 주고받음이라는 교환경제 방식으로는 이루어질 수 없다.

외국에 여행할 때 어떤 나라 국민은 입국비자가 필요 없고, 또 어떤 나라 국민은 입국비자를 받아야만 한다. 정치적 환대라고 하는 구체적인 정황에서 벌어지는 예이다. 즉, 국가적으로 교환경제의 가치가 있는 나라에는 환대를, 그런 가치가 별로 없는 나라에는 적대의 정치를 작동시킨다.

국가적 환대란 이렇게 국가의 이득을 확대할 수 있는 관계에서만 작동된다. 그렇지 않을 경우, 어떤 국가에 대한 적대는 국익의 이름으로 정당화된다. 트럼프가 미국 시민권을 우리

돈 80억 원에 외국인들에게 판매하겠다는 것이 그런 한 가지 사례이다. 국가뿐 아니라 개인도 부자만 환대받는 세상이 되었다. 2013년 개봉한 영화 〈엘리시움〉은 인류 1%만 살 수 있는 낙원에 관한 이야기이다. 일론 머스크(Elon Musk)가 화성에 지으려는 그의 낙원에 스페이스 X를 타고 가서 살려면—환대를 받으려면—얼마나 많은 돈이 있어야 할까?

그리고 환대란 언제나 특정한 정황 속에서 논의되어야 한다. 예를 들어, 휠체어를 사용하는 장애인과 비장애인에게 환대의 의미는 전적으로 다르다. 엘리베이터가 없는 건물 3층에 신체적 장애가 있는 사람과 없는 사람이 가야 한다고 가정해보자. 3층까지 계단으로 올라가는 것이 불가능한 신체 장애인에게 엘리베이터가 없는 건물은 적대적인 공간이다. 한국 곳곳의 음식점, 대중교통, 하다못해 지나가는 사람들의 시선 등 모든 것이 적대적이다.

21세기 지구촌 사회의 인류는 새로운 윤리적 요청에 직면해 있다. 지구온난화와 생태학적 위기는 대지 윤리, 동물권, 식물권에 대한 배려로까지 확장되는 윤리를 요청한다. 고도로 발전한 초현대적 살상무기 및 핵으로 인한 절멸의 위협은 전 인류애적 연대감과 평화의 철학을 그 어느 때보다도 절실하게 요청하고 있다. 윤리적 요청들에 있어서 가장 근본적이고 우선적으로 요구되는 것은 이기적인 자아, 자국 중심성으로부터 탈피하는 것이다.

환대는 인류의 위대한 자산이다. 어쩌면 진정한 의미의 환대야말로 인간관계를 치유하고 지구를 구할 만병통치약일 수 있다.

인류 보편적 문화인 환대

고대 그리스인이 지켜야 할 세 가지가 있었다. 그것은 신에 대한 경배, 죽은 자에 대한 존중 그리고 나그네 환대이다. 사실 다 환대의 문제이다. 동학에서도 2대 교주 해월 최시형은 "네 집에 누가 오면 이방인이 왔다고 말하지 말고 반드시 하느님이 오셨다고 말하라(道家人來 勿人來言 天主降臨言)"고 하였다.

환대문화는 이방인이나 손님을 환대하여 숙박, 식사, 의류를 제공하는 손님접대라고 하는 풍습에서 비롯되었다. 공동체나 가족이라는 집단 형태를 통해서 형성된 의무적 성격이 강하다.

환대의 풍습은 동서고금의 모든 사회에 널리 보급되었다. 낯선 이인 손님을 위해 시간, 돈, 보금자리를 내어주는 것은 신으로 하여금 자신에게 빚을 지게 하는 것과 같다(김성회, CEO의 습관, 페이퍼로드, 2006, 275쪽). 그리스에는 테오세니아(theoxenia)라는 단어가 있는데, 변장한 신(theos)인 이방인(xenos)을 환영한다는 뜻이다. 돈과 호텔, 대중교통이 없던 시절에 여행자들은 낯선 사람의 호의에 의지할 수밖에 없었다.

전통사회에서는 사람이나 집단이 상호 유형·무형적인 것을 특정의 기대감이나 의무감을 가지고 타자에게 제공하고 나중에 기회가 되었을 때 되돌려 받을 수 있다는 생각으로 환대문화가 성립되었다. 원시, 고대사회에서는 가족이나 부족의식이 강하여 특정 집단이 환대의 중심이었다. 그러나 근대 사회에 들어와서는 사회적·기술적 발전으로 점차 환대의 개념이 개인적인 관계로 좁아지거나 상실되었다. 물론, 정신적 피로와 육체적 피곤이 가중되는 현대 자본주의 사회에서는 관광 등 금전거래를 전제로 환대를 제공하는 환대산업이 발전하고 있다.

레브젤터라는 독일의 인류학자는 1920년대 남아프리카에서 원시상태의 오지 사람들과 많은 시간을 보냈는데, 그들은 낯선 사람에게 음식을 제공하고 귀한 물을 주는 것이 그들에겐 당연한 것으로 여겨졌다고 했다(Victor Levzelter, Native cultures in South Africa, vol. 2. R. Neuse, trans. Leipzig: Karl Hiersemann, 1934, pp. 214~226). 그들이 낯선 이에게 친절을 베푸는 이유는 상대가 자기희생을 하더라도 반드시 그 빚을 갚을 거라는 확신 때문이다. 오늘의 손님이 내일은 주인이 될 수도 있다. 그래서 수렵·채집사회의 원칙은 뿌린 대로 거둔다는 것이다.

환대는 한마디로 정주민 사회에서 자기네 마을 밖으로부터 찾아온 사람을 환영하고 접대를 하는 것이다. 폐쇄사회인 경우 외지에서 온 이방인의 신원이 확실하지 않기 때문에 위협적인 존재로 느낄 수도 있겠지만, 특수한 사람 또는 특정한 날에 한해서는 이방인을 환대, 숭배하는 관행이 있었다. 각지의 미개사회에서는 대장장이, 땜장이, 박물장수, 점쟁이 등

떠돌아다니며 생활하는 직업인이 — 물론, 필요하여서 이지만 — 환대의 대상이 되는 경우가 많았다.

극단적인 예를 들면, 에스키모 사회에서는 손님에게 아내를 빌려주는 접대도 있고, 일본에서는 서리가 내리는 동짓달의 대사강일(大師講日)에는 반드시 나그네를 집으로 맞아들여 융숭하게 대접하는 풍습이 있었다. 또한 각처로 다니며 걸식 탁발하는 스님을 환대하지 않으면 불행해진다고 믿는 전설과 관습은 우리나라에도 많이 있다.

서양의 환대문화는 기독교를 중심으로 형성되어 왔다. 서양의 환대문화는 공동체 외의 이방인이나 손님에게 숙박이나 식사를 제공하는 본래의 의미를 지닌다. 이는 많은 민족이 융합과 접촉 및 마찰을 반복하는 복잡한 지리적 조건과 역사적 배경 하에서 형성되고, 기독교라는 종교를 통해 사람들의 마음속으로 새겨져 전통문화가 되었다.

집을 멀리 떠나 국경과 여권이라는 비인간적인 제도에 붙잡힌 사람들에게 가장 큰 희망은 낯선 사람들의 친절이다. 호메로스의 『오디세이아』에서 오디세우스는 항해 도중에 새로운 땅과 그곳에 사는 사람들을 만날 때 종종 이렇게 말했다.

> "아, 나는 어떤 자들의 땅에 왔을까? 그들은 무례하고 거칠고 불의한 자들인가? 아니면 외인들을 환대하고 마음으로 신을 경배하는가?"

오디세이아에서 집주인은 환대의 의례에 따라 반드시 먹을 것과 마실 것, 씻을 물, 입을 옷, 손님이 머물 동안 쉴 수 있는 곳뿐만 아니라 선물과 떠날 때 사용할 이동 수단까지 제공해야 한다. 집주인은 명예로운 평판, 동료들의 시선과 평가에서 비롯된 명성과 영예를 뜻하는 클레오스(kleos)를 기대하며 선물을 내놓는다. 손님은 음식을 배불리 먹은 후 그 보답으로 여기까지 오는 동안의 이야기를 풀어놓음으로써 집주인의 환대에 화답한다.

자기의 부인인 페넬로페의 구혼자 안티노스가 거지로 변장한 오디세우스를 때리자, 오디세우스는 그를 질책한다.

"안티노스여, 이 불쌍한 부랑자를 때린 것은 죄요. 이로 인해 당신의 운명은 저주를 받을 것이오. 하늘에 신이 계시기 때문이라오. 이 신들이 언제나 외지에서 온 여행자로 변장을 하고서 인간이 선한지 악한지 확인하려고 우리의 마을을 돌아다니고 있다는 것은 말할 필요도 없겠지요."

기원전 58년 로마의 위대한 연설가 키케로(Marcus Cicero)는 추방당한다. 키케로가 받은 형벌은 물과 불의 사용을 금하는 것이었다. 이 형벌은 그를 환대하는 모든 행위, 즉 물 한 잔, 따뜻한 방을 제공하는 환대행위를 불법화하는 사회적 배척의 한 형태였다. 그는 환대받을 권리를 모두 박탈당했으므로 자살하거나 망명하는 것 외에 다른 대안이 없었다. 집이라고 여기는 모든 것을 잃었기 때문이다.

망명(asylum)이라는 단어의 어원은 그리스의 어슐리아(asulia)에서 나온 것으로, 이는 '불가침의'라는 뜻이다. 이 단어는 성지로 피신해 납치와 착취, 폭력에서 스스로를 보호하던 관례를 가리켰다. 그리스어 어슐리아는 그 사람의 정치적 배경이나 사회경제적 지위, 인종을 비롯한 자격조건과 관계없이 모두에게 피난처를 제공할 책임을 뜻한다. 로마도 처음 건국되었을 때부터 이러한 종교적 망명의 전통이 있었다. 노예나 자유민이나 새로운 시작을 원했다. 이것이 로마의 세력 강화로 이어지는 첫걸음이었다. 우리 역사에 '소도'라는 신성공간과 유사하다.

서양이라는 관점에서 서구 기독교권뿐만 아니라 슬라브계 민족의 환대문화에 대해서도 알 필요가 있다. 슬라브어에는 '게스트'와 같은 단어로 '고스티(gosti)'가 있는데, 이는 어원적으로는 이방인이나 멀리서 온 손님을 의미하는 말이다. 즉, 여행하는 상인이나 이방인이 '손님'으로서 환대받았던 습관이 슬라브 사회에도 존재했음을 알 수 있다.

알바니아의 카눈(kanun)이라는 예법은 3000년 전으로 거슬러 올라간다. 현대적 형태의 카눈은 귀족 레케 두카그니(1410~1480)에게서 시작되었다. 20세기에 12권의 책으로 그 전통이 기록되었다. 카눈을 떠받치는 세 개의 기둥은 명예, 환대, 그리고 베샤(besa)이다. 이는 약속, 보호와 믿음이 뒤섞인 의미를 가진다.

이 세 가지에 대한 집착이 알바니아 문화 전체에 퍼져 있다. 카눈은 알바니아인의 집이 신과 손님의 것이라고 말한다. 손님이 집에서 자면 집주인은 침대를 양보하고, 깨끗한 침대보를 깔아줘야 하며, 집에서 가장 좋은 것들을 대접한다. 카눈에 따르면 남자가 자기 아내를 죽여도 되는 두 가지 경우가 있는데, 하나는 아내가 바람을 피웠을 때이고, 다른 하나는 아내가 손님을 환대하지 않았을 때이다. 카눈은 구약의 환대 이야기처럼, 젠더 편향적이다. 카눈은 손님이 집안으로 들어오면 피로 복수해야 할 사람일지라도 환영해야 한다고 한다.

고대 중국에는 '예(禮)'라고 하는 사회 규범이 제도화되어 있었고 이와 함께 환대의 상호 관계가 규정되어 있었다. 즉, 제후, 대부, 사 등 신분과 직급에 따라 숙소, 식사, 선물, 향응 등의 제공물이 달라졌다.

몽골은 주인과 손님의 관계를 규정하는 관습이 요스(yos)로 체계화되어 있다. 요스는 여행자가 난데없이 나타나 문지방을 넘어 집 안으로 들어왔을 때 모든 것이 순조롭게 돌아가게 해주는 하나의 방식이다. 예고 없이 나타난 방문객은 말을 멈춰 세우고 "개를 단속하시오"라고 외쳐야 한다. 그러면 집안에서 주인이 밖으로 나와 개를 묶는다. 방문객은 그 후 말에서 내려 문으로 향한다. 문지방 앞에 멈춰 서서 헛기침을 하며 도착을 알려야 한다. 게르에 들어가기 전에 총이나 채찍 같은 무기를 바깥에 내려놓는다. 벨트에 매달린 칼이 있다면 칼자루를 건드려서는 안 된다. 방문객은 오른발부터 게르에 들어가야 하고 문지방을 밟으면 안 된다. 반드시 의복을 제대로 갖춰 입어야 한다. 주인은 손님에게 먹을 것과 마실 것을 내놓는다.

요스에는 늑대가 손님의 말을 물어갔을 때 어떻게 해야 하는지에 대한 규칙도 있었다. 그때 주인은 "산의 신이 당신의 말을 데려 갔습니다"라고 말한 뒤 다른 말을 내주어야 한다. 이 밖에도 집주인의 게르에서 손님은 허벅지를 드러내서는 안 된다. 주인이 손님에게 차를 내줄 때 찻잔 안에서 차가 어떤 방향으로 회전해야 하는지에 대한 규칙도 있었다(시계 방향). 손님이 고기를 첫입에 어떻게 먹어야 하는지도 정해져 있다(적은 양을 입에 넣은 뒤양이 많고 넉넉한 것처럼 과장하며 씹어야 한다). 주인 침대에서 행복하더라도 노래를 부르지 말아야 하고, 슬프더라도 침대에서 울지 말아야 한다. 오늘날 요스는 더 이상 예전만큼의 영향력은 없다. 그러나 주인과 손님의 환대 방식은 여전히 요스에서 영향 받고 있다.

모하메드의 다섯 계율을 보면, '신은 오직 한 분,' '하루에 다섯 번 기도할 것,' '라마단 기간엔 금식할 것,' '가난한 이들에게 자비를 베풀 것,' '일생에 적어도 한번은 성지 메카로 순례여행을 하라'이다. 그리고 여기에는 신에 대하여, 먹거리를 제공하는 희생물에 대하여, 가난한 이들에 대하여, 순례여행자에 대하여 환대하라는 메시지가 있다.

아랍의 유목민에게는 '아랍의 3일간'이라는 관습이 있다. 이것은 미지의 방문객이라도 '손님'으로서 음식물이 체내에 남아 있는 기간인 3일간 철저하게 환대를 베푸는 의무를 말한다. 이러한 습관도 코란 속에 정의되어 있으며, '고아나 빈곤자에게 배고플 때 음식물을 제공해야 한다'는 내용도 있다.

손님과 생선은 3일이 지나면 고약한 냄새를 풍긴다는 이야기는 이곳저곳에 있다. 이슬람 전통에 따르면 환대는 3일까지 이어진다. 그 이후의 환대는 자선이다. 이슬람권에서 시골의 숙소 '카라반세라이'와 도시의 숙소 '한'은 무료로 3일까지 숙박을 제공했고, 카라반세라이 건설은 모스크 건설과 함께 종교적 의무로 간주되었다.

12세기 활동한 철학자 알 가잘리(Al-Ghazali)에 따르면, 한 선지자는 "무엇이 신앙인가? 먹을 것을 내놓고 인사를 나누는 것"이라 정의했다고 한다. 즉, 환대가 곧 종교이다.

이슬람 사회에서의 환대문화는 유럽 제국에 있어서 기독교권이 교회를 기초로 하여 발전했던 것과는 다르게, 환대가 개인이나 가족 혹은 부족과 관련되어 소박한 상호관계를 하고 있었다. 그들은 전통적으로 유목민이기 때문에 손님을 같은 여행자로서 공감하였을 것이다(강승구 외, 글로벌환대상품론, 백산출판사, 2012, 15~20쪽).

일본의 다도를 집대성한 센노리큐(千利休)의 환대의 법칙은 다음과 같다(코마츠다 마사루, 친절을 디자인하다, 최문용 역, 군자출판사, 2014, 107쪽).

들판에 있는 꽃과 같이 신선한 꽃을 준비하라.
목탄을 이용해 물을 끓여라.
여름엔 신선함을 느끼게 하라.
겨울에는 따뜻함을 느긋한 마음으로 준비하라.
부드러운 감수성을 지녀라.
모르는 손님을 배려하라.

우리나라 양반의 삶을 흔히 봉제사(奉祭祀), 접빈객(接賓客)이라고 한다. 제사를 받드는 정성이 종가집을 유지케 하고, 손님을 기꺼이 맞는 환대의 전통이 집을 항시 개방하는 너그러움으로 발전했을 것이다(유홍준, 나의 문화유산답사기 3, 창비, 2011, 76~84쪽).

경주 최부잣집은 임진왜란과 병자호란 양 난에 모두 참전한 무장 최진립이 기초를 다진 고택으로 300년 동안 만석꾼의 부를 유지한 부잣집이다. 그것보다 중요한 것은 최부잣집은 조선시대 가진 자의 사회적 책임을 다한 명문가의 상징이다. 9대 동안 진사를 지내고, 12대 동안 만석을 한 집안으로 조선팔도에 이런 집안은 없다. 이 집의 가훈이 유명한데, 그 중 하나가 '손님 대접을 후히 하라'이다.

이 집의 사랑채는 손님이 잠시 머무르기도 하고, 무료로 숙식을 해결할 수도 있는 손님 전용 공간이기도 하다. 최부잣집에 손님이 많이 머물렀을 때는 100명을 넘었다고 한다. 하루에 100명까지는 사랑채나 행랑채에 수용하지만, 그 이상을 넘으면 주변 노비와 소작농의 집에 손님들을 분산 수용했다고 한다. 부득이 그럴 때는 손님에게 식사를 해결할 수 있도록 과메기 한 마리와 쌀을 들려 보냈다. 손님을 환대하는 대가로 그들은 소작료를 면제받았다. 그들에게 손님 환대가 주요한 임무 중의 하나였다. 최부잣집의 손님 대접이 후하다는 소문은 조선팔도로 퍼졌다. 이는 결국 최부잣집의 덕으로 연결되었다.

구례의 명문가 운조루에는 가진 자로서의 사회적 책임을 실천하기 위한 10개의 정신이 내려온다. 그래서 동학혁명과 일제강점기, 여순사건 등에도 피해를 입지 않았다. 경상도에 최부잣집이 있다면 전라도에는 운조루가 가진 자의 정신을 보여주었다.

그중에 첫째가, 나눔과 베풂의 환대 정신이다. 이 집의 쌀독에는 '누구나 열 수 있다'는

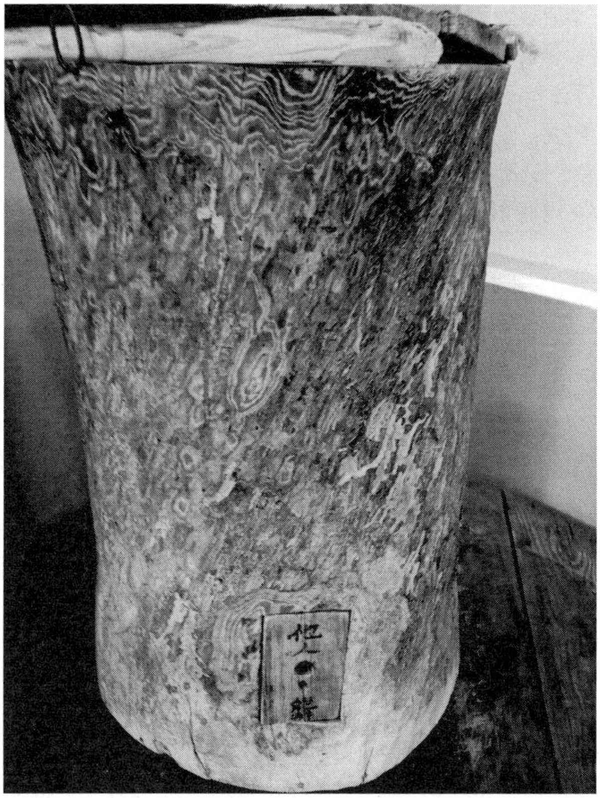

운조루의 타인능해 쌀독

타인능해(他人能解)라는 글귀가 쓰여 있다. 운조루 주인은 이웃을 위해 행랑채에 백미 두 가마 반이 들어가는 쌀독에 쌀을 담아놓고 누구나 가져가게 했다. 위의 사진이다.

경주 최부자집이나 구례 운조루의 환대가 조선시대 명문가, 가진 자의 환대였다면 권정생의 아름다운 작품인 『몽실언니』를 통해 우리의 가난한 환대를 생각해보자.

권정생의 삶은 한마디로 가난과 병이었다. 그는 가난 때문에 초등학교만 졸업하고 거지 생활도 경험했다. 폐가 망가진 데다 소변 주머니를 차고 다녀야 했다. 열아홉 살 때부터 결핵도 앓았다. 그러나 그에게는 삶의 본질을 꿰뚫는 통찰력과 그것을 언어로 담아낼 수 있는 필력과 성실성 그리고 무엇보다도 낮은 자들에 대한 무한한 애정이 있었다.

『몽실언니』에는 두 개의 환대가 공존한다. 하나는 가난하고 아픈 사람을 중심에 놓고 스토리를 전개하는 작가의 환대이다. 다른 하나는 그가 그려낸 주인공 몽실이 스토리 안에서 다른 사람들에게 행하는 환대이다. 몽실의 환대에는 늘 서러움과 외로움이 동반자처럼 따라다닌다. 작가와 몽실의 환대는 가난하고 서글퍼서 더 아름답다.

작가 권정생은 시골 교회에서 종지기로 살 때 방에 들어온 생쥐를 쫓아내지 않고 자신의 품을 내주었단다.

종교적 환대

기독교의 환대

서양의 환대문화는 기독교를 중심으로 형성되었다. 기독교에서 인간은 하나님에 의해 창조된 존재이다. 기독교적 인간관을 요약하면 다음과 같다.

첫째, 인간은 피조물이고 유한한 존재다. 인간은 전지전능한 하나님에 의해서 창조되었다.

둘째, 인간은 신의 형상을 가지고 창조되었다. 신의 형상을 지닌 인간은 상상력에 의해 자기를 초월하고, 창조적 활동을 할 수 있다. 인간이 이룩한 역사와 문화의 창조도 바로 이러한 능력을 부여받았기 때문이다.

셋째, 인간은 죄인이다. 원죄가 있는 인간은 하나님이 주신 자유의지의 관계를 끊어버렸기 때문이다(이사야 59:2). 이러한 인간은 하나님의 용서와 사랑에 의해서만 구원이 가능하다. 하나님 아래 인간은 모두 피조물이고 평등하다.

근세에 한국에 들어온 기독교가 불과 약 100여 년 만에 대중적으로 성공한 데는 유교의 억압적인 분위기에 대한 반발이 크게 작용한 것으로 볼 수 있다. 한국 사회의 뿌리 깊은 유교 문화는 염치와 수치를 내세워 예의범절을 강조하고, 감정은 부정적으로 취급하였다. 조선시대 지배층은 유교를 사회 이데올로기 삼아 하층 백성과 여성 등 약자를 억압하였다. 한을 풀길이 없었던 하층민들은 교회에서 상놈이나 양반, 나이나 남녀의 구분 없이 한 자리에 앉아 노래하고, 소리 내어 기도하면서 가슴속에 막혔던 희로애락의 강물이 뚫리는 것에 열광하였다.

교회의 주요 소명 중 하나는 우리의 적의가 환대로 바뀔 수 있는 자유롭고 두려움 없는 공간을 만드는 일이다(Henri Nouwen, Reaching Out: The Three Movement of Spiritual Life, N.Y.: Doublee, 1975, pp. 65~66).

기독교의 하나님은 위대함을 신분이 아니라 섬김의 잣대로 측정한다. 불완전한 섬김이 최선의 의도보다 항상 낫다. 환대는 사람을 대접하는 것이고 사람답게 대접받을 권리이다. 이러한 원리를 제일 잘 실천한 자가 예수였다. 예수는 섬기고 주러 이 땅에 왔다. "인자가 온 것은 섬김을 받으려 함이 아니라, 섬기려 하고 자기 목숨을 대속물로 주려 함이라(마태 20:28)." 섬김은 인간적인 본능과 정반대의 것이다.

이사야 58절의 "굶주린 자에게 양식을 주고, 집 없이 떠도는 빈민을 집으로 들이며, 헐벗은 자를 보면 입히고, 혈육을 모르는 체하지 않으면 네 빛이 새벽 동이 터오듯 비칠 것이며, 주의 영광이 네 뒤를 호위할 것이다. 주께서 너를 인도하여 너는 물댄 동산 같고 물이 끊어지지 않는 샘 같을 것이다"는 구절은 환대의 내용과 환대를 베푼 자에 대한 하나님의 보상을 말한다.

6세기에 편찬된 성 베네딕토의 〈수도 규칙서〉는 서구 수도원 전통의 초석이 된 규칙서로, 여기서 빵의 양은 하루에 450그램을 넘지 않아야 한다. 식사 시간은 잡담을 나누는 시간이 아니라 함께 성서를 읽는 시간이다.

그러나 성 베네딕토는 이 규칙들이 수도원 내에서 엄격한 믿음을 고양하긴 하지만, 먼 곳에서 온 이방인을 맞이할 때는 적용하기 부적절하다고 인정한다. 수도원은 이방인을 맞이할 별도의 주방과 식당을 마련해야 한다. 손님이 왔을 때 수도원장은 함께 식사해야 한다. 그리고 수도사들 보다 풍성하고 넉넉하게 제공하는 것이 환대의 규칙이다. 그리고 식사할 때 침묵의 규칙을 지키지 않는다.

성 베네딕토는 환대를 종교적 의무로 규정하였다. 찾아오는 모든 손님을 그리스도처럼 맞이해야 한다. 왜냐하면 "내가 주릴 때 너희가 먹을 것을 주었고, 목말랐을 때 마실 것을 주었으며, 나그네 되었을 때 환대하였고(마태 25:35)"라고 하여 그리스도는 나그네와 동일시되었기 때문이다.

우리가 함께하는 식사를 즐기는 것은 최대한의 칼로리를 섭취하기 위해서가 아니라 관계를 새롭게 하기 위해서이다. 다 함께 만찬을 즐기려고 달걀 스무 개로 만든 오믈렛의 10분의 1이, 혼자 먹으려고 달걀 두 개로 만든 오믈렛보다 항상 더 맛있다. 음식이 주는 기쁨은 사회적 기쁨이다. 만찬의 기쁨은 허기나 식욕과는 무관한 유대감과 대화, 우정에서 나온다. 만찬은 우리를 즐거움과 영양분을 공유하는 집단으로 묶어준다.

반가운 손님이 아니라 원수에게도, 아니 원수일수록 더욱 자선을 베풀라는 충고에 "원수가 배고파하면 먹을 것을 주고, 목말라하면 마실 것을 주라. 그러면 그의 머리에 숯불을 쌓아놓는 셈이 된다(잠언 25:22, 로마 12:20)." 이 특이한 비유는 고문 장면이 아니라 당시의 청동 제작 방식이다. 열기가 돌을 녹여 금속을 뽑아내듯 선행이 적의 적개심을 녹여버릴 수 있다는 뜻이다.

아브라함이 상수리나무 옆에 있는 낯선 사람 셋을 보았을 때, 그는 그들을 반가이 맞아들여 떡, 그리고 연하고 맛있어 보이는 송아지를 잡아 만든 요리를 올린다. 그러자 손님들은 자신이 야훼 하나님임을 밝히며, 아브라함의 아내 사라가 아들을 낳을 것이라고 알려준다(창세기 18:1–15).

같은 〈창세기〉에 나오는 또 다른 환대의 사례인 롯의 이야기이다.

> 소돔의 사내들이 몰려와 그 집을 에워싼다.
> "오늘 밤 당신 집에 온 사람들 어디 있소? 우리가 그자들과 재미 좀 보게 끌어내시오."
> 롯이 밖으로 나와 말한다.
> "형제들, 제발 나쁜 짓 하지들 마시오. 자, 나에게 남자를 알지 못하는 딸이 둘 있소. 그 아이들을 당신들에게 내줄 터이니, 당신들 좋을 대로 하시오. 다만, 내 지붕 밑으로 들어온 사람들에게는 아무 짓도 말아주시오."
> 소돔의 사내들은 롯의 제안을 거절하고 문을 부수려 한다. 그러자 두 손님이 롯을 안으로 들어오게 하고, 문 앞에 있는 사내들을 아이부터 어른까지 모두 눈이 멀게 하여 문을 찾지 못하게 만든다.
> 롯의 손님인 나그네들은 하느님의 천사였다. "손님 대접하기를 잊지 마라. 이로써 부지중에 천사들을 대접한 이들이 있다(히브리 13:2)."

손님은 받들어야 하는 하나님이고 천사인 성스러운 존재이다.

솔로몬의 지혜서 저자에 의하면, 하나님이 이집트인들을 심판한 이유는 바로 그들이 이방인들에게 가혹한 증오를 보였기 때문이다. 이집트인들은 손님들을 노예로 삼아버렸다. 반면에, 이집트 사람들의 지배 가운데 노예로 냉대 받았던 이스라엘 사람들의 경험(이집트를 탈출하여 광야에서 방랑할 때 물, 메추라기, 만나를 제공받은 이스라엘의 신, 하나님의 환대에 대한 경험)은 이스라엘이 자신을 하나님 앞에서 영원히 손님이며 하나님의 환대로 자신들의 존재가 유지되고 있는 '선택된 백성'으로 정의하게 해준다.

신은 손님을 환대하기 때문에, 이스라엘을 사랑했다. 그런데. 21세기 현재 이스라엘이 이웃인 팔레스타인에게 자행하는 극심한 적대를 그들의 신은 어떻게 보고 있을까?

"남에게 대접을 받고자 하는 대로 너희도 남을 대접하라. 이것이 율법이다(마태 7:21)." 하나님의 환대를 경험한 인간이 이웃에게도 환대를 베푼다는 원리가 기독교 신앙의 핵심이다. 하나님의 환대 경험은 교회 정체성의 핵심이다.

엠마오로 가는 길에서 두 여행자가 한 낯선 사람을 만났는데, 날이 저물자 그들은 그 낯선 사람에게 그들과 함께 하룻밤 묵고 가라고 청한다. 그러자 그 낯선 이는 빵을 떼어주며 자신이 바로 예수임을 알아보게 했다. 엠마오에서의 식사는 자기 백성에게 하나님의 환대를 시행하는 부활한 예수의 적극적·지속적 임재를 상징한다. 따라서, 예수의 임재는 결국 제자들을 눈 먼 상태에서 통찰과 인식의 상태로 이동시켜 그들이 타인의 정체를 인식하기 시작하게 한다. "그들의 눈이 밝아져 그인 줄 알아보았다(누가 24:13-35)." 예수의 나라는 함께 나누는 환대를 통하여 나타난다. 예수는 하나님의 환대를 생명, 곧 죽음에서 생명으로의 부활로 설명한다(누가 15:24).

누가복음에서 예수는 자주 손님 또는 여행자로 묘사되며, 구원과 하나님 나라의 복을 경험하는 사람들은 예수를 자기 집으로 영접하여 예수와 그의 제자들에게 사랑의 환대를 보여주는 사람들이다(5:27, 7:36, 9:10, 10:1, 19:1, 24:13). 최후식사에서 예수는 빵과 찢긴 자신의 몸, 포도주와 자신이 흘린 피를 동일시한다(22:15).

각각의 신약성서 저자는 하나님의 환대를 매개하는 예수를 보여주는데, 예수는 여러 외인들과 한 식탁에서 식사를 나눈다. 예수는 식사 자리에 손님을 청하는 하나님이다. 그는 식탁교제를 통해 외인들에게 환대를 베풀고 교회가 성찬을 통해 자신의 신적 환대를 기념하게 한다.

예수는 어떠한 두려움 없이 낙인찍힌 자들과 어울렸다. 그리고 이러한 예수 사역은 당시 수많은 종교 지도자들을 불쾌하게 했다. 그러나 예수와 기독교의 가르침은 누군가의 환대를 받은 사람은 스스로 때가 되면 누군가를 손님으로 맞아 환대를 베풀어야 한다는 것으로 사람들의 가슴에 깊이 각인되었다.

특히, 요한복음은 우리가 생명과 초월을 위해 창조되었다고 암시한다. 요한복음은 인간존재와 욕망, 그리고 삶의 의미에 관한 질문을 제기한다. 예수는 인간에 대한 신적 환대의 주인으로서 행동하면서 포도주(2:1), 물(4:4), 빵(6:1), 제자들의 발을 씻김(13:1), 그리고 영원한 처소 제공(14:1)이라는 환대에 대한 주요 상징들을 사용해서 구원하고 계시하는 하나님의 임재를 공유한다.

돌아온 탕아의 이야기(누가 15:11-32)도 환대의 이야기이다. 어느 작은 마을에 한 부자가 두 아들을 두고 살고 있었는데, 작은 아들이 자기 몫의 유산을 미리 달라고 하여 주자 마을을 떠난다. 그는 재산을 모두 탕진하고 할 수 없이 다시 돌아오는데, 아버지는 따뜻하게 환대한다. "누가 뭐래도 넌 나의 소중한 아들이다"라고 이야기하며, 가장 살찐 송아지를 잡고 가장 좋은 옷을 입혀준다. 낯선 손님에 대한 환대가 아니라 집을 나간, 다시 말하면 타락하고 방탕한 아들에 대한 용서의 환대라 할 수 있다.

램브란트가 그린 그림을 보면, 돌아온 아들 등에 댄 아버지의 손 하나는 우악스러운 남자의 손, 하나는 부드러운 여자의 손이다. 각각 신약의 사랑과 구약의 계율을 상징하는 것 같다. 옆에 근엄하게 긴 칼을 집고 서 있는 큰아들의 표정은 돌아온 동생을 마음속으로부터 환대하는 것 같지는 않다. 우리네 보통 사람들의 환대하기 어려움을 표현하였다.

램브란트의 〈돌아온 탕아〉

한 남자가 예루살렘에서 여리고로 가던 중 강도의 습격을 당해 길에 쓰러져 있다. 제사장이 지나가다 그를 보았지만 무시하고 갈 길을 가버린다. 다음으로 유대교 율법학자인 레위인이 지나갔지만, 똑같이 행동한다. 마지막으로 유대인들에게 무시당하던 사마리아인이 지나가다 불쌍히 여겨 피해자의 상처를 씻은 후 근처 여관까지 데려가서 주인에게 돈을 주고, 그를 돌봐줄 것을 부탁했다. 행동하지 않는 사람은 피해자가 자기와 다르다고 강조하지만, 구원자들은 그들과 자신의 유사성에 더 주목한다.

부상당한 사람을 그냥 두고 지나가는 사제장이나 율법학자는 자기 공동체에서는 엘리트일지 모르나 도덕적으로는 유대인이 경멸하던 사마리아인보다 못하다. 사마리아인은 낯선 사람에게 도움을 줌으로써, 환대는 신분이나 계급의 문제가 아님을 보여주는 가장 유명한

일화가 되었다. 선한 사마리아인의 비유에서 우리는 예수의 제자가 되려는 사람들에게 요구하는 환대와 자비 행위의 본질에 대한 예수의 가장 명확한 가르침을 발견한다. 자기의 소유물을 다 빼긴 채 죽어가는 사람은 사마리아인과 교환하거나 그에게 줄 것이 전혀 없기 때문에, 사마리아인의 환대는 예수 환대의 본보기이다(누가 10:30-35).

지하에 숨어서 지낼 수밖에 없는 고난 속에서도 초기 기독교인들의 가정에는 예외 없이 세 가지 물건이 늘 갖추어져 있었다고 한다. 그것은 양초 하나, 마른 빵 한 조각, 담요 한 장이다. 밤중에 누구든 나그네가 대문을 두드리면 그를 초대하여 자신의 집 '문지방'을 넘어 들어오도록 촛불로 안내한다. 그리고 준비된 빵으로 허기를 면하게 하고, 담요를 깔아 잠자리를 만들어주어야 하기 때문이었다.

그러나 이러한 자발적인 환대의 풍습은 로마의 국교가 된 기독교 교회가 가난한 사람, 집 없는 사람, 떠돌이 행려병자 등을 제도적으로 구제하는 오늘날의 사회복지시설들을 설치, 운영하기 시작함으로써 일반 사람들 사이에서 점차 사라지게 된다.

갈라디아서 3장 28절에 다음의 말이 나온다. "너희는 유대인이나 헬라인이나 종이나 자유인이나 남자나 여자나 모두 그리스도 예수 안에서 하나다." 우리와 타자, 나와 너를 구별하고 차별할 대상이 없음을 선포한 구절이다. 이 선언은 기독교가 민족종교에서 세계종교, 보편종교로 발전하는 중요한 의미를 가진다. 그러나 이 선언은 2000년이 지나서도 완전히 실현되지 못하고 있다.

세상은 여전히 나뉘어서 갈등하고 증오하며, 심지어 전쟁상태에 있다. 예수가 강조한 진정한 의미의 환대야말로 인간관계를 치유하는 문제에 새로운 차원을 부여할지도 모른다. 그리고 환대를 통해 소외와 단절로 고통 받는 이 세상에 새로운 이상적인 공동체를 이룰 수 있으리라 여겨진다. 특히, "예수 안에서 하나"라는 말에서의 하나 됨은 앞으로의 논의에 있어 중요한 길잡이로 삼고자 한다.

동양 사상의 환대

유교의 환대, 인

공자 사상의 핵심이라 할 수 있는 인이란 사람에게 들어와 있는 '하늘,' 즉 우주의 마음이다. 그것은 진리의 또 다른 이름이며, 온전한 생명이라 할 수 있고, 또 사랑이라고도 할 수 있다. 덕(德)과 인(仁), 경(敬), 성(誠) 글자는 비록 다르지만, 사실 같은 하나이다. 충(忠)과 서(恕)는 인을 실현하는 공자의 실천 지침이라고 할 수 있다. '충'은 정성스럽고 진실한 마음을 뜻한다. '충'이 마음의 중심을 잡는 자신에 대한 의미 있는 향유라면, '서'는 타인을 존중하고 공감하는 환대이다.

안연이 공자에게 인을 물었을 때 '극기복례(克己復禮)'라고 하였던 것도 성인의 마음은 마땅히 우주의 마음이라 할 수 있으므로 천지와 하나가 된 상태라 할 수 있다. 나를 극복하였다는 말은 인을 회복한 존재란 뜻이다. 인을 회복하였다 함은 진리의 마음이 되었다는 의미로 바로 환대이다.

『논어』의 〈위령공〉편을 보면 자공이 공자에게 평생 지켜야 할 원칙을 묻자 "자신이 원하지 않는 것을 남에게 하지 말라(己所不欲 勿施於人)"고 하였다. 인과 동시에 예에 해당하는 공자의 환대 법칙이다. 이는 예수의 황금률(마태 7:12), "무엇이든지 남에게 대접을 받고자 하는 대로 너희도 남을 대접하라(Whatever you wish that men would do to you, do so to them)"와 유사한 말이다. 그러나 성경의 이 말은 내가 좋아하는 것을 타인도 좋아한다는 보장이 없으므로 사랑의 폭력이 될 수도 있다(김용옥, 중용: 인간의 맛, 통나무, 2016, 125쪽). 공자의 말이 더 포괄적으로 누수가 없다고 하겠다.

성인 공자의 후계자 아성(亞聖) 맹자는 구체적으로 환대의 대상을 지정했는데, 과부, 자식 없는 늙은이, 부모 없는 고아 등 고달프게 살아가는 사람들을 보호해야 한다고 하였다.

불교적 환대, 보시

인도에서 모든 인간을 포괄하는 사상, 특히 비폭력 사상이 처음 등장한 것은 기원전 8세기에 탄생한 베다 경전이다. 공통의 영혼이 모든 생명체를 하나로 연결하기 때문에, 즉 인간뿐 아니라 동물, 식물까지도 하나의 본성을 나누었기 때문에 남을 해치는 자는 결국 자신을 해치는 것이다.

> "모든 존재가 자기 안에 있고 자기가 모든 존재 안에 있다는 것을 아는 자는 누구도 미워하지 않는다."

힌두교 경전 『우파니샤드』의 말이다.

힌두교의 교리에서 한 걸음 더 나아간 인도의 자이나교 신자들은 평화를 사랑하고 채식을 해야 하며, 벌레 한 마리도 해치지 않는다. 벌에게 식량을 뺏는 것도 폭력이므로 꿀도 먹지 않고 경작을 하면 작은 생명체들이 죽게 되므로 땅을 갈지도 않으며, 모기나 나방이 불길 속으로 뛰어들 수 있으므로 불도 피우지 않는다.

자이나교와 비슷한 시기에 발생한 불교에서 현실적인 인간은 육체와 정신으로 구성되어 있다. 그런데, 물질인 육체는 언제나 생노병사(生老病死)의 네 가지 고통에서 벗어날 수 없다. 인간은 어차피 죽음의 존재이며, 이 문제를 어떻게 극복하느냐 하는 게 불교의 과제이다. 불교는 고통을 즐거움으로, 어리석음을 깨달음으로, 죽음의 윤회를 열반의 영원으로 변화하도록 가르치고 있다.

불교의 이상적 인간은 궁극적으로 부처님이다. 부처님은 깨달음을 통해 주체적으로 지혜와 자비를 실현하는 사람이다. 이러한 이념을 바탕으로 깨달음에 매진하면서 민중의 교육에 헌신하는 사람들을 대승불교에서는 보살(菩薩)이라고 한다.

보살은 자아의 완성과 사회의 완성을 동시에 구현해가는 불교적 구도자이다. 보살은 타인과 관계를 유지하는 하나의 인격이고, 보살행(菩薩行)인 여섯 가지 덕을 실천하는 행위의 주체자이기도 하다. 이 여섯 가지 덕이란 베풂(布施), 반드시 지켜야 할 계를 지님(持戒), 인내(忍耐), 노력(努力), 정신 집중(執中), 지혜(智慧)를 말한다.

보살은 본디 복덕을 쌓으려고 중생을 제도하는 게 아니다. 그 복덕이 저절로 따를 뿐이다. 이는 마치 사람이 대낮에 길을 가는데, 일부러 그림자를 만들고자 하지 않아도 그림자가 그를 따라오는 것과 같다.

환대를 일컫는 불교식 용어인 보시는 크게 "삼시(三施)"로 나뉜다.

첫째가 "재시(財施)"인데, 먹을 것과 입을 것 등을 주는 것이다.

둘째가 "법시(法施)"인데, 이는 가르침을 베푸는 것이다.

셋째가 "무외시(無畏施)"인데, 이는 두려움을 없애 주는 것을 말한다.

참된 보시는 주는 자도 받는 자도 주고받는 물건도 모두 공임을 아는 자에 의하여 이루어진다. 모든 종류의 주는 행위인 보시에는 세 가지 원칙이 있다.

- 측은한 마음을 담아 가난한 사람에게 주기
- 보답을 바라지 않고 적에게 주기
- 기쁨과 존경을 담아 고결한 사람에게 주기

만일 어떤 사람이 물질적인 것을 주기 전에 가르침을 줄 수 있다면 그 사람은 크게 보시하는 사람이다. 그래서 현명한 사람이 부유하다면, 그는 그렇게 주어야 한다. 만일 부유하지 않다면, 다른 부유한 사람을 상대로 주는 일을 하게 가르쳐야 하고, 만일 가난해서 줄게 아무것도 없다면 행복을 비는 만트라를 읊어줘야 한다(Lewis, T., Altruism in Classical Buddhism in Altruism in World Relligion, Washington, DC: Georgetown Univ Press, 2005. pp. 88~114).

원숭이, 승냥이, 수달, 토끼가 사는 곳에 배고픈 노인이 왔다. 동물들은 각자의 방식으로 노인을 도우려 했다. 원숭이는 나무에 올라가 과일을 따오고 승냥이는 사냥을 해오고 수달은 물고기를 가져왔다. 토끼는 아무것도 해줄게 없었다. 결국 토끼는 나뭇가지를 모아 불을 붙이고 그 속에 뛰어들었다. 자신의 몸을 바친 것이다. 그런데, 아무리 해도 몸에 불이 붙지 않았다. 노인은 옥황상제인데, 그들을 시험하러 온 것이다. 그는 토끼에 감동하여 세상에 그의 이타적인 모습을 알리려고 달에 토끼의 모습을 그려 넣었다.

『반야심경』에 나오는 부처의 전생 이야기이다. 토끼가 부처이다. 이런 타자에 대한 자기 희생적 환대가 불교의 보시이다.

수대나 태자의 이야기는 절대적이고 무조건적인 환대, 순수한 선물이 무엇인지 보여주는 대표적인 예다. 이 일화는 경전 『수대나태자경(須大拏太子經)』에 나오는데, 고려시대에 편찬된 『팔만대장경』과 세종대왕이 한글로 지은 『월인천강지곡』에도 수록되어 있다.

섭파국의 수대나태자의 관심은 처음부터 끝까지 어떻게 해야 보시바라밀, 즉 절대적 환대를 실천할 수 있느냐 하는 것이었다. 진정한 환대는 타자가 원하는 것을 주는 일이다. 수대나태자는 늘 타자를 앞세웠다. 타자의 요구가 극단적이고 터무니없다 해도 상관이 없었다. 곳간을 열어 가난하고 배고픈 사람들을 도와주겠다고 하면 얼마든지 그렇게 하라고 했다.

적국의 왕이 태자가 보시하기를 좋아한다는 소식을 듣고 여덟 명의 사신을 보내어 섭파국의 보배인 코끼리 수단연을 달라고 하였다. 태자가 코끼리를 적국에게 넘겨줬다. 결국 국왕은 분노한 신하들의 청을 받아들여 그에게 단특산에 가서 12년 동안 참회를 하라는 엄벌을 내렸다.

자신의 전부를 다른 사람에게 아낌없이 주는 태자의 마음에 자연도 감동한 듯했다. 단특산은 그에게 유배와 형벌의 땅이 아니라 축복의 땅이 되었다. 서로 먹고 먹히던 것들이 스스로 모두 풀을 먹었다. 사자와 원숭이가 먹이사슬로부터 해방되어 단특산은 인간이 동물과 교감하고 공존하는 낙원이 되었다.

사자는 아이를 등에 태워 달리고, 그러다가 아이가 다치면 원숭이가 돌봐주는 낙원, 이 모든 것이 자신의 전부를 기꺼이 내주는 태자가 있었기에 가능한 일이었다.

바라문은 가난하여 종을 부리지 못해 힘들어 죽겠다는 아내의 불만에, 태자의 일곱 살짜리 아들과 여섯 살짜리 딸을 염두에 두고 찾아왔다. 바라문은 아이들을 때리며 끌고 갔다.

『수대나태자경』은 이 장면을 이렇게 묘사한다.

> 두 아이가 따라가지 않으려고 하자, 바라문이 매로 때리니 피가 나와 땅에 흘렀다.
> 태자는 모든 새와 짐승과 함께 두 아이를 전송하고 돌아왔다.
> 모든 새와 짐승은 태자를 따라 돌아와서 아이들이 놀던 곳에 이르러 울부짖고 뒹굴며 스스로 땅을 쳤다.

그의 보시는 지독한 상처와 고통, 희생을 전제로 했다. 도리천의 왕 천제석은 태자의 보시가 어디까지 갈 수 있는지 한번 시험해보고 싶었다. 그래서 바라문으로 변신하여 다짜고짜 태자비를 달라고 했다. 그러자 태자가 그러겠다고 하는 게 아닌가.

태자의 진정성을 확인한 천제석은 도로 태자비를 데리고 와서 "다시는 다른 사람에게 주지 말라"고 하였다. 그리고 태자와 태자비의 소원을 들어주겠다고 했다.

> "중생에게 생로병사의 사고(四苦)가 없게 해주시고, 보시를 넓히게 해주시고, 부모가 나를 보고 싶게 해주세요."

보시는 그에게 끝없이 충족시켜야 하는 일종의 허기였다. 그 허기가 환대의 윤리였다. 이 이야기에서 수대나태자는 석가모니를 이른다. 석가모니가 전생에 수대나태자였다.

그가 "제가 보시를 좋아함이 이전보다 더하게 해주십시오"라고 청하면서 자신이 지금까지 실천해온 보시에 만족하지 않고, 더 높은 보시를 실천하게 해달라는 바람이 환대의 본질이자 불교가 추구하는 바이다. 만족을 모르는 윤리적 갈증이 환대의 중심에 있는 셈이다. 환대는 어떤 경지에 도달해서 완성되는 것이 아니라 그것을 향해서 나아가는 과정이다(왕은철, 환대예찬, 현대문학, 2020, 203~204쪽).

도교적 환대, 다름의 공존

도가는 공자가 그렇게 칭송하는 주대(周代)의 문물이 지닌 허위성과 형식성을 직시하고 반문명적인 생각을 지니면서 나타났다. 그래서 도가는 인의예법(仁義禮法)을 논하는 유가 사상과는 대립, 충돌의 관계를 이룰 수밖에 없었다.

이러한 관계는 공자와 노자의 만남에서도 알 수 있다. 공자가 젊었을 때 노자의 명성을 듣고 가르침을 청하러 간 일이 있었다고 한다. 노자는 "그대에게는 교만과 욕심이 너무 많소. 그것은 그대에게 해로울 뿐이요. 나로서는 이 말밖에 할 말이 없소이다"라고 했다.

고향에 돌아온 공자는 그의 제자들에게 노자에 대해서 "새나 짐승은 아무리 날쌔어도 이 손으로 잡을 수 있다. 그러나 용(龍)은 잡을 수가 없지. 노자라는 사람은 용과 같은 사람이었다"고 하였다.

노자는 공자의 이분법 때문에 춘추전국시대의 혼란과 갈등이 생긴다고 하였다. 남녀, 노소, 흑백 등 '이거냐 저거냐'의 선택이나 구별이 아니라 '이것도 저것도' 긍정하고 수용하는, 다르다는 이유로 차별받지 않고 모든 것이 공존하는게 바람직하다는 바로 환대의 정신이다.

노자는 다름이 자연스럽고 아름답지 억지로 같게 만드는 것은 부자연스럽고 추하다고 한다. 설사 그 기준이 올바른 것이라고 하더라도 그 방향으로 사람을 이끌어갈 때 폭력이 끼어들면 바람직하지 않다. 이렇게 사람과 사물이 각자 가지고 있는 특징을 모자라거나 부족하다고 보는게 아니라 개성으로 존중하는 다원주의를 인정해야 한다. 노자는 다름을 틀림으로 여기지 말고 다름과 공존하자고 한다. 다름이 공존하는 세상이 바로 환대를 기반으로 하는 낙원이다.

노자 『도덕경』 2장에 다름의 공존이 잘 나타나 있다.

> 있음과 없음이 서로 함께 살아가게 하고, 어려움과 쉬움이 서로 이루게 하고, 길고 짧음이 서로 견주게 하고, 높낮이가 서로 기울이게 하고, 음과 소리는 서로 어울리고 앞과 뒤도 서로 따른다(有無相生, 難易相成,長短相較, 高下相傾, 音聲相和, 前後相隨).

'유무상생'과 '난이상성' 등에는 다름의 공존이 나타나 있다. 타자와 공존할 뿐 아니라 환대하는 것이다. 노자의 바람은 다름을 차별하는게 아니라 받아들이는 환대이다. 노자는 주인의식으로 넘쳐나는 시대를 살아가며, 거꾸로 손님의 자세를 취하라고 권한다. 손님은 있음을 소유하지 않고 재화를 축적하지 않고 이용할 뿐이다. 그러니 모든 사람들이 손님 대 손님으로 만난다면 공유와 존중의 태도로 가진 것을 나누고, 서로 따뜻하게 맞이하며 환대하게 된다. 이처럼 노자는 과잉된 주인의식으로 인해 빚어진 시대의 분쟁을 반성하며 손님의 자세에서 공존과 환대의 길을 모색하였다(신정근, 노자의 인생강의, 휴머니스트, 2017, 73쪽).

노나라 임금이 바닷새가 날아와 앉자 친히 종묘 안으로 데리고 와 술을 권하고 음악을 연주하고 소와 돼지를 잡아 대접했다. 그러나 새는 어리둥절해하고 울기만 할 뿐 술 한잔, 고기 한점 먹지 않고 사흘 만에 죽었다. 이것은 자기와 같은 사람을 대하는 방법으로 새를 대접한 어리석음이지 환대가 아니다.

『장자』의 〈지락〉편에 나오는 같은 비유이다.

> 남쪽 바다의 왕을 숙이라 하고 북쪽 바다의 왕을 홀이라 하며, 중앙의 왕을 혼돈이라고 한다.
>
> 숙과 홀은 계속 혼돈의 땅에서 회합을 가졌고 혼돈은 그들을 잘 대접해 주었다.
>
> 그들은 혼돈의 친절함에 어떻게 보답할 것인지 살펴보다가 "사람은 보고 듣고 먹고 숨쉬기 위한 목적으로 일곱 개 구멍을 갖고 있지만 혼돈은 한 개의 구멍도 없다.
>
> 그에게 일곱 개의 구멍을 만들어주자"라고 말하였다.
>
> 그래서 그들은 그에게 매일 한 개씩 구멍을 파주었다.
>
> 칠일이 지나자 혼돈은 죽고 말았다.

우리와 다른 것을 어떻게 다루어야 하는 지, 무엇이 환대인지를 암시하는 도교적 사례이다.

환대의 철학

칸트의 방문할 권리

환대의 개념은 멀리 그리스 스토아학파에까지 거슬러 올라가며(최병두, 이방인의 권리와 환대의 윤리, 문화역사지리, 24집 3호, 2012, 16~36쪽), 중세 후기 스콜라 철학, 자연법 사상, 계몽주의 철학으로 이어지는 서양철학의 전통을 가지고 있다. 근대 들어 환대에 대한 논의를 촉발시킨 이는 칸트다.

칸트의 유명한 정언명령은 두 부분으로 되어 있다.

첫째, 너의 의지의 준칙이 동시에 보편적 입법 원리로 타당하도록 행동하라.

둘째, 네 인격과 모든 타인의 인격에서 인간성을 한갓 수단으로 대하지 말고 항상 목적으로 대하도록 행동하라.

두 번째가 너와 나, 우리에 대한 환대의 마음가짐이다. 칸트는 가격을 갖는 사물과 존엄성을 갖는 사람을 대립시킨다. 가격을 갖는다함은 비교할 수 있으며, 대체 가능하다는 뜻이다. 인간은 그 자체가 목적인 존재이기에 가격을 갖지 않는다. 타자를 사람으로 인정함은 그의 가치를 인정하는 것이 아니라 가치에 대한 질문을 괄호 안에 넣은 채 그를 환대하는 것을 말한다(이원봉, 도덕형이상학을 위한 기초 놓기, 책세상, 2002, 94쪽).

칸트는 1795년에 『영구평화론』이라는 제목의 책을 출간한다. 이 책은 다른 칸트의 저작, 예를 들어, 진·선·미를 다룬 『순수이성비판』, 『실천이성비판』, 『판단력비판』의 세 비판서에 비하여 소홀히 취급되어 왔다. 그러나 20세기 유엔이 창설되면서 주목을 받았고 세계화

시대인 지금은 국제평화와 관련해서 가장 널리 읽히는 칸트의 책 중 하나가 되었다.

이 책에 따르면 영원한 평화를 이루는 데는 세 가지 조건이 필요하다.

첫째, 각 국가의 통치체제는 공화정이어야 한다(제1조항). 국민이 왕에게 맹목적으로 따르는 국가가 아니라 스스로 자신들을 통치하는 국가여야 한다. 국내법에 해당한다.

둘째, 국제법은 자유로운 각 국가의 연합제도에 기초를 두어야 한다(제2조항).

셋째, 위에서 언급된 국제법은 보편적인 우호를 가져오는 제반 조건의 제한을 받아야 한다(제3조항). 세계시민법에 해당하는데, 보편적인 우호를 가져오는 제반 조건은 무엇일까? 그는 '방문할 권리'를 말한다. 국가연합에 참가한 국가의 국민은 서로의 국가를 자유롭게 방문할 수 있어야 한다. 이는 모든 인간이 갖는 권리로, 이 권리를 보장하지 않으면 영원한 평화를 이룰 수 없다는 것이다. 지금으로 치면 국제관광의 권리이다.

인간은 누구나 세계 시민으로서 외국을 방문할 때 환대받을 권리가 있으며, 이는 뒤집어 말하면 인간은 누구나 자기 땅에 들어온 외국인을 환대할 의무가 있다(Benhabib, Seyla, The Right of others: Aliens, Residents, and Citizens. Cambridge: Cambridge University Press, 2004, pp. 43~45).

칸트가 "모든 사람이 누릴 수 있는 일시적 체류의 권리이자 교제의 권리"로서 환대의 권리를 주장했을 때, 그는 이 권리의 근거를 주인과 손님의 관계 윤리가 아니라 "인류에게 공동으로 귀속되는 지구의 표면에 대한 공통의 권리"에서 찾았다.

환대란 이방인이 낯선 땅에 도착했을 때 적으로 간주되지 않을 권리를 뜻한다. 한 국가는 외국인을 자기들의 땅에 발붙이지 못하도록 할 수도 있다. 그러나 그가 평화적으로 처신하는 한, 그를 적대적으로 다루어서는 안 된다. 단, 모든 사람이 누릴 수 있는 권리는 일시적인 체류의 권리요, 교제의 권리이다(칸트, 영원한 평화를 위하여, 이한구 역, 서광사, 1992. 36쪽).

칸트로부터 140년이 지난 20세기 초에 독일의 법철학자 카를 슈미트(Carl Schmitt)는 정치외교학에서 가장 중요한 문헌 중 하나인 『정치적인 것의 개념』(1932)이라는 연구서를 출판한다. "정치적인 것의 본질은 친구와 적을 구분하는 것이다"라는 우(친구)/적 이론이 핵심이다. 전쟁 등 갈등 상황에서 친구를 지키기 위해 적을 무찌르는 것이 정치의 본질이라는 것이다. 하지만 누군가가 사적으로는 적이라 하더라도 공적으로는 친구일 수 있고 그 반대일 수도 있다. 적이란 타자, 이질적인 자이다. 공동체의 존속을 위해서는 수긍할 수 있지만 매우 위험한 사상이다. 실제로 슈미트는 이 사상에 따라 나치 독재를 지지하고 유대인 배제 정책을 추진한다.

인간은 인간인 한 국가를 만들고 친구와 적을 만든다. "친구/적의 구별이 없으면 인간이 될 수 없다." 글로벌리즘을 공격할 논리를 구성하는 과정에서 슈미트는 이런 이론에 도달했다. 주인과 손님의 원만한 환대의 철학을 논하는 데는 커다란 장애가 되는 이론이다(아즈마 히로키, 관광객의 철학, 안천 역, 리시올, 2020, 37쪽). 우리 주변에 친구 아니면 적 밖에 없다면 불안하고 무서워서 마음 편히 살 수 있을까? 사실 압도적 다수는 아직 제대로 만나지 못한, 그러므로 친구도 적도 아닌, 그러나 환대를 바라는 타자들이다.

부버의 '나와 너'

호모 사피엔스는 사람을 '우리'와 '그들'로 나눠서 생각하도록 진화해 왔다. 우리란 누구든 내 주위에 있는 집단으로 언어와 종교와 관습이 같은 사람들을 말한다. 그들은 그 외의 사람이다. 우리는 서로에 대하여 책임을 지지만, 그들에 대해서는 서로 다르며 빚진 것이 없다. 국경 너머에는 그들이란 야만인들이 들끓고 있다(유발 하라리,사 피엔스, 김영사, 조현욱 역, 2015, 315쪽). 그래서 중국은 만리장성 너머의 민족들을 동이, 서융, 남만, 북적처럼 모두 오랑캐라 불렀다.

마르틴 부버(Martin Buber)는 대부분의 유명한 철학자가 그렇듯이 유대인으로서 그를 가리켜 '만남의 철학자,' '관계의 철학자'라고 한다. 그는 『나와 너(*Ich und Du*)』(1923)에서 다음과 같이 말한다.

"나-너는 존재를 기울여서만 말할 수 있다. 나-그것은 결코 온 존재를 기울여서 말할 수 없다. 나 그 자체란 없으며 오직 나-너의 나와, 나-그것의 나가 있을 뿐이다. 사람이 나라고 말할 때 그는 그 둘 중 하나를 생각하고 있다. 나-너를 말하는 것이 타자를 객체화하는 것이 아닌 관계를 세우고, 나-그것을 말하는 것이 타자를 객체화하는 경험이나 이용을 야기한다."

'타자의 철학자'라 불리는 레비나스와 '해체와 환대의 철학자' 데리다에게 심오한 영향을 미친 부버의 '대화철학'도 유년 시절의 경험에서 시작되었다. 그의 자전적인 글을 모아놓은 『만남들(*Meetings*)』에 나오는, 때로는 슬프고 때로는 아름다운 회고 중 대표적인 것은 말(馬)과 관련된 에피소드이다. 그는 그 교감의 순간을 이렇게 회고한다.

"내가 그 동물과의 접촉에서 경험했던 것은 나를 가까이로 끌어당기고 어루만지게 만드는 타자성이었다."

소년 부버가 말을 쓰다듬는 일은 처음에는 자신과 다른 존재, 한 생명과의 순수 접촉이요, 순수 만남이었다. 그런데, 어느 순간 그것을 재미로 느끼게 되면서 양자의 관계가 변해 버렸다. 재미를 느낀다는 것은 소년에게 말이 '이미' 이용의 대상이 되었다는 뜻이다. 말은 본능적으로 소년의 '배반'을 느꼈는지도 모른다. 다음 날, 소년이 다시 마구간을 찾았을 때 말은 더 이상 그를 반기지 않았다.

부버가 발전시킨 관계의 두 유형, '나-너(Ich-Du)'의 관계와 '나-그것(Ich-Es)'의 관계에서, 나-너의 관계는 나와 타자가 주체 대 주체로 만나는 대등하고 수평적인 관계이다(레비나스는 '나'와 '너'는 대칭이 아니라 '나'보다 '너'가 우선하는 비대칭의 관계를 이뤄야 한다고 주장한다).

'나-그것'의 관계는 한쪽이 다른 한쪽을 이용하는 주체 대 객체의 종속적이고 수직적인 관계이다. 인간은 물건이나 동물만이 아니라 때로는 다른 인간까지 이용하고 필요 없어지면 버린다. 인간도 '그것'에 불과해지는 것이다. 말도 '그것'이 되었음을 본능적으로 느끼는데 사람은 말할 필요가 없다.

사람들은 세계를 경험한다고 말한다. 사물들로부터 경험을 가져온다. 그러나 경험만으로는 관계를 사람에게 가져다 줄 순 없다. 왜냐하면 경험은 사람에게 오직 그것과 그로 이루어진 세계를 가져다줄 뿐이기 때문이다. 그러나 나-너로 맺어지는 관계는 나의 온 존재를 기울인 환대이다. 그것은 부버의 근본사상인 '모든 참된 삶은 만남이다'라고 하는 인간 실존의 본질이다. 부버는 이렇게 말하고 있다(마르틴 부버, 나와너, 표재명 역, 문예출판사, 2014, 37쪽).

> "근원어 '나-너'는 오직 온 존재를 기울여서만 말해질 수 있다. 온 존재에로 모아지고 하나가 되는 것은 결코 나의 힘으로 되는 것은 아니다. 그러나 나 없이는 결코 이루어질 수 없다. 나는 너로 인하여 나가 된다. 나가 되면서 나는 너라고 말한다. 모든 참된 삶은 만남이다.
>
> 이 나-너의 관계는 우리가 맺는 타자와의 관계 중에서 가장 긴밀한 인격적인 것이다. 나와 너 사이의 긴밀한 상호 인격관계에서 우리는 인격으로서의 자신을 깨달을 뿐만 아니라 또한 다른 사람을 하나의 인격으로서 만나게 된다.
>
> 너와 나의 만남은 은혜로 이루어진다. 찾아서 발견되는 것이 아니다. 그러나 내가 너를 향해 저 근원어를 말하는 것은 나의 존재를 기울인 행위요, 나의 본질 행위이다."

요컨대, 부버에 의하면 인간의 세계에는 두 가지의 근본적으로 다른 질서가 있다.

그 하나는 '나-너'의 근원어에 바탕을 둔 환대 정신에 입각한 참다운 대화가 이루어지는 낙원이다.

다른 하나는 다른 사람을 자기의 욕망을 충족시키기 위한 수단, 곧 '그것'으로 밖에는 보지 않는 '나-그것'에 바탕을 둔 푸대접만이 이루어지는 문제적 사회이다.

오늘날 무서운 힘으로 인간을 '그것'으로 만들어 가는 현대의 과학문명과 자본주의 속에서 이기적인 개인주의와 다름을 무시하는 권위주의가 횡횡하고 있다. 이때 인간이 진정한 자기를 회복하고 참된 인격적 공동체를 이루어가는 데 있어서, 부버의 이 인격적 만남과 환대의 사상은 우리에게 시사하는 바가 매우 크다.

데리다의 무조건적 환대

알제리에서 태어나 프랑스로 이주해 차별과 디아스포라(diaspora)의 삶을 살아야 했던 유대인 자크 데리다(Jacques Derrida)는 증오에서 사랑의 윤리를 캐낸 사람이다. 증오에서 증오를 키우는 사람이 있고 사랑을 깨닫는 사람이 있다. 그 사람의 그릇이 그것을 결정한다. 그가 식민지 주민이고 유대인이라서 당한 증오에 의한 상처가 그의 철학의 출발점이었다. 그런데, 그것이 가르친 것은 타자에 대한 환대의 정신이었다. 환대는 데리다 사상에서 가장 근원을 이루는 개념 중 하나이다. 데리다에게 정의란 궁극적으로 환대이다(강남순, 데리다와의 데이트, 행성비, 2022, 16쪽).

그가 진정한 환대는 환대할 수 없는 것을 환대하는 것이라면서 인간만이 아니라 동물을 포함한 모든 것을 환대하자고 말한 것도 그 상처가 있었기에 가능한 일이었다. 그가 같은 유대인인 레비나스와는 달리, 지금도 여전하지만, 이스라엘이 팔레스타인인들에게 가하는 폭력에 분개한 것도 그래서였다.

데리다는 『눈먼 이의 회상』(1990)에서 '당신은 믿는가?'라는 물음으로 시작하여 '보고 있는 눈물을 ……당신은 믿는가?'라는 물음으로 끝낸다. 보는 것이 눈의 본질이 아니라 눈물이 눈의 본질이라는 철학과 문학의 핵심적 인식이다. 그는 이 사실, 말하자면 눈물이 눈의 본질이라는 사실을 인간만이 안다고 말한다. 그런 의미에서 박지원의 『열하일기』에 나오는 호곡장(好哭場)이라는 말이 의미심장하다. 정말 목 놓아 울기 좋은 장소에서 한번 제대로 울어본 경험을 하고 나면 고장난 내 삶과 왜곡된 관계를 제대로 다시 시작할 힘이 날 것이다.

〈시편〉 126장 5절에 "눈물로 씨를 뿌리는 자는 기쁨으로 거두리로다"하는 말도 같은 말이다.

앞에서도 잠깐 언급했지만, 데리다에게 있어 환대란 타자에게 자리를 주는 행위, 혹은 사회 안에 있는 그의 자리를 인정하는 행위이다. 자리를 준다. 인정한다함은 그 자리에 딸린 권리들을 인정한다는 뜻이다. 누군가를 환대한다 함은 적대를 그만두고 그를 이 공간 안으로 들어오게 하는 것이다. 환대받음에 의해 우리는 사회의 구성원이 되고, 권리를 갖게 된다. 적대란 타인의 존재에 대한 부정이다.

환대를 주인이 손님에게 베푸는 호의로 이해할 경우, 환대의 범위 또는 한계에 대한 질문이 제기된다. 초대하지 않은 손님 역시 환대해야 하는가? 그에게 무엇을 어느 정도 베풀어야 하는가? 하는 조건부 환대의 문제 맞은편에 타자에 대한 무조건적이고 전면적인 개방이 있다. 예고 없이 방문한 이방인을 위한 환대, 보답을 기대하지 않으며 심지어 상대방이 누구인지조차 확인하지 않는 환대, 데리다는 이러한 환대 — 순수한 환대 혹은 절대적 환대 — 가 현대 자본주의 사회에서는 현실적으로는 불가능한 이상이라고 말한다(페날로페 도이쳐, How to read 데리다, 변상찬 역, 웅진지식하우스, 2005, 119쪽).

데리다는 순수한 환대란 초대하지 않은 손님에 대한 환대라고 말한다. 절대적 환대는 보답을 요구하지 않는 환대이다. 절대적 환대가 타자의 영토에서 자신의 존재를 부인당하는 사람들에게 도움의 손길을 뻗치는 일, 그들에게 사회 안에 빼앗길 수 없는 자리를 마련해주는 일이라면, 그런 환대가 절대적으로 필요하다고 말할 수 있다.

데리다는 이렇게 말한다.

> "순수한 환대나 무조건적 환대는 환대 그 자체는 기대되지도 초대되지도 않은 모든 자에게, 절대적으로 낯선 방문자로 도착한 모든 이에게, 신원을 확인할 수도 없고 예견할 수도 없는 방문자에게, 사전에 미리 개방돼 있다. 이를 초대의 환대가 아니라 방문의 환대라 부르자."

데리다의 무조건적 환대의 개념은 거의 신의 인간에 대한 무한한 사랑을 연상시킨다. 어머니의 자식에 대한 조건 없는 사랑에도 비견할 만하다. 무조건적 환대는 "타자에 대한 주체의 평가나 파악, 인식, 이해를 뛰어넘는 적극적인 것"에 해당하는 것이고, 레비나스는 이것이 타자중심적 윤리라고 한다. 그렇지만 그것이 과연 실천적으로 가능한가? 위에서도 말했지만, 데리다는 가능하지 않다고 단언한다. 그러나 실천적으로 불가능하다 하더라도 이념적으로 여전히 유효하다고 한다(김애령, 이방인과 환대의 윤리, 철학과 현상학 연구, 39집, 2002, 195쪽).

여행이나 사업차 또는 공부 등을 위해 찾아간 외국의 공항에서 우리는 이름, 국적, 방문 목적 등을 묻는 해당 국가 공무원의 질문에 익숙해져 있다. 이런 질문들을 통해 우리가 그들에게 위험하지 않은 존재임이 확인되고 난 이후 우리는 비로소 해당 국가에 입국할 수 있다. 이것이 대개 우리에 속하지 않은 낯선 땅에서 우리가 경험하는 환대의 절차다. 그렇다면 묻지 않는다는 것은, 말 그대로 묻지도 따지지도 않는다는 것, 이름이 무엇이고 국적이 무엇인지, 무엇 때문에 우리나라에 왔는지 물어보지 않고 입국시켜주는 것, 요컨대, 무조건적으로 환대한다는 것을 의미한다(데리다 & 안 뒤푸르망텔, 환대에 대하여, 이보경 역, 필로소픽, 2023, 109쪽).

무조건적 환대의 이념은 끊임없이 현실과 긴장관계를 형성하면서 환대의 실천 수준을 끌어올린다. 아울러 타자를 내 안으로 수용하는 환대는 우리 자신의 변화를 유발한다. 환대가 가져온 변화로 인해, 우리는 이전과는 다른 새로운 삶을 창조할 기회를 얻는다. 이러한 변화는 우리에게 기쁨으로 다가온다. 이러한 환대의 최종단계는 타자를 나 자신으로 여기게 되는 상태가 될 것이다(김정현, 외국인이라는 문제, 그리고 환대, 코기토, 78호, 2009, 336쪽). 타자에게 우리를 내어줌으로써 타자를 나 자신으로 여기게 되는 상태는 너를 위한 환대가 나를 위한 향유로 변하게 하여 모두가 하나 되는 낙원을 만들게 한다.

데리다의 환대는 미소 없이는 불가능하다. 의무로서의 환대인 칸트적 환대와 갈라지는 지점이다. 데리다를 흔히 환대의 예술가이자 시인이라고 부른다. 데리다는 기쁨의 웃음, 미소, 눈물만이 아니라 누군가의 상실과 죽음에 애도하는 것 역시 환대의 한 측면으로서 환대를 심화한다. 환대란 나를 타자에게 무한히 확장하는 것이다. 진정한 환대, 즉 환대의 윤리는 우리의 지속적 과제인데, 무조건적 환대의 축을 기억하면서 환대 가능성의 원을 더욱 확장해 나가야 한다.

데리다의 무조건적인 환대에 가장 가까운 것은 무엇일까? 언뜻 아낌없이 주는 나무가 생각난다. 바람과 모래를 막아주고 새와 곤충에게는 포근한 보금자리와 열매를 내어준다. 더운 여름날 그늘을 드리워 한자의 쉴 휴(休) 자는 '사람 인' 변에 '나무 목'을 쓴다. 피톤치트를 발산하고 이산화탄소를 흡수하여 신선한 산소를 배출한다. 사람들에게는 그네를 매달아 놀게 해주고 자신의 몸을 희생해서 땔감으로, 가구로, 악기로, 심지어는 관으로 내어준다.

우리 먼 조상들은 오랫동안 나무 위에서 생존해 온 기억으로 소원과 희망을 나무에게 빌기도 한다. 그런 무조건적 희생과 타자에 대한 환대가 가능한 것은 땅 속 깊이 침잠하고 하늘 높이 상승하며 가지를 자유롭게 뻗어 나가는 덕성을 갖추어서이다.

하회마을 삼신당 신목

안동 하회마을 한 가운데 있는 삼신당 신목은 수령이 600여 년 된 느티나무이다. 아기를 점지해 주고 출산과 성장을 돕는 마을을 지키는 신령스런 나무이다. 매년 정월 대보름에 이곳에서 마을의 평안을 비는 동제를 지낸다. 하회별신굿탈놀이도 삼신당에서 시작된다. 이 마을 집들은 삼신당 신목을 중심으로 이를 뒤에 두고 강을 향하도록 배치하여 남향이 아니라 모두 다른 방향을 바라보고 있다. 좋은 기운을 받으려는 방문객들의 바람을 담은 쪽지들이 신목 주변에 빼곡히 매달려 있다. 이 나무는 주민이든 방문객이든 모두를 두 팔 벌려 환대한다.

레비나스의 모순적 환대

타자의 윤리적 의미를 근원적으로 밝히고 타자 중심성에 대해 가장 진지하게 접근한 이가 바로 데리다가 가장 큰 영향을 받은 레비나스(Immanuel Levinas)이다(김연숙, 레비나스 타자 윤리학, 인간사랑, 2001, 37쪽).

우리 모두가 타인을 위한 존재임을 자신의 철학적 소명으로 삼았던 그를 프랑스 신문 리베라시옹은 '네 문화의 철학자'라 불렀다. 이 신문의 지적처럼, 레비나스를 이해하고자 한다면, 그의 사상을 형성하게 된 지적 토양의 다문화적 요소를 이해해야 한다. 그는 리투아니아의 유대교 집안에서 태어나, 어린 시절 러시아 언어와 문학을 접했다. 이후 18세에 프랑스에 이주해 스트라스부르대학을 다녔다. 24세에 독일 프라이부르크 대학에서 박사학위를 받았으며 이후 프랑스로 귀화하였다. 그 누구보다도 전통 서구철학에 대해 비판적 사고를 가진 그에게는 유대교 사상, 러시아적 문학의 감수성, 프랑스 철학의 명철함, 독일 현상학 등의 지적 토양이 철학에 대한 비판을 넘어서 새로운 사상의 방향을 제시해주는 영감으로 작용하였다. 그는 유대인으로서의 외로움과 차별, 성서 교육, 제2차 세계대전과 유대인 수용소의 충격 등으로 환대의 문제에 천착하였다.

레비나스는 그의 대표작 『전체성과 무한』 서두에서 "이 책은 타자를 받아들임으로써, 환대의 주체성을 드러낼 것이다"라고 말한다. 그는 주체가 주체로서 의미를 갖는 데는 지식 획득이나 기술적 역량에 달린 것이 아니라 타인을 수용하고 손님으로 환대하는 데 있다고 본다.

레비나스는 자아의 외부에 엄연히 존재하는 타인의 존재 사실로부터 새로운 철학의 방향을 제시한다. 그것은 '나로부터'에서 타자와의 관계, 타자 중심성으로부터 사유를 시작하는 '사유 틀'의 근본적 전환을 요구한다. 자아와 타자의 관계는 서로의 차이와 독립성이 보존되는 분리인 동시에 서로가 평화롭게 관계를 맺어야 한다. 이는 철학의 주제가 자아론, 존재론의 철학으로부터 인간 간의 사회적·윤리적 관계를 중심으로 하는 윤리학으로 전환되어야 한다는 것이다.

레비나스는 자아와 타인의 관계에서 타인을 자아의 인식의 대상인 현상이 아니라, 현현(ephipany)하는 존재로 설정한다. 현현은 영적인 나타남으로, 주체의 능동성에 기인한 의식의 지향적 대상으로 등장하는 것이 아니라, 그 스스로 나의 감성에 작용하면서, 계시하면서 출현하는 것이다. 쉽게 말해 나보다 너가 높다는 말이다.

레비나스의 자아와 타자의 관계를 윤리적으로 근거 짓는 방법은 자아와 타자 사이에서 얼굴과 얼굴을 마주보며 나누는 대화이다. 우리가 말을 주고받으며 대화를 나눌 때 대화는 구체적인 얼굴을 가진 너를 상대로 해서만 가능하다. 대화에서 나타나는 윤리적 상호주관성은 말을 걸고, 상대방을 존중하고, 환영하고, 다가섬으로 가능해진다. 신과 관계 맺는 유일한 방법은 인간 얼굴의 요청에 응답하는 것이다. 레비나스에게서 신과의 관계는 인간에 대한 신의 나타남을 외면하고서는 가능하지 않다.

그는 말한다(레비나스, 전체성과 무한, 양명수 역, 그린비, 2018, 78~79쪽).

> "형이상학은 사회적 관계가 실현되는 데서, 즉 우리와 다른 사람들과의 관계 속에서 실현된다. 인간의 관계로부터 분리된 신과의 관계란 있을 수 없다. 타자는 형이상학적 진리의 중심이며, 신과 나의 관계에서 불가결하다. 그는 중재자적 역할을 하는 것이 아니다. 타자는 그의 얼굴에 의하여, 그리고 그의 얼굴 속에서 신이 계시되는 높이를 나타낸다."

타자는 나에 대해서 완전한 초월과 외재성이다. 레비나스가 말하는 타자는 내가 완전히 파악할 수 없는 무한성이다. 낯선 이인 나그네로서의 타자의 얼굴은 보편적인 인간성을 열어주는 길이다. 타자는 나와 동등한 자가 아니다. 그는 그가 당하는 가난과 고통 속에서 나의 주인이라고 레비나스는 말한다. 나는 나 자신을 벗어나 그를 모실 때 비로소 그와 동등해질 수 있다.

타인은 거주와 노동을 통해 이 세계에서 나와 내 가족의 안전을 추구하는 나의 이기심을 꾸짖는다. 그리고 윤리적 존재로서 타인을 영접하고 환대하는 윤리적 주체로서 내 자신을 세우도록 요구한다. 타인은 나의 존재를 위협하는 침입자가 아니라 오히려 내가 내면성의 닫힌 세계에서 밖으로의 초월을 가능케 해주는 존재이다.

나는 나의 집 문을 걸어두고 타인으로부터 분리된 채 자기중심적으로 살아갈 수 있다. 이것은 책임으로부터의 도피이며 이것을 레비나스는 윤리적 의미의 '악'이라 부른다. 선행은 타인의 호소를 수용하고 받아들이는 것이다. 타인의 수용은 자신의 문을 열고 타인을 영접하는 환대로 나타난다. 환대는 타인에게 필요한 무엇을 줌과 타인을 위한 자신의 희생이다. 줌과 희생은 어떤 반대급부를 기대하지 않는다. 만일 어떤 반대급부를 기대한다면 그것은 순수한 줌이 아니라 주고받음의 거래가 된다. 순수한 줌에는 계산이 개입될 수 없다. 타인을 환대함은 나의 구체적인 비움을 수반한다(레비나스, 시간과 타자, 강영안 역, 문예출판사, 1996, 217쪽).

세 종교, 즉 유대교, 기독교, 이슬람교는 모두 아브라함을 선조로 둔 종교들이다. 그는 자신의 것을 이방인 타자들에게 아낌없이 내준, 환대의 원조에 해당하는 사람이었다. 낯선 이방인들에게 발 씻을 물을 주고 송아지를 잡아주고 우유와 빵을 아낌없이 준 사람이었다. 그에게 이방인들은 신의 대리인인 천사였다. 그래서 신을 섬기듯 이방인들을 환대했다. 그는 그러한 눈부신 환대를 유산으로 남겼다. 그런데, 20세기 전쟁의 시대를 거쳐 21세기인 지금 그 유산과 문화는 산산이 부서졌다. 환대의 고향에서 환대가 훼손당하고 모욕당하는 게 현실이다. 아브라함의 같은 자손인 이스라엘이 팔레스타인인들에게 행하는 적대 말이다(왕은

철, 환대예찬, 현대문학, 2020, 172쪽).

지금 뉴스에서는 이스라엘에 폭격당하고, 점령당한 가자의 팔레스타인인들이 다른 나라도 아닌 자기 나라에서 유배당한 삶을 살아가는 모습을 보여준다. 피해자가 가해자가 되고, 누군가에게 억압당했던 사람이 누군가를 억압하는 역설, 이것이 현실이다.

레비나스는 환대이론을 펼치면서 지나치게 유대인만을 위한 자민족중심주의로 흐르는 경향이 있다. 그는 팔레스타인의 고통은 애써 외면했다. 그의 이론을 맹목적으로 수용하는 걸 경계해야 하는 이유다.

넬슨 만델라(Nelson Mandela) 대통령은 무려 27년간이나 감옥에 갇혀서 혹독한 고초를 겪었다. 남아프리카공화국 최초로 민주적 절차를 거쳐 대통령에 당선되었을 때, 장기간 자기를 감시하고 박해하던 백인 교도관들을 취임식에 초대한 것을 보고 전 세계는 놀라움을 금치 못했다.

남아공의 투투 주교는 그 일화를 소개하면서 용서는 논리가 아니라 논리의 구속에서 풀려나 궁극적으로 그것을 초월하는 일이라고 힘주어 말한다. 감옥에 들어갈 때 40대였던 만델라는 풀려날 때 70대 노인이 되어 있었다. 그럼에도 불구하고 그는 레비나스 등 유대인들과 다르게 용서의 길을 택했다. 그는 용서가 부재한 이 시대에 용서의 문화를 만들었다. "용서가 없다면 미래도 없기 때문입니다." 만델라의 말이다.

이스라엘의 네타냐후 수상 같은 유대인들에게는 사랑과 용서를 가르침의 중심 놓았던 예수는 안중에 없는 것처럼 보인다. "일곱 번이 아니라 일흔일곱 번까지라도 용서해야 한다(마태 18:12)"는 예수의 가르침을 철저하게 외면한다. 그저 팔레스타인과 이란과 같은 중동 이웃국가들에 대한 파괴만이 생존의 이유처럼 보인다. 용서는 환대의 또 다른 이름인데 말이다.

환대의 내용

환대는 다양한 모습으로 우리 현실에서 느껴지고 생각되고 말해지며 행동으로 나타난다. 여기서는 환대와 비슷한 개념, 혹은 환대의 원인, 수단, 과정, 실제로서 공감, 다정함과 친절, 이타주의, 연민과 애도, 칭찬, 약자 보호 등을 다루고자 한다.

공감의 환대

2000년대 초 한국의 인기 아이돌 그룹 GOD의 '촛불 하나' 노래 가사에 공감을 잘 표현하는 구절이 있다.

> "언제나 네 곁에 서 있을게. 혼자라는 생각이 들지 않게
> 불을 밝히니 촛불이 두 개가 되고 그 불빛으로 다른 초를 또 찾고
> 세 개가 되고 네 개가 되고 어둠은 사라져 가고."

이 노래와 같이 공감은 다른 사람과 감정을 함께 하는 것이다. 공감은 한 사람이 다른 사람 또는 다른 생명체에 대해 갖는 정서적 감정이다(양옥경, 공감의 힘, 나남, 2022, 8쪽).

『Longman 현대 영어사전』에는 공감(empathy)은 "다른 사람의 느낌과 문제를 이해하는 능력"이라고 정의하고 있다.

심리학에서 공감의 개념을 처음 도입한 로저스는 "공감이란 상대방의 현실을 있는 그대로 인정하며 어떠한 평가나 판단을 하지 않고 그대로 수용하는 것"이라고 정의하였다(Carl Rogers, Theory of therapy, personality and Interpersonal relationships, New York: McGrawHill, 1959, p. 201).

심리학자 호프먼은 공감을 "자신의 상황보다 다른 사람의 상황에 더 잘 맞는다고 느끼게

만드는 심리적 과정의 엮임"이라고 정의한다(Martin Hoffman, Empathy and moral development, Cambridge: Cambridge univ, 2000, p. 30).

공감은 우리가 다른 사람의 삶의 일부가 되어 의미 있는 경험을 공유할 수 있게 해주는 심리적 수단이다. 그런 초월적 개념은 자아를 넘어 보다 더 큰 공동체에 참여하게 하고, 보다 복잡한 의미의 그물망에 끼어 들어가게 하는 것이다.

제레미 리프킨(Jeremy Rifkin)은 "공감은 단지 정서적인 것이 아니며 세상을 하나로 묶는 접착제"로 받아들여진다고 한다(제레미 리프킨, 공감의 시대, 이경남 역, 민음사, 2010, 271쪽). 그는 공감이 느낌이자 생각이고 행동이며 책임이라고 덧붙인다. 리프킨은 서로에게 인간성을 발견하는 능력이 바로 공감이라고 주장하면서 인간과 살아있는 모든 존재에 조금 더 깊이 공감할수록 참여의 정도가 강해지고 넓어지며, 그럴수록 우리가 몸담고 있는 현실의 영역은 더 풍요로워지고 더 보편적이 된다고 한다.

공감은 도덕의 출발을 가능하게 만든 인간의 중요한 자산이다. 그래서 핑커는 공감을 인간이 갖고 있는 천사들 중 하나로 제시한다(Steven Pinker, The Better Angels of our Nature, East Rutherford: Penguin Publishing Group, 2011, p. 52).

루소(Jean-Jacques Rousseau)는 연민을 말한다. "연민이란 우리가 힘들어 하는 사람을 보면 깊이 생각하지 않고 돕게 하는 것으로, 각 개인의 자기의 활동을 다소 줄이고 종 전체의 상호 보존에 협력하게 하는 작용이다(루소, 인간불평등 기원론, 주경록 역, 책세상, 2018, 89쪽)." 만약 연민이 없었다면 인류는 이미 예전에 멸망했을 것이라고 루소는 말한다. 그런데, 공감에서 연민으로 발전한다. 연민과 다르게 공감은 필터 없이 온전히 타인의 고통을 강하게 느끼는 것이다. 또한 아이들이 너와 나라는 감각을 완전히 익히기 전에 발달한다. 다섯 살쯤 되면 누군가가 다치거나 슬픈 일이 발생하더라도 자신이 함께 무너지지 않는다는 것을 알게 된다. 이런 인식 덕분에 우리는 친구들을 위로하고 그들에게 필요한 도움을 줄 수 있다. 이것이 다른 사람이 느끼는 감정을 온전히 같이 느끼는 공감과 다른 사람의 감정 상태를 인지하고, 그것을 완화해 주려고 하는 연민의 차이이다. 공감은 연민으로 가는 관문에 있으며,

연민은 성장과 치유를 위해 활용할 수 있는 높은 수준의 심리기술이다. 우리가 트라우마로 고통 받더라도 타인에게 연민을 보이고, 그들을 돕는 행동을 통해 우리 자신의 트라우마를 치유할 수도 있다.

아기들은 두 살 정도가 되면 다른 아이가 고통을 받고 있는 광경을 보았을 때 덩달아 불안한 표정을 지으며, 다가가 장난감을 건네거나 안아주거나 한다고 한다.

최근의 한 연구는 어린아이들의 도움행동이 공감을 동반하는 염려에 의해 영향을 받는다는 점을 보여준다. 생후 18개월에서 24개월 된 유아들에게 한 어른이 방금 전까지 그리고 있던 그림을 다른 어른이 일부러 잡아채서 찢는 모습을 지켜보게 했다. 그림을 찢는 순간, 유아들은 실험의 희생자를 바라보는데, 이는 분명하게 염려하는 표정이었다. 그림이 찢어졌을 때 희생자를 향해 더 많은 염려를 보여준 아이들이 그 피해자를 더 많이 돕고자 했다. 이는 유아가 희생자의 고통을 마주했을 때 선천적으로 생겨나는 공감이라는 반응이 이들의 도움 성향에 영향을 주었다는 것을 시사한다. 아이들의 도우려는 동기는 보상이 아니라 염려이다(V.A. Carpenter, & Tomasello, M., "Sympathy through affective perspective taking and its relation to prosocial behavior in toddlers," Developmental Psychology 45(2), 2009, pp. 534~543).

가장 개인적인 것이 가장 보편적인 것이다. 사람들은 본인만 겪었을 거라고 생각하는 일을 타인도 경험했다는 사실을 알면 공감한다. 다른 영장류와 마찬가지로 사람은 이기적이고 공격적인 충동을 억누르기 위해 애를 써야 하는 동물이다. 고도로 경쟁적이지만 서로 어울리고 타협할 수 있는 능력이 있는 동물이다.

호모 사피엔스는 유난히 동료에 의해 쉽게 한쪽 감정에서 다른 감정으로 동요되는 특징이 있다. 정확히 바로 이것이 공감이 시작되는 지점이다. 더 높은 상상의 영역이나 내가 그 사람의 상황에 있다면 어떻게 느낄지 의식적으로 재현해보는 능력에서 시작하는 것이 아니다.

동정은 고통 받는 사람의 고통을 그 사람의 것이라고 여기고, 그 사람을 바라보는 자신은 그가 불쌍하다고 생각하기만 하면 충분하다. 반면, 공감은 동정과 느낌은 비슷하지만, 상대방이 경험하는 그 고통을 나의 고통이라고 느낀다는 점에서 동정과 차이가 있다.

공감은 훨씬 더 쉽게, 신체가 일치되는 것으로 시작된다. 다른 사람이 웃을 때 따라 웃는 것, 울 때 같이 우는 것, 또는 다른 사람이 하품을 할 때 따라서 하품하는 것 말이다. 이런 것들은 모든 생물들에게 깊숙이 배어 있는 무의식적인 동일화(synchrony)의 힘을 보여준다. 동일화는 생존하는 데 가치가 있다. 새 떼가 동시에 날아오르는 것도 이와 같은 현상이다. 부부가 오래 살면서 서로 닮는 것도 그들이 자신과 닮은 사람을 사귀기 때문이 아니라, 시간이 흐르면서 생김새가 비슷해지기 때문이다. 닮은 정도가 가장 높은 커플이 가장 행복도가 높다. 나날이 감정을 공유하면 서로가 상대방을 내면화하여 결국에는 누가 보더라도 그들이 얼마나 오래 함께 지냈는지를 알 수 있을 정도가 된다.

진화론의 창시자 찰스 다윈은 모르는 사람을 구하려고 불 속에 뛰어드는 행동을 예로 들어 그런 행동은 쾌락을 위한 충동보다는 더 깊은 곳에 뿌리박고 있는 인간의 본능, 즉 사회적 본능에서 비롯된다고 한다. 불에 뛰어드는 사람은 불 속에 갇힌 사람의 고통을 자신의 고통처럼 느끼기 때문에 자신도 모르게 도우려고 뛰어든다. 이것이 다윈이 말하는 사회적 본능이다. 다윈은 이렇게 말한다.

> "우리 가운데 몇 사람이 이런 덕성을 귀하게 여겨 행동으로 옮긴다면, 그것은 가르침과 솔선수범을 통해 자손으로 번져 나가 결국 일반적인 행동으로 자리 잡게 된다."

다윈은 인간뿐 아니라 동물도 마찬가지라고 한다.

> "고양이가 아파서 바구니에서 꼼짝 안고 누워 있을 때, 개는 바구니 옆을 지나면서 고양이를 몇 번 핥아주었다. 개에게는 확실히 친절을 나타내는 표시였다."

그는 많은 동물들이 분명 상대방의 슬픔이나 위험에 동정을 드러낸다고 했다(Charles Dawin, The Descent of Man, Princeton: Princeton Univ, 1871, pp. 77~101).

수동적인 입장인 동정과 달리 공감은 적극적인 참여이며, 관찰자가 기꺼이 다른 사람의 경험의 일부가 되어 그들의 경험에 대한 느낌을 공유한다는 의미를 갖게 된다.

소설은 재미 이상의 의미를 갖는다. 소설은 인간의 영혼탐구 그 자체이다. 소설은 독자들에게 보다 복잡하고 모호한 감정을 지닌 등장인물을 제시하여 그들과 동일시하고, 공감하고 대리 경험하게 함으로써 공감적 충동을 보편화한다.

세계에서 가장 오래된 문학작품인 『길가메시』는 오만했던 군주가 깊은 슬픔과 절망을 맛본 후 자비롭고 인자한 왕으로 변모한다는 이야기이다. 길가메시는 지구를 두루 헤맨다. 기나긴 모험 끝에 그의 영혼은 다른 모습으로 바뀐다. 인생은 사람들과 정을 주고받으며 살아야 한다는 사실을 길가메시는 깨닫는다. 다른 사람과 공감할 때 살아있음을 가장 실감할 수 있다고 한다.

낙원 편에서 구체적으로 다루겠지만, 이청준의 『당신들의 천국』에서 한 군인이 소록도 병원장으로 부임해서 원생들에게 하는 첫 연설이 "여러분의 새로운 낙원을 만들기 위해 이 사람은 신명껏 돕겠습니다. 아니 강제라도 하겠습니다"이다. 그는 공감에 의한 협조를 구하는 게 아니라 명령을 내리고 있다. 공감이 부족하면 의도는 낙원 만들기이지만, 실제는 지옥 만들기가 된다.

일방적인 사회인 전체주의나 제국주의도 처음에는 타자를 위한다는 명분을 내세우지만, 결국에는 공감을 무시하며 타자를 압박하여 소수 지배자의 것으로 만드는 걸 목적으로 한다.

공감이 동행으로 이어지려면 우선 눈높이를 맞춰야 한다. 더 이상 우리 사회는 '나를 따르라'며 목청만 높이는 보스를 원하지 않는다. 같이 밀고 끌며 땀 흘리는 공감형 리더를 원한다. 우리는 모두 충분한 공감능력을 갖추고 태어난다. 공감 능력은 우리 종을 만물의 영장으로 만들어주는 데 기여했다. 우리 조상들이 서로에게 공감을 느끼지 않고 무관심하고 냉담했다면 인간은 지금 우리가 있는 자리까지 오지 못했을 것이다.

프란스 드 발은 영장류에게 공감은 본래적인 언어 이전의 형태로, 개체와 개체를 이어주는 연결장치라고 한다. 프란스 드 발과 필리포 아우렐리에 의하면 유인원들이 싸움 후에 친구를 위로하는 모습이 여러 차례 관찰되었는데 두 학자는 이를 공감의 한 형태로 해석했다 (Frans de Waal and Filippo Aureli, "Consolation, Reconciliation, and a possible cognitive difference between Chimpanzee and Macaque: in Reaching into thought, Cambridge: Cambridge Univ press, 1996, pp. 80~110).

심리학자 러셀 처치(Russell Church)는 1959년 〈다른 이의 고통에 대한 쥐의 정서적 반응〉이라는 논문에서 쥐가 손잡이를 눌러 먹이를 받아먹도록 훈련시켰다. 그리고 손잡이를 누를 때 옆 칸의 쥐가 전기충격을 받아 괴로워한다는 걸 알아차리면 쥐가 누르기를 중단한다는 것을 밝혔다. 이 쥐들이 보여준 것은 고통(감정) 전이이다. 즉, 다른 이가 고통스러워하는 모습을 봄으로써 자신의 고통이 강화된다. 흥미로운 점은 낯선 쥐의 고통에 대해서는 공감도가 낮았다. 공감은 무엇보다 먼저 감정적 교감을 필요로 한다. 다른 이의 감정을 봄으로써 감정이 생기고, 거기서부터 조금씩 타자의 상황을 이해하게 된다. 신체적 연결이 먼저 일어나고 이해가 뒤를 따른다.

쥐 실험과 같이 공감은 우리를 다른 사람의 상황에 끌어들인다. 우리가 다른 사람을 돕는데서 기쁨을 얻는 건 맞지만, 이 기쁨은 타인을 통해서 얻을 수 있고, 오직 타인을 통해서만 얻을 수 있기 때문에 순전히 타인지향적이다.

심리학계에서 겨울 뉴런의 발견이 갖는 중요성은 생물학에서 DNA를 발견한 것과 같은 것으로 일컬어진다. 최근에 발견된 공감 뇌 시스템의 일부인 겨울 뉴런이 특별한 이유는 보는 것과 하는 것의 구분이 없기 때문이다. 이 뉴런은 나와 타자의 경계를 지워버린다. 거울 뉴런은 타인의 감정까지 반사한다. 타인이 고통스러워하는 현장을 목격하거나, 그런 소리를 듣기만 해도 뇌는 우리 몸이 직접 고통을 겪는 것과 유사한 반응을 보인다.

거울 뉴런 메커니즘을 통해 우리의 뇌는 타인에게서 관찰한 모든 것을 모방하기 때문에 자동으로 상대의 동작과 몸짓, 목소리 톤을 복사한다. 우리가 상대의 감정에 전염되도록, 상대의 감정에 이입하도록, 주변 사람을 이해하고 그에게 공감하도록 배려한다. 이 모든 감정의 변화가 공감을 구성한다. 공감이 없다면 인간의 협력과 애정과 도움은 상상할 수 없다. 협력과 신뢰 역시 공감 위에 쌓인다. 공감은 힘들여 습득해야 하는 복잡한 이성의 능력이 아니라 자동으로 발달한다.

메를로퐁티(Maurice Merleau-Ponty)는 "나는 다른 사람들의 얼굴표정 안에서 산다. 그들 또한 나의 얼굴표정 안에서 사는걸 느낀다"라고 말했다. 우리는 무표정한 사람들과 이야기를 하려 하면 감정의 블랙홀에 빠지게 된다. 공감은 레비나스가 말하는 얼굴이 필요하다. 얼굴표정이 부족하면 공감에 입각한 이해가 부족해지고, 인간이 끊임없이 주고받는 신체적 메아리가 전혀 없는 단조로운 상호작용만 하게 된다.

공감은 가까움, 비슷함, 친근함을 기반으로 형성되고, 이는 공감이 집단 내의 협동을 촉진하기 위해 진화되었다는 것을 생각하면 이해하기 쉽다. 인간은 협동하는 파트너와는 공감하지만, 경쟁자에게는 공감하기 어렵다. 우리에게 적의를 갖고 대하면 우리는 공감의 반대를 보여준다. 그런데, 아래의 사실은 그런 좁은 사고를 비웃는다.

제1차 세계대전 중인 1914년 12월 24일 저녁, 프랑스 플랑드르 지방에서 독일 병사들은 작은 위문품 크리스마스 트리 수천 개에 촛불을 붙이기 시작했다. 독일 병사들이 여러 곡의 캐럴을 부르자 전선 맞은편의 영국 병사들도 캐럴을 따라 부르며 적에게 화답했다. 나중에는 양쪽에서 서로를 향해 걷거나 뛰기 시작하여 수천 명이 참호 밖으로 나와 악수를 나누고, 담배와 비스킷을 건네고 가족사진을 보여주기도 하였다. 서로가 적인데도 말이다. 겨우 몇 시간이었으나 서로를 불쌍히 여기고 친구처럼 대한 것이다. 오로지 동료 인간과의 유대감에 대한 갈망에서 서로를 위로하는 힘이 나왔다. 이 병사들이 보여준 것은 따뜻한 인간적 감정이었다. 그들은 인간이기를 택했다. 서로에 대한 공감을 보여주었다.

우리는 다른 사람이 죽음에 맞서고 삶을 꾸려가는 투쟁에 공감한다. 완벽한 존재에 공감하는 사람은 없다. 유대감을 공유할 때 살아있다는 느낌도 강렬해진다. 공감은 살아있고, 그래서 죽을 수밖에 없는 유한한 존재만이 겪을 수 있는 현상이다. 신은 불멸이고 육체가 없기에 유한한 존재만이 갖는 고통과 갈등을 느낄 수 없다. 우리는 신과 공감할 방법이 없다. 하지만 신도 역시 우리와 공감할 방도가 없을지 모른다. 그래서 아담과 이브의 실수를 용서할 수 없었고, 실낙원의 사태가 발생했다. 파라다이스나 유토피아라는 비전 역시 완벽함에 집착한다는 공통점이 있다. 완벽하다는 것은 인간의 육체성에 주어진 공간적·시간적 한계를 초월하는 것이다. 공감 의식은 천국이나 유토피아와는 전혀 어울리지 않는다. 유한한 자의 고통이 없는 곳에 공감적 유대감은 없다. 따라서, 부족하고 유한한 인간이 감정의 관성대로 방관하거나 포기하지 않고 너와 나가 하나 될 때, 환대가 향유와 다르지 않을 때만이 인간의 낙원은 가능하다.

2008년 2월 6일 ABC뉴스의 보도를 보면 미국 대통령 선거를 위한 후보 경선 과정에서 민주당 지지자들에게 대통령에게 가장 중요한 자질이 무엇이라고 생각하느냐는 질문에 많은 사람들이 '공감'이라고 답했다. 어쩌면 공화당 출신인 트럼프가 펼치는 여러 정책에 우리가 공감하기 어려운 이유인지 모르겠다.

다정함과 친절

찰스 다윈은 그의 『종의 기원』 5판에서 "적자생존(survival of the fittest)이 정확하며, 때로는 더 편리하다"면서 자연선택의 대안으로 이 개념을 제시했다. 그러나 한편으로 다윈은 자연에서 친절과 협력을 끊임없이 관찰하며 깊은 인상을 받았다. 그래서 "자상한 구성원들이 가장 많은 공동체가 가장 번성하여 가장 많은 수의 후손을 남겼다"고 썼다. 우자생존(survival of the friendliest) 즉, 다정한 것이 살아남는다.

우리가 아는 한, 진화의 역사에서 살아남은 종들 중 가장 다정하고 협력적인 종이 바로 인간이다(브라이언 헤어 & 바네사 우즈, 다정한 것이 살아 남는다. 이민아 역, 2022, 디플롯). 인간이 단순히 생존이 아니라 그 어떤 종보다도 번영할 수 있게 해준 힘이 다정함이다. 우리는 가족, 친구, 내 편이라고 느끼는 사람들을 지키기 위해서라면 어떠한 위협에도 굴하지 않으며, 어떠한 대가라도 감수할 정도로 강한 유대감 속에 살아간다.

호모 사피엔스가 네안데르탈인, 호모 에렉투스 등 다른 사람 종이 멸종하는 와중에 번성한 것은 인지능력, 바로 협력적 의사소통 능력인 친화력과 협력 덕분이다. 친화력은 자기가축화를 통해서 진화됐다는 가설이 있다. 자기 가축화 현상은 야생종이 사람에게 길드는 과정에서 외모나 행동에 변화가 일어나는 현상으로, 인간도 사회화 과정에서 공격성 같은 동물적 본성이 억제되고 친화력이 높아지는 방향으로 진화하는 현상이다(리차드 랭엄, 악마 같은 남성, 이명희 역, 사이언스북스, 1998, 91~97쪽).

자기 가축화 가설은 자연선택이 다정하게 행동하는 개체들에게 우호적으로 작용하여 우리가 유연하게 협력하고 의사소통할 수 있는 능력을 향상시켰다고 가정한다. 친화력이 높아질수록 협력적 의사소통 능력이 강화되는 발달패턴을 보이고, 관련 호르몬 수치가 높은 개인들이 세대를 거듭하면서 더욱 성공하게 되었다고 본다.

개도 스스로 인간에게 가축화된 독특한 종인데, 개의 본성은 인간의 본성과 비슷하다. 그렇지 않은 개체도 인간세계처럼 존재하지만, 전반적으로 충성스럽고 공감을 잘하며, 착하고 따뜻하다. 개의 조상인 늑대는 멸종 위기를 맞고 있지만, 가축화된 개는 가장 다정한 늑대로서 생존에 성공했다. 사람의 자기 가축화 가설이 옳다면, 우리 종이 번성한 이유는 우리가 똑똑해졌기 때문이 아니라 다정하게 진화했기 때문이다.

제2차 세계대전 중에 나치독일의 눈을 피해 자기의 목숨을 걸어야 하는 불이익에도 불구하고, 유대인을 숨겨주고 도와준 유럽인들의 사례는 많다. 사회학자 새뮤얼 올리너의 연구결과 이들의 공통점은 전쟁 전에 유대인 이웃이나 친구들과 친하게 지낸 경험이 있었다 (Samuel Oliner, Saving the forsaken: Religious culture and the rescue of Jews in Nazi Europe, New Haven: Yale Univ press, 2008, p. 37).

집단 간 갈등을 감소시키는 유일한 방법은 접촉이다. 접촉을 통해서 서로를 위협으로 느끼지 않게 한다. 불안을 감소시키는 것이 집단 간 갈등을 감소시키는 핵심 요소이다. 이데올로기, 문화, 인종이 다른 사람들과의 교류와 소통은 우리 모두가 알고 보면 사실 같은 집단에 속하는 사람들이라는 사실을 일깨워 주는 효과적이고 보편적인 방법이다.

우리 논의의 중요한 공간인 현대도시는 다양한 배경과 다양한 관점, 인종, 민족, 성 정체성들이 섞인 활기 넘치는 공동체를 이룬다. 이 다양성이 사람들 간의 교류를 활성화시키며, 혁신과 경제적 성장을 이끌고, 사회의 관용을 강화시키고 있다. 우리 종의 본질은 협력하며 다정하게 살아갈 때 가장 창조적이고 생산적인 종이라는 사실이다.

다정함의 중요한 척도는 차갑게 감시하고 관찰하는 시각보다는 촉각일 것이다. 악수하고 안아주고 키스하는 환대와 사랑의 직접적인 징표는 촉각이다. 촉각 덕분에 우리는 살아남아 있다고 하겠다(브라이언 헤어 & 버네사 우즈, 앞의 책, 19쪽). 이 촉각은 다정함이나 편안함, 혹은 보살핌 받음으로서의 어메니티인데, 하이테크 시대에 우리를 위로하는 하이터치이다. 그리고 촉각의 상징은 '엄마의 품'이다.

할로우 부부(Harry Harlow와 Magaret Harlow)가 수행한 원숭이 실험은 원숭이 대리모로 우유병이 매달린 철사로 칭칭 동여맨 구조물이 아니라, 부드러운 천으로 감싼 엄마 품 같은 것에 새끼 원숭이는 주저 없이 달려갔다는 결론을 도출했다. 아래 사진에서 보면 원숭이는 먹을 때도 엄마 품 같은 설치물에 매달려 있다. 타자와의 교류, 따뜻한 접촉이 중요함을 보여준다.

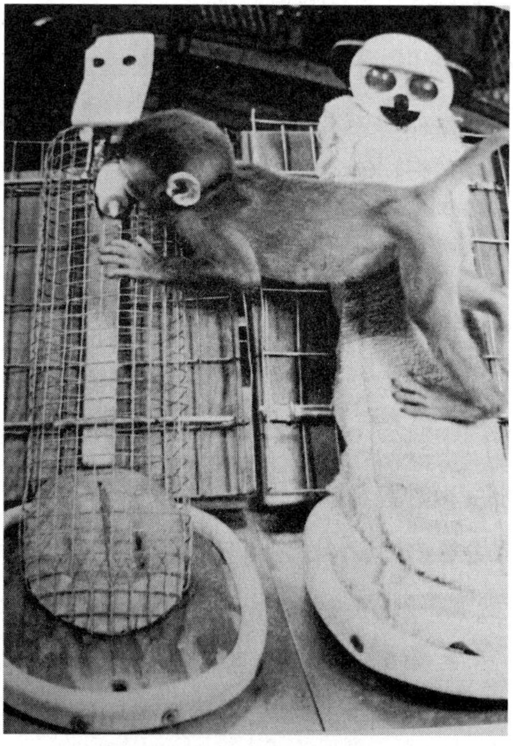

할로우 부부의 원숭이 실험 사진
(출처: 사이언스 포토 라이브러리)

네렘 박사는 토끼 실험에서 몇 달 동안 토끼들에게 고지방 식단의 사료를 먹였다. 모든 토끼의 동맥에 지방이 쌓일 것으로 예측하였다. 그런데, 한 무리의 토끼들은 다른 토끼들보다 지방 성분이 60%나 적었다. 말이 안 되는 결과였다. 그 토끼들은 무리나가 돌본 토끼들로 그녀는 다른 사람들과는 달리 토끼들에게 먹이를 줄 때마다 말도 걸고 껴안고 토끼들을 귀여워해 줬다. 단지 실험 대상에 먹이를 준 것이 아니라, 토끼들에게 사랑을 주었다.

병에 걸리는 토끼와 건강을 유지하는 토끼를 나누는 것은 식단이나 유전자가 아니라 다정함이었다. 이들은 이 연구 결과를 사이언스지에 등재했다. 우리의 건강에 영향을 주는 주요 요인은 약, 병원, 운동, 식단이 아니라 우리가 서로를 어떻게 대하는지에 달려 있다는 생각해볼 만 연구이다(Robert Nerem & Murina Levesque, "Social Environment as a Factor in Diet-induced Atherosclerosis," Science 208, No. 4451, 1980, pp. 1475~1476).

옥시토신은 일명 사랑의 호르몬인데 유대관계, 공감, 신뢰와 연관되어 있다. 이 호르몬은 포옹과 키스할 때, 상대방과 악수하거나 어깨에 손을 얹어주거나 등을 두들겨주는 등의 온기를 느낄 때 분비된다. 매일 포옹을 받는 사람은 병에 걸릴 확률이 32% 낮아진다. 친밀한 일대일 유대관계는 우리 건강에 가장 중요한 숨은 요인이다.

자궁 안에 있는 쌍둥이도 서로 손을 잡는다. 손을 잡으면 두 아기의 호흡과 심장박동이 같아진다. 두 아기의 몸이 비슷하게 조화를 이루는 것이다. 그런데, 일란성 쌍둥이라도 후천적으로 어떻게 살았느냐에 따라 달라진다는 결과가 있다. 일란성 쌍둥이들이 태어날 때는 유전적으로 구분되지 않지만, 나이가 들면서 후천적 변화를 통해서 두드러진 차이를 보이기 시작한다. 다정한 관계가 후성유전학을 통해 DNA를 변화시킨다고 한다.

연구 대상이었던 일란성 쌍둥이인 벨라(Bella)의 건강함이 남편의 보살핌, 아들과의 산책, 공동체 의식, 취미생활과 관련되어 있었다. 이는 병에 걸린 다른 쌍둥이인 데이지(Daisy)의 가난, 차별, 외로움, 애정결핍, 목적의식의 결여, 참여 부족과 관련하여 다정함에 대하여 다시 생각할 수 있게 하였다(켈리 하딩, 다정함의 과학, 이현주 역, 더퀘스트, 2022, 34~52쪽).

많이 핥아주는 어미 쥐들은 더 여유 있고 유순한 새끼들을 기르는 반면, 더 적게 핥는 어미들은 다루기 힘들고 물기도 하는 불안한 성향을 가진 새끼들을 길러낸다. 그러고 많이 핥아주면서 자란 새끼 쥐도 훗날 많이 핥아주는 어미 쥐가 되어, 또 느긋한 새끼 쥐를 길러낸다. 그 반대도 마찬가지다.

생명체는 유대감을 형성하려는 본능적인 욕구가 있다. 인간은 모두 요람에서 무덤까지 애착 대상이 제공하는 안정 영역을 기반으로 하는 삶을 살 때 가장 행복하다. 성공적이고 건강하며 행복한 삶의 한 가지 핵심 예측변수는 바로 다정한 관계다.

펜실바니아 주 로제토라는 마을은 지난 10년간 심장질환으로 사망한 사람이 없었다. 이 마을에는 나이가 들어서 죽는 것 말고는 다른 사인은 거의 없다. 로제토 사람들은 싸구려 담배와 염분이 많은 인스턴트 소시지를 즐겨 먹었다. 채석장에서 돌가루를 흡입하고, 거칠고 위험한 일을 하며, 고기도 많이 먹는다. 그러나 로제토 만의 독특한 사회적 풍경은 길거리에서 대화를 많이 나누고 여러 세대가 모여 식사를 하고 이곳의 범죄율은 0에 가까웠다.

로제토의 비밀은 끈끈한 사회적 유대감이었다. 이는 많은 미국인들이 채식 위주의 다이어트를 하지만, 텔레비전과 핸드폰을 친구삼고 공동체 참여를 거의 하지 않는 것과는 다른 모습이다.

중요한 것은 무엇을 먹는지가 아니라, 누구와 함께 먹는가이다. 사회적 유대감이 얼마나 중요한지, 사회적 고립이 얼마나 위험한지를 보여준다. 외로움은 공포영화 속 지하실에 숨어있는 살인자와 같다. 외로움은 하루 담배 15개비를 피거나 과음 같은 효과를 낸다고 알려져 있다. 외로움은 몸을 아프게 한다. 모든 생명체와의 긍정적인 관계는 우리를 더 오래, 건강하게 살게 한다.

친절한 마음은 뿌리요, 친절한 말은 꽃이요, 친절한 행위는 열매다. 『탈무드』에는 “똑똑하기보다는 친절한 편이 낫다”고 한다. 친절한 말은 왕관보다 낫다는 영국속담과 한마디의 친절한 말은 겨울 세 달을 따뜻하게 살게 한다는 일본 속담도 있다.

친절은 국가 이미지를 개선하는 무형의 국가자산이다. 따라서, 국가경쟁력의 중요한 요소를 구성하는 사회자본이기도 하다.

마더 테레사의 말이다.

> 난 결코 대중을 구원하려고 하지 않았다.
> 난 다만 한 사람을 바라볼 뿐이다.
> 난 한 번에 단지 한 사람만을 껴안을 수 있다.
> 단지 한 사람, 한 사람씩만…….

그녀가 세상에 보여준 것은 인류 구원이라는 거대한 이슈가 아니라, 일상생활에서도 보이는 작은 친절의 모습이다. 친절함이란 우리가 마더 테레사만큼은 아니어도 타인에게 베푸는 행위일 뿐 아니라, 자신에게 베푸는 행위이다. 친절을 베풀면 행복이 당신 뒤를 따라오는 것을 보게 된다. 아무리 사소하더라도 친절한 행위는 절대로 헛되지 않다. 좋은 생각이 아니라 선한 행동을 하는 것이 친절의 핵심이다(스테판 아인혼, 친절, 오혜경 역, 마고북스, 2005, 201쪽).

성경에 "너희 중에 누구든지 크고자 하는 자는 섬기는 자가 되고, 누구든지 으뜸이 되고자 하는 자는 모든 이의 종이 되어야 하느니라(마태 10:43)"라는 구절이 있다. 다른 사람을 섬긴다는 것, 그러면서 동시에 자신도 섬기는 것은 사실 친절한 환대와 의미 있는 향유의 가장 아름다운 표현이다. 우리가 무엇인가를 성취하고 싶다면 공격적이고 난폭하게 행동할 때 보다. 따뜻하고 상냥하게 처신할 때 성공의 가능성이 훨씬 높다.

남아프리카공화국에는 우분투(ubuntu)라는 단어가 있다. 노벨상 수상자인 투투 주교는 자신의 저서 『용서 없이는 미래가 없다』에서 우분투에 대해 이렇게 설명한다.

> "우분투를 품은 사람은 따뜻하고 너그럽고 선뜻 자신의 것을 나누며, 친절하고 반갑게 타인을 맞이한다. 그런 사람은 다른 사람에게 자신을 열며, 쓸모 있는 존재가 되어주며 기꺼이 약함을 보이며 다른 사람을 긍정해 주고, 다른 사람들이 능력 있고 선하다고 해서 위협을 느끼지 않는다. 그들은 자신이 더 큰 전체에 속한 존재임을 터득한 데서 나오는 올바른 자신감을 가지고 있기 때문이다."

영국의 작가인 올더스 헉슬리(Aldus Huxley)는 삶의 마지막에 "평생을 인간의 문제에 골몰해 왔다는 사람이 결국은 좀 더 친절해지도록 노력하라는 말 밖에 해줄 말이 없다는 사실이 부끄럽다"고 했다. 결국 삶에서 친절함은 우리가 주위와 스스로에게 줄 수 있는 가장 위대한 선물이다.

친절은 세계 공통의 언어인 음악과 같다. 친절은 맹인이 볼 수 있고 귀먹은 이도 들을 수 있는 언어이다. 친절은 서로의 의사만을 전달하는 단순한 언어가 아니다. 그것은 상대방으로 하여금 삶에 대한 희망과 용기를 갖게 해주는 격려의 언어요, 인간의 따뜻함과 사회의 밝음을 전해주는 사랑의 언어이다(조관일, 친절학개론, 다음, 2000, 71쪽).

그러나 친절이 사라진 지금의 세상, 공손한 감사의 말 대신 무뚝뚝함과 냉정함이 자리 잡은 것을 목격한다. 분노와 대립의 시대, 친절은 도전인 동시에 우리의 본성을 되찾는 행위이다. 친절은 세상을 정말 바꿀 수 있고 우리 자신의 건강과 행복도 증진한다(도나 케머린, 카인드, 허선영 역, 포레스트북스, 2021, 28쪽).

달라이 라마는 "인류의 진정한 본성은 친절이다. 교육이나 지식을 통해 얻는 다른 자질도 있지만, 우리가 진정한 인간이 되고 만족스러운 의미를 찾고 싶다면 반드시 따뜻한 마음부터 지녀야 한다. 내 종교는 친절이다"라고 말한다.

피아노와 골프를 잘 치는데도 연습이 필요한 것과 마찬가지로 친절에도 연습이 필요하다. 그리고 아이들이 잔인하고 비정한 세상에 맞설 수 있게 강인하게 키우는 것이 아니라, 인정 많고 친절한 세상을 만들도록 아이들을 키우는 것이 우리의 일이다. 아이들은 어른 말을 귀담아 듣지 않지만, 어른들의 행동은 반드시 따라 한다.

친절은 지혜보다 중요하고 이를 인식하는 것이 지혜의 시작이다. 친절을 그냥 게임으로 봐도 된다. 그들이 무례한데도 내가 친절하다면 내가 이긴 거다. 게다가 그들의 행동을 바꾸도록 영향을 줄 수 있다면 완전히 이기는 거다. 이기는 것일 뿐 아니라 의미도 있다. 가짜 친절이 언젠가는 진짜 친절로 이어질 테니까.

사람의 삶은 그의 용기에 비례하여 축소되거나 확대된다. 두려워하지 마라, 친절한 삶, 기품 있는 삶이란 근본적으로 용기 있는 삶이다. 친절을 베푸는 데 가장 큰 장애물은 두려움이다. 내 친절이 오해되거나 거절당할지 모른다는 두려움이다. 우리를 향한 누군가의 불친절이 두려움의 표현이라는 것을 안다면, 그들에게 보복하여 상황을 악화시키는 것이 아니라 그들을 이해하고 친절하게 반응할 수 있다. 친절해지려면 인내심이 필요하고 인내심을 발휘하려면 친절이 필요하다. 친절한 행동이란 '미소,' '칭찬,' '열린 문 잡아주기,' '안녕하세요,' '감사합니다' 등 많은 에너지가 필요치 않은 일들이다.

한문인 친절은 '사랑할 친(親),' '친할 친,' '겨레 친'이고 절은 '끊을 절(切),' '정성스러울 절,' '간절할 절'이다. 사전적 의미는 태도가 정답고 고분고분함이다.

친절에 해당하는 영어의 Kindness는 애정, 호의의 뜻을 담고 있으며, 그 어원은 친족, 가족을 의미하는 'kin'이다. 이는 한자의 '겨레 친'과 일맥상통하는 바가 있으니 의미심장하다. 즉, 친절이란 가족이나 친족과의 관계처럼 따뜻하고 가깝고 친근하며, 애정과 호의를 담고 있다. 친절에 대한 동서양의 공통된 관념은 사랑을 그 밑바탕으로 삼고 있다는 사실이다.

친절의 기본 자세는 상대방의 입장이 되어 상대방을 위하는 마음의 자세이며, 불친절한 습관을 끊어내는 것이다.

친절의 영어단어인 Kindness를 가지고 친절을 설명하자면,

• k: know	친절하기 위해서는 먼저 상대방의 입장에서 상대방을 이해할 수 있어야 한다.
• i: impressive	친절은 작은 것이지만 적지 않은 감동을 주고 강한 인상을 남긴다.
• n: noble	친절은 자신감의 표현이고 당당하고 품위 있는 대인관계의 모습이다. 반면에, 불친절은 열등감의 증거이다. 거만은 좋게 보면 수줍음이고, 나쁘게 보면 그릇된 권위 의식의 천박한 표현이다.
• d: duty	친절은 사람이 사람을 대할 때 반드시 지켜야 할 의무요, 인간으로서의 본분이다.
• n: nice	친절은 베풀어서 즐겁고, 받아서 기분 좋다.
• e: etiqette	예의는 친절의 바탕이다. 친절은 예의범절의 실천이다.
• s: sincerity	친절은 성실함과 진지함이 밑받침되어야 한다.
• s: self-discipline	남에게 친절을 베푸는 것은 생각처럼 쉽지 않다. 자기 자신의 욕구와 감정을 자제하고 극복할 수 있는 인내와 지혜가 요구된다(克己復禮). 반대로 불친절한 사람은 감정과 행동의 통제가 어려운 사람이다. 친절은 자제와 극기의 결과이다.

친절을 어떤 대가를 바라고 하는 것은 아니지만 친절해서 복을 받은 사례로, 미국 한 레스토랑의 18세 여종업원인 카라 우드(Kara Wood)는 82세의 단골인 고객을 늘 친절하게 대한 결과 50만 달러의 유산을 상속받았다고 한다(한국일보, 1993, 9. 10.자).

가슴 아프게도 우리와 관계된 그 반대의 사례가 있다. '부드러운 마음, 딱딱한 얼굴,' 이는 어느 외국인이 한국인을 한마디로 표현한 말이다. 지난 1992년 미국 LA 폭동 당시 맥도날드는 맥도날드 재단을 통해 지역사회 발전과 취업 기회 개발에 노력을 기울인 덕분에 긍정적인 평판을 얻고 있었다. 그 결과 인근 지역에서 폭도들에 의해 엄청난 약탈과 파괴가 자행됐음에도 30군데의 맥도날드 매장은 아무런 해도 입지 않았다.

반면에, 우리 한인 상가들이 흑인들에게 집중적으로 약탈당했다. 그 원인 중 하나가 한국인 상점 주인들이 흑인들에게 웃지 않고 무표정했기 때문이라는 분석 기사가 나왔다. 이들 흑인들이 상점에 갔을 때, 한국인들이 얼굴을 잘 보지 않고 웃어 주지도 않고 말도 상냥하게 하지 않아서 흑인들이 모멸감을 느꼈다는 것이다.

친절이란 원래 낯선 사람과의 관계에서 성립된다. 그런데, 우리는 낯선 사람과의 관계를 꺼린다. 아마도 전통적인 농경사회에서 '끼리끼리' 살아온 역사 때문일 것이다. 그리고 반만 년의 역사를 통해 4년에 한 번꼴로 외침을 겪은 우리는 친절의 생활화가 아니라 난리의 생활화를 겪었다. 그러니 동네에 낯선 사람이 나타나면, 이게 또 무슨 난리의 징후인가 가슴이 섬뜩했다. 한국인은 또 강자에게 약하고 약자에게 강한 모습의 두 얼굴을 보인다. 상하, 귀천, 원근에 따라 사람을 각기 다르게 대한다. '예'를 중요시하는 유교의 영향이다.

한국인의 근본 정서인 정(情)은 친절이나 서비스라고 표현하면 어색하고 어울리지 않는다. 정은 내적이고 가까운 공동체에 한한다. 친절은 외적이고 널리 퍼진다. 정은 마음 밑바닥으로부터 자연스럽게 나오는 것임에 비해, 친절은 어느 정도는 의도적이고 인위적이다. 자고로 우리를 가리켜 인정 많고 정겨운 민족이라고는 해도, 친절한 민족이라고는 하지 않는다. 정에서 친절로 세련되게 진화할 필요가 있다.

화낸 사람이 내쉰 숨을 액체 질소로 급속 냉각시키면 노란색의 농축액이 된다. 이것을 쥐에 주사하면 즉사한다. 한 시간 동안 내쉰 화난 사람의 독기는 80명을 죽일 수 있는 분량이다. 따라서, 화를 내면 이 독극물이 화낸 사람의 몸을 해치게 된다. 정은 많지만 무뚝뚝해서 외국인들이 볼 때 화난 사람들처럼 보이는 한국인들은 명심해야 한다.

친절은 남을 배려한다는 뜻이고, 누군가와의 소통을 풍부하고 의미 있게 만들려고 노력한다는 뜻이다. 친절은 대가를 받을 수 있을지 걱정하지 않고, 상대방이 필요한 것을 적절한 순간에 내주는 것이다. 친절은 옳고 그름에 대한 판단을 놓아버리고 사람들을 있는 그대로 받아들이는 것이다.

세상이 차가와 보인다면 당신이 불을 피워 따뜻하게 해야 한다. 친절한 사람들은 세상에 작은 희망을 준다. 친절을 베푸는 것은 낯선 영역으로 발을 내딛는 것, 다시 말해 나 자신을 더 넓은 세상에 내놓는 것을 의미한다. 논리적으로는 친절의 반대는 불친절이지만, 친절의 정반대는 무관심이다. 무관심이 학습되는 것과 마찬가지로 친절도 학습된다.

불교의 친절을 무재칠시(無財七施)로 표현할 수 있다. 『잡보장경』에 나오는 석가모니의 말씀으로 가진 게 없는 사람일지라도 남에게 베풀 수 있는 아래의 일곱 가지라는 뜻이다.

- 화안시(和顔施): 얼굴에 미소를 띠고, 부드럽고 정다운 얼굴로 남을 대한다.
- 언시(言施): 사랑의 말, 칭찬의 말, 위로의 말, 부드러운 말이다.
- 심시(心施): 마음의 문을 열고 따뜻한 마음을 나눈다. 따뜻한 마음은 반드시 이심전심으로 전달된다.
- 안시(眼施): 따뜻한 눈, 호의를 품은 눈으로 사람을 본다.
- 신시(身施): 몸으로 보시하는 것, 짐을 들어주거나……
- 좌시(座施): 자리를 양보한다.
- 찰시(察施): 상대의 속을 헤아려 알아서 도와준다.

스코틀랜드의 과학자 데이비드 헤밀턴(David Hamilton) 박사는 친절의 다섯 가지 건강상의 이로움을 발표했다.

✣ **우리를 행복하게 한다:** 친절은 뇌에서 분비되는 도파민 수치를 높여 약물 없이도 기분을 고조시키는(행복하게 하는) 천연마약의 효과를 낸다.

- **심장에 좋다:** 친절은 뇌와 몸에서 옥시토신을 분비하게 한다. 그 결과 혈관에서 산화질소가 배출되어 혈관을 확장하고 혈압을 낮춰준다. 옥시토신은 심혈관계에서 활성산소와 염증 수치를 줄여 심장병 발병을 감소시킨다.
- **노화를 늦춘다:** 활성산소와 염증의 감소는 인체의 노화를 늦춘다.
- **인간관계를 개선한다:** 우리의 조상들은 서로 협동하는 법을 배웠다. 무리 안에서 감정적 유대가 강할수록 생존확률이 더 높아지므로 친절 유전자가 인간게놈에 새겨지게 된다. 결과적으로 친절은 새로운 관계를 구축하고 기존의 관계를 돈독히 한다.
- **전염성이 있다:** 감기나 독감처럼 혹은 무례함처럼 친절도 전염된다.

봉사단체인 국제로타리클럽은 회원들에게 어떤 행동이나 말을 할 것인지, 또 한다면 어떻게 할 것인지 결정하기 전에 다음 네 가지 질문을 하라고 권한다.

> 그것이 사실인가?
> 그것과 관련된 모두에게 공정한가?
> 그것은 호의를 가지고 친절을 베푸는 일인가?
> 그것은 관련된 모두에게 이로운가?

이 질문 중 하나라도 '아니요'라는 대답이 돌아온다면, 그들은 입을 다문다.

내가 친절을 베풀면 일어나는 좋은 일들이다.

- 누군가를 기분 좋게 한다.
- 고맙다는 인사를 들을 수 있다.
- 친구와 우정이 강화되고, 새 친구를 사귈 수 있다.
- 내가 현명하고 자애로운 사람으로 여겨진다.
- 내 가치관과 행동에 더 자신감을 갖는다.
- 세상을 조금은 변화시킬지도 모른다.

친절해지는 연습을 계속하면 뇌에 친절 회로를 자리 잡게 하는 화학적·구조적 변화가 일어나 우리는 점점 더 친절해진다. 그래서 부정적인 습관은 긍정적인 습관으로, 이기적인 행동은 친절한 행동으로, 적대감은 공감으로 불평은 감사로 바뀐다. 친절은 기적의 묘약이다.

올 한해는 친절하게 살아보는 해로 결정하고 실천해보는 건 어떨까?

이타주의

이타주의(altruism)는 전 세계적으로 보편적이고 상식적인 덕목이다. 그리고 과학적으로 연구되는 주제이기도 하므로 철학, 사상보다는 환대의 실제적인 내용으로서 다루는 것이 합당하다.

타자에 대한 인간의 태도는 다른 동물과 마찬가지로 본능적으로 자기중심적이고, 따라서 이타적이라기보다는 이기적이다. 하지만 기나긴 역사를 통해서 사회적 동물로 진화한 사람은 인간들 속에서 함께 집단을 이루고 그들과 더불어 살아야 한다. 사회 구성원들과 공동의 목적을 위해서 서로 협력하고 연민을 느끼면서 살아간다. 때로는 자신의 목숨을 바치면서까지 남의 행복을 자신의 그것처럼 느끼기도 한다(박이문, 왜 인간은 남을 도우며 살아야 하는가, 소나무, 2014, 12쪽).

출근길에 연못을 지난다. 날씨도 차고 시간도 이른데 한 어린아이가 연못에 있어 당신은 놀란다. 이제 걸음마를 겨우 뗀 정도의 아이가 연못 밖으로 나오지도 못하고 물속에서 허우적대고 있다. 주변에는 아무도 없다. 당신이 꺼내주지 않으면 아이는 십중팔구 익사할 것이다. 당신에게는 전혀 위험하지는 않지만 신발과 바지가 젖고 더러워질 것이며, 지각도 하게 될 것이다. 그럼에도 불구하고 당신은 아이를 구하러 연못 속에 들어갈 것인가?

대부분의 사람들은 윤리학자 피터 싱어(Peter Singer)의 이 질문에 아이를 구한다고 말한다(마이클 멕칼러프, 타인의 친절, 엄성수 역, 로크미디어, 2021, 32쪽).

가정이 아니라 이타주의의 실제 사례를 보자. 한동안 의사들의 이기주의와 정책당국의 무능력으로 인한 의대정원 문제로 나라가 시끄러웠으므로 의학을 공부하여 이타주의를 실천한 경우를 보자. 이태석 신부는 슈바이처처럼 봉사활동을 목적으로 의학 공부를 다시 했다. 암으로 사망하기까지 아프리카 수단의 오지 톤즈에서 학교를 만들고 음악으로 주민들에게 위로를 주는 것은 물론, 병원을 운영하며 주민들에게 헌신적인 사랑을 베풀었다. 한국에서 편안하게 신부 생활을 했어도 되는데 말이다. 그는 사람들을 행복하게 만들어주면서 자신도 그들과 어울려 행복하게 살았다. 그리고 그들의 애도 속에서 천국으로 떠났다.

아프리카 오지에서 행해진 대단한 이타주의의 전형뿐 아니라 평범한 우리 이웃의 사례도 찾아보면 많다. 지하철 선로에 떨어진 취객을 구하기 위해서 열차가 들어오는데도 선로로 뛰어내린 영웅적 행동은 동서양에 더러 있다. 특히, 2001년 1월 26일 일본 도쿄의 신오쿠보역에서 26세의 청년 이수현이 취객을 구하기 위해 뛰어내렸으나 열차를 피하지 못한 사건은 '가깝고도 먼 나라'인 한일관계 개선이라는 효과까지 가져왔다.

우리는 이런 이타심의 기질을 타고나지만, 자연의 진화는 그 범위를 자기 집단에 한정한다. 그러므로 모든 인간, 나아가 동물까지 구분 없이 사랑하는 사람은 자연의 본능을 이긴 것과 마찬가지이다. 사람 대 사람뿐 아니라 사람의 동물에 대한 이타주의의 사례와 동물의 사람에 대한 이타적 사례도 많다.

플로리다의 한 남성이 악어의 입에서 강아지를 구했다(Helen Sullivan, Florida man rescues puppy from jaws of alligator, The Guardian, November 23, 2020).

어떤 애완견은 집에 화재가 발생하자 주인이 깨어날 때까지, 그의 바짓가랑이를 잡아당기고 짖어서 그를 구해냈다. 그 개는 다시 불타는 집으로 들어갔다가 결국 죽고 마는데, 아마도 함께 살았던 앵무새를 구하려던 것으로 보인다(Associated Press, "Dog dies after saving Trinidad man from fire," Los Angeles Times, October 11, 2008).

'이타적'이라는 개념은 한 개인이 자신의 이익을 잠정적으로 혹은 영구히 거두고, 남의 고통을 덜어주며, 남의 복지를 먼저 생각하는 마음씨이다. 그것은 자신의 욕심만을 먼저 챙기려는 마음씨를 지칭하는 이기적이라는 개념의 정반대이다.

윤리·도덕의 핵심적인 문제가 정신적 선과 악의 문제라면, 이기적인 심성을 소극적인 의미로서나마 악으로 부를 수 있다. 그러므로 그것에 대비되는 이타적인 마음씨를 선의 가치로 규정할 수 있다. 이타주의는 자신의 개인적 욕구를 억제하고 남의 입장에서 남의 고통을 덜어주려는 일종의 봉사 정신이자 환대 정신이다. 이타심은 동물적인 인간을 신적인 인간으로 개조한다고 할 수 있다(최정규 외, 이타주의자: 사피엔스에서 인공지능까지, 사회평론, 2018, 3쪽).

이타주의(altruism)는 다른 사람들을 의미하는 라틴어 어원 알테리(alteri)와 이탈리아어 알트루이(altrui)에서 유래했다. 문제는 타인을 위한 행위가 정도의 문제이지 자기희생을 수반할 수 있다는 것이다.

이타주의의 독특함이란 그것이 생명부지의 상대에 대해서도 발현된다는 점이다. 2015년 터키 해안에 밀려온 세 살짜리 아이의 시신 사진을 보고 가슴 아파하는 것은 인간이라면 모두가 마찬가지이다. 그런데, 문제는 남의 나라의 경우에 이런 일이 생기면 불쌍해하면서 사람들이 어떻게 저럴 수 있느냐며 분개하지만, 자기 나라에 들어오려는 불법 이민자의 경우에는 불쌍하지만 어쩔 수 없다는 이기주의적 편견이다.

튀르키예 해안에 떠밀려온 난민 아이(출처: AP/뉴시스)

니체는 이타주의를 약자의 징표로 파악한다. 그리고 누군가는 이타주의를 힘 있는 자들이 힘없는 자들의 희생을 강요하기 위해 도덕이라는 이름으로 내세운 족쇄일 뿐이라고 한다(버나드 맹더빌, 꿀벌의 우화, 최윤재 역, 문예출판사, 2010, 126쪽). 또 누군가는 이타주의란 좁고 작은 사회에서나 필요한 낡은 본성이며, 거대한 규모의 현대사회에서는 더 이상 어울리지 않는다고 말한다(프리드리하 하이에크, 치명적 자만, 신중섭 역, 한국경제연구원, 2004, 38쪽).

같은 맥락에서 경제학의 원조 애덤 스미스(Adam Smith)는 『국부론』에서 아래와 같이 말한다.

> "우리가 매일 식사를 마련할 수 있는 것은 푸줏간 주인과 양조장 주인, 그리고 빵집 주인의 이타심 때문이 아니라, 그들 자신의 이익을 위한 그들의 계산 때문이다. 그들 자신에게 우리의 필요를 말하지 말고 그들 자신에게 유리함을 말하라."

이러한 관점에서 보면 시장이라는 메커니즘은 우리가 눈에 보이는 우리를 넘어서 생면부지의 누군가의 필요를 충족시킬 수 있도록 해준다. 그리고 자신의 이익만을 위해서 행동하더라도 결과적으로는 사회 전체의 복지를 증진시킨다.

애덤 스미스는 위의 차가운 이성적 설명과는 달리 그의 『도덕감정론』의 첫머리를 다음과 같이 시작한다.

> "인간이 아무리 이기적이라고 하더라도, 인간의 본성에는 분명 이와 상반되는 원리들이 존재한다. 이 원리들로 인간은 타인의 운명에 관심을 가지며, 단지 그것을 지켜보는 즐거움 밖에는 아무것도 얻을 수 없다고 하더라도, 타인의 행복을 필요로 한다. 연민과 동정이 이런 종류의 원리이다. 타인의 비참함을 목격하거나 또는 그것을 아주 생생하게 느끼게 될 때 우리는 이러한 감정을 느낀다."

행위 주체에게 아무런 보탬이 되지 않는 이타적 행동은 없다. 아무리 행위 주체가 아무런 보상을 원하지 않고 행하는 이타적 행위라 하더라도, 이타적 행동은 그에게 다양한 기쁨, 보람, 명예 등의 보상을 돌려준다. 그래서 역설적으로 이기적인 행동의 결론은 이타적 행동이라고 할 수 있다. 정신분석학에서도 부정과 분노가 가장 저차원의 자기방어 기재라면, 가장 고차원의 자기방어 기재는 이타주의라고 한다. 이타적 욕구는 동물이나 사람이 즉각적인 도움이 필요한 취약한 피해자에게 접근하고 싶은 충동을 느끼는 것이다(스테파니 프레스턴, 무엇이 우리를 다정하게 만드는가, 허성심 역, 알레, 2023, 45쪽).

모든 살아있는 유기체에게는 이기적인 측면이 당연히 있다. 즉, 이들은 스스로의 생존과 번영에 관심을 기울여야 한다. 그렇지 않으면 많은 자손을 남길 수 없다. 인간의 협력성과 도우려는 성향은 이러한 이기성의 기반 위에 놓여있다.

한편으로 아이들은 이른 시기부터 "너는 나다"라고 부를 만한 타자와의 동일시를 지니고 있는데, 이는 어디서도 주입받지 않은 비 개체적 시각을 낳는다. 특히, 공동목적에 기반을 두는 협력 행동에서 이러한 점이 잘 드러난다. 이는 사실상 '우리'를 만들어낸다. 초기에 아이들의 이러한 우리됨은 부모, 가족, 친구와 같이 중요한 의미 있는 타자와의 동일시에서 시작된다. 그리고 아이들은 나중에 일정한 유형의 문화집단(일반화된 타자)과의 동일시에 기반 하여 이를 비인격적 문화 규범으로 일반화한다(Nagel, T., The Possibility of Altruism, princeton: Princeton Univ press, 1970, p. 34).

이타주의자는 사물을 보는 다른 방식을 갖고 있다. 다른 사람들이 낯선 이방인을 보는 곳에서 이타주의자는 동료 인간을 본다. 다른 사람들의 복지를 염려하는 이타주의자들은 다른 사람들의 감정에 자신을 투사할 수 있는 능력인 공감, 동정, 연민 같은 환대정신으로부터 출발한다. 타인을 공감하지 못하는 사람들을 일컬어 사이코패스라고 한다. 실제로 정치와 종교 분야의 지도자 중에서 타인의 고통을 느끼지 못하는 사이코패스가 다른 분야보다 현저하게 높다고 한다. 우리나라를 보더라도 충분히 동의할 수 있는 말이다. 그저 정치적 입장과 출세의 방향이 다를 뿐 똑같은 사이코패스들이다.

이타주의의 특징은 다음과 같다.

이타주의는 첫째 생존전략이다. 모든 생물의 삶은 그것이 놓여있는 다양한 차원에서 그 환경과의 투쟁이다. 모든 동물의 삶은 이기적 투쟁일 수밖에 없으되, 이성을 갖게 된 호모 사피엔스는 진화 과정에서 종족 번영의 전략으로 개인보다는 사회집단으로, 이기적인 동시에 이타적인 본성을 갖춘 동물로 진화했다. 언뜻 모순되어 보이는 인간의 이기적 본성과 이타적 본성의 공존은 인류 진화 과정의 산물이다.

둘째, 이타주의는 일종의 보험이다. 언젠가 자신이 어려울 때 다른 사람의 도움을 받으려면 서로 도움의 원칙에 입각해서 나도 지금 어려운 이웃을 도와야 한다.

셋째, 이타주의는 그 자체로 내재적 가치를 가진다. 남을 도와 남이 기쁘면 나도 그만큼 행복해진다.

인간의 공통점에 비한다면 인간의 차이는 미미하다. 모든 세계종교는 자기인식에 가치를 둔다. 자신을 알면 자신의 입지도 달라진다. 자신을 전체의 일부로 생각하는 사람은 자신은 유일하지만, 사람은 누구나 비슷하다는 것을 아는 개인으로 거듭난다.

유대교와 힌두교, 유교와 불교는 우리와 남의 구분에 의문을 제기했다. 차이보다 공통점에 더 주목하라고 충고했다. '유대교를 제거가 아닌 이행하려던' 예수는 사회의 불쌍한 자들 편에 섰다. 정신병과 나병환자를 치료하고, 간통한 여인을 구해주고, 세리와 창녀들을 변호했다. 사실 전술적인 관점에서 보면 예수의 이런 행동들은 종교적으로는 유대교가, 정치적으로는 로마가, 빈부와 사회적 격차가 큰 당시의 시대 상황에서 새로운 종교의 전파가 기존의 기득권 세력들에게는 불가능했다. 따라서, 그 대상을 소외되고 약하고 가난한 자들에게 하는 전도가 효과적이었다. 저자 개인의 경험으로도 군대 훈련병 시절 거친 명령어와 빈약한 음식, 피곤한 일상 속에서 일요일 종교활동으로 가는 교회에서의 따뜻한 환대와 나눠주는 초코파이는 그야말로 여기가 낙원임을 느끼게 하였다.

석가모니가 그랬듯이 예수가 "나는 기독교라는 새로운 종교를 만들고자 한다"라는 선언이나 생각을 한 것은 아닐 것이다. 그들은 그저 이타주의의 전형들이다. 초기 기독교를 종교화하고 전파한 것은 주로 바울이었다.

고대의 현자들은 왜 이웃사랑을 영적 행동으로 보았을까? 예수가 "네 이웃을 네 몸과 같이 사랑하라(마태 22:39)"고 말할 때, 그는 적극적인 이타주의를 제시하였다.

고대 중국 묵자의 "세상 사람들을 가리지 말고 두루 사랑하라"는 겸애도 마찬가지이다. 묵자는 "다른 나라 보기를 자기 나라 보듯 하고, 다른 사람의 몸을 자기 몸 보듯 하라"고도 한다(묵자, 묵경, 겸애, 15-1). 묵자는 또 "사람의 사명이란, 자기 몸이 싫어하는 바를 행함으로써 사람들의 급한 일을 이루어 주는 것"이라고 한다(위의 책, 경설, 43-19).

노자는 "원한을 덕으로 갚으라(報怨以德)"라고 말한다(도덕경, 63장). 이는 마태복음 5장의 "네 원수를 사랑하라"고 한 예수의 말과 일맥상통하는 이타주의적 주장이다. 노자가 생각하는 이타행의 가장 좋은 예는 물이다. "가장 선한 것은 물과 같다(上善若水). 물은 온갖 것을 이롭게 하면서 다투지 아니하고 뭇 사람들이 싫어하는 곳에 처하니, 도에 가깝다(도덕경, 8장)."

공자는 자기를 수련해서 남을 편안하게 한다는 수기안인(修己安人)이라는 명제를 말한다(논어, 헌문, 44). 측은지심(惻隱之心)이 말하는 바와 같이, 어린아이가 막 우물에 빠지는 것을 보면 누구나 다 놀라서 달려가 구하려 한다. 맹자에 의하면 남의 불행과 고통을 차마 그대로 봐 넘기지를 못하는 어진 마음이 없으면 사람이 아니다(맹자, 공손추편). 위의 피터 싱어의 오리지널이다.

인간이 진화의 세월을 견딜 수 있었던 건 빠르고, 쉽게 타인과 협력하는 생명체였기 때문이다. 친절과 온순, 봉사 같은 성격이 탄생한 이유는 그런 성격을 가진 사람들이 진화의 경쟁에서 유리했기 때문이다. 협력의 능력은 언어와 더불어 인간이 거둔 최고의 수확이었다. 협동하지 못했다면 인류는 살아남지 못했을 것이다. 반대로 전쟁도 할 수 없었고, 우리 지구를 이런 환경재앙의 벼랑으로 내몰지도 않았을 것이다.

우리는 어떻게 해서 협력을 하게 되었을까? 협력과 이타심의 성공이 장기적으로 볼 때 유리하기 때문이다. 함께 살려면 나누어야 한다. 많은 정황상 우리의 조상은 가장 똑똑한 원숭이가 되기 전에 먼저 가장 친절한 원숭이가 되었을 것 같다. 우리의 지능은 나눔 정신 덕분이다(슈테판 클라인, 이타주의자가 지배한다. 장혜경 역, 웅진지식하우스, 2011, 187~192쪽).

뭐니뭐니해도 이타심의 가장 큰 선물은 우리 조상들의 뇌를 크게 키웠다는 사실이다. 아마도 인간이 다른 동물에 비해 큰 뇌를 갖게 된 이유는 다른 동물이 결코 할 수 없는 나누고 협력하는 능력 때문일 것이다. 그러자면 자신의 한계를 뛰어넘어야 하고, 세상을 타인의 눈으로 바라보고 타인처럼 느껴야 한다. 이타심이 비로소 우리를 인간으로 만든 것이다.

상호 의존도가 클수록 이타심도 커진다. 석기시대의 공동 사냥에서부터 종교에 등장한 이웃사랑의 계명에 이르기까지 인류의 역사는 이타적 규범을 향한 발전이었다(슈테판 클라인, 현명한 이타주의자, 장혜경 역, 페이지2, 2024, 16쪽). 호모 에렉투스나 네안데르탈인과 일정기간 경쟁하며 공존했던 체격이 작은 호모 사피엔스가 절멸을 피하고 생태계 최상의 포식자가 된 것은 소통하고 협력하는 능력 덕분이었다.

인간이 공생하는 사회에서 지혜의 핵심은 이기주의자가 단기적으로 볼 때는 잘사는 것 같지만, 장기적으로는 타인의 행복을 위해 노력하는 이타주의자가 훨씬 앞서간다는 사실이다. 얼굴도 모르는 백혈병 환자를 돕기 위해 골수를 기증하겠다고 등록한 독일인은 300만 명을 넘었다. 미국에서는 아무런 보상 없이 신장을 기증하겠다는 사람들이 넘친다. 한국에 산불이 나면 삼복더위에도 자원봉사에 나서고, 아무 관련 없는 산불 피해자를 위하여 성금을 낸다.

인간의 친절은 공기와 같다. 우리는 늘 공기에 둘러싸여 있어서 그것이 존재한다는 사실을 쉽게 잊는다. 남을 돕고 관용을 베풀면 기분이 좋아진다. 실제로 두뇌 연구 결과 이타적 행동은 초콜릿을 먹거나 섹스를 할 때 활성화되는 회로들을 활성화시킨다.

모든 문화권은 이웃사랑을 친척의 개념으로 지칭한다. 개인의 경쟁은 이기주의를 장려하고 집단의 경쟁은 이타주의를 장려한다. 타민족과의 전쟁에선 단결력이 강한 집단일수록 생존 비율이 높으므로 이타주의자가 계속 살아남을 수 있다. 상대 집단에 대한 적의가 커질수록 집단 내 이타심은 커져간다. 자신을 타인과 구분하고 외부인을 거부할 이유를 찾아낸다. 예로부터 정치지도자들은 국민을 단합시키기 위해 타 집단과의 갈등을 부추겼다. 자기들끼리 싸울 것이 아니라, 조직원들이 힘을 합쳐 타 집단을 밟고 최대한 큰 이익을 얻어야 한다는 것이다.

경쟁 관계의 집단들에게 상위의 목표를 부여하면 라이벌 의식을 극복할 수 있다. 새로운 공동의 투쟁 앞에선 과거의 적도 동지가 된다.

반목이 심한 이탈리아의 여러 지방들이 서로에 대한 혐오감을 잊고 하나로 똘똘 뭉칠 때가 있다. 바로 유럽 챔피언스리그와 월드컵 경기를 할 때다. 2주 동안 모두가 이탈리아 국민이 된다. 물론, 경기가 끝나면 나라는 다시 원래의 작은 전쟁 상태로 돌아간다.

프랑스와 독일은 오랫동안 서로를 향해 총부리를 겨누었지만, 소련의 붉은 군대가 핵으로 무장하고 며칠 안에 전 유럽을 덮칠 수 있다는 두려움이 도버해협을 사이에 둔 사람들을 하나로 통합시킨다.

개체는 종 전체의 더 큰 이익을 위해 필요하다면 희생될 수도 있다. 자기 집단의 이익을 위하여 희생할 수 있는 개체들로 구성된 집단은 각 개체가 자기 자신의 이기적 이익을 우선으로 추구하는 다른 경쟁자 집단보다 절멸의 위험이 적을지도 모른다. 이것이 집단 선택설이다.

개미, 벌 등은 집을 방어하기 위해 침입자에게 돌격할 이타적 자살의 준비가 되어 있다. 벌이 침입자를 공격할 때 침은 침입자의 피부에 박힌다. 그리고 벌이 떨어질 때 침과 연결되어 있는 내장까지 빠진다. 벌은 곧 죽는다.

모르는 여자가 초인종을 누르고 50유로를 내밀며 당신 마음대로 쓰라고 한다. 이 여인은 이웃집에 가서 역시 50유로를 내밀며 남을 위해 쓰라고 한다. 한참을 반복한 뒤 수백 사람에게 이 여자는 확인한다. 누가 더 행복해졌을까? 남을 위해 돈을 쓴 사람들이 더 행복했다. 캐나다의 심리학자 엘리자베스 던의 실험 내용이다(Elizabeth Dunn, "Spending money on others promotes happiness," Science 319, No. 5870, 2008, pp. 1687~1688).

타인을 위해 봉사하는 사람은 돈을 쓰는 그 순간만 행복한 게 아니라 장기적인 삶의 만족도가 높다. 이타심은 전염력이 강하다. 우리의 관계는 공명체처럼 작동한다. 우리가 하는 모든 것이 관계를 통해 증폭된다. 이타심은 우리를 행복하게 하고 세상을 변화시킨다. 앞으로 늘어나는 무역량, 정보통신의 발달, 기후 위기, 관광의 증가 등으로 공동의 이해관계는 증진되게 된다. 나눠야 커지는 지식과 정보가 최대 자원인 무중력 경제시대에 나눔과 이타심이 주목받을 것이다.

연민과 애도

산다는 건 언제나 함께 살아감이다. 현대세계의 가장 중요한 과제인 함께 잘 살아감을 위해서 우리에게 우선적으로 필요한 것은 연민이다. 함께 살아감이란 동질성을 공유한 사람끼리만 함께 하는 게 아니라, 이 세계 구성원 누구도 차별받지 않고 존엄성이 보장되는 환대의 세계를 살아가는 일이다.

성서에서 신은 연민하는 존재로 인지된다(시편 25:6, 이사야 49:15, 54:7). 연민은 다섯 가지 측면을 지니고 있다(강남순, 앞의 책, 105~107쪽).

첫째, 연민은 타자의 얼굴과 타자의 고통을 대면하는 것이다. 얼굴이란 개별성의 존재로서 인간과 마주함을 의미한다.

둘째, 고통을 야기한 원인 제거를 위해 개입한다. 연민은 정의와 관련된다.

셋째, 연민은 함께 살아감의 과제와 책임의식으로 작동된다.

넷째, 연민은 인간됨의 실천과 확인을 하게 하는 원동력이 된다. 그런 면에서 "무관심은 인류에 대한 범죄의 시작"이라는 데리다의 말은 의미심장하다.

다섯째, 연민은 환대, 정의, 상호의존성의 가치에 근거한다.

이런 특성을 가진 타자에 대한 연민은 예술과 문학의 모티프이다. 함민복은 시 〈소스라치다〉에서, 어느 날 화장실에 가다가 밭둑에서 뱀과 마주쳤다. 해로우니 죽여야겠다는 생각밖에 없었다. 뱀은 어느 사이에 구멍 속으로 3분의 2쯤 들어가 있었다. 그는 막대기로 뱀을 눌러 꼬리가 잘린 채 안으로 들어갔다. 그는 구멍에 불을 질러 죽일까 하다가 그렇게 하지는 않았다. 뱀은 닷새를 그 안에서 견디다가 밖으로 나와 죽었다. 그 사이에 새끼들은 살아남아 다른 곳으로 빠져나갔다. 그는 미안했다.

"뱀을 볼 때마다 소스라치게 놀란다고 말하는 사람들을 볼 때마다 소스라치게 놀랐을 뱀"을 생각하며 관점을 자신에게서 타자로 중심을 이동시킨다. 사실 어쩌면 인간이 발산하는 생각의 독, 말의 독, 행동의 독이 뱀독—뱀이라고 다 독이 있는 것도 아니지만—보다 더 독할 것이다.

그는 또 〈반성〉이라는 시에서 "늘 강아지 만지고 손을 씻었다. 내일부터는 손을 씻고 강아지를 만져야지"라고 썼다. 강아지를 만지고 손을 씻는 것은 내가 먼저라는 말이고, 손을 씻고 강아지를 만지는 것은 강아지가 먼저라는 말이다. 시인은 늘 자기가 먼저였던 것이 미안했다. 그 마음이 시가 되었다. 이렇듯 예술은 이 세상의 낮고 힘없는 존재, 즉 타자를 향한 연민의 고백들이다.

동물 이야기가 나왔으니 말인데, 구석기 시대의 인간은 먹고 살기 위해 동물을 죽였을 때 자신들이 죽인 희생물을 애도하였다. 다른 동물이나 인간을 죽이면 결국 희생자의 영혼은 자신이 갚아야 할 빚이었고, 따라서 장차 적절한 희생을 치러야 한다고 생각했다.

고대의 인간들은 다른 동물과 자신을 뚜렷하게 구분하지 않았기에 그들의 세계는 동물과 식물과 인간의 영혼이 끊임없이 서로 교류하고 뒤섞이는 현장이었다. 축제 의식 때면 으레 동물의 가죽이나 깃털을 뒤집어쓰고 춤추면서 동물의 흉내를 통해서 그들을 기억하고 그 죽음을 애도하였다.

연민은 결국 거울효과라고 할 수 있다. 타자를 통해서 이해되지도 용서되지도 소화되지도 못한 내 안의 타자와 화해하고 공감하는 일이다. 1964년 23살의 김승옥이 발표한 『무진기행』에서 주인공 윤희중이 무진을 몹시 떠나고 싶어 하는 여교사 하인숙과 걸으며 "그녀를 껴안아 주고 싶었다"라고 느끼는 것은 성적(性的)이라기보다 과거 폐병에 걸려 고생하면서 무진을 떠나지 못하던 젊은 자기 자신에 대한 연민이라고 하겠다.

2025년 6월 1일 한 방송에서 대통령 후보 이재명은 '15살의 어린 소년공 시절의 자신을 만나면 뭐라고 말해주고 싶냐'는 질문에 "만날 수 있으면 그저 꼭 안아주고 싶다"는 말도 어린 자기 자신에 대한 연민이다.

데리다는 살아있는 사람만이 아니라 죽은 사람과도 함께 살아가야 한다고 말한다. 죽은 자와 함께 살아감은 인간 실존의 본질적인 가능성이다. 함께 살아감은 함께 겪는 고통의 의미를 지닌 연민, 그리고 상실에 대한 아픔을 드러내는 애도와 분리될 수 없다.

애도는 언제나 타자에 대한 반응이며, 생명에 대한 반응이다. 데리다의 애도는 먼저 떠난 사람을 기억하고, 동시에 그 떠난 사람이 못다 한 삶까지 살아내는 책임성을 의미한다. 이러한 의미에서 타자의 고통에 무관심하거나 아무것도 하지 않는 수동성은 인류에 대한 범죄의 시작이라고 데리다는 말한다(데리다 & 안 뒤프르망텔, 환대에 대하여, 남수인 역, 필로소픽, 2004, 67~69쪽).

데리다는 애도를 나치에 의해 유대인 수용소에 갇혀 있다가 자유의 몸이 되자 외로움으로 49세에 세느강에 투신자살한 파울 첼란(Paul Celan)의 시와 연결시킨다.

세계는 사라졌다.	The world is gone.
나는 당신을 데리고 가야만 한다.	I must carry you.

애도는 다음과 같은 것이다.

첫째, 애도는 우리가 통상적으로 생각하듯 타자의 죽음에 대한 애도만은 아니다. 애도는 다가올 나의 죽음에 대한 애도까지 포함된다.

둘째, 진정한 애도는 슬퍼하는 것만이 아니다. 진정한 애도는 먼저 간 사람이 남긴 자취, 그리고 그에 대한 기억을 하면서, 치열하게 살아남음의 책임성을 의미한다. 데리다는 "살아남음을 무조건적으로 긍정하라"고 말한다.

셋째, 애도란 나 자신은 물론, 타자의 삶과 고통에 함께하는 연민의 다른 말이다.

넷째, 연민과 애도란 결국 생명을 향한 사랑과 미소를 의미한다. 미소란 환대의 메타포이다. 데리다는 환대는 미소 없이는 불가능하다고 한다.

『일리아드』에 애도에 관한 유명한 일화가 있다. 스파르타의 왕 메넬라오스는 살인을 저지르고 도피한 트로이의 왕자 파리스를 환대하여 죄를 면하게 하고, 궁중에서 융숭한 대접을 한다. 그런데 그의 부인인 절세 미녀 헬레네를 파리스가 유혹하여 트로이로 도망가자, 형 아가멤논에게 도움을 청하여 그리스 연합군이 트로이를 공격하게 된다. 파리스의 형이자 트로이 군 대장 헥토르가 그리스의 영웅 아킬레우스와 싸우다 죽임을 당하여 전차에 묶여 질질 끌려 다닌다. 트로이의 왕이자 파리스와 헥토르의 아버지인 프리아모스는 변장하고 밤중에 아킬레우스를 찾아가 아들의 시체를 돌려줄 것을 간청한다. 아킬레우스의 허락을 받아 아들의 시체를 되찾아 온다. 장례를 치르는 동안 아킬레우스는 전쟁을 휴전하여 애도의 예를 표한다. 아래의 그림은 아킬레우스에게 헥토르의 시신을 돌려달라고 간청하는 프리아모스를 그린 알렉산더 이바노프(Aiexander Ivanov)의 옛 그림이다.

알렉산더 이바노프의 〈아킬레우스에게 애도를 간청하는 프리아모스〉

"나는 죽으면 아무것도 모른다는 말이 참기 힘들다." 조선 후기의 문인 심노숭이 쓴 〈무덤 옆에 나무를 심으며〉의 마지막 문장이다. 그가 서른한 살에 죽은 동갑내기 아내를 그리며 무덤가에 계속 나무를 심자, 죽으면 아무것도 모른다며 사람들이 만류했다.

"나를 위해 쑥을 캐던 사람, 그 사람의 얼굴에 덮인 흙 위로 쑥이 돋았다." 그는 아내의 죽음을 애도한 50편에 가까운 시와 산문을 남겼다. 그는 애도의 대상이 감응해야 눈물이 나온다고 생각했다. 그렇다면 눈물은 자신만이 아니라 타자의 것이기도 했다. 그가 생각하는 누원(淚源), 즉 눈물의 원리였다. 그립고 아린 마음이 닿고 통해서 흐르는 것이 애도의 눈물이라는 의미였다(왕은철, 따뜻함을 찾아서, 풍월당, 2023, 45~51쪽).

생육신 김시습의 『금오신화』 중 〈만복사저포기〉는 양반집 딸이 2년 전 왜적이 침략했을 때 죽었다는 이야기이다. 남원 총각 양생과 귀신의 사랑 이야기인 〈이생규장전〉은 홍건적의 난 때 죽은 여자 귀신 이야기이다. 역사에서 이중삼중의 피해를 당한 것은 여자들이다. 김시습은 인간과 귀신의 사랑 이야기를 통해서 여성들의 상처를 환기시키고 그들을 애도한다. 운다는 건 애도한다는 말이고 귀신이 떠나는 것은 바로 이때다.

심보선 시인의 〈좋은 일들〉 중 매미의 죽음에 관한 시이다.

> "오늘 내가 한 일 중 좋은 일 하나는
> 매미 한 마리가 땅바닥에 배를 뒤집은 채
> 느리게 죽어가는 것을 지켜봐 준 일!"

매미나 인간이나 마지막이 허망하긴 마찬가지이므로, 애도란 우주 자연 전체로 봐선 죽는 것이 개인적인 혹은 개체적으로만 끝나는 일이 아님을 따뜻하게 긍정하는 것이다.

동물의 왕인 사자가 숲속에 알 수 없는 병이 돌아 동물들이 죽어가자, 회의를 소집했다. 그는 무리 중에서 가장 큰 죄를 지은 동물을 제물로 바쳐야 병이 사라질 것 같다면서 자기부터 죄를 고백하겠다고 했다. 그는 자기는 양을 잡아먹고 양치기까지 잡아먹었다고 했다. 그러자 여우가 육식동물이 당연한 일이라고 하였다. 이어 표범, 늑대, 멧돼지 등이 죄를 고백하였다. 마지막으로 당나귀가 양이 먹을 풀을 조금 뜯어 먹었다고 하자, 모두가 화를 내며 그게 큰 죄라고 하여 제물로 바쳐졌다. 인간 공동체는 강자들이 약자를 희생양으로 삼아왔다. 문학은 르네 지라르(Rene Gerard)가 말한 “박해의 텍스트”이면서 동시에 당나귀와 같은 희생양에 대한 기억과 애도의 산물이다.

데리다는 “누가 혹은 무엇이 나타나든 ‘예’라고 말합시다”라고 말한다. 그가 말하는 ‘예’는 적대와 부정의 말인 ‘아니요’와 달리, 환대와 긍정의 말이다. 환대를 가장 쉽게 정의하자면 타자를 향해 ‘예’라고 하는 몸짓이라고 할 수 있겠다. 좋은 예가 2024년 노벨 문학상 수상작가 한강의 『흰』(난다, 2016)이다. 그 중심에는 화자가 태어나기 전에 태어나 한 번도 본 적이 없는, 게다가 세상에 나와 두 시간 만에 죽은 여자아이가 있다. 서열로 따지자면 화자의 언니다.

> “파르스름한 틈, 그것은 삶과 죽음, 이승과 저승의 경계에 해당하는 회색 지대로 산 자와 죽은 자가 서로를 볼 수 있는 틈이다.”

세상에 잠깐 나왔다가 뒷산에 묻힌 언니의 혼을 환대하려는 화자의 심리이다. 『흰』은 환대의 노래이면서 애도의 노래다. 애도가 무엇인가? 죽은 사람을 삶 속으로 불러내 “죽지 말아요. 살아가요”라고 말하는 것이다. 환대가 무엇인가? 산 사람만이 아니라 죽은 사람을 향해서 “예”라고 말하는 것이다. 이 지점에서 환대와 애도는 동의어가 된다. 그래서 작품의 제목 ‘흰’은 애도의 색깔이면서 환대의 색깔이다. 우리 민족의 상징색이며 높은 천국의 빛이다.

환대와 애도는 언니만이 아니라 자신을 위한 것이기도 하다. “나는 애도한다. 따라서 존재한다”라는 데리다의 말처럼, 언니를 애도함으로써 화자는 존재한다. 어쩌면 데리다의 말은 ‘나는 환대한다. 따라서 존재한다’로 바꿔놓아도 무방할지 모른다. 결국 애도는 환대의 한 방식일 테니까. 다음 편의 향유가 내가 하는 나를 위한 환대라면 “나는 향유한다. 따라서 나는 존재한다”로 말해도 전혀 이상하지 않다.

애도가 죽은 사람, 죽어가는 사람에 대한 환대이고 연민이 살아있는 약한 타자에 대한 환대라면 죽어가는 사람이 살아있는 약한 타자에 대한 환대인 연민을 보인 사례로 "매화에 물 좀 주라"는 퇴계의 유언을 들 수 있을 것이다.

미국정신분석학회는 애도를 "의미 있는 애정 대상을 상실한 후에 따라오는 마음의 평정을 회복하는 정신 과정, 주로 사랑하던 사람의 죽음과 관련된 것으로 알려져 있지만, 실은 모든 의미 있는 상실에 대한 정상적인 반응을 일컫는다"라고 정의한다(손힘찬, 나는 나답게 살기로 했다, 바이포엠, 2021, 133쪽).

트라우마 역시 사건을 겪은 당시로부터 시간이 정지되어 흐르지 않는 심각한 경험을 말한다. 상처받은 내 안의 내면의 아이가 더 이상 자라지 못하고 그 시기에 머물러 있는 것이다. 그때의 기억은 뚜렷하게 저장되어서 무의식을 지배한다. 미국정신의학회에서 발간하는 정신장애 진단 및 통계편람에는 트라우마를 치유하는 애도기간을 3년이라고 정해 놓았다.

칭찬이라는 환대

『레미제라블』의 저자 빅토르 위고(Victor Hugo)의 어린 시절은 비정상적인 가족관계 때문에 방황의 연속이었다. 그러던 그가 13살 때 그를 걱정하던 선생님의 권유로 백일장에 참가해 상을 받았다. 그 이후 글에 관심을 가졌는데, 선생님은 그에게 칭찬을 아끼지 않았다.

> "너는 내가 본 글 중에 가장 우수한 글을 쓴다. 너는 글로써 세상을 바꿀 거야."

이 칭찬을 들은 위고는 자기 재능의 소중함과 글에 자신감을 갖게 되었다. 가정에서 느끼는 불평과 불만을 글로써 해소하며 열심히 노력하였다. 그 결과 그는 명작들을 남겼다.

> "자네의 수학 시험지를 채점했던 모든 교수들이 놀랄만큼 자네는 천재적이네. 수학을 집중적으로 공부하기 위해서라도 공부를 포기하지 말게."

아인슈타인이 스위스 폴리테크닉 대학에 낙방했을 때 그 대학 학장인 헬츠 교수가 아인슈타인에게 한 말이다. 헬츠 교수는 다른 과목은 형편없다는 단점을 묻어둔 채, 수학 성적은 훌륭하다는 말을 강조하며 아인슈타인의 용기를 북돋아 주었다. 결국 그는 세계에서 가장 위대한 물리학자가 되었다.

> 선비는 자기를 알아주는 사람을 위해 죽고(士爲知己者死),
> 여인은 자기를 기쁘게 하는 이를 위해 화장을 한다(女爲悅己者容).

사마천의 『사기』에 나오는 말이다. 인정과 칭찬은 그 대상을 죽어도 좋을 만큼 기쁘게 한다. 칭찬이란 상대의 좋은 점을 말로 표현하는 일종의 환대이다. 칭찬을 하려면 관심을 가지고 상대의 장점을 찾아내고 긍정적인 언어로 전환하여 상대에게 마음을 보여야 한다. 그러니까 당연히 보이지 않는 부분까지도 섬세하게 관심을 갖고 배려와 격려를 해야 한다.

칭찬은 마음으로 하고 아부는 입으로만 한다. 칭찬은 진솔하고 아부는 진실성이 없다. 칭찬은 상대를 배려하는 이타적 마음이 바탕이지만 아부는 이기적이다. 따라서, 아부는 자신의 이익을 위해 상대를 농간하는 행위이다. 칭찬은 사람의 잠든 능력을 깨우는 것으로 사명감을 갖고 자기 일을 하게 만드는 원동력이지만 아부는 순수하지 못한 말이므로 금방 들통난다.

우리는 실제 생활에서 칭찬을 잘 못하는 경우가 많다. 칭찬을 못하는 일곱 가지 이유는 다음과 같다(혼마 마사토, 사람을 움직이는 칭찬기술, 나라원, 2008, 107쪽).

- ✤ 칭찬하는 말을 잘 모른다.
- ✤ 칭찬을 들으면 마음이 불편하다.
- ✤ 자기 살기도 벅차서 남 칭찬할 여유가 없다.
- ✤ 칭찬하면 상대가 우쭐하고 버릇없어질 거라고 생각한다.
- ✤ 상대방보다 우위에 서고 싶다.
- ✤ 칭찬을 별로 들어본 적이 없어서 칭찬하는 데 피해의식을 갖고 있다.
- ✤ 자신의 마음에 드는 사람만 칭찬한다.

매슬로우의 인간 욕구 5단계를 보면 생리적 욕구, 안전의 욕구, 소속과 애정의 욕구, 자기존중의 욕구, 자아실현의 욕구가 아래에서 위로 단계별로 진행된다. 인간은 아래 단계의 욕구가 충족되면 다음 욕구를 충족하려 한다. 특히, 자기존중의 욕구 단계는 물질이 풍요로워진 시대에 칭찬과 인정을 필요로 하는 단계이다. 칭찬은 고래도 춤추게 하는 판에, 우리도 칭찬을 듣는 경험이 중요하다.

칭찬을 들으면, 즐겁고 밝은 기분이 된다. 칭찬 듣고 기분 나쁜 사람은 없다. 선의의 칭찬이라면 말이다. 나도 할 수 있다는 자신감이 생긴다. 꾸중이나 핀잔은 자신감을 하락시키지만, 칭찬은 자신감을 불러일으킨다. 그러므로 의욕이 넘치고 적극적으로 변하게 된다. 그리고 이 칭찬이 진심인지, 무슨 의도가 있는지 상대방의 의도를 파악하는 시야가 넓어진다.

역으로 칭찬을 잘하는 것은 더 중요하다. 사실 칭찬을 듣는 일이 수동적이라면 칭찬을 하는 일은 적극적인 것으로 이것은 두 배의 효과가 있다. 칭찬은 말하는 사람과 듣는 사람 모두를 기분 좋게 만들기 때문이다.

칭찬을 잘하는 사람에게는 네 가지 특징이 있다.

첫째, 칭찬을 잘하는 사람은 긍정적 낙관주의자다. 부정적이고 비관적이고 수동적인 사람은 칭찬을 주도적으로 할 수 없다. 쉽게 말해서 자신감이 넘쳐야 칭찬을 할 수 있다.

둘째, 상황에 맞는 칭찬을 적절하게 생각해낼 수 있는 창의력이 있다. 머리 나쁜 사람은 칭찬을 할 수 없다.

셋째, 표현력이 좋다. 생각만 하고 지식만 많은 게 다가 아니라 생각과 지식은 표현을 위한 전제조건일 뿐이다. 표현을 해야 그런 것들이 완성된다.

마지막으로 소통을 잘한다. 칭찬은 대화 분위기를 부드럽게 만드는 윤활유다. 지나가는 나그네의 옷을 벗기는 건 바람이 아니라 햇빛이다.

칭찬에도 기술이 있다. 우리 모두가 익혀야 할 칭찬의 기술은 다음과 같다(후쿠다 다케시, 칭찬 한마디, 해바라기, 최현숙 역, 2003, 43쪽).

- 상대방의 장점에 관심을 갖는다. 모든 사람은 다 장점이 있다.
- 진심으로 칭찬한다. 진심이 아니면 나중에 시간이 지난 뒤 탄로 나게 마련이다.
- 잘했을 때 바로 칭찬한다. 칭찬은 타이밍이 중요하다.
- 당연한 일을 행동으로 옮기는 사람을 칭찬한다. 실행의 중요함을 깨닫게 한다.
- 상대방의 약점, 결점을 칭찬한다. 관점을 긍정적으로 바꿔 자신감을 갖게 한다.
- 결과뿐 아니라 과정을 칭찬한다. 결과는 우연히 잘될 수 있으므로 꾸준히 노력하는 자세를 칭찬해야 한다.
- 제3자를 통해 간접적으로 칭찬한다. 간접적으로 전달받은 칭찬은 기쁨을 배가시킨다.
- 칭찬한 후 다음 목표를 제시한다. 칭찬에도 단계가 있다.

성경은 야고보서 3장에서 "선생은 더 큰 심판을 받을 줄 알고 선생이 되지 말라"고 한다. 선생은 학생들의 인생에 결정적인 영향을 미친다. 대부분의 경우 주입식의 강요된 지식을 전달하며 잘 따라오지 못하는 학생에게 꾸중을 하여, 어린 마음에 상처를 준다. 성경에서 말한 바와 같이 동서고금에 마찬가지일 것이다. 교사의 칭찬 한마디는 학생의, 특히 초중고 학생의 일생을 바꾸어 놓기도 한다.

『지옥에서 보낸 한철』, 『일루미나시옹』 등을 쓴 천재 방랑시인 랭보((Arthur Rimbaud)는 편모슬하에서 경제적으로 어렵고 가톨릭식 교육에 숨 막혀하여 반항과 가출을 밥 먹듯이 한 문제아였다. 범죄자로 인생을 끝냈을 랭보를 시의 세계로 안내하고 감옥에 갇힌 그를 석방하기 위해 보석금을 내주는 등 평생을 칭찬하고 지지해준 교사가 랭보의 〈발견자의 편지〉의 수신인 이장바르 선생이다. 랭보가 쓴 시 〈나쁜 피〉에서 "다른 삶은 가능한가?"라고 묻는데, 랭보 자신에게 있어서 그것을 가능하게 해주는 큰 역할을 한 사람이 교사 이장바르였다.

영화 〈토탈 이클립스〉에서 레오나르도 디카프리오가 맡은 젊은 랭보를 볼 수 있다. 다음의 그림은 영화의 또 다른 주인공이자, 랭보의 동성애자 연인 폴 베를린이 1872년 그린 랭보이다.

폴 베를린이 그린 〈랭보의 초상화〉

약자에 대한 환대

성경은 약자들에 대한 예수의 환대 이야기인데, 특별히 약자가 어떤 사람들인지 우리가 그들을 어떻게 대해야 하는지를 말한 구절이 있다.

> "네가 잔치를 베풀 때 네 형제나 네 친척이나 부유한 이웃을 부르지 마라.
> 그러면 그들도 너를 도로 초대하여 네게 되갚아, 네 은공이 없어질 것이다.
> 잔치를 베풀 때는, 가난한 사람들과 장애가 있는 사람들과 눈먼 사람들을 불러라.
> 그리하면 네가 복을 받을 것이다.
> 그들이 네게 갚을 수 없기 때문에 하나님께서 네게 갚아주실 것이다(누가 14:12-14)."

위 구절과 같이 환대의 대상은 약자이어야 하지만, 성경의 창세기와 사사기에 등장하는 사건들의 공통점은 남성—주인이 남성—손님들에게 제공한 환대의 공간은 여성들에게 끔찍한 적대라는 사실이다. 이 적대를 통해서 환대가 행사된다는 아이러니이다. 성경에서조차 환대의 강자, 남성 중심주의적인 속성을 적나라하게 보여준다. 환대는 많은 경우 약자, 소수자, 여성들에게는 폭력이 되고 만다.

성경에 의하면 신이 창조의 마지막 날에 인간을 만들었다. 남자와 여자를 동시에 만들지 않고, 남자를 먼저 만들었다(코란에는 남녀가 함께 만들어졌다고 한다). 그런데, 가만 보니 외로워 보였다. 그래서 남자의 갈비뼈 하나를 뽑아 숨을 불어넣어 여자를 만들었다. 다시 말해, 여자는 남자의 부속물과 다르지 않다. 이는 안티 페미니즘적 사고이다. 여자는 남자의 필요가 아니면 존재하지 않는다는 편견이다.

시몬느 보봐르(Simone de Beauvoir)의 "여성은 태어나는 것이 아니라 만들어지는 것이다"라는 말은 잰더가 태생적으로 규정된 것이 아니라 획득된 문화적 산물임을 강조한다. 차별과 차이는 다르다. 차이는 섹스의 문제고, 차별은 잰더의 문제다.

환대는 누구를 향해서든, 어떤 것을 향해서든 열려 있어야 진정한 환대이다. 레비나스에게서 영향을 받았지만, 그의 인간중심, 민족중심적인 이론에는 결코 동의하지 않았던 데리다의 말처럼, 환대는 이름이 무엇이든, 언어가 무엇이든, 성별이 무엇이든, 종이 무엇이든, 인간이든 동물이든 혹은 신적인 존재이든 어느 것도 배제하지 않아야 진정한 환대이다.

환대할 수 있는 대상을 환대하는 것은 쉬운 일이다. 그러나 환대할 수 없는 대상을 환대할 수 있다면, 이상적인 환대이다. 바로 이것이 데리다가 말하는 '무조건적 환대'이다. 그러한 환대가 행해지는 풍경은 절대로 지옥이 아니라 낙원의 모습이다.

2025년 7월 13일 금강산이 유네스코 세계유산으로 선정되었다. 이전에 설악산이 '세계유산'이 될 수 있는지 외국인 전문가를 초청하여 현장 조사를 한 적이 있었다. 현장조사단이 산을 한 바퀴 둘러보고 나서 한 말은 이러했다.

"풍광은 아름답지만, 이 넓은 산중에 어떻게 동물이 한 마리도 보이지 않느냐? 동물이 없는 산은 죽은 산이다."

그래서 설악산은 '세계유산'으로 부적합 판정을 받았다. 우리 땅은 애완동물 천지지만 야생동물은 눈을 씻고 봐도 보이지 않는다. 예상하지 못한 상황에서 로드킬 당한 고라니의 꺾인 목과 슬픈 눈을 볼 뿐이다.

우리가 동물이라고 부르는 것 자체가 바로 동물에 대한 범죄라고 데리다는 지적한다. 무수한 다양성을 지닌 동물을 하나의 범주 속에 집어넣는 것 자체가 동물의 다양성을 동질화시키는 폭력이다.

동물은 고통을 느끼는가? '최대다수의 최대 행복'이라는 공리주의 사상의 토대를 놓은 벤담(Jeremy Bentham)은 동물에 이러한 질문을 제기한 최초의 철학자로 동물해방운동의 기초를 만든 사람으로 알려져 있다. 그는 동물들이 고통을 느낀다는 사실은 노예의 고통과 비슷하다며 그들만의 권리를 찾기를 바랐다. 그리고 1789년 출간된 『도덕과 입법의 원칙에 대한 서론』에서 동물과 노예도 평등한 고려 대상이 되어야 한다고 처음으로 주장했다.

인간은 자신이 죽인 동물이 감수성과 지능 면에서 감히 자신과 비교할 수 없을 만큼 저급하다는 무의식적인 생각을 가지고 육식을 정당화한다. 따라서, 정말로 우월한 외계 생물종이 지구를 방문하여 같은 기준을 적용한다면, 그들은 아무런 양심의 가책도 없이 우리를 파괴할 수 있을 것이다(바이오필리아 & 에드워드 윌슨, 안소연 역, 사이언스북스, 2010, 91쪽).

아이들이 읽는 동화는 환대의 윤리가 인간 외의 존재에게 적용되지 않는다는 생각에 의문을 제기한다. 동화의 세계에서는 동물들도 대화를 하고 서로를 배려한다. 동물들만이 아니라 식물들도 그렇게 한다. 그들은 때로 인간의 친구가 되어 인간을 위로하기도 한다(왕은철, 환대예찬, 현대문학, 2020, 105쪽).

동화의 세계는 성인이 되고 나면 평소에는 잊고 있다가 어쩌다 가끔 떠올리는 천진난만한 동심의 세계가 아니다. 인간만이 아니라 다른 존재들을 아우르는 삶의 윤리를 성찰하기 위해 성인이 되어서도 거듭하여 찾아야 하는 환대와 향유의 세계이다.

동화의 테마에서 중요한 점은 동물들의 삶에 개입하는 인간의 폭력이고, 그 폭력을 응시하는 동물의 눈이다. 타자 중의 타자인 동물들이 동화의 전복적인 성격을 통해서 중심이 되고, 인간은 주변적인 타자로 밀려난다.

초대받지 않은 손님인 인간이 동물들의 자리를 빼앗는다. 그래서 동물의 입장에서 보면, 인간은 남의 땅을 폭력으로 유린하는 제국주의자이고 식민주의자이다. 인간의 동물 사냥은 더 이상 생존의 필요가 아니라 재미를 위해서 하는 가학적인 놀이다. 동물에게 인간은 그처럼 폭력적인 타자이다. 동물들에 대한 대접은 환대이론에서 거론되는 타자들, 즉 고아, 과부, 이방인, 나그네의 모습과 크게 다르지 않아야 한다.

철학자 피터 싱어는 우리가 인간적인 대우를, 그것을 이해할 두뇌 능력을 가진 모든 종에게로 확대시키는, 후기-종 중심주의로 옮겨가야 한다는 견해를 펼친다(피터 싱어, 동물해방, 김성한 역, 연암서가, 2012). 그것은 노예제 폐지, 여성해방 같은 이전의 개혁들을 자연스럽게 확장하는 일이다.

우리가 잘 아는 『어린 왕자』는 아름답고 순수한 세계를 그린 동화로만 인식되지만, 사실은 환대에 관한 훌륭한 교과서이다.

어린 왕자는 장미꽃이 자신의 마음속에 있는 이미지에 부합하기만을 바란다. 그래서 어린 왕자는 타자를 대할 때 좋은 면만 있기를 바란다. 그렇지 않으면 밀어내버리는 우리 인간의 모습을 닮았다. 인간은 그렇게 이기적이고 자기중심적인 존재다.

프로이드가 인간을 자기애를 기본으로 하는 존재, 즉 나르시스적인 인간으로 본 것은 백번 옳았다. 그래서 인간은 어린 왕자와 마찬가지로 세상 경험을 통해 자기중심성을 떨쳐내면서 타자를 사랑하고 환대하는 법을 깨쳐야 하는 존재인지 모른다. 왕자를 깨우침에 이르게 하는 이는 인간이 아니라 동물인 여우다. 철들고 의미를 느낀다함은 자기중심의 이기심이 깨져야 가능하다.

여우는 참을성을 환대의 덕목으로 제시하면서 구체적인 실천 방안으로 말을 앞세우지 말 것을 주문한다. 침묵이 때로는 진정한 환대라는 말이다. 타자를 대할 때 언어에 신중을 기하지 않으면 그 언어가 타자에게 상처와 폭력이 될 수 있다. 언어는 기본적으로 환대의 도구이지만 상황에 따라서는 적대가 될 수도 있다. 그래서 "언어의 본질은 우정과 환대"라는 레비나스의 말도 맞지만, "언어가 환대를 침해하는 것일 수 있다"는 데리다의 말도 맞다.

여우는 지구를 떠나는 어린 왕자에게 마지막 선물로 비밀 하나를 알려준다.

> "가장 중요한 것은 눈에 보이지 않아."
> "네 장미를 그렇게 소중하게 만든 것은 네가 네 장미를 위해 소비한 시간이야. (……) 넌 네가 길들인 것에 대해서 영원히 책임이 있어."

결국, 마지막 깨달음은 자신이 길들인 존재, 즉 관계를 맺은 존재에 대해 책임을 져야 한다는 것이다. 레비나스의 말을 빌리자면, 어린 왕자는 타자에게 '무한 책임'을 져야 한다는 걸 깨닫고 지구를 떠난다.

워즈워드의 〈무지개〉라는 시처럼, "천국은 어린 아이의 것이며 어린 아이가 어른의 아버지"이다. 약자에 대한 환대의 경우에도 마찬가지이다. 존 보인(John Boyne)의 『줄무늬 파자마를 입은 소년(*The boy in the Striped Pajamas*)』에서 이것을 감동적으로 느낄 수 있다(정회성 옮김, 비룡소, 2007).

동화의 주인공인 부르노와 슈므엘은 생년월일이 같다. 부르노는 철조망 밖에 살고 슈므엘은 수많은 사람들과 함께 철조망 안에 산다. 수용소 사령관인 부르노의 아버지는 철조망 안에 있는 사람들을 관리·감독하는 독일인이다.

부르노는 유대인수용소에서 금지된 따뜻하고 순수한 환대를 유대인 소년 슈므엘에게 베푼다. 이는 일방적이거나 혹은 인위적인 것이 절대 아니다. '따뜻한 느낌,' 바로 이것이 환대다. 환대는 마음이면서 물질이다. 따뜻한 말로 어루만질 때는 마음이고, 필요한 음식을 가져다줄 때는 물질이다. 이처럼 환대는 마음이든 물질이든 상대에게 필요한 것을 자연스럽게 자발적으로 주는 행위다.

아버지가 가스실에 가서 보이지 않아 슈므엘이 걱정하자, 부르노는 유대인 수용인의 옷인 줄무늬 파자마를 한 벌 구해다주면 갈아입고 안으로 들어가 아버지를 찾는 걸 도와주겠다고 철조망 안에 들어갔다가 같이 죽는다. 부르노가 자신이 죽어가는 지도 모르면서 "무슨 일이 있어도 친구의 손을 절대로 놓지 않겠다"고 다짐한 것처럼, 환대는 타자들의 손을 잡고 또 그들의 손에 잡히는 모험이다.

이 책의 많은 부분에서 활용된 책 『환대에 대하여(*On Hospitality*)』를 데리다와 공동 집필한 프랑스 철학자 안 뒤푸르망텔(Anne Dufourmantelle)은 2017년 물에 빠진 두 아이를 살리고 목숨을 잃었다. 환대의 철학자가 환대를 실천하며 죽은 것이다.

하찮은 대상이어서 이름조차 없는 '그것'이 호명된 소중한 '너'로 이동하는 현상이 환대다. 김춘수의 시 〈꽃〉은 환대를 이렇게 정의한다.

> "내가 그의 이름을 불러주었을 때,
> 그는 나에게로 와서 꽃이 되었다
> 그에게로 가서 나도 그의 꽃이 되고 싶다
> 너는 나에게 나는 너에게
> 잊혀지지 않는 하나의 몸짓이 되고 싶다."

이 시는 꽃과 관련된 은유로 환대의 개념을 부드럽게 풀어냄으로써 사랑이라는 감정도 어차피 타자에 대한 환대의 한 형태라는 것을 보여준다.

환대산업 · 서비스

관광은 오랜 기간 여행의 형태로 존재하다가 20세기에 꽃피었고 많은 전문가들은 21세기는 관광의 시대라고 말한다. 유엔 세계관광기구(UN WTO)는 "국제 관광객의 증가는 지난 세기에 일어난 일 중 가장 주목할 만한 경제적 · 사회적 현상"이라고 말한다. 지난 50년 동안, 세계 인구가 두 배로 늘어나는 동안 여행의 폭발적인 대중화 현상으로 세계 관광인구는 약 40배 증가했다. 1950년 2천 5백만 명이었던 세계 관광인구는 현재 13억 명을 넘어섰다. 관광산업은 세계 GDP의 10.5%를 차지하며, 세계 노동인구의 9%를 고용하는 거대한 산업으로 성장했다(신동주, 여행과 관광의 이해, 대왕사, 2022, 115쪽).

관광객은 익명적 존재이며 관광객은 단지 돈을 쓸 뿐이다. 그리고 국경을 무시하며 세계를 누빈다. 이데올로기와 상관없이 소비에 여념 없는 관광객보다 현대 자본주의를 상징하는 존재는 없다(아즈마 히로키, 관광객의 철학, 안천 역, 리시올, 2020, 71쪽).

텔레비전의 여행 프로그램을 보면 우연히 만난 현지인들이 집으로 초대하여 식사를 함께 하고 그들과 함께 많은 걸 같이한다. 그러나 실제로 관광객들은 특별히 누군가와 어떤 정서적 교류를 할 계기도 마땅히 없고, 지속적인 인간관계를 맺을 시간도 없다. 일반인들의 뜻밖의 환대를 바라기보다 그저 공식적인 관광 환대업체에서 돈 쓴 만큼의 서비스를 기대할 뿐이다.

이와 같이, 예전 같으면 소수의 여행자가 현지인에게 문화적 · 관습적으로 기대하던 환대가 관광이 대중화 · 대량화됨에 따라 이에 대응하는 시스템이 필요해졌다. 관광객들이 관광과정에서 필요로 하는 일련의 서비스를 제공하는 일이 돈벌이가 가능해지면서 등장한 산업이 환대산업이다. 환대를 돈을 받고 제공한다는 사실이 이전 시대에는 용납되지 않았지만 말이다. 관광객이 현대 자본주의 시대 대중의 한 단면이고, 수요 · 공급 양 측면 모두에 필요하다면 주로 관광객이 이용하는 환대산업과 그 내용인 서비스를 거론하는게 의아하거나 거북스러운 일은 아니다.

환대산업의 정의

"먼 데에서 온 사람에게 부드럽게 대하라. 그러면 온 세계에서 사람들이 몰려올 것이다(柔遠人則四方歸之)"라는 말은 지금 식으로 말하면 관광객 환대에 대한 말이다. 상품의 품질이 균질해져서 서비스가 더 중요해지고, 마음의 풍요와 휴식을 추구하고 다양화와 차별성이 가치 있는 시대적 분위기는 사람들을 환대에 더욱 주목하게 만들었다.

환대는 윤활유처럼 환대를 주고받는 사람들 사이의 관계를 윤택하게 한다. 그리고 대량화된 공장제품과 금방 모방되는 제품 서비스와 정반대의 독특함과 특별함을 부여한다. 환대는 저성장 시대 기업이 처한 어려운 환경을 극복해 나가기 위해 더욱 각광받고 있다.

환대산업은 휴먼 비즈니스(human business), 피플 비즈니스(people business) 그리고 여행, 관광산업이다. 사람 대 사람의 관계로 사람이 진실 된 마음을 가져야 환대가 가능하다

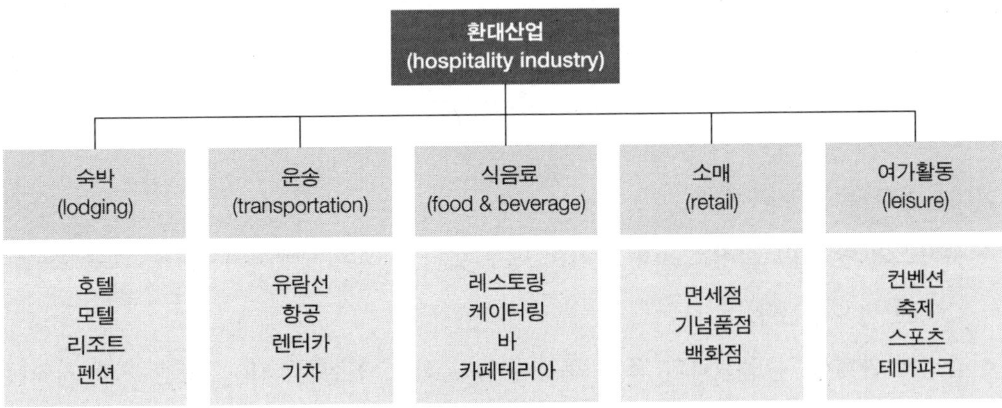

환대산업의 종류

는 의미에서 하트 비즈니스라고도 한다. 환대산업은 산업 종사자의 수고로 소비자 혹은 구매자의 즐거움과 기쁨을 가능하게 하는 산업이다. 환대를 베푸는 사람의 노력과 수고가 있고 환대를 받는 사람의 즐거움인 향유가 공존한다.

환대산업은 환대의 의미가 오로지 선의를 가진 주인과 연민을 느끼게 하는 이방인과의 관계에서 주인은 환대 사업자, 이방인은 구매력이 있는 고객(손님)으로 전환된다. 자기 집에 방문한 손님을 가족같이 편안하게 보살피는 것, 즉 역지사지의 입장에서 상대로 하여금 내 가족이라고 생각하게 만드는 것이 환대이다. 손님의 마음이 불편하고 즐기지 못한다면 그것은 환대하는 사람의 책임이다.

호텔에 1박 이상 묵는 고객이 잠시 외출하고 들어올 때 "안녕하세요"가 아니라 "다녀오셨어요"의 가족의 언어로 바꾸어 인사하는 것이 환대산업 서비스의 한 사례이다(백지연, 고객서비스실무, 한울, 2017, 92쪽).

리조트 기업 PIC의 메이트(mate), 클럽메드의 GO(gentle organizer), 열대 테마 레스토랑 카후나빌의 만능 웨이터, 크루즈의 직원들은 서비스 공간의 종사자를 넘어서서 마을에 사는 친구 같은 역할을 한다. 또한 기본적인 서비스 업무수행 이외에도 본인의 끼를 살려 다양한 엔터테인먼트 공연자 역할을 함으로써 환대를 실현하고 있다.

환대산업은 관광객의 동선에 따라 출발 전 관광 준비업으로 여행업, 출발 후 도착까지 이동업으로 항공과 크루즈업, 도착해서 본격적인 여행을 하기 위해 필요한 업종으로 호텔과 레스토랑, 오락 및 상업시설 등으로 나눌 수 있다.

환대산업의 특징은 다음과 같다.

- **서비스의 단기성:** 서비스 소비 시간이 매우 짧다. 외식업체에서의 식사는 보통 1~2시간이면 마무리된다.
- **감정적 관계성:** 종업원과의 접촉, 특정 종업원 선호, 친절한 태도에 대한 오랜 기억 등이 일어난다. 그러나 환대 종사자의 번-아웃 같은 문제도 발생한다.

- **증거물 관리의 중요성:** 환대산업에서 주고받는 서비스는 무형적이므로 유형적 근거가 중요하다(사진, 기념품 등).
- **이미지 강조:** 논리와 분석보다는 오감에 의한 감정과 직관이 중요하다.
- **유통경로의 다양성:** 환대상품을 구매하는 방법은 다양하며, 의미 있는 타인들의 추천이 매우 중요한 역할을 한다.
- **보완적 산업에 대한 의존성:** 전체적인 경험이 강조되며 숙박, 식음, 이동, 쇼핑, 오락 등 다양한 부분이 관여되어야 핵심 향유가 가능하여 만족도가 높아진다.
- **서비스 모방의 용이성:** 환대산업이 생산, 판매하는 상품과 서비스는 경쟁사에 의해 금방 모방된다.
- **비수기의 문제:** 여가의 소비와 밀접한 관계가 있으므로 성수기・비수기의 문제가 발생하며, 따라서 정규직 고용의 어려움이 있다(성현선, 호스피탈리티서비스, 석학당, 2009, 31쪽).

서비스의 유래와 개념

서비스 활동은 제조 활동 이상으로 오랜 역사가 있다. 이렇게 긴 역사에도 불구하고 아직 서비스에 대한 이해가 부족하며 일반의 오해가 많은 것도 사실이다.

과거 원시사회에서도 시장이 형성되기 전 자급자족 경제하에서 무당에 의한 치유 혹은 의료행위, 생산자인 개인들 간의 물물교환 등 인간의 기본생활을 영위하기 위한 서비스가 존재했다. 산업혁명 이전인 중세 시대까지도 본격적 의미의 시장이 형성되지는 못했다. 그러나 유통과 중개, 금융 등을 비롯한 다양한 형태의 사적인 서비스가 생겨나서 과거 자급자족 시대의 생활 패턴이 상당한 변화를 겪게 된다. 그리고 산업혁명 이후 본격적 시장경제가 출현하고부터는 수요와 공급의 원리에 따라서 다양한 서비스가 나타났다. 정보화 사회가 본격화되는 현대에는 정보기술을 이용한 각종 서비스가 시간과 공간의 제약을 제거해 나가고 있다.

클락(Colin Clark)은 산업을 1차, 2차, 3차 산업으로 나누었는데, 경제의 발달에 따라 자본, 노동 및 소득의 비중은 1차에서 2차로, 2차에서 3차 산업(서비스산업)으로 이동하였다.

서비스(service)란 용어가 우리 주변 어디에서나 보편적으로 사용되고 있어서, 서비스란 용어를 우리말로 표현하기에는 애매하다. 서비스는 우리말로 섬김, 도움 혹은 한문으로 봉사, 용역이라고 특별히 번역해서 사용하지 않고 영어 그대로 Service라 하는게 자연스럽다.

서비스의 개념을 어원적으로 보면 라틴어의 Servus라는 말에서 파생되었는데, 이는 노예상태를 의미한다. 즉, 하인이 주인을 섬기듯 열과 성을 다하는 태도를 말한다. 영어에 Servant, Servitude, Servile 등이 모두 사람을 섬긴다는 의미이다. 성경에 나오는 "내가 이 세상에 온 것은 섬김을 받으러 온 것이 아니고, 오히려 섬기러 왔다" 할 때의 섬김, 봉사가 바로 가장 높은 차원의 서비스이다. 서비스는 인간의 인간에 대한 봉사이다.

피터 드러커(Peter Drucker)에 따르면 오늘날 서비스는 원재료이다. 전적인 서비스산업이란 존재하지 않는다. 다만, 다른 산업에 비해 서비스적인 요소가 더 있느냐 덜 있느냐 하는 차이뿐이다. 산업에서 말하는 서비스는 유형의 제품 판매를 위하여 제공되는 무형의 제 활동이며, 무형의 제품이기도 하다.

미국 마케팅협회(American Marketing Association)에서는 서비스를 판매를 위하여 제공되는 또는 상품이 판매와의 관계에서 준비되는 제 활동, 편익, 만족이라고 정의한다. 그 예로는 오락 서비스, 호텔 서비스, 전력 서비스, 수송 서비스, 이발・미용 서비스, 수리・보수 서비스, 신용 서비스 등을 들고 있다.

동양적인 사고 개념에서 바라본다면 서비스는 봉사, 공헌, 친절, 무료, 덤이라는 뜻도 있다. 보다 바람직한 의미는 손님에게 기쁨, 모성애 같은 애정, 심리적 만족을 느끼게 하는 것으로 서비스는 곧 마음이요, 우리 한국인의 근본 정서인 정(情)이다. 그러나 서양적인 사고 개념에서 보면 서비스란 지원(assistance), 도움(help), 대가가 주어지는 노동 등을 의미하여 보다 경제적이고 교환 가치적인 의미를 갖고 있다.

Service의 이니셜로 본 서비스의 요소는 다음과 같다.

- ❖ **S:** 서비스의 3S인 Sincerity, Speed, Smile이다. 서비스는 웃으며 성실히 신속하게 제공되어야 한다.
- ❖ **E:** Enthusiasm, 서비스는 열정이 있어야 하고 활기가 넘쳐야 한다.
- ❖ **R:** Revolutionary, 현상유지는 퇴보이다. 항상 혁신적이어야 한다.
- ❖ **V:** Valuable, 서비스는 고객과 손님 모두에게 나름의 가치가 있어야 한다.
- ❖ **I:** Impressive, 서비스는 인상적이고 감동적이어야 한다.
- ❖ **C:** Communication, 서비스는 종사자와 고객 사이의 커뮤니케이션 과정이다.
- ❖ **E:** Esteem, 서로 존중하고 인간애를 바탕으로 할 때 예술적 차원으로 승화된다.

서비스는 비가시적인 어떤 것이어서 객관적이고 과학적인 가치측정은 가능하지 않지만 우리는 본능적이고 직관적으로 그것의 가치를 느낀다. 서비스는 그러기에 표준화가 어렵다. 물론, 이는 서비스의 대상인 고객이 원하는 서비스의 차원과 종류가 다르기 때문이기도 하다. 서비스는 항구적이고 영원불변한 것이 아닌, 마치 사랑의 감정 같아서 타이밍이 맞지 않으면 사라지고 만다.

서비스의 특성

특성	설명	문제
무형성	보이지 않고 만져지지 않음.	가치평가의 어려움.
이질성	표준화의 어려움, 고객의 이질성	모든 고객의 만족 어려움.
소멸성	한시성으로 미판매 서비스의 소멸	재고, 저장 불가능
비분리성	생산과 소비의 동시성	구입전 시험, 평가 불가능

출처: 와타나베 미키, 서비스가 감동으로 바뀔 때, 박선영 역, 새로운 제안, 2008 재작성.

환대와 서비스의 비교 및 사례

환대는 정치, 경제, 종교, 사회·문화적 요소까지 포함하고 있어 단순히 숙박이나 식사를 제공하는 것만이 아니다. 서비스는 유형·무형의 편의를 제3자에게 제공하는 봉사의 개념만이 아니라 자신의 이익이나 대가를 획득하기 위한 반대급부의 이윤추구 행위를 포함한다. 환대는 손님인 게스트와 주인인 호스트의 상호관계를 전제로 한다. 서비스는 게스트의 의사가 우선되며, 호스트는 서비스 제공자로서의 역할을 담당한다. 서비스는 신속성, 효율성, 합리성, 기능성, 개인성, 편리성, 가치성 등의 특성을 가지며 끊임없는 고객의 욕구를 충족시키는 일이다.

월트 디즈니(Walt Disney)는 지구상에서 가장 멋진 인공적으로 만들어진 낙원을 만들려고 했다. 그래서 탄생한 것이 종합 엔터테인먼트 시설인 디즈니랜드이다. 고객은 인공적이라도 완벽하게 만들어진 것이라면 그 리얼리티에 감동한다. 그래서 디즈니의 재방문율이 90%에 이른다. 디즈니 시설의 한 곳인 올랜도의 에프콧(Epcot)에 쓰여 있는 'If you can dream, You can do it'처럼, 디즈니랜드는 세계에서 가장 멋진 곳을 꿈꾸며 창조하고 재창조하려고 노력한다. 그 꿈을 실현시키는 자원은 바로 '사람'이다. 이것이 디즈니랜드가 가장 소중하게 생각하는 디즈니의 철학이다.

디즈니랜드는 고객을 커스터머(방문객)가 아니라 게스트(손님)라고 한다. 디즈니랜드는 소중한 고객을 가족으로서 초대하는 곳이란 환대의 철학을 표방한다. 디즈니랜드에서는 게스트와 손님을 환대하는 사람들, 즉 종사원(케스트)을 합쳐 디즈니 패밀리라고 부른다. 그리고 디즈니는 CS(Customer Satisfaction: 고객만족) 수준을 높이기 위해 우선 ES(Employee Satisfaction: 종업원 만족)을 중시한다(코마츠다 마사루, 친절을 디자인하다, 최문용 역, 군자출판사, 2014, 115쪽).

디즈니랜드는 완벽하게 완성된 이상 아무것도 하지 않아도 되는 장소가 아니다. 영원히 재창조가 거듭되기에 완성되지 않는 무한한 공간이다. 디즈니랜드가 가장 주의하는 것 중에 하나는 청결함이다. "고객에게 비일상의 체험을 하게 하기 위해서는 우선 청결해야 한다"라고 월트 디즈니는 강조했다. 천 개 가까운 쓰레기통은 오픈 전에 매일 물청소를 한다. 그리고 물청소 후 물기를 없애고, 소독액과 왁스를 발라 번쩍이고 청결하게 하며, 랜드 내부는 아기가 기어 다녀도 괜찮을 정도로 위생적이다.

손에서 손으로(hand to hand), 마음에서 마음으로(heart to heart)가 서비스의 기본이다. 즉, 진정한 감동은 사람과 사람간의 커뮤니케이션 속에서, 또는 신비한 비일상성 속에서 얻을 수 있다는 생각이다. 아무리 비싸고 성능 좋은 기계를 도입한다 해도 최종적으로는 편리성만 느끼게 될 뿐 고객은 싫증이 나게 된다. 디즈니랜드의 쇼 댄서들은 매일 같이 연습을 하고도 매일이 초연인 것처럼 전원이 오디션을 통과해야 고객 앞에 나설 수 있다.

디즈니랜드는 랜드 지하에 터널을 만들어 환상을 깨고 고객을 불편하게 하는 상품 반입이나 직원 이동 등 일상의 세계를 보이지 않게 한다. 그리고 고객이 들어갈 수 없는 무대 뒤, 즉 백스테이지가 있다. 거기에는 무대 뒤 크고 작은 도구를 보관할 장소와 화장실 등이 있다. 퍼레이드 같은 경우 한 번에 400~500명의 스태프와 장식된 차량이 백스테이지에 준비된 상태로 있고, 무대(온 스테이지)로 나갈 시간이 되면 문이 열리면서 마술적으로 등장한다.

월트 디즈니는 꿈과 마법의 나라를 실현하기 위해서 자신만의 철학을 가지고, 하드웨어를 만들었다. 더하여 고객에게 감동을 줄 수 있는 시설 운영을 목표로 기본적인 운영기준을 만들고 실행 우선순위를 정했다. 그것이 바로 SCSE이다.

- **S:** Safety(안전성)
- **C:** Courtesy(예의)
- **S:** Show
- **E:** Efficiency(효율성)이다.

안심할 수 있으면서 스릴을 만끽할 수 있는 즐거움, 이것이 디즈니랜드가 목표로 하는 가장 중요한 안전성이다. 디즈니랜드에서는 호스피탈리티를 Courtesy로 대체하고 있다. Courtesy에서 가장 처음 지켜야 할 사항이 인사이다. 인사를 할 때에는 고객의 얼굴을 보고 웃는 얼굴로 해야 한다는 것이 캐스트가 반드시 지켜야 하는 항목이다.

랜드 내 호텔들은 상이한 높이와 방향으로 배치하여 서로 바라보지 않게 한다. 고객이 모처럼 비일상의 공간에 왔는데, 누군가 이쪽을 볼 수 있다면 현실 세계로 다시 돌아가게 된다는 계산 때문이다. '비일상성'이 디즈니가 중요하게 생각하는 서비스 테마이다.

도쿄 디즈니랜드가 개장한 후 며칠이 지난 어느 날 길에 큰 애벌레가 기어가는 것을 본 청소 스태프가 발로 밟아 죽이려고 하자, 미국인 스태프가 백 스테이지 풀밭에 놓아주라고 하였다. 애벌레는 해충이 아닌 소중한 생명체다. 월트 디즈니는 애벌레도 생명체로서 영화에 등장시키고 있다. 월트 디즈니의 호스피탈리티(진정성 있는 환대)의 세계는 그런 것이다.

일본의 MK 택시는 타임지에 세계 1위의 서비스기업으로 선정되었을 만큼 서비스의 대명사이다(김나위, 서비스퍼포먼스, 호이테북스, 2011, 3쪽). 이 택시의 직원들은 유명 디자이너가 만든 유니폼에 청결한 외모를 유지한다. 그리고 신의 경지에 오른 세차라 할 만큼 차의 내·외부는 눈부시게 깨끗하다.

MK 택시는 특히 여성과 장애인에게 각별한 신뢰를 얻고 있다. 여성들을 정확하고 안전하게 집까지 모시고 장애인들을 우선적으로 탑승시키고 요금도 10% 할인해준다. MK 택시의 직원들은 자긍심을 가지고 친절, 봉사, 진심을 담아 고객들에게 서비스를 제공한다.

고객들은 겉으로는 무뚝뚝하다. 하지만 항상 감동을 받을 준비가 되어 있다. 작고 사소하지만 마음을 감동시키고 좋은 추억을 제공하는 서비스에 그들은 화답할 준비를 하고 있다. 따라서, 단순히 고객들의 눈과 귀를 집중시키기 위해 혹은 매출을 향상시키기 위해 하는 일시적인 서비스가 아니라 서비스철학이 그 밑바탕에 깔린 서비스를 제공해야 한다. 타인의 향유를 나의 기쁨으로 받아들이고 타인의 슬픔을 공감하는 자세가 그것이다. 동시에 타인에 대한 환대를 자신을 인간적으로 성장시키는 기회로 활용하는 것, 이것이 환대로서의 서비스이다.

정현종 시인의 〈방문객〉이란 시이다.

> 사람이 온다는 건
> 실은 어마어마한 일이다.
> 그는 그의 과거와 현재와 그리고 그의 미래와 함께 오기 때문이다.
> 한 사람의 일생이 오기 때문이다.
> 부서기기 쉬운 그래서 부서지기도 했을 마음이 오기 때문이다.
> 그 갈피를 아마 바람은 더듬어 볼 수 있을 마음
> 내 마음이 그런 바람을 흉내 낸다면 필경 환대가 될 것이다.

Part 2

향유

향유의 의의

일반적 의미의 향유: Savor

사람들은 자신의 삶에서 일어나는 긍정적 경험들을 즐기며 강화하려는 능력과 욕망을 가지고 있다. 이러한 능력과 욕망의 밑바닥에 존재하는 과정을 향유라고 부를 수 있다(프레드 브라이언트 & 죠셉 베롭, 인생을 향유하기, 권석만 역, 학지사, 2010, 8쪽).

향유라는 말은 맛있고, 즐겁고, 황홀한 순간을 의미한다. 사실 이 단어는 직관적으로 볼 때 '맛'과 같은 감각적 경험에 더 어울리지만, 이러한 의미를 확장시켜서 더욱 복잡한 인지적 영역에도 적용이 가능하다. 이렇듯 감각적 영역에서 인지적 영역까지 의미를 확장하는 것은 향유(savor)의 라틴어 어원인 'Sapere'와도 연결되는데, 여기에는 '맛보다,' '좋은 취향을 가지고 있다,' 혹은 '현명하다'는 뜻이 포함되어 있다. 따라서, 우리는 향유의 개념을 즐거운 경험, 즉 재미 이상으로 확장시켜 개인의 성찰적 분별력이나 고차원적 자각의 가치, 즉 의미까지를 포함시킬 수 있다.

사람들이 자신의 성취나 사회적 관계로부터 비롯된 행복을 경험하고 있다면, 이것은 향유에 해당한다. 또한 사람들이 자연과 즐거운 교감을 나누거나 행복한 종교적 체험을 하는 것 역시 향유이다. 어려운 일을 해내거나 아이들이 성장하는 것을 지켜보면서 기뻤던 순간들을 되돌아보고, 혹은 다른 수많은 긍정적인 느낌들로 인해 쾌감을 경험한다면 이 또한 향유라고 말할 수 있다.

살아가면서 기쁘게 사랑하고, 상처받기를 두려워하지 않으며, 새로운 시도를 하고 많은 상황을 체험하는 것이 곧 향유이다.

기독교의 향유

향유의 철학자 레비나스는 『시간과 타자』에서 "세계 안에서의 우리의 실존을 특징짓는 것은 먹거리들이다"라고 말했다. 우리는 먹기 위해서 사는 것만도 아니고, 살기 위해서 먹는 것만도 아니다. 다만, 존재하기 위해 먹는 대상과의 향유적 관계 속에서 우리의 일상적 삶은 구원을 경험한다.

예수는 주기도문에서 인간의 필요를 위해 첫 번째로 구해야 할 대상으로, 먹거리인 '일용할 양식'을 꼽았는데, 그 양식이 몸의 생명을 지속하여 유지하기 위한 방편일 뿐 아니라, 궁극적으로 하나님의 선물로 날마다 누려야 할 삶의 몫이라는 전제가 깔려 있다.

성경에서 창조주의 명령은 "생육하고 번성하라. 이 땅에 충만하라(창세기 1:28)"이다. 그렇게 되기 위해서는 생명을 보존하어야 했고, 또 잘 먹어야 했다. 이런 목적에 부응하여 하나님은 에덴에 있는 모든 과실을 먹을거리로 허락했다. 단 선악을 알게 하는 나무의 과일만을 금하였다(창세기 1:29. 2:16).

"포도원을 만들고 그 과실을 먹지 못한 자가 있느냐(신명기 20:6)?" 자신의 수고가 깃든 결과를 음식물로 취하는 신체적 향유는 곧 자신이 땀 흘리며 생명을 투자하여 이룩한 결실에 대해 그것을 정당하게 누리는 것이다. 이는 굶주림을 피해서 식욕을 충족시킴으로서, 단순히 그 신체적 생명을 유지하는 차원과는 다른 의미로 판단된다. 포도는 곧 포도주라는 기쁨의 상징을 품고 있는 향유의 음료로 인식되기 때문이다(차정식, 예수와 신학적 인간학, 동연, 2022, 205쪽).

〈전도서〉는 인간의 헛된 삶을 위로하는 유일하고 가장 일차적인 방식으로 먹고 마시는 일의 즐거움을 여러 차례 언급한다.

> "사람이 먹고 마시며 수고하는 것보다 그의 마음을 더 기쁘게 하는 것은 없나니(2:24)."
> "너는 가서 기쁨으로 네 음식을 먹고 즐거운 마음으로 네 포도주를 마실지어다. 이는 하나님이 네가 하는 일들을 벌써 기쁘게 받으셨음이니라(9:7)."

여기서 사람이 먹고 마시는 것은 노동의 수고와 밀접하게 연계되어 있다. 그것은 자신의 몸으로 흘린 땀의 대가를 제 몸으로 다시 흡수하는 감각적 행동이기에, 이기적인 기쁨을 제공하는 향유의 경험이다. 그러나 그것은 동시에 하나님이 생명 창조의 순간 공정하게 허락한 선물이기도 하다. 성경에 향유와 관련된 다른 표현들이 많다.

> "음식물은 하나님의 지으신 바니, 믿는 자들과 진리를 아는 자들이 감사함으로 받을 것이니라(디모데전서 4:3~4)."
>
> "선을 행하고 선한 사업을 많이 하고 나누어 주기를 좋아하며 너그러운 자가 되게 하라."(디모데전서 6:18)는 모든 사람의 물질적 향유가 가능해지려면 자신의 것을 나누어 향유의 평등이 실현되어야 한다는 말이다.
>
> "인자는 와서 먹고 마시매 말하기를, 보라 먹기를 탐하고 포도주를 즐기는 자요, 세리와 죄인의 친구로다(마태 11:19)." 예수의 인간성을 향유와 환대와 관련하여 가장 쉽고 친근하게 표현한 구절이다.
>
> "요한의 제자는 자주 금식하며 기도하고, 바리새인의 제자들도 또한 그리하되, 당신의 제자들은 먹고 마시나이다. 예수께서 그들에게 이르시되 혼인집 손님들이 신랑과 함께 있을 때, 너희가 그 손님으로 금식하게 할 수 있느냐(누가 5:33-34)?"

이 예문은 예수의 일상생활에 나타난 스타일이 세례 요한과 구별되는 지점을 극명하게 드러내 보여준다. 그가 추구한 향유가 유달리 먹고 마시는 것에 집중되는 경향이 있다. 실제로 그가 핵심 메시지로 전파한 하나님의 나라(천국)를 가르치는 비유에서도 사람들이 모여 먹고 마시는 잔치의 모습이 반복적으로 등장한다.

일상에서 먹고 마시는 식사 행위는 주로 가족 단위로 이루어진다. 그러다가 특별히 기념할 만한 일이 있을 때 이웃 사람들을 초청하여 잔치를 벌이게 되는데, 이는 음식을 통한 향유의 기쁨이 가장 최고조에 이르는 경험이라 할만하다. 예수는 자신이 지상에 머물러 하나님 나라 사역을 하는 기간을 신랑의 혼인 잔치에 빗대어 언급한다.

성경의 하이라이트로 사 복음서에 모두 적힌 보리떡 다섯 개와 물고기 두 마리로 모두가 나눈 광야의 야외식사 현장(마가 6:30-44, 마태 14:13-21, 누가 9:10-17, 요한 6:1-140)은 비록 소박한 음식이지만, 많은 사람들이 풍족하게 나눠 먹었다는 점에서 향유와 더불어 환대의 상징인 잔치의 분위기를 풍긴다.

예수의 신체적 향유행위가 단순히 식사에 국한해 나타난 것은 아니다. 한 여인이 베다니에서 값진 향유(향기로운 기름) 옥합을 깨트려 300 데나리온(1 데나리온은 노동자의 하루치 임금) 어치의 향유를 예수의 발에 붓고, 그녀의 긴 머리로 그의 발을 닦아준 이야기는 신체적 감각이 동원된 또 다른 향유의 중요한 예이다. 이를테면 향유를 붓는 여인의 행위는 단순히 예수를 융숭히 환대하는 상징적 의미를 넘어, 예수의 몸에 다양한 감각이 동원되는 신체적 향유의 사건으로 해석될 수 있다.

이는 먹고 마시는 것 못지않게 몸을 향기롭게 단장하는 것이 중요한 향유적 가치임을 암시한다. '머리에 기름을 붓는다'는 히브리어 표현은 '손님을 융숭하게 환대한다'는 은유이다. 당시 유대인 사회에서는 손님을 대접할 때 종을 시켜 먼저 발 씻을 물을 내어주고, 그다음 머리와 몸에 귀한 향유를 발라 단장케 하였다.

아래의 그림은 루벤스(Peter Paul Rubens)가 1620년 그린 예수의 발에 향유를 붓고 자기의 머리칼로 닦는 후 입 맞추는 여인의 모습이다.

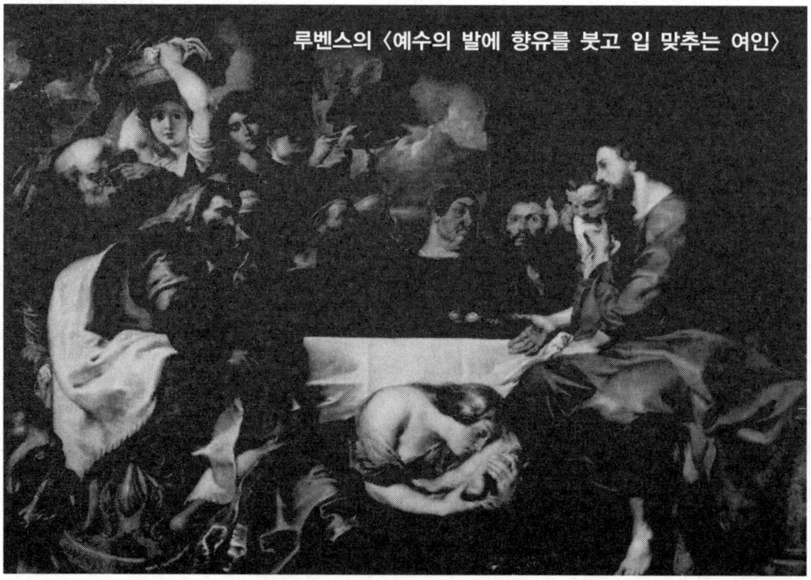
루벤스의 〈예수의 발에 향유를 붓고 입 맞추는 여인〉

레비나스의 향유: 쥬이상스

프랑스어 향유, Jouissance는 우리말로 '전신적 기쁨'을 의미한다. 라캉(Jacques Lacan)은 초기에는 욕망 개념을 중시했으나, 후기로 갈수록 쥬이상스의 개념을 강조한다. 욕망이 언어와 상징계의 차원에서 정의되었다면, 쥬이상스는 충동을 가진 인간이 실재적으로 육체에서 체험하는, 그러나 말로는 잘 표현할 수 없는 충동 만족을 의미한다. 또한 쥬이상스는 단순한 쾌락이 아니라 고통을 동반하는 쾌락이다.

향유는 욕망과 다르다. 욕망은 어떤 대상에 의해 촉발되지만, 그것들을 대체하는 부분 대상들을 찾아 일시적으로 진정된다. 반면, 향유는 잃어버린 전체, 그러나 사실은 존재한 적도 없는 환상으로서의 전체에 도달해 완벽한 합치를 느끼려 한다. 물론, 이러한 향유는 불가능하다.

충동의 만족을 목표로 하는 향유는 실재적인 어떤 것을 지향한다. 그 실재적인 것이란 오래전에 사라진, 나아가 어떤 면에서는 존재한 적도 없는 어떤 것, 환상으로서의 어떤 것이라는 점에서 상상적인 것이기도 하다. 향유라는 개념에는 이렇게 우리의 몸과 같이 실재적인 것과 무의식, 혹은 잠재의식 같이 상상적인 것에의 지향이라는 이중의 의미가 깃들어 있다.

향유와 환대의 철학자 레비나스는 한 개체의 주체성 확립 없이는 타자 환대가 가능하지 않다고 본다. 주체성 또는 개체성은 먹고 마시고, 삶을 즐기는 가운데 발생한다는 것이 그의 생각이다. 한 개인이 먹고 마시고, 잠자는 것은 모두 한 개인의 신체를 통해 가능하다. 이러한 존재방식을 그는 향유라고 부르고, 향유, 즉 '즐김과 누림'을 통해 하나의 개체가 개체로서 주체성을 확보한다고 본다.

주체성은 향유를 완전히 자신의 것으로 만듦으로써 성립한다. 향유는 자아의 본래 모습이고 자신에게로의 복귀이다. 향유를 통해 자아는 삶과 활동의 중심이 된다. 향유는 자신에 대한 향유이다. 레비나스는 향유야말로 진정한 개별화의 원리라고 주장한다. 자신에 대한 향유는 각자 자신을 위해 누리는 행복이다. 향유는 자신 안으로 물러남이고 자신으로의 귀환이다(강영안, 타인의 얼굴: 레비나스의 철학, 문학과 지성사, 2005, 127쪽).

향유는 인간이 세계와 접촉하는 가장 근원적인 방식이다. 이성적인 측면보다 감성적·신체적 측면이 여기서 강조된다. 주변 환경을 즐기고 향유하는 가운데 인간은 자기 자신을 확인한다. 레비나스는 즐김과 누림, 곧 향유가 인간이 세계와 접촉하는 가장 근원적인 존재 방식이라고 주장한다.

삶을 향유로 본다면 햇빛과 맑은 공기, 바람과 흙냄새는 향유의 1차적이고 직접적인 대상이다. 우리는 먹고 놀고 즐기기 위해 산다. 우리가 산책하는 이유는 어떤 다른 목적 때문이 아니라, 그것이 우리에게 즐거움을 주기 때문이다. 향유의 관점에서 볼 때 사물은 우리의 생존을 위한 수단이라기보다 존재의 원천이고 만족으로 체험된다. 향유는 주변 세계를 삶의 요소 혹은 삶의 환경으로 체험하는 것이다(레비나스, 시간과 타자, 강영안 역, 문예출판사, 1996, 35쪽).

20세기 최고의 철학자이자 나치에 부역했다는 이야기가 나오는 하이데거(Martin Heidegger)와 레비나스의 가장 중요한 차이는 인간 경험의 기본구조에 대한 불일치에 있다.

인간존재란 염려(sorge)하면서 세계 안에 거주한다고 말하는 하이데거에 대해, 레비나스는 인간존재란 근본적으로 향유를 누리면서 세계에 거주하는 존재로 본다. 이 같은 근본적인 시각 차이로부터 하이데거가 대상적 사물을 도구적 관점으로 보는 반면, 레비나스는 대상적 사물을 영양과 기쁨과 고통을 주는 삶의 내용으로 본다.

물질이든 도구든 일상용품의 대상들도 향유에 속한다. 더욱이 가구, 집, 음식, 옷 등이 인간에게 있어 도구가 아니라 그 자체가 궁극적인 것이 될 수 있다. 옷은 몸을 보호해주고 멋을 내는 기쁨을 준다. 집은 몸을 쉬게 하며, 음식은 먹는 즐거움을 주고 원기를 회복케 한다. 우리는 이들을 향유하지만, 이로부터 고통을 받기도 한다. 따라서, 레비나스는 이들을 도구가 아니라 오히려 근본적인 것으로 설명하며, 우리와 그들의 관계를 향유로 표현한다.

도구 자체는 향유의 대상이 된다. 사물의 향유란 글을 쓰기 위한 펜이나 못을 박기 위한 망치와 같이 사물을 사용하는 것뿐만 아니라, 사물을 사용하면서 체험하는 고통이나 기쁨 속에 있다(김연숙, 레비나스 타자윤리학, 인간사랑, 2001, 186쪽).

사물들은 자신을 향유로 제공한다. 예컨대 담배, 술, 불꽃놀이 등이 있다. 사람들은 그저 순수한 소비에서 즐거워한다(레비나스, 전체성과 무한, 양명수 역, 그린비, 2018, 33쪽). 레비나스는 향유하면서 살아가는 삶은 독립성을 의미한다고 한다. 향유적 자아의 독립성은 삶의 내용을 함축한다. 숨 쉬는 것, 먹는 것, 보는 것, 일하는 것 등의 기쁨과 고통이 삶의 내용이다. 삶을 구성하는 내용물들은 삶에 불가결한 것이 아닐 수도 있지만, 때에 따라서는 그들이 없다면 죽을 수도 있는 것이 인간이다.

원기회복으로서의 영양은 타자를 동일자로 만든다. 이것이 향유의 본질이다. 타자인 에너지는 향유 속에서 나 자신의 에너지, 나의 힘, 곧 내가 된다. 모든 향유는 이런 의미에서 영양의 흡수이다. 기아는 욕구이며 궁핍이다. 그러므로 향유적 삶은 단순히 삶을 의식하는 것이 아니라, 삶에 영양을 주고 삶을 채워주는 삶의 내용을 대상으로 한다. 레비나스는 내용으로서의 삶은 노동과 영양의 삶이라고 단언한다(레비나스, 위의 책, 127쪽).

향유와 행복 안에서 자아의 운동은 자아의 충족성을 나타낸다. 자아는 행복한 자기에게로 돌아와 자기를 유지하는 존재이다. 향유하면서 산다는 것은 쾌락, 행복 그리고 자기만족인 것이다.

세계의 낯섦은 매력적이고, 행복의 원인이 된다. 향유는 그 과정을 일컬으며, 주체는 극복되어야 할 위협이 아니라 경험되어야 할 쾌락인 타자성이 있는 환경 안에서 자신을 집 안에 있는 것처럼 만든다. 이 점에서 욕구는 비-자아에 대한 자아의 의존성을 드러내지만, 타자로서의 세계와의 만남에서 만족과 행복을 찾는 자아의 능력 또한 드러낸다. 자아는 자신에 대한 향유이기도 하지만, 다른 어떤 것에 대한 향유이기도 하다

레비나스가 향유에 긍정적 의미를 부여하는 이유는 향유의 행복이 존재자가 자신의 개체성·단독성·독립성·자율성을 지킬 수 있도록 해주기 때문이다. 뿐만 아니라, 레비나스는

향유하는 감정이 없다면 타인의 고통을 함께 아파하는 감수성도 가능하지 않다고 본다. 레비나스는 인간에게 근원적인 욕망은 자기보존 충동이 아니라 자기를 초월하여 타자로 나아가려는 충동이라고 한다(철학아카데미, 처음 읽는 프랑스 현대철학, 동녘, 2013, 257쪽). 기존의 자기 동일성의 근저에 있던 존재론적 자기보다 더 깊은 차원에 있던 윤리적 자기가 드러나면서 폐쇄적이었던 자기 공간에 타자로 향하는 숨통이 트이는 것이다. 벤야민의 표현을 빌리면, 새로운 구원과 해방의 가능성을 열어주는 메시아적 자기의 탄생 순간이다. 혹은 이성복 시인이 말하는 빛나는 정지의 순간이다. 진실의 순간(moment of truth)이라고도 할 수 있다. 그것은 존재의 중심을 더 이상 자아에 두지 않고 타자에 두는 자기이다. 향유가 향하는 곳은 바로 환대인 것이다.

향유의 시점과 초점

"내가 옛날에 말이야……"라고 말하는 노인들은 회상을 통해서 자존감을 지키고 즐거움을 얻는다. 과거에 대한 향유는 현재와 관련된 후회를 반영할 수도 있다. 사실 회상이라는 말에는 도피라는 숨은 뜻이 있다. 한 사람의 회상은 삶 그 자체의 대체물이기도 하고 과거 삶의 한 형태를 반영하기도 한다.

셰익스피어는 그의 작품 중 가장 재미있는 『헛소동』에서 다음과 같이 이야기하였다.

> "원래 사람이란 자기 수중에 있는 것은 아무리 소중한 것이라도 그 가치를 깨닫지 못하다가 일단 자기 손에서 떠나 버리고 나면 비로소 그 가치를 절실하게 알게 되어. 가진 동안 깨닫지 못한 미덕이나 장점을 발견하게 마련이다."

분명히 삶은 현재 그것을 지속할 때보다 회상할 때 더욱 긍정적으로 느껴진다. 과거를 향유함은 단순히 과거를 기억하는 것보다 나은 것이다. 미국의 사회비평가인 오스카 레반트(Oscar Levant)는 "행복은 지금 경험하는 어떤 것이 아니라 당신이 기억하는 어떤 것이다"라고 하였는데, 과거에 대한 향유를 잘 표현한 말이다. 그렇지만 행복은 또한 기대하는 어떤 것이기도 하다. 미래에 대한 기대는 매우 특별한 향유의 한 방법이다. 현재를 향유하는 것과 달리 기대에는 즐거움을 끌어낼 현재의 경험이 존재하지 않는다. 그리고 회상하는 것처럼 향유를 시작할 기억이 존재하지도 않는다.

'기대를 한다는 것'은 미래를 상상함으로써 가능하다. 희망 혹은 소망이라고 할 수 있다. 이 점이 과거나 현재보다 기대를 통해 자신의 삶을 향유하는 것이 사람들 사이에서 드물게 발견되는 이유이다. 사람들의 삶에 대한 태도로서 낙관적 · 긍정적 · 능동적인 사람들에게서 가능한 향유이다. 기대는 어떤 사건에서 사람들이 부여하는 의미를 풍부하게 만들어주어 지금의 경험이 얼마나 오랫동안 원했던 것인지를 깨닫게 한다. 즐거운 미래 사건들을 기대함으로써 사람들이 현재의 향유를 확대한다는 사실은 의심할 나위가 없다. 앞으로 발생할 긍정적 사건에서 즐거움을 얻을 것으로 생각하는 정도와 지난 사건에서 즐거움을 경험했다고 생각하는 정도는 실제 우리가 경험하는 즐거움보다 크다.

시간을 빨리 보내고자 하는 사람이 다른 일들을 생각하듯이, 현재를 더욱 늘리고 즐기고자 하는 사람은 '지금 여기'에 집중한다. 이렇듯 행복한 순간을 향유하고 이에 집중하는 것은 긍정적 경험의 지속기간을 증대시키는 효과가 있다. 사람들은 향유를 경험할 때 자신이 시간의 흐름을 늦추고 있다고 느끼곤 한다. 따라서, 속도를 늦추면 향유할 시간을 보다 많이 만끽하게 된다(Flaherty, M,G., Time work: Customizing temporal experience, Social psychology Quarterly, 66, 2003, pp. 17~33).

속도를 늦추는 것과 관련된 예로 등산을 들 수 있다. 등산에서 얻는 기쁨의 상당 부분은 주변 환경과 자기 내부의 세세한 부분들을 의식할 수 있을 만큼 천천히 산에 오르면서 얻게 된다. 고지의 가파른 지형과 자신의 체력적 한계 때문에 등산객들은 평소보다 천천히 움직일 수밖에 없다. 이렇게 느린 속도로 움직이게 되면, 다른 때에는 놓치기 쉬운 사소한 주변 환경요소들을 발견하게 된다. 반짝이는 눈송이들이나 작은 벌레들이 윙윙거리는 소리, 까마귀 우는 소리, 도시의 천박한 인공향이 아닌 야생화의 섬세한 향기, 멀리서 들려오는 바람소리가 바로 그것들이다. 이런 기대치 않은 작은 요소들은 일상에서 느낄 수 없는 아름다움을 지니고 있다(Shulman, N., Zen in the art of climbing mountains, Boston: Charles & Tuttle, 1982, p. 81).

산악인들은 '절정감'이라고 알려진 현상을 묘사하는데, 이 상태에서는 고지대의 경치에서 맛보는 쾌감을 떠날 수가 없거나 떠나려 하지 않고, 어둠이나 혹독한 날씨에 갇힐 수 있는 상황에서도 꼼짝하지 않고 남게 된다(Macfarlane, R., Mountains of the mind, New York; Panthom Books, 2003, p. 47).

그러나 향유하고자 속도를 늦추는 것이 그리 쉽지만은 않다. 예컨대, 여행자는 다른 나라를 처음 여행할 때 짧은 기간 동안 가능한 많은 곳을 가보려 애쓰곤 한다. 한 곳도 충분히 음미하지 못한 채로 여행 책자에 있는 장소들을 찾아 이리저리 바쁘게 옮겨 다닌다. 이런 상황에서는 향유가 감소한다. 만약 박물관이나 성당에서 일부러 좀 더 길게 머물거나, 시내가 바라보이는 곳에 좀 더 오래 앉아 있다면, 그런 장소들을 제대로 향유할 가능성이 좀 더 높아진다. 저자가 늘 하는 말이 있다. '눈먼 세계일주는 눈 뜬 동네 한 바퀴만 못하다.' 향유라는 관점에서도 마찬가지다.

사실 긍정적인 사건은 가만히 놓아두면 금방 사라져 버리지만, 부정적 사건은 오래 지속되는 역설적인 관계에 있다. 향유, 즉 긍정적 경험의 영향을 지속하기 위한 몇 가지 방법을 소개한다.

- **회상과 추억하기:** 처음으로 ~한 순간, ~날 들을 기억하는 것은 향유에 중요하다. 물론, 앞에서 언급했지만 노인들이 주로 하는 일이기도 하다.
- **연결하기:** 예를 들어, 산 정상에 올랐을 때의 환희에 대해 생각한다. 정상에서의 바람소리, 침묵, 공기의 향기로움 등 여러 가지 기쁨을 만끽하였다. 그리고 개인적 성취감과 동료들과의 끈끈한 유대감, 우주의 광대함 등 사건의 의미에 대하여 떠올린다. 이러한 여러 요소들이 등산이라는 제한되고 단편적인 사건과 결합해 긍정적 경험을 이뤄내는 것이다. 이러한 연결하기는 자동적일 수도 있고, 정교한 의식의 통제하에서 일

어날 수도 있다. 어느 경우든 연결하기를 통해 짧은 향유 경험은 지속될 수 있다. 과거를 이야기할 때 사람들은 종종 실제 일어나지 않은 사실들을 추가하기도 한다.

- **사건 후에 공유하기:** 공유하기는 긍정적인 사건이 일어나고 있을 때뿐 아니라, 그것이 끝난 후에도 향유를 지속시키는 직접적인 방법이다. 함께 사진을 보면서 가족이 즐거워한다면 사건에 대한 모두의 향유 경험은 지속된 것이다. 이처럼 다른 이들과 공유하기를 통해 그때의 향유 순간을 지속할 수 있다. 영화를 보러갈 때 혼자 가기보다 누군가와 함께 가는 것을 선호하는 것도 영화가 끝난 뒤 영화의 즐거움을 함께 향유할 누군가가 필요하기 때문이다. SNS에 기쁘고 즐겁고 의미 있는 순간들을 올리는 사람들의 심리도 마찬가지이다.
- **축하하기:** 축하 의식을 통해 긍정적인 일을 지속시키는 것은 대부분의 문화권에서 찾아볼 수 있다. 좋은 음식, 손님, 여흥 등이 어우러진다. 승진했거나 생일을 맞이하면 으레 축하 행사를 준비하는데, 긍정적인 경험을 오래 지속시킬 뿐 아니라 미래에도 사건을 보다 잘 기억할 수 있도록 돕는다.

향유는 긍정적인 외부 자극(아름다운 자연환경, 즐거운 음악 등), 또는 내적 사고나 감정에 의해서도 촉발될 수 있다. 관심을 외부로 돌리게 하는 힘은 세계 초점적 향유를 유도하고 내부로 돌리게 하는 힘은 자기 초점적 향유를 유도한다. 완전히 세계 초점적이거나 전적으로 자기 초점적인 향유는 존재하지 않으며, 대부분 이 두 향유방식이 혼재되어 있다.

자신을 혐오하는 사람들은 자기 초점적 향유를 하기 힘들고, 세계나 타인을 불신하는 사람들은 세계 초점적 향유를 하기 어렵다. 인생에서 경험하는 이별, 상실, 혹은 트라우마는 자기나 세계에 대한 지각을 바꾸어버릴 수 있다.

세계 초점적 향유는 외부에서 경험되는 무엇인가에 자신의 감각을 내맡길 때 나타나는 긍정적인 느낌이다. 일상적인 자기 초점적 경험을 넘어서기 때문에 이 경험은 세계 초점적 향유이다. 세계 초점적 향유에는 예술작품, 자연, 타인들, 초자연적인 힘이나 존재와 같이 개인보다 강력한 무언가와 소통하거나 통합되는 느낌이 들게 된다. 이 초월적인 느낌의 중요한 특징은 이 긍정적인 느낌의 원천이 일차적으로 자기 외부의 사물이나 사람이라는 점이다.

메킨지산을 최초로 등정한 허드슨 경(Sir. Hudson)은 아래와 같이 북아메리카 최고봉을 등정한 소감을 묘사하였는데, 이는 세계 초점적 향유의 예이다.

> "여기서 경험하는 것은 지상의 높은 곳에 나도 함께 참여하게 되었다는 특별한 교감이다. 이는 태초 이래 신성하고 고요한 정상에서 독수리처럼 낮은 곳을 굽어볼 수 있을 뿐 아니라, 지금까지 공개되지 않고 겹겹이 싸인 비밀의 방에 들어가 그곳에 머물며 하늘의 창문을 통해 아래에 펼쳐진 삼라만상에 시선을 향하는 것이기 때문이다."

하이트는 초월이라는 세계 초점적 경험을 분석함에 있어, 초월이 일종의 상승 경험이라고 정의하였다. 고양감을 느끼고, 경험에 개방적이며, 세계와 인간의 본성에 대해 낙관적 태도를 보이는 현상이 곧 초월이라는 상승 경험이다(Haidt, J., Elevation and positive psychology of morality, Washington, DC: American Psychology Association, 2003, p. 275).

자기 초점적 향유는 개인의 특성(재능, 근면, 성격, 행동, 신체 등) 자체가 향유의 대상이 될 수 있고, 향유의 느낌이 자기에서 유래한다. 자기 초점적 향유는 나르시스적 형태(이른바 자뻑)를 띨 때가 잦아서 자기 탐닉적이거나 자기애로 규정되기도 한다. 특히, 자기 초점적 향유가 타인에 대한 책임감 있는 태도를 저해할 때는 비난받을 수도 있다.

단순하게 말하면 자기 초점적 향유는 자신을 전면에 놓고 외부 세계를 배경에 두는 것을 의미한다. 자기 초점적 향유는 긍정적 정서 반응을 유발하는 외적 자극에 초점을 두기보다는 개인적 생각(행복한 기억들, 개인적 독특성), 감정(자부심, 즐거움), 신체감각(땀, 뛰는 심장), 행동적 충동(웃음, 환호)에 초점을 둔다.

"나는 뿌듯함을 느껴요"가 자기 초점적 향유의 예라면, "세상은 만족감을 줘요"는 세계 초점적 향유의 예라고 할 수 있다.

여기서 한 가지 더 생각해야 할 것이 세계 초점적 향유와 자기 초점적 향유 사이의 사회적 향유이다. 소수의 다른 사람들과 함께 있는 상황에서 어떤 경험을 향유하면, 경험 속에 포함된 유대를 통해 특별히 그들과의 관계를 강화한다는 사실이다. 함께 향유하는 사회적 관계는 더 오래 유지된다. 이처럼 집단정체성의 중요한 부분인 함께하는 향유가 개인에게 특별한 의미를 부여할 수 있다.

누군가와 이 광경을 함께 봤다면 얼마나 아름다울까? 경험을 함께 나누고 싶은 마음과 그 경험에 함께하는 사람들의 반응을 통해 우리는 혼자서는 놓치기 쉬운 즐거움과 감정들을 보다 자세히 알아차릴 수 있게 된다. 우리는 혼자 있을 때 보다 타인과 함께할 때 더욱 쾌활해지며, 이렇게 고조된 긍정적 정서를 통해 우리는 향유의 기쁨을 보다 자발적이고 더 창조적으로 표현하며 즐기게 된다. 사람들은 고독한 환경보다는 사회적 환경에서 30배나 더 자주 웃는다(Provine, R.P. & Fisher, K.R., Laughing, smiling, and talking: Relation to sleeping and social context in human, Ethology, 83, 1989, pp. 295~305).

향유의 유사 개념

행복

서양철학에서의 행복

동·서양을 막론하고 인간이 하는 모든 행위의 바람과 목적은 결국 행복으로 귀결될 것이다. 그래서 철학의 가장 중요한 이슈는 행복인데, 서양 철학사에서도 많은 철학자들이 행복에 대하여 이야기하였다. 우리는 현실의 삶에서 행복에 도달할 수 있는가? 이 물음은 2500년 서양 철학사에서 계속 이어져 왔다. 시간 순으로 한번 살펴보자.

아리스토텔레스는 행복이라는 문제를 다룬 가장 완성도 높은 저술로 손꼽히는 『니코마코스 윤리학』을 남겼다. 그는 이 책에서 "행복은 우리가 다른 어떤 목적을 위한 방편으로서가 아니라, 그 자체를 위해 추구하는 유일한 목표"라고 말한다. 그는 "행복은 영혼의 고결한 행동"이라 한다. 다시 말해서, 고상하고 깨끗한 삶이 행복한 삶이라는 얘기다. 행복을 보다 더 심오하고 가능하면 영구한 것으로 만들려는 시도야말로 철학의 목표라고 할 수 있다.

고대 그리스의 에피쿠로스학파의 창시자 에피쿠로스(Epikuros)는 "신을 숭배하는 것은 시간 낭비이고, 사후 세계는 없으며, 행복이 인생의 유일한 목적"이라 하였다.

스토아 철학이 추구하는 두 가지 목표는 영혼의 평온(ataraxia)과 자족(autarkeia)이다. 『명상록』의 저자인 로마의 철인 황제 마르쿠스 아우렐리우스(Marcus Aurelius)는 "행복이란 자연에 따른 삶 또는 이성에 따른 삶"이라고 생각했다. 그는 "다른 사람이 그대보다 행복하다는 사실이 고통스럽다면, 그대는 결코 행복해질 수 없으리라"고 말했다.

거의 유사하게, 거의 동시대에, 세네카(Ceneca)는 "당신이 갖고 있는 것이 당신에게 불만스럽게 생각된다면, 세계를 소유하더라도 당신은 불행할 것이다"라고 했다. 자본주의가 지배하고 있는 21세기인 지금에도 통용되는 불행의 핵심을 찌른 말이다. 행복은 소유의 크기가 아니라 만족과 감사의 크기이기 때문이다.

기독교에 '원죄' 개념을 도입한 중세 교부철학자 아우구스티누스(Augustinus)는 『고백록』에서 "행복은 사람들이 이미 가진 것을 욕망하는 것"이라고 했다. 그는 제대로 행복하기 위해서는 더 많은 소유가 아니라, 신에 대한 믿음과 신의 은총이 필요하다고 하였다.

16세기 몽테뉴(Michel Montaigne)는 행복한 삶에 대해 성찰한 최초의 근대 철학자다. 그가 『수상록』에서 말하는 행복이란 귀족, 대학교수들의 고상하고 어려운 이야기가 아니다. 농부, 아녀자들의 단순한 쾌락들(사랑, 음식, 산책, 춤, 노래 등)로 이루어져 있다.

철학의 아버지 칸트는 "최대한 행복해지는 것이 인간의 의무"라고 말했다. 그래야만 의무를 저버리려는 유혹에 넘어가지 않을 수 있기 때문이라는 것이다(이원봉, 도덕 형이상학을 위한 기초 놓기, 책세상, 2002, 182쪽).

니체(Friedrich Nietzsche)는 생을 고통까지 포함해서 긍정하는 길을 제시했다. 이 신성한 긍정, 이 절대적 동의를 니체는 '운명애(Amor fati)'라고 불렀다. 니체의 영원회귀는 바로 지금, 여기의 삶을 절대적으로 긍정하라고 한다. 그리고 그 속에서 우리의 선택은 영원히 반복된다. 낙원을 선택할 것인가, 지옥을 선택할 것인가? 지금 여기에서 고통스러워도 행복하다고 생각하지 않으면 영원히 행복할 수 없다. 그리고 그는 아이의 순진무구한 놀이와 디오니소스적인 즐거움 같은 행복의 방법에 대해서 말하였다. 니체야말로 그의 생애는 — 누구나 그러하듯이 — 비극적 종말을 맞이했지만 단언컨대 행복의 철학자이다.

베르그송(Henri Bergson)은 "삶은 창조하기 위해 존재한다"고 보았다. 그는 "행복은 본질적으로 창조에 내재 돼 있다"고 했다. 행복은 삶이 새로운 창조로 결실을 맺는 경험이다. 베르그송은 쾌락은 행복이라는 고귀한 이름을 얻기에는 부족하다고 본다. "쾌락은 생명체가 생을 보존하기 위해 자연이 고안해낸 반대급부에 불과하다. 쾌락은 생이 나아갈 방향을 가리키지 않는다. 그러나 행복은 언제나 생이 성공했음을, 승리를 거두었음을 가리킨다(베르그송, 창조적 진화, 아카넷, 황수영 역, 2005, 216쪽)”고 하였다. 베르그송은 창조의 행복이 언제나 노력의 결실이라고 보았다.

프로이드(Sigmund Freud)는 “신은 인간을 창조하면서 인간이 행복하게 되기를 원하지는 않은 것 같다”라고 말한다. 프로이드에게 삶의 목적은 ‘행복의 추구’에서 성립한다. 이 행복의 추구를 그는 강한 쾌감의 체험과 불쾌감의 회피로 정의한다(프로이드, 문명속의 불만, 열린책들, 고낙범 역, 1997, 145쪽).

프로이드는 어떻게 행복(여기서 행복이란 본능의 충족으로 이해될 수 있는)에 도달할 수 있는가를 이야기한다. 본능의 충족 가운데서 성애(性愛, libido)가 우선순위를 차지한다. 리비도는 성적 본능을 넘어 삶의 본능 전부를 말하기도 한다. 프로이드의 ‘쾌락 원칙’은 사람은 기본적으로 즐거움을 추구하는 본능적인 욕구에 따라 움직인다는 것을 중심 전제로 한다.

반면에, 유대인으로서 히틀러 정권에 의해 가족을 모두 잃고, 유대인들의 죽음의 수용소인 아우슈비츠의 경험이 있는 빅터 프랭클(Victor Frankle)은 “사람은 쾌감을 추구하는 의지가 아니라 의미를 추구하는 의지에 따라 움직인다”고 프로이드를 반박한다. 프랭클에 따르면 삶에서 의미를 찾으려는 노력은 인간의 가장 우선적인 동기이다. 의미, 가치, 기여 등이 사람을 행복하게 한다고 한다(빅터 프랭클, 삶의 의미를 찾아서, 이시형 역, 청아, 2005, 62쪽).

비트겐슈타인(Ludwig Wittgenstein)은 『논리철학논고』에서 “행복한 자의 세계는 불행한 자의 세계와는 다른 세계이다”라고 한다. 우리의 행복이란 우리가 어떤 사람인지에 달려 있으며, 동시에 우리가 어디에 있는지에 따라 우리의 행・불행은 달라진다. 그리고 무엇보다 행복은 조건이 아니라 행복에 대한 우리의 해석이 중요하다.

벤야민(Walter Benjamin)의 『일방통행로』에는, “행복하다함은 놀라지 않고 자기 자신을 들여다보는 것이다”라는 무릎을 칠만한 말이 있다. 우리는 볼 게 많은 세상에 살고 있지만, 제일 먼저 가장 깊게 살펴봐야 할 대상은 바로 나다. 내가 누군지 알아야 한다. 그리고 내가 재미를 느끼는 세계를 될 수 있는 대로 넓히고 깊여야 한다. 그리고 행복한 인간은 자기 자신을 우주의 시민이라고 생각하고 우주의 아름다움과 즐거움을 마음껏 즐기며, 자기 뒤에 오는 생명과 분리된 것이 아니라고 생각함으로써 죽음에 대해서도 마음이 동요되지 않는다. 이처럼 생명의 물줄기와 본능적으로 깊이 결합될 경우에 우리는 가장 큰 기쁨을 느낄 수 있다(이정호, 행복에 이르는 지혜, 방송통신대, 2017, 194쪽).

행복은 가벼운 쾌락과는 달라서 몸을 들썩이고 춤추며 펄쩍펄쩍 뛰게 하는 그런 종류의 기쁨이 아니다. 그보다는 인생 속의 행복과 불행의 널뛰기 속에서도 언제나 우리 존재를 떠나지 않는, 은근하면서도 심오한 기쁨이다. 그 길은 한 갈래가 아니라 두 갈래여서, 얼핏 보면 완전히 다른 방향으로 뻗어나가는 것 같지만 실상은 상호 보완적이라고 말하고 싶다.

그 첫 번째 길은 자기에게로 향해 있다. 이 길은 자기 향유의 기쁨이다. 두 번째 길은 타자들에게로 향해 있으며, 세계와 화합하는 길이다. 이 길을 환대의 기쁨이라고 부를 수 있다. 환대와 향유의 두 길이 종국에는 '완전한 행복'에 수렴된다는 것을 깨달을 것이다(프레데릭 르누아르, 철학, 기쁨을 길들이다, 이세진 역, 와이즈베리, 2016, 183쪽). 사실 자기에 대한 향유는 타인에 대한 환대로 이어질 수밖에 없고, 실상 이 둘은 다른게 아니다. 그리고 그것은 하나로 합쳐져 행복한 낙원을 만들게 한다.

행복에 관한 예수의 가르침은 '산상수훈'의 팔복으로 대표된다(마태 5~7장). 이것을 보면 우리의 생각이 얼마나 바뀌어야 하는지를 잘 느끼게 한다(윤동주의 시, 〈팔복〉도 읽어볼 것).

> 심령이 가난한 자는 복이 있나니 천국이 그들의 것이요.
> 애통해하는 자는 복이 있나니 그들이 위로를 받을 것이요.
> 온유한 자는 복이 있나니 그들이 땅을 기업으로 받을 것이요.
> 의에 주리고 목마른 자는 복이 있나니 그들이 배부를 것이요.
> 긍휼이 여기는 자는 복이 있나니 그들이 긍휼히 여김을 받을 것이요.
> 마음이 청결한 자는 복이 있나니 그들이 하나님을 볼 것이요.
> 화평하게 하는 자는 복이 있나니 그들이 하나님의 아들이라 일컬음을 받을 것이요.
> 의를 위하여 박해를 받은 자는 복이 있나니 천국이 그들의 것이라.

동양사상의 행복

사람이 죽어서 저승에 갔을 때 염라대왕은 두 가지 질문을 하고 그 대답에 따라 죽은 자를 천국 혹은 지옥으로 보낸다고 한다.

첫 번째 질문은 "살아있는 동안 (스스로) 행복했니?"

두 번째 질문은 "살아있는 동안 다른 사람을 행복하게 해줬니?"이다(유경선 외, 이야기 테라피, 이시스, 2012, 86쪽).

오늘날 우리가 쓰는 한자어 '幸福'이란 말은 1875년 일본에서 벤담(Jeremy Bentham)의 책 『도덕 및 입법의 원리 입문』이 번역되면서 'Happiness'의 번역어로서 처음 등장했고, 그 후 한·중·일에서 일상화되었다.

유가의 핵심 경전은 '사서(四書)'이다. 여기서는 사서를 중심으로 한 행복에 대하여 살펴본다.

『논어』〈옹야〉편의 쉽고도 유명한 구절이다.

> "아는 자는 좋아하는 자를 못 이긴다. 좋아하는 자는 즐기는 자를 못 이긴다(子曰 知之者 不如 好之者 好之者 不如 樂之者)."

안다는 것은 나와 그것, 그 사람은 별개라는 말이다. 좋아하는 것은 공유하는 바는 있지만 역시 별개이다. 즐거워하는 단계는 '하나'가 된 상태이다. 하나 되는 힘이다. 녹아들어 하나가 되면, 못하는 게 없다. 안되는 게 없다. 모두가 행복하지 않을 수 없다.

자로의 어떻게 사는 것이 어른의 삶인지의 물음에 대한 공자의 대답이다.

> "노인을 편안하게 하고 벗들에게 믿음을 주고 젊은이들을 품어주어야 한다(老者安之 朋友信之 少者懷之)."

우리시대 기성세대들이 새겨들어야 할 말이고, 그들을 위한 행복 격언이라고 하겠다. 참으로 공자의 말은 공자가 왜 성인인지를 실감케 한다. 맹자는 "삼천년 뒤에 성인이 나타나도 나의 말은 한 점 부정할 수 없다(百世聖人復起 不易吾言)"고 하였는데, 공자의 말이 그렇다.

『논어』 〈학이〉 편의 "벗이 있어 먼 곳에서 찾아오면 이 또한 즐겁지 아니한가(有朋自遠方來 不亦樂乎)?" 그리고 "가까이 있는 사람들을 기쁘게 하면 그걸 본 멀리 있는 사람들이 찾아오는 것(子曰 近者悅 遠者來)"이라는 공자의 이 두 말은 우리 국민은 물론이고, 전 세계인의 행복을 추구하는 환대와 향유의 행복한 낙원을 만드는 지표로 삼아도 부족함이 없다고 하겠다.

"때때로 학문을 익히면 또한 즐겁지 아니한가(子曰 學而時習之, 不亦悅乎)?" 이 즐거운 학문을 통해 도달되는 유학에서 말하는 최고의 인간 단계는 군자이다. 군자에 이르는 길에 대하여 풀어 말한 것이 "군자는 의를 바탕삼고 예로 실행하고 겸손하게 드러내고 믿음으로 이룬다(君子義以爲質 禮以行之 孫以出之 信以成之)"라고 하겠다. 학문의 길은 자기의 본래 마음을 찾는 길이고, 행복으로 가는 길이기 때문에 기쁨의 길이다. 그 행복한 성취가 군자이다.

"군자는 근심하지 않고 두려워하지도 않는다(君子不憂不懼)." 공자는 성인의 영역을 종심소욕불유구(從心所欲不踰矩), 즉 "마음이 하고자 하는 모든 것을 행해도 법도에 어긋나지 않는다"로 군자를 정의하였다. 여기서 법도라 함은 우주 자연의 섭리를 말한다. 이러한 상태는 그야말로 걸림이 없는 상태이므로 말 그대로 대자유인의 모습이다. 그물에 걸리지 않는 바람의 단계이다.

『맹자』에 나오는 말이다. "군자에게 세 가지 행복이 있다(君子三樂)."

> 부모가 다 계시고 형제가 무탈한 것이 첫 번째 행복이고,
> 하늘을 우러러 부끄럽지 않은 것이 두 번째 행복이며,
> 천하의 영재를 얻어 교육하는 것이 세 번째 행복이다.

진정한 즐거움은 경주 양동마을의 스타이자 동방오현 중 한 사람인 회재 이언적의 고향 별장 이름인 '독락(獨樂)'이 아니라 『맹자』의 여민동락(與民同樂)이다. 왜냐하면 어진 이에겐 하늘 아래 미운 사람이 없기 때문이다(仁者無敵於天下). 그래서 모두가 어울리는 대동

(大同)의 낙원이 가능한 것이다.

동양적 관점에서의 행복은 중용적 삶이다. 중용적 삶이란 몸과 마음의 조화, 즉 건전한 마음과 건강한 몸의 조화이고 시대와 정신의, 나이와 행동거지의 평형, 일과 여가의 균형, 개인과 사회와의 관계의 즐거움, 과유불급(過猶不及)의 욕심 줄이기이기도 하다. 중용이란 또한 하늘과 사람이 만나 서로 공명하는 천인합일이라 할 수 있다. 그 시작은 부모형제와 사이좋은 것, 바로 내 주변에서부터 시작된다. 중용은 더할 나위 없는 행복, 그 자체를 일컫는 말이며 완벽한 조화와 균형을 이룬 상태이다. 중용은 성인의 영역이다.

도가 철학이 구하는 것은 기쁨이다. 그들의 도는 생명의 자연스러운 흐름과 기쁘게 동행하는 데 있다. 그 핵심어가 무위, 무욕, 여성성(母性)이다.

『도덕경』 제57장 "아무 일도 하지 않는 것으로 천하를 얻는다(以無事取天下)"가 무위인데, 무위란 천리(天理)에 따라가는 순천(順天)이다. 그 무위에 반대되는 개념이 천리를 어기고 인간의 사리를 도모하는, 유위이고 작위이다. 무위라고 하면 아무것도 하지 않는 것이라고 생각할 수 있다. 그러나 불교식으로 하면 '부처님의 뜻대로 하는 것'이고, 기독교식으로 하면 '자기의 십자가를 지고 예수를 따르는 것'이다(마가 8:34, 마태 16:24, 누가 9:23).

"무릇 삶으로써 하는 일 없음이 삶을 귀하게 여기는 것보다 나으니라(夫唯無以生爲者,是賢於貴生)"가 무위이고 무욕이다. 그리고 그것을 부드럽고, 무리 없으며, 융통성 있게 사랑을 가지고 수행함이 여성성이다. 사욕으로 무엇을 시도하지 않는다함은 불가에서 말하는 업(karma)을 쌓지 않는 것과 같은 말이다.

『도덕경』 4장에 화광동진(和光同塵)이란 말이 나온다(和其光 同其塵). 이 말은 맹자의 천시불여지리 지리불여인화(天時不如地利 地利不如人和), 즉 사람들의 화목함이 하늘이 만들어주는 타이밍은 물론, 땅이 주는 이익보다 크다는 말과 예수가 "나는 의인을 위해서가 아니라 죄인을 위해서 세상에 왔노라(마태 9:13)" 하는 말과 같다. 그러니까 자기 빛을 부드럽게 해서 죄인들과 함께 삶을 나누는 것이다. 그렇다고 해서 빛이 없어지거나 다른 무엇으로 변질되는 건 아니다(무위당 장일순의 노자이야기, 삼인, 2003, 201쪽).

"거선지(居善地), 심선연(心善淵), 여선인(與善仁), 언선신(言善信), 정선치(正善治), 사선능(事善能), 동선시(動善時)"라 했다(도덕경 제8장). 구구절절 이야기하지는 않겠다. 좋은 곳에 살아야 행복하다. 그리고 너무 늦지 않게 좋은 곳을 찾아가야 한다. 자리를 바꾸면 운도 따라 자리를 바꾼다. 두 발로 걷는다는 건 곧 땅에 의지해 그 기운을 받아들임이다.

『장자』의 〈소요유(逍遙遊)〉편에 지인무기 신인무공 성인무명(至人无己 神人无功 聖人无名)이라는 구절이 있다. 도가에서 지인, 신인, 성인은 모두 비슷하게 '완성된 사람'이라는 뜻이다. 유가의 군자나 소승불교의 아라한, 대승불교의 보살과 비슷한 개념이다. 지인에게는 이기심이 없고 신인에게는 쌓아야 할 공적이 없고 성인에게는 명예가 없다는 뜻이다. 세속적인 부, 명예, 권력으로부터 자유로운 삶이 장자의 행복이다. 진정한 행복은 참된 자기와의 만남이다. 자기로 돌아가는 여행길이다. 작은 자기인 내가 큰 자기인 우주 자연과 '하나' 되는 즐거움이다. 재물, 장수, 건강 등은 목적이 아니라 진정한 행복을 위한 방편일 뿐이다.

불교에서는 인간의 삶을 고통의 바다로 본다. 그리고 세분해서 여덟 가지 고통으로 표현한다.

먼저 생로병사의 네 가지 고통(四苦)이다. 힌두교에는 '탄생은 축복이요, 죽음은 축제다'라는 말이 있지만 생로병사처럼 우리 모두에게 결정적인 불행의 원인이 있을까?

여기에다 불교는 네 가지 고통을 추가한다.

애별리고(愛別離苦)는 사랑하는 사람과 헤어져야 하는 괴로움이다.

원증회고(怨憎會苦)는 미워하는 사람과 만나거나 같이 살아야 하는 고통이다.

구부득고(求不得苦)는 간절히 원해서 얻고 싶은데 갖지 못하는 괴로움이다.

마지막으로 오성음고(五盛陰苦)이다. 색수상행식(色授想行識)의 오음(五陰) 또는 오온(五蘊)에 탐욕과 집착이 번성하므로 괴로운 것이다. 오음 중 몸을 말하는 색을 제외한 나머지는 마음의 작용으로서 사람은 이 다섯 가지가 일시적으로 모인 것(假合)에 불과하다. 아니, 현상 세계 전체가 영원한 실체는 아니다. 그런데, 사람들은 마치 영원한 것처럼 아둥바둥거려서 고통스럽다.

평상심이 곧 도다. 『금강경』의 가르침이다. 무엇이 평상심인가? 만들어내지 않고(無造作), 옳고 그르고가 없고(無是非), 잡고 버리고가 없고(無取捨), 미워하고 좋아하고가 없고(無憎愛), 범인과 성인이 없음(無凡聖)이다. 범부행(凡夫行)도 아니고 성현행(聖賢行)도 아닌 것이 보살행(菩薩行)이라고 했다. 행복은 잘난 체하는 것도 아니고 못난 그대로 있는 것도 아니다.

불교는 명상과 자기성찰을 바탕으로 신, 절대자에 대한 예속을 깨뜨리고 스스로의 깨달음(해탈)의 경지에 오를 것을 권한다. 해탈은 궁극적인 해방의 경험이자 불교가 추구하는 최고의 행복이다. 부처는 쾌락을 추구하는 것이 바로 인간 고통의 근원이라 한다. 잠깐의 쾌락, 흥분된 감각을 아무리 많이 경험해도 시간이 지나면 허무하다. 그러므로 진정한 행복을 얻으려면 쾌락을 좇을 일이 아니라 놓아줘야 한다. 생기자마자 사라지는 허무한 것을 뭐하러 쫓는가?

불교 초기경전인 『숫타니파타』에서 볼 수 있는 '싯타르타의 행복론'은 이렇다.

> 어리석은 자와 멀리하고 현명한 자와 가까이 지내라.
> 건강은 가장 큰 재산이다.
> 선업(Dharma)을 쌓아라.
> 바른 서원(誓願, 소원을 세우고 맹세하는 것)을 세우라.
> 말해야 할 때 제대로 말할 수 있어라.
> 가족을 사랑하라.
> 하는 일의 우선순위를 알아라.
> 술 마시지 마라.
> 배우기를 게을리하지 마라.
> 마음의 평화를 체득하라.

행복의 비결

중국에서 가장 오래된 경전인 『서경』의 한 부분인 홍범구주(洪範九疇), 즉 군왕이 지켜야 할 정치의 아홉 가지 대원칙인데, 마지막에 백성들에게 권하는 다섯 가지의 복과 여섯 가지의 화(禍)가 오복(五福)과 육극(六極)이다.

옛사람들의 행복을 상징하는 오복은, 수(壽, 장수), 부(富, 부유함), 강령(康寧, 무병 무사함), 유호덕(攸好德, 덕을 좋아함), 고종명(考終命, 천수를 누리고 임종을 잘함)이다. 지금의 삶과 비교해도 사람이 행복한 데 필요한 요소들이 모두 포함되어 있다.

옛 사람들의 불행에 해당하는 육극은 흉단절(凶短折, 비명횡사), 병(疾), 우환(憂: 걱정거리), 가난(貧), 악함(惡), 약함(弱)이다.

어느 시대보다도 지금 행복이 자주 이야기된다는 것은 역설적으로 우리가 그다지 행복하지 않음을 의미한다. 우리가 생활이 어려웠던 시기는 말할 것도 없이, 심지어 선진국의 문턱에 와 있는 지금도 별로 행복하지 않다. 아니 오히려 가난했던 시절이 더 행복했는지도 모른다. 우리는 그동안 성취한 물질적 풍요를 기반으로 이제 바야흐로 행복을 누리기만 하면 되는 줄 알았다. 그런데, 그런 기대와 달리 지금 별로 행복하다고 느끼지 못한다. 도대체 행복이란 무엇이기에 물질적 풍요와 상관없이 항상 저만큼 멀리 떨어져 잡힐듯 잡히지 않는단 말인가?

우리의 고전 『흥부전』에서 흥부가 몇 개의 박을 탔는데, 그 안에서 무엇이 나왔을까?

> 첫 번째 박을 탔다. 그 박에서 나온 건 풀뿌리였다.
> 두 번째 박을 탔다. 책이 나왔다.
> 세 번째 박에서는 온갖 재물들이 쏟아져 나왔다.
> 네 번째 박에서는 절세미인이 나왔다.

이것은 『흥부전』에 담긴 그 시대 행복의 우선순위이다.

풀뿌리는 귀한 약재이다. 그러니까 첫째 박 — 가장 중요하게 여긴 행복 — 은 무병장수의 바람을 담고 있는 셈이다. 두 번째는 공부하여 입신양명하는 것이다. 그렇게 보면 세 번째 박은 물질적 풍요고, 네 번째 박은 쾌락을 상징한다(김경집, 인문학은 밥이다: 매일 힘이 되는 진짜 공부, 알에이치코리아, 2013, 227쪽).

그런데, 우리는 흥부의 박 하면 그냥 부자나 예능프로그램에서 출연자들이 외치는 '대박!' 만 떠올린다.

중국의 유학자 최연이 말한 '육연(六然)'은 우리가 행복하기 위해서 다음의 마음가짐을 가질 것을 주문한다.

- 자처초연(自處超然): 처신은 초연하게
- 대인애연(對人靄然): 남을 대할 때는 화기애애하게
- 무사징연(無事澄然): 일이 없을 때는 물이 맑듯이
- 유사감연(有事敢然): 일이 있을 때는 과감하게
- 득의담연(得意淡然): 뜻을 얻었으면 담담하게
- 실의태연(失意泰然): 뜻을 잃었어도 태연하게

그러면 오늘날의 행복의 기준 내지 조건은 어떤 것들일까?

누구는 말한다. 행복하기 위한 조건은, 먹고 살기에 조금은 부족한 재산, 약간은 부족한 외모, 남과 겨루었을 때 한 사람은 이기고 두 사람에게는 지는 체력, 절반쯤 인정해주는 명예, 절반 정도만 박수쳐주는 말솜씨라고 한다. 결국, 약간의 부족은 적절한 긴장과 노력을 가져온다. 노력하고 겸손함이 행복이라는 말이다.

또 행복한 사람은,

첫째, 자신의 삶에 만족하며 즐겁게 살아간다.

둘째, 자신의 일에 열정적으로 몰입함으로써 잠재능력을 발휘한다.

셋째, 자신보다 더 큰 것(가족, 지역사회, 국가, 인류 등)을 위해 기여하고 공헌함으로써 삶의 의미를 느낀다.

인생을 잘 살아가기 위해, 저자는 학생들에게 세 가지 팁을 말한다.

인생에 공짜는 없다. 우리는 반드시 대가를 지불해야만 한다. 사람이 할 수 없는 일도 없지만 거져 되는 일도 없다. 로또 당첨돼서 오랫동안 행복해졌다는 이야기를 들은 적이 없다. 공짜로, 노력의 대가로 생기지 않은 것은 잠깐은 내 것인 것 같아도, 결국 나를 더 불행하게 만들고 결국은 내 손을 떠나게 된다. 행복하기 위해서는 시간을 들여서 열심히 해야 한다. 돈을 관리하는 가계부도 중요하지만, 시간을 관리하는 시계부가 더 필요하다. 150여 권의 저서를 낸 문학평론가 김윤식의 별명이 '시간 수전노'였다.

인생에 정답은 없다. 누가 돈 벌었다고, 출세했다고, 좋은 학교 나왔다고 부러워하지 마라. 남이 하는 대로 따라 하면 결코 1등을 할 수는 없다. 1등 하는게 중요한 건 아니다. 자유롭고 아름답게 살려면 아이브(IVE)의 〈I am〉의 가사처럼 '나는 나의 길을 가면 된다(I am own my way).' 나만의 방향과 속도를 가지고 있지 않으면 남의 다리만 평생 긁다 무의미하게 죽게 된다.

인생은 마라톤이다. 한 번 이겼다고 자만하지 말고, 한 번 졌다고 기죽지 마라. 실패는 넘어지는 데 있는 게 아니라 넘어진 상태로 그대로 있는 것이다. 한국이 처음으로 선진국이 되었음을 느낀 때가 김연아 선수가 피겨스케이트로 벤쿠버 올림픽에서 금메달을 땄을 때이다. 그전에는 메달을 따도 죽어라고 상대와 싸우는 종목이었는데, 피겨는 예술성이 전부인 종목이다. 피겨 스케이팅 선수가 넘어져도 바로 일어나서 연기를 이어 나가듯, 포기하지만 않는다면 언제든 이길 수 있다. 김연아는 수천 번의 엉덩방아를 통해서 우아함을 이룬 것이다. 다른 사람을 이기는 것이 중요한게 아니라 포기하지 않고 나 자신을 이기는게 중요하다. 꾸준히 생각하며 노력하여 우아하게 나만의 예술성으로 비상해야 한다. 앞으로 얼마나 살 것 같은가? 생각보다 훨씬 더 살 것이다. 이제 시작일 뿐이다. 좀비처럼 어슬렁거리지 말자!

쾌락

철학에서의 쾌락

에피쿠로스학파는 쾌락을 최초로 철학의 주제로 들고 나온 사상이다. 쾌락주의란 쾌락이 진정한 선이요, 그 밖의 모든 것은 적어도 가치가 있다면 쾌락을 만드는 효용 때문에 가치가 있다고 한다.

에피쿠로스는 "숨어서 살라!"를 생활신조로 삼았다. 에피쿠로스의 철학은 쾌락주의라 불리지만, 실제로는 금욕주의이다. "그대는 내일이면 죽으니, 먹고 마시고 즐겨라"는 것이 에피쿠로스의 신조라고 전해지고 있으나, 이는 오해이다. 오히려 에피쿠로스는 이 적의에 찬 세상과의 관련을 피하기 위하여 자제의 필요성을 강조한 사람이었다. 따라서, 그의 제자들에 대한 충고에 있어서는 거의 금욕주의적이었다. 그는 사람들에게 육체적 쾌락에 빠지거나 세속적 일에 관여하지 말도록 경고하였다.

에피쿠로스는 물질문명을 거부하고 '정원(garden)'이라고 부르는 자그만 공동체를 만들어 산 지금의 대안공동체의 원조이다. 에피쿠로스의 윤리학을 수학 공식처럼 표현한다면, 행복=성취 / 욕망으로, 에피쿠로스주의는 분모의 값을 줄임으로써 행복을 증진시킬 수 있다고 한다. 그 까닭은 성취를 거듭하는 것이 유한한 사람이 이 세상에서 불가능하기 때문이다. 그러므로 반대로 야망을 하나씩 내버릴 필요가 있다고 한다.

쾌락은 순간적이다. 어떠한 쾌락도 그 자체로는 나쁘지는 않다. 하지만 많은 경우에 쾌락을 가져다주는 수단이, 결국 기쁨보다는 고통을 가져다준다(에피쿠로스, 쾌락, 오유석 역, 문학과지성사, 1998, 107쪽).

육체적 쾌락이건 정신적 쾌락이건 간에, 쾌락에는 한계가 있다. 육체적 쾌락의 한계는 고통이 없을 때 달성되며, 정신적 쾌락의 한계는 죽음에 대한 공포, 삶에 대한 욕망 등을 정확히 이해함으로써 달성된다.

현자는 가장 긴 삶이 아니라 가장 즐거운 삶을 원한다. 그래서 그는 가장 긴 시간이 아니라 가장 즐거운 시간을 향유하려고 노력한다. 물과 약간의 빵은 배고픈 사람에게 가장 큰 쾌락을 제공한다. 사치스럽지 않고 검소한 음식은 우리에게 완전한 건강을 주며 사치스러운 것들의 유혹에 넘어가지 않게 한다.

『삼국사기』 〈백제본기〉 온조왕 15년조에 백제의 궁궐 건축에 대해서 '신작궁실 검이불루 화이불치(新作宮室 儉而不陋 華而不侈)'라 하였다. 궁궐을 만들 때 검소하지만 누추하지 않고 화려하게 꾸며야 할 때가 있어도 사치하지는 않는다는 것이다. 이는 조선시대 서울에 새로운 궁궐을 만드는 데에도 그대로 적용된 바 있다. 왕궁을 만드는데도 이렇다.

에피쿠로스는 세 가지 부류의 욕망을 구분한다. 자연적이고 반드시 필요한 욕망(먹고, 마시고, 옷을 입고, 비를 피할 지붕이 있는 집을 갖고……), 자연적이지만 반드시 필요하지는 않은 욕망(섬세하게 준비된 음식, 아름다운 옷, 안락한 주거……), 자연적이지도 반드시 필요하지도 않은 욕망(권력, 명예, 사치……), 이렇게 세 가지다.

그는 행복해지기 위해서는 첫 번째 욕망만 충족하면 충분하다고 설명한다. 세 번째 욕망은 반드시 피해야 한다. 망하는 지름길이라고 한다. 어느 대통령과 그 부인을 보면 바로 이해된다. 에피쿠로스는 "필요한 것들은 쉽게 얻도록 해주고 손에 넣기 어려운 것들은 필요하지 않게 해주는 복된 자연에 축복 있으라!"고 하였다.

스피노자는 인간의 본질이 쾌락을 지키려고 하고 고통과 슬픔을 제거하려고 하는 삶의 힘, 즉 코나투스(conatus)에 있다고 한다. 스피노자는 기쁨으로서의 쾌락을 모든 윤리의 토대이자 궁극적인 목적으로 보았다. 스피노자는 기쁨의 최고 수준에 '지복(beatitude)'을 올려놓았다. 지복은 진정한 행복, 또는 영원한 기쁨이라고 말할 수 있다.

쾌락과 향유

인간은 쾌락 없이 살 수 없다. 그런데, 쾌락에는 지속되지 않는다는 문제가 있다. 쾌락은 끊임없이 공급되어야 하는 외부 자극이 있어야만 한다. 어떤 쾌락은 그 순간에만 이롭고 장기적으로는 해롭다. 달고 기름진 음식은 분명 맛있지만, 그런 음식을 많이 먹으면 건강을 해치게 된다. 쾌락의 일시성과 양면성을 넘어서서 오래도록 지속되는 만족이 과연 존재할까? 향유라는 개념은 한층 더 포괄적이고 지속 가능한 쾌락이라고 할 수 있다.

향유는 쾌락과 밀접하게 관계있는 개념이지만, 향유와 단순한 쾌락은 엄밀히 구별된다. 우리가 향유할 때에는 쾌락을 자각하는 동시에 그때 경험하는 긍정적인 느낌을 음미하게 된다. 하지만 쾌락을 경험한다고 해서 반드시 향유하고 있다고 말할 수는 없다. 주의를 기울이고 음미하는 과정이 포함되어 있지 않다면, 우리는 그것을 향유 경험으로 간주할 수 없다.

사람들은 저마다 즐거워하는 것들이 다르기 때문에, 향유의 범주 역시 매우 다양해질 수 있다. 물론, 문화별로도 다양하게 나타난다. 문화간 향유의 유사점과 차이점에 대한 논문에서 린드버그는 긍정 경험으로 여겨지는 사건들에 대해 알아보기 위해 질문을 던졌다. 동양인들은 서양인들보다 대인관계 관련 사건을 보고한 비율이 높은 반면, 여가 활동과 관련된 사건을 보고한 비율은 낮았다. 스코틀랜드인들은 휴식을 취하고 혼자 있을 때 긍정 정서 경험을 더 많이 하는 것으로 나타났다. 따라서, 우리가 모든 문화에 적용되는 향유의 범주를 파악하는 일은 어렵다.

린드버그는 또한 북미 학생들과 동양 학생들의 반응을 비교해 보았다. 북미 학생들과 동양학생들은 긍정적인 사건을 향유하는 요인이 상당히 유사하였다. 이는 향유의 개념이 이 두 문화에서 동일한 의미를 지니고 있다는 것을 시사해준다.

향유에 있어서 차이도 발견되는데, 동양 응답자들은 북미 응답자들에 비해 미래 기대, 현재 향유, 과거 회상을 통해 즐거움을 이끌어내는 능력이 더 낮은 것으로 보고되었다. 북미인들은 즐거움을 확장하는 인지행동적 향유반응(스스로 자축하기, 행동으로 표현하기, 세밀하게 느끼기)을 더 많이 보여주었다. 동양인들은 북미표본에서는 볼 수 없는 여러 새로운 향유 방법을 보여주었는데, 더 많이 노력하기, 지식 늘리기, 그리고 타인과 지속적으로 연락하기 등이 포함되었다(Lindberg, T., Enjoying the moment in the East and west, doctoral dissertation, UBC, Vancouver, Canada, 2004).

향유의 실제

인간을 동물과 구분하게 하는 것이 문화이다. 인간의 3대 문화라고 할 수 있는 학문, 종교와 예술은 각각 진・선・미를 추구한다. 따라서, 전인적 인간은 진・선・미, 즉 지성과 선의지와 감성이 균형 있게 발달한 사람이다. 전인적 인간으로서 비록 고통이 동반한다 하더라도 즐김과 누림, 즉 향유하는 삶을 살려는 사람에게는 재미, 의미와 심미가 필요하다. 그것이 진선미의 다른 이름이기 때문이다. 그래서 여기서는 향유의 실제 내용을 재미, 의미, 심미로 국한하여 설명하고자 한다. 다시 말해서 저자는 향유를 재미, 의미, 심미의 삼미로 정의한다.

재미

재미의 뜻과 영역

인류는 방랑자와 사냥꾼으로 수십만년, 정착한 농부로서 만년 그리고 약 300년을 공장에서 일했다. 지금은 컴퓨터로 대표되는 정보사회에 살고 있으며 누군가는 드림 소사이어티가 도래하였다고 한다. 이 사회는 20세기를 지배한 이성, 데이터, 하드웨어, 정보 등이 아니라 감성, 스토리, 콘텐츠에 호소하는 것이 핵심이다(롤프옌센, 드림소사이어티, 박종윤 역, 리디리드, 2005, 21쪽). 사람들은 이제 근력을 일하는데, 쓰지 않고 취미활동, 스포츠 등 재미를 위해서 사용한다. 인간의 모든 감각은 단지 생존을 위해 필요했으나, 이제 재미를 위해 활용한다.

우리 국민들이 재미있게 살고 있는지를 보여주는 몇 가지 지표를 살펴보자.

경제협력개발기구(OECD)가 2012년에 『더 나은 삶』이란 보고서에서 발표한 행복지수에서 한국은 36개 회원국 중 27위로 중하위권에 머물렀다. 그로부터 10여 년이 지난 2025년 UN 산하 지속가능 발전 해법 네트워크(SDSN)가 발표한 『세계행복보고서』에서 148개국 중 한국인들의 행복 순위는 58위로 전년보다 5단계 하락하였다. 아마 비상계엄 후유증, 물가상승과 트럼프의 관세 이슈 탓이 클 것이다.

문화체육관광부의 〈국민여가활동조사〉에 따르면 여가 활동유형은 휴식이 절반 이상을 차지하고 TV 시청, 인터넷 검색, 낮잠, 음주 등이 대부분이다. 특징적인 것은 개인적인 재미추구 활동이 대부분이고, 동호회와 같은 함께하는 활동은 매우 적었다. 여가활동에서 만족하지 못하는 주된 이유로 시간이 부족하다가 절반, 경제적 부담이 40%로 나왔다. 한국의 근로자 1인당 노동시간은 OECD에 따르면 2위로 최고 수준이다.

우리 사회에서 우울증과 자살이 증가하는 현상은 우리 삶이 얼마나 재미없는지를 극적으로 설명해 준다. 우리나라의 자살률은 OECD 국가들 중 1위이다. 사는 것이 재미있고 의미있는 사람이 우울증에 빠지거나 자살하지는 않을 것이다.

사람들의 편견은 재미를 즐기는 건 노는 것이고, 노는 것은 나쁜 것이라고 생각한다. 생산적인 것을 미덕으로 여기는 자본주의 사회에서 노는 것은 낭비적인 것으로서 비난받을 일로 본다. 또한 재미는 그저 어린아이들의 전유물일 뿐, 성인이 되어서도 재미를 추구하면 유치하다고 여긴다. 개미와 베짱이, 거북이와 토끼, 흥부와 놀부 등의 옛날 이야기에서 좋은 것과 나쁜 것이 구분된다. 더 심각한 것은 노동과 즐김은 결코 양립될 수 없는 이분법적이고 양자택일적이라는 고정관념에 빠지게 되었다. 지금의 시대는 개미처럼 열심히 일하지만, 베짱이처럼 놀 줄 아는 융합적 인재를 필요로 하는데 말이다(김선진, 재미의 본질, 경성대출판부, 2013, 72쪽). 전 세계적으로 한류열풍을 불러일으킨 〈강남 스타일〉의 싸이나 방송 예능을 개그맨들이 대부분 장악하고 있는 건 우연이 아니다. 이들의 공통점은 재미있다. 최소한 재미를 추구한다는 점이다. 재미가 없다면 다른 건 볼 것도 없다. 다른 건 몰라도 재미있게는 살아야 한다.

재미에 관한 인생의 딜레마는 젊어서는 건강은 한데 즐길 돈이 없고, 늙어서는 시간적·경제적 여유는 있는데 건강이 따라주지 않는다는 사실이다. 의미처럼 참고 견뎌야 얻는 게 아니라 기꺼이 하고 싶어 하는 것, 나도 모르게 하고 있는 것, 바로 그게 재미의 본질이다. 우리를 움직이는 모티브는 재미이다. 재미가 최고의 능력이다. 재미가 가치를 창출하는 시대이다(한상복, 재미, 위즈덤하우스, 2009, 37쪽). 재미는 다르게 보고 새로운 것을 찾아내는 능력이다. 행복한 사람들은 남들이 당연하게 여기는 것들로부터 당연하지 않은 것을 찾아내는 능력을 가지고 있다. 재미는 그들의 안경이다. 마음을 열고 여유를 찾으면 세상은 재발견할 것들로 가득 차 있다.

우리는 남들한테 이기거나 지려고 태어난 게 아니다. 내 몫만큼 재미있게 살려고 왔다. 불행이란 즐겁게 놀지 못함에서 비롯된다. 실패에 익숙한 어른들은 병에 걸리면 두려워하고 냉소적이 되고 일찍 포기한다. 반면, 아이들은 금방 낫는다. 아이들은 빨리 회복되서, 다시 재미있게 놀고 싶기 때문이다.

재미가 삶의 에너지이다. 재미가 없으면 지루함, 무관심과 외로움이 우리 영혼을 집어삼킨다. 재미는 잠겨있는 무한 가능성을 여는 비밀의 열쇠이자. 세상을 앞으로 움직이는 에너지원이다. 재미는 창조의 출발점이다. 재미는 주변을 다르게 보게 하고, 영감과 결합해 새로운 기회를 잡아낸다. 재미는 고통보다 강력하다. 그래서 재미는 향유의 본질이다.

재미의 반대 개념은 지루함이다. 어떤 게임에서 더 이상 배울 것이 없을 때 우리는 지루함을 느낀다. 지루함은 두뇌가 새로운 정보를 원한다는 신호로써 흡수할 새로운 패턴이 없을 때 느끼는 감정이다. 지루해서 다음 페이지를 넘길 수 없는 책은 우리의 마음을 사로잡는 패턴을 제시하는 데 실패한 것이다. 이 책이 그러지 않기를 바란다. 반복적이거나 다른 것을 모방한 느낌을 주는 음악은 우리의 인지능력을 전혀 자극하지 않기 때문에 곧 따분해진다. 우리의 뇌는 자극을 갈망한다(라프 코스터, 재미이론, 안소현 역, 디지털미디어리서치, 2004, 14쪽).

국립국어원의 『표준국어대사전』에 의하면 재미를 다음과 같이 정의하고 있다.

첫째, 아기자기하게 즐거운 기분이나 느낌

둘째, 안부를 묻는 인사말에서 어떤 일이나 생활의 형편을 이르는 말

셋째, 좋은 성과나 보람

위에서 첫째가 우리가 논의하는 재미를 가장 잘 설명하고 있다. 그러나 두세 번째와 같이 재미는 다양한 상황에서 약간 다르게 사용되기는 하지만 재미는 긍정적 정서 반응이 있느냐 여부를 핵심 요소로 한다는 공통점을 갖고 있다.

재미가 성장하기 위해서는 자신의 숙련도와 난이도를 점자 높여나가는 노력이 필요하다. 처음에는 아는 것에서 시작에서 점차 이를 내재화하고 체득하여 실제로 그것을 적용하고 활용하는 단계로, 더 나아가 새로운 것을 창조하는 단계로 나아감으로써 재미가 성장할 수 있다.

지속 가능한 재미를 추구하는 일은 이야기, 유머와 같은 수동적 재미에서 여행, 스포츠와 같은 능동적 재미로 나아가고, 이는 다시 배움, 소통과 같은 목적 지향적 재미로, 또 개별적 재미에서 다른 사람들과 함께하는 재미로 확장되어야 한다.

우리가 재미없는 또 다른 이유는 재미를 미래형으로 보기 때문이다. 이런 인식하에서 많은 사람들은 오늘 열심히 일하면 언젠가는 재미를 누릴 날이 올 것이라 믿으며 현재의 재미를 희생한다. 그러나 오늘 재미있게 살지 않으면 내일 재미있게 살 가능성은 더 낮아진다. 여기서 말하는 재미는 사소한 것이라도 내가 좋아서 하는 걸 의미한다.

영화 〈죽은 시인의 사회〉에서 키팅 선생이 '현재를 즐겨라'라고 한 'Carpe diem'이 지금 재미있게 살라는 말이다. 재미는 미래에 즐기는 것이 아니라 '지금, 여기'에서 즐기는 것이다. 뒤에 낙원 편에서 다시 다루겠지만 지금, 여기를 재밌게 살아야 지옥에서가 아니라 낙원에서 살게 된다. 재미는 단순히 즐거운 기분의 표피적인 것만이 아니라 삶을 대하는 태도를 내포하고 있다. 태도로서의 재미는 다음과 같은 특성을 가지고 있다(김선진, 앞의 책, 2013).

첫째, 재미는 선택이다. 본질적으로 삶이 즐거운 이유는 선택할 수 있기 때문이다. 즉, 선택은 자발적인 것이어야 하고, 내적 동기에 따른 것이어야 하며, 찾아 나서야 하고 행동하는 일이다. 우리 삶의 대부분의 문제는 깊이 생각하지 않고 행동하거나, 생각만 하고 행동하지 않는데 있다.

둘째, 재미는 변화이다. 변화하지 않는 것은 재미있을 수 없다. 놀이와 스포츠에는 승패가 있고, 이야기와 유머에는 기승전결과 반전이 있다. 독서와 여행에는 새로운 발견이 있고 취미활동에는 대상과의 상호작용이 있다. 이 모든 것들의 재미 원천은 공통적으로 생생한 변화에 있다. 재미는 단조로운 것과 익숙한 것을 싫어하고 이전과는 다른 새로움을 원한다. 변화가 추구하는 새로움의 발견은 완전히 새로운 대상을 경험하는 것에 국한되지 않는다. 이미 존재하는 것에 대해 '낯설게 하기,' 혹은 낯설게 보기를 통해서도 가능하다.

독일 극작가 브레히트(Bertolt Brecht)가 예술의 본질을 설명하면서 제시한 '낯설게 하기'의 개념은 익숙한 일상 속에서 겉으로 드러나지 않은 숨은 의미를 재발견함으로써 재미를 찾는 유용한 방법이다. 그런데, 사람들은 변화를 즐거운 재미로 받아들이기 보다는 두려운 것으로 받아들인다. 변하지 않는 세상의 원칙은 바로 이 세상 모든 것이 변한다는 것이다. 그런 점에서 재미는 새로움과 변화를 추구하는 태도이다

셋째, 재미는 과정이다. 재미는 결과에 초점을 맞추지 않고 대상을 경험하는 과정을 즐겨야 얻어진다. 스포츠에서 결과에 따라 보상이 달라지는 프로페셔널처럼, 결과에 초점을 맞추는 순간 재미를 느끼는 것은 불가능하게 된다. 우리는 대부분 결과 지향적인 삶에 초점을 맞추고 산다. 많은 돈을 벌어야 하고, 출세를 해야 하는 성취 목표와 행복을 결부시키는 이런 사고는 결코 자신의 삶과 그 과정을 즐길 수 없게 만든다. 재미는 우리에게 결과의 신기루를 쫓는 대신 과정을 즐기라고 한다.

넷째, 재미는 일상이다. 많은 사람들은 재미하면 뭔가 대단한 것, 일상에서 벗어난 특별한 것이어야 한다는 환상을 가지고 있다. 사람들이 여행을 가장 동경하는 재미 활동으로 꼽는 것도 어쩌면 그 때문이다. 모든 장소, 모든 사람, 모든 사물들이 재미의 대상이 될 수 있

다. 일상에서 새로운 시도를 해볼 마음의 준비만 되어 있다면 우리는 언제, 어디서든 어떤 것에서라도 재미를 발견할 수 있다. 재미는 수동적으로 기다리면 거저 얻는 것이 아니라, 적극적으로 도전해야 하는 것이다. 백세시대가 된 오늘날, 노는 법, 삶을 즐기는 법, 재미를 누리는 법을 배우지 못하면 은퇴가 곧 재앙이 된다.

이제 아이디어와 창의력이 가치를 창출하는 창조사회에서는 더더욱 상상이 현실이 되고, 일이 놀이가 될 수 있는 세상으로 바뀌어가고 있다. 재미는 인간의 감성을 자극함으로써 창조사회를 이끌어가는 동력의 역할을 한다. 창조사회의 가치를 창출하는 상상력과 아이디어의 근원은 바로 문화와 감성에 있다. 창조사회는 감성사회라 할 수 있고 감성사회를 움직이는 힘이 바로 재미이다. 재미가 없는 것은 예술이 아니다. 이제 심지어 종교도 재미있어야 살아남는다.

삶에서 우리를 늘 미소 짓게 하는 유머가 떠나지 말아야 한다. 그리고 결국에는 비극이지만, 그 안에는 나름 소소하고 의외의 즐거움이 있는 이야기가 있어야 한다. 그래서 독서와 글쓰기와 여행은 삼총사처럼 잘 어울린다. 독서가 앉아서 하는 여행이고 여행이 걸으면서 하는 독서라면 글쓰기는 손과 머리로 하는 여행이다. 셋이 결합될 때 재미의 상승효과를 얻을 수 있다. 이것들 외에 대부분의 사람들이 동의할 재미의 영역에 추가될 영역이 놀이와 축제이다. 취미활동도 중요한 재미의 영역이지만 너무 개인적으로 다양해서 모두 다루기 곤란하다. 스포츠도 현대 사회에서 중요한 재미의 요소이지만 몸이 중심이 된다는 점에서 다음에 이어질 의미와 심미 등과의 관련성에서 배제하였다. 무엇보다 취미와 스포츠에서 저자의 영감과 직관이 발휘되지 못하였다. 여기서 다루는건 삶이 숙제인지 축제인지, 감탄하며 사는지 한탄하며 사는지를 점검하는 데 관련된, 다시 말하면 다른 삶을 가능하게 하는 재미를 가진 요소들이다.

재미의 영역

영역	간단한 설명	특징
놀이	가장 보편적인 재미활동으로 보상이나 목적의식 없는 자유로운 자발적 유희활동	일생 전체와 관련되나 주로 어린 시절에 집중됨
이야기	인물, 사건, 배경 등 서사 요소와 구조를 가지고 갈등과 사랑 등을 토대로 하는 스토리	소설, 영화, 드라마, 공연 등 포함
유머	웃음을 유발하기 위해 의도적으로 구성된 말과 행동	위트, 농담, 패러디, 풍자
축제	여행과 달리 일상을 떠나지 않으면서 특정 시기에 공동체에서 즐기는 이벤트	몰입, 일시적 자기 망각
여행	자발적인 떠남과 만남 그리고 변화되어 돌아옴	이동, 비일상적 소비행위, 정신적 성숙

놀이

우리는 모든 동물이 서로 뒹굴고, 쫓고 쫓기는 등의 온갖 놀이를 좋아한다는 것을 알고 있다. 이런 많은 놀이들은 성숙한 개체가 되었을 때 적절한 행동을 하도록 가르쳐주는 학교 역할을 한다. 동물의 각종 놀이는 이런 실용적인 목적과는 별도로 춤이나 노래와 아울러 넘치는 힘을 분출할 수 있는 수단이 되기도 한다. 즉, 삶의 기쁨의 표출 수단이자 같은 종이나 다른 종의 개체들과 이런저런 방식으로 소통하고자 하는 통로가 되기도 한다. 요컨대, 놀이는 모든 동물 특유의 사회성의 표현이다.

플라톤은 "하느님만이 최고의 진지함을 행사할 수 있다. 인간은 하느님의 놀이를 놀아주는 자이고 그것이 그의 가장 좋은 역할이다"라고 말한다(플라톤, 법률, 천병희 역, 서광사, 2009, 31쪽).

인생은 놀이처럼 살아야 한다. 일정한 게임들을 놀이하고 노래하고 춤춰야 한다. 축제의 전형적인 모습이다. 축제처럼 하면, 인간은 신들을 기쁘게 할 것이고, 인생이란 경기에서 승리하게 될 것이다.

프로이드는 우리 고통의 세 근원을 "병든 육체, 위협적인 외부 세계, 적대적인 타인들"이라고 언급하면서, 놀이는 이 세 고통으로부터 우리를 구원한다고 하였다. "놀이의 활발함은 육체를 정화하고, 놀이터는 외부 세계와 경계를 지으며, 나쁜 타인이 놀이 파트너로 변신한다"고 하였다(프로이드, 문화에서의 불안, 강영계 역, 지식을 만드는 지식, 2012, 152쪽).

"일은 삶의 건강성을 유지시키는 자유로운 놀이여야 하고, 휴식은 정신의 명상적 힘을 위한 것이어야 한다"고 말한 니체에게 일은 곧 놀이다. 『이 사람을 보라』에서 니체는 이렇게 말한다.

> "나는 위대한 과제를 대하는 방법으로 놀이보다 더 좋은 것을 알지 못한다. 이것이 바로 위대함의 징표이자, 본질적인 전제조건이다."

이 말은 니체 철학의 핵심이 놀이와 근본적인 관계가 있다는 것을 뜻한다. 니체는 여기서 낙타와 사자, 그리고 어린아이의 예를 든다. 사막에서 놀이 자체를 모르면서 묵묵히 무기운 짐을 나르는 노동하는 낙타의 반복적 순종을 극복한 용감한 사자가 있다. 그러나 사자의 관성적・동물적인 자유는 한계가 있다. 이를 극복한 아이의 순수하고 자유로운 자발성, 즉 놀이는 최고의 정신이다.

니체는 아이의 정신을 통해 놀이 철학의 핵심뿐 아니라 자신의 핵심 철학을 은유적으로 드러낸다. 우선 니체는 아이의 정신을 순진무구하고 망각하는 정신으로 표현한다. 순진무구와 망각은 놀이를 위한 전제조건이다. 자신을 망각하지 않으면 춤과 노래가 자연스럽게 나오지 않는다.

놀이라는 인간활동은 오랫동안 학자들로부터 진지한 관심을 받지 못했으며, 심지어는 무시되어 왔다. 자본주의의 발전에 관심이 집중되던 시기인 1938년 출간된 호이징하(Johan Huizinga)의 『호모 루덴스』는 놀이의 중요성을 증명한 고전이다.

그는 이전에는 누구도 놀이의 중요성과 영향을 인식하지 못한 곳에서 놀이를 발견하였다. 호이징하는 놀이를 "허구적인 것으로서 일상생활 밖에 있음에도 불구하고 놀이하는 자를 완전히 사로잡을 수 있는 자유로운 행위"로 정의한다. 그것은 어떠한 물질적 이익도 효용도 없는 행위로서, 명확하게 한정된 시간과 공간 속에서 행해지며, 주어진 규칙에 따라 질서정연하게 진행된다.

놀이란 그 자체에 무목적의 목적성이 있고, 긴장과 즐거움, 아울러 일상생활과는 다르다는 의식을 동반하는 자발적인 활동이다. 그리고 중요한 문화현상은 모두 놀이를 본떠서 만들어진다. 그것들은 놀이가 일으키고 유지하는 탐구정신, 규칙의 존중, 초연한 태도 등에 의지하고 있다.

인간을 놀이하는 존재, 호모 루덴스(Homo Ludens)로 규정한 호이징하나 그 비판적 계승자라고 할 수 있는 카이요와(Roger Caillois)에 따르면, 문화가 놀이의 성격을 상실하게 되면 마침내 문화는 붕괴의 길을 걷게 된다고 한다.

호이징하는 놀이의 특성으로서 다음 네 가지를 들고 있다(Johan Huizinga, Homo Ludens: A Study of the play Element in Culture, Boston: The Beacon Press, 1955, p. 13).

- 자유의사에 따른다.
- 일상생활의 막간에 이용되며 탈일상적이고 사심이 없다.
- 전통화·반복화라는 지속성을 가지며, 놀이공간으로 미리 구획되어진 공간에서 행해진다.
- 놀이는 질서가 지배한다. 따라서, 규칙이 놀이라는 행위를 위해 중요한 의미를 갖는다.

카이요와는 놀이의 기준 또는 특성으로서, 참가의 자유, 일상생활로부터 격리, 과정과 결과의 불확실성, 생산성을 목적으로 하지 않음, 규칙의 지배, 가상성 등 6가지를 들고 있다(로저 카이와, 놀이와 인간, 이상률 역, 문예출판사, 1994, 17쪽).

놀이는 자유롭고 자발적인 활동이며 즐거움과 재미의 원천이다. 참가를 강요당하는 놀이는 놀이가 되지 못한다. 놀이하는 자가 그것에 열중하는 것은 자발적이고 완전히 자신의 의지에 따른 것이며 즐거움을 위해서이다.

놀이는 단지 개인적인 오락이 아니다. 일반적으로 놀이는 그것이 주위 사람들도 끌어들이는 반향을 일으킬 때에야 비로소 절정에 달한다. 놀이에는 공감하면서 주의 깊게 바라보는 관중이 필요하다. 이처럼 놀이는 고독이 아니라 동료를 전제로 한다.

놀이는 위에서 호이징하가 설명한 네 가지 외에 다음과 같은 특성을 지닌다고 생각된다.

- **재미:** 놀이는 속박에서 벗어나는 행위이며, 즐거움이나 기쁨은 놀이에 필수적이다. 그렇지 않으면 놀이 행위자는 계속 참여하지 않을 것이다. 놀이는 선택된 활동에서 비롯된 즉각적인 만족 때문에 즐겁고 기쁘다.
- **흉내:** 놀이의 본질은 인간이 신을 흉내 내는 일이라고 할 수 있다. 일본어로 원래 '놀이'는 '신이 논다'라고 하는 것이 최초의 의미라고 할 수 있다. 그리고 신의 놀이 뒤에 인간이 신을 흉내 내어 논다. 일본의 신을 객인(客人)이라고 쓴다. 다시 말해 일본의 신은 외부로부터 온 외래신이며, 잠시 그곳에 머물며 놀다 돌아가는 손님이다. 종종 '고객은 신'이라고 하는데 이는 근거 있는 표현이라고 할 수 있다.

  서양에서도 아리스토텔레스의 설명과 같이, 전통적으로 놀이는 어른의 흉내 내지는 신의 모방이라고 생각해왔다. 모방을 통하여 사회인으로 성장하는 계기가 된다(이치조 신야, 리조트의 철학, 손대현 외 역, 백산, 1997, 247쪽).
- **대화:** 놀이는 일종의 대화이다. 대화란 서로 다른 둘이 만나 서로 다른 이질성을 받아들이며 이전과 달리 자신을 생성해가는 과정이다. 내가 무엇을 이야기한다기보다 대화에 내가 참여하는 것이다. 즉, 놀이는 내가 논다기보다 놀이에 참여함으로써 놀이와 하나 됨이다.
- **집중:** 놀이 행위자는 집중과 각성의 정도가 매우 높다. 그의 계속된 행동은 몰두와 열중의 결과이다. 호이징하는 "놀이는 우리에게 마법을 건다. 놀이는 행위자를 맹렬하고 철저하게 열중시키는 매혹적인 속성을 지니고 있다"라고 말한다.
- **도피:** 놀이를 할 때 개인은 물리적 세계나 사회적 영역의 규범과 법칙에 더 이상 동요

되지 않는다. 놀이참여자는 현실의 모든 형태의 압력 혹은 중력으로부터 도피한다(권영걸, 공간디자인 16강, 국제, 2001, 303쪽).

- **자기표현:** 사람들은 놀이로 자신의 기질과 성격을 표현한다. 그리고 그의 체력조차 드러난다. 그는 어떤 것을 놀이하면서 결국 자기 연출에 도달한다. 자기 연출은 놀이의 진정한 본질이며 예술의 본질이기도 하다. 그러므로 '놀이는 최초의 예술'이다.
- **자기충족:** 놀이는 '그 자체가 목적'인 자기충족적인 활동이다. 놀이 행위자는 아마추어 스포츠가 그렇듯, 외적 보상에 의해 행동을 수행하도록 동기화되지 않는다. 외적 보상이 있는 순간 놀이는 '일'이 되고 만다. 왜냐하면 선택된 놀이 활동에 참가하는 행동 자체가 자신이 추구하는 내재적인 보상이기 때문이다.

카이요와는 경쟁(Agon), 우연(Alea), 모방(Mimicry), 현기증(Ilinx)이라는 네 개의 역할 중 어느 것이 우위를 차지하는가에 따라서 놀이를 나눈다.

아곤 아이들은 세계 어디서나 놀이 경쟁자와 더불어 축구나 몸싸움, 구슬치기를 하면서 논다. 이러한 놀이의 경쟁적 요소인 아곤은 문화의 보편적 요소이다. 문명이 발전하는 과정에서 아곤의 기능은 영웅의 시대인 고대에 이르러 신화적인 아름다운 형태, 가장 뚜렷한 형태의 아곤적 기능을 획득했다.

문명이 고도화되고 진지해지면서 놀이는 사소한 애들 일이 되었다. 이제는 가상게임이나 영화, 스포츠 스타가 고대 영웅의 역할을 대신하거나 무모하고 유치하게 운전 중에 옆의 차와 속도 경쟁을 하고 있다.

서구식 놀이의 경쟁적 개인주의에 관한 사례로 호주 원주민들과 함께 살았던 한 백인 여의사 이야기가 인상적이다. 원주민들이 서구문명인들의 놀이를 경험해보고 싶어 했다. 여의사는 달리기 놀이를 하자고 제안했다. 원주민들은 달리기를 잘 모르니 여의사는 그 규칙을 설명해줘야 했다. 여러 명이 출발선에서 출발신호에 맞춰 동시에 힘껏 달려 결승 지점을 제일 먼저 통과하는 사람이 이긴다고 아무리 설명을 해도 원주민들은 도통 이해하지를 못하고 그게 어떻게 놀이가 되느냐고 되물었다. 그들은 10명이 동시에 달려서 오직 한 사람만 이기고 나머지 9명을 패자로 만드는 그 놀이를 왜 해야 하는지? 무엇이 재미있는지 모르겠다는 것이었다.

알레아 주사위, 카지노 놀이와 복권을 사서 당첨되기를 바라는 데에는, 상대방과 맞붙어서 이기기보다는 운명을 이기는 것이다. 정확히 말하면 행운만이 승리를 만들어내는 유일한 존재이다. 여기에는 우연의 불공평, 우연의 자의성 자체가 놀이의 원동력이다. 미신이 개입할 여지도 있다. 행운이 있는 자가 행복할 수 있는 요소를 획득하게 된다. 모두를 기대하게 하고 잠시 후 결과가 나오면 대부분 실망하지만 그래도 재미가 있다.

미미크리 어린아이들은 어른의 흉내(미미크리)를 내면서 즐거워한다. 어린이의 소꿉놀이, 병원놀이에서의 엄마, 의사 흉내 등이 그런 예이다. 그러나 미미크리는 어른의 세계에서도 등장한다. 가면을 쓰거나 가장해서 노는 카니발, 연극을 통한 해방과 자유의 즐거움이 그러하다. 다른 사람이 된다는 것 또는 내가 다른 사람으로 여겨진다는 것은 즐거운 기분 전환이다.

영화 〈서머스비〉에 보면 자기가 아닌 다른 사람으로 인정받기 위해 목숨까지 내놓는다. 여기에는 나에 대한 회의, 내가 아니었으면 하는 바람, 내가 누군지 모름, 내 속에 있는 수많은 내가 투영된다. 가면 쓴 모습은 우리로 하여금, 일상생활에서 벗어나 더 이상 햇빛이 지배하지 않는 달빛의 세계로 들어가게 한다. 우리를 원시인, 동심과 시인의 세계, 즉 놀이의 세계로 안내한다.

일링크스 스포츠카, 오토바이, 놀이공원에서의 바이킹 타기가 일링크스의 예이다. 현기증을 추구한다. 가슴 두근거림을 즐긴다. 일시적으로 지각의 안정을 파괴하고 기분 좋은 패닉상태를 일으키려는 시도이다. 장터나 관광지는 현기증의 장소이다. 일상생활의 세계보다 큰 소리로 떠들고 소란스럽고 여러 가지 놀 것과 살 것이 넘쳐난다. 이 현기증은 평상시에 억제되어 있는 혼란과 파괴의 욕구와 연결된다. 그러나 마약이나 알코올 중독으로 스스로 통제할 수 없는 패닉을 구하는 것은 놀이를 타락시키는 일이다. 한국인의 집단적 놀이문화는 알코올 중독, 마약중독 같은 서구식 개인주의에 기반 한 병폐가 적다.

'한국의 95가지 놀이'를 정리해 세계에 알렸고, 특히 윷놀이에 관심이 많았던 세계적 인류학자 스튜어트 컬린(Stewart Culin)은 한국을 비롯한 일본과 중국의 놀이가 주술적 의식에서 시작된 원시사회의 유물이라고 주장한다. 또한 놀이의 근원은 바로 인간이 불안심리를 해소하기 위해 행하는 주술의식이라고 말한다(스튜어트 컬린, 한국의 놀이, 윤광복 역, 열화당, 2003, 11쪽).

한자 문화권에서의 '놀이'의 개념은 호이징하나 카이오와가 말하는 '놀이'의 개념과 통하는 부분도 많지만, '도에 나아가는 것,' '진리를 추구하는 것' 등 진지한 지적 작용을 포함한다. 서양의 경우가 감각적이고 정서적인 놀이라면, 동아시아의 경우는 거기에다 '종교적'이고 '철학적'인 영역까지 포괄한다는 점에서 더 광범위하고 고차원적이다.

특히, 한국에서 풍류라는 개념이 놀이와 관계된 일종의 문화현상이라고 할 수 있다. 풍류에서 '논다'고 하는 개념은 긴장의 해소와 감각적 쾌감을 수반하는 오늘날의 일반화된 놀이 개념과는 달리 '정신적'인 영역이 강조되며, 뒤에서 설명될 예술성을 포함한다. '풍류'는 놀이문화의 원형인 동시에 '예술문화의 시원'이 되기도 한다(신은경, 풍류, 보고사, 1999, 23쪽).

이야기와 유머

롤프 얀센(Rolf Jansen)이 주장하는 드림 소사이어티의 재료는 이미지, 신화, 전설 같은 이야기이다. 최근에 보면, 스포츠 스타, 연예인들의 대중적 가치가 높은데, 그들은 극적이고 재미있는 이야기를 보유하고 있기 때문이다. 같은 성능의 시계라도 이야기가 있으면 가치는 달라진다. 나이키는 중요한 것은 운동화의 내구성, 가격이 아니라 성공, 승리, 젊음의 이야기라고 강조한다. 이제 기업은 자기 제품의 품질, 내구성 등이 아니라 지향하는 이야기를 팔려고 한다.

세계 1위의 경매회사는 크리스티(Christie's)이다. 크리스티의 회사 경쟁력은 '이야기를 발굴하는 힘'이다. 크리스티는 단순히 작품만 팔지 않는다. '스토리'를 판다. 고미술품부터 자동차, 인형, 심지어 타이타닉호의 구명조끼까지, 크리스티는 취급하는 모든 경매물품에 숱한 사연을 담아냈다.

예를 들어, 마릴린 먼로가 1962년 케네디 전 대통령의 생일파티 때 입었다는 드레스는 1999년 예상 낙찰가인 1만 5,000달러의 100배가 넘는 126만 달러에 팔렸다. 케네디 대통령

화제의 드레스를 입은 마릴린 먼로
(출처: ko.wikipedia.org)

과 마릴린 먼로가 어떤 관계였는지 실상은 모르지만, 사람들은 아직도 둘을 엮어서 이야기하기를 좋아한다. 크리스티는 바로 그런 대중적 관심사에 주목해서, 먼로가 이 드레스를 입고 케네디 대통령을 향해 "Happy Birthday Mr. President!"를 부른 장면을 자세히 소개하는 기지를 발휘했다. 앞의 드레스를 입은 마릴린 먼로의 사진은 세계에서 가장 유명한 사진 중 하나이다.

코펜하겐 공항은 그린랜드의 빙하를 수입하여 식수로 제공한다. 마시는 물을 수천만 년의 이야기로 탈바꿈시킨 것이다. 이야기가 상품인 시대이다.

산업사회의 영웅은 자동차의 왕 핸리 포드이다. 정보사회의 영웅은 전화기를 단순히 커뮤니케이션을 하는 수단에 머물게 하지 않고 인간의 손 안에 세계를 쥐어준 마이크로소프트의 빌 게이츠다. 드림 소사이티의 영웅은 신자유주의의 참혹함에 유쾌하고 충격적인 질책을 가했다며 뉴욕 타임즈가 선정한 21세기 최고의 영화 〈기생충〉을 만든 봉준호 감독이다. 여기서 신자유주의란 최근에 그 폐해에 대하여 많은 말이 나오는데, 형평성보다 효율성과 무한경쟁을 강조하는 21세기 현재 자본주의의 모습이다. 정부의 역할과 규제가 축소되고 민간 부문의 역할이 극대화하여 시장을 세계적으로 개방, 자유화한다. 따라서, 극소수가 대다수의 부를 독점하여 중산층의 붕괴와 극심한 빈부격차를 가져왔다. 최근 유행하는 좀비 영화에서 좀비들은 신자유주의 시대에 무기력하게 실직하여 거리에 내몰리는 대다수의 프롤레타리아에 대한 메타포라고 할 수 있다. 기생충의 지하에 살던 남자, 그를 죽이고 지하실로 들어간 주인공 등이 그들이다.

우리에게 마음의 고통을 넘어서는 힘이 부족하다면 그것은 곧 마음에 품고 있는 이야기가 부족한 탓이다. 사람은 마음에 품고 있는 이야기를 따라 나아간다. 이야기를 콘텐츠로 하는 책 한 권은 나름대로 하나의 세계이고 우주이다. 좋은 책은 작가의 정신이 담겨 있다. 특히, 시간과 공간의 압력을 견디고 인류에게 전해진 고전은 우리가 어떤 존재인지 어디서 왔고 어디로 가는지를 보여주는 삶의 거울이자 나침반이다. 이탈리아의 저명한 문학가 이탈로 칼비노(Italo Calvino)는 고전이란 특별한 영향을 미치는 책이라고 정의한다. 우리는 고

전 속에서 삶에 대한 태도를 배운다. 고전 속에서 우리 자신 안에 존재하는 또 다른 모습을 발견할 수 있다.

이야기를 단지 읽는 것이 아니라 주체적이고 창조적으로 글을 쓴다는 것은 이야기의 완성이다. 읽는 건 좋지만 쓰는 건 내가 할 수 있는 일이 아니고 쓸게 없다고 사람들은 생각한다. 쓸게 없다는 건 무엇이든 자유롭게 쓸 수 있다는 이야기이다. 조금만 적극적으로 읽어 이야기를 만드는 조합방식의 매직만 갖는다면 얼마든지 이야기를 만들어낼 수 있다. 꼭 무거운 주제, 대하소설 같은 것을 생각할 필요 없다. 묵직한 소재를 추구하는 작가들은 어느 시점엔가 그 무게에 짓눌리게 된다.

노벨 문학상을 받고 『무기여 잘 있거라』, 『누구를 위하여 종은 울리나』 등 대작을 쓴 헤밍웨이는 자원해서 전쟁을 찾아다니고 사냥, 낚시, 투우를 하였다. 항상 외적인 자극을 찾아서 글로 썼지만 나이가 들수록 체험이 부여해주는 극적인 힘이 저하되었다. 더 이상 멋진 큰 글을 쓸 수 없는 자기에게 실망하고, 생존 이유를 찾을 수 없어 결국 자살했다.

주변의 일상생활에서 만나는 사람과 사건들을 상상력을 구사하여 자신의 스토리를 꾸미면 된다. 약간의 시점을 바꾸고 발상을 전환하면 소재는 주변에 얼마든지 있다. 그것들은 당신의 손에 잡혀 활용되기를 기다린다.

세계는 따분하고 시시한 듯 보이면서도 실로 수많은 매력적이고 수수께끼 같은 원석이 가득하다. 작가는 그것을 알아보는 눈을 가진 사람이다. 그리고 그것들은 공짜이다. 다만, 재미있지 않다면 글을 쓰는 의미 따위는 없다(무라카미 하루키, 직업으로서의 소설가, 양윤옥 역, 현대문학, 2016, 83쪽).

글을 쓴다는 것은 바로 자기 자신을 표현하는 일이다. 글쓰기란 나의 생각을 너의 생각으로 넓혀가고, 그들의 생각을 우리의 생각으로 불러들이는 일이다. 재미는 이런 생각을 공유하는 데서 생겨난다. 생각을 교환함으로써 나는 너와 만나고 우리는 그들과 공감한다. 따라서, 이야기를 통한 확대는 타자로 향하면서 그렇게 하는 만큼 자기에게 돌아오는 것이기도 하다. 네게로 나아가는 것은 너를 이해하는 데 그치는 것이 아니라, 나를 이해하고 나의 이해를 통해 우리를 더 잘 파악하기 위함이다(문광훈, 미학수업, 흐름, 2019, 154~155쪽). 내가 나의 이야기를 하고 너의 이야기를 듣고, 그리고 우리의 이야기를 만든다는 것은 결국 이 책의 주제인 너를 향한 환대는 나를 위한 향유가 되고, 결국 우리 모두의 낙원을 만들 수 있다는 의미이다.

이야기를 만드는 행위는 독자를 위한 것보다 글 쓰는 사람의 자기 치유적인 스스로를 보정하고자 하는 의도가 내포되어 있다. 내가 즐기기 위해 쓰는 것이 기본적인 자세이다. 마음만 먹으면 누구라도 작가가 될 수 있다. 이야기를 쓰는 즐거움 가운데 중요한 것은 가공의 인물과 역사를 그럴듯하게 창조하여 생명을 불어넣는 데 있다. 이야기를 읽는 즐거움 가운데 무시할 수 없는 것은 다른 사람의 삶을 들여다보는 은밀함이다.

개인인 나와 사회인 너, 혹은 혼돈인 나와 질서이고 형식인 너의 만남은 상처 내고 각성시키는 관계다. 거기서 생겨난 상처와 각성의 드라마가 이야기이다. 우리는 카인이며, 동시에 아벨이다. 우리 안에는 신성의 빛과 악마의 어둠이 같이 있다. 이야기는 결국 내 안에 있는 그 무수히 많은 나 가운데 어떤 나를 이끌어 내어 세계와 재미있게 만나게 하는 일이다(이승우, 소설을 살다. 마음산책, 2019, 57쪽).

이야기의 핵심은 긴장감이다. 긴장감은 끝까지 관심을 가지고 읽도록 하는 힘이다. 재미는 긴장감의 다른 말이다. 긴장할 때 재미를 느낀다. 놀이기구를 탈 때 우리 몸에 나타나는 현상, 손에 땀을 쥐게 하는 것과 유사한 현상이 재미있는 책을 읽거나 영화를 볼 때 일어난다.

긴장은 추리를 요구한다. 이야기에 긴장감을 불어넣는 것은 추리다. 알고 있는 사실을 바탕으로 알지 못하는 것을 미루어 생각하는 것이 추리다. 긴장은 알고 있는 것과 알아야 할, 그러나 아직 알지 못하는 것 사이에서 나온다. 다 알려주면 추리가 필요 없으니 재미없고, 너무 알려주지 않으면 추리가 안 되니 재미없다. 감추기와 드러내기의 교묘한 게임이 이야기이다. 일어날 사건은 그 앞에서 어떤 기미를 보여주어야 한다(복선). 사건의 진전이나 해결을 위해 실마리를 마련해 주어야 한다(힌트).

사실, 동원되는 모든 이야기가 이어지는 다음 이야기에 대한 복선이고 힌트여야 한다.

요체는 궁금증을 사라지지 않게 하는 것, 하나의 궁금증이 해결되는 순간 다른 궁금증이 생기도록 하는 것, 궁금증의 지속적인 생산이 중요하다(이승우, 당신은 이미 소설을 쓰기 시작했다, 마음산책, 2019, 81쪽).

로널드 토비아스(Ronald Tobias)는 작가들이 창작 차원에서 써먹을 수 있는 재미있는 이야기는 20가지가 있다고 한다(김선진 외 7인, 디지털 엔터테인먼트, MSD미디어, 2011, 76~77쪽).

- 추구: 돈키호테는 사랑을 얻을 것인가.
- 모험: 초점을 여행에 맞춰라. 신화학자 조셉 켐벨(Joseph Campbell)은 『천의 얼굴을 가진 영웅』에서 영웅들의 모험적 여정에서 공통적으로 발견되는 모형이 있다고 하는데 출가(leaving home), 어려움을 넘김(threshold), 목적 달성(ultimate boon), 돌아옴(return)의 단계이다.
- 추적: 도망자의 길은 좁을수록 좋다.
- 구출: 흑백논리도 설득력이 있다.
- 탈출: 두 번 실패한 다음에 성공하라.
- 복수: 범죄를 목격하게 만들면 효과가 커진다.
- 수수께끼: 가장 중요한 단서는 감추지 않는다.
- 라이벌: 경쟁자는 상대방을 이용한다.
- 희생자: 주인공의 정서적 수준을 낮게 하라.
- 유혹: 복잡한 인물이 유혹에 빠진다.
- 변신: 변하는 인물에는 미스터리가 있다.
- 변모: 변화의 책임은 누가 질 것인가?
- 성숙: 서리를 맞아야 맛이 깊어진다.
- 사랑: 시련이 클수록 꽃은 화려하다.
- 금지된 사랑: 빗나간 사랑은 죽음으로 빚을 갚는다.

- ✣ 희생: 운명의 열쇠가 도덕적 난관을 만든다.
- ✣ 발견: 사소한 일에도 인생의 의미가 담겨 있다.
- ✣ 지독한 행위: 사소한 성격 결함이 몰락을 부른다.
- ✣ 상승과 몰락: 늦게 시작하고 일찍 끝을 맺는다.
- ✣ 마무리: 최종 목적지를 잊지 마라.

유머는 웃음을 동반한다는 점에서 재미의 본질에 가장 가까운 활동이다. 웃음은 즐거움을 외부적으로 표출하는 신호로서 재미있는 상태라는 사실을 가장 잘 표현하기 때문이다. 유머는 그 자체가 독립적인 재미 활동으로 존재하기도 하지만 놀이, 게임, 이야기, 배움, 소통 등 다른 활동들의 재미를 더욱 활성화시키는 내재적 요인으로 작용하기도 한다는 점에서 재미의 촉진제라고 할 수 있다.

유머의 개념에 대해 웹스터 사전에는,

- ✣ 우연한 사건, 행동, 상황, 아이디어의 표현에 있어서 나타나는 특질로서 웃음이나 부조화 혹은 어색함을 유발시키는 것.
- ✣ 우발적 상황, 부조화적인 요소를 발견하고 표현하고 평가하는 정신적인 능력
- ✣ 우습게 하려는 행동이나 노력 등이라고 말한다.

유머는 종종 희극미의 여러 형태 가운데 가장 높은 미적 가치를 지닌 것으로 생각된다. 유머는 기지에 가득 찬 유희적인 상상력과 대상에 대한 공감과 이타심이 결부되어 있다. 그런 면에서 타자를 깎아내려 웃게 만드는 풍자와는 다르다. 또한 희극적인 것을 수단으로 하여 인생의 모순을 날카롭고 기발한 재기로 밝혀내려 하는 강한 인식 충동을 갖고 있다. 궁극적으로 인생과 세계를 관조적으로 깊이 통찰하는 태도를 지닌 유머는 희극미의 최고 형식이다.

전라남도 진도의 다시래기 놀이를 보자. 이것은 발인 전날에 하는 놀이인데, 대단한 파

격으로 가득 차 있다. 놀이 패거리들이 상가를 휘저으며 제사상에 차려놓은 음식을 집어먹는가 하면, 상주더러 "얼마나 얼씨구절씨구 할 일이요"라고 하는 등 쉴 새 없이 '헛소리'를 지껄이고 음담패설을 늘어놓기도 하여, 상주는 물론이고 조문객들의 혼을 빼놓는다. 엄숙한 의례와 일상생활이 뒤섞이고, 상가와 놀이판이 뒤섞이며, 슬픔에 젖어야 할 상주의 얼굴이 눈물 섞인 웃음으로 뒤덮이는 장면들은 엄격하고 재미없는 유교적 문화 질서를 뒤흔드는 것이다(이지훈, 존재의 미학, 이학사, 2008, 97쪽).

지방의 일반 민속에만 유머가 존재한 것은 아니다. 지엄한 궁궐에도 유머의 요소는 자리하고 있다. 경복궁 홍례문과 근정문 사이의 영제교에는 전설 속의 신령스런 짐승인 네 마리의 천록이 표정이 각기 달리 조각되어 있는데, 그중 한 마리는 혀를 낼름 내밀고 있다. 사람들은 이를 '메롱 천록'이라고 부르기도 한다. 대부분의 사람들이 놓치고 지나친다.

창덕궁의 정문은 돈화문이다. 돈화문을 들어서서 북쪽으로 나아가다 동쪽으로 꺾인 곳에

경복궁 메롱 천록

해학적인 창덕궁 돌사자

있는 금천교를 건너면 진선문과 그 양옆의 행각을 만나게 된다. 거기에 있는 북쪽 석수는 거북이고 남쪽 석수는 돌사자인데, 매우 귀엽고 해학적으로 표현되어 있다. 앞의 사진이다.

축제

동양에서 기쁨과 경축의 날인 축일(祝日)과 슬픔과 속죄의 날인 제일(祭日)의 합성어가 축제(祝祭)이다. 서양의 경우 축제를 의미하는 Festival은 성스러운 날(聖日)을 뜻하는 Festivalis라는 라틴어에서 유래한 말이다. 축제는 성스러운 존재나 힘과 만날 수 있게 하는 신과 인간의 커뮤니케이션 기회이다.

데모크리토스는 "축제 없는 인생은 여관 없는 긴 여행과 같다"고 해서 축제의 휴식과 즐거움을 말한다. 플라톤은 축제의 기능을 감성 교육을 통한 국가 질서의 유지와 조화의 형성에서 찾는다. 그는 축제가 신의 뜻에 의하여 마련된다고 본다. 그러나 신의 뜻을 현실 속에서 대변하고 집행하는 것은 국가이기 때문에 공식적으로 축제를 마련하는 주체는 국가이다. 축제를 통해 질서와 조화를 이루는 것은 국가권력의 목적이며 희망이다. 플라톤의 의도라면 우리 축제의 문제인 자발적 참여가 아닌 관주도성에 다소나마 위안과 정당성을 부여할 수 있겠다.

호이징하는 『호모 루덴스』에서 인간의 유희적 본성이 문화적으로 표현된 것이 축제라고 하였다. 축제와 놀이의 관계는 아주 밀접하다. 둘 다 일상생활의 정지를 요구한다. 둘 다 환희와 즐거움이 지배하지만, 축제 또한 진지한 것이 될 수 있다는 점에서 반드시 환희와 즐거움만을 추구하지는 않는다. 둘 다 시간과 공간의 제약을 받으며, 진정한 자유에 엄격한 규칙을 가미한다. 축제는 놀이의 영역이며, 일상공간에서의 여행 · 관광이고, 집단 여가 레크레이션이다. 무엇보다도 우리의 다른 삶을 집단적으로 모색하는 재미있는 특정 공간이자 시간이다.

엘리아데(Mircia, Eliade)는 "축제란 대단히 강렬한 비사회적인 삶을 공동의 삶에 통합시키는 것이며, 집단적인 실체의 표현양식으로서 사회적인 것"이라고 하였다. 그는 축제의 기능은 시간의 재생이라고 한다. 그는 이 집단적인 행위에서 역사에 대항하는 지속적이며 견고하게 과거로 영원회귀 하는 측면을 보았다(미르치아 엘리아데, 영원회귀의 신화, 심재중 역, 이학사, 2003, 251쪽). 니체의 영원회귀를 축제의 관점에서 해석한 것이다.

축제는 문화라는 키워드를 통하여 이해되어 왔다. 바흐친은 축제를 "인간 문화의 가장 본질적인 요소"로 이해하고자 했다(Mikhail Bakhthtin, Rabelais and His World, Trans, by Helene Isowosky, Cambridge: MIT press, 1968, p. 8). 어떤 성격의 축제든 간에, 그 의미와 목적을 문화의 계승과 발전에 두고 있다. 다시 말해 축제가 갖는 주요한 목적은 사회 집단의 문화적 정체성을 표현하고 확인하면서, 이를 발전시키는 데 있다.

축제란 일반적으로 한 문화권 내에서 벌어지는 사회적 행위로서 삶과 현실의 반영이면서, 동시에 인간의 소망과 기원이 담긴 문화양식이다(이승종 외, 축제와 문화, 연세대 출판부, 2003, 머리말 v 쪽).

디뵈뇨(Jean Duvignaud)는 축제의 본질을 문화 또는 문명과 대척되는 지점에서 찾고자 함으로써, 축제가 벌어지는 시공간은 흔히 문명이 변화하는 순간 또는 두 문명 사이에 균열이 생길 때라고 지적했다. 축제는 곧 문명이 체계적으로 제거해 왔던 바로 그런 요소들을 황홀경이나 홀림 현상을 통해 다시 찾고자 하는 행위로 이해될 수 있다는 것이다.

하비 콕스(Harvey Cox)는 인간은 본질적으로 사고하는 인간(Homo Sapiens)일 뿐 아니라 축제하는 인간(Homo Festivus)이라고 말하면서 "축제는 억압되고 간과되었던 감정표현이 사회적으로 허용된 기회" 또는 "인간은 일상의 이성적 사고와 축제의 감성적 욕망 사이를 넘나들면서 경험과 인식의 지평을 확대할 수 있고, 또 그를 통해서 문화의 발달을 가져올 수 있다"고 보았다(하비 콕스, 바보제, 이영길 역, 현대사상사, 1992, 34쪽).

축제란, 결국 다시 현실로 회귀하려는 것을 목적으로 하지, 현실을 뒤엎으려는 것이 아니다. 후자가 목적이라면 그것은 축제가 아니라 혁명이다. 축제는 인간의 유희적 본성을 충족시켜 주는 놀이의 가장 대표적인 형태이다. 놀이의 주체가 주로 어린아이이라면 축제의 주체는 주로 성인들이다.

축제의 대표적 특성 두 가지는 다음과 같다.

디오니소스적 니체는 우리 삶을 이끌어 나가는 두 신이 있다고 하는데, 아폴론과 디오니소스이다. 최초의 저작인 『비극의 탄생』에서 아폴론적인 것과 디오니소스적인 것은 예술의 충동을 대변하는 두 가지 원칙일 뿐 아니라, 우리의 삶을 이끌어가는 두 가지 삶의 방식이라고 한다.

아폴론은 빛의 신이고 빛이 있으면 사물을 똑바로 인식할 수 있다. 사물을 규정하고 정의 내릴 수 있다. 아폴론적인 것은 차이를 구별해 내는 이성과 개별화의 원리이다.

그리스 신화의 디오니소스(Dionysos)는 로마 시대의 바쿠스(Bacchus)인데, 포도주의 신이며 도취와 망각의 신이다. 너와 내가 하나가 되고자 할 때, 술, 대화, 노래, 춤 등이 필요하다. 이것이 축제이다. 디오니소스 축제이다. 그를 통해서 우리는 삶이 수많은 고통과 불행에도 여전히 살만하다고 느낄 수 있다(이진우, 니체의 인생 강의, 휴머니스트, 2015, 79쪽).

디오니소스적인 것은 혼란스러운 열정이 자유롭게 흘러 다니는 것을 허용한다. 이성적인 아폴론은 소란스러운 디오니소스에 의해 정기적으로 뒤흔들리게 된다. 도덕적으로 강요하는 것을 어기는 일은 언제나 사회 전체를 매혹한다. 이렇게 도덕을 어김으로써 정상적으로는 만족할 수 없던 모든 쾌락과 욕망의 충족을 분출해낸다.

디오니소스 숭배가 유발하는 대혼란은 너무 느슨해진 삶의 짜임새에 생명력을 다시 불어넣는다. 즉, 디오니소스적 광란이야말로 이상의 낙원으로 인해 일어나고, 또 일상의 낙원을 만들어내는 원인이자 결과가 된다(미셸 마페졸리, 디오니소스의 그림자, 이상훈 역, 삼인, 2013, 253쪽).

니체는 디오니소스적 긍정의 수립을 자신의 철학적 과제로 삼는다. 그는 삶의 가장 낯설고 가장 가혹한 문제들에 직면해서도 삶 자체를 긍정한다. 자신의 최상의 모습을 희생시키면서 자기 고유의 무한성에 환희를 느끼는 삶에의 의지, 이것을 디오니소스적 긍정이라 불렀다.

디오니소적 긍정은 생성적 실제의 모든 순간과 모든 계기를 긍정의 대상으로 한다. 이 철학의 정수를 니체는 "있는 것은 아무것도 버릴 것이 없으며, 없어도 좋은 것이란 없다"라고 한다(니체, 이 사람을 보라: 비극의 탄생, 니체 전집 8, 청하, 1999, 109쪽). 취사선택 없이 긍정하는 것이다. 이거냐, 저거냐의 일부 긍정, 일부 부정이 아니라 이것도, 저것도의 모든 것의 완전한 받아들임이다.

니체는 운명애(amor fati)를 디오니소스적 긍정에 대한 최고의 표현으로 제시한다. 운명애는 자신의 가장 큰 고통까지도 받아들인다. 우리 자신이 갖는 창조적 에너지를 거스르거나 억제하지 않고 오히려 창조적으로 우리의 운명을 만들어 나가며, 이렇게 결정된 우리의 운명을 긍정한다. 따라서, 운명애는 인간의 힘에의 의지를 통한 자기 극복의 기회를 운명과 고통에의 의지로 정식화한 것이라고 할 수 있으며, 레비나스의 향유 개념과도 통한다.

창조적으로 의욕하는 인간은 자유로운 행위에 의해 설정된 모든 것을 필연적인 것으로 인식한다. 이는 곧 위버멘쉬(초인, 영웅)적 삶의 방식이며, 운명에 대한 인간의 사랑이다. 이 사랑은 지금까지 삶에서 부정되었던 면들조차 필연적이고, 의미 있으며, 영원회귀를 원할 정도로 가치 있다고 인정하고 긍정한다. 인간존재는 자기 극복의 실험 장소이며, 자기변화를 통하여 다른 삶의 가능성을 모색한다.

니체가 자신의 신으로 제시하는 디오니소스는 춤을 추는 신이며, 풍요를 주재하는 신이다. 디오니소스 축제는 도취와 쾌락의 축제일뿐만 아니라 풍요와 풍작을 기원하는 축제이기도 하였다. 2월 말, 3월 초에 행해진 디오니소스 제전은 식물의 소생을 기원하는 축제였다. 디오니소스 제전이 절정에 이르면 그들은 자신이 디오니소스와 동화된다고, 말하자면 신이 된다고 느꼈다. 축제를 통하여 인간은 신으로 고양되고 상승되어 다시 태어난다.

소통 본래 축제의 본질적 성격은 서로 간에 소통의 통로를 열어주고 대화하는 관계를 형성하게 하는 것이다. 그것은 민중들로 하여금 현실적 상황의 두려움을 벗어나 이상적인 낙원을 지향하게 했다. 초월적인 자연과 인간을, 사람과 사람을 연결하여 타자성의 세계를 이해하게 하는 소통의 도구였다. 우리가 이런저런 이유로 소통하지 못하는 타자는 얼마나 많은가? 아니 어찌 보면 내 안에 꼭꼭 숨어 있는 다양하고 복잡한 진짜 나와의 소통에 대한 염원이 축제라는 난장인지도 모른다. 그것은 우리 주변의 사람들뿐만 아니라 초월적인 자연 질서나 우주의 기운과의 직접적인 소통을 포함한다.

현실적인 삶의 지평이라는 제약되고 폐쇄적인 시공간을 벗어나서, 우주 자연의 근원과 조화로운 합일을 이루려는 갈망이 바로 민중들의 축제를 만들어낸다. 그래서 이런 축제의 특징은 닫히거나 완결된 형태가 아니며, 채워지지 않은 뭔가를 갈망하는 상태로 주어진 틀을 벗어나려 몸부림친다(Bakthtin, ibid, 1968, p. 10).

소통의 특성은 한국의 축제에서도 나타난다. 한국축제의 기원은 부여의 영고, 고구려의 동맹, 예의 무천 등이다. 한국적 축제에서는 우주 자연과 더불어 신과 인간 사이의 의사소통이 중요하다. 그러나 한국 사회의 뿌리 깊은 유교 문화는 감정을 억누르게 하여 제대로 진솔한 의사소통을 방해했다. 울거나 웃거나 춤추거나 욕하면 상것으로 여겼다. 염치와 수치를 내세워 예의범절을 강조하고, 감정은 부정적으로 취급했다. 조선시대 지배층은 백성과 여성 등 약한 타자를 억압했다. 한을 풀 길이 없었던 하층민들은 탈춤과 굿, 사물놀이, 민요 등을 통해 웃고, 울고, 욕하고, 소리 지르면서 가슴속에 맺힌 한을 쏟아내곤 했다(조현, 나를 찾아 떠나는 여행, 한겨레출판, 2001, 105쪽).

안동 하회마을의 하회탈춤(하회별신굿탈놀이)은 2022년 인류무형문화유산으로 등재되었다. 하회탈은 별신굿을 할 때 쓰는 탈로 9종의 하회탈들은 한국인의 얼굴을 반영하면서도 이목구비가 기형적인데 이는 부조리한 사회체계를 고발하고 풍자하기 위해 의도되었다.

탈이라는 가면을 씀으로서 피지배층은 용기를 얻어 평소 하고 싶었던 말, 몸짓을 마음껏 할 수 있었다. 지배층 양반들은 이 축제에 직접 참여는 하지 않았지만 후원하고 뒤에서 보고 즐겼다. 비공식적이고 비일상적인 소통이었다. 놀이를 통하여 억압되었던 감정표현이 일시적으로 허용되었다. 그래서 피지배층들에게 카타르시스가 일어나 계층 간의 파괴적·폭력적 갈등이 수면 위로 드러나지 않게 하는 완충작용 내지는 안전장치 역할을 했다. 다른 마을들과 달리 하회마을은 양반집들이 역사상 여러 차례의 민란, 왜란, 한국전쟁 때도 훼손되지 않았다.

축제는 설령 우주 자연이나 신과의 소통의 단계까지는 못 간다 해도, 구성원들이 자신들의 고유한 연대성에 힘입어 의기양양해하는 공동체적인 소통이다. 2002년 월드컵이나 2016년 촛불시위, 2025년의 탄핵시위 때 광장으로 나온 사람들이 원하는 것도 하나 되는 소통이었다.

여행

철학자 가브리엘 마르셀(Gabriel Marcel)은 인류를 여행자(Homo Viator)로 정의했다. 인간은 끝없이 이동해 왔고, 그런 본능은 우리 몸에 새겨져 있다. 인류는 대형 유인원과 98% 이상 유전자를 공유하지만, 그들과 결정적으로 다른 점이 있다. 고릴라, 오랑우탄, 침팬지 등은 활동량이 인간에 비해 현저히 적다. 그들은 서식처 주변을 떠나지 않는다. 그러나 인류는 걸었다. 끝도 없이 걷거나 뛰었고, 그게 다른 포유류 혹은 영장류와 다른 인류의 강점이었다(김영하, 여행의 이유, 문학동네, 2019, 13쪽).

유전자에 새겨진 이동의 본능, 여행은 어디로든 움직여야 생존을 도모할 수 있었던 인류가 현대에 남긴 진화의 흔적이고 문화일지도 모른다. 지구는 은하계를 여행하는 우주선이다. 이 순간에도 지구는 시속 11만 킬로미터로 우주를 항해한다. 지구인이라면 누구나 여행자의 삶을 타고난 것이다.

사실 지금은 여행이 생활의 일부가 되었지만, 먼 옛날의 인류에게는 삶 자체가 여행이었다. 인류 대부분의 역사는 끊임없이 인류가 그리는 낙원을 찾아 떠나는 이동의 역사였다. 그러한 이동성을 우리는 뼛속 깊이 물려받았다. 우리에게 여행은 본능이다. 인간은 원래 거의 대부분의 시간을 떠돌이 수렵·채집인으로 지낸 유목민이다. 정착 이후에도 나타나는 유목민적 충동의 발현이 여행이다. 아프가니스탄 속담에, '세상은 여행자들의 주막'이라는 말이 있다. 우리는 잠시 머물렀다가 다시 길을 나서는 운명을 타고났다.

고대 그리스·로마 시대에는 여행하는 사람을 신성한 사람으로 환대하는 풍습이 있었다. 세상의 모든 나라 사람들은 손님을 친절하게 대접하려는 인류의 미풍양속을 공유한다. 나를 포함하여 누구나 잠재적 여행자이기 때문이다.

동양에서는 인생을 바꾸는 다섯 가지 힘이 있다고 한다. 운명, 풍수, 적선, 독서 그리고 여행이다. 운명이 선천적으로 주어진다면 나머지는 후천적으로 개발하는 것이다. 그리고 사실 하나로 묶어도 된다. 여행자는 공간(풍수)을 읽는 독서가이다. 책과 책 사이에도 길이 있고, 산맥이 있으며, 바다가 있다. 그러므로 책을 읽는 사람은 조용하지만 진지한 여행자이기도 하다. 여행과 독서는 하면 할수록 욕망이 줄기는커녕, 더 많은 갈증이 생긴다는 점에서도 비슷하다. 독서가 창문 밖을 보는 일이라면 여행은 직접 문을 열고 나가는 일이다. 여행은 주로 공간에 관한 것이지만, 호모 비아토르는 독서를 통한 것이기도 하므로 시간 여행자이기도 하다.

정착한다면 여행이 아니다. 아니, 정착함은 또 다른 여행을 준비하는 기간이다. 다시 말해 목적지보다 여행 자체가 중요하다는 사실을 기억해야 했다.

인간은 본래 끊임없이 낙원을 찾아 헤매고 창조의 비밀을 알고 싶어 한다. 이것이 바로 인류가 여행을 하는, 시대를 초월한 목표이자 동기이다(빈프리트 뢰쉬부르크, 여행의 역사, 이민수 역, 효형출판사, 2003, 213쪽).

옛날 사람들은 어느 길을 가야 할지 선택의 기로에 서게 되면 낯선 쪽을 모험 삼아 선택하는 경향이 있었고, 이것이 곧 옛날 사람들의 여행동기였다. 어디론가 가고 싶어 하는 욕망은 인간이 얼마나 낙천적이고 그칠 줄 모르는 호기심을 가졌는지를 잘 보여준다. 우리는 언제나 다른 삶을 기대하고, 여행은 다른 삶을 가능하게 하는 중요한 일이다.

폴 서루(Paul Theroux)의 『여행자의 책』에는 다음과 같은 글이 나온다.

> "나는 여행에 대한 갈망을 사람이 사람이고 싶어 하는 열망이라고 정의한다. 여행은 이동하고 싶은 욕망과 호기심을 만족시키고 더 이상 두려움에 떨지 않고 현재의 상태를 바꾸고 새로운 사람이 되어 친구를 사귀고 낯선 도시를 체험하고 미지의 세계를 모험하는 일이다."

질스 마리아
(출처: https://blog.naver.com/parksoo2521)

여행은 온전히 내가 스스로 원해서 하는 행위이며 내 기대를 충족하려 하는 활동이지, 남이 시키거나 불가피한 이유 때문에 강제로 해야 하는 일이 아니다. 그렇기에 여행은 가히 기분 좋은 흥분과 기대감을 느끼는데 특화된 활동이다. 지겹고 새로운 일이 없어 흥분할 일이 없는 일상의 상투화로부터 결별하는 것이 여행이다. 낯선 세계 속으로 들어감은 상투성 속에 갇히기 쉬운 삶을 긴장 속으로 밀어 넣는 일이다. "여행이란 세상이 나를 팽개칠 때 나도 세상을 팽개치는 것"이라고 안도현 시인은 말한다.

여행을 하는 커다란 이유 중 하나는 자신이 가장 행복했던 진짜 고향을 그대로 구현한 낙원을 발견하고 싶기 때문이다. 알프스 지역인 스위스 남동부의 해발 1,800미터의 질스 마리아(Sils Maria)라는 자그마한 마을에 처음으로 도착한 니체는 "이곳은 나의 천성과 닮았네, 이곳이, 다른 어느 곳도 아닌 바로 여기가 나의 진정한 고향이요, 낙원이라는 느낌이 드는군(알랭 드 보통, 젊은 베르테르의 기쁨, 정명진 역, 생각의나무, 2005, 268쪽)"이라고 말한다. 이곳에는 아직도 여러 곳에 니체의 흔적이 남아있는데 니체 하우스, 니체의 바위 등이 유명하다. 이 바위를 보고 니체가 영원회귀 사상을 생각해냈다고 한다. 많은 사람들이 니체의 영향을 받아 이곳에 오래 머물렀는데, 특히 헤르만 헷세, 아도르노 등이 있다.

니체의 경우처럼, 여행을 통해서 처음 찾은 어떤 곳이 아주 친근하게 느껴질 때가 있다. 그런 곳을 찾으면 다른 삶이 시작된다. 파울루 코엘류(Paulo Coelho)의 말처럼 여행을 하게 되면 아주 실제적으로 다시 태어나는 것을 경험하게 된다. 내가 무능하다고 느낄 때 우리는 변화와 부활을 꿈꾸고 그 수단으로서 여행을 생각한다. 중요한 건 어디 있느냐가 아니라 어디로 가고 있느냐이다.

경제적인 관점으로 말하자면, 우리가 일상에서 재미와 소유를 위한 소비를 한다면, 일상을 떠나, 일상에서는 얻기 어려운 의미와 심미를 체험하는 특별한 소비가 여행이다. 행복한 사람들은 공연이나 여행 같은 경험을 사기 위한 지출을 많이 하고 불행한 이들은 옷이나 물건 같은 물질 구매가 많은 것으로 나타난다(Van Boven & Gilovich, T., To do or to have? That is the question, Journal of personality and social psychology, 85, 2003, p. 1193).

시인 조지 무어(George Moore)는 "사람은 자기가 원하는 것을 찾아 세상을 돌아다닌다. 그리고 집에 돌아왔을 때 그것을 발견한다"고 했다. 많은 여행 중 그 어떤 것이었던지 여행자가 그 누구든지 여행은 출발했던 곳으로 돌아와야 한다. 그렇지 않으면 여행이 아니다. 돌아와야만 여행의 목적이 일차적으로 달성될 수 있다.

인간은 먼 곳을 여행하고 새로운 것을 접했을 때 상상력을 자극받는다. 사람들은 여행을 통해서 경이로움과 환희를 발견했으며, 여행에서 고향으로 돌아왔을 때 삶이 제자리에서 맴돌아서는 안 된다는 것을 깨닫는다.

행동경제학자 대니얼 카너먼(Daniel Kahneman)은 인간의 기억과 관련하여 정점-종점(peak-end rule)을 주장한다. 지난 일을 평가할 때 가장 좋았던 일과 가장 마지막 일이 그 경험 내용을 결정한다는 것이다. 시간이 지나면 정점과 종점을 제외한 일은 거의 생각나지 않는다. 그래서 여행이 행복하려면 핵심 경험과 더불어 마지막 순간, 즉 잘 돌아옴에 신경을 집중해야 한다. "모든 여행의 목적은 우리가 처음 여행을 시작했던 바로 그곳에 도달하는 것이며, 또 바로 그 장소를 처음으로 아는 데 있다"는 엘리엇(T.S. Eliot)의 유명한 문구는 진정한 여행은 나에게로 돌아가는 과정이며, 비로소 본연의 나를 새롭게 발견하는 과정이라는 것이다.

여행은 우리에게 어떤 유익을 가져다줄까?

자유 장자의 우물 안 개구리의 비유인, "우물 안 개구리는 바다를 이야기할 수 없고, 여름벌레는 겨울 얼음을 말할 수 없다(井蛙不可以語海 夏蟲不可以語氷)"가 되어서는 안 된다. 진정한 혁신은 바깥에서 온다. 우리는 익숙한 사물을 새롭게 보기 위해, 혹은 전혀 새로운 것을 보기 위해 때때로 낯선 세계를 거닐어야 한다. 여행을 떠나야 한다는 말이다.

청록파 시인 서정주의 호는 미당(未堂)이다. '아직 집을 짓지 않았다'는 뜻이다. 일정한 공간에 머물지 않겠다는 것이다. 즉, 자유인이고 여행자라는 뜻이다. 그는 〈자화상〉에서 "나를 키운 건 팔 할이 바람이었다"라고 말한다.

사르트르는 “자유야말로 인간의 본질이며, 인간을 다른 사물들과 구별해 주는 징표”라고 했다. 철학이 내가 나를 아는 것이라면, 자유는 내가 ‘나’ 되는 것이라고 할 수 있다. 단순히 말하면, 자유란 외부원인에 의해서가 아니라 자기원인(causa sui)에 의해서, 내 스스로 기쁨을 느끼는 바로 그 순간이다.

인간의 자유는 새로운 의미를 창조하면서 자신을 새로운 주체로 변형시킬 수 있는데서 찾아야만 한다. 물론, 이러한 능동적 창조의 과정에는 타자와의 마주침이라는 불가피한 단서가 붙는다. 수동적인 타자와의 마주침이 아니라 적극적으로 타자와의 만남을 위해 나서는 게 여행이다. 세상의, 타자의 아름다움을 발견하며 자유롭게 사는 재미가 여행에는 있다.

발견 영국 경험론은 감각을 중요시했고, 그래서 버클리(George Berkeley)는 “보는 것이 믿는 것이다(Seeing is believing)”라고 했지만, 『어린 왕자』에는 ‘중요한 것은 눈으로 볼 수 없다’는 말이 나온다. 그것은 마음으로 느껴진다. 그래서 많은 철학자들과 시인들은 ‘마음의 눈’으로 사물을 볼 것을 주문한다.

겉으로 보이는 모습, 현상뿐만이 아니라 그 안에 숨어 있는 관계와 의미, 과정, 맥락이 더 중요하다. 그리고 그것은 발견하려는 사람에게만 보인다. 우리가 즐거운 인생을 살기 위해서 꼭 기억해야 할 것은 보이지 않는 것을 발견하는 일이다(채지형, 인생을 바꾸는 여행의 힘, 상상출판, 2012, 35쪽).

베티나 셀비(Bettina Selby)는 『순례자의 길(*Pilgrim's Road*)』에서 “여행은 시간과 현실을 벗어난 것이 아니었다. 그러나 같은 현실을 다른 각도와 다른 관점에서 바라볼 수 있는 기회였다”고 한다. 이 말은 마르셀 푸르스트(Marcel Proust)가 그 유명한 『잃어버린 시간을 찾아서』에서 한 말, “여행은 새로운 풍경을 보는 것이 아니라 새로운 시각을 얻는 것이다”과 유사하다.

여행을 통해서 키울 수 있는 깊고 넓게 보고 다른 입장에서 상황을 바라보는 능력은 삶의 문제에 대처하는 가장 강력하고 효과적인 수단이다. 노력한다면 한 사건에서 여러 가지 관점을 가질 수 있다. 삶을 입체적으로 사는 일이자 다른 삶을 가능케 하는 것이다. 유한한 인생을 무한 확장하는 신나는 일이다.

이와 같이 여행의 본질은 '발견'이다. 가장 중요한 발견은 새로운 외적 사물이 아니라 새로움 앞에서 변화하는 나 자신, 새로운 나를 발견하는 것이다(다치바나 다카시, 사색기행, 이규원 역, 청어람, 2005, 183쪽).

만남 여행은 떠남과 만남이고 혹은 기다림이고 돌아옴이다. 떠남은 타성에 젖은, 자기중심에서의 탈피이다. 내가 남과 다를 바 없는 삶을 살고 있는게 아닌지를 반성하는 일이고, 전혀 뜻밖의 놀라움과 세상의 멋진 것들과의 만남이며, 결국에는 진정한 자기로 돌아오는 일이다. 단지 남 따라가는 눈 먼 여행이라면 시간낭비의 의미 없는 여행이다.

"우리가 떠나서 진정으로 만나야 할 사람은 그리운 사람이다. 그리워하면서 만날 수 없으면 삶에 그늘이 진다"는 법정의 말은 여행해야 할 중요한 이유이다(법정 · 류시화, 살아있는 것은 다 행복하여라, 조화로운 삶, 2006, 131쪽).

만남은 전략이 아니라 삶 자체이다. 산다는 건 사람과의 만남이다. 만나야 내가 산다. 그러므로 낯선 것과의 만남을 즐겨라. 이는 나를 풍성하게 만들어준다. 낯선 것은 언제나 내게 새로운 질문을 던지고 문제의 해답을 찾는 힘을 준다(정진홍, 인문의 숲에서 경영을 만나다, 21세기북스, 2007, 156쪽).

만났으면, 혹 기다리다 만나지 못했다 해도 돌아와야 한다. 만나지 못함은 그 나름대로 의미가 있다. 다음의 여행을 기약하는 것이다.

초월 진정한 여행은 차이를 가로질러야 한다. 차이를 가로지를 때만이, 자신의 삶을 반성할 수 있고, 스스로가 변화할 수 있는 계기를 만들어준다. 미국 속담에 이런 말이 있다. '낯선 천사보다 평소 알고 있던 악마가 낫다.' 그만큼 사람들에게 변화를 싫어하는 보수적 본성이 있다는 뜻이다.

집을 떠나 여행을 한다는 건 물리적·지리적 이동만을 의미함이 아니다. 우리의 관습적인 생활방식이나 사유 방식—이른바 루틴—을 뒤로 하고 새로운 차원의 삶, 해방과 자유의 삶을 향해 출발함을 의미한다.

공간을 바꾸는 여행은 생각과 운명을 바꾼다. 삶은 무엇인가를 초월해내는 과정이며, 이 덕분에 우리는 박테리아에서 인간으로 진화하였다. 창의적인 생각을 하려면 공간을 전환해야 한다. 편안한 엄마 품을 떠나야 애벌레 같은 나를 극복할 수 있다. 힘들지만 여행이 주는 매력이 여기에 있다. 니체는 『짜라투스트라는 이렇게 말했다』에서 "생명의 본질은 자기 생존에 있는 것이 아니라 자기 초월에 있다"고 말했다.

의미

의미는 가능한 한 무의미함을 오래 견디는데서, 혹은 기존의 의미가 파괴되는 순간 태어난다(이성복, 무한화서, 문학과지성사, 2015, 38쪽). 한 인간이 다른 동물, 혹은 다른 인간과 구분되는 지점이 바로 의미의 부여 여부이다. 의미 있는 삶이란 진·선·미를 달성하거나 최소한 지향하는, 다시 말해서 이 이상들을 향해 고민하고 노력하는 삶이다. 빅터 프랭클에 따르면 삶에서 의미를 찾으려는 노력은 인간의 가장 우선적인 동기이다. 삶에 대한 의미부여, 그 가치의 인정과 공동체에 대한 기여 등이 사람을 고통스러워도 행복하게 한다. 불행과 자살의 원인이 된 변수는 재미의 부족이 아니라 의미의 부족이다. 향유가 성립되는 기본 전제가 고통을 동반하는 의미이다. 깔깔거리는 재미는 시간이 지나면 허하다. 자기만의 의미가 있어야 진짜배기다.

무의미와 의미

세계에서 가장 오래된 유적지인 지금의 이스라엘 카프제에서 약 10만 년 전 소녀의 유골이 발굴되었다. 이 유골의 가슴에는 사슴 두 마리의 뿔이 가지런히 놓여있었고, 뿔의 한쪽 끝이 아이의 손에 쥐어진 상태였다. 고고학자들은 인류는 이미 구석기 시대에도 죽음의 의미와 사후세계를 깊이 생각했으며, 이 유적지는 소녀의 죽음에 나름대로 의미를 부여하기 위해 장례를 치른 흔적이라고 결론지었다(브라이언 그린, 엔드 오브 타임, 박병철 역, 와이즈베리, 2021, 29쪽).

인간이 다른 동물과 구분되는 지점이 바로 인간은 의미에 대해서 생각한다는 것이다. 인간의 삶의 의미는 객관적으로 모두 똑같이 부여되지 않는다. 각자 자신의 실존적 결단에 의해서만 매번 새롭게 창조되는 것이며, 그 결과에 대한 책임은 필연적으로 자기 자신에게 있다. 이런 점에서 오로지 나만이 내 인생의 의미의 원천이며 책임자이다.

인생의 궁극적 목적이 삶과 존재의 의미라고 규정한다면, 의미라는 말은 중요성, 가치 혹은 의의를 뜻한다. 행위 주체로서의 인간이 좋음, 싫음의 관점에서 느끼는 체험적 심성, 주관적 중요성, 즉 가치의 정도 또는 유무를 말한다. 그렇다면 가치, 즉 의미는 객관적인 것이 아니라 각자 인간의 삶에 대한 한 인간의 개인적 느낌, 즉 호·불호, 긍정적·부정적 태도를 말한다. 세계관·가치관에 따라 달라지는 피부와 육체로 느끼는 감성적 느낌, 행·불행, 감성적 충만과 결핍 등의 관점에서 본 삶의 체험을 뜻한다(박이문, 왜 인간은 남을 도우며 살아야 하는가, 소나무, 2014, 173쪽).

황금과 보석으로 장식된 왕궁에 살았고 700명의 아내와 300명의 첩을 거느린 솔로몬이 마지막으로 남긴 지혜가 바로 "내가 해 아래서 행하는 모든 일을 보았노라! 보라 모두 다 헛되어 바람을 잡으려는 것이로다(전도서 1:14)"였다. 무의미이다.

스토아 철학자인 아우렐리우스황제는 『명상록』에서, "죽을 수밖에 없는 모든 인생이 얼마나 무상하고 하찮은지 살펴보라. 어제는 한 방울의 정액이요, 내일은 한 줌의 재다. 그러므로 자연이 명령한 대로 이 지구상의 덧없는 순간들을 보내라"고 하였다. 더 첨언한 필요를 느끼지 못할 완벽한 무의미이다.

세익스피어의 『맥베스』도 무의미에 대하여 말한다.

> "인생은 단지 지나가는 그림자. 가련한 배우……
> 백치가 들려주는 이야기, 소리와 분노로 가득하지만,
> 아무런 의미가 없다."

'낙원' 편에서 다뤄질 헉슬리의 『멋진 신세계』는 모든 질병과 불편이 제거되고 안정적인 경제적 번영을 구가하는 삶에서 과연 인간이 의미를 찾을 수 있을 것인가를 묻는다(Aldus Huxley, Brave New World, London: Chatto & Windus, 1932). 다목적 신경안정제인 소마로 우리의 정신을 마취시키거나 여러 오락으로 시간을 때우면서 우리의 감수성을 무디게 만든다. 그러한 실존은 비록 불안은 없으나 의미 없는 삶으로 신속히 축소되어 버린다는 것이 멋진 신세계의 분명한 메시지이다. 그런데, 지금 우리의 삶은 불안하기도 하면서 의미도 부여하기 어렵다.

더글라스 애담스(Douglas Adams)의 『은하로 가는 히치하이커를 위한 안내서』에서 수퍼 컴퓨터 딥소트가 말한다. "우주와 만물, 삶의 궁극적 의미는 42입니다." 은하계, 수퍼 컴퓨터의 등장치고는 허무한 대답이다. 여기서 그 대답이 허무한 이유는 그들이 위대하며 모든 것을 포괄하는 해답으로서의 의미를 찾고 있었다는 사실에 있다. 그리고 이것이 대부분의 종교사상가들이 의미에 대해 생각하였던 전통적 방법이었다. 그래서 스스로가 마음 깊이 거부하는 무의미를 만들어내는 것이다.

우주적 관점에서 보면 우리의 인생은 작고 우연하고 특별한 가치가 없을 거라는 사실을 깨달을지 모른다. 당신의 인생이 아주 소중하다는 기분과 그 기분의 근거를 대지 못할 수 있다는 앎 사이의 불일치가 바로 부조리함의 정체다. 철학자 토드 메이는 이를 "의미를 찾는 우리와 그걸 내주지 않으려는 우주와의 대결"이라고 부른다(Todd May, A significant life: Human meaning in a silent universe, Chicago: Chicago Univ Press, 2015, p. 5).

우주에 궁극적 의미란 전혀 존재하지 않는다. 또한 개인의 삶에도 아무런 궁극의 의미가 없다. 인간들은 결국 멸망할 지구 문명을 건설하는 운명이다. 인간의 활동이 결국 파멸로 끝나는 과정의 일부이며, 우주의 냉혹한 앤트로피적 소멸로 그 어떤 것도 살아남지 못하리라

는 것을 우리는 알고 있다. 그런데, 왜 선하고 가치 있는 것을 성취하기 위해 노력하는가(존 코팅햄, 삶의 의미, 강혜원 역, 동문선, 2005, 96쪽)? 그리고 무의미로 가득한 우주에서 우리가 원하는 의미를 찾는 방법은 무엇인가?

카뮈의 『시지포스의 신화』는 "진정으로 진지한 철학적 문제는 오직 하나, 자살이다"로 시작된다. 카뮈가 보기에 인간은 끝없이 의미를 찾지만, 세상 어디에도 의미를 찾지 못한다는 무의미하다는 사실이 삶을 부조리하게 만든다. 사르트르의 말을 빌리자면 구토를 유발한다.

시지포스는 의미 없는 일을 계속한다. 카뮈는 의미 있는 삶을 살기 위해서는 부조리에 맞서는 태도가 필요하다고 한다. 카뮈는 인간의 한계인 유한성, 매일의 반복적인 거의 모두에게 무의미해 보이는 일에서 의미를 찾는다. 의미는 가능한 한 무의미함을 오래 견디는데서, 혹은 기존의 의미가 파괴되는 순간 태어난다. 그리고 세상에 무의미한 건 하나도 없다. 의미를 발견하지 못했을 뿐이다. 우연이라고 생각했던 것이 필연이었음을 발견하는, 둘인 줄 알았는데 둘이 아닌 하나임을 발견하는 힘이 바로 의미이다. 그게 깨우침이다. 깨우침은 무의미만 보는 눈멀음에서 의미를 발견하는 눈뜸으로의 전환이다. 그래서 '눈먼 세계일주보다 눈 뜬 동네 한 바퀴가 낫다'고 저자는 여러 번 강조하는 것이다.

그렇게 발견된 의미 있다는 것의 의미는 무엇인가?

첫째, 깊이 있고 넓이를 갖추며 높음을 지향함을 말한다. 그러므로 끝내 사소하고 얕고 낮은 어리석음에 머문다는 것은 의미 있음에서 배제된다.

둘째, 의미 있는 활동은 성취 지향적이어야 한다. 즉, 의미 있는 활동은 어떤 목적을 가지고 있고, 그 목적의 실행에 에너지와 관심의 집중을 요구한다.

셋째, 어떤 것이 행위자에게 의미가 있기 위해서는, 그 행위자가 그것을 나름대로 해석해야 한다. 어떤 의미 있는 활동에 관여하기 위해서는 내가 하고 있는 일을 파악하고 있어야 하며, 그 일에 대한 나의 해석에는 어느 정도 나 자신에 대한 의미부여가 반영되어야 한다.

넷째, 인간으로서 참으로 의미 있는 삶이란 폐쇄적이기보다는 개방적이다. 그리고 인간에게 있어서 의미 있는 삶은 조화되고 통합된 삶이다.

인간은 의미에 목마르다. 우리는 삶에서 어떤 방향성을 원한다. 우리는 우리의 삶이 목적 없는 표류가 되기보다는 이해할 수 있는 여정이 되기를 원한다. 그 여정이 진실로 의미를 가지기 위해서는 진정 가치 있는 목적과 과제들이 반영되어야 한다. 의미 있는 삶이란 진·선·미를 최대한 지향하고 적어도 이 이상들을 향한 노력이 경주되는 삶이다.

우주 자연의 관점에서 보면 아주 잠시 동안만 존재하면서도 그 와중에도 존재의 의미를 찾는 것이야말로 우리에게 주어진 가장 고귀한 임무다(에밀리 스미스, 어떻게 나답게 살 것인가, 김경영 역, RHK, 2019, 208쪽).

의미 있는 삶은 행복한 삶보다 더 높은 차원의 걱정, 스트레스, 불안감을 동반한다. 즉, 의미와 행복은 상충할 수 있다. 하지만 의미 있는 일은 장래에 더 심오한 형태의 행복으로 이어질 수 있다. 이 의미 있는 행복을 향유라 하겠다.

의미의 원천은 사방에 존재한다. 의미는 대단한 계시가 아니다. 엘리베이터에 우연히 같이 타는 사람에게 먼저 인사를 건네고 말라가는 화분에 물 한번 주는 일이다. 이런 행위들은 그 자체만으로는 사소하다. 하지만 모이면 세상을 밝히는 빛이 된다.

인간다움과 나다움의 의미

인간을 짐승이 아닌 인간이게 하는 것은 무엇일까? 다른 동물들이 갖고 있지 않은 어떤 특별한 능력 때문에 인간이 인간다운 것은 아니다. 물론, 인간이 다른 동물에게서 찾을 수 없는 능력을 갖고 있으며, 이 능력으로 만물의 영장이 된 건 사실이다.

언어소통능력, 불을 사용하는 능력, 과학법칙을 발견하고 기술화하는 능력, 음악과 미술을 통해 아름다움을 표현하고 감상하는 능력, 종교를 통해 영원성을 추구하는 능력 등 인간이 지닌 탁월한 능력은 많다. 그러나 이러한 능력들이 인간을 우수하게 만들어 줄지는 모르지만, 사람답게 만드는 데 필요충분조건이라고 할 수는 없다. 아니, 오히려 능력이 우수한 사람이 인간미가 떨어지기도 하고 세상을 망치는 경우가 능력이 부족한 사람보다 더 많다.

인간답기 위해서 고매한 품성이 요구된다고도 할 수 없다. 그저 타인의 즐거움과 고통에 공감하고 타인의 삶을 존중함, 나의 이익을 위해 타인을 이용하지 아니함, 이런 최소한의 도덕성만 갖춰도 인간다울 수 있다.

존 스튜어트 밀(John S. Mill)은 "만족한 돼지보다는 불만족한 소크라테스가 낫다"라고 했다. 돼지에게는 없으면서 소크라테스에게 있는 그런 가치를 추구할 때 의미가 있다는 말이다. 인간을 인간이게 만드는 것, 인간을 짐승과 구분해 주는 가치와 의미는 바로 인간다움이다. 동물과 다른 존재로서의 인간은 인간답지 않고서는 행복할 수 없다. 인간다움은 행복의 본질이다. 그리고 나다움의 본질도 인간다움에 있다(김기현, 인간다움, 21세기북스, 2024 ,28~29쪽).

유교의 인간다움은 윤리·도덕적 인간관이라 할 수 있다. 이러한 도덕적 인간관의 이상형으로서 유교에서는 군자(君子)를 제시한다. 군자란 하늘의 계승자로서 인간의 원형 또는 이상적 인간이며, 회복되어야 할 인간의 본래적 모습이다. 공자는 '군자다움'으로서 세 가지를 이야기하는데 불우(不憂), 불혹(不惑), 불구(不懼)이다. 즉, 잘난 체하지 않음, 미혹되지 않음, 두려워하지 않음이다. 즉, 어진(仁) 자, 지혜로운(智) 자, 용감한(勇) 자이다.

여기서 오상(五常)이라고 하여 사람으로서 반드시 지켜야 할 다섯 가지 도리가 나온다.

첫째, 공자가 살신성인(殺身成仁), 아름다움(里仁爲美) 혹은 사람을 사랑함(愛人)으로 표현한 '인'이다. 정성을 다하고 하늘의 뜻을 기다리는 진인사대천명(盡人事待天命)이다.

둘째, 소크라테스가 '너 자신을 아는,' 혹은 베이컨이 '아는 것이 힘'이라고 말하는 지혜로움에 대하여 공자는 지혜로운 자는 사람을 잃지(不失人)도 말을 잃지(不失言도) 않는다고 하였다. 지혜는 지식을 알고 배우는 것을 넘어 한 번 더 생각하여 몸으로 체득한 단계(知行一致)라고 할 수 있다. 지혜는 지식을 활용하는 역할을 한다. 배우는 것(지식)이 벽돌이라면 생각하는 것(지혜)은 벽돌을 쌓아서 집을 짓는 일이다. 지혜롭다함은 큰 소리의 외침보다는 바람결에 지나가는 작은 소리를 들을 줄 알음이고 마음의 소리를 듣는 것이다.

셋째, 공자가 자기이익(利)과 대비시킨 의리와 정의로서, 위에서 말한 군자의 덕목인 용기와 짝을 이루는 의(義)가 있다.

넷째로, 자기를 이겨야만 도달할 수 있는(克己復禮) 인과 같은 덕목인 예(禮)를, 공자는 예가 아닌 것은 보지 말고, 듣지 말고, 말하지도, 행동하지도 말라고 한다(非禮勿視,非禮勿聽, 非禮勿言, 非禮勿動).

마지막으로 믿음(信)인데, 로마서 1장 17절에 "믿음으로 의로워진다"고 하여 신과 의의 관계를 살피기도 하였다. 공자는 국가를 지키는 데는 양식과 군사보다도 믿음이 제일 중요하다고 하였다.

기원전 3000년경, 그러니까 지금부터 약 5000년 전 기록된 메소포타미아의 『길가메시 서사시』는 최초의 문학이자 제대로된 기록이다. 길가메시는 친구 엔키두와 함께 "나는 누구인가?"라는 질문의 답을 찾기 위해 머나먼 여정을 떠난다. 삶이란 의미를 찾기 위해 질문을 던지는 그 순간부터 의미를 갖기 시작한다. 그래서 질문이 중요하다. 질문하는 자가 주체이다.

내가 어떤 사람인지 고민하는 일은 반드시 필요하다. 또한 내 모습을 한가지로 규정할 필요는 없다. 여러 모습의 나, 그것이 모두 나임을 인정하는 일이 나답게 사는 첫걸음이 된다.

우리는 핸드폰을 손에서 놓지 않은 채 끊임없이 다른 사람의 삶을 엿보고 내 삶을 전시한다. 우리는 혼자만의 시간이 필요하다. 나 자신에게 집중하는 시간 말이다. 나만이 할 수 있는 일에 집중하면서 새로운 나를 만나야 한다(손힘찬, 나는 나답게 살기로 했다, 바이포엠, 2021, 62쪽). 나는 완결된 어떤 이상적인 모델이 아니라 서서히 완성을 향해 나아가는 과정이다. 나는 나아가는 것이고 나아지는 것이어서 '나'이다. 인류의 스승인 석가모니와 예수가 깨닫고 넘어서고자 했던 것도 자기 자신이었다. 그리고 그들이 결국 이긴 대상은 세상이 아니라 바로 자기 자신이었다.

내가 행복하지 않다면 한국의 혹은 세상의 여러 정치·경제·사회문화·환경적 문제도 있지만, 정말 중요한 것은 내가 나답게 살지 못해서이다. 그리고 그 이유는 내가 누군지 나를 모르기 때문이다. 나에 대해 궁금해야 나답게 살 수 있다. 그러면 경쟁도 패자도 있을 수 없다. 내가 내 삶을 사는데 남하고 경쟁할 이유가 없다. '젊은이'는 저를 묻는 이에서 나왔단다. 나는 나를 묻고 사는 젊은이인가? 아니면 늘 그런 이인 '늙은이'인가? 이는 단순히 물리적 나이의 문제는 아닐 것이다.

그렇다면 나를 찾는다는 것은 무엇인가?

> Life is not about finding myself, life is about creating myself.

세계적으로 유명한 건물들을 설계한 램 쿨하스(Rem Koolhaas)의 작품인 시애틀 도서관을 보기 위해 갔을 때, 그 앞 기념품점에서 우연히 본 문구이다. 나를 찾는다는 건, 신이 만든 피조물로서 고정된 자기를 발견하는 것이 아니라 스스로 자기를 새롭게 창조하고자 하는, 다른 삶을 가능케 하는 변화의 노력이다. 고정된 완벽한 '나'가 아니라 새롭게 변하고 창조해 나가는 과정이 나의 정체성이다. 이른바 다른 삶을 가능케 하는 것이다.

그럼 나를 창조하는 게 쉬운 일인가?

『탈무드』에 나오는 가장 인상 깊은 한 구절이다.

> Let's please hope it works!

원어로는 Halway Sheyaamod!이다. 구체적으로, 현재의 천지창조 이전에 스물여섯 번의 시도가 있었으며……, 그가 이 세상을 창조할 때 신은 '이루어지기를 간절히 바라노라!'하고 부르짖었다는 것이다. 전지전능하다는 신조차도 세상을 만드는데 이렇게 애를 썼다.

우리는 나를 찾고 만나고 진짜 내가 되기 위해 천천히 그러나 꾸준히 노력해야 한다. 물론, 그 과정은 즐거워야 한다. 하버드 대학의 교수로 있다가 어떤 계기로 이름을 인도식으로 바꾸고 명상 수행자가 된 람다스는 나를 찾고자 하는 사람들에게 아래의 내용을 권유한다(법정, 홀로 사는 즐거움, 샘터, 2004, 183쪽).

> 하루에 한 시간은 조용히 앉아 있는 습관을 들이라.
> 푹신한 침대가 아닌 딱딱한 바닥에서 잠을 자라.
> 이런 저런 생각 끝에 잠들지 말고, 조용히 명상을 하다가 잠들라.
> 간소하게 먹고 간편하게 입으라.
> 사람들하고는 될 수 있는 한 일찍 헤어지고 자연과 가까이하라.
> 텔레비전과 신문을 무조건 멀리하라.
> 무슨 일에나 최선을 다하라. 그러나 그 결과에는 집착하지 말라.
> 풀과 벌레들처럼 언젠가 우리도 죽을 것이다. 삶다운 삶을 살아야 죽음다운 죽음을 맞이할 수 있음을 명심하라.

돈, 성공의 의미

자본주의 시대에서 돈은 가장 큰 시험거리다. 그래서 성경에서도 "만일 네가 세상의 돈을 관리하는 일에서 조차 믿음을 얻지 못한다면 하늘의 진정한 부를 누가 너에게 맡기겠느냐(누가 16:11)"라 하였다. 마태복음 25장 14절 이하를 보면 맡긴 돈을 증식하면 칭찬을, 그대로인 자를 꾸중하고 빼앗아 더 가진 자에게 주는 이야기가 나온다.

현대인이 돈을 벌어서 얻으려는 것은 더 많은 돈을 버는 기회이며, 겉치레와 화려한 생활을 위해서 그리고 지금까지는 그와 동등하던 사람들보다 우월해지기 위해서이다(버트런드 러셀, 행복의 정복, 문예출판사, 2009, 107쪽).

헬렌 니어링(Helen Nearing)의 『아름다운 삶, 사랑 그리고 마무리』에서 그의 남편 스코트 니어링(Scott Nearing)의 말이다.

> "삶에서 정말 중요한 것은 당신이 갖고 있는 소유물이 아니라 당신 자신이 누구인가이다. 우리가 가지고 있는 소유가 얼마나 많은가가 아니라, 그것으로 우리가 어떤 일을 하느냐가 인생의 진정한 가치를 결정짓는다."

인간은 가진 것에 만족하는 법이 없다. 뭔가를 이루었을 때 인간이 보이는 가장 흔한 반응은 만족이 아니라 더 갈구함이다. 물리적인 것이 아니라 심리적으로 자족할 줄 아는 자가 참으로 부자이다(知足者富).

을지문덕 장군이 우문술에게 보낸 시로 우리가 잘 알고 있는 『도덕경』 44장의 "만족할 줄 알면 욕됨이 없고(知足不辱), 그칠 줄 알면 위태롭지 아니하여(知止不殆), 오래갈 수 있느니라(可以長久)"는 우리에게 보내는 중요한 경고이다.

재물이나 명예는 불교에서 말하는 것처럼, 구할 때도 고통(求時苦)이요, 지킬 때도 고통(守時苦)이며, 잃을 때는 더 고통(失時苦)이다. 공자도 "모자라는 것을 걱정하지 않고 고르지 못한 것을 걱정한다(不憂寡而憂不均)"고 하였다.

에리히 프롬(Erich Fromm)은 우리 삶의 형태를 크게 존재와 소유로 구분한다. 여기서 '존재(진정한 자아)'란 자신의 능동성을 바탕으로 살아가는 삶의 형태를 말하며, '소유'란 그런 능동성이 결여되었을 때 느껴지는 허무와 무의미를, 소유를 통해 해소하려는 삶의 양상을 함축적으로 나타내는 말이다.

우리는 당당히 존재하지 못할 때 소유하려고만 한다. 다시 말해 스스로에게서 만족을 이끌어내는 자족적인 '존재'가 되지 못했을 때, 우리는 남들이 선망하는 것을 무조건 좇아 그것을 단지 '소유'하고자 할 따름이다. 이른바 에・루・샤(에르메스, 루이비통, 샤넬)로 상징되는 명품 소유 욕구가 그것이다. 내 스스로가 명품이라는 자신이 없는 사람들이 명품을 소유하려 든다.

『장자』의 〈소요유(逍遙遊)〉 편에, "지인에게는 이기심이 없고 신인에게는 공적이 없고 성인에게는 명예가 없다(至人无己 神人无功 聖人无名)"는 구절이 있다. 세속적인 부, 명예, 권력으로부터 자유로운 삶이 장자가 말하는 잘사는 삶의 의미이다. 우주 만물과 하나 되어 즐기는 삶이다. 재물, 장수, 건강 등은 목적이 아니라 진정한 삶을 위한 도구일 뿐이다. 아파트를 몇 채나 가지고 있어도 잘 때 필요한 것은 방 한 칸뿐이다. 창고에 식량이 가득해도 하루에 먹는 것은 단 세끼뿐이다.

수많은 저서를 통해 무소유의 텅 빈 충만을 설교하고 몸소 실천한 법정 스님은 "죽음을 두려워함은 생에 집착하고 삶을 소유로 여기기 때문이다"라고 말하였다. 참살이는 돈으로 환산할 수 없기에 돈으로 거래가 되지 않는 영역이 많이 존재할수록 좋은 삶에 가까이 갈 수 있다. 자본주의 속에서 반자본주의적으로 사는 것이 가장 의미 있는 자유로운 삶인지 모른다.

헨리크 입센(Henrik Ibsen)의 돈과 의미에 대한 명언이다.

> "돈은 대개가 껍데기일 뿐 알맹이는 아니다. 돈으로 먹을 것을 살 수는 있지만 식욕은 살 수 없으며, 약은 살 수 있으되 건강은 살 수 없다. 재물을 살 수는 있지만 친구는 살 수 없고, 하인은 살 수 있으나 충직함은 살 수 없다. 쾌락을 살 수는 있으나 평화나 행복은 살 수 없다."

『논어』에 나오는 말이다.

> "조급히 이루려 하지 말고, 작은 이익을 탐내지 말라.
> 조급히 이루려 하면 외려 닿지 못하고, 작은 이익을 탐내면 큰일을 이룰 수 없다
> (無欲速, 無見小利. 欲速, 則不達. 見小利, 則大事不成)."

말콤 글레드웰(Malcom Gladwell)은 비범한 성취를 이룬 사람, 즉 아웃라이어들(outliers)의 공통적인 성공 비결로 딱 한 가지를 지목했다. 다름 아닌 '1만 시간의 법칙'이다. 1만 시간은 어떤 분야에서 숙달되기 위해 필요한 절대 시간이라고 했다. 1만 시간이라면 하루 3시간씩, 10년을 보내야 확보되는 시간이다. 아웃라이어가 되는 제1요인은 천재적 재능이 아니라 쉼 없는 노력이다. 1만 시간 법칙은 반복 훈련의 중요성을 강조한다. 지식의 기초가 있어야 창의와 창조의 핵심에 도달할 수 있다. 이것이 1만 시간의 법칙이다.

물질적 가치가 생활의 중심이 될수록, 삶의 질은 낮아진다. 영국의 경제학자 리처드 레이어드(Richard Rayard)는 『행복, 새로운 과학에서 얻는 교훈』에서 평균 연간 수입이 2만 달러가 넘는 나라에서 그 이상의 수입은 행복과 아무런 관련이 없다고 단언한다. 그는 하버드

대학교 학생들을 대상으로 두 가지 중 하나를 선택하라고 하였다. 첫 번째는 내 연봉이 5만 달러이고, 다른 사람은 그 절반이다. 두 번째는 내 연봉이 10만 달러이고, 다른 사람은 20만 달러인 경우이다. 대부분의 학생은 전자를 선택했다. 비교하면 결코 행복할 수 없는데, 금전도 상대적인 것이다.

같은 조사에서 유럽과 미국을 비교해보면, 유럽의 사람들은 "조금 더 행복해졌어!"라고 말하는 반면, 미국사람들은 "그 반대"라고 답했다. 여기에서 아메리칸드림은 개인적 성공의 기회를 강조했고, 그 성공은 대체적으로 돈이다. 그러나 유러피안 드림은 삶의 질에 초점이 맞춰져 있다. 여가, 안전한 사회, 깨끗한 환경, 보편적인 의료혜택, 수준 높고 평준화된 교육 같은 사회적 기준에서 바라본 성공이다.

유럽 사람들의 일인당 국민소득은 미국 사람들보다 평균 30% 낮고 집도 차도 미국 사람들에 비해 작고, 옷도 많지 않고 가전제품도 낡았다. 더구나 그들 수입의 상당 부분은 사회 전체의 삶의 질을 향상시키는 데 지출된다. 미국 사람들은 신자유주의 시장모델을 강조하는 데 반해, 유럽 사람들은 사회복지를 중요시 여기는 사회적 모델을 강조하기 때문에 빈부격차도 적고 행복 수준도 평균적으로 높다.

얼마 전까지 사치스럽다고 생각했던 것은 금방 생활필수품이 된다. 그래서 생활수준은 알코올이나 마약과 비슷한 면이 있다. 그것을 유지하기 위해 더 많이 가져야 한다. 모든 사람과 사물을 자신의 부와 행복을 추구하기 위한 수단으로 생각하면 남는 것은 소외뿐이다. 다른 사람을 수단으로 여기다 보면 나 자신의 영혼이 황폐해진다. 물질주의자는 자신의 내면적 충동, 즉 공감적 유대를 발휘하는 일에 서툴다.

코넬 대학의 리프 반 보벤(Leaf Van Boven)과 토머스 길로비치(Thomas Gilovich)가 2004년에 실시한 조사에 의하면, 휴가를 즐기거나 콘서트에 가는 것처럼 경험을 사는 것이 새 옷이나 자동차처럼 물질적인 것을 살 때보다 훨씬 행복하다. 소유한다는 것은 소유 당하는 것일 수 있다.

동양에서 성공이란 아래의 세 가지가 합쳐진 개념으로 이해되어 왔다.

- **입덕(立德)**: 좋은 의도, 훌륭한 언행이다. 그래서 남을 마음속으로나 말과 행동으로 속여서 성공하는 것을 성공으로 인정하지 않는다.
- **입공(立功)**: 뛰어난 업적으로 우리가 흔히 말하는 좁은 의미의 성공이다.
- **입명(立名)**: 사람들의 인정으로서, 호네트(Axel Honneth)의 유명한 '인정투쟁'이라는 말이 있는 것처럼 성공에 대한 타인의 인정이야말로 성공 자체보다 더 사람들을 행복하게 만드는 요인이다.

맹자는 "천하에 넓게 살며 천하의 바른 자리에 서며 천하의 한길(大道)을 간다. 뜻을 얻으면 백성과 함께 하고 뜻을 얻지 못하면 혼자 그 길을 간다. 부귀도 그를 음란하게 못하며 가난도 그를 옹색하게 하지 않는다. 권력과 무기의 힘도 그를 굽힐 수 없다. 이를 일러 대장부(大丈夫)라 한다"고 하였다.

성공을 위한 노력과 자신감은 대장부뿐 아니라 여장부에게도 요청된다. 힐러리와 미국의 42대 대통령 클린턴이 주유소에 들렀을 때, 힐러리의 옛 남자친구가 기름을 넣고 있었다. 클린턴이 "저 사람과 결혼했으면 주유소 직원의 아내가 되었겠군." 하자 힐러리가 대답하기를 "아니, 저 사람이 대통령이 되었을 거야"라고 응수했다. 힐러리의 자신감은 실력에서 나온다. 그녀는 스스로 45대 미국 대통령 후보가 되었고 많은 사람들이 그녀의 당선을 예측했으나 논란의 인물인 도날드 트럼프(Donald Trump)에게 지고 말았다.

'스톡데일 패러독스(Stockdale Paradox)'라는 말이 있다. 결국에는 성공할 거라는 믿음을 잃지 않고 눈앞에 닥친 냉혹한 현실을 직시하는 것을 의미한다. 이 말은 베트남 전쟁 때 하노이의 포로수용소에 수감 되었던 '스톡데일 장군'의 이름에서 따왔다. 당시 미군 포로들 중 가장 먼저 죽은 사람은 근거 없는 낙관론자, 즉 과도한 낙관론자들이었고, 그 다음이 극단적 비관론자였다고 한다. 끝까지 살아남은 사람은 냉철함을 잃지 않은 합리적 낙관론자였다. 성공하려면 철저하게 합리적 낙관론자가 되어야 한다(공병호, 공병호의 사장학, 해냄, 2009, 201쪽).

미국에서 가장 성공한 방송인으로서 가장 천대받는다는 시골 출신(미시시피)의 여자, 게다가 흑인인 오프라 윈프리(Oprah Winfrey)의 성공 십계명이다.

- 남들의 호감을 얻으려고 너무 애쓰지 마라.
- 앞으로 나아가기 위해 외적인 것에 의존하지 마라.
- 일과 삶에 대한 조화를 이루도록 노력하라.
- 험담하는 사람들을 멀리하라.
- 사람들에게 친절하라.
- 중독된 것들을 끊어라.
- 당신보다 나은 사람들과 친하도록 애쓰라.
- 돈 때문에 하는 일이 아니라면 돈 생각을 잊어라.
- 당신의 권한을 다른 사람에게 넘겨주지 마라.
- 포기하지 마라.

쉬우면서 모두 공감 가는데, 특히 '포기하지 말라'는 마지막 말이 인상적이다. 포기하지만 않는다면 최고, 최선은 못해도 어느 정도 수준의 차선은 이루게 된다.

SAS 항공사의 전 CEO였던 얀 칼슨(Jan Carlson)은 "성공과 실패의 차이는 2밀리미터다"라는 말을 남겼다. 사소해 보이는 것들이 결정적인 차이를 만든다는 의미다.

성공에 관하여 여러 문헌을 살펴서 정리해보면 다음의 핵심 요인으로 집약되는 것 같다.

첫째, 핵심역량(core competence)의 보유이다. 그것은 관계망 형성 능력(networking), 혁신능력(innovation), 그리고 선택과 집중(choice & focus) 역량이라고 할 수 있다.

영국 〈이코노미스트〉지가 톰 피터스, 피터 드러커와 함께 현대의 사상적 리더이자 그루로 선정한 오마에 겐이치(Omae Genich)는 그의 저서 『지식의 쇠퇴』에서 이 시대의 핵심역량으로 영어, 정보통신, 금융지식을 들었다. 그는 '불쌍한 나라, 헬 조선 내버려 두자'는 한국 폄하의 글을 일본 유력주간지에 실기도 하였다. 정신 차려야 한다.

둘째, 핵심가치(core value)이다. 이는 비전의 수립, 구성원 전체의 공유, 상황과 시대에 맞추는 유연한 수정과 꾸준한 실행이다. 코카콜라는 그들의 경쟁자는 펩시콜라라고 생각해왔다. 그러나 다른 기업들의 성장을 따라가지 못하게 되자 그들의 경쟁자를 펩시콜라에서 누구나 마실 수밖에 없는 물, 우유로 바꾸었다. 그래서 최고의 시장가치를 지닌 회사로 변신하게 되었다.

셋째, 핵심인재(core people)가 되는 것이다. TV 장수 프로그램인 '생활의 달인'에서 우리가 흔히 보는 달인이란, 일이 숙련되어서 손(hand)이 빠르고 불량품을 만들지 않는 정확한 사람이다. 이들이 만드는 것은 대량생산되는 제품이어서 부가가치는 적다. 달인보다 필요한 사람은 머리(head)를 써서 명품을 만드는 사람들인 장인이다. 그러나 최종적인 핵심 인재는 마음(heart)을 써서 유일한 아름다움을 지닌 작품을 만드는 예술가(藝人)이다.

많은 사람들에게 성공이란 자기 혼자서 수천, 수만 명 분을 소유하는 것이지만, 진짜 성공은 자기로 말미암아 수천, 수만 명이 잘살게 하는 일이다. 그래서 맹자는 "궁할 때는 홀로 자신을 선하게 하고 성공해서는 천하를 선하게 하라"고 하였다. 미국의 사상가 에머슨(Ralph Waldo Emerson)은 "진정한 성공이란, 작은 정원을 가꾸든 사회환경을 개선하든, 자기가 태어나기 전보다 세상을 조금이라도 더 살기 좋은 곳으로 만들어놓고 떠나는 것"이라고 정의하였다.

성공보다 중요한 것으로, 인간은 성장을 멈추는 순간, 삶의 의미를 잃는다. 성공이 아니라 성장을 목표로 해야 진정한 성과를 거둘 수 있다. 성장의 태도는 너그러움과 부드러움과 용서함이다.

재물과 성공을 얻고자 하는 욕심이 삶의 의미를 발견하는 것보다 우선시되면 인생을 즐기며 인생의 향유인 행복을 음미할 여유는 사라진다. 성공 또한 행복을 위한 수단일 뿐, 그 자체가 목적이 될 수는 없다. 성공이 꽃이라면 의미 있는 인생의 향유는 뿌리다. 성공이 진정으로 의미를 가지려면 반드시 향유가 뿌리가 되어야 한다.

너무나 많은 사람들이 출세와 성공, 부의 획득이라는 목표에 도달하려고 애쓰지만, 그것을 성취하고 나면 공허함을 느낀다. 그래서 그들은 새로운 목표를 찾아 나서지만, 그 목표에 도달했을 때도 여전히 공허함을 느끼게 된다. 하지만 우리가 가슴으로 의미 있다고 느끼는 일에 집중하면 공허함 대신 뿌듯한 보람을 찾았다는 확신이 든다.

어떤 사람에게 의미 있는 일이, 반드시 많은 사람들이 위대하고 근사하다고 생각하는 일일 필요는 없다. 헬렌 캘러(Helen Keller)가 말했다. "나는 위대하고 고귀한 일을 성취하기를 갈망했다. 그러나 내 진짜 의무는 소박한 일들을 마치 위대하고 고귀한 일처럼 해내는 것이었다."

성공한 사람들은 오히려 약점을 기회로 삼은 사람들이다. 나폴레옹은 코르시카라는 시골 섬 출신에 키가 작고 간질이라는 건강상의 취약점을 가진 사람이었다. 그는 파리 군사학교에서도 51명 중 42등으로 졸업했다. 여러 약점이 있었기에 그는 평생 책을 손에서 놓지 않고 열심히 공부했다. 톨스토이는 『전쟁과 평화』를 그의 젊은 날 매독과 임질에 걸린 고통 속에서 완성했다.

성숙과 고통의 의미

인간은 의미를 잊고 살 수는 있어도 의미를 빼앗긴 채 살 수는 없다. 의미가 아니라 효율을 추구하는 사회에서 사람들이 궁금해 하는 것은 효율을 추구하기 위한 노하우이지 의미에 관여하는 노와이(know-why)가 아니다. 인문학이 필요한 이유는 바로 이 대목이다. 자기계발서가 높은 목소리로 영악한 노하우를 알려줄 때 인문학 책은 저음으로 깊이 있는 노와이를 알려주려고 한다. 이 책의 목적은 어떻게 살 것인가에 대한 대답으로 환대하는 삶, 향유의 행복, 너와 내가 함께 만드는 낙원이라는 노하우와 왜 그래야 하는지 그것들의 의미를 동시에 생각해보자는 취지를 갖는 자기계발서이자 인문학 책이다.

아무튼, 너무 서두르느라고 우리가 마주치는 모든 것과 우리가 하는 모든 일의 의미를 충분히 느낄 시간을 갖지 못한다는 것이 문제다. 중병을 앓는 환자들을 생각해보자. 그들은 얼마 남지 않은 자신의 삶이 얼마나 의미 있는지 들려주곤 한다. 그들은 새의 지저귐, 다른 사람과의 일상적인 만남에서 의미를 찾는다. 우리가 당연히 받아들이는 많은 것들에 커다란 의미와 아름다움이 담겨 있기 때문이다. 우리가 그것들을 보고 듣고 생각할 시간이 없기 때문에 지나칠 뿐이다. 우리는 자신에게 성찰의 시간을 허락해야 한다. 사실 우리 모두는 조금 더 사느냐, 덜 사느냐의 문제지 유한한 인생을 선고받기는 중병환자나 마찬가지이다.

니체는 아름다움을 느린 화살에 비유하였다. 고귀한 아름다움은 갑자기 매혹시키는 그런 아름다움이나 폭풍처럼 도취시키는 아름다움이 아니라 인간이 거의 의식하지 못한 채 천천히 스며드는 아름다움이다. 그러나 느려도 제 속도대로 진행은 한다. 세계는 자신의 흐름대로 흘러가니 그 흐름에 떠밀리지 말고 우리의 속도와 방향으로 나아가야 한다. 그것이 살아있는 자의 의무다.

미켈란젤로가 〈천지창조〉를 그린 때가 71세다. 골다 메이어가 이스라엘 수상이 된 것도 71세다. 찰리 채플린은 76세에 영화감독이 되었다. 버나드 쇼가 마지막 희곡을 발표한 게 94세다. 인생은 시간의 느리고 빠른 속도가 아니라 타이밍과 절박함의 문제다(안상헌, 나답게 산다는 것의 의미, 북포스, 2022, 47쪽).

고난은 당사자에게는 고통이고 악이다. 하지만 고난은 그것을 견딘 사람에게는 인생의 향유와 기쁨을 가져다준다는 의미에서는 선이다. 고난을 통하여 인격이 높아지고 행복 능력도 높아진다. 위험, 어려움, 고통, 실패, 슬픔, 불행, 죽음의 가능성을 가진 세계가 우리의 대처 여하에 따라 용기, 사랑, 친절, 신중, 관대와 같은 인간의 삶에 의미와 가치를 부여한다. 바로 이것이 신이 자연에는 자연법칙을, 인간에게는 자유의지를 부여한 이유이다(김용규, 백만장자의 마지막 질문, 휴머니스트, 2013, 146쪽).

코엘료(Paulo Coelho)의 『연금술사』는 양치기 소년 산티아고가 자기의 신화, 즉 삶의 참된 의미를 찾는 여행에 관한 이야기이다. 자기의 신화를 이루어 내는 것이야말로 이 세상 모든 사람에게 부과된 유일한 의무다.

여기서 연금술이란 자신이 진정으로 원하는 꿈을 찾아 보물 같은 삶으로 나아가는 과정을 의미한다. 그 여정에서 우리가 찾는 보물은 피라미드 같은 먼 곳에 있는 것이 아니라 자기 자신의 마음속에 있다는 것을 알게 된다. 마음의 소리에 귀를 기울여보자. 내 마음이 가는 곳에 나의 보물이 있다. 자신만의 보물을 찾아 나선 모험가로 자기 정의(self definition)를 새로 하자. 처음 시작한 곳이 내 목적지이다.

앙드레 지드(Andre Gide)는『지상의 양식』의 머리글과 마지막 글에서 "이 책을 읽은 뒤 이 책을 던져버리고 밖으로 나가라"고 말한다. 책을 읽는 간접 경험에 만족하지 말고 스스로를 해방시키라고 한다. 직접 경험해 보지 못한 지식은 체득이 안 되어 쓸모가 없다.

카잔차키스(Nikos Kazantzakis)는 그의 자전적 글인『영혼의 자서전』에서 자신의 삶을 가장 풍성하게 민든 것은 여행과 꿈이었다고 한다. 그는 조르바에게서 삶을 사랑하고 죽음을 두려워하지 말라는 가르침을 받았다. 그런 삶은 책을 통해서가 아니라 구체적이고 다양한 경험 속에서 이루어진다. 조르바는 살과 피로 싸우고 삶을 온몸으로 부딪치며 살아온 자연인이다. 반면에, 화자인 나는 고독 속에서 의자에 앉아 펜과 잉크로 삶의 문제를 풀어보려고 했던 지식인이다. 그리스인 조르바는 어떤 삶이 의미 있는지에 관한 이야기다.

헤밍웨이의『노인과 바다』에는 "인간은 파멸당 할 수는 있어도 패배할 수는 없어"라는 노인의 말이 나온다. 노인은 우리 인간을, 바다는 우리가 사는 이 세상을 상징한다. 우리 인간은 바다라는 세상에서 청새치라는 삶의 목표를 잡기 위해 고난을 겪는 운명이다. 우리의 삶은 죽음을 전제하기에 결국 언젠가 파멸할 운명이다. 그럼에도 불구하고 청새치를 잡으려고 노력했느냐 그렇지 않았느냐는 의미가 다르다.

노인은 바다로부터 돌아와 오두막에서 사자의 꿈을 꾼다. 이미 운이 다하고 힘을 잃은 노인이지만 그가 가진 정신과 인생에 대한 열정만큼은 사자처럼 강하고 용감하다. 인간은 도전하고 시도했다 파멸 당할지언정 도전을 포기하지는 않아야 한다.

고통은 자기 자신을 단련시키는 연금술이다. 우리의 삶은 각각의 단계를 통과해야 한다. 세상의 위험과 고통이라는 시험을 극복해 나가야 한다. 산다는 것은 시련을 감내하는 것이며 살아남기 위해서는 그 시련 속에서 어떤 의미를 찾아야 한다. 만약 삶에 어떤 목적이 있다면, 시련과 죽음에도 반드시 목적이 있다.

힘든 것도 살아있으니 겪는 것이다. 인생에 행복만 있을 수 없고 괴로움만 있을 수도 없다. 그런데, 우리는 괴로움만 집중해서 보고 있다. 괴로움은 삶이란 방에 지불하는 월세 같은 것이다. 경북 안동이나 영주, 예천, 강원 태백, 평창 지역에서 생산되는 한우 맛이 다른 지방의 쇠고기보다 훨씬 더 맛이 있다고 정평이 나 있다. 그것은 낮과 밤의 기온차가 크기 때문이다. 우리는 오직 고통을 감수함으로써 느리게 성숙한다.

목적이 이끄는 삶과 나누는 삶

목적이 있고 초점이 맞춰진 삶만큼 강력한 것은 없다. 목적은 열정을 낳는다. 보통의 의미를 찾기 힘든 우리의 삶은 10단 기어가 있지만 한 번도 그 기어를 바꾸지 않은 자전거와 같다. 빅터 프랭클은 "우리는 삶으로부터 질문을 받고 있으며, 그 자신의 삶에 대해 책임을 다할 때만, 삶의 질문에 대답할 수 있다"고 한다. 생명이 있는 모든 사람에겐 충족시켜야 할 의미, 구체적으로 수행할 특정한 일과 사명이 반드시 주어져 있다. 이것이 소명(mission)이다. 소명이란 개인적 · 사회적으로 의미 있는 일을 발견하고 해내기 위해 노력하는 과정이다. 내 삶에는 나에게 발견되어 실현되기를 기다리는 소명, 즉 의미가 있다.

'죽음을 기억하라(Memento mori)'는 우리는 반드시 죽을 운명이니 현실의 삶에 충실하라는 말이다. 스토아 철학자 에픽테토스(Epictetus)는 『엥케리디온』에서 "무엇보다 죽음을 자신의 눈앞에 놔두라 한다." 죽음에 관해 늘 생각한다면 삶에서 가장 소중한 것들이 무엇인지 깨닫고 어떤 쓸데없는 것들, 사회적 성공, 지위, 명예, 돈 등을 욕망하지 않게 된다는 의미이다.

의미를 생각하는 가장 따뜻하고 부드러운 방법은 서두르지 않음이다. 분명 어떤 일을 하는 데 의미가 있었음에도 결과나 목적에 도달하기 위해 바쁘게 움직이다 보면 의미는 꽃피우지 못하고 시들어 버린다.

진정한 깨달음은 누구에게 배우는 것이 아니라 스스로 깨우치는 것이다. 지식은 전달되지만, 지혜는 전달될 수 없다. 자기 인생의 비밀은 스스로 알아내야 한다. 그게 소명이고 우리 삶의 의미이다. 진정한 성장은 고립되어서는, 개인적으로는 이루어지지 않는다. 성숙은 관계와 공동체를 통해서 이루어진다.

구약성서의 십계명은 다음과 같다.

✣ 너는 나 이외의 다른 신을 섬기지 말라.
✣ 우상을 만들지 말고 그것들을 섬기지 말라.
✣ 너는 네 하나님 여호와의 이름을 망령되게 부르지 말라.
✣ 안식일을 기억하여 거룩하게 지켜라.
✣ 네 부모를 공경하라.
✣ 살인하지 말라.
✣ 간음하지 말라.
✣ 도둑질하지 말라.
✣ 네 이웃에 대하여 거짓 증거 하지 말라.
✣ 네 이웃의 것을 탐내지 말라.

이 중 네 계명은 하나님과의 관계, 나머지 여섯 계명은 사람들과의 관계에 관한 것이다. 결국 모두 관계에 관한 계율들이다.

"홀로 있어 넘어질 때 붙들어 일으킬 동무가 없는 자에게는 화가 있으리라(전도서 4:9-10)"와 "다른 사람과 어울리는 능력이 영적인 성숙의 척도(로마 15:5)"라는 말도 있다. 무엇을 이루겠다는 목적지향적 삶이 아닌 어떻게 나누고 같이 살아야 할지를 말하는 삶의 의미를 정확히 지적한다.

의미 있는 삶이란 결국 나누는 삶이다. 우리가 가진 것은 무엇이든 나눌 수 있다. 내 삶을 의미 있게 만드는 것은 어려운 일이 아니다(이근후, 나는 죽을 때까지 재미있게 살고 싶다, 갤리온, 2013, 37쪽).

케이크를 굽기 위해서는 밀가루, 소금, 계란, 설탕, 기름 등이 필요하다. 따로 먹으면 별맛이 없고 심지어 쓰지만, 함께 구우면 아주 맛있는 케이크가 된다. 시멘트가 굳건한 반영구 콘크리트가 되기 위해서는 물, 자갈, 모래 등이 더해져야만 한다. 갈릴리호수는 물을 받기도 주기도 하기 때문에 생명력이 풍부한 곳이지만 사해는 밖으로 물을 내보내지 않고 받아들이기만 해서 아무 생물도 살지 못하는 죽은 호수가 되었다.

의미는 관계 맺음에서 온다. 의미 있게 잘 살고 있다는 느낌을 향상시키는 가장 쉽고 좋은 방법은 자기 자신보다 다른 사람과의 관계 맺음에 더 집중하는 것이다. 정말 믿고 아끼고 사랑할 수 있는 몇 명을 자기 인생에 두는 것일 수 있다. 아주 좋아하지만 외로운 일을 하는 경우에는 여가시간을 관계에 투자함으로써 어느 정도 상쇄할 수 있다.

완벽하게 의미 있는 순간, 그것은 다른 사람들과의 관계 맺음과 자신과의 관계 맺음이 하나로 합쳐지는 순간이다. 그것은 개인적이면서 동시에 사회적인 충족이다. 그럴 때야 비로소 인생을 향유하게 된다.

로고테라피

삶의 의미는 사람마다 다르고, 때에 따라 다르다. 따라서, 일반적인 방식으로 삶의 의미를 정의하는 것은 불가능하다. '삶의 의미가 무엇인가?'에 대한 대답은 한 번에 명확히 할 수 없다. 삶이란 단순하거나 일률적이지 않고 현실적이며 구체적이기 때문이다.

로고스(logos)는 의미를 뜻하는 그리스어다. 쎄라피(therapy)는 치료법이다. 로고테라피는 인간존재의 의미는 물론, 그 의미를 찾아가는 인간의 의지에 초점을 맞춘 이론이다. 인간은 자기 삶의 의미가 무엇이냐를 물어서는 안 된다. 그보다는 이런 질문을 던지는 사람이 바로 자기라는 것을 인식해야만 한다. 다시 말해 인간은 삶으로부터 질문을 받고 있으며,

그 자신의 삶에 대해 책임을 짐으로써만이 삶의 질문에 대답할 수 있다는 말이다. 오로지 책임감 가짐을 통해서만 삶에 응답할 수 있다. 따라서, 로고테라피는 책임감을 인간존재의 본질로 본다.

로고테라피의 행동강령은 '인생을 두 번째로 살고 있는 것처럼 살아라. 그리고 지금 당신이 막 하려고 하는 행동이 첫 번째 인생에서 이미 그릇되게 했던 바로 그 행동이라고 생각하라'이다.

로고테라피에 의하면 우리는 삶의 의미를 세 가지로 찾을 수 있다.

첫째, 무엇인가를 창조하거나 어떤 일을 함으로써

둘째, 어떤 일을 경험하거나 누구를 만남으로써: 무엇을 경험하는 것은 무엇을 성취하는 것만큼 의미가 있다. 여행, 독서, 사랑, 자연과 문화 체험 등이다.

셋째, 피할 수 없는 시련에 대해 어떤 태도를 취하기로 결정함으로써 삶의 의미에 다가갈 수 있다. 시련은 그것의 의미를 아는 순간 시련이 아니다. 물론, 의미를 발견하는네 시련이 반드시 필요한 건 아니다. 불필요하게 고통을 감수하는 것은 영웅적인 행동이 아니라 자기 학대에 불과하다. 그러나 대부분의 사람에게 시련이 없다면 인간적인 성숙은 불가능하다. 인간이 겪는 시련의 궁극적인 의미를 묻는 질문에 대한 해답을 찾을 수 있는, 인간의 세계를 초월하는 또 다른 차원의 세계가 있다. 이런 궁극적인 의미는 인간이 지닌 지적 능력의 한계를 넘어서는 것이다. 로고테라피에서는 이를 초의미(super meaning)라 한다.

"왜 살아야 하는지 아는 사람은 그 어떤 상황도 견딜 수 있다"는 니체의 말은 로고테라피의 핵심이다. 삶의 의미를 찾는 건 생존 이상의 문제이다. 스스로 삶의 의미를 찾을 수 있도록 안내하는 역할이 로고테라피의 존재 이유이다.

로고테라피를 창시한 빅터 프랭클은 "우리는 삶이 묻는 내 삶의 의미에 관해 스스로 답을 해야 하며, 우리 자신의 존재를 책임져야 한다. 궁극적인 의미는 우리의 이해 너머에 있으며 우리는 믿음을 갖고 그 의미를 추구해야 한다"라고 말한다.

프랭클의 로고테라피의 핵심 원칙이다.

- 우리에겐 삶의 자세를 선택할 자유가 있다. 긍정적, 낙관적, 적극적으로 살 수도 있고 부정적, 비관적, 소극적으로 살 수도 있다. 지금이 두 번째 삶이라면 어떤 선택을 하겠는가?
- 우리는 의미 있는 가치와 목표에 전념하는 것으로 의미를 찾고자 하는 의지를 실현할 수 있다. 현실에서 소외된 존재의 의미 없는 좀비처럼 살지 말자.
- 우리는 살아있는 순간순간 의미를 발견할 수 있다. 의미는 저기나 미래에 있지 않다.
- 우리는 자신을 방해하고 있다. 생각의 포로가 되지 않으면 일에 의미를 부여할 수 있다. 집착하거나 욕심내거나 내 소유가 안 된다고 화내지 말자. 다 헛것이다.
- 거리를 두고 자신을 바라보면 통찰과 식견을 얻을 뿐 아니라 자신을 보고 웃을 수 있다. 주변을 놓치지 않고 살피는 현미경적 시각도 인생을 사는데 필요하고, 주름지고 깊숙한 내 안에서 외치는 소리 없는 아우성을 경청하는 내시경적 시각도 필요하지만, 때로는 멀리 거시적인 망원경적 시각으로 세상을, 나를 바라보자. 남의 용서 못할 행동도 한 발 떨어져서 입장 바꿔 생각해보면 이해가 가는 경우가 많다.
- 우리는 힘든 상황과 마주했을 때 관심의 초점을 바꿀 수 있다.
- 우리 자신을 넘어서 세상을 위해 어떤 변화를 만들 수 있다. 나에게만 매몰되어 이기적으로 살면 가장 소중한 것이 나중에 남지 않는다. 그게 바로 의미이다.

로고테라피에서 삶의 의미를 찾는 핵심적인 가치들은 다음과 같다.

- **창조가치:** 무엇인가를 창조하거나 어떤 일을 함으로써 생명 에너지를 충족시키는 일이다. 내가 세상에 나오기 전보다 무언가 하나의 가치를 새로이 제공해야 한다.
- **체험가치:** 어떤 일을 경험하거나 어떤 사람을 만남으로서 의미와 기쁨을 경험한다.
- **태도가치:** 피할 수 없는 시련에 대해 어떤 태도를 취하기로 결정함으로써, 그리고 나의 운명에 대해 좋은 태도를 선택함으로써 얻는 의미이다. 죽음을 눈앞에 둔 상황에서

도 타인을 배려하는 태도를 가질 수 있고, 아무리 힘든 상황에서도 모범적이고 고결한 행위를 실천할 수 있다(빅터 프랭클, 빅터 프랭클, 박상미 역, 특별한 서재, 2021).

삶에는 여러 길이 있고 모든 길에는 의미가 있다. 외롭고 힘들지라도 묵묵히 가다 보면 그 길의 의미가 깨달아진다. 세월이 나중에 가르쳐 준다(김새별, 떠난 후에 남겨진 것들, 청림출판, 2015, 54쪽).

세상의 기준에 나를 맞추지 말고, 나에 맞춰 세상을 이해하면 된다. 천천히 다른 방향으로 간다고 아무 문제없다. 오히려 남과 다른 길을 가는 재미를 소소히 느끼며 살게 된다. 오늘을 열심히 살고 미련 없이 내일을 맞으면 된다. 내일을 위해서라는 명분으로 오늘을 살지 못하고 어제를 후회하면 부끄러워질 뿐이다.

살아있다는 건 축복이고 기적이다. 내가 존재한다는 건 우주가 생긴 이래 가장 특별한 사건이다. 엄청나게 작은 확률 속에서 태어나서 살고 있으므로 나는 우주 자연의 축복받은 기적이다. 생명이란 '살아있으라는 하늘의 명령'이다. 어떻게 살 것인지는 우리의 선택이다.

너무 늦기 전에 자기 인생에서 중요한게 무엇인지 생각해보아야 한다. 인생은 덧없다. 매 순간을 의미 있게 만드는 것이 최선이다. 지금 이 순간 이곳에서 시작해야 한다. 지금 여기를 낙원으로 만들어야 한다. 그리고 마지막으로 의미는 성취도 중요하지만, 즐기는 것, 즉 재미있게 사는 것이 중요하다. 자신의 인생을 의미 있게 만들겠다는 프로젝트에 골몰한 나머지 자신의 인생을 재미있게 경험할 수 있는 상황을 놓치지 말아야 한다. 오늘날의 문화는 우리가 인생을 프로젝트로 인식하고 접근하도록 세뇌시켜 왔다. 인생을 어떤 프로젝트처럼 접근할 때 인생의 가치는 그 프로젝트의 성패에 좌우된다. 프로젝트식 접근법의 문제는 인생이 도구화된다는 점이다.

결국 우리 인생의 이야기는 지금 이 순간에 펼쳐지고 우리가 얻기 위해 노력할 수 있는 것은 존 듀이의 표현을 빌리자면 "현재의 즐거운 풍요로움 그 자체"뿐이다(John Dewey, How we think, New York: Cosimo, 2007, p. 219, Originally published in 1910).

인생은 음악과 같은 것이고, 그러므로 우리는 음악이 연주되는 동안 노래를 하거나 춤을 추어야 한다. 최소한 동참하고 공감한다는 의미로 박수는 쳐야 한다.

심미

아름다움이란?

브래드 피트, 모건 프리먼, 케빈 스페이시, 기네스 펠트로 등 헐리우드의 명배우들이 열연한 영화 〈세븐〉으로 유명해진 카톨릭의 대죄는 교만, 인색, 음욕, 탐욕, 질투, 분노, 나태이다. 지옥 가는 일곱 가지 큰 죄이다. 이는 우리 삶의 모습을 그대로 보여주는데, 동서고금에 큰 차이가 없다. 지금도 일곱 가지 죄는 횡횡하거나 오히려 더 맹위를 떨치고 있다.

현대자본주의 시대에 도시라는 일상의 공간은 아름다움보다는 추로 가득하다. 항시 도사리고 있는 위험 요소들로 인한 일상화된 비상 상황—권태, 고향상실, 환경오염, 기후 온난화, 경쟁으로 인한 갈등과 과속, 스트레스로 인한 과음과 과식, 참 쉼 없음으로 인한 피로 등—은 도시 거주 현대인의 추한 일상의 모습이다(신동주, 여행과 행복의 인문학, 백산출판사, 2020, 154쪽).

이런 추함 속에서 자기 삶에 아쉬움을 갖고 사는 도시인들은 영국의 사회비평가 존 러스킨(John Ruskin)의 『근대화가론』에서 제시되는 아름다움과 그 소유, 표현 등에 주목할 필요가 있다.

첫째, 아름다움은 심리적인 동시에 시각적으로 정신에 영향을 주는 수많은 복잡한 요인들의 결과물이다.

둘째, 사람에게는 아름다움에 반응하고 그것을 소유하고 싶어 하는 타고난 경향이 있다.

셋째, 이런 소유에 대한 욕망에는 저급한 표현들이 많다. 관광객들이 흔히 하는 기념품을 산다거나, 자기 이름을 기둥에 새긴다거나 등의 행위가 이에 포함된다.

넷째, 아름다움을 제대로 소유하는 방법은 하나뿐이다. 그것은 아름다움을 이해하고 스스로 아름다움의 원인이 되는 심리적이고 시각적인 요인들을 의식하는 것이다.

마지막으로, 이런 의식적인 이해를 추구하는 가장 효과적인 방법은 자신이 그런 재능이 있느냐 없느냐에 관계없이, 쓰거나 그림으로써 아름다움을 표현하는 것이다.

러스킨에 따르면, 데생에 아무런 재능이 없는 사람도 연습할 만한 가치가 있는 이유는, 그것이 우리에게 보는 법을 가르쳐주기 때문이다. 즉, 그냥 눈만 뜨고 있는 것이 아니라 제대로 보게 해준다는 점이다. 눈앞에 놓인 어떤 대상을 우리 손으로 재창조하는 과정을 통해서 우리는 아름다움을 그저 보는 것에서 자연스럽게 발전하여 그 구성 요소들에 대한 깊은 이해를 얻게 되고, 따라서 그것에 대한 좀 더 확고한 기억을 가지게 된다. 그러면서 우리는 심미적으로 진화한다. 우주 자연의 역사는 아름다움으로 가는 과정에 불과하다. 아름다움은 힘과 지혜를 넘어선 절대적 존재다. 아름다움은 우주의 결론이다. 그것을 이해하고 추구하는 존재는 오로지 인간뿐이다. 물론, 인간이라고 다 그런건 아니다. 극히 소수의 심미적 인간뿐이다.

인간 외면의 깨끗함, 건강함, 균형 잡힘과 인간 내면의 교양, 차분함, 착한 마음, 절제, 용서 등 인간적 면모와 자연의 웅장함, 조화, 계절에 따른 어김없는 변화 등이 아름다움이다. 아름다움은 '즐거움'이라고 할 수 있다. 우리는 아름다운 것을 바라보며 즐거움을 느끼고 욕망하게 된다. 아름다움은 그 자체로 매력적이고 바람직한 어떤 자질이다. 아름다움은 감각에 기쁨을, 정신에 즐거움을, 그리고 영혼에 생기를 가져온다.

아름다움은 결코 잊히지 않으며, 아름다움이란 본질적으로 손에 잡히지 않는다. 사람의 마음을 가장 강하게 끌어당기는 것이 아름다움이다(파울로 코엘료, 앞의 책, 39쪽).

아름다움은 우리가 기억하고 싶은 것이자, 변하지 않기를 바라는 것이다. 그러나 아름다움은 짧은 것이다. 빠르게, 덧없게 사라져 간다. 만약 아름다움이 길다면 그것은 바로 괴로움으로 바뀔 것이다. 그래서 오는 것보다 가는 것이 더 아름답다(고은, 화엄경, 민음사, 1991, 42쪽).

벚꽃 같고 목련꽃 같아서 아름다움을 붙잡으려고 집착함은 오히려 추하다.

사람이 아름다움을 느끼는 대상은 무해의 부드러운, 직선이 아니라 곡선, 각이 아니라 원, 그리고 생명과 관계되는 따스함, 안전, 안정감을 주는 균형 잡힌 조화된 성질을 갖는다.

일반적으로 신체 감각과 물질세계에 더 연결되긴 하지만, 종종 사람들은 지식의 추구에 관해 말하면서 아름다움을 찾으며, 최고의 과학 및 수학 이론은 그것이 지닌 단순함이나 정교함에서 아름답다고 한다(창흥, 미학산책: 소크라테스에서 소쉬르까지, 정유희 역, 시그마북스, 31쪽).

아름다움이란 인간에게 있어서 영원한 과제이다. 왜냐면 그것은 인류가 수행해야 할 사명이기 때문이다. 개별 인간에서 인류에게로, 우주 전체로의 귀환에 이르도록 하는 필연적 조건이 미이다. 아름다움만이 가장 밝게 드러나고 가장 큰 사랑을 불러일으킬 수 있는 특권을 가졌다(플라톤, 파이드로스, 조대현 역, 문예출판사, 2011, 250쪽).

아름다움은 일차적으로 우리의 시선과 밀접하게 관련이 있다. 플로티누스(Plotinus)는 『아름다움에 관하여』에서 "우리가 아름다운 존재가 아니면 아름다움을 볼 수 없다"고 하였다. 아름다움을 감상하는 것은 육체적·정신적·관계적·영적 성숙을 위한 조건이기도 하다. 파리 사람들의 가슴속에는 '불편한 것은 얼마든지 참아도 아름답지 않은 것은 절대 못 참는다'는 생각이 있다. 프랑스에서 수많은 명품이 나온 배경이다.

아름다움은 그것을 바라보는 시선과 주체에 따라 변화되어 왔다. 한 사회를 지배하는 주체가 누구인가에 따라 아름다움에 대한 평가도 달라질 수밖에 없다. 미에 대한 폭넓은 이미지는 '매력적인 것'이다. 미는 타인의 주목, 사유와 관심을 불러일으킨다. 이때 미의 불러일으킴에 대한 인간의 반응이 사랑(eros)이다. 사랑은 만물의 창조자이며 보존자이다. 이때 만물의 보존은 손상되기 이전 본래의 온전한 상태에로의 회귀이다. 즉, 사랑은 온전한 상태를 회복하려는 욕구이다. 플라톤이 『향연』에서 원래 사람은 자웅동체였다는 이야기가 그것이다.

아름다움은 좁은 의미에서는 '보기 좋음으로서의 아름다움'이지만 넓은 의미에서는 진·선·미의 통합개념이다. 고대 그리스인들의 미 개념은 넓은 의미의 '좋음'이다. 그리스에서 가장 이상적인 것은 '칼로카가티아(kalokagathia),' 즉 아름다움과 좋음이다. '아름다움'을 의미하는 칼로스(kalos)와 '좋음'을 의미하는 아가톤(agathon)이 결합하여 만들어진 용어다(미학대계간행회, 미학의 역사, 서울대출판부, 2007, 30~35쪽).

소크라테스는 자신이 미에 대해 무지하기 때문에, 미 자체가 무엇인지 잘 알지 못한다고 고백한다. 확실히 그는 모르는 게 많아(겸손해서) 그리스에서 가장 현명한 자다. 그러나 소크라테스는 모든 것은 목적에 이바지해야만 선하고 아름다우며, 그 목적에 이바지하지 못하면 악하고 추하다고 했다. 이렇게 미와 선은 완전히 일치하며, 심지어는 동일한 것이라고 생각되었다.

키츠(John Keats)의 유명한 〈그리스 항아리에 부치는 노래〉에 나오는 유명한 인용구, "아름다움은 곧 진리, 진리는 곧 아름다움. 이는 너희가 지상에서 아는 전부이며, 너희가 반드시 알아야 할 전부이다"처럼 미는 진리와 동의어이며 바람직한 것의 전부로 인식되었다.

우리말에서 아름다움은 다음과 같이 정의된다.

이희승 편저『국어대사전』에 아름다움의 뜻풀이는 "사물이 원만하게 조화되어서 감각이나 감정에 기쁨과 만족을 줄 만하다"고 풀이하고 있다.

고유섭은 "아름다움이란 우리말은 미의 본질을 탄력적으로 파악하고 있으니, '아름'이란 것은 '안다'의 변화인 동명사로서 미의 이해작용을 표상한다. '다움'이란 것은 형용사로서 격, 즉 가치를 말하는 것이다. 사람다움이란 것이 인간적 가치, 즉 인격을 말하는 것처럼, 아름다움은 지적 가치를 말하는 것이다. 그것은 '아름'이 추상적 형식논리에 그침과 달라서 종합적 생활감정의 이해작용에 뿌리를 둔 것을 뜻한다"고 하였다(고유섭, 한국미술문화사논총, 통문관, 1966, 13쪽).

이에 반해, 조지훈은 아름다움의 어원은 알음(知)다움도 아니요, 아람(實)다움도 아니라고 한다. 그는 "이 아름다움의 아름은 私의 고훈(古訓)이다. 민의 통훈(通訓)인 백성의 속훈도 아름이지만, 이는 사민(私民)의 뜻이므로 사의 훈 아름에서 온 것이 분명하다"고 한다. 다시 말하면 아름다움은 오직 제 가치 기준에 부합하는 것이란 말로서 대상이 저 곧 각자=私와 같을 때 느끼는 감정이란 말이 된다(조지훈, 멋의 연구, 한국인과 문학사상, 일조각, 1968, 213

쪽). 쉽게 말해 가장 나다운 것이 가장 아름답다는 의미이다. 미적 체험의 개성적 판단과 그 나다움을 우리말은 어원 자체로서 이미 애초부터 인식했다고 할 수 있다.

유사하게, 양주동이 해석한 아름다움은 "아름답다"의 '아름'은 '나의 자체, 그것'이라는 뜻을 담고 있고, '답'은 같다는 의미이다. 즉, 나를 발견할 때의 감정이 진정 아름답다는 의미이다(표정옥, 신화와 미학적 인간, 청송, 2016, 175~176쪽).

심리학계의 오랜 통설 가운데에는 심리학의 마지막 연구 주제는 아름다움이라는 말이 있다. 아름다움은 계량적으로 측정하기 어렵기 때문에 생겨난 말이다. 모두가 어느 정도 유사성·보편성이 있어야 하는데, 아름다움은 제각각의 '나다움'이라 측정 불가능하기 때문이다. 그러나 한 가지 분명한 점은 우리가 미의 이상을 우리의 정신 가운데 지니며, 일상적인 생활 가운데 끊임없이 나다움을 실현코자 노력할 때 그 인생은 아름다우며 생에 의미를 갖게 된다.

심미적 인간(Homo Aestheticus)

파울로 솔레리(Paolo Soleri)라는 이탈리아의 건축가는 "단순히 건강한 '짐승'으로서가 아닌 아름다운 '인간'으로 살고 싶다"고 말한 적이 있다. 그는 육체적으로만 건강하게 생활할 수 있는 환경이 아니라 심리적으로나 정신적으로나 아름답고도 풍족하게 생활할 수 있는 환경을 바랐던 것이다(홍사중, 다시 찾은 한국인의 미의식 아름다움을 보는 눈, 아트북스, 2006, 250쪽).

인간의 3대 문화라고 할 수 있는 과학, 종교와 예술은 각각 진·선·미를 추구하는 일이다. 중세에서 근대로 넘어오면서 과학혁명과 종교개혁과 예술분야에서의 르네상스 운동이 일어났다. 과학혁명은 '진'의 차원이고, 종교개혁이 '선'의 차원이라면, 르네상스는 '미'의 차원에서 일어난 운동이다.

예술은 인간 본성의 한 요소이다. 미학적 인간, 호모 에스테티쿠스로서 우리에게는 진선미의 다른 이름인 재미와 심미와 의미가 필요하다(엘렌 디사나야케, 미학적 인간 호모 에스테티쿠스, 김한영 역, 연암서가, 2011, 10~45쪽). 미학적 인간이라는 말이 부자연스럽다면 그냥 아름다운 사람이라고 해도 좋다. 미학적 인간은 '자기다움'을 추구하는 사람이자 타자들과 감성으로 교류하고 조화될 수 있는 '사람다움'에 대하여 공감 능력을 지닌 사람이다. 그는 사심 없는 태도로 타자를 접하기에 타자를 직관으로 통찰하고 왜곡 없이 이해할 수 있는 환대하는 인간이기도 하다. 아름다움은 즐거운 것이기에 향유하는 인간이기도 하다. 아름다운 사람들이 각자 향유하며 서로 환대한다면 거기가 낙원 아닌가?

미학적 인간은 사회적 규범이나 관습적 형식에 얽매이지 않는 주체성과 번뜩이는 영감으로 창의적인 삶을 살아간다. 예술적 상상력과 창조력이 있는 사람만이 21세기 문화의 시대에 경쟁력을 갖게 될 것이다. 아름다운 사람은 남이 흉내 낼 수 없는 고유한 개성으로 제 빛깔을 내는 멋진 사람이다. 따라서, 자기답다는 것은 자기만의 상상력을 발휘하며 창조적이라는 말과도 같다.

미학적 인간은 일상의 추함들을 상쇄해 나가고 상극을 상생의 관계로 조화시키려는 사람이다. 삶 자체가 예술이 되는 것이야말로 미학적 인간의 궁극적인 지향점이다. 니체가 말하는 '초인(ubermensch)'은 자기 자신을 지속적으로 극복하는 자이다. 다른 삶을 가능케 하는 자이다. 초인이야말로 스스로 주인이 되는 미학적 인간의 표본이라고 할 수 있다.

아름다움, 혹은 미의 가장 적절한 우리말은 '멋'이라고 생각된다. '멋'은 우리의 미의식을 표현한 말이지만, 여기서 말하는 아름다움이란 삶과 문화가 개입된 예술적 미에 속한 개념이기 때문에 단순한 자연미에 대해서는 사용하지 않는다(유동식, 풍류도와 한국의 종교사상, 연세대출판부, 2007, 13쪽).

우리의 미학적 인간, 즉 '멋쟁이'로 대표되는 고대 삼국통일의 주인공 화랑은 이성과 감성이 조화된 인간형을 추구한 집단이다. 『삼국사기』에 화랑의 교육 내용으로, 도와 의를 서로 수련한다는 '상마도의(相磨道義),' 춤과 노래로 함께 재미있게 즐긴다는 '상열가락(相悅歌樂)'과 더불어 '유오산수(遊娛山水),' '무원부지(無遠不至)'를 들었다. 아무리 먼 곳이라도 자연을 즐기기 위해 찾는다. 미학적 인간, 화랑은 서로(相), 예술(가무)과 자연을 즐김을 통해 완성해 나갔다.

심미안과 미적 감동

저자는 '눈먼 세계일주 보다는 눈뜬 동네 한 바퀴가 낫다'는 말을 기회 있을 때마다 한다. '눈 뜬'이란 무엇일까? 눈에 보이는 표면과 현상만 보는 것은 결코 아니다. 한눈에 포착되지 않는 이면의, 눈감아야 보이는, 다시 생각해야 느껴지는 그것이다. 아무에게나 쉽게 허락하지 않는 숨겨진, 감추어진 비밀을 감지하는 능력이다. 거창하게 말하면, 찰나에서 영원을 보고 티끌에서 우주를 보는, 아름다움을 제대로 볼줄 아는 미학적 눈이다. 우주 만물과 소통할 수 있는 열린 감각이고, 모두가 나와 다르지 않다는 하나 된 큰 마음에서 비롯되는 것이다. 이런 '뜬 눈'은 예술과 자연의 미학적 자극에 의하여 개발되거나 향상될 수 있다. 우리가 이런 눈을 가지고 있지 못하다면 뭘 보더라도 시간과 비용만 들이는 헛수고에 불과하고, 이해가 아니라 오해만 할 뿐이다. 바로 눈 먼 상태이다.

신비를 체험해본 사람이면 누구나 자기 오감으로는 파악할 수 없는 우주의 어떤 차원이 있다는 것을 안다. 이런 오감 너머의 차원 높은 미를 보는 눈을 안목이라고 한다. 안목의 사전적 정의는 사물이나 현상을 보고 분별하는 식견이다(유홍준, 안목, 눌와, 2017, 23쪽).

안목이 높다함은 미적 가치를 감별하는 눈이 뛰어남을 말한다. 그리고 그것을 자기에 반영하고 소화하는 능력까지를 포함한다. 그리고 오감이라는 것을 각각 개별적인 것이 아니라 공통적으로 활용하여 그 너머로 지평을 확대해 나가야 한다. '전체는 부분의 합보다 크다'는 말처럼, 공통감각(sensus communis)은 그 자체도 하나의 감각이면서, 동시에 개별 감각인 오감 하나하나를 초월해 있다. 공(통)감각은 개별적인 여러 감각을 관계 맺게 하고 그 질서를 잡아줌으로써 차원 높은 통합으로 향하도록 작용한다. 공감각으로 자세히 보면 대상이 무엇이든 아름답고 사랑스럽다. 사랑스런 눈으로 무엇인가를 자세히 보는 것이 안목이다.

사실 우리가 일상에서 마주치는 어느 하나하나 가치 없는 것이란 없다. 다만, 우리가 알아보지 못할 뿐이다. 그래서 안목이 있는 사람은 그것들에 담긴 사연과 감춰진 진면목을 끄

집어내면서 자기 마음속에 명작을 만들 수 있다. 이것이 바로 우리가 안목을 키울 수 있는 미학적 즐거움이다.

낭만주의와 여행의 아버지라 불리는 루소는 자연의 아름다움을 세밀히 관찰하여 우아하게 묘사했다. 진정한 미를 추구하기 위해서는 그는 심미안이란 개념을 제시했다. 무엇이 아름다운지, 추한지를 판단하는 능력이다. 그는 심미안을 인간이 지닌 천부적인 감수성이라고 보았다. 루소에 따르면 심미안은 사람마다 다르지만 사회 환경에 따라 키울 수 있다. 루소는 자연미를 심미의 표준으로 삼았다(창홍, 앞의 책, 177쪽).

안목과 같은 말인 심미안은 인간이 가진 어떤 능력보다 우월한 능력이다. '아름다움을 제대로 알아보는 눈'을 갖는다는 건 얼마나 놀라운 일인가. 심미안을 갖게 되는 건 결국 '마음의 눈'을 뜨는 일이다. 미적인 가치를 느끼는 능력은 어떤 상황에서도 자존감을 지켜주는 무기가 된다(윤광준, 심미안수업, 지와인, 2018, 97쪽).

심미안을 가졌다함은 많이 보고 비교(더 나은 것이 무엇인가? 왜 더 나은가?)하여 내가 의미를 두는 것의 소중함이 분명해지고 나다움이 회복된 상태이다. 심미안은 타고난 능력이라기보다 커가는 능력이자 훈련과정이다. 미적 감각이 좋은 사람들의 특징은 세상을 흘려버리지 않고 촘촘하게 본다. 아름다움을 잘 느끼는 사람은 차이에 민감하다. 아름다움을 공감하지 못하는 이들은 감탄하지 못하고 늘 한탄한다. 삶이 축제가 되지 못하고 늘 숙제라서 부담스럽다. 차이를 느끼지 못한다는 건 어찌 보면 불행이다. 차이를 알기 위해서는 비교해야 한다. '미'의 가치는 상대적인 비교로 분명해진다. 여러 비교를 통해서 '미적인 것'에 대한 기준이 생겨난다. 기준이 없다면 어떤 것의 좋고 나쁨의 판정 자체가 어려워지기 때문이다.

비교하는 관점이 생기면 재미가 생긴다. 제 것만 보이는 세상에서 노는 것과 넓은 세상에서 다양한 것을 마주하는 즐거움을 비교하면, 당연히 후자가 즐겁다. 그런 비교의 근거가 확장되는 재미를 아는 것이 심미안을 가진 사람의 특징이다.

심미안을 통해 아름다움을 느끼게 되면, 느끼는 것으로 끝나지 않는다. 생각이 바뀌고 행동이 일어난다. 그러다 보면 미술관 밖에 있어도 미술관 안에 있는 것 같은 느낌이 든다. 추로 가득한 일상의 도시 속에 있어도 아름다움으로 가득한 낙원 속에 있는 느낌이 심미안을 가진 자의 특권이다.

인간은 자연과 예술을 통하여 자신만의 삶의 체험을 넘어 타자의 삶을 간접적으로 체험하고 공감한다. 그러면서 자기 자신과 타자의 존재를 포괄하는 우주 자연의 운명에 대해 깊은 인식을 얻는다. 우리가 미적 감동을 경험하는 순간이야말로 타자를 향한 사랑이 솟구치는 순간이다. 우리는 자신과의 조화, 타인과의 조화, 우주 만물과의 조화를 원하므로 아름다움을 원한다. 조화란 다름을 인정하면서도 하나 되려는 아름다움이기 때문이다. 미적 감동이란 대상에 몰입을 통하여 인간이 세계 내의 만물과 맺는 자유로운 관계의 핵심이다. 그 핵심은 전체 세계에 참여하여 타자와 공감함과 동시에 자신의 세계를 확립하는 데 있다. 자연이나 예술을 통하여 우리에게 어떤 미적 감동의 순간이 발생한 것은 이성이 아니라 감각으로 의미를 받아들였기 때문이다. 미적 감동이란 자신과의 완벽한 화해에 대한 예감, 그 가능성의 경험이다(샤를 페팽, 아름다움이 우리를 구원할 때, 양혜진 역, 이숲, 2016, 57~60쪽).

성철스님의 말로 유명해진, 송나라 청원선사의 법어이다.

> 산은 산이요, 물은 물이다.
> 산은 산이 아니요, 물은 물이 아니다.
> 산은 다만 산이고, 물은 다만 물이다.

각 행의 산과 물은 같은 것이 아니다. 부정의 단계를 거쳐 3행에서 다시 확인되는 산은 처음에 확인된 바로 그 산이지만, 같은 수준의 산이 아니라 반복된 체험을 통해 각성된 산이다. 이미 익숙한 것을, 각성을 통해 다시 그것으로 확인하는 이런 체험은 일상 속의 지각에도 적용될 수 있다(철학아카데미, 철학, 예술을 읽다. 동녘, 2006, 312쪽). 이런 체험을 통해서만이 미적 감동이 가능하다. 미적 감동은 고통과 결부된 아름다움, 즉 높은 수준의 향유에서 나온다.

평생을 떠돌이로 살고 간첩 사건에 억지로 연루되어 심한 고문으로 몸과 정신이 만신창이가 되어 행려병자로 죽은 천상병의 시 〈귀천(歸天)〉의

> "나 하늘로 돌아가리라.
> 아름다운 이 세상 소풍 끝나는 날
> 가서, 아름다웠노라고 말하리라."

가 그것이다.

미적 감동에 사로잡혔을 때 경험하는 것이 자신에 대한 향유와 타인을 향한 따뜻한 관심인 환대의 윤리라고 우리는 믿는다. 소비상품과 금융자본이 전 세계로 흘러 퍼지는 이 신자유주의 시대에도 말이다. 그래서 더욱 아름다움과 자주 만나야 한다. 좀비가 안 되려면, 가까운 미래 튜링 테스트(Turing test)에서 인공지능을 가진 로봇으로 판명되는 불상사가 생기지 않으려면 미적 경험을 늘려야 한다. 미적 감동이야말로 과학 자본주의, 신자본주의에 전면적으로 저항하게 해주는 강력한 무기다. 미적 감동은 내면을 확장, 고양해서 진부해진 표현이 된 자기계발의 가능성을 넘어서서 자기초월이 일어난다.

설령 미적 감동을 느끼는 순간에 드라마틱한 승화가 일어나도 그것은 찰나에 지나지 않는다. 이 순간이 지속하지는 않지만, 영원처럼 느껴진다. 영원한 지금(eternal now)이다. 한국 고유의 철학자이자 세끼 밥을 먹지 않고 오직 저녁 한 끼만을 먹겠다는 '다석(多夕)'이란 호를 가진 유영모는 오늘을 '오! 늘~'이라 한다. 오! 내가 감격해 맞이할(오!) 그 영원한 시간(늘~)이라고, 오늘이 영원이 되도록 살리라는 뜻으로 말이다. 영원한 지금은 그가 말하는 '오! 늘'이다. 영원은 시간을 벗어난 상태를 의미한다. 그래서 미적 감동을 느낄 때 우리는 영원한 무언가에 다다른 듯한 느낌, 시간을 초월한 듯한 영감을 느낀다. 우리가 아름다움에 감동하는 이유는 마침내 자신을 되찾은 듯한, 동시에 다른 삶이 가능해진 듯한, 구원을 받은 듯한 느낌에서 비롯된다.

미적 감동을 경험하는 순간에 드러나는 것은 바로 생명이다. 우리는 삶을 욕망하고, 그

욕망은 아름다움을 통해 표출된다. 루크레티우스는 클리나멘이라고 한다(뒤에서 다시 이야기한다). 프로이드는 이 생명력을 '리비도'라고 불렀다. 스피노자는 '코나투스,' 니체는 '힘에의 의지,' 베르그송은 '생명의 약동'이라고 한다.

미적 감동은 나 자신으로 돌아가게 하는 동시에 나 자신에서 벗어나게 한다. 나 자신으로 돌아간다는 것은 곧 자신이 여럿임을 경험한다는 것이다. 나 자신에서 벗어난다함은 그 아름다움을 공유하고 싶은 욕망을 느끼고 나의 '좁고 작은 정체성'에서 벗어나는 일이다. 나를 넘어서는 중요한 무언가가 존재한다는 것을 확실히 느끼게 된다.

아름다운 풍경에 감동한다함은 곧 풍경의 일부가 되는 일이다. 떨어져 구경하는 것이 아니라 함께하는 거기에 아름다움의 힘이 있다. 아름다움은 우리가 세상 안에 특별한 방식으로 존재할 수 있음을 일깨워 준다. 그리고 아름다움은 이곳이 아닌 다른 곳으로 우리를 데려감으로써 오히려 우리가 더욱 확고하게 이곳에 존재할 수 있게 해준다. 우리가 그토록 여기가 아닌 저기를, 일상이 아닌 이상을, 정착이 아닌 방랑을, 구경이 아닌 참여를 원하는 이유이다.

이처럼 미적 감동은 오로지 이 세계에 존재할 뿐인 다른 동물들과 구별되는 인간 고유의 특성이자 특권이다.

도스토옙스키는 『백치』에서 "아름다움이 세상을 구원할 것이다"라고 말했다. 칸트는 미적 감동을 육체와 정신 사이의 갈등이 끝난 상태로 보았다. 이처럼 내적 조화를 완성하기 위해 우리에게는 아름다움이 필요하다. 하지만 단지 그런 상태를 엿보고 한순간 경험하는 것만으로도 우리는 황홀경(ecstasy)에 빠진다. 이 말은 그리스어 엑스타시스(ekstasis), '밖으로 나서다'라는 뜻에서 유래되었다. 관성과 타성에 젖은 행복하기 어려운 내 일상에서 벗어나야 황홀한 행복을 맛볼 수 있다. 예술을 통한 일상에서의 미적 감동이던 여행을 통한 일상탈출의 황홀경이던 우리는 그렇게 구원받는다.

사랑은 아름다움을 낳는다

어떤 대상을 바르게 이해하려면 먼저 그 대상을 사랑해야 한다. 사랑은 다른 사람이 행복해지기를 바라는 마음이다. 이쪽에서 따뜻한 마음을 열어 보이면 저쪽 마음도 열린다. 모든 살아있는 존재는 서로 이어져 있기 때문이다. 우리가 사는 세상을 낙원으로 만드는 하나의 환대 원칙이라 하겠다.

사랑은 자신에게 가능한 모든 것을 하고자 하지 않는다. 바로 이것이 사랑의 강함이다. 사랑하지 않는 자만이 자기를 위해서 가능한 모든 것을 하고자 한다. 사랑은 복종을 구하지 않고 사랑하는 자의 상호성과 동시성을 구한다. 사랑은 부르고 권하고 문을 두드리고 말을 걸고 귀를 기울이고 고대하고 기다린다(마틴 슐레스케, 울림, 유영미 역, 니케북스, 2022, 194쪽).

크게 두 종류의 사람이 있다. '전체의 나,' 하나로서의 나를 알아서 '하나님인 나'로서 살아가는 사람과, '전체의 나'를 밍각하고, 개체적 존재로 착각하면서 살아가는 사람이 그것이다. 오늘날 대부분의 사람들은 후자인 자신을 개체적인 존재로 인식하고 살아간다. 개체는 몸을 기준으로 성립한다. 인간이 개체적 존재로 살아가는 순간부터 '하나님으로서의 나'는 숨는다. 인간이 개체적 존재가 되면 내가 아닌 애먼 하나님을 모시고 남과 다투어야 하고 늙고 병들어 죽어야 하는 추한 비극적 존재로 전락한다. 개체적 존재로 분리되는 것은 망각 때문이다. 환대의 원칙인 하나의 존재로서의 자기를 망각하면 나 홀로라는 착각을 일으킨다.

전자인 '전체의 나'로 살아가는 사람은 각 개체가 모두 하나이기 때문에 서로 사랑한다. 그런 마음이 공자가 말하는 인이다. 개체가 죽는 것은 개체에서만 보면 죽는 것이지만, 전체로 보면 개체의 죽음은 전체가 살아가는 한 방식일 뿐이다. 전체에서 보면 죽음은 없다. 단지 삶이 연속될 뿐이다. 『주역』에서 "살리고 살리는 것을 역(易)이라 한다(生生之爲易)"고 한 말의 뜻이 바로 이를 두고 한 말이다. 전체의 차원에서 삶이 연속되는 것이 영생이다. 영생이란 개체가 죽지 않고 살거나 죽은 뒤에 영혼이 영원히 산다는 뜻이 아니다. 모두가 하나라는 것을 깨닫고 하나의 차원에서 사는 것이 영생이다. 하나님으로서 우리가 사는 방식이다.

사람이 본질적으로 만물과 하나임을 알고 서로 사랑하며 살아가는 세상이 낙원이다. 우주의 마음, 하나님의 마음은 사랑이다. 사랑은 생명의 실상이므로 생명이라고도 할 수 있다. 기독교에서 '하나님은 사랑'이라고 하는 말이 바로 그 말이다(요한일서 4:16). 사랑이 바로 하나님이므로 사랑이 바로 창조주이다. 모든 것을 낳고 기르는, 모든 것을 살리는 것의 총칭이 바로 사랑이다.

성경의 대표적인 사랑에 관한 구절을 보면,

> 믿음, 소망, 사랑 그중에 제일은 사랑이라(고린도전서 13:13)
> 사랑이 너희의 최고 목표가 되게 하라(위의 책 14:1)
> 사랑치 아니하는 자는 사망에 거하느니라(요한일서 3:14) 등이다.

플라톤은 영혼의 성장과 고양, 아리스토파네스는 완전성의 열망, 헤겔은 타자를 통한 자기인식으로, 즉 타인의 사랑을 받음으로써, 타인을 사랑함으로써 진정한 나를 인식할 수 있다고 한다. 사랑은 타자를 만나는게 아니라 타자의 세계를 만나는 것이라고 들뢰즈는 말한다.

그리스신화에서 기술의 신인 헤파이스토스가 아름다움과 사랑의 여신 아프로디테(비너스)의 남편인 이유는 모든 기술(techne)은 궁극적으로 아름다움을 목표로 하기 때문이다(장영란, 죽음과 아름다움의 신화와 철학, 루비박스, 2015, 71쪽). 아름다움은 사랑을 불러일으킨다. 그것은 사랑의 대상이자 목적이다. 그래서 아름다움은 다산과 풍요를 가져온다. 이것이 바로 아름다움의 여신이 고대사회에서 가장 강력한 여신이었던 이유라고 할 수 있다.

다음의 사진은 인류역사상 가장 오래된 예술품이라는 뷜렌도르프에서 발견된 여인상(BC 20000년경)이다. 풍요와 다산을 상징하는 풍만한 몸을 가지고 있는 그 당시의 가장 아름다운 사랑스러운 여인을 상징한다. 그래서 뷜렌도르프의 비너스라 불린다. 오른쪽 사진이 지금도 아름다움의 기준에서 벗어나지 않는, 그 유명한 로마시대 제작된 밀로의 비너스상(BC 100년경)이다.

뮐렌도르프의 비너스
(출처: 네이버 블로그)

밀로의 비너스
(출처: 네이버 블로그)

고대 서양에서 사랑은 세 종류로 구분된다.

첫째, 에로스(eros)는 하나 되기 위한 남녀의 사랑이다. 이는 틈 없애기(거리 제거) 욕망의 발현이다. 최초의 낙원인 에덴동산에서 아담은 하와가 먹은 선악 열매를 머뭇거림 없이 받아먹는다. 이 광경을 가리켜 바울은 "아담은 오실 자의 표상(로마 5:14)"이라고 하지 않았는가? 사랑의 진정성은 사랑하는 자와 운명을 같이한다.

둘째, 필로스(philos)는 동성 간의 우정을 기반으로 한다. 거리, 차이를 인정하고 신뢰하는 둘로 남는 것이다.

셋째, 아가페(agape)는 차원이 다른 공간, 타자성이 내부의 틈으로 들어오는 것으로 신과 인간의 관계를 전제한다. 십자가의 모양이 이를 상징한다.

플라톤은 『향연』에서 사랑의 대상을 '아름다움'이라면서, 에로스가 아프로디테의 생일에 태어났기 때문에 아프로디테를 추종한다고 말한다. 에로스는 본성적으로 아름다움을 추구한다는 해석이다. 플라톤의 사랑은 가장 낮은 차원에서 가장 높은 차원에까지 걸쳐 있다. 가장 낮은 차원이 개별적 몸의 사랑이라면 가장 높은 차원은 신과 영원에 대한 사랑이다.

플라톤에 의하면 사랑은 되돌아가는 것이 아니라 나아가는 것이고, 멈춰 있는 것이 아니라 전진하는 것이다. 그럴 때 사랑은 아름다움을 낳는다. 사랑한다는 것은 아름다움을 배우고 아름다움을 돌보며 아름다움을 낳는다. 왜 배우는가? 그것은 자기를 돌보기 위해서다. 자기 사랑이 타자와의 관계에서 출발점이 되기 때문이다. 자기의 타자적 심화와 확대가 아름다운 사랑이다. 아름다움은 삶을 사랑하는 즐거운 기술이다(문광훈, 심미주의 선언, 김영사, 2015, 8쪽).

아우구스티누스는 "사랑하라. 그리고 그대가 좋아하는 것을 하라"고 하였다. 사랑은 몸의 차원에서 머물지 않고 영혼의 아름다움으로 옮아간다. 그래서 영적인 미를 추구한다. 인간의 삶이 살만한 것은 여하한 보상을 넘어서는 영적인 헌신이 그 삶에 담겨 있기 때문이다. 인간의 삶은 무조건적인 환대인 타자에 대한 헌신으로 나아갈 때 마침내 아름다울 수 있다. 온전한 욕망 혹은 제어된 쾌락이 참된 사랑이다. 이 사랑이 아름다움을 낳는다. 오직 참된 사랑만이 스스로 아름다운 가운데 타인을 아름답게 한다.

"철학자가 되려면 먼저 스피노자를 공부해야 한다" 헤겔의 말이다. 베르그송은 "모든 철학자는 두 가지의 철학을 가지고 있다. 자신의 철학과 스피노자의 철학을"이라고 말했다. 유대교의 파문 선고를 받은 외로운 철학자 스피노자는 "모든 고귀한 것은 힘들 뿐만 아니라 드물다"로 끝나는 『윤리학』에서 "사랑이란 외부의 존재, 즉 타자 안에서 찾는 기쁨이다. 아마도 사랑이 없다면 고통도 증오도 동요도 생겨나지 않을 것이다. 그래서 사랑은 모든 감정의 어머니이다"라고 말한다.

에리히 프롬(Erich Fromm)은 사랑의 목적에 대하여 '분리불안의 극복'이라고 『사랑의 기술』에서 말한다. 그는 진정한 사랑은 사랑받는 것이 아니라 사랑하는 능력을 기르는 행위이며, 사랑할 대상에 주목하기 이전에 자신 속에서 성숙한 사랑의 바탕을 키워나가는 노력이라고 한다. 따라서, 여기서 주목할 것은 사랑의 이데아라는 허상의 요구를 만족시키는 '대상' 자체가 아니라, 자신이 현실 속에서 기쁨을 주고받을 수 있는 살과 피를 가진 대상에게 먼저 사랑을 주는 '행위'의 실천이다. 자신 속에서 키워진 사랑의 능력은 자신에게서 넘쳐흘러 남에게도 그대로 전해질 수 있다는 이야기이다. 사랑은 어떤 대상을 선택하는 것이 아니라 우리 속에 사랑할 수 있는 능력이 있느냐에 달려 있다. 우리는 우리가 아는 것만을 사랑할 수 있으며, 우리가 사랑하지 않는 것은 완전히 알 수 없다. 사랑은 앎의 한 양태이다. 볼 수 없다면 외면하기 때문이다(올더스 헉슬리, 영원의 철학, 조옥경 역, 김영사, 2014, 297쪽).

모든 사랑하는 것들은 서로 그 사랑을 통해서 어둠 속에 빛이 난다. 사랑할 때 그들은 지혜의 눈을 뜬다(고은, 화엄경, 민음사, 1991, 164쪽). 눈을 떠서 문득 아름다운 것과 마주쳤을 때, 지금 곁에 있으면 얼마나 좋을까 하고 떠오르는 얼굴이 있다면 그대는 사랑하고 있는 것이다.

파울로 코엘료의 『연금술사』의 사랑에 관한 아름다운 구절들이다.

> "지상의 모든 존재들이 마음으로 들을 수 있는 만물의 언어의 가장 본질적이고 가장 난해한 부분과 맞닥뜨렸음을 깨달았다. 그것은 사랑이었다."
>
> "내가 그대를 사랑하는 것은 모든 천지만물의 섭리가 나를 그대에게 이르도록 했기 때문이다."
>
> "그대는 만물의 정기에서 태어났고 언젠가는 만물의 정기 속으로 되돌아갈 것이니. 만물의 정기는 사랑으로 이루어진 것이니 사랑을 하게 되면 항상 지금의 자신보다 더 나아지고 싶어 한다."

칼릴 지브란의 『예언자』 중 사랑할 수밖에 없는 사랑에 관한 아름다운 구절들이다.

> "사랑이 그대를 손짓해 부르면 사랑을 따르라. 그 길이 험하고 가파를 지라도.
>
> 사랑이 그 날개로 그대들을 감싸주면 온몸을 내맡겨라. 그 깃털 속에 숨은 칼이 그대들에게 상처를 입힐지라도.
>
> 사랑이 그대들에게 말할 때는 그 말을 믿어라.
>
> 서로를 사랑하되 사랑을 속박으로 만들지 마라.

차라리 그대들 영혼의 기슭 사이에 출렁이는 바다가 있게 하라.
서로의 잔을 채워주되 같은 잔으로 마시지 마라.
함께 노래하고 춤추며 즐기되 그대들은 각각 혼자라는 것을 잊지 마라.
마음을 주되 다른 이의 마음을 붙잡아 두려고 하지 마라.
함께 서 있되 너무 가까이 있지는 마라."

노자는 "나에게 세 가지 보물이 있어서 소중하게 지니는데 하나는 사랑이요, 둘은 검소요, 셋은 으스대며 세상 사람들 앞에 나서지를 않는 것이다(我有三寶 寶而持之 一日慈 二日儉 三日不敢爲天下先)"라 하였다. 세 가지 보물 모두가 눈에 보이거나 만져지는 '물건'이 아니다.

『내 인생에 힘이 되어준 한마디』라는 정호승 시인의 산문집에 나오는 사랑과 아름다움에 관한 이야기이다.

하루는 하느님이 천사를 불러 지상에서 가장 아름다운 것을 가져오라고 말했다.
천사는 급히 지상으로 내려가 사방을 살펴보았다.
가장 먼저 꽃들이 눈에 띄었다.
천사는 꽃들이 너무 아름다워 한 송이 꺾어 들고 길을 걸었다.
이번에는 방긋방긋 웃고 있는 어린아이의 모습이 눈에 띄었다.
천사는 어린아이의 웃음 또한 너무 아름다워 그 웃음을 꺾어 들고 다시 길을 걸었다.
그러자 이번에는 아기를 품에 안고 있는 엄마의 사랑스러운 모습이 눈에 띄어 마지막으로 엄마의 사랑을 손에 쥐고 다시 길을 걸었다.
"이 세 가지만 들고 가면 하느님도 기뻐하실 거야."
천사는 그런 생각을 하며 부지런히 걸음을 재촉했다.
한참 길을 가다 보니 꽃이 시들어버렸다. 그래서 그대로 버려버렸다.
조금 더 길을 걸어가다 보니 이번에는 어린아이가 자라 처음 보았을 때와는 달리 웃음이 능글맞고 징그러웠다. 그래서 그것 또한 버렸다.
아무리 시간이 지나도 아기를 안고 있던 엄마의 사랑은 그대로 변함이 없었다.
그래서 천사는 지상의 가장 아름다운 것으로 엄마의 사랑을 가지고 하느님께 갔다.

타자에 대한 특별한 관심과 하나 되려는 노력만이 사랑은 아니다. 사랑은 나로부터 출발해야 한다. 오래전에 인기 있던 『배짱으로 삽시다』라는 이시형 박사의 책의 요지는 '자기를 사랑하라'이다. 특히, 내가 나를 사랑하고 살아가는데 다른 사람 눈치 보지 말라고 한다. 그게 배짱이고 자기 사랑이라고 한다. 인생의 성공은 결국 자기를 얼마나 사랑하느냐로 판가름 난다. 나를 사랑하면 주관이 세워진다. 타인과 세상의 눈치를 보지 않고 소신껏 행동한다. 누구와도 경쟁할 필요가 없다. 그저 내 일에 집중할 뿐이다. 자신을 사랑하려면 내가 누구인지 알아야 한다. 어떻게 살아야 하는지 스스로 기준을 정할 수 있다. 나 자신을 모르면 타인의 기준에 맞춰 살게 된다. 타인과 경쟁할 수밖에 없다. 경쟁은 끝이 없어서 행복은 없다. 내가 왜 이렇게 살았나 하는 후회만 남게 된다. 나를 사랑하려면 내가 스스로 아름답다고 생각해야 한다. 부정적, 수동적, 불평하는 마인드가 아니라 긍정적, 능동적, 적극적, 감사하는 태도를 가져야 내가 나를 사랑하는 향유가, 너를 사랑하는 환대가 우리 모두가 서로를 사랑하는 낙원 만들기가 가능하다.

느린 것이 아름답다

앨빈 토플러(Elvin Tocffler)는 1970년대 초에 "지구촌은 강자와 약자 대신 빠른 자와 느린 자로 구분될 것이다. 빠른 자는 승리하고 느린 자는 패배한다"라고 경고했다. 특히, 오늘날 같은 인터넷 시대, 지식정보화시대에는 속도의 중요성이 더욱 강조될 수밖에 없다.

삶의 속도 증가는 우리의 삶에 다양한 영향을 미친다. 가장 두드러진 것은, 동시성에 대한 우리의 의식이 확대되고 있다는 것이다. 동시성은 공간적으로 떨어져 있는데도 우리가 하나로 시차 없이 연결된다는 걸 의미한다. 텔레비전, 라디오는 물론, 각종 SNS는 우리의 사적인 공간에 지속적으로 정보를 제공한다.

비릴리오는 삶에 가속도가 붙고 있다는 대중적인 의식은 심리적인 스트레스와 긴장을 증가시키고 있다고 주장한다(Paul Virilio, Speed and Politics, New York: Semiotext, 1986, p. 289). 역사의 99%를 걸어서 이동·수렵·채집한 인류가 그 스피드를 따라잡기 쉬울 리가 없고, 그런 사회가 마음 편할 리가 없다(이지훈, 혼창통, 샘앤파커스, 2010, 217쪽).

일본을 방문해서 우리나라의 고속열차(KTX)와 같은 신간선을 탄, 오늘날의 중국을 있게 한 지도자 등소평은 "이렇게 좁은 나라에서 어딜 가려고 그렇게 빨리 달리느냐?"라고 의아해했다. 신간선도 기차이지만 모든 운송수단 중 생각에 가장 큰 도움을 주는 것은 사실 비둘기호 같은 느린 속도의 낭만적인 기차였다. 이런 느린 열차의 창밖 풍경은 안달이 나지 않을 정도로 빠르게, 그러면서도 사물을 분간할 수 있을 정도로 느리게 움직인다(알랭 드 보통, 여행의 기술, 정영목 역, 이레, 2004, 105쪽).

아프리카 속담에 이런 말이 있다. 가젤은 가장 빠른 사자보다 더 빨리 달리지 않으면 잡아먹히고, 사자는 가장 느린 가젤보다 더 빨리 달리지 못하면 굶어 죽는다. 당신이 사자거나 가젤이거나 어쨌든 당신은 뛰어야 한다(자크 아탈리, 미래의 물결, 양영란 역, 위즈덤하우스, 2007, 164쪽).

호메로스는 신 헤르메스가 지상으로 내려오는 것을 다음과 같이 묘사한다(에니타 퍼킨스, 여행 텍스트와 이동하는 문화, 최일만 역, 앨피, 2020, 85쪽).

> "그는 즉시 발에 아름다운 불멸의 황금 샌들을 신었다. 이 샌들을 신으면 그는 바다 위든 지상의 황무지든 똑같이 바람의 숨결처럼 빠르게 움직일 수 있었다. 그는 하늘에서 바다로 날아내렸다. 그리고 파도를 따라 가마우지처럼 속도를 냈다."

인간이 다리로 달려야만 살아남을 수 있던 수렵시대보다 21세기에 사람들은 더 급해졌다. 온갖 통신 수단과 운송수단들은 '좀 더 빠르게'를 맹신하고 있다. 그러나 서두르면 서툴러진다. 그리고 조급하면 실패한다. 빨리 이루어지는 것은 기억에 남지 않는다. 느림과 기억 사이, 빠름과 망각 사이에는 어떤 내밀한 관계가 있다. 느림의 정도는 기억의 강도에 정비례하고, 빠름의 정도는 망각의 강도에 정비례한다(밀란 쿤데라, 느림, 김병욱 역, 민음사, 1995, 48쪽). 그런데, 올림픽 슬로건은 '더 높이, 더 멀리, 더 빨리'이다. 이런 구호야말로 비인간적이다.

우리는 빠름으로 인해 편리해진 것만큼 잃는 것도 많다. 속도에 휩쓸린 나머지 무엇보다도 차분하게 생각하면서 음미하고 누리는 여유의 향유가 사라졌다. 속도가 빨라진 만큼 스쳐 지나가 제대로 보지도 못한다. 그래서 외국인들도 다 안다는 '빨리빨리'라는 말이 대표하는, 우리나라를 '기적을 이룬 나라, 기쁨을 잃은 나라'라고 하는지 모르겠다.

휴식과 놀이의 대표적 이벤트인 여행을 짧은 시간에 많이는 다녔는데, 시간만 좀 지나면 무엇을 봤는지 기억이 안 난다. 휴식과 놀이를 창조로 인식하지 못하는 문화적 결핍은 '기계적 번잡'만을 양산할 뿐이다. 소비적이고 향락적인 문화는 우리의 휴식 시간이 짧다는 것과 대단히 밀접한 관계가 있다. 자유시간이 턱없이 짧기 때문에, 클라이맥스는 빨리 맛보아야 한다. 뜸을 들일 시간이 없다. 그래서 모처럼의 휴식은 또 다른 노동이 되고 만다. 그래서 일상에서도 여행에서도 느림의 미학이 절실히 필요한 시대이다. 속도에 치이고 있는 현대인들이 매 순간을 결과로 보는 것은 착각이다. 우리의 인생은 과정의 연속이므로 느긋한 것이 정상이다.

"군자는 평안하고 여유 있으나, 소인은 늘 걱정하고 안달한다"는 논어의 구절처럼, 현대인들은 모두 태생적으로 소인인 걸까? 아니면 시대가 사람들을 모두 소인화하는 것일까?

현대 도시인인 우리의 일상은 여가 시간은 많은데 여유가 없다. 그래서 일상을 떠나 관조의 시간과 장소를 확보해야 한다. 우리 사회는 휴식을 창조로 인식하지 않는다. 우리는 휴식을 게으름과 소비로 인식한다. 오랜 농경문화의 영향, 유교의 폐쇄적 신분주의와 일제의 착취 탓이다.

보들레르는 근대 산업도시에서도 즐길 수 있는 느림의 미학에 대하여 이렇게 말한다 (Chalres Baudelaire, The painter of Modern Life and Other Essays, New York: Da Capo, 1964, p. 177).

> "유유자적하는 즐거움은 근대생활이 제공하는 감각에 자신을 한가로이 개방하는 데 있다. 산업문명의 비개인적이고 에피소드적인 특성은 그 자체로서 무한한 매력의 원천이다. 도시는 어슬렁거리기, 망상하기, 바라보기, 그리고 보여지기의 끊임없는 상상적 가능성을 제공한다."

『느린 것이 아름답다』의 저자 칼 오너리(Carl Honore)는 '슬로 라이프(Slow Life)'란 게으른 것과 다르며, 단지 속도를 늦추는 것이라고 말했다. 또한 이를 통해 삶의 진정한 균형을 회복할 수 있다고 강조했다.

강희안의 〈고사관수도〉를 생각한다.

강희안의 〈고사관수도〉

그림 가운데 인물이 참으로 태평하게 보인다. 우리는 자연 속 순진무구해 보이는 높은 수준의 선비처럼 바위에 엎드려 유유히 흘러가는 물을 바라보며 그 관조의 세계 속에서 노닐지 못한다. 관조(contemplation)는 조용한 마음으로 대상을 보고 그 참모습을 헤아리는 것이다. 진리를 탐구하는 이성적 활동으로서 철학적, 혹은 미학적 행위이다. 평화롭고 느린 관조의 삶은 가장 자기를 향유하는 삶이다(아리스토텔레스, 니커마커스 윤리학, 강상진 외 역, 길, 2011, 215쪽).

예술과 자연의 공통점은 인간에게 여유와 치유를 준다. 결국 현대에 사는 우리 일상의 추함은 예술과 자연이 멀어진 탓이다.

자연미와 예술미

우리의 아름답고 푸른 행성 지구는 인류가 아는 유일한 삶의 보금자리이다. 태양계 내에 우리와 이웃한 금성은 너무 덥고 화성은 너무 춥지만, 지구의 기후는 적당하다. 지구온난화로 여름은 길어지고 매년 폭염의 신기록을 세울 만큼 더위는 심해지지만, 아직까지는 인내의 한계를 넘어서고 있지는 않다.

인류에게 지구야말로 낙원이다. 우리는 이곳에서 진화해 왔다. 지구는 참으로 작고 연약한 세계이다. 지구는 좀 더 소중히 다루어져야 할 존재이다. 사람은 자신을 둘러싸고 있는 자연과 아주 깊은 근본에서부터 연결되어 있다. 인류는 자연에 대한 이해에서 기쁨을 얻을 수 있도록 진화해 왔다(칼 세이건, 코스모스, 홍승수 역, 사이언스북스, 2020, 3쪽).

성리학의 기초를 닦은 송나라 사상가 장횡거의 글 〈서명〉에는 칼 세이건(Carl Sagan)의 과학적・현대적이고 서양적인 글 못지않게 감성적・고대적・동양적 사유에 있어서 관계라는 것이 단순히 사람과의 관계만이 아님을 보여준다. 그리고 가이아 이론 같은 서양의 신화와 종교와 자연철학과도 정확히 일치한다. 모든 것이 연결되어 있는 하나임을 이렇게 웅장하고 아름답게 표현한 글을 본 적이 없다.

그 글은 다음과 같다.

"하늘은 나의 아버지이고 땅은 나의 어머니이니
작은 미물에 불과한 나도 그 사이에 연결되어 있음을 발견한다.
그러므로 내 몸이 우주이며 우주가 나의 본질이다.
이 세상 모든 사람이 나의 형제자매이며 만물이 나의 동료이다."

『행복의 정복』에서 러셀은 장횡거의 글에 영향 받은 듯이 다음과 같이 말한다.

"행복한 사람은 자신이 우주의 시민이라고 느끼며 자유롭게 우주가 주는 장관, 우주가 주는 환희를 즐기고 또한 자기를 뒤이어 오는 사람들과 실제로 분리되어 있는 것이 아니라고 느끼기 때문에, 죽음을 생각할 때에도 괴로워하지 않는다. 이처럼 생명의 흐름과 깊이 관계할 때, 우리는 가장 큰 환희를 느낄 수 있는 것이다."

미국 항공우주국이 2001년 쏘아 올린 천문위성 WMAP에 의해 밝혀진 바에 따르면 우주에 존재하는 '우리가 알고 있는 물질(matter)'은 우주 전체 구성물질의 약 4% 밖에 안된다. 그 정체를 알 수 없는 물질인 '암흑물질(dark matter)'은 약 22%를 차지한다. 나머지 74%는 물질과 전혀 다른 에너지인 '암흑에너지(dark energy)'라고 한다(최규홍 외, 유토피아 인문학, 석탑, 2013, 172쪽). 쉽게 말하면 물질인데, 뭔지 모르는 게 22%이고, 전혀 모르는 것이 우주 구성체의 74%나 된다. 그럼 21세기 첨단과학으로도 밝힐 수 없는 절대다수인 96%를 우리는 무엇이라고 해야 하나? 현대과학으로도 규명되지 않는 이 우주 자연의 신비한 힘을 우리의 삶과 관련하여 잘 표현해주는 동·서양의 훌륭한 글들이 있다.

자연은, 하늘은 사사로움이 없이 언제나 선한 사람의 편에 선다(天道無親 常與善人).
일을 꾸미는 것은 사람이지만 일을 성공시키는 것은 하늘이다(謨事在人 成事在天).
사람이 마음속으로 자기의 길을 계획한다 해도 그의 걸음을 인도하는 이는 하나님이다(잠언 16: 1, 9).

파울로 코엘료(Paulo coelho)의 『연금술사』에 이와 관련된 저자가 좋아하는 유명한 구절이다.

"알 수 없는 어떤 신비한 힘이 존재하는 거야.
이 세상에는 위대한 진실이 하나 있어.
무언가를 온 마음을 다해 원한다면 반드시 그렇게 된다는 거야.
무언가를 바라는 마음은 곧 우주 자연의 마음으로부터 비롯된 때문이지.
그리고 그것을 실현하는 것이 이 땅에서 네가 맡은 임무야."

간절히 원하는 게 있는 사람은 하늘의 생명력을 온전히 받는다는 뜻이다. 하늘 자체가 바로 거대한 생명 에너지(다크 에너지)이므로.

우리 자신이 우주 자연 속에서 얼마나 보잘 것 없는 존재인지, 그런데도 온 우주가 바로 우리를 위해 존재해 왔고, 지금도 존재하고 있음에 감탄하고 감사해야 한다. 그 가운데 내가 지금 살아있음을, 하늘의 별을 볼 수 있음을 기뻐해야 한다.

18세기의 문인 유언호의 『임거사결(林居四訣)』에 자연에 아름답게 깃들어 사는 비결로 그가 꼽은 네 가지는 달(達)·지(止)·일(逸)·적(適)이다.

- 달(達)은 툭 터져 달관하는 마음이다. 견주어 비교하는 마음을 걷어내야 달관의 마음이 열린다. 비교하고 경쟁하는 마음이 생지옥이다.
- 지(止)는 있어야 할 곳에 그쳐 멈추는 것이다. 욕심은 늘 끝 간 데를 모르니, 그쳐야 할 때 그칠 줄 아는 지지(止止, 知止)의 자세가 필요하다. 끝장을 보려 들면 안 된다. 적당히 멈춰야 한다.
- 일(逸)은 은일(隱逸)이니 새가 새장을 벗어나 창공을 얻듯 툴툴 털고 날아가 버려야 한다. 도가적 마인드이다.
- 적(適)은 마음의 소리에 귀를 기울여 편안히 내맡기는 것이다. 물아양망(物我兩忘)의 경계가 비로소 열려 그제야 자연의 경지와 하나가 된다.

자연과 나는 둘이 아닌 하나이고, 자연이란 인간이 이용할 대상이 아니라 거기에 순응해야 할 대상이란걸 깨닫는 것이 지혜이다. 지식은 책에서 나오고 지혜는 자연에서 나온다. 나는 느끼고 생각하고 향유하는 나이면서 내 조상과 후대, 내가 만나는 타자를 환대하면서 살아야 할 자연의 일부이다.

1852년 미합중국 정부가 그 부족의 땅을 팔 것을 요구했을 때 시애틀 추장의 대답이다.

> "워싱턴에 있는 대통령은 우리에게 편지를 보내어, 우리 땅을 사고 싶다는 뜻을 전합니다. 하지만 하늘을 어떻게 사고팝니까? 땅을 어떻게 사고팝니까?
>
> 우리는 나무껍질 속을 흐르는 수액을 우리 혈관을 흐르는 피로 압니다.
>
> 우리는 이 땅의 일부요. 이 땅은 우리의 일부입니다.
>
> 곰, 사슴, 독수리……. 이 모든 것은 우리의 형제입니다.
>
> 시내와 강을 흐르는 물은 그저 물이 아니라 우리 조상의 피입니다.
>
> 흐르는 물에서 들리는 나지막한 소리는 우리 아버지의, 아버지의 음성입니다.
>
> 우리 할아버지에게 첫 숨결을 불어넣어 주었던 바람은 우리 할아버지의 마지막 한숨을 거두어 갑니다.
>
> 이 바람은 우리 자식들에게도 생명의 정기를 불어넣습니다.
>
> 우리는, 땅이 사람에게 속하는 것이 아니라 사람이 땅에 속한다는 걸 압니다.
>
> 우리는, 이 세상 만물이 우리가 핏줄에 얽혀 있듯 그렇게 얽혀 있다는 걸 압니다.
>
> 우리는 이 땅을, 갓난아기가 어머니의 심장 소리를 사랑하듯 사랑합니다."

자연은 노력하지 않고도 완전성을 가지고 있지만, 예술은 어떤 대상에 대한 관심과 사랑에서 나오는 노력의 결과이다. 자연미와 달리 예술미는 인간의 미적 활동에서 나오는 인간 세계의 소산이다. 자연의 미는 사람의 입장에서 보면 받아들이는 수용적 미이다. 예술의 미는 사람이 만들어내는 창조적 미이다(로제 카이유와, 일반미학, 이경자 역, 동문선, 1999, 95쪽).

자연의 아름다움이 일방적 수용이라면, 예술의 아름다움은 자신이 개입된 적극적 반응이라 할 수 있다. 자연 못지않게, 혹은 인간의 예술이 주는 위안이 더 깊은 이유가 여기에 있다. 인간의 흔적이 남은 아름다움, 즉 예술의 미는 자연미와 다르다. 인간이 만든 미술, 건축, 음악 등에서 느껴지는 아름다움이 자연의 아름다움을 뛰어넘는다는 생각이 든다. 왜 이런 아름다움은 더 강하게 각인되는 걸까? 인간이 '가치'를 부여한 것이기 때문이다. 그냥 보기 좋은 것, 신기한 것이 아니라 숨겨진 의도가 있고, 준비된 내용이 있기 때문이다(윤광준,

심미안수업, 지와인, 2018, 4쪽). 무엇보다 오로지 인간인 우리를 위한 것이기 때문이다.

철학과 과학 등의 학문은 진리(眞)를 추구하고 종교는 선(善)과 성(聖)을 추구하며 예술은 아름다움(美)을 추구한다. 철학계의 거인 리처드 로티(Richard Rotti)는 학문 중심에서 예술 중심으로 사회의 중심축이 변화되고 있다면서, "더 이상 지식인의 모델로서 철학자를 꼽던 시대는 끝나고, 앞으로는 바람직한 지식인상은 시인에서 구해야 한다"고 했다.

누구나 들어는 봤지만 아무도 끝까지 읽지 않는 푸르스트의 『잃어버린 시간을 찾아서』에는 "예술 덕분에 우리는 하나의 세계만을 보는 게 아니라 확장된 세계를 만나고, 또 독창적인 예술가들이 많을수록 그만큼 더 많은 세계를 갖게 된다"고 하였다.

우리와 같은 몽고족이며, 그래서 우리의 신명이나 풍류와 유사한 '즉흥(improvisation)'을 이야기하는 '현대미술의 아버지' 칸딘스키(Wassily Kandinsky)는 "모든 예술은 그 시대의 아들이며, 우리 감정의 어머니이기도 하다"라고 말한다. 그는 예술이 우리에게 필요한 이유는 삶을 악함과 쓸모없는 유희로 변질시킨 물질주의의 악몽에서 벗어나 우주 만물의 생명을 되살리는 작업이기 때문이라고 한다.

칸딘스키는 영혼 또는 정신을 어떻게 스스로 나타나게 할지 고민할 때 그림과 음악의 접점을 고려했다. 형태가 추상적일수록 그 호소력은 더 명료하고 더 직접적이다. 이것을 칸딘스키는 '영혼의 떨림'이라고 표현한다(칸딘스키, 예술에서의 정신적인 것에 대하여, 열화당, 2019, 216쪽).

인생에는 항상 아름다운 것들이 있어 우리의 마음을 끌어왔다. 아름다움을 느끼고 이를 설명하고 표현하고 싶은 마음은 모든 사람들에게 공통적이다. 이런 마음은 말이나 행동, 표정 등으로 어떻게든 표현돼 왔고 궁극에는 예술로 표현된다(강성원, 미학이란 무엇인가, 사계절, 2000, 11쪽).

인간이 자신이 처한 삶과 환경에 의미를 부여하는 행위가 예술이다. 인간은 특정한 질서나 일정한 양식에 갇혀 있으면 답답해한다. 예술은 자유를 지향한다. 자유로워지려면 어떠한 질서나 양식에 얽매이지 않아야 한다. 요컨대, 예술은 문화를 형성하는 핵심이면서도 그것에 종속되지 않고 새로운 사고를 탄생케 하는 원동력이다.

예술이란 인간이 자유로운 미적 표현 의욕인 예술의욕에 의해서 자연으로부터 주어진 물적 재료를 미적으로 가공, 형성하는 기술적 활동과 그 성과를 의미한다. 그리고 예술은 현실과 무관한 것이 아니기 때문에 현실을 제대로 보는 대처능력을 키워준다. 그래서 예술에서 의미를 찾으려는 자는 추구하는 자기 삶의 주인이 될 뿐 아니라 그 시대, 그 공간의 주인이 될 수 있다. 시간이 지나면 작품의 내용이나 정보는 잊혀지겠지만, 예술작품을 대하면서 길러진 해석능력, 그리고 창의성은 시야를 넓히고 과거를 이해하고 현재를 해석하여 미래를 열어낼 힘을 만든다. 또는 우리 모두에게 필요한건 아니지만 초월적 세계를 상징적으로 그려낼 수도 있다.

예술은 우리가 잃어버린 성향을 농축된 형태로 내놓아, 우리의 기울어진 자아의 적당한 균형을 회복시켜 준다. 우리는 자신의 내적인 나약함을 보완해줌으로써, 우리를 생존의 평균치로 되돌려놓는 예술작품을 갈망한다. 어떤 작품이 우리가 잃어버린 가치를 채워줄 때 우리는 아름답다고 말한다. 예술은 이미 충분하다고 선불리 추정해서는 안 되는 균형과 선함을 시의적절하게, 직관적으로 깨닫게 해줌으로써 우리의 시간을, 삶을 구원한다(알랭 드 보통, 영혼의 미술관, 김한영 역, 문학동네, 2013, 133쪽).

예술에 대한 이해 및 연구는 인간에 대한 이해와 탐구로 직결된다. 그림은 그려져서 인간에게 보이고 감동을 주며, 음악은 인간의 귀를 상대로 하지, 인간 이외의 것을 위하여 만들어지고 연주되는 것이 아니다.

예술과 함께하면 우리의 삶이 왜 행복해지나? 기억에 남는 예술작품 하나, 시, 그림, 음악, 소설, 영화 등 무엇이든지 떠올린다. 그 이유는 묻거나 따질 것 없이 그냥 기쁘거나 슬프거나 예쁘거나 등등이다. 피카소는 이런 말을 했다. “알려고도 하지 말고 이해하려고도 하지 말라. 필요한 것은 느끼는 것, 그것이 예술이다.” 좋은 영화를 보고 극장을 나섰을 때 거리의 풍경이 달라진 적이 있다. 감명 깊은 문학작품의 마지막 페이지를 덮으면 자신의 현실이 달라져 보인다. 그렇다면 왜 그런 감정을 느꼈는지 생각해본다. 그러면서 차차 작품에 대한 인식능력이 커진다. 그렇게 해서 생기는 해석 능력은 주입식으로 받아들인 지식과는 차원이 다른 진정한 체험을 통한 지혜를 만들어 나간다. 작품에 대한 인식능력이 커져 가는 것은 우리 교육의 문제점으로 지적받는 '정답 찾기'와는 다른 일이다. '문제해결 능력'을 포함한 거의 무한한 가능성을 열어준다.

예술에 흠뻑 젖는 일, 참으로 귀한 경험이다. 예술은 우리와 다르기 때문에, 그러면서도 우리가 되고 싶은 것을 닮았기 때문에 감동을 준다. 그 정체는 아름다움이다. 예술은 아름답기 때문에 우리를 감동시키고, 어느 정도는 재미있으며, 동시에 무언가를 의미하기 때문에 아름답다. 예술은 아름답지 않고도 의미가 있을 수 있으나, 아름답기 위해서는 반드시 의미가 있어야 한다. 예술의 두 가지 존재 의미는 고통의 이해와 아름다움의 근원을 헤아림이다. 사실 이 두 가지는 같은 말이며 예술의 향유를 전제로 하는 말이다.

예술이 다루는 가치, 즉 아름다움, 의미, 좋은 관계, 자연의 감상, 덧없는 인생에 대한 인식, 공감, 연민 등 우리는 예술이 나타내는 이상들을 흡수한 뒤, 예술이 아무리 우아하고 의도적이어도 단지 상징적으로 밖에 드러내지 못하는 가치들을 현실에서 구현하기 위해 싸워야 한다. 우리의 일상생활 공간인 도시는 비록 미술관, 영화관, 박물관 등을 포함하고 있지만 그런 무중력의 낙원, 혹은 케렌시아와는 달리 자기 이익을 지키기 위해 무의미한 싸움을 하는 이전투구의 지옥이다.

예술을 사랑하는 사람의 궁극적 목표는 예술작품이 조금 덜 필요해지는 세계를 건설하는 일이어야 한다(아서 단토, 무엇이 예술인가, 김한영 역, 은행나무, 2015, 215쪽). 이것은 마치 여행이 추로 가득한 일상을 탈출하지만, 이상의 아름다움을 체험하고 체득함으로서, 일상으로 돌아와 일상의 추와 어둠을 미와 밝은 빛으로 바꾸는 역할을 해서 — 일상이란 지옥을 이상의 낙원으로 만들어 — 결국 다시 일상 밖으로 나갈 필요가 없는, 다시 말해 여행이 필요 없게 하는 것과 같다.

데미안 허스트와 더불어 현대미술의 아이콘으로 불리는 제프 쿤스(Jeff Koons)는 그의 작품 〈풍선 개(Ballon Dog)〉가 5,840만 달러에 판매되었고, 최근작 〈토끼〉가 9,107만 달러로 세계에서 가장 비싼 예술품으로 판매되었다. 제프 쿤스는 자신의 작품을 보는 관찰자가 그

제프 쿤스의 〈풍선개〉
(출처: www.elle.co.kr.article)

제프 쿤스와 〈토끼〉
(출처: www.elle.co.kr.article)

저 "와!"라는 말만 내뱉기를 바란다고 말한다. 제프 쿤스는 예술이란 오로지 아름다움, 기쁨일 뿐이라고 말한다(한병철, 아름다움의 구원, 문학과 지성사, 2016, 12쪽).

우리는 삶의 예술가가 될지 소비자가 될지 결정해야 한다. 소비자는 노력하거나 고생을 하지 않아도 된다. 그러나 예술가는 고독과 고통 속에서 분투하는 자이다. 그러면서 아름다움을 창조하는 기쁨을 향유하는 자이며, 예술소비자인 동료 인간들을 환대하는 자이다. 그는 언뜻 보면 지옥 속에 있는 것 같지만 그 자신은 낙원 속에 있으며, 결국은 낙원을 만드는 자이다.

Part 3

낙원

도시, 지옥, 천국

일상 공간인 도시의 성격

울리히 벡(Ulrich Beck)은 『위험사회(*Risk Society*)』에서 "안전한 것은 가장 위험한 것(safe is risky)"이라고 말한다. 우리의 일상을 가장 잘 표현한 말이다.

우리의 일상 공간에 항시 도사리고 있는 위험 요소들로 인한 일상화된 비상 상황—고향상실, 환경오염, 경쟁으로 인한 과속, 스트레스로 인한 과음과 과식, 참 쉼 없음으로 인한 피로 등—은 현대인의 삶의 적나라한 모습이다(신동주, 여행과 행복의 인문학, 백산출판사, 2020, 154쪽).

사르트르는 희곡 『출구 없는 방』에서 현대판 지옥을 재현한다. 우리는 살면서 타인들의 무자비한 시선에 노출되어 살고 있다. 그럼에도 여전히 타인이 자신의 실체를 보지는 못할 것이라고 생각하며, 스스로를 속이고 산다. 혹은 타인들은 사실 나에게 관심도 없는데, 굉장히 관심 있는 것으로 오해하고 타인의 시선에 스스로 주눅 들어 산다. 지옥이란 천국이라면 천사들이었을 다름 아닌 타인들의 존재이다.

우리들 대부분은 도시에 살고 있고 도시는 20세기 들어 대도시화되었다. 대도시의 생활은 자유를 제공하지만, 고독도 안겨준다. 모든 도시는 필수적인 익명성과 낯선 곳에서 발생하는 정서인 의심을 갖게 한다. '저 사람이 나를 갑자기 해칠지도 모른다'는 긴장감도 든다. 그리고 실제로 그런 일이 종종 벌어진다. 그래서 그 공포는 배가된다. 그것이 현실임을 시시각각 들려주는 오늘날의 뉴스는 영화보다 더 공포스럽다.

대도시에서의 삶의 조건은 상호 무관심과 속내 감추기로 요약되는 비정함이다. 그저 돈과 상품만이 오갈 뿐이다. 손해 보지 않겠다는 비인격적, 계산적 만남이다. 그래서 김승옥은 『무진기행』에서 "타인은 속물들이다"라고 말한다. 일일이 인격적으로 대응하기에는 대도시에서 만나는 사람들이 너무나 많다. 만남이라고 할 수도 없다. 그저 마주침과 스쳐 지나감이다. 언제 또 만난다는 기약도 없다. 좁고 북적거리는 도시에서 사람들은 언뜻 보면 살을 맞대고 사는 것처럼 밀도는 높지만, 실제 그들 사이의 거리는 멀고도 멀다.

대도시의 소음, 오염, 높은 인구밀도, 경쟁, 비교 등에서 우리의 삶은 괴롭다. 세계화 시대인 지금은 세상 사람들 모두가 경쟁 상대이다. 한국의 대학생들에게 경쟁 상대는 같은 학과, 같은 수업을 듣는 학생이 아니라 중국, 인도, 미국의 대학생들이다. 경쟁을 하면 긴장한다. 긴장이 스트레스이고, 긴장은 피로와 불안을 동반한다.

우리의 일상 공간인 도시에서 흔히 볼 수 있고, 우리가 직접 경험하는 높고 거칠거나 날카로운 목소리와 빠른 걸음걸이는 서두름과 흥분의 결과다. 그리고 반대로 이 상황에서 이 공간에서 자기가 주인이 아니면, 그래서 능력을 발휘하지 못하면 권태로워진다. 그리고 현대의 도시인들이 느끼는 권태란 자연의 생명력과 고향의 따뜻함과 여유로부터 분리되어 있기 때문이다.

현대 도시인의 불행인 자연과 고향에서 멀어짐은 문명과 자본주의의 발달 탓이다. 우리의 부모들은 고향에서 농사를 지어서는 자식들에게 미래가 없고 경제적으로 어려워서 도시로 도시로 몰려들었다. 그래서 이제 젊은이들이 고향은 모두 서울 아니면 수도권 어디이다. 자연은 그 압도적 스케일과 경이로움을 잃고 문명의 희생양을 거쳐, 그 일부가 되었다. 문명에 의해 길들여진 정원이나 공원이 되었으며, 아니면 그저 오브제일 뿐이다. 우리가 맨땅을 밟는 기회가 하루에 얼마나 되는지 생각해보자. 산에 가는 경우가 아니라면 시골도 완벽하게 아스팔트와 시멘트로 포장되어 있다. 애완동물이 아닌 야생동물을 만나는 일이 가능한가! 아프리카 돼지 열병 차단을 위해 울타리를 산지에 대대적으로 쳐서 엉뚱하게도 천연기념물 217호이며, 멸종위기 야생동물 1급 보호종 산양이 1,022마리가 죽었다고 한다(YTN 2024. 9. 2.일자 보도). 행정 편의적 발상이 이 땅의 귀한 야생동물들을 학살하고 있다. 우리가 선진국이 된다 함은 경제 성장률이나 수출액이 문제가 아니라 이 땅에 살고 있는 모든 생명이 행복해야 가능하다.

자본주의의 생존 비밀은 욕망이다. 그래서 자본주의가 제공하는 자유란 상품화된 물질소비의 자유일 뿐이고, 자본주의에서 얻는 기쁨이란 일시적인, 그래서 결국은 허무한 욕망의 충족일 뿐이다. 자본주의는 인간의 욕망을 부추김으로서 돌아가는 체제이고, 분모인 욕망을 점점 크게 해서 분자인 가진 것이 커져 봐야 결국 인간을 가난하게 만드는 체제이다.

벤야민(Walter Benjamin)은 자본주의는 하나의 종교와 같다고 말한다(벤야민, 아케이드 프로젝트, 새물결, 조형준 역, 2005, 196쪽).

> "자본주의는 일종의 종교이다. 화폐가 신의 노릇을 대행한다. 기존의 신들은 내세의 행복을 약속하지만, 돈은 지금의 행복을 약속한다. 자본주의 사회에서는 돈으로 쾌락과 안락을 살 수 있다. 그래서 자본주의에서 진정한 주체는 인간이 아니라 돈이다. 돈이 우리 삶의 주인이 된 자본주의 도시에서의 삶은 아름답지 않다."

우리의 현실은 경직되어 있고, 타성과 관성에 젖어 사는 늘 그렇고 그런 것이다. 비교와 경쟁, 미움과 갈등이 관계의 핵심이다. 마르크스가 지적한 대로 물신을 섬기는 자본주의적인 욕망에 따라 아파트든 자동차든 무언가를 철학자 베이컨(Francis Bacon)이 말한 대로 '우상'처럼 섬기고 살고 있다. 이런 공간에 어울리는 시간은 물리적이고, 누구나에게 똑같이 부여된 기계적 시간으로서의 크로노스(chronos)이다. 일상의 인간관계는 친구 아니면 적으로 분리된 불안한 것이어서 조화롭지 못한 추함은 우리의 일상의 모습이다. 이성복 시인의 말처럼, 우리 도시인들은 병들었는데 아픈지 모르는 존재들이다.

반면에, 우리가 낙원이라고 생각하는 여기가 아닌 저기는 유연하고 초월적이며 자유로운 곳이다. 낙원은 우리가 그리는 이상적인 곳이다. 지옥 같은 현실의 일상에서 우리를 구원할 무엇이다. 그곳의 시간은 완전하고 너와 나의 구분이 없는 우리, 즉 큰 나(大我)인 하나의 영원한 현재(eternal now)로서의 카이로스(kairos)이다. 낙원을 만드는 동력은 앞에서 설명한 너를 향한 환대와 나를 위한 향유이다.

우리의 일상은 추하고 이상인 낙원은 아름답다. 일상에서 이상으로의 모습은 '추에서 미로'라고 바꾸어도 될 것이다. 우리는 일상의 추에 저항하고 이상 낙원의 미를 지향하는 삶을 살고 있다.

지난 몇 십 년 동안 우리는 몸을 편하게 하고 시간을 절약하는 많은 기계들, 핸드폰, 컴퓨터, 비행기, 세탁기, 청소기, 자동차 등등을 발명했다. 하지만, 이들이 우리 삶을 느긋하고 여유 있게 해주지는 못하고, 삶의 속도만 빠르게 하여 우리의 일상은 불안과 걱정이 넘쳐난다.

예를 들어, 나무늘보의 여유 있는 느린 속도를 보라. 동물학자들에 따르면, 나무늘보는 6천 5백만 년 동안이나 살아남았다고 한다. '빨리빨리'가 모토인 현대 인간의 눈에는 참을 수 없는 느림이지만, 그들은 그들의 속도대로 살고 있다. 그것이 그들의 지속가능성의 비결이다.

인류가 점점 더 많은 능력을 가질수록, 우리의 욕구와는 동떨어진 차가운 기계적 세상이 만들어지고 있다. 도시 중산층의 안락한 삶을 이루는 어떤 것도 매머드 사냥에 성공한 수렵채집인 무리가 경험한 흥분과 기쁨을 대신할 수는 없다. 새로운 발명이 하나씩 이루어질 때마다 우리는 낙원으로부터 멀어질 뿐이다.

도시에서의 삶은 보통 유토피아와 디스토피아 사이를 오간다. 콜레라, 천연두, 홍역, 인플루엔자, 말라리아처럼 인간 역사에서 가장 많은 사람을 죽인 질병은 도시화가 시작되고 나서이다. 현대 도시의 물질적 풍요로움 속에 살고 있는 사람들은 그들의 번영에도 불구하고 소외와 무의미 때문에 크게 고통 받고 있다. 어쩌면 우리보다 경제적으로 잘살지 못했던 선조들이 우리와는 비교할 수 없을 만큼 공동체, 종교, 자연과의 결합 속에서 커다란 만족을 느꼈을지도 모른다(유발 하라리, 사피엔스, 조현욱 역, 김영사, 2011, 217쪽).

이상의 우리의 일상인 도시와 저곳인 낙원의 내용을 요약하면 다음의 표와 같다.

일상의 도시와 낙원의 특성

장소	일상	낙원
본질	추	미
태도	저항	지향
상태	던져진 현실	원하는 이상
시간	Chronos	Kairos
특징	경쟁, 불안, 무의미	조화, 자유, 의미
속도	과속	느림
관계	분리(친구 아니면 적)	큰 나인 하나
동력	돈, 자본주의적 욕망	환대, 향유

영화 〈버킷리스트〉는 죽음을 목전에 둔 두 노인이 남은 삶을 위해 그들 스스로에게 베푸는 인생의 마지막 향유이자 서로에 대한 환대이다. 이전에 지나치거나 놓쳐버린 것들을 죽기 전에 되찾고자 하는 절박하지만 유쾌한 시도이다. 속물적이고 독선적인 백인 재벌과 철학 교수가 꿈이었던 점잖은 흑인 정비공이 똑같이 암 진단을 받고 같은 병실에 입원한다. 재벌과 소시민이 죽음 앞에서 동등한 조건으로 서로 만나게 된 셈이다.

그들은 서로가 협력하여 지금껏 놓쳤던 삶의 열정과 가족을 되찾고 무엇보다 돌보지 않고 방치했던 자아를 찾는다. 고통스러운 암 투병 속에서 마침내 웃으면서 행복한 죽음을 맞이할 수 있게 된다. 그들은 웃으면서 죽을 수 있었기에 낙원에 갔는지 모른다.

사실, 유토피아 이야기는 우리가 원하는 대로 살 수 있다면 그것은 어떤 모습의 사회인가에 대한 것이다. 낙원은 삶의 우선순위를 아는 지혜이고, 어쩌면 의외로 지금 여기 우리의 일상 도시 속에 숨어 있는 어떤 차원인지도 모른다.

지옥 혹은 낙원

서양의 이상향은 유토피아이다. 유토피아의 개념은 모호하기는 하지만 전통적으로 완전사회에 대한 갈망인 것은 분명하다. 완전함은 조화된 상태를 말하며, 영구적인 평화, 욕망의 충족, 적당한 노동과 풍부한 여가, 평등 등이 이루어졌을 때를 완전한 사회라고 부를 수 있다. 서양의 유토피아는 이상적인 땅을 그린 것이 아니라 이상향, 즉 이상적인 사회를 꿈꾸었기 때문에 그 묘사가 주로 인간과 인간관계, 인간과 신과의 관계 등 초자연적인 내용을 본질로 한다. 반면, 동양의 이상적인 공간인 명당은 매우 구체적인 경관묘사를 하고 있다. 온화하고 결함이 없어 마음을 안정시켜주는 주위 환경, 유장한 산의 흐름, 부드럽게 돌아드는 물길 등 풍수적 조화의 땅, 명당인 것이다. 서양의 유토피아가 일종의 환상이라면 동양의 명당은 구체적 실체로서 이 지상에 존재하는 곳이다. 그러나 조화, 균형을 중시했음은 양자가 모두 일치한다(최창조, 한국의 풍수사상, 민음사, 1992, 38쪽). 모든 낙원과 유토피아는 좋은 땅을 가리키고 있다. 낙원이란 일반적으로 불안과 걱정이 없는 특정 장소를 나타내는 말로서 다음과 같은 조건을 가지고 있다.

- 그 토지가 둘러싸여서 외적으로부터 지켜질 것.
- 외적에게서 멀리 떨어져 있고, 가능하다면 소재조차 알려져 있지 않을 것.
- 내부에는 음식, 물 등 생명 유지의 수단이 풍부할 것.
- 기후가 온난하여 추위와 더위에 의한 고통에서 지켜질 것.

서양 문학의 고전『오디세이아』의 초반에 오디세우스는 환상의 섬 오기기아 해변에 떠밀려와 칼립소와 함께 살고 있다. 그는 누구라도 그러하듯이 자신이 속한 장소라 느끼는 그곳, 고향으로 돌아가고 싶은 욕망과 이제 익숙해진 여기에 머물고 싶은 욕망 사이에서 괴로워한다.

칼립소의 섬은 사이프러스와 오리나무, 포플러가 울창하게 덮인 아름다운 섬이다. 감귤류와 소나무 향기가 감돌고 새들이 지저귄다. 포도가 주렁주렁 열렸고, 샘에서 맑은 물이 솟아난다. 들판은 꽃으로 가득하고 칼립소의 머리는 풍성한 금발이며, 오디세우스의 아내 페넬로페의 몸매보다 날씬하고 키도 크다. 칼립소와 한 침대를 쓰길 바라기만 한다면 죽지 않고 평생을 살 수 있다.

칼립소는 자신을 찾아온 손님에게 그가 원하는 이상적 환대를 제공한다. 한 가지 가장 중요한 요소만 빼면, 그것은 바로 폼페(pompe), 즉 떠날 수 있는 자유이다.

오기기아가 아무리 아름다운 섬이고 칼립소가 아무리 친절하고 아름다운 집주인이라 해도 오디세우스는 노스토스(nostos), 즉 고향에 돌아가고 싶다는 열망으로 괴로워한다. 노스토스는 고향, 즉 여행에 마침표를 찍을 목적지를 향한 갈망이다. 반면, 폼페에서 중요한 것은 목적지가 아니라 여행 그 자체다. 폼페로 시작되는 여행은 고국을 향할 수도 있고, 더 먼 지평선을 향할 수도 있다. 그래서 오디세우스는 꿈에 그리던 고향에 돌아가나 다시 떠나게 된다.

낙원은 결국 우리가 나아갈 길을 밝히는 북극성의 역할을 하고 있음을 암시한다. 추구하는 목표는 멀리 있을 수도 있고, 가까이 있을 수도 있다. 그렇지만 그것은 우리를 떠나도록 충동한다. 그리고 그것은 네버 엔딩 스토리이다. 그래서인지 미국인의 95%는 죽은 뒤에도 삶이 있다고 믿는다. 갤럽조사에 의하면 1982년 이후 미국의 성인 중 20명에 한 명꼴로 임사체험, 즉 죽었다 살아나는 경험을 했다고 한다. 이들의 경험을 토대로 한 사망선고 후 임사체험 단계는 다음과 같다.

- **1단계:** 육체에서 빠져나와 공중에 떠오른다. 그 장소에 있는 모든 사람들의 대화가 들린다.
- **2단계:** 육체를 버려두고 다른 차원에 들어가는 단계이다. 체험자들은 영혼과 에너지라고 밖에 정의할 수 없는 세계, 즉 사후세계에 있다고 보고한다. 이 단계에서 수호천

사나 안내자를 만났다고 한다. 먼저 죽은 부모, 친척, 친구들을 만난다.

- **3단계:** 수호천사의 안내로 터널이나 문을 통과한다. 다리, 산길, 아름다운 개울 등 기본적으로 가장 기분 좋은 이미지가 나타난다. 심령 에너지를 통해 자신이 만든 이미지이다. 마지막에는 눈부신 빛을 목격한다. 그 강렬한 빛에서 나오고 있는 것이 실제로 온기, 에너지, 영혼, 사랑이라는 것을 느끼게 된다. 흥분이 가라앉고, 마침내 집에 돌아왔다는 평온과 안식이 찾아온다. 그 빛이야말로 우주 에너지의 궁극적인 원천이다. 압도적인 사랑에 싸여있는 그것을 신이라 부르는 사람도 있다. 온갖 사랑 중에 가장 순수한 사랑, 무조건적인 사랑이다. 그 빛을 보고 삶의 의미를 설명하는 것은 오직 하나 '사랑'임을 배운다.
- **4단계:** 다시 살아난 사람들이 최고의 근원 앞에 섰다고 보고하는 단계이다. 이 단계에 도달한 사람은 영적 에너지 그 자체로 변화한다. 그 사람이 태어나기 전에 그랬던 것 같은 형태로의 에너지이다. 거기서 전체성, 존재의 완전성을 경험한다. 이 단계에서 생애의 회고가 일어난다. 주마등처럼 지나온 삶 전체를 되돌아보는 과정이다. 그 사람이 생전에 행한 모든 의사결정, 사고, 행동의 이유가 하나하나 분명해진다.

모든 사람의 사고와 행동이 지구상의 모든 생물에게 잔물결처럼 영향을 미치고 있는 모습을 눈앞에서 보게 된다. '좋은 삶을 살아가기 위해 너는 어떤 봉사를 해왔는가?'라는 물음을 받는 것이 이 단계이다(이븐 알렉산더, 나는 천국을 보았다, 고미라 역, 김영사, 2013).

의학적으로 죽어서 낙원을 보았다가 다시 살아난 사람으로부터 다음의 공통점을 발견할 수 있다.

첫째, 그들은 더 이상 죽음이 두렵지 않다고 말한다.

둘째, 죽음이란 더 이상 필요하지 않은 옷을 벗는 것과 같이 몸을 떠나는 것이라고 말한다.

셋째, 그들은 죽음 속에서 온전한 자신을 느꼈고, 자신이 모든 것과 연결되어 있음을 느꼈다. 따라서, 어떤 상실감도 없었다.

마지막으로, 그들은 절대 외롭지 않았으며, 누군가가 함께 있음을 느꼈다(엘리자베스 퀴블러로스, 인생수업, 류시화 역, 이레, 2006, 105쪽).

죽음의 체험에는 전혀 고통이 동반되지 않으며, 다시 돌아오고 싶지 않다는 것도 모든 사례에 공통적으로 나타나는 체험이다.

내세의 낙원은 오염된 세상의 자연환경과 달리 순결하고 맑고 투명한 아름다움으로 충만한 공간이다. 결핍된 물질적 가치를 탐할 필요 없이, 그 생태적 환경과 여건 자체만으로 풍성하게 누릴 수 있는 넉넉한 향유의 공간이며, 이는 이 세상에서 쌓아온 타자에 대한 선한 환대의 선물로 제공된다.

이곳의 일상, 구체적으로 우리가 사는 도시는 이상의 저곳, 즉 낙원으로 가기 위해서 준비하는 곳이다. 나그네인 도시인은 이곳에서 저곳을 준비하는 사람이다. 어떤 사람에게는 낙원(유토피아)이 다른 사람에게는 지옥(디스토피아)일 수도 있다. 자연적으로 존재하는 나쁜 곳이 아니라 실패한 유토피아이다. 유토피아를 만들려던 어떤 시도가 빚어 낸 어두운 그림자이다. 헉슬리의 멋진 신세계, 조지 오웰의 동물농장, 이청준의 당신들의 천국 등이 그것이다. 특히, 당신들의 천국이라는 말에는 우리들의 지옥이라는 말이 전제되어 있다.

플라톤에서 헤겔, 마르크스, 나치나 파시스트들로 이어져온 환상을 유토피아주의라 한다. 칼 포퍼(Carl Popper)는 『열린사회와 그 적들』에서 유토피아주의에 대해 "지상에 천국을 건설하고자 하는 최선의 의도가 있다고 해도, 그것은 단지 하나의 지옥, 인간만이 그의 동포를 위해 준비하는 그런 지옥을 만들 뿐이다"라고 한다. 예를 들어, 지금은 폐허가 되고 만 체르노빌 원자력발전소 인근의 아름다운 숲에 둘러싸인 도시 프리피야트는 소련을 대표하는 유토피아로 건설된 선진적인 인공도시였다.

포퍼는 사람들의 쾌락이나 행복을 극대화하고자 하는 목적을 내세워 일체의 비판을 허용하지 않고 금기와 독단이 지배하는 전체주의 사회를 닫힌사회라 불렀다. 유토피아 주의에 의해 만들어진 닫힌사회가 가진 나쁜 점은 폭력과 희생이 뒤따를 수밖에 없다는 점이다. 유토피아, 즉 이상사회에 대한 타협이 불가능하기 때문이다. 그래서 포퍼는 이 책에서 "우리는 짐승으로 돌아갈 수 있다. 그러나 만약 인간으로 남길 원한다면 오직 하나의 길이 있다. 그것은 열린사회로의 길이다"라고 주장하였다.

열린사회란 비판과 대안을 허용하는 자유 사회이다. 전체주의에 대립하는 개인주의 사회이다. 유토피아적 사회공학에 의한 급진적 개혁보다 점진적 발전이 보장되는 사회이다. 또한 행복의 추구보다는 고통의 감소가 목적인 사회이다(김용규, 철학카페에서 문학읽기, 웅진지식하우스, 2006, 201쪽).

신의 처벌은 현재의 이승에서 이루어지지 않는 경우가 많다. 그래서 우리는 선악의 외상빚을 갚을 공간, 즉 천국과 지옥이 필요하다. 죄는 유한한데 벌은 무한하다. 지옥을 뜻하는 헬(Hell)은 북유럽신화에서 저승의 여신 헬(Hel)에서 나왔다. 이 여신이 사는 곳을 헬하임, 또는 그냥 헬이라고 했다. 그런데, 헬은 저 세상이 아니라 이 세상에 있으며 북쪽, 볕도 들지 않는 장소라 한다. 오늘날 아이슬란드에서 가장 큰 빙하의 이름이 헬하임(Helheim)이다.

한국은 '재미있는 지옥,' 일본은 '지루한 천국'이라는 말이 있다. 미국의 베스트셀러 작가 마크 맨슨(Mark Menson)은 2024년 초 CNN방송에서 "한국은 세계에서 가장 우울한 나라"라고 평가하였다. 그는 "한국은 불안과 스트레스, 높은 자살률을 보인다"고 한다. 그래서 우리의 젊은이들은 한국을 헬조선이라고 부른다. 입시와 취업 경쟁은 심하고 물가는 비싸다. 사회안전망은 열악하고 북한의 핵무기를 머리에 이고 산다. 그래서 신생아 출생률은 0.7로 세계 최초의 인구소멸국으로 예상되고, 한국은 '기적을 이룬 나라, 기쁨을 잃은 나라'로 상징된다. UN의 2024년 국가행복지수를 보면 한국은 143개국 중 53위, 일본은 52위이다. 일본이 지루하지만 천국인 줄 알았는데, 그렇지도 않다.

서양에는 저승 여행으로 유명한 서사시 세 편이 있다. 앞에서 언급한 오디세우스가 주인공인 그리스의 오디세이아, 베르길리우스가 쓴 로마의 아이네이스, 단테가 쓴 신곡이다(김태권, 살아생전 떠나는 지옥관광, 한겨레출판, 2021, 3쪽).

단테(Dante Alighieri)는 성서, 그리스・로마 신화, 철학, 문학 등의 주요한 인물과 소재를 엮어『신곡』을 썼다. 신곡은 지옥 34곡, 연옥 33곡, 천국 33곡으로 모두 100편의 이탈리아어로 쓴 시이다. 단테는 서기 1300년 부활절 주간에 죽음 이후의 세계로 순례를 떠난다. 그의 순례는 금요일에 시작하여 지옥에서 사흘, 연옥에서 사흘, 천국에서 하루를 머문다. 그리스도의 수난과 부활의 사이클에 맞춰 단테 자신이 구원의 여정을 걷는다. 1300년은 교황 보니파키우스 8세가 선포한 성스러운 해(聖年)이다. 구원을 향한 순례자의 소망이 가장 큰 화답을 얻는 때이다.

내용으로 들어가 보자.

지옥문을 통과하기 전 어디선가 고통에 울부짖는 소리가 들린다. 단테는 존경하는 시인 베르길리우스에게 묻는다. 누군지? 이 불쌍한 영혼들은 명성도, 악명도 없는 평범한 영혼들이다(단테, 신곡: 지옥편, 박상진 역, 민음사, 2007, 94쪽). 이들은 자신의 습관과 관성대로 그저 산 사람들이다. 그들은 세상에서 자신이 해야 할 바를 몰라서, 혹은 목표는 있었으나 의지가 박약해서 그저 하루하루 현상 유지를 한 사람들이다. 그래서 세상에 아무런 영향도 끼치지 못한 자들이다. 단테는 그들을 지옥조차 들어가지 못하는 미지근한 영혼으로 묘사한다. 그들은 죽지도 못한다. 그들은 살아있을 때 고통 속에서도 떳떳이 누리고 살아본 향유와 타자를 위해 자기 것을 희생하여 나눠준 환대의 경험이 없기 때문이다.

지옥문 위에는 "여기에 들어오는 자 희망을 버려라"라고 씌어 있다. 단테는 지옥을 대지의 중심부를 향해 내려가는 깔때기 모양의 동굴로 묘사하고 있다. 깔때기 모양의 수직 동굴을 따라 층층이 늘어서 있는 둥근 선반 모양의 공간들이 바로 징벌의 공간들이다.

그와 베르길리우스가 여러 층으로 이루어진 이 영원한 밤의 왕국을 한층 한층 내려갈 때마다 점점 더 무거운 죄를 진 이들의 저주받은 영혼과 맞닥트린다. 이 죄 많은 영혼들은 각자 자기네가 진 죄를 절묘하게 상징하고 함축하는 벌을 영원토록 받는다(셸던 콥, 천년의 지혜, 김훈 역, 여름언덕, 2010, 95쪽).

지옥은 죄와 벌의 인과성이 비정할 정도로 엄격하게 적용되는 곳이다. 지옥 편의 문장들에서는 피가 흘러내리고, 악취가 풍기며, 비명소리가 들리는 듯하다. 지옥은 죄와 벌의 영원한 지속을 담은 세계이기에 희망 없는 삶이 무엇인지 우리에게 경고한다.

지옥이 형벌의 영원성을 상징하듯 깔때기 모양으로 땅속에 내리 꽂인 모양임에 비해, 연옥은 바다 위로 솟아오른 하나의 산이다. 끊임없이 오르고 또 오르면 마침내 구원의 특권을 얻을 수 있는 기회와 도전의 장소이다. 연옥에 배치된 망령들은 저들이 받는 벌이 유한한 것을 알기에 그 끝에 올 달콤한 구원의 순간을 고대하며 기다리고 또 기다린다.

단테는 연옥의 정상에서 꿈속의 연인 베아트리체를 새로운 길잡이로 삼아 천국을 여행하게 된다. 천국에서 단테는 신학과 철학의 지식을 동원하여 그 자신과 역사와 세계에 대한 성찰과 반성을 수행한다. 마지막에 단테는 하느님의 빛으로 해체되는데, 그 자체가 바로 절대적 구원의 경지다. 천국의 자리는 반드시 죽음 이후에 설정될 필요가 없으며, 바로 지금 여기서 실현가능한 무엇이다.

조지 오웰(George Orwell)의 『1984』의 내용 중에, "빅브라더가 당신을 지켜보고 있다," "전쟁은 평화, 자유는 예속, 무지는 힘"이라는 슬로건이 곳곳에 붙어 있다. 정부에는 네 부처가 있는데, 전쟁을 담당하는 평화성, 억압적인 법질서를 담당하는 애정성, 피폐한 경제를 담당하는 풍부성, 뉴스와 오락, 예술을 담당하는 진리성이다. 정부는 사상경찰을 통해 시민들을 항상 감시한다. 특히, 텔레 스크린이라는 카메라를 통해 행동과 대화를 감시한다. 다음 사진 왼쪽의 2008년판 펭귄 북 표지가 빅 브라더의 감시장치로서의 눈을 잘 보여준다.

지도자 오브라이언은 윈스턴에게 그들이 꿈꾸는 이상사회에 대해 이렇게 말한다.

> "우리의 문명은 옛날의 개혁자들이 상상했던 어리석은 쾌락주의적 유토피아와는 정반대지, 우리가 창조하는 세계에서의 진전은 고통을 향한 진전이야. 옛날에는 문명이 사랑과 정의 위에 세워졌다고 주장했지. 하지만 우리의 문명은 증오 위에 세워졌어. 공포와 분노의 승리, 자기 비하 등의 감정을 제외하고는 어떤 것도 존재하지 않게 될 거야. 그 나머지는 우리가 몽땅 때려 부술거야."

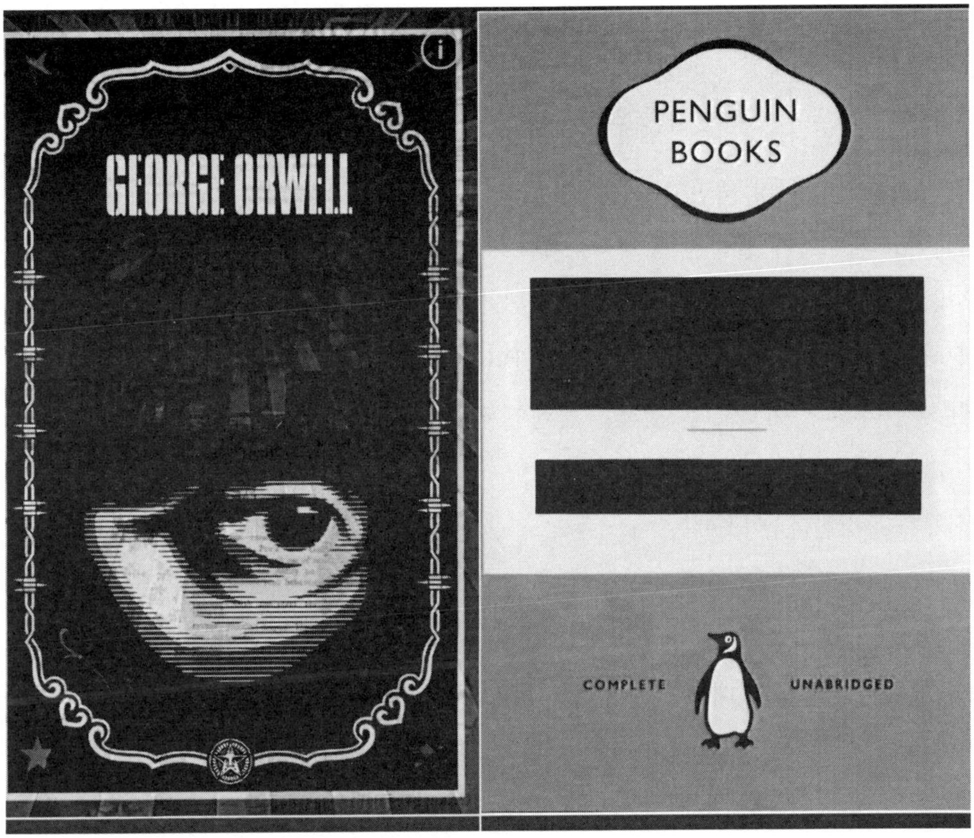

조지 오웰의 『1984』 표지

지도자가 꿈꾸는 이상사회, 즉 낙원은 명실상부한 지옥인 것이다. 소설은 이렇게 끝난다.

> "모든 것은 잘되었다. 싸움이 끝났다. 그는 자신과의 싸움에서 승리하였다. 그는 빅브라더를 사랑하게 되었다"

오웰은 전체주의, 즉 파시즘과 공산주의 사회가 지닌 악몽을 묘사한다. 그리고 그런 상황이 닥칠 수 있으니 내버려 두지 말라. 그것은 당신에게 달려 있다고 경고한다.

푸코(Michel Foucault)는 『감시와 처벌』에서 오웰의 '1984'는 병원, 군대, 공장, 학교에서도 발생한다고 한다. 그가 염려하고 고발한 것은 바로 근대사회 전반의 팬-옵티콘(pan-opticon)화이다. "최대 다수의 최대 행복"이라고 말하는 공리주의자 벤담이 단지 효율적인 감옥 감시를 위해 고안한 팬-옵티콘이 근대사회의 상징이자 태어나서 자라고 교육받고 근무하는 모든 것이라고 한다. 그리스·로마 신화의 지나가는 나그네들을 붙잡아 자기 침대 사이즈에 맞게 늘리거나 잘라 죽인다는 프루크루스테스의 침대로 상징되는 규율 권력에 의한 규율사회이고 들뢰즈가 말하는 통제사회이다.

올더스 헉슬리(Aldous Huxley)의 예언적 소설인 『멋진 신세계』(1931)는 셰익스피어 작품인 템페스트의 대사, "얼마나 아름다운 인간인가! 아, 그와 같은 인간이 살고 있는 멋진 신세계!"에서 따왔다. 이 소설은 영국을 불행이 사라진 곳으로 묘사하고 있다. 헉슬리의 상상력은 100년 앞을 내다본 것이기도 하다. 멋진 신세계에는 발달한 과학 문명이 이루어낸 멋진 세계가 등장한다. 이곳에는 어느 누구도 불행하지 않다. 질병, 전쟁, 굶주림, 헐벗음 같은 육체적 고통뿐 아니라 고독, 불안, 절망 같은 정신적 고통도 존재하지 않는다. 모든 것을 부족함 없이 소비하며 누구와도 섹스를 즐길 수 있는 곳이다.

신세계에서 사람들은 태어나는 것이 아니라 유전학적으로 선별되어 만들어진다. 그리고 길러지는 것이 아니라 사육되어진다. 선별과 사육이 신세계를 떠받치는 두 기둥이다.

아기들은 체제의 통제 아래 태아 때부터 알파, 베타, 감마, 델타, 엡실론의 다섯 계급으로 나뉘어 최고계급부터 청소부까지 맞춤으로 제작된다. 체격, 성격, 지능 등 모두 자연적인 운명이 아니라 인공적으로 조작된다. 신세계의 아이들은 "모든 사람들은 지금 행복하다"라는 주문을 매일 밤 150번 암송해야 한다.

신세계에서는 출생 이전뿐 아니라 출생 이후의 물질적·심리적 행복 문제까지도 정부가 관리한다. 공유, 균등, 안정이라는 표어 아래 누구나 동일한 시간에 자신의 적성에 맞는 일을 수행하고, 물질은 필요에 따라 충분히 공급받는다. 문제가 있을 때에는 행복한 감정을 유지시키는 '소마(soma)'라는 알약도 공급받고 수면학습, 전기충격, 약물요법을 활용한다.

소설의 마지막에서 존은 신세계의 지도자에게 "나는 안락을 원하지 않아요. 나는 신을 원하고 문학도 원해요. 진정한 위험과 자유와 선을 원해요, 나는 죄도 원해요"라고 말한다. 그러자 지도자는 "자네는 불행해질 권리를 요구하는군"이라고 한다. 존은 "난 그 모든 권리를 원해요"라고 절규한다.

멋진 신세계는 유토피아란 설사 그 이상이 아무리 훌륭하고 아무리 완벽해도 자신이 스스로 선택할 자유를 빼앗는다면 우리가 원하는 이상사회는 아니라는 것을 보여준다. 자유, 혹은 자유의지는 생명체의 본질이기 때문이다. 인간은 자신의 미래에 대해 알지 못할 권리도 가져야 한다. 그럼으로써 자기 자신의 미래를 스스로 만들어 갈 신성한 자유를 그 자신의 권리로서 가져야만 인간이라는 말이다.

실제로, 헉슬리는 흥분제와 환각제를 복용하였으며, 그 경험을 토대로 글을 써서 미국의 저항문화의 정신적 대부로 불리기도 하였다(이인식, 유토피아 이야기, 겔리온, 2008, 35~51쪽).

이청준의 『당신들의 천국』은 5·16 군사혁명 직후라는 특별한 시기의 군인과 소록도라는 특수한 공간의 나환자들이란 인물들의 특별함과 인간과 사회 또는 인간 본성에 대한 세밀한 성찰로 우리를 이끈다. 추리소설적인 기법과 심리분석 방법이 구사된다.

현역 군인 조백헌 대령이 소록도 병원장으로 부임해 한센병 환자들을 위한 '천국'을 건설한다는 명분으로 5천여 원생들에게 하는 첫 연설이다.

> "여러분의 새로운 낙원을 위해 이 사람은 신명껏 그것을 돕겠습니다. 아니 강제로라도 하겠습니다."

그는 공감에 의한 협조를 구하는 게 아니라 소록도 병원장으로 원생들에게 명령을 내리고 있다. 레비나스가 말한 "동일자의 전체주의 내지 제국주의"이다. 타자, 즉 5천여 원생들의 자발적 참여가 아니라 조백헌 원장의 독재적 의지이다. 전체주의나 제국주의도 처음에는 타자를 위한다는 명분을 내세우지만, 결국에는 타자를 이용하고 압박하고 지배하여 자신의 것으로 만드는 걸 목적으로 한다.

낙원을 만들기 위해 환경을 아름답게 조성하고 바다를 막아 땅을 개간하는 소록도 나환자들이 어째서 자꾸만 탈출하려 하는가? 어째서 그 천국은 우리들의 천국이 아니라 당신들의 천국인가를 작가는 묻는다.

작가가 제시하는 대안 가운데 하나는 자기를 위한 자유이고, 다른 하나는 타자를 향한 사랑이다. 이 책의 주제로 말을 바꾸면 향유와 환대이다. 자유와 사랑이 실천적으로 화해를 일으키는 경지에 이를 때에만 비로소 우리가 사는 세상은 당신들의 천국이기를 그치고, 바로 우리들의 천국이 될 것이다(이승우, 소설을 살다, 마음산책, 2019, 207쪽).

이 소설은 우리의 주제인 환대의 이름으로 행해지는 일이 환대가 아닐 수 있으며, 환대의 정신에 역행하는 것이 환대 속에 들어 있을 수 있음을 암시한다. 어쩌면 환대는 늘 이렇게 조금씩 부족하고 엇나가지만, 끝없이 추구해야 한다. 그렇지 않으면 취지의 선량함에도 불구하고 지옥을 만들게 된다. 『당신들의 천국』이 환대와 관련하여 우리에게 주는 서글픈 교훈이다.

서양의 낙원

실낙원과 샹그릴라

천국(Heaven)이 신과 천사들이 머무는 하늘을 가리킨다면 낙원(Paradise)은 걱정이나 불행이 없이 행복을 누릴 수 있는 지상천국을 말한다. Paradise라는 말의 어원은 고대 페르시아어 아피리다에자(Apiri-Daeza)인데, 이 말은 '벽으로 둘러싸인 과수원'이라는 뜻이라고 한다. '벽으로 둘러싸인' 곳은 안전한 곳이고, '과수원'은 풍요로운 곳이다. 안전하고 풍요로운 이상적인 공간이 바로 낙원이다. 이 페르시아어가 구약 성서에서 파라데이소스(Paradeisos)로 사용되었다고 한다.

단테의 『신곡』이 가톨릭적 세계관과 가치관을 반영하고 있다면, 존 밀턴(John Milton)의 『실낙원』은 개신교의 가치관을 반영하는 불후의 서사시이다. 밀턴은 영국의 시인이자 청교도 사상가로, 셰익스피어에 버금가는 작가로 평가받고 있다. 마흔넷의 나이가 되던 해 실명했고 정치적 급변 속에서 몰락한다.

밀턴은 시인에게 맡겨진 두 가지 사명, 즉 창조자로서의 사명과 예언자로서의 사명을 철저히 완수한 시인이라고 하겠다. 그는 자신으로 하여금 볼 수 없게 하여 신 앞에서 절망케 한 후 마음의 눈을 환하게 트이게 해준 하나님의 은총에 감사했다. 잃어버린 낙원을 구술로 받아쓰게 하여 약 8년에 걸쳐 이 작품을 완성하였다.

실낙원의 주된 이야기는 우리 인류의 조상인 아담과 이브의 타락과 에덴동산에서 추방당하는 구약성경의 창세기에 뿌리를 둔다(존 밀턴, 잃어버린 낙원을 찾아서, 진성 역, 린, 2022).

내용의 첫 부분을 펴보자.

“하나님이 땅과 하늘을 만든 때였다. 땅에는 아직 나무도 없었고, 풀도 돋아나지 않았다.
하나님이 땅에 비를 내리지 않았고 땅을 갈 사람도 없었다.
마침 땅에서 물이 솟아 온 땅을 적시자, 하나님이 진흙으로 사람을 빚어 만들고 코에 입김을 불어 넣으니, 사람이 되어 숨을 쉬었다.
하나님은 동쪽에 있는 에덴이라는 곳에 동산을 마련하고 그가 빚어 만든 사람을 그리로 데려다가 살게 하였다.
보기에 좋았고, 맛있는 열매를 맺는 온갖 나무를 그 땅에 돋아나게 하였다. 또 그 동산 한가운데에는 생명나무와 선과 악을 알게 하는 나무도 돋아나게 하였다(창세기 2:4~9).”

성경에서와 같이 아담과 이브가 선악과를 따먹음으로서 인류가 잃어버린 낙원은 에덴동산(Garden of Eden)이다. 에덴은 페르시아어 ‘헤덴(Haden)’에서 유래된 히브리어로 ‘환희의 동산,’ ‘태고의 정원’이라는 뜻을 가지고 있다. 또한 수메르어의 에디누(edinu: 평지, 황무지)에서 유래되었다고도 한다. 그것은 숲이나 들판이 아니라 정원인데, 정원은 적극적인 디자인의 결과물이다. 이상향은 그냥 존재하는 것이 아니라, 적극적으로 개입하여 만든 결과물이다. 이는 야생의 세계를 벗어나 자연의 위해로 부터 보호된 문명의 세계에서, 다시 야생의 세계에서 느꼈던 기쁨을 맛보거나 즐기기 위해 만들어진 인공적인 자연 공간이라는 의미가 있다. 그러나 인간의 관점에서 엄밀히 말하면 에덴동산은 기껏해야 아름다운 동물적인 환경일 뿐, 의식이 박탈된 무엇이며 창조자의 말을 안 들으면 쫓겨날 수도 있는 타율적이고 냉정한 곳이다.

밀턴은 낙원의 비전을 이렇게 묘사한다.

“그 수목들의 꼭대기보다 더 높이 낙원의 신록에 싸인 담장은 솟아올라 있다. 여기서 우리 모두의 조상에게 넓은 조망을 펴 보인다.
주변의 영토 깊숙이 또한 그 담보다 더 높이 둥글게 열을 지어 최상의 선한 나무들은 최상의 아름다운 꽃들과 황금빛 열매들이 열린 채 화려한 광택 나는 빛깔들과 혼합되어 드러난다.
그 위에 태양이 더욱 화려하게 햇살을 쏟는다. 쾌청한 저녁 구름보다도 혹은 하나님이 지상에 비 뿌릴 때의 눅눅한 무지개보다도 그 정경은 그리도 아름답게 보였다.
순수하고도 순수한 대기가 가슴 깊숙이 파고든다. 봄날의 기쁨과 경치가 그렇게도 아름다웠다. 이제 맑디맑은 대기가 그의 다가옴을 맞으며 그 가슴에 모든 비애를 몰아낼 만한 봄의 즐거움과 기쁨을 불어 넣는다.

때마침 산들바람은 향내 나는 날개를 부채질하며 그곳 특유의 향기를 뿌리고, 어디서 이런 향기로운 보물을 훔쳐왔나를 속삭인다.

여기 자연은 청춘이 무르익듯 한창 무성하고 그 처녀다운 공상을 마음껏 펼쳐 법이나 재간이 못 미칠 만큼 발랄하고 더욱 상쾌하게 엄청난 축복을 쏟아낸다."

에덴동산은 높은 산꼭대기에 위치한 평원이다. 실낙원에서는 에덴동산의 지형을 산, 계곡, 언덕 등의 이미지로 묘사한다. 하늘 낙원인 천국과 지상 낙원인 에덴동산에 이르는 길이 왜 험난한가?

"아무든지 나를 따라 오려거든 자기를 부인하고 자기 십자가를 지고 나를 좇을 것이니라"고 예수는 말한다(마태 16:24). 이처럼 낙원으로 들어가기 위해서는 숱한 시험과 고난을 거치지 않으면 안 된다. 밀턴은 낙원의 지형묘사를 성경 구절대로 하였다. 잃어버린 낙원이 기독교 사상의 틀로 짜여 있다면 작품 안에서 하나님과 인간 사이의 관계를 살피는 일이 선행되어야만 했다.

밀턴은 우주 창조, 인간 창조와 인간의 타락에 관하여 성경의 창세기에서 그 내용을 활용하고 있다. 신은 천지를 창조할 때 천상의 모습을 지닌 에덴동산 내에 낙원을 창조하였고, 또한 아담과 이브를 창조하였다. 그때 에덴의 낙원은 완전한 상태였으며, 아담과 이브도 완전한 인간이었다. 이때의 젊고 아름다운 아담과 이브를 생각하면 서정주의 시 〈대낮〉이 생각난다.

따서 먹으면 자는 듯이 죽는다는
붉은 꽃밭 사이 길이 있어

핫슈 먹은 듯 취해 나자빠진
능구렁이 같은 등어릿길로,
님은 달아나며 나를 부르고……

강한 향기로 흐르는 코피

두 손에 받으며 나는 좇느니

밤처럼 고요한 끓는 대낮에
우리 둘이는 온몸이 달아……

붉은 꽃은 양귀비를 말하며, 핫슈는 해시시로 둘 다 마약이다. 이 시에서 이 둘은 열락에 빠져 금기를 넘어서려는 전조가 있어 보인다. 마침내 아담과 이브는 하나님의 명령을 어기고 선과 악을 분별케 하는 지식나무 열매를 사탄의 유혹에 빠져 따먹게 된다. 그 결과로 인간의 첫 조상이었던 아담과 이브는 낙원을 상실하게 된다.

한편으로 플라톤의 『향연』에서 남녀가 한 몸인 것을 두려워한 신이 이를 갈라놓은 것처럼, 위의 시에서 보여주는 수치심 없는 젊은 인간 남녀의 치열하고 순수한 몸의 사랑 그 자체가 낙원이며 이를 '질투하는 신(출애급 34 : 14)'이 내쫓은 것은 아닐까? 아니면 고통 속에서도 누림과 즐김이 가능하다는 향유에의 자신감으로 아담과 이브는 하나님의 환대를 거절하고 스스로 '실낙원'했는지도 모른다. 거기는 신의 낙원이지 우리의 낙원은 아니라는 깨우침으로.

다시 기독교적 해석으로 돌아오자. 그들은 자신들의 죄를 회개하고 마음속에 낙원을 품고 이 광야의 세상에서 실존적인 존재로서 예수가 다시 올 그날까지 나그네의 인생길을 살지 않으면 안 된다.

에덴동산은 영원히 봄이 지속된다. 봄에 가을의 수확을 거둘 수 있다. 영원한 봄에 가을의 수확을 동시에 거둘 수 있는 곳이 낙원이다. 봄에 파종하며 가을에 수확한다는 개념은 타락(?) 이후에 생겨난 것으로 보아야 한다.

죄는 사탄의 딸이다. 사탄의 본성은 교만, 이기심, 증오, 사악, 분노, 방탕, 파괴 등이다. 내면화된 지옥의 비전은 이 세상에 나타난 어둠의 현상들이다. 내면적 낙원의 비전은 사랑, 희락, 화평, 인내. 순종 온유, 절제이다.

다음의 그림은 프란츠 본 슈툭(Franz von Stuck)의 1897년 작 〈실낙원〉이다.

프란츠 본 슈툭의 〈실낙원〉

영국의 소설가 제임스 힐튼(James Hilton)은 『잃어버린 지평선(*Lost Horizon*)』(1933)에서 히말라야 산맥의 티베트 고원 어딘가에 존재하는 환상적인 땅을 '샹그리라(Shangri-La)'라고 이름 지었다. 그 이후 이 단어가 현대 서구인들에게 지상의 낙원으로 각인되었다.

이 소설에서 묘사되는 샹그리라는 세상과 완전히 격리된 깊은 계곡, 푸른 초원의 아름다운 곳이다. 그리고 갈등이 없는 평화의 땅이며, 외부 문명의 혜택을 수입하여 사치스러운 욕망을 충족할 수 있는 곳이기도 하다.

이곳은 동양의 지혜와 서양의 물질문명이 완벽하게 결합된 곳이다. 이 모든 것을 가능하게 하는 부의 원천은 블루문(Blue moon) 계곡에서 생산되는 황금이다. 든든한 경제력이 확보된 샹그리라는 사원의 라마승들이 중용과 자비로 계곡의 주민들을 다스리는 지상의 천국이며 불로장생의 땅이다(김용표, 제임스 힐튼의 샹그리라에 투영된 낙원을 향한 노스텔지어, 중국학연구(46), 2008, 107~135쪽).

이 소설은 제1차 세계대전의 후유증과 경제 대공황, 그리고 제2차 세계대전의 암운이 드리워지기 시작하던 상황 속에서 서구인들에게 커다란 반향을 일으켰다. 호텔, 항공사의 퍼스트 클라스, 미국 대통령 하계 휴양지, 심지어 미군의 비밀 군사기지 이름으로 사용되었다.

샹그리라는 고급스럽고 호화로운, 그리고 은밀한 곳에 위치한 신비한 쉼터의 묘한 선망과 향수를 자아내는 곳으로, 서구인들이 사랑하는 단어가 되었다. 21세기에 들어서며, 이 단어가 지닌 경제적 · 관광적 가치를 노린 중국 정부가 티베트의 한 지역에 샹그리라라는 지명을 붙이면서 다시 전 세계적인 주목을 받고 있다.

유토피아와 그 파생 낙원들

플라톤의 이상국가

서양에서 유토피아의 원형은 플라톤의 공화국(이상국가)이다. 대부분의 유토피아 작가들은 『공화국』을 그들의 고전으로 삼는다. 공화국에는 이상도시의 그리스적 전통, 즉 인간에 의해 조성된 합리적 구조를 지닌 인간의 완전한 질서가 창조되어 있다.

기원전 5~4세기 그리스는 페르시아 전쟁, 펠로폰네소스 전쟁 등 전란에 생활은 피폐하고 도시국가들끼리의 갈등, 경쟁과 아테네 내부의 계급투쟁이 격화일로에 있었다. 이런 상황에서 플라톤은 이상국가를 건설하자는 주장을 공화국에서 펼쳤다.

플라톤이 구상한 이상국가에서 국민들은 세 등급으로 나뉜다. 일반 평민, 군인 그리고 나라의 안전을 지키는 통치자이다. 국가는 소수의 통치자 계급을 정상으로 하고, 다수의 군대에 의해 보호받으며, 일반평민을 경제적 기반으로 하여 실현된다. 이중 평민은 어느 고대 국가와 마찬가지로 상 · 공 · 농업에 종사한다. 이 경제 계급에게는 '절제'가 필요하다. 그리고 통치자의 권위에 복종하는 의무를 익혀야 한다. 군인들에게 요구되는 덕목은 '용기'이다. 플라톤은 이 두 계급에는 관심이 별로 없다. 이상국가의 실현 여부는 통치자에게 달려 있기 때문이다. 국가의 통치는 세습 왕족이 아니라 철학자가 담당한다.

플라톤은 통치자는 꼭 필요한 정도 이상의 재산을 가져서는 안 된다고 한다. 그들은 군인처럼 공동 숙식을 한다. 모든 시민들 중에서 그들만은 은이나 금을 만지거나 다루지 못한다. 자신의 집이나 토지나 돈을 갖고 있다면 그들은 통치자가 아니라 그저 상인 또는 농부이다.

플라톤은 통치자는 결혼할 수 없다고 말한다. 재산과 마찬가지로 아내도 공유되어야 한다. 자신의 아이를 가져서는 안 된다. 아이들이 태어나면 공동으로 육아하고, 신에 대한 교육은 유년기부터 시작해서 차차 수학, 기하학, 천문학을 가르친다. 이것이 플라톤이 세우고자 했던 이상국가다(김용, 잃어버린 낙원과 유토피아, 한신문화사, 1996, 15~21쪽).

플라톤의 구상을 실현해 보려는 가장 거대한 실험은 중세 시대에 이루어졌다. 중세 1000년 동안 유럽은 플라톤이 상상한 것과 매우 유사한 통치자 계급의 지배를 받았다. 중세 시대의 국가는 교회, 기사, 대부분 농노인 백성들로 구분되어 있었다. 그러나 그것은 플라톤이 그린 유토피아와는 너무나 거리가 멀었다. 중세 교회는 가장 거대한 부를 독점한 지주였다. 그리고 그들은 천국 갈 권리를 돈으로 살 수 있다는 명목으로 면죄부를 팔만큼 부패했다. 그들은 온갖 명목으로 민중을 착취했다. 국가를 방어하는 영주와 기사들은 물리력을 이용하여 백성들을 가혹하게 수탈했다. 이 사회를 지배하는 원리는 조화와 자유가 아니라 억압과 굴종이었다. 플라톤의 구상을 또 한 차례 희화화한 것은 나치 독일이다(황광우, 철학하라, 생각정원, 2012, 106쪽). 나치 독일의 만행에 대해서 우리가 알고 있으므로 자세한 내용은 생략한다.

유토피아

플라톤 사후 2천 년이 흐른 뒤, 토마스 모어(Thomas More)는 유토피아(Utopia)라는 개념을 만들어냈다. 이로써 인류가 꿈꾸어 온 이상향은 유토피아란 단어로 집약된다.

유토피아는 처음부터 이중적 의미를 갖는 말이었다. 모어는 이 말을 장소의 의미인 토포스(topos)와 두 개의 접두사, 즉 좋음의 의미인 'eu'와 부정의 의미인 'ou'를 결합해서 만들었다. 다시 말해, 좋은 곳이지만 실제로는 어디에도 존재하지 않는 곳이다. 그러므로 이 두 의미 중 어느 것을 강조하느냐에 따라 유토피아는 '공상사회'라는 의미를 갖기도 하고, '이상사회'라는 의미를 갖기도 한다. 사실 인간이 없는 우주 자연이 좋은 의미의 유토피아인지도 모른다. 원죄가 있는, 그리고 삶 자체가 자연에 반하는 진짜 향유를 모르는 인간이 한 명이라도 있으면, 확실히는 서로 환대하지 못하는 두 명 이상이 있으면 유토피아는 불가능해 보인다. 무인도처럼 사람이 없으면 아무것도 없는 것 같지만, 인간만 없을 뿐 우주 자연은 온전하고 조화로운 낙원인 것처럼 말이다.

모어는 그의 인생 자체가 천국과 지옥을 오고 간 사람이다. 그는 국회의장과 대법관을 지냈으나, 반역죄로 사형선고를 받고 57세에 참수형을 당한다. 종교적 문제와 왕실의 사생활로 영국의 왕 헨리 8세에 맞서던 모어는 체포되어 런던탑에 감금되었다. 15개월 동안 갇혀 있으면서 저술 활동을 계속했다. 재판에서 그는 교회의 분열을 막고 속세의 인간이 영적인 세계의 우두머리가 되는 것을 용납해서는 안 된다며 헨리 8세에 굴복하지 않았다. 그로부터 닷새 후 단두대에 오르게 되었다. 그는 마지막 순간에 "나를 위해 기도해 주시오. 천국에서 다시 만나 유쾌하게 삽시다"라고 눈물 흘리는 친구를 위로했다. 소크라테스의 마지막을 보는 것 같다. 또한 망설이는 사형 집행인에게 "내 목은 짧으니 조심해서 자르게"라고 태연히 농담을 하였다.

로마 교황청은 죽음의 위협 앞에서도 자신의 신앙과 신념을 굳건히 지킨 모어에게 그가 사망한지 400년이 되던 해인 1935년 성인의 칭호를 부여하였다(토마스 모어, 유토피아, 나종일 역, 서해문집, 2005, 3쪽).

모어는 사회의 모든 불의가 불평등에서 비롯된다고 보고, 생산과 소유에서 교육과 쾌락 추구에까지, 누구에게나 평등주의가 적용되는 공유제 사회를 설계한다. 요컨대, 모어는 사회정의의 실현을 위해 욕구를 제한하여 자족할 수 있는 사회주의 유토피아를 구상했다(이인식, 유토피아 이야기, 갤리온, 2007, 8쪽).

플라톤은 철학자가 왕이 되던가, 아니면 왕이 철학자가 될 때 비로소 나라가 행복해진다고 생각하였다. 모어도 왕들 스스로가 철학자가 아니라면 그들은 결코 철학자들의 가르침을 따르지 않을 것이라며, 플라톤의 철인정치 이념에 동의하였다.

『유토피아』는 초기 영국의 산업혁명을 시대적 배경으로 쓰였다. 새로운 생산양식의 도입으로 영국 사회는 혼란을 겪고 있었다. 실업자가 속출하여 사회적 혼란이 극에 달했다. 농촌은 인클로저(Enclosure) 운동으로 황폐해져 밭은 양을 키우기 위한 목장이 되고, 소작농으로 겨우 생계를 유지하던 농민들은 유랑민이 되었다. 있어야 할 곳을 잃은 농민들이 "도시의 공기는 자유를 만든다"며 밀려들어온 도시는 이때부터 확대 재생산되기 시작한다.

이 책에서 화자인 라파엘은 아메리카라는 신대륙을 발견한 이탈리아 탐험가 아메리고 베스푸치(Amerigo Vespucci)의 항해에 가담하여 세계를 탐방하며, 그 와중에 유토피아라는 섬을 발견한다. 그 섬에서 5년 이상을 체류하면서 경험한 이야기를 저자인 모어에게 들려준다.

내용은 다음과 같이 1, 2부로 구성되어 있다.

- **1부 Dystopia**: 영국 농민들이 대부분 비참하게 살면서 어쩔 수 없이 일자리를 찾아 공장이 있는 도시로 가야 했다. 근대도시의 걸인, 홈레스, 범죄, 전염병, 교수형, 신도 자연도 없는 공간, 고향상실의 시대를 그린다.
- **2부 Utopia**: 초승달 모양의 섬으로 54개의 도시가 있다. 공평, 풍요, 공유의 행복으로 공산주의의 원조가 되었으며, 당시의 수도원을 모델로 하였다. 꼭 필요한 일 말고는 육체노동에서 벗어나 가능한 한 많은 시간을 마음의 계발에 전념하는 행복의 나라이다.

『유토피아』 1권은 영국의 사회현상을 비판한다. 『유토피아』의 핵심은 모어가 라파엘과 대화를 나누는 형식으로 서술된 2권이다. 미지의 섬을 찾아 나서는 모험은 15세기 이래 모든 서양 문학의 기본 테마이다.

유토피아인들의 섬은 초승달 모양으로 물속에 바위들이 숨어 있어 외부인들이 접근하기에 매우 위험하다. 수로를 아는 것은 유토피아인들 뿐이다. 그래서 외국인들은 유토피아 수

로안내인 없이는 만 안으로 들어오기 어렵다. 이 섬에는 54개의 도시가 있는데, 가장 멀리 떨어져 있는 한 도시에서 다른 도시까지 걸어서 하루에 갈 수 있다. 자기 도시의 경계를 늘리려는 도시는 하나도 없다. 주민들이 자신들을 지주라기보다는 경작자라고 생각하기 때문이다.

유토피아 사회의 기본적인 단위는 가족이다. 결혼은 일부일처제이며, 가족은 대부분 혈족으로 이루어지고, 핵가족이 아닌 확대가족의 형식을 취한다. 가장 나이가 많은 어른이 가족들을 다스린다(임철규, 왜 유토피아인가, 한길사, 2009, 34~49쪽).

유토피아에서는 전체 인구의 99%가 열심히 일하지 않으면 안 되며, 인구의 1%에 속하는 공무원, 사제, 학자만이 법에 의해 육체노동에서 면제된다. 농촌에는 시민들이 교대로 거주하면서 농사를 짓는다. 농사일을 좋아하는 사람이 아니고서는 고된 일을 교대해야 하기 때문이다. 그들의 토지는 별로 비옥하지 않으며 기후도 그다지 좋지 않지만, 절제된 생활로 나쁜 기후를 이겨내고 열심히 토지를 가꾸기 때문에, 이곳처럼 곡물이나 가축이 풍부한 곳은 없다.

그들은 배우자를 선택할 때 발가벗은 채 서로의 몸을 확인하는 관습을 가지고 있다. 사전에 건강을 확인하고 신체적 결함을 걸러내기 위함이다. 결혼은 여자 18세, 남자 22세에 달하지 않으면 허가가 안 되며, 이혼은 원칙적으로 금지되어 있다. 그들은 십 년마다 제비를 뽑아서 집을 교환한다. 그들은 정원 가꾸기를 좋아한다. 각 블록끼리 서로 가장 좋은 정원 가꾸기를 겨루는 경쟁을 한다.

모든 사람들은 기술 하나를 배운다. 대개 아들은 아버지의 기술을 배우는데, 사람들은 대부분 그것을 자연스러운 경향이라고 생각한다. 그러나 혹 다른 생업에 마음이 쏠리는 사람은 그 일을 하는 가정에 양자로 보내진다.

자유시간은 지적 활동에 쓴다. 남녀를 막론하고 강의를 많이 듣는다. 그들이 국가체제를 구성한 주요 목적은 모든 시민들이 나라에서 꼭 필요한 일 말고는 될 수 있는 대로 많은 시간을 육체적 봉사에서 벗어나 여유와 교양의 함양에 전념하도록 하는 데 있다. 그들은 바로 거기에 삶의 행복이 있다고 생각한다.

공회당에서 저녁을 먹고 나면 한 시간 동안을 오락으로 보낸다. 여름에는 정원에서, 겨울에는 공회당에서 식사를 하고 즐긴다. 거기서 그들은 음악을 연주하거나 담소를 나누며 각자 즐겁게 지낸다. 회관마다 공동식사를 하기 위하여 양쪽에 각각 15가구씩 30가족이 배정된다. 음악 없이 저녁 식사가 끝나는 일은 없다. 식사 메뉴를 짜는 것, 그리고 음식을 준비하고 요리하는 것은 부인들의 일이며, 각 가정이 돌아가면서 맡는다. 모든 노인들에게 먼저 제일 좋은 음식물을 바치고, 나머지 사람들에게 골고루 나누어 준다. 연장자들은 그들이 응당 받아야 할 존경을 받는다.

유토피아인들은 인간과 가까운 생물들을 도살하는 행위는 인간의 본성이 지니는 가장 아름다운 감정인 연민의 정을 서서히 말살시킨다고 생각한다. 사냥은 당대 유럽 사회 귀족들에게는 하나의 스포츠였다. 모어는 사냥을 강한 자가 약한 자를 짓밟으며 느끼는 잔인한 쾌락이라고 본다.

다른 도시에 살고 있는 친구를 찾아가고 싶다든가 단순히 그곳을 구경하고 싶은 사람은 누구나 쉽사리 허가를 받을 수 있다. 유토피아인들은 적어도 한달에 한 번은 축제일을 지키기 위해 도시로 나간다. 그들은 매월 첫째 날과 마지막 날, 그리고 매년 첫날과 마지막 날을 축제일로 정하고 있다.

유토피아에서의 노예층은 주로 간통 등의 심한 비행으로 벌을 받은 사람, 중죄로 인해 사형선고를 받는 사람, 전쟁포로, 유토피아에서 노예로 살기를 선택한 타국의 가난한 노동자들로 이루어져 있다.

유토피아인들은 이 세계가 신의 섭리에 의해서 지배되는 것으로 믿고 있다. 그리고 그들이 죽은 뒤에 악덕은 극형으로 처벌당하고 미덕은 푸짐하게 보상받는다고 믿는 점에서, 모어는 영혼의 불멸성, 즉 사후에 이르러 덕은 보상받고 악덕은 처벌을 받는다는 플라톤 사상을 이어받고 있다.

유토피아인은 인간의 모든 행위, 그중에서도 미덕을 행하는 궁극적인 목적은 쾌락에 있다고 믿는다. 그러나 그들은 모든 종류의 쾌락을 다 허용하는 것이 아니라, 한정된 만큼의 쾌락, 이성에 의한 적당한 쾌락만을 허용한다.

섬 전체에는 갖가지 종교가 있다. 그러나 대다수의 현명한 사람들은 이런 것들을 믿지 않는다. 그들은 미신적인 점치기 같은 것에 관심이 없다. 그들은 영원하고 무한하며 전 우주에 존재하는 유일신의 존재를 믿는다. 그들은 자연에 대한 경외는 신에게 드리는 일종의 예배라고 믿는다. 그들은 사후의 행복은 오직 부지런한 노동과 남을 위한 선행을 통해서만 얻을 수 있다고 확신한다.

이밖에 모어가 제시한 이상세계 유토피아는 다음과 같이 우리 현실 세상과는 다른 특성을 갖는다.

- 돈을 전혀 사용하지 않아서 온갖 종류의 범죄와 불안, 걱정 등이 없다. 금은 변기나 노예의 족쇄, 전과자의 귀에 거는 귀걸이를 만드는 데 쓰인다.
- 모든 것이 공유이며, 법률의 조문은 매우 적고 변호사는 추방된다.
- 불가피한 경우, 전쟁을 피하지 않는다.
- 모두가 똑같은 옷을 입는다. 역시 수도원이 모델이었음을 알 수 있다.

유토피아의 이런 모습을 고려할 때 오스카 와일드(Oscar Wilde)의 다음과 같은 말은 자주 인용된다(Oscar Wilde, 'The soul of man under socialism,' in selected essays and poems, London: penguin, 1954, p. 34).

> "유토피아를 포함하지 않는 지도는 일고의 가치도 없다. 왜냐하면 그것은 인류가 항상 도달하고자 하는 한 나라를 빠뜨리고 있기 때문이다. 그리고 인류가 그곳에 도착하면, 잠시 둘러보고 더 나은 나라를 찾아서 항해를 계속한다. 진보란 유토피아의 실현이다"

과거의 유토피아들이 없었다면 인간은 아직도 벌거벗은 채 동굴에서 비참하게 살고 있을 것이다. 더 나은 현실은 많은 꿈들의 산물이다. 유토피아는 모든 진보의 원리이며, 더 나은 미래를 위한 노력이다.

인간의 역사에서 늘 꿈꾸는 유토피아가 탄생하려면 두 가지 조건이 필요하다. 우선은 이 세상이 제대로 돌아가고 있지 않다면 철저하게 뜯어고치지 않으면 안 된다는 결의가 필요하다. 두 번째는 인간에게 그런 과제를 해결할 능력이 있다는 확신이 필요하다(지그문트 바우만, 모두스비벤디, 한상석 역, 후마니타스, 2010, 207쪽).

1518년 판 『유토피아』의 표지화

태양의 나라

토마스 모어의 『유토피아』, 프란시스 베이컨의 『뉴 아틀란티스』와 함께 근대 유럽인이 꿈꾼 3대 유토피아의 하나인 『태양의 나라』는 당시의 현실에서 바람직한 것으로 받아들여지던 가치가 무엇이었는지, 무엇이 극복되어야 할 대상이었는지를 드러낸다(토마소 캄파넬라, 태양의 나라, 임명방 역, 이가서, 2012).

토머스 모어보다 약 1세기 후에 플라톤과 모어의 영향을 받아 1602년에 『태양의 나라』를 쓴 캄파넬라(Thomaso Campanella)는 토머스 아퀴나스와 같은 인물을 배출한 도미니코 수도회 수도사였고, 철학자이자 점성술사였다. 고향 나폴리를 에스파냐의 지배로부터 해방시키고자 했던 혁명가이자 29년을 감옥에서 보낸 장기수이기도 하다. 그러므로 그가 본 세상이래야 수도원 담장 너머, 감방의 창살 너머의 세상이며, 그의 상상력이 만들어낸 세상, 그리스의 칠학자들이 쓴 세상, 여행가들이 기록한 세상이 전부였던 샘이다. 그러나 이런 삶이 그의 유토피아를 더 상상 속에서 극적이고 선명하게 만들어주었던 것은 아닐까?

『태양의 나라』는 한 수도사와 콜롬버스의 항해장인 한 제네바인이 대화를 하는 구조로 수도사가 묻고 제네바인의 대답하는 형식이다.

태양의 나라의 형태와 사회질서를 간추려 보면, 마을 대부분은 대평원에 솟아있는 언덕 위에 세워져 있다. 이 언덕을 중심으로 7개의 환상지대로 나누어져 있다. 이 환상지대를 동서남북으로 횡·종단하는 4대 도로가 있다. 언덕의 윗부분에는 약간의 평지가 있어, 거기에는 원기둥으로 둘러싸인 신전이 있다. 언덕 위에 마을을 이룬다는 것은 계속적인 전란에 시달린 중세 이탈리아적인 것이며, 환상지대란 착상은 단테의 신곡에서도 이미 볼 수 있다.

그들에겐 한 사람의 군주가 있고 그를 태양이라 부르는데, 이는 철학자이다. 플라톤의 강력한 그림자를 엿볼 수 있다. 그는 전 시민의 정신적·정치적 지도자이다. 군주는 3인의 관리에 의해 보좌되는데, 권력을 담당하는 '폰,' 지식을 담당하는 '씬,' 사랑을 표현하는 '모르'가 그들이다. 권력은 군사를, 지식은 학문을, 사랑은 의식주와 교육을 담당한다.

이곳도 역시 모든 것이 공유이며, 필요한 것은 관리를 통해 배분받는다. 모든 소유욕은 인간이 자기 집을 소유하고 자기 처와 자식을 가지는데서 발생하므로 인간이 이기주의를 버리면 공공생활에서 사랑만 남게 된다는 생각이다.

노예는 없고 공무, 기예, 노동 등이 평등하게 배당되고, 하루에 4시간만 일하면 된다. 남는 시간에는 즐겁게 놀거나 토론을 벌이거나 공부한다. 장기, 카드, 노름은 하지 않고 구기, 레슬링, 창던지기, 활쏘기 등을 한다. 학교, 학자 등의 어원이 여가(schole)인 이유를 알겠다.

논밭엔 일체 비료를 사용치 않는다. 토양오염 방지의 환경보호의식이 대단하다. 그들은 부정한 일을 저지를 줄 모르며, 도전받기 전에는 절대로 싸움을 하지 않는다. 그들은 평균 100세는 살며, 때로는 170세, 200세 넘는 이도 있다. 그들은 찬 것을 마시지 않으며, 중국인 같이 뜨거운 것도 마시지 않는다.

초승과 보름이 되면 제사를 지내고 대평의회가 열리는데, 이 회의에는 20세 이상 된 남녀 전원이 참가하여 마을의 여러 문제를 논의한다. 아이는 공동장소에서 길러지며, 젖을 뗀 후 공동생활을 하고 교육을 받는다. 여기 사람들은 스스로 신체를 단련하여 건강미가 넘친다. 이곳 사람들은 흰옷을 즐겨 입으며, 흑색을 좋아하는 일본인을 좋아하지 않는다. 언뜻 우리 백의민족의 한국을 가리키는 것 같다. 그리고 정서도 비슷해서 놀랍다. 젊은이들은 모두 서로 형제라 부르고, 자기보다 15세 이상 된 이는 아버지, 15세 이하 된 이는 자식이라 부른다. 일종의 대동사회이다.

그들 사이엔 일반사회와 같은 도둑, 살인, 강간 등의 죄악이 없다. 다만, 은혜를 모르는 자, 친절을 베풀지 않는 자, 거짓말쟁이 등이 고발 대상이 되고, 이들은 벌로 공동식당에서 식사할 권리, 성관계의 권리 등을 박탈당한다. 태양의 나라에서의 식사는 유토피아와 같이 노인부터 식사의 좋은 부분이 먼저 나누어지고, 젊은 남녀가 식사 당번을 맡는다. 남녀가 군사훈련을 동일하게 받고 전투에 참여한다.

『태양의 나라』는 단순한 공상 소설이 아니고, 절박한 현실에서 새로운 세상을 실현하려는 당시 이탈리아인들의 미래 어떻게 살 것인가에 대한 마스터플랜이라고 할 수 있다.

뉴 아틀란티스

영국 근대 철학의 창시자 베이컨이 저술한 책이 『뉴 아틀란티스(*The new Atlantis*』(1627)이다. 베이컨은 인간의 불행은 빈곤으로부터 비롯된다고 보았다. 그래서 과학기술로 생산을 증대해 인간의 경제적 욕구를 최대한 충족시키는 '과학적 유토피아'를 상상하였다. 과학지식은 자연에 대한 지배력을 갖게 해 인류에게 풍요로운 삶을 보장해 주므로, '아는 것은 힘'이 된다고 생각하였다.

뉴 아틀란티스는 태평양에 떠 있는 가상의 외딴 섬에 근대과학의 힘으로 건설한 물질문명의 왕국이다. 뉴 아틀란티스는 플라톤의 아틀란티스에서 모티브를 얻었다. 플라톤은 아틀란티스 섬은 대서양에 위치한 아시아보다 큰 섬으로, 거대한 문명을 가진 이상향이었으나 영성을 상실하고 물질적인 것에 탐닉한 나머지 몰락하였다고 하였다. 아틀란티스는 홍수 때문에 사라졌다고도 하고 화산의 지진, 높은 해일이 들이닥쳐 섬을 파괴하고 사람을 사라지게 했다고도 한다. 아틀란티스의 멸망 시점은 대략 1만 2천 년 전의 일이라고 한다(주강현, 유토피아의 탄생, 돌베개, 2012, 87쪽).

아틀란티스는 남쪽 해안가에서 섬 중앙에 걸쳐 거대한 평야가 있어 아름답고 기름진 곳이다. 항구는 세계 각지에서 들어온 선박과 상인들로 가득 찬다. 섬은 자원이 풍부하고 부유하고 강대한 나라였다.

이 섬에 학식과 능력을 갖춘 자들의 연구 집단으로서 살로몬 연구소가 설립된다. 과학적 진리가 인간을 자유케 한다고 한다. 베이컨은 명상과 사색 그리고 과학 연구를 통해 사회의 진보를 꾀하는 비전을 제시한다.

아담과 이브가 선악과로부터 얻으려는 지식을 밀턴은 교만한 것으로 보는 데 비하여, 베이컨은 지식과 과학의 진정한 사명을 타락한 인간을 원상회복시키는 일로 본다. 그는 교만한 지식으로 인해 타락하고 만 인간이 자연의 지배권을 상실하게 되었으나, 자연과 우주에 대한 순수한 지식에 의해 인간의 자연에 대한 지배력이 회복될 수 있다고 확신하였다.

1866년에 창립된 영국 왕립학회는 베이컨이 지녔던 비전의 실체라고 하겠다. 왜냐면 왕립학회의 목적이 바로 뉴 아틀란티스에서 묘사된 살로몬 연구소의 목적과 동일하기 때문이다.

현재 과학기술 산업문명의 혜택으로 인류역사상 가장 풍요로운 물질문명과 소비의 시대를 살고 있으나, 베이컨의 생각대로 우리는 이상적 삶을 살고 있나를 반성케 한다. 과학기술의 격차가 불러온 개인적・국가적 빈부격차가 세계의 현실이고, 기후 대위기 등 지속가능하지도 않다는게 21세기의 고민이다.

코케인

배고프고 가난하고 늘 노동에 시달려야 하는 민중들의 이상향이 코케인(Cockaygne)이다. 코케인은 모든 사람이 노동에서 해방되어 환희와 열락으로 세월 가는 줄 모르는 이상향이다. 세계 모든 나라에는 저마다 코케인의 소망을 가지고 있다.

영국의 옛 민중시에는 다음과 같은 내용이 있다.

> 코케인에는 고기와 술이 넘치네.
> 땀 흘리고 애쓰고 열심히 일하지 않아도
> 고기는 공짜고 술은 넘쳐흐르니
> 돈 없어도 되고 걱정 안 해도 된다네.
> 낮이나 밤이나 원하는 것, 달라면 되고
> 모든 것이 당신의 즐거움을 위해 있다네.

이 나라의 주민들은 영생을 약속받았다. 그 이유는 전쟁 같은 것이 존재하지 않는데다가 50세가 되면 다시 10세의 아이로 돌아가 버리기 때문이다. 여러 요정들이 그들을 위해 일하고 있다.

중세의 유토피아 코케인은 중세 소작농이 꿈꾸던 등골 빠지게 노동하지만, 음식은 부족한 일상에서 탈출한 세상을 말한다(https://en.wikipedia.org/wiki/Cockaigne).

다음 그림은 피터 부르겔(Pieter Bruegel)이 1567년 그린 코케인의 모습이다.

피터 부르겔의 〈The Land of Cockayne〉

테크노유토피아

21세기 들어 과학기술을 선도하는 미국 실리콘 벨리의 첨단 컴퓨터 기업의 리더들은 과학기술이 선도하는 낙원(techno-utopia)을 주장하고 있다.

인간심리, 역사투쟁의 대전제는 '나는 놀고먹고 다른 것을 시켜 먹자'는 것이다. 이는 조선 후기 민속화가 김홍도의 〈타작도〉를 보면 대조적이고 사실적으로 잘 묘사되어 있다. 지주인 양반은 비스듬히 누어 놀면서 소작농들이 일하는 걸 감시하고, 대다수의 농부들은 열심히 일하고 있다. 그런데, 시켜 먹는 대상이 민주화 · 산업화 · 과학화의 여파로 노예 > 가축 > 기계로 변하고 있을 뿐이다.

김홍도의 〈타작도〉

21세기 들어 인공지능(AI), 정보통신(ICT), 생명공학(BT) 등의 폭발적이고 융합적인 동반 상승효과(hybrid synergy)가 일어나고 있다. 4차 지능화 산업혁명(1차: 증기기관, 철도의 기계화 2차: 에디슨에 의한 전기·전자화, 3차: 컴퓨터의 정보화)이 발생하고 있다.

한편, 21세기 들어 꿈으로만 여겨졌던 불로불사의 인간이 현실화되고 있다. 급진적 생명

연장(Radical Life Extention, RLE)은 육체의 기계화 및 영혼의 업로드로 인간의 불멸을 추진하는 과학기술이다. 이른바 신이 된 인간(Homo Deus)의 탄생이다. 그러나 이로 말미암아 극도로 부유한 일부 소수의 혜택을 받을 수 있는 인간과 보통 대다수 로봇보다 못한 열등 인간의 문제가 대두하게 될 것이다. 그리하여 이런 테크노유토피아 사회로의 급격한 변모에 대하여 성찰하는 목소리들이 이들 산업의 대표주자들에게서도 나오고 있다.

지구 이외의 다른 대체 행성으로 이주하자는 영화 엘리시움(Elysium: 상위 1%를 위한 질병, 빈곤이 없는 이상향)을 본뜬 계획을 추진 중인 일론 머스크(Elon Musk) 테슬라 회장은 "AI는 악마다(AI is demon)"라고 경고하고 있다. 18세기 산업혁명 직후 임금 착취, 일자리와 토지를 잃은 도시빈민, 노동자들에 의한 기계파괴운동, 이른바 러다이트 운동(Luddite movement) 등의 사례 등이 21세기에 더욱 심화되어 발생할 수 있기 때문이다.

월드와이드웹(WWW)의 창시자인 팀 버너스리(Timothy Berners Lee)는 그의 창작물이 무기화되는 것이 두렵다고 고백하기도 한다. 증오와 분열을 심화하는 가짜뉴스, 개인정보 유출, 다양성의 훼손 등에 대한 반성이다.

헤테로토피아들

헤테로토피아(heterotopia)는 푸코(Paul-Michel Foucault)가 유토피아에 대비시켜 쓰는 용어이다. 원래 헤테로토피아는 의학용어로 이소성(異所性)이라고도 번역되는데, 신체 부위나 기관이 비정상적인 자리에 있는 위치이상을 가리킨다. 다른 'Hetero,' 장소 'Topia'를 합쳐 만든 신조어로, 헤테로크로니아(heterochronia)는 헤테로토피아에서 보내는 일상의 리듬과는 다른 시간이다.

푸코는 지금의 현실에 어울리지 않는, 달리 말해 있을 수 없는 장소로서의 유토피아가 실제 존재하는 경우를 헤테로토피아로 보았다. 일반적으로 헤테로토피아는 양립 불가능할 수밖에 없는 여러 공간을 실제의 한 장소에 겹쳐놓는 데 그 의미가 있다. 아마도 헤테로토피아의 가장 오래된 예는 정원일 것이다. 태곳적부터 정원은 유토피아였다. 그곳은 또한 다락

방이며, 아니면 부모의 커다란 침대이다. 바로 여기서 아이들은 대양을 발견한다. 침대보 사이로 헤엄칠 수 있기 때문이다. 이 커다란 침대는 뛰어오를 수 있는 하늘이기도 하다. 그것은 숲이다. 놀 수 있고 잠깐 잘 수도 있고 숨을 수 있기 때문이다. 보물섬이기도 하다. 무언가 신기한 것을 발견하기도 한다.

어른들도 자기만의 사적인 유토피아, 모든 장소 바깥의 실제 장소들, 헤테로토피아를 만들었다. 예를 들면, 술집, 카페, 산속의 오두막, 자기 차나 오토바이 등이 그것이다.

유토피아는 본질적으로 비현실적인 공간이다. 마찬가지로, 아마도 모든 문화와 문명에는 사회제도 그 자체 안에 디자인 되어있는 현실적인 장소, 실질적인 장소이면서 일종의 반 배치이자 본래 용도가 아닌데도 현실화된 유토피아인 장소들이 있다. 푸코는 이것들을 유토피아에 맞서 헤테로토피아라 한다(미셸 푸코, 헤테로토피아, 이상길 역, 문학과 지성사, 2014).

공적으로는 어떤 공간에 모든 것을 축적하고 누적시킨다는 발상으로 만들어진 미술관, 박물관과 도서관은 우리 문화의 고유한 헤테로토피아들이다. 그에 반해 영원성의 양식이 아니라 축제의 양식으로 시간과 연계된 헤테로토피아들이 있다. 극장, 시장, 관광지 등이 그렇다.

사람을 포함한 모든 동물은 밀집된 공간에서 마음대로 움직일 수 있는 최소한의 공간을 확보하지 못하면 이상행동을 보이기 시작한다. 요즘 텔레비전 프로그램 중에 '나는 자연인이다'가 인기 있는 이유는 자유이다. 우선, 마음껏 불을 피울 수 있는 자유이다. 불 피우기는 동물과 인간을 구별하는 가장 중요한 기준이다. 더 중요한 자유는 시선의 자유이다. 특히, 한국 사람들은 평생 타자의 시선을 의식하며 살기 때문이다. 다른 사람들의 시선에서 벗어나 내가 하고 싶은 대로 할 자기만의 공간이 있어야 사람은 행복하다. 무소유를 주장하고 실천한 법정 스님은 자신이 평생 버리지 못한 욕심이 하나 있었다고 고백했다. 깨끗한 빈방에 대한 욕심이다. 나만의 공간 욕심은 그도 어쩌지 못했다.

독일어로 실제 살고 있는 물리적 공간을 뜻하는 본라움(wohnraum), 생활권, 생활공간을 뜻하는 레벤스라움(lebensraum)이 있다면 놀이(spiel)와 공간(raum)이 합쳐진 쉬필라움(spielraum)은 우리말로 여유 공간, 놀이하는 공간, 인간으로서 최소한의 품격을 지킬 수 있는 물리적 공간이다. 화려하고 넓지는 않아도 내가 정말 즐겁고 행복한 공간, 하루 종일 혼자 있어도 지겹지 않은 공간, 온갖 새로운 삶의 가능성을 꿈꿀 수 있는 그런 공간이 쉬필라움이다(김정운, 바닷가 작업실에서는 전혀 다른 시간이 흐른다, 21세기북스, 2019, 13쪽).

케렌시아(Querencia)는 스페인어로 피난처, 안식처를 뜻한다. 스페인의 유명한 투우경기가 진행되는 동안 투우사와 싸울 수밖에 없는 소(투우)는 투우사들의 위협을 피할 수 있는 경기장의 한 귀퉁이를 잠시 쉴 수 있는 피난처 혹은 안식처로 삼는다. 아주 잠시지만 그곳에 머무는 동안 숨을 고르며, 죽을힘을 다해 마지막 에너지를 모은다. 다시 말해서 그냥 편하게 쉬기만 하는 곳이 아니다.

케렌시아는 투우장의 소처럼, 대인관계에 따른 피로감, 바쁜 일상에 지친 도시인, 현대인들에게 가장 필요한 처절하지만 유일하게 도피하여 쉴 수 있는 공간을 상징한다(서울대학교 소비트렌드분석센터, 트렌드코리아, 2018, 207쪽).

레이 올덴버그(Rey Oldenburg)는 그의 저서 『아주 멋진 장소(*The Great Good Place*)』에서 '제3의 장소(The Third place)'의 중요성에 대해서 말하고 있다.

제1의 장소인 집(가정)은 우리에게 행복과 기쁨만을 제공해야 하는데, 그러지 못하는 게 현실이다. "사람의 원수가 자기 집안 식구라(마태 10:34)"는 말처럼 행복은 가족에서 나서 자라야 하는데, 그게 쉽지 않다. 버트란트 러셀(Bertrand Russell)은 『행복의 정복』에서 "사실상 오늘날 부모와 자녀의 관계는 십중팔구 양쪽에 다 불행의 원인이 되며, 백중 구십구는 적어도 양쪽 중 어느 한쪽에 불행의 원인이 된다"라고 이미 100년 전에 지금 부정할 수 없는 극단적인 말을 한다. 그것이 사실인지도 모른다. 제2의 장소인 직장은 노동의 공간, 스트레스의 원천이고, 학교는 배우는 공간이지만 반강제적인 지식의 충전소이므로 즐거움은 부수적이다.

올덴버그에 따르면 제3의 장소는 사람들이 유익한 혼자만의, 좋은 친구들, 생생한 대화의 즐거움을 위해 시간을 보내는 공간이다. 제3의 장소라고 한다면 스타벅스 같은 카페나 젊은이들에게는 사이버스페이스까지 그 영역을 확대할 수 있다.

쉬필라움, 케렌시아, 제3의 장소 모두가 현대인들의 제대로 숨쉬기 위한 탈출구로서의 헤테로토피아들이다.

기독교의 천국

유대인들에게는 1년에 한 번씩 임시로 지은 오두막인 수카(sukkah)에서 7일 동안 머무는 장막절이라는 절기가 있다. 옛날 이집트 땅에서 탈출한 뒤 40년 동안 광야에서 살던 시절을 기억하며 새로운 땅에 들어갈 것을 기원했던 전통을 기억하고, 미래에 자신만의 낙원으로 들어가는 것을 소망하는 중요한 의례이다.

유대교에서 출발한 기독교가 21세기 들어서는 다소 주춤하지만, 20세기 가장 활발하게 전도된 곳이 한국이다. 길가에서 전도하는 기독교인들로부터 "예수 믿고 구원 받으세요," 혹은 "예수 믿고 천국 가세요," "불신 지옥, 믿음 천국"이라는 소리를 흔하게 들었다.

그런데, 교회 예배에서 빠지지 않는 주기도문에 보면, "뜻이 하늘에서 이루어진 것 같이 땅에서도 이루어지이다"하여, 하느님 나라란 '죽어서 가는 저곳(피안)'이 아니라 이 땅에서 이루어져야 할 실제적 공간이라는 사실을 발견할 수 있다.

하늘의 뜻, 즉 기독교의 하나님의 뜻이 실제로 일어나는 공간, 천지가 만나는 시점, 하늘과 땅이 급기야 같은 공간이 되는 것이 바로 예수가 가르친 하느님 나라 혹은 하늘나라이다. 그렇기에 천국을 바라는 기독교인이라면 이 세상의 고통과 불의를 누구보다 관심 가져야 하며, 다가올 세대에 적합한 일을 지금 여기서 시작해야만 한다. 미래를 지금 이곳 현재로 끌어당기는 삶을 살라는 뜻이다. 이 세상을 떠나 딴 데로 가는 것이 아니라, 현세에 적극 참여하는 것이 천국 신앙이 지닌 본래 뜻이다.

예수를 믿지 않으면 지옥에 들어간다는 것은 일종의 폭력이자 협박일 뿐이다. 성경에서도 "주여, 주여 하는 자가 천국에 들어가는 것이 아니라, 아버지의 뜻대로 행하는 자라야 들어가리라(마태 7:21)"하였다. 여기서 아버지의 뜻은 굶주린 자에게 먹을 것을 주고, 목마른 자에게 물을 주고, 나그네를 영접하고, 헐벗은 자에게 옷을 주고, 병든 자를 돌보고, 옥에 갇힌 자를 찾아보는 것이다(마태 25:31-45). 이웃을 외면하면서 그저 예수만 믿는 게 아니다. "너희가 이것을 알고 행하면 복이 있으리라(요한 13:17)"고 한다.

기독교의 첫 시작, 창세기 창조주의 모든 창조 작업은 그가 마지막으로 창조한 아담과 이브를 위한 것이었다. 인간은 에덴의 주인이다. 순수와 무죄의 시대, 자연이 인간과 하나여서 구분되지 않던 시대, 나눔과 분리와 구별이 없던 시대, 그래서 행복할 수밖에 없던, 아니 그것이 행복인지조차 몰랐던, 알 필요가 없던 행복한 무지의 시기가 지속되었다. 이 시기는 신적인 것과 인간적인 것을 구별 짓는 일이 무의미하였다. 신은 인간적이지 않으면 안 되고, 인간은 신적이지 않으면 안 된다. 신이 인간이 되어 인간 속으로 들어왔다. 그것이 예수의 이야기다. 예수는 폭력과 희생을 한 몸으로 껴안는다. 구원은 이처럼 두 가지 얼굴을 하고 있다. 하나는 희생, 다른 하나는 정의로운 분노, 폭력이다. 그리고 그 둘은 한 몸이다(이승우, 에리직톤의 초상, 예담, 2015, 57~63쪽).

기독교의 마지막 이야기, 천년왕국(millenium)은 종말론에 기초한 이론이다. 요한 계시록에는 예수 그리스도가 재림하여 최후의 심판이 올 때까지 천년 동안 이 세상을 다스리게 되어 있다. 이 거룩한 나라는 순교자들과 의로운 자들만이 살 수 있는 세상이며, 이 시대는 최고의 축복 시대이다. 천년왕국의 특성은 낙원이나 황금시대가 과거 회귀적인 데 반해, 현재로부터 시작하여 미래를 향하는 미래지향적이라는 데 있다. 기독교가 말하는 하느님 나라, 천국은 현재와 미래, 개인과 전체, 육체와 영혼 그리고 여기와 저기의 경계를 넘나들고 있다.

하늘나라 또는 천국은 말씀으로 태초부터 존재했던 예수의 진리를 깨닫고 그 진리에 따라 산다면 누구나 갈 수 있는 곳이다. 가톨릭에서는 1965년 개최된 제2차 바티칸 공의회에서 "그리스도의 복음과 교회를 알지 못할지라도 성실한 마음으로 하나님을 찾으며, 양심의 명령으로 알려진 하나님의 뜻을 은총의 힘으로 실천하려고 노력하는 사람은 영원한 구원을 얻을 수 있다"고 선포한 바 있다.

천국의 모습에 대하여 성경은 다음과 같이 그리고 있다.

> 천국의 모습은, 내 나라는 이 세상에 속하지 않는다(요한 18:36).
> 행복하여라, 마음이 가난한 자들, 천국이 그들의 것이다(마태 5:3).

13세기 독일의 신학자 마이스터 에크하르트(Meister Eckhart)는 '마음이 가난한 사람'을 다음과 같이 풀이한다.

> "마음이 가난한 사람이란 욕망으로부터의 자유, 지식으로부터의 자유, 소유로부터의 자유를 말한다. 심지어 신으로부터도 자유로운 사람만이 진정으로 마음이 가난한 사람이다."

성경을 보면 이사야서 11장 6~9절에 낙원의 적극적 비전이 드러나 있다(앞의 '환대'편 수대나 태자 이야기 참고).

> 이리도 양과 함께 살 것이며 표범은 새끼 양과 같이 누우리라.
> 송아지와 어린 사자와 새끼 양이 더불어 살지니, 어린아이가 그들을 거느릴 것이다.
> 소와 곰이 함께 먹고, 그들의 어린 새끼들이 함께 뒹구리라.
> 사자는 황소처럼 짚을 먹을 것이다.
> 젖먹이 아이가 독사의 굴에서 놀게 될 것이며, 젖을 뗀 아이가 무서운 독사의 굴에 손을 넣으리라.
> 그들을 나의 모든 성스러운 산에서 상하게도 하지 않고 파괴하지도 않을 것이다.
> 마치 물들이 바다를 넘치게 하듯이 이 지상에는 주님을 아는 지식으로 충만해 있기 때문이다.

1945년에 이집트의 나르함마디(Narhammadi)에서 114개 조항으로 구성된 콥트어본 도마복음이 발견되었다. 이 문서는 기독교에서 공식으로 인정받은 정경과는 다른 점이 있는데, 그것은 로마교회의 검열과 정치적 취사선택을 받지 않았다는 점이다. 또한 이들 복음서는 이집트인들을 위해 만들어졌기 때문에 로마인들의 사상이나 문화(다신교의 여러 의식)를 반영하지 않았다. 오염(?)되지 않은 도마복음에 나타난 천국의 모습은 다음과 같다.

✣ 3. 천국은 너희 안에 있고 너희 밖에도 있다.

✣ 20. 천국은 겨자씨와 같아 씨앗 중에 가장 작으나, 좋은 토양에 떨어지면 커다란 식물을 내고 공중의 새들의 안식처가 된다.

✣ 46. 누구든 어린아이와 같이 되는 자는 천국을 보리라.

✣ 54. 가난한 자를 축하하나니 천국이 저에게 속함이라.

✣ 113. 천국은 지켜본다고 오는 것이 아니다. '보라 여기를,' '보라 저기를'이라고 말해지지 않을 것이다. 오히려 천국은 땅에 퍼져 있는데 사람들이 보지 못할 뿐이다.

도마복음에서 말하는 천국은 가난한 자, 어린아이, 새들 등 약한 타자의 것이며, 도달할 수 없는 먼 곳이 아니라 누구나 약한 타자들을 환대하는 삶을 향유로 받아들인다면 그 사람 마음속에 만들어지는 곳이다.

동양의 낙원

불교의 윤회와 극락정토

육도윤회

불교의 가르침에 따르면 생전의 태도가 친절, 관대, 지혜라면 그는 평화와 축복의 공간에 다시 태어나게 된다. 만약 죽어가는 이의 지배적인 태도가 분노, 증오, 탐욕이라면 그는 지옥으로 이끌리게 된다.

윤회의 틀을 6가지로 구분한 것이 지옥, 아귀, 축생, 아수라, 인간, 천상의 육도이다. 이중 악업의 씨앗을 심으면 지옥, 아귀, 축생의 고통스러운 삼악도에 태어남을 피할 수 없다. 삼선도는 천상, 아수라, 인간의 상위영역이다(세뮤얼 버클즈, 부처님과 함께한 지옥여행기, 고수연 역, 정신세계사, 2017). 그 특성은 다음과 같다.

- **천상계:** 천상계에서 태어나는 것은 현생과 이전 생들에서 선을 행한 결과이다. 그들은 영겁을 살면서 엄청난 즐거움을 누린다. 그러나 겉보기엔 이상적인 존재일지라도 윤회의 고통에서는 자유롭지 않다.
- **아수라계:** 천상계 다음으로 높은 영역이다. 이곳의 존재들은 질투의 신, 전쟁의 신, 반신(半神) 등으로 다양하다. 이 질투의 신들은 천상의 즐거움을 누리지만, 천상계만큼 강하지 못하므로 계속적인 열등감에 고통 받고 더 신성해지고자 하는 욕망에 시달린다. 인간의 심리에서 이 아수라계의 특징은 논쟁, 경쟁을 추구하거나 미, 부, 명성, 권력을 가진 사람들을 부러워하는 태도로 나타난다.

✣ **인간계:** 영성을 닦을 수 있는 조건이 충족되었기 때문에 인간으로 태어나는 것은 가장 길한 행운이다. 악도와 선도의 사이에 위치한 인간계는 행복과 고통이 균형을 이루고 있어서 해탈과 자유를 위해 분투할 염원을 갖기에 적합하다. 하지만 삼악도에 떨어질 가능성도 높다.

불교에서는 인간계의 삶을 여덟 가지 고통으로 표현한다.

먼저 생로병사의 네 가지 고통(四苦)이다. 산모의 긴 임신기간과 출산의 고통과 더불어 한 아이가 육체적·정신적으로 건강하면서 동시에 사회적으로 축복받은 환경에서 태어나기가 쉽지 않다. 그 아이가 무사히 자라도, 노쇠(신체적 노화, 지위와 관계의 상실), 감염, 과로, 스트레스, 사고에 의한 질병은 언제 찾아올지 모른다.

초고령 시대에 노인삼고라는 말이 있다. 돈 없고 아프고 외로운 것이 그것이다. 그리고 누구나 피해 갈 수 없는 죽음은 참으로 어려운 과제라 생각하기도, 주제로 삼기에도 곤혹스럽다. 우리의 일반적인 죽음 모습을 그려보자. 각종 생명 유지를 위한 기계장치 등에서 나오는 기계음, 가래를 뽑아내는 소리, 옆 환자가 내는 신음소리 등으로 중환자실은 정서적으로 안정되기 힘든 공간이다. 따라서, 중환자실에서는 품위 있는 죽음과는 아주 거리가 먼 괴로운 죽음을 맞게 되는 것이 보통이다. 생전 처음 보는 의료진에 둘러싸인 채 수십 년간 같이 살아온 가족과는 작별 인사도 한마디 나누기 어렵다. 한마디로 병원에서 객사하는 것이다(정현채, 우리는 왜 죽음을 두려워할 필요가 없는가, 비아북, 2018, 75쪽). 돌아가셨다는 소리를 의료진에 의해 듣는다. 의료사고가 발생했는지도 알 수도 없다. 병원은 유가족들에게 황망한 그 일에 책임 없음을 설명하기에 급급하다.

여기에다 불교는 네 가지 고통을 추가하는데, '향유'편 '동양사상의 행복'에서 설명하여 여기서는 생략한다.

✣ **동물계:** 동물과 인간의 삶은 서로 교차하고 상호작용하므로 동물계의 속성은 우리에게 친숙하다. 그러나 포유류, 조류, 어류, 파충류, 곤충 등 동물들이 겪는 극심한 고통

—생존을 위한 두려움으로 가득하고 맹목적인 본능에 속박되어 있고, 한계를 벗어날 방도를 깨닫지 못하는—을 인간은 모른다. 그러나 동물들은 한편 놀라운 지능이 있다. 반려동물인 개나 고양이는 인간과 비슷하다. 이는 동물이 다음 생에는 인간계에서 태어날 수 있다는 암시인지도 모른다. 개는 깨달음의 씨앗인 불성을 가질 수는 있지만 업의 망상을 극복하여 그 불성을 깨달을 수는 없다고 한다. 인간의 농업혁명은 동물의 가축화라는 비극을 가져왔다. 이는 기독교에서 말하는 원죄의 개념을 우리가 반박하는 데 궁색하게 만드는 중요 요인이다.

✣ **아귀계:** 지옥의 바로 위에 있는 굶주린 유령의 영역이다. 이 영역에 사는 모든 존재는 이미 죽었지만, 유령과 영혼으로 존재한다. 그들은 언제나 배가 고프고 목이 마르며, 간절하게 채워지길 바라지만 그 갈망은 결코 충족되지 않는다. 전통적으로 아귀들은 큰 배를 가지고 있지만, 목이 아주 가늘고 좁아서 무엇을 삼키거나 소화시킬 수 없는 모습으로 그려진다. 아귀계는 지옥과 비슷하지만, 고통의 정도와 기간이 지옥만큼 극단적이지는 않다.

✣ **지옥계:** 분노와 경멸, 악의적인 행동에 빠진 이들은 지옥에서 다시 태어난다. 지옥 중생들은 참기 어려워 도망치기를 원하지만, 슬프게도 도망치려는 시도는 지옥의 고통을 더욱 심화시킨다. 몸부림치면 고통은 더 심해지고, 그렇다고 가만히 있으면서 모든 것을 내면화시키면 얼어붙고 만다. 즉, 모든 시도가 문제를 더 키우는 셈이다. 나쁜 소식은 우리의 마음 안에 지옥이 존재한다는 사실이다. 좋은 소식은 지옥에도 자유의 씨앗이 있다는 것이다. 지옥은 영원하지 않다. 부처님의 핵심 가르침인 사성제는 부처님이 가르친 대로만 하면 고통의 원인을 없애고 고통으로부터 벗어날 수 있음을 알려준다.

석가모니가 깨우친 후 녹야원에서 행한 최초의 설법에서 말했다는 해탈의 실천 방법인 사성제는 다음과 같다.

- **고(苦)**: 이방인, 실향, 무의미, 실낙원, 소외 등 우리가 겪고 있는 삶의 현실적 모습인 고통을 보여준다. 그래서 기독교에서도 "수고하고 무거운 짐진 자들아, 모두 내게로 오라, 내가 너희를 쉬게 하리라(마태 11:28)"라고 한다.
- **집(執)**: 집착이란 결국 절대적이 아닌 것을 절대적인 것으로 잘못 알고 거기에 목숨을 거는 것이다. 하느님이 아닌 것을 하느님으로 떠받들고 사는 노예적 삶이다. 니체가 말하는 사막의 낙타 상태이고, 베이컨의 우상숭배이다.
- **멸(滅)**: 괴로움을 멸할 수 있음이란 인간의 가능성에 대한 위대한 선언이다. 니르바나(열반), 기독교의 회심(회개)처럼 우리가 죽어서 들어가는 특별한 장소가 아니라 평화와 자유의 마음상태이다. 열반은 말이나 사고의 대상이 아니라 직관과 체험의 대상이다.
- **도(道)**: 괴로움을 없애는 길이다. 이 길의 구체적 내용이 팔정도이다(正見, 正精進, 正思, 正念, 正語, 正定, 正命, 正業).

육도는 상징하는 색들이 있는데 천상계는 하얀색, 아수라계는 붉은 색, 인간계는 푸른색, 축생계는 초록색, 아귀계는 노란색, 지옥계는 회색이다. 백의민족이 남의 나라를 한 번도 침략하지 않고 평화롭게 사는 삼천리 금수강산이 낙원이다.

툴쿠 린포체(Tulku Rinpoche)는 『평화로운 죽음, 기쁜 환생』에서 윤회의 육도에서 경험하는 고통과 감정 패턴과의 상관관계를 다음과 같이 표현한다.

> "증오와 분노의 감정은 불타고 얼어붙는 고통을 일으키고, 지옥계에서 환생하게 한다.
> 탐욕과 인색은 굶주림과 갈증을 일으키고, 아귀계에서 환생하게 한다.
> 무지와 혼란의 감정은 어리석음과 두려움 같은 고통을 일으키고, 축생계에서 환생하게 한다.
> 욕망과 집착은 생로병사의 고통을 일으켜, 인간계에 환생하게 한다.
> 질투의 감정은 싸움을 일으키고, 아수라계에서 환생하게 한다.
> 오만과 자만의 감정은 죽음에 대한 두려움을 일으키고 천상계에서 환생하게 한다."

여섯 가지 세계로 생사를 끝없이 반복하는 것이 육도윤회이다. 이런 전제로 죽음을 바라본다면 윤회 속에서의 죽음은 진정한 죽음이 아닌 단지 이사하는 것과 같다. 중요한 것은 고통이 가득한 집을 피해 행복한 집을 선택하는 지혜이다. 불교의 행복은 육도윤회에서 벗어난 곳, 극락으로 가는 것이다.

아래의 그림은 우리나라의 불지종가, 국지대찰 통도사의 극락보전에 그려진 반야용선 벽화이다. 관음보살과 지장보살이 중생들을 안전하게 지혜의 배에 태워 낙원으로 이끄는 그림이다.

통도사의 극락으로 가는 반야용선 벽화

극락정토(極樂淨土)

석가모니는 극락세계가 인간 세상에서 멀리 떨어진 서쪽에 있다고 『무량수경』에서 말한다. 『무량수경』의 극락에 대한 내용은 다음과 같다.

> "법장보살은 이미 성불하여 서쪽 나라에 있는데, 그 부처님의 이름을 아미타불 혹은 무량수불이라 하며, 그 나라는 십만 억의 나라를 지난 먼 나라로서 극락세계라 한다. 극락정토에 있는 모든 물건에 대하여 내 것이라는 욕심이 없으니, 그것들에 집착하는 마음이 없다.
>
> 그래서 가고 오고 머무는데 조금도 마음에 걸림이 없고, 마음이 자재로우니라. 또한 친하여 스스럼없고 너와 나의 차별심이 없어 서로 시기하고 시비를 다투는 마음이 나지 않고 오히려 모든 중생을 사랑하는 큰 자비심만 가득하니, 매양 상냥하고 부드러워 분하고 한스러운 마음이 없느니라."

십만 억 국토라는 거리는 150억 광년, 약 9조 5천억 킬로미터에 해당한다. 이는 부처의 광명을 보지 못하게 하는 중생의 번뇌의 두께이다.

극락세계의 주인인 아미타는 무량(無量)이라는 뜻, 아미타에 바를 붙이면 무량광이 되고, 유를 붙이면 아미타유인 무량수가 된다. 무한한 광명, 무한한 수명이다. 빛은 지혜를 상징하는데, 빛이 없는 무명은 그래서 어리석음을 뜻한다. 무량광은 아미타불의 지혜가 무한함을 상징한다. 아미타불은 자신의 수명인 무량한 것에 더해 48대원을 바탕으로 극락세계의 모든 중생도 무량한 수명을 얻게 만들었다. 이 말은 극락중생은 모두 시간이라는 환상에서 벗어나고, 윤회의 속박을 끊은 부처님이 될 수 있다는 말이다. 아미타불의 두 가지 이름인 무량광과 무량수는 자신만을 위한 이고득락(離苦得樂)이 아니라 극락세계 모든 중생들이 무량광, 무량수를 얻게끔 만드는 자비심이다.

극락세계는 공간도 시간도 수명도 무한하다. 시간과 공간이라는 환상, 6근(6개의 감각: 시각, 청각, 후각, 미각, 촉각, 의식)의 환상에서 벗어난 존재에게는 차별이 없다. 아미타불과 극락에 태어난 중생의 6근은 청정하기 때문에, 무한한 극락세계를 인식할 수 있다. 하지만 인간은 감각기관이 가진 한계에 갇혀 이를 인식하지 못한다.

중생이 만든 스스로의 속박에서 벗어나는 순간 다른 어딘가로 갈 필요 없이 발 딛고 서 있는 그 자리에서 지극한 행복을 맛볼 수 있다. 우리가 발심하고 염불 수행하여 번뇌 너머에 있는 자신의 불성의 빛을 발견해주기를 아미타 부처는 지혜와 광명을 24시간 365일 환히 비추며 기다리고 있다.

극락은 불교의 가장 이상적인 유토피아다. 왜 극락이라고 하는가 하면 오직 즐거운 일만 있고, 괴로움이 없기 때문이다. 이는 정신적인 즐거움이자 물질적으로도 부족함이 없는 풍요로운 세계, 모든 것이 보배로 이루어진 세계이다. 사바세계는 항상 상대적이다. 그러나 극락세계는 절대적이므로 무엇과도 비교할 수 없고, 또 차별이 없는 세계이다.

괴로움(苦)의 사바세계에서 자비를 통해 극락정토에 들어올 수 있다고 한다. 깨달음의 세계를 피안의 세계 혹은 정토라고 한다. 열반의 세계, 불국토, 극락은 다 같은 말이다.

관정스님은 1967년 중국 복건성 선유현 매사암사 뒤 미륵동에서 일주일 동안 용맹정진, 참선 중에 갑자기 누군가 자신을 부르는 듯한 소리를 들음과 동시에 앞으로 밀려 나가는 것 같았다. 그는 서방 극락세계에 가서 아미타불을 친견하고 극락의 장관을 참관한 후 다시 연꽃을 타고 나한동으로 와서 동자가 가져다준 물 한 잔을 마시고 잠에 들었는데, 깨어나 보니 다시 미륵동이었다고 한다.

극락세계를 다녀온 그 기간이 단지 밤낮 하루 20여 시간 정도로 밖에 느껴지지 않았는데, 인간 세상의 실제 시간은 1974년으로 장장 6년 5개월이라는 세월이 지나 있었다. 천상의 하루는 인간 세상의 수년이다(석관정, 극락은 있다, 붓다의 마음, 2002, 25~29쪽).

관정스님이 보고 온 극락에 대한 묘사이다.

> "극락의 사람들은 모두가 빛을 내고 맑은 향기가 나는데 삼삼오오 짝을 지어서 춤을 추거나 바둑을 두고 고요히 앉아 정신 수양 등을 하고 있으며, 우리를 보자 모두 다 친절하게 미소를 보내며 환영하였다.
>
> 그들의 몸은 투명하여 막히거나 걸림이 없으므로 어느 곳이나 한 번의 생각만으로 자

유자재로 통과하며 부딪히거나 붐비거나 하는 어떠한 장애도 받지 않는다.

극락에서는 모두가 꽃에서 채취한 꿀로 양식을 삼는데 선녀들이 공양으로 보내온 것이다. 인간 세상의 사람들이 이것을 먹으면 모든 병이 사라지고 장수하게 되며, 늙은 사람이 동자와 같이 젊어진다."

도교의 낙원, 무릉도원

무릉도원은 중국의 시인 도연명이 쓴 『도화원기(桃花源記)』의 무대이다. 끊임없는 전쟁, 도적떼의 수탈, 과도한 세금, 질병, 기아 등 고단한 춘추전국시대 중국 백성들이 상상해 낸 낙원이다.

중국인들이 꿈꾸던 낙원은 인간 세상의 어려운 정치, 힘든 경제상황 속에서 나와 자연이 동화하고 일치하는 세상이었다. 노장사상에서 보듯 최상의 경지는 바로 자연과 내가 하나 되는 것이다. 자연으로 돌아가고자 하는 귀거래(歸去來)는 현실보다는 자연에 더 큰 의미를 부여하는 동양에서는 오랜 전통을 지닌 고상한 정신이다. 귀거래를 동경하는 것은 자아와 현실이 서로 이상적으로 만날 수 없다는 서글픈 정서에서 비롯된다.

귀거래 사상에 따른 무릉도원의 이야기는 다음과 같다.

"4세기 무릉에 사는 어부가 있었다. 어느 날 강을 따라 계곡 깊숙이 들어가는 사이에 자기가 어디에 있는지 알 수 없게 되었다.

계곡 양쪽 물가를 따라 복숭아꽃들이 만발해 있었다. 그래서 도원(桃園)이다.

동굴이 있어 동굴 안으로 계속 들어가자 갑자기 시야가 밝아지더니 논밭과 아름다운 연못, 대나무 숲도 있었다.

사람들은 한가롭고 즐거운 모습이었다. 모두가 잘살고 행복하였다. 시간 가는 줄도 모르는 곳이다.

사람들이 입고 있는 옷들도 세상 사람들과 다를 것이 없었다.

백발이 성성한 노인이나 머리를 땋은 아이들도 한가롭고 즐거운 모습이었다.

어부의 모습을 발견한 마을 사람이 깜짝 놀라면서 도대체 어디서 왔느냐고 물었다.

어부가 겪은 그대로를 이야기하자 마을 사람은 자기 집으로 어부를 데리고 가서 술과 닭고기 요리를 대접해 주었다.

어부에 대한 소문을 들은 마을 사람들이 그 집으로 몰려왔다.
마을 사람들은 아래 세상에 대해서 이것저것 어부에게 캐물었다.
자신들은 진나라 때 전쟁을 피해 들어와 인간 세상과 관계를 끊고 살아왔다고 한다."

무릉도원에는 몇 가지 특징이 있다.

첫째, 세상과 완전히 격리된 곳이다.

둘째, 전쟁과 갈등이 없는 평화로운 곳이다.

셋째, 시간이 멈춘 곳이다. 시간의 흐름을 구태여 인식할 필요가 없는 곳이 바로 낙원이다.

넷째, 원시 농경사회를 모델로 한 자급자족형 사회이다. 그들의 행복한 삶의 비결이란 간단하다. 농사짓고 입고 먹고 자는 것이 편하다. 자연 그대로 존중하고 살아간다. 이러한 삶의 방식은 노자의 『도덕경』에 등장하는 작은 나라, 적은 인구, 즉 소국과민(小國寡民)의 이상세계와 유사하다.

다섯째, 동굴은 사람들이 끊임없이 꿈꾸는 은신처이다. 동굴은 고요한 휴식을 의미한다. 동굴은 보호를 받고자 하지 갇혀버리는 것을 원하지는 않는 법이다. 인간존재는 바깥과 안쪽의 가치를 함께 알고 있다(가스통 바슐라르, 대지 그리고 휴식의 몽상, 정영란 역, 문학동네, 2002, 47쪽).

마지막으로, 낙원은 환대에 기초한다. 모르는 낯선 이를 집으로 데려가 술과 닭을 잡아 대접하는 것이 바로 환대이다.

중국 호남성 무릉현에 있는 도화원이 원래 무대이고, 우리나라 강원도 영월에도 무릉도원면이 있다.

유교의 낙원, 대동사회

유교에서 그리던 이상사회가 과거 요순 시기에 해당한다. 그 시기를 동경하는 공자에게 있어 인의 궁극적 목표는 나와 공동체뿐만 아니라 인간과 자연의 조화로운 관계에 있다. 천지 만물을 하나로 본 공자는 자연을 이용하는 것은 불가피하지만, 인간 마음대로 개발하고 유린하는 것이 아니라, 인에 의해 모든 생명의 중요성을 명심하고 실천하기를 권고하였다.

유교에서 지향하는 낙원은 '대동사회'로 규정된다. 『예기』 〈예운〉편에 이에 대한 상세한 기록이 있다(최규홍, 유토피아인문학, 석탑, 2013, 117쪽).

> "큰 도가 행하여지자, 천하를 공(公)으로 여기고, 어질고 능력 있는 인물을 골라 지도자로 삼았고, 화목을 두텁게 하였다. 그러므로 사람들은 각자의 부모만을 부모로 여기지 않았고, 각자의 자식만을 자식으로 여기지 않았다.
>
> 노인은 여생을 편안히 마칠 수 있게 하였고, 장년은 일할 수 있게 하였으며, 어린이는 마음껏 성장할 수 있게 하였다.
>
> 홀아비와 과부, 고아와 자식 없는 늙은이, 장애인과 질병에 걸린 사람들은 모두 부양받을 수 있게 하였다.
>
> 남자는 직분을 갖게 하였고, 여자는 결혼하여 가정을 이루게 하였다.
>
> 재화가 헛되이 땅에 버려짐을 미워하였지만, 사사로이 독점할 필요가 없었다.
>
> 노동이 사람의 몸에서 나오지 않음을 싫어하였지만, 굳이 자기 자신만을 위하여 일할 필요도 없었다.
>
> 간사한 꾀는 막혀 일어나지 않았고, 절도나 도적이 생기지 않아 바깥문을 닫는 일이 없었다.
>
> 이러한 세상을 일러 대동이라 한다."

중동 이슬람의 낙원: 암살자의 계곡(The Valley of Assassins)

이슬람을 믿는 고대 중동에서 전해지는 이야기로 『동방견문록』으로 우리에게 알려진 마르코 폴로(Marco Polo)가 증언한 내용이다. 다만, 유럽인의 관점으로 왜곡되었을 가능성이 있다.

'산장로(山長老)'가 이 낙원을 만든 목적은 광신적인 이슬람교도의 젊은이들을 냉철하고 무자비한 암살자(mujahidin)로 키우기 위해서였다.

산장로의 부하들은 인근 지방을 잘 살펴서 눈에 띄는 소년에게 약물을 몰래 먹인다. 약물이란 이 지방에 야생하는 대마초에서 추출한 해시시(hashish)이다. 약물을 입에 넣자마자 소년은 쾌활해지고, 점차 약효가 나타나면서 환각 세계에 빠지게 되며, 이윽고 잠들어 버린다. 이때를 틈타서 소년들을 '정원(낙원)' 안으로 옮긴다. 소년이 눈을 뜨고 보면 그곳은 이슬람의 교주인 마호메트가 말한 그대로의 세상이 펼쳐져 있다.

아름다운 건물, 꽃들이 만발한 정원에는 포도주와 꿀의 강이 흐르고 고기나 과일도 마음껏 먹을 수 있으며, 절세 미녀들의 환대를 받는다. 그렇게 이 지상 낙원에서 꿈같은 나날들을 보내게 된다.

그런데, 어느 날 소년이 눈을 뜨면 생전 본 적도 없는 곳에 와 있다는 것을 알아차리게 된다. 그 땅의 군주이자 성자로 추앙받는 '산장로'의 부름을 받고 그 앞에 나아가서 질문을 받게 된다.

> "너는 어디에서 왔느냐?"
> "낙원에서 왔습니다. 코란에 씌어진 것과 똑같은 낙원이었습니다. 거짓말이 아닙니다."
> "믿어주마. 그래서 너는 그 낙원으로 돌아가고 싶으냐?"
> "물론입니다. 하지만 어떻게 돌아가야 할지 모르겠습니다."
> "좋다. 내가 힘이 되어주마. ……어쨌든 알라를 위해서 생명을 내던질 각오를 하늘에 보이도록 해야 할 것이다. 어떠냐, 알라의 가르침에 등을 돌린 나쁜 놈이 있는데, 그 놈을 죽일 수가 있겠느냐?"
> "할 수 있고말고요. 그것이 알라의 뜻이라면 제가 죽는 한이 있어도 반드시 해내겠습니다."

소년의 사명은 이슬람의 가르침을 지키기 위한 성스러운 전쟁인 지하드(jihad)에 참여하는 것이다. 만일 실패하는 일이 있어도 순교자로서 천국에 들어갈 수 있기 때문에, 생명의 유무는 그다지 문제가 되지 않는다고 생각한다.

한국의 낙원

한국인의 낙원관

『논어』〈자공〉편에 공자도 살고 싶은 나라로 동경했다는 우리나라는 예로부터 산천이 아름답고 빼어나 "삼천리 금수강산"이라 불리어 왔다. 봄이면 눈이 녹고 날씨가 따뜻해져 대지에 생기를 불어 넣는다. 여름이면 다소 덥지만 벼를 익게 하고, 울창한 녹음이 우거진다. 가을은 천고마비의 계절로, 들판은 황금물결로 변하고 단풍이 아름답게 물든다. 겨울이면 흰 눈의 깨끗함 속에 참을만한 추위가 닥친다(권영필 외, 한국의 미를 다시 읽는다, 돌베개, 2002, 256쪽).

이 천혜의 자연환경 속에서 살아온 한국인들은 자연이란 아름다운 낙원이라는 인식을 지니고 살아왔다. 자연이란 낙원은 자기를 위한 향유와 타자를 위한 환대가 결핍된 현실을 아쉬워하고 보상받으려 한다는 점에서 신비로운 공간이 된다.

> 자연으로 돌아가지 못함이 못내 부끄럽네.
> 늙은 몸 아직도 백관 뒤에 서서
> 청삼(靑衫)과 목홀(木笏)로 조례에 참석하고 있네.

이규보의 『동국이상국집』에 나오는 〈원일조회퇴래유감(元日朝會退來有感)〉이라는 시이다. 청삼과 목홀은 관리가 입는 옷과 관직을 상징하는 패로 조회 때 들고 서 있는 것이다. 이 시에서 한가로이 낙원인 자연 속에서 현실의 당파싸움과 출세에 대한 스트레스를 받지 않고, 그윽한 일로 남은 생을 보내고 싶다는 잔잔한 욕망을 읽을 수 있다.

양반들에게 자연은 이율배반적 속성을 지니는 공간이다. 의미상으로는 정치 현실의 저 반대편에 위치하고 있으나, 이는 관념뿐이지 실제로는 정치 현실과 이어진 공간이다. 유교적 입신양명과 도교적 자연회귀, 정치 현실과 자연과의 관계를 흔히 동전의 양면으로 설명하는 것도 이 때문이다. 돌아가고자 하는 바램과 버릴 수 없는 현실 사이에서의 갈등이다. 홀홀단신의 독락과 명문가문의 흥성(興盛) 사이의 고민이다.

자연에 대한 양반들의 인식은,

첫째, 한가로움과 여유의 이상 공간이다.

둘째, 자연을 심성 수양의 공간으로 인식하는 태도이다. 자연에서 심성을 수양함으로써 수기치인(修己治人)을 완성하고 치국과 평천하로 의지를 확장하고자 하는 유가적 의식이 잠재하고 있다. 지금은 비록 실현될 수 없지만, 다른 날 정치적 이상을 실현하기 위하여 준비하는 대기 공간으로 자연을 인식하고 있다.

셋째, 자연을 현실도피의 공간으로 보는 태도이다. 현실에 대한 강한 불만과 두려움이 자리하고 있다. 은둔은 현실도피다. 정치 현실에 참여할 수 없다는 좌절감이다(박영호, 한국인의 원형적 사고, 태학사, 2004, 217쪽).

선비들에게 이상적인 삶의 자세는 과거를 통하여 정계에 진출하여 성현의 가르침을 바탕으로 백성을 교화하다가, 노년에 이르면 물러나 자연 속에서 유유자적하며 남은 생을 보내는 것이다.

한국 낙원의 유형

우리 선조들은 이상향을 옥야(沃野), 승지(勝地), 복지(福地), 동천(洞天), 낙토(樂土), 부산(富山), 선경(仙境) 등으로 표현해 왔다.

옥야는 농업이 근본인 경제체제에서 가장 중요한 비옥한 땅을, 승지는 경치 좋으며 전쟁통에 숨어 살기 좋은 곳을 뜻한다. 복지는 아름다운 계곡이나 동굴 속 세상이다. 낙토는 낙원이라는 말과 같이 즐거운 땅이며, 부산은 물자가 풍족하여 가난이 없는 땅이다. 선경은 신선이 살만큼 아름다운 곳이다. 동천은 본래 도교에서 신선이 모여 사는 땅을 의미하는데, 속세의 때가 미치지 않은 깨끗한 공간임을 강조한 단어이다.

우리의 낙원 유형은 동북아 전체와 공유하는 것으로서 삼신산형, 도원형, 소국과민형, 대동사회형 등이 있다.

삼신산형

삼신산을 낙원의 대명사로 인식하게 된 것은 『사기』의 〈봉선서〉에 수록되어 있는 다음의 이야기 때문이다. 한국 전래 문학의 용궁이 이에 해당한다.

> "위의 선왕과 연의 소왕이 사람을 시켜 바다에 들어가 봉래, 방장, 영주의 삼신산을 찾게 하였다. 이 삼신산은 발해 가운데 속세로부터 멀지 않지만, 다다름을 꺼려하여 배들은 곧 바람에 끌려 가버렸다. 일찍이 이곳에 이른 자가 있었는데, 여러 불사의 약이 있고 물건과 짐승들이 모두 백색이고 궁궐은 황금과 은으로 지었다고 한다. 미처 이르기 전에 바라보면 구름과 같으나 막상 이르고 보면 삼신산은 도리어 물 아래에 있다. 배를 대려 하면 문득 바람이 끌어가 버려 끝내 아무도 도달할 수 없었다."

도원형

〈도화원기〉는 현세초탈을 꿈꾸었던 도연명의 도가적 바람이 포함되어 있다. 조선형 무릉도원의 압권은 역시 안견의 〈몽유도원도〉이다. 안평대군이 1447년 4월 20일에 꿈속에서 도원을 여행하고, 그 내용을 안견으로 하여금 그리게 하였다. 스스로 발문을 쓰고 당시의 명사들인 신숙주, 정인지, 박팽년, 성삼문 등에게 23편의 찬시를 짓게 한 시서화의 삼절이 갖추어진 종합예술작품이다.

화면 왼쪽 아래에서부터 오른쪽 위로 꿈속에 나타났던 장면이 전개되는데, 화면 왼쪽은 현실세계, 중간은 도원으로 들어가는 동굴과 같은 길, 오른쪽에는 복숭화꽃 만발한 이상세계가 펼쳐진다.

안견의 〈몽유도원도〉

안평대군이 직접 쓴 발문(跋文)은 다음과 같다.

> "그 골짜기에 들어가니 마을이 넓게 트여 2, 3리쯤 될 듯하다.
> 사방의 산이 바람벽처럼 치솟고, 구름과 안개가 자욱한데, 멀고 가까운 도화 숲이 어리비치어 붉은 놀이 떠오른다.
> 대나무 숲과 초가집이 있는데, 싸리문은 반쯤 닫히고 흙담은 이미 무너졌으며, 닭과 개와 소와 말은 안 보인다.
> 앞 시내에 조각배만 물결을 따라 오락가락하니, 정경이 소슬하여 신선의 마음과 같았다.
> 이에 주저하며 둘러보기를 오래 하고 박팽년에게 이르기를 바위에다 서까래를 걸치고 골짜기를 뚫어 집을 지었다더니 어찌 이를 두고 이름이 아니겠는가,
> 정말로 도원동이다."

이 발문의 의미는 현실정치에 참여하고 있었던 문학과 예술의 대가 안평대군과 선비들이 만들어 나가고자 하는 미래에 대한 기대와 포부의 표출이다. 그들은 무인 중심의 수양대군에 맞섰으나 좌절하고 말았다.

소국과민형

동양의 이상사회는 정치적으로 유교에 바탕을 둔 왕도정치와 도교의 무위정치이다. 왕도정치는 천하라는 광대한 공간에 일원적 질서를 구축하고, 이를 통해 번영을 추구하는 것이다. 반면에, 도가의 무위정치는 소규모의 평화로운 향촌사회의 건설을 지향한다. 소국과민

형 낙원은 법과 제도가 불필요한 도가적 작은 사회를 지향한다. 동적 사회가 아니라 폐쇄성을 강조하고 물질적 욕구의 충족보다 욕망의 절제와 검약을 통하여 안정을 추구하는 사회이다.

노자의 『도덕경』 80장에는 소국과민의 구체적 모습이 다음과 같이 그려져 있다.

> "이상적인 나라는 국토가 작고 백성의 수가 적고 문명의 이기가 있어도 쓰지 않고 백성들로 하여금 저마다 삶을 아끼고 멀리 떠돌지 않게 한다.
> 비록 배나 수레가 있어도 타고 다닐 필요가 없고, 비록 무기가 있어도 쓸 필요가 없다.
> 사람들은 맛있게 먹고, 잘 입고, 편안히 살고, 제멋대로 즐긴다.
> 이웃 간의 닭이나 개소리가 마주 들리기도 하지만, 백성들은 욕심이 없고 평화롭게 살며 늙어 죽을 때까지 서로 번거롭게 왕래하는 일도 없다."

대동사회형

춘추전국시대 이래 계속되는 내란, 왕조 간의 정권교체, 외침 등 여러 이유로 중국인들에게 오직 평화로운 세상만이 낙원으로 여겨진다. 그건 우리 한국인들에게는 더욱 절실하다.

공자는 『예기』의 〈예운〉편에서 제자 자유(子游)에게 대동세계를 이상사회로 제시하며, 이렇게 설명했다.

> "대동은 대도가 행해지는 세계인 바, 거기서 천하는 백성 모두의 것이며, 능력에 따라 지위가 부여되고 사람들은 서로 신뢰하며 사이가 좋다. 그러므로 자기 어버이와 자식만을 편애하는 일이 없다. 또 남녀노소 모두가 거처할 바를 얻고 재화를 함부로 쓰지 않는다. 그리고 자기 것만을 독차지하지 않는다. 노력을 역겨워하지 않되, 반드시 자기만을 위해서 하지 않는다. 따라서, 모략도 도둑도 없고 아주 평화롭기만 하다."

공자는 이와 같은 이상의 경지에 도달하려면 예의에 의해서 가족 본위와 자기본위로 말미암은 상호 대립을 규제하지 않으면 안 된다고 덧붙였다. 공자의 이상세계는 미래에 올 세계가 아니고 이미 있었던 이전의 세계, 즉 요순시대이다.

이 대동사상은 이상향에 대한 간절한 염원으로서 근대에 이르기까지 중국 사람들뿐 아니라 우리나라에도 영향을 주었다. 외침과 내란이 빈번할수록 대동세계에 대한 동경이 피어나곤 했다(정재서, 도교와 문학 그리고 상상력, 푸른숲, 2000, 266~271쪽).

대동사회는 인위적으로 달성된 낙원이라는 점에서 다른 유형의 낙원들과 다르다. 따라서, 대동사회형 낙원의 이면에는 현재의 모순을 극복하여 지금보다 나은 사회를 건설하고자 하는 현실개혁적인 적극적 의지가 내재하고 있다는 점에서 도교적이라기보다는 유교적이다.

예나 지금이나 그리고 앞으로도 모든 것이 충족된 완전한 사회는 도래하지 않을 것이다. 아니 오히려 점점 살기 어려운 세상이 될 것이다. 그러나 낙원을 지향하는 의지 속에는 지금보다 나은 사회를 건설하고자 하는 우리의 소중한 소망이 꿈틀거리고 있다.

우리가 아는 한국의 낙원들

홍길동의 율도국

『홍길동전』(1618)은 최초의 한글소설이며, 동시에 우리나라 최초의 유토피아 소설로 율도국이 최후의 낙원으로 설정되어 있다. 한국의 삼대 의적으로 홍길동, 임꺽정, 장길산을 드는데, 우리에게 가장 친근한 것이 홍길동이다.

"아버지를 아버지라 하지 못하고……"라는 문장으로 한국인에게 유명한 서자인 그는 활빈당의 수령이다. 활빈당은 부패한 지배층을 공격하여 빼앗은 재물들을 빈민들에게 나누어 준 의적 집단이다. 활빈당의 스토리는 고려와 조선시대에 계속 나온다.

홍길동은 율도국에 그를 따르는 삼천 명과 같이 들어가 정벌하고 왕이 된다. 율도국을 유토피아로 볼 수 있는 것은, 율도는 바다 한가운데의 섬으로 본토와는 바다로 절연되어 있어 독립적 성격이 강하기 때문이다. 옥토 수천리의 하늘이 내린 땅으로 사람 살기 적합한 곳이고, 서얼의 차별이 모두 철폐된 평등사회이다. 조선 사람이 출입하는 곳이 아니고, 중국을 섬기지도 않는 새로운 땅이다.

길동이 왕이 되어 나라를 다스린지 3년 만에 산에는 도적이 없고 길에 떨어진 물건을 줍지 않았다고 하니, 가히 태평성대이다.

장길산이 그린 나라

남북분단 이후 남한에서 창작된 역사소설 가운데 가장 뛰어난 작품으로 평가받고 있는 황석영의 『장길산』은 17세기 말 조선 숙종 때를 배경으로 하고 있다.

주인공인 장길산은 만삭의 몸으로 도주하다 그를 낳고 바로 숨을 거둔 여노비에게서 태어난다. 그는 평안도 한 외진 마을에서 광대의 보살핌 아래에서 어엿한 검객으로 자라난다. 그는 혁명가로서 전국의 의적들을 규합해 대동세상을 이루기 위한 봉건 질서 및 계급 타파 운동에 나선다.

장길산에서 핵심적인 모티프로 떠오르는 것은 당시 기층민의 사회반발 사건과 연관되어 파급되었던 일종의 동양의 천년왕국적인 사상인 미륵신앙이었다. 그러나 현실 세계 속의 낙원이라는 의미로 장길산이 더 지향했던 세계는 민중의 유토피아인 대동세상이다. 빈부와 신분의 구별이 없는, 곧 만백성이 계급 없이 평등한 나라는 장길산이 그렇게 혁명가의 길로 들어서던 순간부터 열망했던 이상세계였다.

대동세상은 민중이 그들의 피를 흘려 싸워 이룩해야 할 세상이라는 점에서 비현실적인 종교적 이상세계와 다르다. 장길산이 옥여스님에게 "재물과 신분의 구별이 없는 대동세상은 가장 천한 것에서 찾지 않으면 안 된다. 진인은 따로 있는게 아니라 역병에 쓰러져 가는 팔도의 백성들(황석영, 장길산, 제9권, 민음사, 1984, 67쪽)"이라고 절규하는 데서 그 이상이 잘 드러난다.

대동세상이란 결코 어느 특정 인물에 의해 실현될 수 없다. 그런 까닭에 장길산이 이끌었던 역성혁명은 바로 그것이 실패로 끝났는데도 결코 실패라고 단정 지을 수 없다. 조선 팔도 방방곡곡의 백성들이 역병과 굶주림에 죽고 싸우며 이룬 다른 장길산들이 장차 수없이 생겨날 것이기 때문이다. 작가가 역성혁명의 실패 후에도 장길산이 끝내 잡히지 않았다

화순 운주사 와불

고 강조하는 것은 바로 이와 같은 까닭이다.

장길산의 역성혁명과 수도천도설의 성지로 알려진 곳이 바로 전라도 화순의 운주사이다. 위 사진의 운주사 와불이 일어서는 날이 바로 낙원이 완성되는 날이다. 운주사는 우리의 잃어버린, 혹은 현재진행 중인 낙원에의 꿈이 맺혀 있는 곳이다.

동학의 후천개벽

"천년 뒤 최씨 후손이 유불도 삼교를 통일할 것"이라고 예언한 신라 말의 대학자 고운 최치원의 28대손인 수운 최제우가 세운 동학이란 말 자체가 서학(천주교)의 대립 개념이다. 동학은 서양문명, 서양 세력의 식민주의 세계화 경향에 반발하여 일어난 한민족 고유의 민족주의 사상이다. 동학의 천주는 하늘에도 있고, 우리 조선인들 마음속에도 있다.

동학이 만들어진 조선 후기는 탐관오리의 거듭된 수탈, 오랜 세도정치의 폐단, 외세의 빈번한 침략이 일어나는 등 내외의 모순이 극에 달했던 시기이다. 이런 배경에서 동학은 새로운 세상을 바라는 민중의 소망을 종교적 신앙으로 결집해 냄으로써 시대적 요청에 부응했다. 특히, 사람은 누구나 마음속에 천주를 모시고 있다(侍天主)는 평등의식은 봉건적 신분질서를 크게 동요시켰다. 서양과 일본, 청등 외세의 개입에 반대하는 사상은 민족 자주정신 형성에 크게 기여했다는 점에서 한국 최초의 근대적 사유라고 평가할 수 있다.

2대 교주인 최시형에 이르러 최제우의 시천주 사상은 사람 섬기기를 하늘과 같이 하라(事人如天)는 가르침으로 발전했다. 3대 교주인 손병희에 이르러서는 '사람이 곧 하늘'이라는 인내천(人乃天) 사상으로 체계화된다.

동학은 그 이념으로, '나라를 보살피고 백성을 편안하게 한다(輔國安民),' '동학의 도를 천하에 퍼트린다(布德天下),' '널리 사람들을 구제한다(廣濟蒼生)' 등 현실 개혁적인 구호를 제창하였고, 농민혁명으로 행동하였다(한국철학사상연구회, 처음 읽는 한국현대철학, 동녘, 2015, 103쪽).

동학의 후천개벽은 하늘의 운이 다해 지금의 세계는 끝이 나고 백성들이 바라는 새로운 세상이 온다는 사상이다. 경주의 최부자집과 친척관계인 서자 출신 지식인 최제우가 전개한 이 사상은 조선 후기 혼란의 시기에 고통 받는 사람들에게 대단한 희망의 메시지를 던졌다.

후천개벽을 이루기 위해 동학의 후신인 천도교는 3·1 독립운동에서 중심적인 역할을 수행했다. 후천개벽의 낙원은 바로 정권에 의한 불법적인 계엄에 온 국민이 거리로 나서 지켜낸 대한민국이라는 민주공화국이다.

이중환의 『택리지』와 『정감록』의 십승지

조선 후기 이중환의 『택리지』에 한국인의 의식 속에 내재하는 낙원의 내용과 위치에 대한 구체적인 설명이 있다. 그 내용의 몇 가지를 보면, 합천 해인사 주변의 가양산 동북 편의 만수동은 애써 갈무리하지 않아도 땅이 기름져서 먹을 것과 입을 것을 구하는 데 큰 어려움이 없다. 그래서 어지러운 세상을 피해 살기에 족한 복지로 알려져 있다.

예로부터 금강산을 봉래산, 지리산을 방장산, 한라산을 영주산의 삼신산이라 하는데, 특히, 지리산은 뭇 신선이 모여 사는 곳이라 한다. 흙이 두텁고 기름져서 온 산이 사람 살기에 알맞다. 지역이 남해에 가까워 따뜻하다. 산 안에 백리나 되는 긴 골이 있어 바깥쪽은 좁으나, 안쪽은 넓어서 가끔 사람을 발견하지 못해 나라에 세금도 바치지 않는다. 감과 밤이 많아 저절로 열렸다. 저절로 떨어진다. 기장이나 조를 높은 산에 뿌려도 무성하게 자란다. 산중에는 촌사람과 중들이 섞여 산다. 생산이 풍족하여 흉년을 모르므로 부산(富山)이라 부른다(이중환, 택리지, 이익성 역, 을유문화사, 1994, 161~174쪽).

노령산맥 한 줄기가 북쪽으로 부안에 와서 서해 한가운데로 쑥 들어간다. 서쪽, 남쪽, 북쪽은 모두 바다이고 산에는 많은 봉우리와 계곡이 있는데, 이곳이 변산(邊山)이다. 바깥은 모두 소금 굽고 고기 잡는 사람의 집이고, 산중에는 기름진 밭이 많다. 주민이 산에 오르면 나무를 하고, 산에서 내려오면 고기잡이와 소금 굽는 것을 업으로 하여 땔나무와 조개 따위는 값을 주고 사지 않아도 풍족하다.

서구의 유토피아 유형 중 코케인에서는 모든 것이 풍요롭고 사람들이 그저 이 안에서 살아가면 되기 때문에 법과 질서도 필요 없다. 이런 점에서 택리지에서 그리는 만수동, 부산, 변산은 성격상 코케인과 유사하다.

전통적인 영남의 4대 길지는 경주의 양동마을, 풍산의 하회마을, 임하의 내앞, 내성의 닭실이다. 이 4대 길지 가운데서 양동마을을 제외한 세 군데가 안동이다. 그런데, 이중환은 이상적인 장소로 도산, 하회, 내앞, 닭실을 뽑았는데, 최고의 명당이 모두 안동이다. 이중환의 기준은 지리(풍수적 조건), 생리(경제적 조건), 인심, 산수(자연미)이다.

조선 후기 많은 외침과 내란 속에서 백성들에게 삶을 이어갈 위안을 주었던 것이 작자불명인 『정감록』의 존재이다. 이 책은 조선이 국운을 다한 후 800년을 이어갈 정씨 왕조가 계룡산에 등장한다는 천기누설을 담은 금서이다. 그리고 이 책의 대중적 가치는 살만한 땅, 생명을 보전할 수 있는 곳에 대한 희망을 주었다는 점 때문이다. 그 대표적인 곳이 소위 십승지이다.

십승지는 서양이나 중국 등의 가상공간과 달리 우리 땅 중 어디 가면 정말 있는 곳이다.

물론 공통점도 있는데, 그것은 외부 세계와 철저하게 단절되어 있다는 점이다. 서양은 주로 섬에 존재했고, 동양에서는 대체로 깊은 산속에 있는데, 십승지 역시 산속 마을들이다. 그래서 난세에 숨어 들어가 생명과 재산을 보전할 수 있었다.

십승지의 핵심은 세 가지 재앙이 감히 들어오지 못하는 땅(三災不入之地)이다. 즉, 전쟁의 난을 피할 수 있고, 흉년으로 배고프지 않아도 되고, 여러 가지 질병에서 안전한 곳이다. 『정감록』에는 “양백지간(兩白之間), 즉 태백산과 소백산 사이가 사람이 생명을 지키는 데 가장 좋은 지역”이라고 한다. 이곳을 중심으로 십승지를 살펴보면 북한 쪽은 해당 지역이 없다는 특징이 있는데, 정확한 지도상의 위치는 다음과 같다.

- 영주 풍기 금계촌
- 봉화 화산(춘양면)
- 보은 속리산 증항 일대
- 남원 운봉 지리산 아래
- 예천 금당동
- 공주 유마양수지간, 마곡사 일대
- 영월 정동 상류지대
- 무주 무풍 덕유산 아래
- 부안 변산의 동쪽 일대
- 합천 가야산 아래 남쪽의 만수동

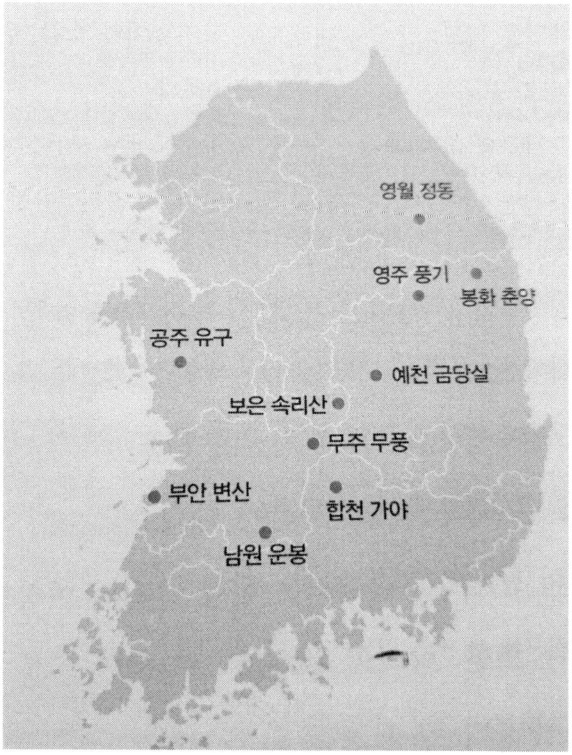

십승지 위치도
(출처: 정감록이 예언한 십승지마을, 남민, 소울메이트, 2014)

환대와 향유의 낙원 만들기

우리는 앞에서 나를 위한 향유와 너를 향한 환대에 대하여 살펴봤다. 누누이 강조해 왔지만, 환대와 향유는 동전의 양면같이 입장을 바꾸면 사실은 둘이 아니다. 내 삶을 향유하지 못하는 사람이 타자를 환대할 수 없고, 타자에 대한 환대 없이 온전한 나의 향유도 가능하지 않다. 나를 스스로 손님처럼 귀하게 모시는 나에 대한 환대가 향유이고, 너가 온전히 즐겁게 누리게 하는 향유가 나의 너에 대한 환대이다. 그리고 이 둘이 하나인 공간과 시간이 낙원이라고 할 수 있다. 바로 위에서는 각종 인류 역사 속의 문학, 종교와 철학에서 제시된 다양한 동서양, 국내외의 낙원의 유형과 내용을 알아봤다. 이름은 달라도 어려운 현실에서 나오는 결핍에 대한 보상욕구로 대표적인 것이 의식주의 풍족함, 관대함, 여가와 여유, 현명한 지도자, 어른에 대한 공경, 불로장생, 외적의 침입 불가능성 등 그 내용은 비슷하였다.

결론적으로 지금의 현실 속에서 어떤 공간이 우리가 환대와 향유를 통하여 만들고자 하는 낙원인지, 그 낙원은 구체적으로 어떻게 만들어야 하는지, 그래서 그 낙원은 우리에게 다른 삶을 가능하게 할 수 있는지 등을 생각해보자.

좋은 장소 만들기

공간에서 장소로

낙원을 우리는 백이면 백 어떤 특정한 조건을 갖춘 행복과 향유의 공간으로, 구체적으로는 자연환경과 생활 여건, 경제적 · 사회적으로 불안과 걱정이 없고 인간관계 등이 이보다 더 좋을 수 없는 장소로 생각한다. 이는 사실이다. 그러면 낙원의 전제조건으로서 공간과 장소는 무엇인가?

공간의 속성은 물리적 공간 이외에도 다양하다. 사회적 공간, 정신적 공간, 과거・현재・미래의 특정한 시간적 속성을 갖는 역사적 공간 등이 그것이다. 그리고 꿈은 욕망의 공간이며 충동의 공간이다. 꿈은 현실에서는 결핍된 쾌락의 가상적인 지배가 이루어지는 향유의 공간이다. 꿈의 공간은 일상적이거나 시적인 공간이라기보다 자신을 위해서 자신을 영상으로 만드는 연극적인, 영화적인 공간이다(앙리 르페브르, 공간의 생산, 양영란 역, 에코리브르, 2011, 278쪽). 이밖에도 실제 현실 공간과 공간의 개념을 양분하는 가상현실 공간으로서, 인터넷 사이버 공간 등이 있다.

공간(space)에 대한 사전적 개념을 보면 아무것도 없는 빈 곳, 물리적으로나 심리적으로 널리 퍼져 있는 범위, 어떤 물질이나 물체가 존재할 수 있거나 어떤 일이 일어날 수 있는 자리 등으로 정의되고 있다.

공간은 모든 동물의 생물학적 필요조건이자, 인간에게 심리적 욕구이고, 사회적 특권이며, 심지어는 자유를 상징한다. 자유는 활동할 수 있는 힘과 충분한 공간을 가지고 있음을 뜻한다. 이 두 가지를 동시에 가지고 있지 않으면 자유가 아니다. 활동의지와 능력은 있으나 공간이 제약된 감금상태는 어느 시대나 형벌이었다. 공간이 충분해도 활동의지와 능력이 없으면 소용없다.

인간은 공간과 장소를 필요로 한다. 인간의 삶은 보금자리와 모험, 애착과 자유 사이의 변증법적인 운동이다. 개방 공간에서는 장소를 강렬하게 인식하게 된다. 그리고 안전한 장소에 고립되어 있으면 그 너머에 있는 광대한 공간은 동경의 대상이 된다. 장소는 안전을 의미하며, 공간은 자유를 의미한다(이-푸 투안, 공간과 장소, 윤영호 역, 대윤, 1995, 14쪽). 공간이 우리에게 익숙해졌다고 느낄 때, 그리고 공간이 명확한 뜻과 의미를 획득함에 따라 우리의 장소로 전환된다.

노르베르크-슐츠는 공간이란 성질이나 내용성이 배제된 무관심하고 추상적이고 중립적인 빈 터에 불과한 반면, 장소란 기쁨과 슬픔 등의 정서가 얽힌 특정 공간으로서 인간에게 항상 어떤 의미와 결합된 현상학적 공간으로 정의한다(Christian Norberg-Schulz, Architecture: Meaning and place-selected Essays, Rome: Rizzoli International Publications, 1988, p. 14).

우리는 장소 안에서 살고, 장소 안에서 타자와 관계를 맺고, 장소 안에서 죽는다. 우리가 하는 모든 일은 장소와 무관하지 않다(Edward S. Casey. The fate of place, LA: California University of California Press, 1997, p. 1).

인간답다는 것은 의미 있는 장소로 가득한 세상에서 산다는 뜻이다. 인간답다는 말은 곧 자신의 장소를 가지고 있으며, 그곳을 잘 알고 있다는 뜻이다. 모든 사람은 태어나고 자라고 지금도 살고 있는, 또한 특히 감동적인 경험을 가졌던 장소와 깊은 관련을 맺고 있다. 그리고 그 장소를 의식하고 있다. 이러한 관계가 개인의 정체성과 문화적 정체성 그리고 안정감의 근원이자, 우리가 세계 속에서 우리 자신을 외부로 지향하는 출발점이 된다.

프랑스의 실존주의 철학자로 인간을 여행하는 존재로 정의한 가브리엘 마르셀은 "개인은 자신의 장소와 별개가 아니다. 그가 바로 장소이다"라고 단정한다. 한 장소에 뿌리를 내린다는 것은 세상을 내다보는 안전지대를 가지는 행위이다. 그리고 특정한 어딘가에 의미 있는 정신적이고 심리적 애착을 가지는 것이다. 우리가 뿌리내린 장소와 그리고 사물이 제자리에 그대로 있을 때 느껴지는 빛, 소리, 느낌, 향기는 평온함의 근원이다. 우리는 일종의 식물이다. 식물이 꽃을 피우고 열매를 맺기 위해서는 땅속에 뿌리를 내려야 한다(Ian Nairn, The American Landscape, New York: Random house, 1965, p. 10).

우리는 자신을 위한 치유 공간을 만들어낼 수 있다. 이 세상 어디에 있던 바쁜 삶 속에서 잠깐만이라도 시간을 낼 수 있다면 자신만의 작은 낙원을 만들 수 있다. 물리적 공간이 치유에 도움이 될 수 있다는 최초의 연구는 1984년 사이언스지에, 로저 울리히(Roger Ulrich)가 발표하였다. 병실 창문에서 자연풍경이 내다보일 때 환자들은 더 빨리 회복되었다. 환자 46명 중 23명은 자연풍경이 보이게, 23명은 벽돌담이 보이게 병실 침대를 배치하였다. 작은 숲이 내다보이는 침대에 입원해 있던 환자들이 벽돌담이 내다보이는 자리에 입원해 있던 환자들보다 24시간가량 먼저 퇴원했고, 진통제도 덜 복용했다는 결과가 나왔다.

질병과 건강이 명사라면 치유는 동사다. 치유는 바람직한 방향으로의 움직임이다. 질병으로부터 건강으로 우리를 데려가는 여행이다. 살아있다는 사실은 우리가 자신의 모든 행동과 외부의 모든 자극에 흔들리고 상처받는다는 것을 뜻한다. 치유란 정신과 신체를 균형 잡힌 상태로 회복시키는 낙원에 있는 것과 같은 결과를 만드는 과정이다.

어둡고 비좁으며 사람들로 가득해서 소음이 끊이지 않는 곳에 살고 있다면 스트레스를 받을 수밖에 없다. 친구나 가족으로부터 멀리 떨어져서 혼자 살아도 스트레스를 받을 것이다. 그렇게 스트레스를 받을 때 면역체계는 부담을 느끼고 치유 과정은 길어진다.

조너스 솔크(Jonas Salk)는 장소가 사람에게 치유력과 창조력의 영감을 준다는 사실을 몸소 체험한 사람이다. 1950년대 피츠버그에 있는 지하연구실에서 소아마비 백신을 연구하던

샌디에고 솔크연구소

(출처: 영문 위키피디아)

중에 솔크는 교착상태에 빠졌다. 좌절감에 빠져 사기가 저하된 솔크는 안식년을 갖기로 하고 한동안 이탈리아 중부의 아시시(Assisi)라는 마을에서 지냈다. 그런데, 뜻하지 않게 그곳의 햇빛과 아름다운 풍광과 독특한 정신적 기운에 힘을 받아 문제의 해결책을 떠올릴 수 있었다. 그는 백신을 만들었고, 그 백신은 수백만 명의 목숨을 구했다.

솔크는 아시시에서의 체험에 입각하여 햇빛이 가득하고 아름다운 풍광으로 둘러싸인 곳에 연구센터를 짓기로 결심했다. 그는 캘리포니아 남부 샌디에이고 근처의 라호야를 선택했고, 건축가 루이스 칸과 20세기 가장 위대한 건축물 중 하나인 솔크연구소를 지었다(에스더 스텐버그, 공간이 마음을 살린다, 서영조 역, 쿼스트, 2013, 194쪽).

모든 장소 중에서 집은 가장 중요한 혹은 유일한 낙원이다. 인간과 집의 관계는 인간과 몸의 관계와 비슷하다. 집은 확장된 몸으로 볼 수 있다. 몸과 집의 차이점이라면, 사람은 몸이라는 개인공간과 떨어질 수 없고 내가 가는 곳마다 그 공간을 가지고 다니지만, 집이라는 개인공간은 고정되어 있어서 나는 그곳을 떠났다가 다시 돌아올 수 있다. '편치 않음'을 Not at Home이라고 한다. 집은 무엇으로도 대체될 수 없는 의미의 중심이다. 집이란 무엇보다도 피난처이고 은신처이고 중심지이며, 한마디로 낙원이다(에드워드 렐프, 장소와 장소상실, 김덕현 외 역, 논형, 2008, 97쪽).

바슐라르(Gaston Bachelard)는 집이란 단순한 건물이 아니라, 우리가 살고 있는 최초의 세계, 그리고 우주라고 한다. 집은 요람으로, 아늑한 어머니의 품으로 표현된다. 이런 점에서 삶은 집의 품속에 포근하게 숨겨지고 보호되어 시작하는 것이다(가스통 바슐라르, 대지 그리고 휴식의 몽상, 정영란 역, 문학동네, 2002, 17쪽).

〈나뭇잎 배〉라는 우리 동요가 생각난다.

> "낮에 놀다 두고 온 나뭇잎 배는 엄마 곁에 누워도 생각이 나요……."

어린 아이들에게 가장 편안하고 따뜻한 공간은 당연히 엄마 품이다. 최상의 공간, 장소이다. 쏘로우(Henry David Thoreau)는 『월든』에서 "우리 인생의 어떤 시점에, 우리는 모든 장소를 집을 지을 수 있는 입지로 보는 습관이 있다"고 하였다. 다시 엄마의 품으로 돌아가고 싶은 무의식적 회귀 본능의 발로이다. 엄마 품은 최초이자 최고의 향유와 환대의 공간이기 때문이다.

집은 외적인 보호막인 동시에 인간 삶의 상징이다. 집은 내부적으로 따스함과 편안함을 줄 뿐 아니라, 외부적으로도 인간이 이 세상에서 물러서지 않을 단호함을 선사한다. 누가 자기 집을 지키지 않겠는가? 인간은 미래에 대한 궁극의 신뢰가 없으면 집을 지을 힘을 낼 수 없다. 바슐라르는 이렇게 묻는다. "만일 새가 세상에 대한 본능적인 믿음을 가지고 있지 않다면 과연 둥지를 짓겠는가?"

자기 집에서는 누구나 자유롭다. 그러나 밖에서는 외롭고 소심하고 겁이 많다. 외부 세계는 주체와 객체가 완전히 갈라진 영역이다. 그곳은 인간에게 낯설고 무서운 공간, 그가 내던져진 공간이다. 우리들이 태어난 집은 추억들 너머로, 신체상으로 우리들 내부에 새겨져 있다. 그것은 우리들의 습관들과 환대와 향유의 추억의 모음이다.

집을 갖는다는 것은 거주한다는 것이다. 하이데거는 이를 인간실존의 본질이자 존재의 기본적인 특성이라고 했다(Heidegger M., Poetry, Language, Thought, New York: Harper & Row, 1971, p. 213). 그런데, 현대인은 집 잃은 존재(homeless being)이며, 집이라는 장소에 대한 애착을 상실했다(Edward Relph, Place and Placelessness, London: Pion Ltd., 1979, p. 341). 우리는 건물로서의 집은 있을지 모르나, 따뜻한 사랑으로서의 가정이 없는 홈레스이며, 그래서 향유가 불가능하고 환대의 근거를 잃었다. 즉, 실낙원 하였다. 그것이 현대를 사는 우리의 가장 큰 문제라고 하겠다.

낙원인 장소 만들기의 실제

우리는 모두 이 세상의 일부다. 우리를 둘러싼 공간에서 우리는 그 공간을 만들어 나갈 뿐만 아니라 우리 자신을 형성하기도 한다. 우리는 환경을 집어삼키고 파괴하며, 결과적으로 우리 스스로를 파괴하는 공간들을 만들어낼 수 있다. 그 정반대도 가능하다. 환경과 조화를 이루며 환대와 향유의 인간다운 삶을 사는 데 도움을 주는 낙원으로서의 장소를 만들어 낼 수도 있다.

'낙원인 장소 만들기'는 어떤 장소에 의도적으로 변화를 가하고자 할 경우, 그 변화 대상에 내재된 엄마 품 같은 장소성을 유지, 보전, 강화할 수 있도록 해야 한다. 그래서 그 장소의 상시적 거주자와 일시적 이용자들이 삶을 만끽하는 향유와 따뜻한 환대가 가능하도록, 낙원으로서의 가능성을 확보해야 한다.

낙원인 장소 만들기는 인간과 그들이 거주하는 환경과의 관계에 대한 것일 뿐만 아니라, 그곳에 있는 사람들 사이의 환대적 관계를 창출하는 것이다(Schneekloth, Lynda H, and Robert G, Shibley, Place making: The Art of Building Communities, New York: John Wiley & Sons, 1995, p. 10).

이런 장소 만들기는 장소마케팅의 개념과 더하여, 특히 관광산업에 도움이 되는 모든 가능한 지역자원을 동원하는 것이다. 관광지는 낙원을 지향하기 때문이다(Iris Aravot, "Back to Phenomenological Place making," Journal of Urban Design, Vol. 7., No. 2., 2002, pp. 201~212).

전 세계에서 1,000개 이상의 공간을 조사한 결과, 좋은 공간(장소)이 갖추어야 할 4가지 핵심 요소는 접근성, 이용과 활동, 안전 그리고 사회적 교류임을 알 수 있었다.

- **접근성:** 좋은 공간은 접근하기 쉽고 내부를 볼 수 있어야 한다. 사람들이 공간을 쉽게 돌아다닐 수 있으며, 여러 공간을 편리하게 이용할 수 있어야 한다. 물리적 환경은 접근(가로변에 연이은 상점가가 텅 빈 길보다 걷기에 안전하고 재미있다)과 지각(먼 곳에서 저곳이 어떤 곳인지 알 수 있는)에도 영향을 준다. 접근성이 좋은 장소는 주차장의 이용률이 높으며, 대중교통을 이용하기에도 편리하다. 접근성이 좋다는 것은 단지 물리적인 것만이 아니라 사람들 사이의 관계성의 문제이기도 하다. 환대하는 척하지만 실제로는 불친절하고 향유가 불가능한 곳도 존재한다.
- **이용과 활동:** 그곳에서의 향유의 내용인 활동(activity)은 장소를 만드는 가장 중요한 요소이다. 이것이 바로 장소를 처음 방문하게 하는 이유이고, 다시 찾게 만드는 이유

이다. 방문 이유가 장소를 특별하거나 독특하게 만든다. 어떤 공간에서 루틴대로의 활동만 있고 창의적인 새로운 활동이 추가되지 않는다면, 그 공간은 다시는 이용하지 않게 되는데, 이러한 사실은 일반적으로 무언가가 잘못되었음을 뜻한다.

- **안전:** 사람들이 앉기를 원하는 곳을 선택하는 문제는 보통 과소평가 되고 있다. 사람들은 안전하고 청결하다고 느낄 때만 장소를 이용하고 앉는 등의 편한 행동을 한다. 안전은 환대와 향유의 제일조건이다.
- **사회적 교류:** 사람들이 친구를 만나고 이웃과 인사를 나누며, 낯선 사람들과의 만남을 편하게 느끼면, 장소에 대한 호감이나 지역사회에 대한 애착이 있다고 할 수 있다. 장소가 이러한 사회활동을 가능하게 한다. 친밀한 사회적인 교류가 일어나도록 만들기는 어렵지만, 장소를 만드는 데 빠트리지 말아야 할 필수적인 요소이다. 사회적 교류 속에서 남을 환대하지 못하고 스스로 향유하지 못하는 사람은 공간의 문제가 아니라 자세와 태도의 문제이다. 참여에 대한 학습이 중요하다.

이상의 좋은 공간의 내용을 전제조건으로 하여 좋은 장소란 많은 사람들이 자주 찾고 싶고, 실제로 찾아와 활력이 넘치는 곳이다. 보기에만 좋은 장소보다 이용하기 편한 곳이다. 이밖에 좋은 장소가 갖추어야 할 특성은 다음과 같다.

- **단체 활동의 비율이 높음:** 한 장소에 많은 다양한 집단의 존재가 좋은 장소 선택의 지표가 될 수 있다.
- **여성의 이용률이 높음:** 여성들은 그들이 이용하는 공간을 선별한다. 여성들의 선택에는 합당한 이유가 있는데, 이는 어떤 장소가 안전하다고 느낄 때 그 장소를 이용한다. 그리고 여성들은 아이들과 남성들을 부른다. 여성들은 남성들보다 환대와 향유에 민감하며 개방적이다.
- **다양한 연령층:** 다양한 연령층은 대개 시간대 별로 장소를 이용하는 연령층이 다름을

뜻한다. 예를 들어, 취학 전 어린이와 보호자들은 노인이나 퇴직자들의 이용과 마찬가지로, 다른 연령층이 직장에서 일할 때 근린공원을 이용한다.

- **인위적 시설 불필요:** 인기 있는 장소는 일반적으로 인위적인 시설물이 적다. 그리고 선호되는 자연스러운 활동에는 특수한 장비나 시설이 필요하지 않다. 중요한 건 시설이 아니라 같이 어울릴 오픈 마인드이다.
- **애정표현:** 일반적으로 문제가 있는 공간보다는 좋은 장소에서 웃고, 키스하며, 포옹하고, 만지고, 악수하는 행동 등이 더 많이 일어난다(김봉원, 좋은 장소를 만드는 방법, Project for Public Spaces, 태림문화사, 2008, 124~127쪽). 그런 행동들이 낙원의 징표이다.

'지옥에서 낙원으로,' 창조도시

현대사회에서 우리는 대부분 도시에서 살고 있다. 따라서, 도시의 생활의 질이 어떤지는 우리의 삶에 결정적인 역할을 하게 된다. 원래 도시는 '도성'에서 시작되었다. 도성(都城)의 도는 왕이 거주하는 왕(황)궁, 성은 공간의 경계가 되는 성벽으로 그 내부를 지키는 것이다. 경제와 교류, 즉 시장의 기능이 도시의 주된 기능으로 추가된 후 도성의 '都'와 시장의 '市'가 합쳐졌다. 도시는 정치와 행정의 중심이며, 상거래가 이루어지는 시장기능의 중심지로, 3차 산업적 기능을 주로 수행하는 거점이 되는 지역이다. 도시는 시민들이 높은 인구밀도로 모여 사는 정주 공간이다. 그리고 그 공간은 다양한 인간 활동을 담는 그릇으로서의 공통적인 인공적 · 물리적 장치를 갖추고 있으며, 매우 다양한 형태의 경관을 지니게 된다. 도시의 기능적 성격은 산업생산 및 정보 발신의 핵심적 기능, 물자 · 돈을 소비하고 교류하는 결정적 기능의 두 가지가 있다. 도시는 이러한 도시의 성격과 기능을 충족시킬 수 있는 위치에 그 입지가 결정된다.

우선 높은 밀도로 모여 사는 공간으로서, 자연적 · 사회적으로 안전하며 물 · 식량 · 에너지의 공급과 폐기물의 처리가 손쉽고 위생적이어야 한다. 또한 교통과 정보의 중심지이어야 한다. 이러한 도시의 입지조건은 그때그때의 가치관, 정치·경제·군사적 체제, 토목·건축·교통 등 여러 건설기술의 수준 등에 따라서 구체적인 조건이 달라진다(김철수, 도시공간의 이해, 기문당, 2001, 56쪽).

'인간을 위한 건축'으로 유명한 근대 건축가 르코르뷔지에(Le Corbesier)는 도시의 네 가지 기능을 거주, 여가, 노동, 교통이라고 하였다.

도시 생활은 본래 대가를 요구하지 않는 신뢰와 협력을 통해 사회 자본을 쌓아 나갔다. 그런데, 자본주의 시장체제가 들어서면서 이런 훌륭한 구조가 대부분 무너졌다. 한때는 자유로웠던 도시는 범죄, 오염, 질병, 퇴폐의 장이지만 인구와 부의 80% 이상을 보유하고 있다. 문명이 불이라면, 자연은 물이다. 자본의 시간은 빠르고, 자연의 시간은 느리다. 휘황찬란하지만 삶의 고달픈 일상이 여과 없이 드러나는 도시는 그래서 화려한 감옥 혹은 지옥이다.

도시 생활은 철저하게 이기적인 개인주의가 뿌리내리고 있다. 서로 알지 못하는 수많은 사람들이 입을 꾹 닫은 채 익명 속에서 살아간다. 그렇기 때문에 진정한 의미의 이웃이 없다. 집집마다 문을 굳게 닫아걸고 그 안에 갇혀서 산다. 전화와 TV 또는 컴퓨터가 없으면 한시도 살아갈 수 없는 그런 허약한 곳이다.

현대 도시인의 참을 수 없는 존재의 가벼움, 나 하나 없어져도 아무 일 없이 모든 게 잘 돌아가는, 그래서 도시인들의 전형적인 심리상태는 신경과민이다. 도시의 소리는 정말이지 소리가 아닌 소음이다. 많은 도시들이 추하고, 영혼이 없고, 그곳에 사는 사람들에게 영감을 주지 못한다.

너무나 많은 도시들이 그들의 독특한 문화적 차별성을 반영하지 못하고 있기 때문이다. 우리 도시를 보자면 우리나라 국토계획법은 도시의 주거지역에 근린생활시설을 허용한다. 말 그대로 일상생활에 필요한 마트, 음식점, 의원, 약국, 세탁소, 학원, 부동산중개소 등이 혼재되어 있다. 유럽과 미국의 도시에는 1층에만 간판이 붙는데, 서울은 건물 전체를 간판이 도배한다. 지하에는 노래방, 1층은 편의점, 2층은 피시방, 3층은 성형외과, 4층은 학원, 5

층은 교회 등 가장 세속적인 공간과 가장 성스러운 공간이 층층이 쌓이고 압축되어 한국 도시만의 풍경을 만든다(김성홍, 도시건축의 새로운 상상력, 현암사, 2009, 107쪽).

그리고 세계적인 브랜드들이 몰려와 일상적인 번화가의 역동적인 생명력을 빼앗았다. 언제나 같은 간판, 같은 풍경이다. 맥도널드, KFC, 스타벅스…… 획일화의 풍경이며, 공간의 교란이다.

사람들이 시골에 살 때 느끼는 가치들 — 지역의식, 소속감, 연속성, 안전과 예측가능성 등 — 을 도시에서 재창조함으로서, 또 다른 한편에서 시골 마을에서는 도저히 찾을 수 없는 도시만의 독특한 성격 — 활기찬 상호작용, 쇼핑, 문화생활, 예상치 못한 즐거움 등 — 을 통하여 도시를 살기 좋고 생활하기 좋은 곳 — 다른 삶이 가능한 곳 — 으로 바꾸어야 한다.

제인 제이콥스(Jane Jacobs)는 『미국 대도시의 성장과 소멸(*The Death and Life of great American Cities*)』에서 도시적 삶의 본질은 어느 누구에게나 시간과 장소를 불문하고 풍부하게 열린 다양성에 있다고 썼다. 도시가 시골에 비해 다양성, 즉 많은 사건이 벌어지는 이유는 도시가 제공하는 겹(layer)의 종류가 월등히 많아 그 두께가 두껍기 때문이다(조정송 외, 조경 · 미학 · 디자인, 조경, 2006, 197쪽).

같은 도시를 공유하고 있지만, 거주자와 방문자가 전혀 다른 경험을 한다는 것에서 겹이란 개념을 이해할 수 있다. 서울을 예로 들면 관광객이 이용하는 겹은 강북의 고궁들, 인사동과 북촌, 박물관, 서울타워, 한강 유람선, 호텔, 식당, 시티투어 버스 노선 등이다. 반면, 거주자의 겹은 집, 학교, 직장, 마트, 지하철과 버스 등 일상적인 내용을 주로 담고 있다.

21세기에 대응한 평화와 과학의 도시를 위한 '매거리드헌장(1994)'이 발표되었는데, 여기서는 자연과 인간의 지속가능한 균형 유지를 기본 이념으로 하면서, 동시에 아름답고 안전한 '도시개발의 10대 원칙'을 제시하고 있다. 우리의 도시를 다양한 겹을 갖게 하고 창조적 선택의 기회가 넘치는 재미, 의미, 심미의 낙원으로 만드는 데 귀 기울일 부분들이 많이 있어 보인다.

- ✥ 도시와 자연: 도시환경과 자연환경의 균형을 유지(지속 가능한 개발)
- ✥ 도시와 인간: 여러 인종별 지역공동체의 특성과 문화적 차이를 존중하여 다양성을 확보
- ✥ 도시와 시민: 모든 시민의 정보, 서비스에의 접근성을 최대한 확보하여 향유케 함.
- ✥ 도시와 이동: 대중교통에 의한 편리한 이동을 보장, 보행의 편리한 자유 포함.
- ✥ 도시와 관리: 도시를 구성하는 각종 시스템을 종합관리
- ✥ 도시와 기술: 기술혁신(정보통신 시스템)을 통한 도시관리 및 서비스의 개선
- ✥ 도시와 재생: 새로운 건물을 구상할 때 기존 건물의 재생 가능성을 검토
- ✥ 도시와 안전: 보다 안전하고 물리적으로 융통성 있는 도시계획을 수립
- ✥ 도시와 미: 전통과 창의성을 중시하고 아름다운 도시경관을 창조
- ✥ 도시와 시간: 세월의 흐름에 따라 도시 안에 형성된 역사와 문화를 보존・계승

도시는 다양한 매력물들이 넘치는 일종의 테마파크이다. 도시는 실제적으로 가장 많은 관광활동이 이루어지는 공간이다. 최근 한국관광공사의 『외래관광객 실태조사』에 의하면 외래관광객의 목적지 중 도시가 차지하는 비율이 73.8%이었다. 도시관광은 전통적인 관광지에 비하여 계절성이 낮고, 다양한 관광 매력물을 보유하고 있으며, 도시의 기존시설과 자원을 효과적으로 활용할 수 있다는 측면에서 그 중요성이 높이 평가되고 있다.

훌륭한 도시에는 주민이 향유하고 방문객이 즐길 수 있는 적어도 10개의 명소가 있어야 한다. 각각의 명소에서는 사람들이 즐길 수 있는 10가지 이상의 활동이 이루어져야 한다. '파워 오브 텐(PPS: Projec for Public Space),' 프레드 겐트 회장 인터뷰(조선일보, 2008년 2월 22일)가 그것이다. 그리고 훌륭한 도시란 그 도시에 대해 친근하게 느끼게 만들면서도 여전히 탐험거리를 남겨놓는 곳이다.

그러나 현재 베니스, 마드리드, 파리 등 관광객이 지나치게 많은 도시는 너무 많은 손님을 받은 집과 같다. 자칫 도시개발의 방향을 관광객 위주로 한다면, 주민에게는 필요하지

않지만, 관광객이 보고 싶어 하는 과거의 향수에 따라 퇴행하는 결과가 초래될 수 있다. 환대와 향유가 불균형한 주객이 전도되어는 안 된다. 자연스럽게 하나 된 도시가 매력이 있다. 조금 뒤에 살펴볼 부탄이 현명한 이유가 여기에 있다. 아인슈타인은 "문제를 일으킨 사고는 문제를 해결하는 사고가 될 수 없다"고 한다.

관광객은 단지 일시적인 소비자에 불과하다. 도시의 경쟁력은 그 도시에서 살아가는 사람들의 행복한 삶이다. 주민들이 자기의 삶을 향유하고 그러면서 관광객을 환대하여 관광객도 행복하다면 거기가 아름다운 낙원이다.

21세기, 제 삶을 향유하지 못하여 언제 떠날지 모를 주민과 어디엔가 낙원에서 정착하고 싶은 관광객의 요구에 발맞추려면 창조성, 개방성, 유연성 등을 갖추어 세계화의 물결 속에서 '뭔가 다름과 아름다움'을 보유하고 보여줘야 한다.

도시는 사람이라는 가장 중요한 자원을 가지고 있다. 인간의 지혜, 욕망, 상상력, 창의력 등이 지금까지 도시의 중요한 자원으로서 역할을 해왔던 입지, 자연자원, 시장의 접근성을 대체하고 있다. 역사적으로 외래인, 이주자들은 창의적인 도시를 건설하는 데 관건이 되어왔다. 그런 사람들이 경계의 대상이 아닌 참여가 적극적으로 권장되는 환경하에서 그들의 다양한 재능, 다문화적 가치가 도시 발전의 기회를 가져왔다. 대표적인 곳이 암스테르담, 뉴욕, 로스엔젤레스 등이다. 이런 곳들에서는 주민들이 향유하는 모습과 방문객에 대한 환대가 자연스럽게 하나 됨을 볼 수 있다.

브라질의 쿠리찌바(Curitiba)는 많은 사람들에게는 생소하지만 200여 개의 세계적 소프트웨어 회사가 입주해 있는 창조도시이다. 그 이유는 생태도시, 문화도시이며 기후가 온화하고 교통과 교육인프라 등이 완벽하게 갖추어져 있기 때문이다. 실리콘벨리가 있는 샌프란시스코나 마이크로 소프트, 스타벅스, 보잉 등 다국적기업의 본사가 많이 입주한 청정한 매력도시 시애틀도 마찬가지이다.

이런 창조성이 높은 도시들에는 거주하는 예술가들의 비율이 다른 도시들보다 높다. 아름다움을 만들고 잘 느끼는 예술가는 실제로 탐험가이고, 지역의 심미화 과정에 시동을 거는 재생자이며, 황폐한 지역에 활기를 불어넣고 카페, 레스토랑, 상점 등과 같은 지원시스템의 발전을 가져온다. 예술가들에 의하여 안전하다고 판단된 후에 중산층이 들어온다. 예술가란 현실을 해석하고 앞서 나가고 꿈꾸는 아름다움의 길잡이들이자 대표적인 창조계급이다.

정보사회에서 도시는 항상 네트워킹과 커뮤니케이션의 중심이다. 파리, 런던, 로마 등 유럽 도시의 광장과 카페문화는 지식인, 언론인, 예술가, 과학자, 사업가들의 일상적인 만남의 장을 제공하였고, 이곳에서 아이디어, 지식, 전문기술이 교류하고 순환하였다.

예술 활동의 전제조건은 남들이 누구도 내놓지 않았던 작품을 창작하는 것이다. 그러기 위해 예술가들은 끊임없이 다른 세계와 만나서 새롭고 독특한 융합을 시도해 나간다. 그럼으로써 모든 예술은 독창적이고, 진보적이며, 실험적이다. 다른 세계와 만나는 경계선에서 생겨나는 것이 '영감'이다. 즉, 새로운 영감을 얻으려면 먼저 다른 세계와 만나야 한다. 창조를 가능하게 하는 것이 영감이고. 이것은 결국 한 세계와 다른 세계의 '교차점'에서 나온다.

동서양을 막론하고 어디에서도 도시 이미지가 비슷하게 느껴지는 지금, 문화적 차이는 중요하고 도시에 부가가치를 가져오게 한다. 예술가들의 아름다운 창의성은 새로운 매력적인 문화를 만든다. 문화적 돌연변이가 탄생해 그것을 모방하는 사람들이 생겨나면 그 모방이 하나의 변화를 일으킨다. 그리고 그 변화가 뿌리를 내리면 또다시 그것이 문화가 된다. 문화는 명사가 아니라 동사이다(정진홍, 인문의 숲에서 경영을 만나다, 21세기북스, 2007, 194쪽). 문화란 곧 우리 자신이고, 신념의 총합이며, 개방적 태도이자 창조의 습관이다.

문화 시설의 이상적인 역할은 우리가 누구이며, 어디에서 왔고, 어디로 가고 있는지를 알려주는 것이다. 지역문화는 시장 논리에서 접근될 성질이 아니라 공공성의 관점에서 거론되어야 한다. 문화적 공공성은 문화의 향유, 창조와 접근 면에서 사회가 책임을 다하고 시민과 관광객은 차별 없이 그것을 누릴 수 있는 권리를 말한다. 특정한 계층에게만 문화가 향유되는 것을 거부하고 환대받아야 할 타자와 시민의 보편적 권리로서 문화를 누리도록 만들어야 한다.

도시의 지역문화는 어쩔 수 없이 지역 정체성에 대한 고민을 동반한다. 지역문화이기에 그것은 생활 공동체, 역사와 문화적 공동체로서 도시가 공유할 가치를 찾아내려고 노력한다. 정체성에 대한 고민은 동질감을 확인하려는 의지이고 스스로를 타자와 구별되는 것으로 인식하는 일이다. 그리고 그것이 로컬 칼라로서의 매력이 된다. 그러나 타자와 스스로를 과도하게 구별 짓고 동질감 확인에 집착하는 태도는 환대가 아니라 적대와 배척의 논리를 동반하게 된다. 그것은 문화 본연의 정신과는 거리가 멀다.

문화를 이해한다 함은 장소가 어떻게 만들어졌는지, 어떤 계층에게 무엇이 중요한지, 이를 어떻게 표현했는지를 파악한다는 뜻이다. 우리 도시만의 특수성과 다른 곳과의 공통적인 보편성을 이해한다는 뜻이기도 하다.

한 도시의 문화와 예술이 연대하면 사고를 넓히고, 다양한 감성과 자아 성찰을 표현하게 된다. 생물의 종 다양성이 건강한 자연환경의 복원력을 가져다주듯이, 문화의 다양성도 도시를 튼튼하게 만든다. 창조적인 곳이 되려면 외지인들이 들어와야 한다. 얼마나 창조적일 수 있는가는 그 도시의 문화 개방성에 따라 결정된다. 창조성은 외지인을 환대하고 기회의 평등이 잘 실현된 사회에서 나온다.

창조적인 문화도시의 필수적인 요소는 다음과 같다.

첫째, 도시의 기본적인 인프라가 제대로 갖추어져야 한다. 사람이 사람답게 살 수 있는 향유환경 속에서 질적으로도 풍부한 문화환경이 갖추어지는 것을 말한다.

둘째, 그 도시만의 독특한 경관과 풍경을 보유하고 있어야 한다. 도시경관은 도시의 얼굴이자 문화의 척도를 나타내며, 도시의 인상에 많은 영향을 끼치기 때문이다. '경관 10년,' '풍경 100년,' '풍토 1000년'이라는 말이 있다. 방문 도시에 대한 최초의 인상은 경관에서부터 시작하기 때문에 차별화된 아름다운 도시경관은 매력적인 도시의 기본 중의 기본이라고 할 수 있다. 유・무형의 환경과 조형적인 것들이 공간의 맥락 속에서 배치되고 주변과의 색채, 형태, 위치 등에서의 조화가 도시에서 중요하다.

셋째, 도시에 내재된 다양하고 창조적인 자원을 활용하여 새로운 경제 패러다임에 적극적으로 대응해야 한다. 문화예술인들의 창조적 역량을 산업자원으로 활용하여 도시의 경제축을 이끌면서 성장을 추진하도록 해야 한다. 베니스나 피렌체 같은 도시는 아름답지만, 많은 사람에게 박제화 된 답답한 느낌을 주는 것도 사실이다. 본질적으로 '죽은 도시'란 현재보다 과거의 영향력이 더 강하고, 현재의 역할이 단순히 관광객을 유치하기 위해 과거를 유지하는 데에 불과한 경우이다. 이럴 경우 환대의 겹과 힘이 약하다.

'살아있는 도시'의 지배적인 특성은 현재와 과거, 현재와 미래의 생생한 경계를 넘나드는 창의성이다. 과거와 현재와 미래가 공존하고 주민과 타지인이 환대하고 향유하는 곳이다. 문화예술과 경제가 시너지를 이루는 곳이다.

창조도시란 시민의 혁신활동에 기반을 둔, 문화와 산업이 풍부한 역동성과 동시에 창조적이고 유연한 도시 시스템을 갖추고 있는 곳이다. 세계적인 환경문제와 또는 지역만의 사회문제에 대해 지속가능하게 문제를 해결하고자 하는 창조적 시도가 활발한 도시이다(Charles Landry, The Art City Making, N.Y.: Earthscan Publication, 2006, p. 5). 원래 창조도시는 1998년 영국 정부가 발의한 '창조산업 전략보고서(the creative industries mapping document)'가 발간되면서 등장한 용어라고 한다.

찰스 랜드리는 지금 전 세계적으로 가장 핫한 두바이가 창조도시가 아닌 이유를 이렇게 말한다.

> "첫째로 두바이는 우선 외국인의 도시이다. 가장 아름답고 좋은 공간은 외국인에게 분양하기 위해 만든 도시이지 지역민이 행복하기 위해 만든 도시가 아니다. 여기서 주민들이 향유해야 창조도시라는 메시지가 하나 있다.
>
> 그 다음에 생태적 관점에서 보면 두바이는 절망적이다. 지속가능성의 관점에서도 그렇고 두바이에 가면 두바이가 없다. 아랍의 문화라든가 역사성이나 지역성이 제로이다."

여러 도시가 두바이에서 영감을 얻어 두바이 모델은 스스로를 복제하고 있다. 두바이는 석유에서 관광으로 메인 콘셉트를 바꾸고 있다. 사막 지역에 워터파크, 실내스키장, 세계지도 모양의 인공섬, 하이드로펠리스(수중호텔) 등의 창조성, 혁신, 발상의 전환은 물론, 전 세계 도시들이 배워야 한다.

랜드리에게 있어 두바이와는 다른 도시의 창조적 환경은 다음 세 가지가 중요하다.

첫째, 창조도시는 풍부한 노동시장과 기술 회사, 벤처 자본가, 대학, 연구소 등이 공간적으로 근접해서 지식 노동자들을 위한 기회가 많다.

둘째, 창조도시에는 잘 개발되고 매력적인 젊은 직업인들의 미적 감수성과 재창조에 참고가 되는 문화시설이 다양하다.

셋째, 도시문화는 한편으로는 다양성의 수용에 의해서, 다른 한편으로는 카페, 클럽, 음악, 극장, 디자인, 패션 등을 반영하는 거리의 지역적 기호와 매력에 의해 정의된다(Charlse Landry. The Creative City: A Toolkit for Urban Innovators, New York: Routledge, 2000, pp. 23~37).

일반적인 도시에서 창조도시로 바뀌는 조건은 무엇일까?

첫째, 개인의 자질이다. 창조적 개인이란 풍부하게 사고하고, 타인을 환대하는 개방적이고 유연하며, 스스로 자기의 삶을 향유할 줄 알아야 한다. 그리고 종래와는 다른 관점에서 문제를 사고하고, 늘 반성하는 사람을 말한다.

둘째, 의지와 리더십이다. 의지는 우리가 사는 도시의 아이덴티티를 설정하고, 또 달성되어야 할 목표를 구체화할 때 길러진다. 성공하는 리더십은 의지, 공감능력, 에너지를 도시 비전 및 주민의 요구에 대한 이해와 연계한다. 플라톤 이래 모든 낙원의 제1요소는 리더의 현명함이었다. 리더는 자기 신념을 갖고 있고, 또 자기 이익을 강변하는 위치에 있는 사람들과 기꺼이 맞설 용기를 갖고 위험을 두려워하지 않는 사람들이다. 리더가 어떤 사람인지를 말해주는 한 사례이다. 1999년, 20년간 제네럴 일렉트릭(GE)의 회장을 역임한 잭 웰치(Jack Welch)가 한국을 방문했을 때 한 경영자가 이렇게 물었다.

> "세계에서 가장 존경받는 기업의 리더로 선정된 비결이 무엇입니까?"

그러자 잭 웰치는 서슴없이 대답했다.

> "딱 한 가지입니다. 나는 내가 어디로 가는지 알고 있고, 회사의 전체 구성원도 내가 어디로 가는지 알고 있습니다."

셋째, 다양한 인간의 존재와 다양한 재능의 시너지이다. 다양한 재능을 가지고 있는 사람들이 단순히 자기일만 하는 것이 아니라 가능한 모두를 불러내어 집단지성을 발휘해야 한다.

넷째, 지역 아이덴티티이다. 강력한 아이덴티티는 긍정적 영향력을 가지고, 또한 그것은 시민적 자부심, 커뮤니티 정신, 그리고 도시환경에 빠질 수 없는 남을 배려하는 환대의 마음을 확립하는 전제조건이 된다. 이런 곳에 사람들이 몰릴 수밖에 없다.

다섯째, 도시의 공간과 시설이다. 도시의 공공 공간과 시설, 오픈 스페이스는 창조성의 발전을 돕는다. 왜냐하면, 그것들은 사람들이 자신의 가족과 자신의 전문성, 그리고 자신의 사회관계 틀을 뛰어넘을 수 있게 하기 때문이다. 그래서 도시 중심가나 만남의 장소, 공공시설, 문화적 장소 등 다른 사람과 교류할 수 있는 공간적 특성이 필요하다. 이러한 것이 네트워킹의 역동성을 가져온다(Charles Landry, 창조도시, 임상호 역, 해냄, 2005, 78~80쪽).

한국사회를 예로 든다면, 우리 사회, 우리 도시는 이미 다민족·다문화적 사회가 되었으므로 이제는 단일민족만을 강조해서는 안 된다. 더군다나 세계 최초의 선진국에서 개발도상국으로의 후퇴의 주된 요인인 인구감소가 실제화 된 입장에서는 말할 필요도 없다. 민족적 정체성으로서의 우리다움과 인류적 보편성으로서의 인간다움, 나다움의 개인적 고유성을 제대로 살리는 환대와 향유라는 관점에서 통합과 조화의 하나 된 미학이 필요하다. 요즘 말끝마다 붙는 K-한류의 성공을 위해서도 21세기의 새로운 세계정신과 맞아야 하며, 동시에 우리의 전통문화의 기반 위에 서 있어야 한다.

이런 시사점은 아시아의 강소국 싱가포르에서 찾을 수 있다. 싱가포르의 매력은 문화적 다양성과 동시에 통합적인 도시 디자인에 있다. 이 디자인은 눈으로 보이는 디자인이 아니다. 향유하는 삶을 살 수 있도록 해주는 도시 시스템, 편하고 아름다운 도시의 내적 인프라를 구축하는 능력이다.

영어를 공용어로 사용하고 각종 세제 혜택, 교통의 편리함 등 외국인을 환대한다는 점, 고용의 유연성, 공원, 치안과 의료 같은 주민의 일상생활에서의 향유 여건을 조성하는 것이 또한 싱가포르의 매력이다.

싱가포르 정부는 1999년부터 유럽과 아시아를 잇는 문화예술 거점을 목표로 '르네상스 시티 프로젝트'를 추진하고 있다. 박물관과 도서관, 공연장 건립과 리노베이션 등 문화 인프라 구축에 이어 콘텐츠 개발에도 힘을 쏟은 결과 문화예술 분야는 눈부신 성장세를 기록하고 있으며, 많은 관광객을 유치하고 그들 중 상당수를 영구 정착케 한다(한국일보 문화부, 소프트 시티, 생각의 나무, 2011, 143쪽).

의미 있는 도시, 재미있는 도시, 아름다운 도시가 합쳐져서 주민이 향유하고 방문자를 환대할 수 있으면 행복한 낙원으로서의 창조도시가 된다. 그곳을 떠날 사람은 없다. 그리고 그런 곳을 방문하고 싶지 않은 사람도 없다.

인공낙원, 관광지

관광 구성요소인 관광지

여행의 산업화 · 상업화 · 대중화 · 대량화 · 현대화 버전인 관광을 구성하고 있는 3가지 요소는 관광객인 관광주체, 관광자원과 관광지의 관광객체, 그리고 주체와 객체를 연결해주는 관광사업인 관광매체이다.

관광지는 관광객이 그의 일상 공간인 도시에서는 충족하기 어려운 특별한 즐김과 누림의 향유 욕구를 충족시키기 위해서 일정 기간 머무는 곳이다. 관광지는 관광객을 끌어들이는 핵심 환대요소인 숙박시설, 식음시설, 오락시설, 편의시설, 쇼핑시설, 교통시설, 관광정보와

서비스가 제공되는 일정 공간을 말한다.

이상의 요소들을 좀 더 간략히 정리하면 다음의 표와 같다.

관광구성의 3요소

관광주체	관광객(Guest)	
관광객체	관광자원, 관광지(Host)	
관광매체	관광사업 (Business)	• 공간적 매체(교통수단, 교통시설, 도로) • 시간적 매체(숙식, 오락, 쇼핑, 휴식시설) • 기능적 매체(여행정보, 광고, 안내, 홍보)

자료: 신동주외, 관광학원론, 대왕사, 2013, 41쪽.

환대와 향유의 낙원으로서의 관광지

즐기고 누리는 향유는 시간과 비용을 들여 관광지를 찾는 관광주체인 관광객에게 일시적으로 보장되고 제공되어야 할 전부이다. 환대는 관광객이 누리는 향유를 제공하기 위한 관광매체인 관광사업의 내용이다. 관광지역에 거주하는 주민들의 관광객에 대한 친절한 태도 역시 중요한 환대 요소이다. 그리고 이 향유와 환대가 만나서 달성되는 낙원은 관광객체인 관광지가 지향해야 할 목적이자 관광객의 일상(공간)에 대하여 변화를 촉구하는 영감이어야 한다.

제3세계에 대한 선진국 국민의 관광은 종종 제3세계 사람들의 실제 사는 것에 대한 탐구라기보다는 서구적 의식과 유토피아의 투사로서 구체화되곤 한다.

마쉬먼트가 관찰한 바와 같이 서구의 휴가 브로슈어에는 장애인도 없고, 뚱뚱한 사람도 없고, 흑인도 없다. 해변 휴가 광고에서 가장 많이 등장하는 것은 젊고 건강하며 멋있는 금발의 백인 남녀, 아름다운 경치 그리고 편안한 숙박시설 등이다. 그러므로 관광 이미지는 일종의 특수한 환상적 이미지다(Marshment, Margaret, "Gender Takes a Holiday: Representation in Holiday Brochures," in Gender, Work and Tourism, London: Routledge, 1998, pp. 16～34).

관광지의 환상적 이미지는 현대 도시인들이 일상의 피곤한 삶으로부터 도피할 수 있게 해준다. 무엇보다도 그것은 일종의 희망이다. 어떤 구체적인 희망이 아니라 그 자체가 환상인 희망이다. 그렇다면 환상적 이미지란 무엇인가? 근대 서구문화에서 전형적인 환상적 이미지를 구성하는 것은 에덴, 유토피아, 샹그릴라 등이다. 그곳에 사는 사람들은 마치 피터팬 같이 단순하고 순수하며 진실하고 늙지도 않는다(Selwyn, Tom, "Peter Pan in South-East Asia: Views from the Brochures," in Tourism in South-East Asia, M. Hitchcock, V. King and M. Parnwell, eds. London: Routledge, 1993, pp. 117~137).

관광 이미지는 경제적 · 사회적으로, 그리고 문화적으로 구성된 인공 낙원이다. 카리브해는 전형적인 사례에 해당한다. 즉, 이미지를 상징적으로 변형하여 관광낙원을 만든 것이다(Wilson, D., Probably as Close as You Can Get to Paradise: Tourism and the Changing Images of Seychelles, Chicherster: Wiley, 1994, pp. 765~774).

날씨와 같은 관광지의 물리적 · 환경적 측면을 바꿀 수는 없다. 바꿀 수 있는 것은 관광객의 보는 방식과 관련된 장소의 이미지다. 따라서, 낙원을 연상시키는 경치나 목가적인 자연풍경이 결여된 시각적으로 평범한 곳이라도 상징적으로 변형시키면 비범한 낙원으로서의 관광지가 될 수 있다(Hummon, David, Tourist Worlds: Tourist Advertising, Ritual, and American Culture, Sociological Quarterly, 29(2), 1988, pp. 179~202).

관광 낙원은 사람들이 억압된 욕망을 해소할 수 있고, 일상과는 전혀 다른 즐거운 세상을 제공한다. 따라서, 맥캔넬은 관광을 종교의 기능적 대체물이라고 주장한다. 종교가 사람들에게 낙원으로의 구원을 약속하듯 관광 이미지는 사람들에게 낙원에서의 구체적 행복이라는 희망을 준다(MacCannell, Dean, "Staged Authenticity: Arrangements of Social Space in Tourist Settings," American Journal of Sociology, 79(3), 1973, pp. 589~603).

오늘날의 관광지에 있어서 정말 필요한 것은 낙원, 즉 환대와 향유의 공간에 대한 관광사업자들의 일시적인 이미지 메이킹으로서의 마케팅이 아니라 영구적인 철학적 사유이다. 관광지가 즐거우면 그만이지 사유 같은 것이 필요하냐고 비판할 사람도 없지 않을 것이다. 즐기는 사람들의 입장에서 보면 분명히 그렇다. 그러나 관광지를 개발하는 입장에서 요구되는 것은 바로 환대와 향유의 낙원을 만들 사유이고 사상이다.

낙원에 대한 사상이 없는 영리 목적의 일시적이고 유행을 따르는 관광지 개발은 장난삼아 자연을 파괴하고 그저 획일적인 대규모의 레저시설을 찍어내는 것에 불과하다. 그리고 그곳을 방문하는 사람들의 병든 마음을 치유할 수도 없다. 관광지 개발은 너무나 당연하게 누구나 가고 싶은 이상향으로의 낙원을 어떻게 실현하느냐의 문제이다.

현대인들, 특히 도시인들은 채워지지 않은 목마름을 느끼고 있다. 이러한 목마름을 해소하고 심신을 쉬게 함으로써의 환대와 향유를 누릴 수 있는 공간이 필요하다. 예전에는 논과 밭을 필요로 했던 것처럼, 현대 도시인들은 관광지를 필요로 하고 있다. 논과 밭이 인간의 '신체적 기아'를 해결해주는 장치였다고 한다면 관광지는 '마음의 기아'를 채워줄 수 있는 장치인 것이다(이치조 신야, 리조트의 철학, 손대현 외 역,백산, 1997, 12쪽).

관광지는 만원 전철과 같은 괴로운 일상 공간인 도시와는 대비되는 비일상 공간이라고 할 수 있다. 관광지는 인간을 쉬고 즐기고 변화시키는 자연과 예술을 만나는 장소이다. 자연이야말로 도시에는 없는 관광지의 최대, 최고의 하드웨어이다. 예술은 고도의 향유 대상이자 심미적 · 창조적 소프트웨어이다. 관광지는 또한 모든 '놀이'를 집합시킨 '놀이'의 집약장치이며, 비일상의 축제공간이 되어야 한다.

『메가 트렌드』의 저자 죤 내이스빗(John Naisbitt)은 "완전히 매력적이려면 하이테크와 하이터치가 공존해야 한다"고 말한다. 관광지가 환대와 향유의 낙원이 되는데, 요구되는 것은 호텔과 골프장 등 인공시설을 구비한 하이테크가 아니다. 차가운 하이테크는 일상에도 넘친다. 진짜 관광지는 인공의 하이테크는 물론, 자연과 예술 속에서 휴식과 새로운 상상력이 가능하고, 놀이를 통하여 즐김과 누림의 향유가 가능한, 오랫동안 잊고 있던 엄마 품처럼 따뜻하고 자유로운 하이터치한 곳이다. 관광지의 문제는 곧 '이상향'으로서의 낙원의 문제이다.

관광지가 제대로 환대와 향유의 낙원이 되려면 일상과 다른 다음의 특징을 가져야 한다.

일상과 다른 관광낙원

일상공간	관광낙원
평범한 세상	비범한 세상
도회적	목가적
산업적	심미적
노동윤리	즐거움의 윤리
책임	탈출, 초월
매여있음	멀리 떠남
루틴	변화, 창조
익숙함	신기함
효용	아름다움
도구적	유희적
이성	감성
한탄	감탄
숙제	축제
의무적	자율적
로고스	에로스

출처: 닝왕, 관광과 근대성, 이진형·최석호, 일신사, 2004. 261~262쪽 재작성.

환대와 향유의 지금 여기(hic et nunc)

우리보다 현명한 나는 없다. 진정한 성장은 고립되어서는, 개인적으로는 이루어지지 않는다. 성숙은 관계와 공동체를 통해서 이루어진다. 공동체와 소통을 뜻하는 영어 커뮤니티 (community)와 커뮤니케이션(communication)은 어원이 같은데, 모두 라틴어 코뮤니스(communis)에서 비롯되었다. 공동의 것을 함께 만들고 나눈다는 의미다. 이 공동체의 중심에는 사람들 간의 소통, 즉 대화가 있다. 공동체는 대화 없이 발전할 수 없으며, 대화 수준으로 공동체의 수준을 가늠할 수 있다.

공동체는 원시시대에는 동굴이, 농경시대에는 우물이, 문명시대에 들어서 동양에서는 학교, 특히 초등학교가, 서양에서는 교회가 그 중심이 되었다. 동양에서 학교의 폐교는 해당 공동체의 소멸을 의미하는 심각한 일이다.

밀레의 〈만종〉

위 그림은 그 유명한 밀레의 〈만종〉이다. 우리의 눈에는 어두운 저녁 벌판에서 기도하는 부부인 듯한 경건한 두 남녀만 보인다(여자와 남자 사이 아래에 이들 아이의 주검을 싼 강보 혹은 바구니가 있으며, 이 그림은 죽은 아이를 애도하는 모습이라고 한다). 그런데 그림을 자세히 보면, 여자의 오른쪽 위로 교회가 희미하게 보인다. 교회의 종소리가 보이지는 않지만 희미하게 들리는 듯한데, 이 교회 종소리가 들리는 범위, 혹은 교회 첨탑이 보이는 범위가 서양의 공동체이다.

영원한 파라다이스나 지상의 유토피아라는 비전은 우리 인간이 도달 불가능한 완벽함에 집착한다는 공통점이 있다. 완벽함은 인간의 육체성에 주어진 공간적·시간적 한계를 초월한다. 그리고 공감, 연민 등도 천국이나 유토피아와는 어울리지 않아 보인다. 유한한 자의 고통이 없는 곳에 공감하는 유대감은 없다. 완벽함만을 기대하여 지속 불가능한 과학기술을 동원하거나 신의 은총에 의존하여 종속되는 것은 휴머니즘의 입장에서 우려되는 방법이다.

현실적으로, '지금 여기'에서 도달 가능한 만남과 대화를 통해 타자를 향한 환대를 회복해야 한다. 그리고 재미, 의미, 심미를 통해 나를 위한 향유를 누리고 즐겨야 한다. 그런 가운데서 함께 만들어 가야 할 낙원의 미래 비전을 머리를 맞대고 고민하고 합력하여 실천해 나가야 한다. 성경에도 "모든 것이 합력하여 선을 이루라(로마 8:28)"고 하였다. 구약성경에 나오는 출애굽 공동체의 지향점인 젖과 꿀이 흐르는 낙원은 비옥한 특정 지역이 아니라 모두가 향유하고 환대하는 행복한 나라에 대한 은유이다.

행복에 대하여 말하는 사람은 없지만 국민 대다수가 '지금 여기에서' 행복한 나라가 부탄이다. 부탄은 낙원의 유형 중 샹그릴라와 가장 닮은 나라이다. 정부는 국민총행복(Gross National Happiness: GNH)을 공식적인 국정지표로 채택하고 있다. 다른 모든 나라들이 잘사는 정도를 경제지표인 국민총생산(Gross National Product: GNP)을 사용하는데 말이다.

1974년 왕위에 오른 부탄의 제4대 왕 지그메 싱계 왕축(Jigme Singe Wangchuck)은 "국민총행복은 국민총생산보다 중요하다"고 말함으로써, 국민총행복은 부탄의 정체성이 되었다. 부탄은 이를 실현하기 위해 4대 지침(Four Pillars of GNH)과 이를 실현하기 위한 9가지 세부 내용을 국가정책에 반영하고 있다.

그 내용은 다음과 같다(www.Kiep.go.kr/aif,m.blog.naver.com/whyindia/223).

국민총행복 증진을 위한 4대 지침

✣ 지속가능한 사회경제 발전

- 전 국민에게 무상의료와 교육 제공
- 농업 중심의 자립경제 유지(수입 최소화)
- 도시화보다는 지역공동체의 활성화 중시
- 고속산업화보다 삶의 질 중심

✣ 환경보호

- 산림벌채 금지, 불법 개발 단속
- 전기차 보급 장려, 수력발전 중심의 에너지 정책
- 관광객 수 제한
- 세계 최초의 탄소배출 보다 흡수량의 초과

✣ 문화유산 보존

- 전통 복장 착용 의무화
- 모든 건물의 전통 양식 의무화
- 축제와 불교 의식에 전체 국민 참여
- 외래문화의 유입통제(프랜차이즈 금지)

✣ 좋은 통치

- 정책 수립 전 국민 설문조사 및 토론 필수
- 공공예산과 사업에 대한 투명한 정보 공개
- 정부기관에 대한 국민 신뢰도, 만족도 정기 측정
- 부패방지를 위한 왕실 감찰제도

<u>국민총행복에 대한 9대 세부 사항</u>

✣ 심리적 행복

✣ 건강: 예방 중심 의료 시스템, 무료 보건 서비스 제공

✣ 교육: 불교 기반의 가치 교육, 전 국민 교육 무상화

✣ 여가선용

✣ 문화 다양성과 복원력

✣ 좋은 통치

❖ 공동체 활력

❖ 생태 다양성과 복원력: 전 국토의 70% 이상을 산림으로 보호, 친환경 농업

❖ 삶의 수준: 물질적 소유보다 삶의 만족도에 초점

부탄에는 무생물이라는 것이 존재하지 않는다. 모든 것에 영혼이 있기 때문이다. 부탄 사람들에게 행복은 집단적인 노력을 뜻한다. '개인적인 행복'이라는 말은 그들에게 전혀 말이 되지 않는다. "모든 행복은 관계 속에 있어요"라고 그들은 말한다(에릭 와이너, 행복의 지도, 김승욱 역, 웅진지식하우스, 2008, 205쪽).

아이슬란드는 세상에서 가장 행복한 나라 중 한 곳으로 일관되게 꼽히는 곳이다. 열대보다 한대 지방의 사람들이 더 행복한 이유에 대해서는 수많은 이론이 나와 있다. 그중에서 가장 마음에 드는 이론에 '사이좋게 지내지 못하면 죽어! 이론'이라는 이름이 붙어 있다. 따뜻한 곳에서는 삶이 너무 편안하다. 그러니 다른 사람들과의 협력은 선택 사항이다. 하지만 추운 곳에서는 협력이 필수다. 농장에서 수확을 하거나 바다에서 물고기를 잡으려면 모두 협력해야 한다. 그러지 않으면 모두가 죽는다. 그래서 그들은 협력하고 신뢰하며 살아 왔고, 환경은 불리하지만 '지금 여기'에서 행복하다.

사람만이 아니다. 남극대륙의 황제펭귄은 수천 마리가 무리를 지어 서로의 체온에 의지해 냉혹한 추위를 견뎌낸다. 그들은 번갈아 가면서 한 팀이 무리 바깥쪽에 서면, 그 사이 안쪽에 있는 다른 팀의 펭귄은 잠을 잔다. 이러한 펭귄의 모습은 우리에게 협력이 무엇이고, 왜 필요한지를 잘 보여주고 있다. 펭귄 무리는 서로에게 반드시 필요한 존재이다. 내가 잠을 자는 동안 다른 펭귄이 바깥쪽에 서 있어 주어야만 생존할 수 있다(조영탁, 하늘은 먼저 주는 자를 돕는다, 행복에너지, 2013, 156쪽).

행복 연구가인 로버트 디너(Robert Dinner)의 조사에 의하면, 캘커타의 빈민들이 캘리포니아의 빈민들보다 더 행복한 것으로 드러났다. 캘커타의 노숙자들이 비록 물질적으로는 가진 게 거의 없을지라도 가족, 친구들과 사회적으로 강한 유대를 맺고 있기 때문이라고 주장

한다. 인도에는 진정한 의미의 노숙자는 없다고 한다. 그들에게 살 건물로서의 집은 없는지는 몰라도, 따뜻한 환대로서의 가정이 없는 것은 아니다. 그래서 그저 '지금 여기'에서 빈민이라도 괜찮다.

유토피아는 Nowhere이다. 그런 곳은 없다는 뜻이다. 그런데, 낙원은 지금 여기를 긍정하는 것이고, 환경과 상관없이 잘 살아내는 지혜이다. 공존하고 상생하는 것이다. 낙원은 죽은 뒤에 가는 곳이 아니라 지금 우리가 향유하고 환대하며 존재하는 바로 '지금 여기(now & here)'이다.

한국 현대불교에서 일화를 많이 남긴 가야산 호랑이로 불렸던 마지막 큰 스님 성철의 말이다.

> "다들 너무 걱정하지 마라. 걱정할 거면 딱 두 가지만 걱정해라. 지금 아픈가, 안 아픈가?
> 안 아프면 걱정하지 말고, 아프면 두 가지만 걱정해라. 나을 병인가, 안 나을 병인가?
> 나을 병이면 걱정히지 말고, 안 나을 병이면 두 가지만 걱정해라. 죽을 병인가, 안 죽을 병인가?
> 안 죽을 병이면 걱정하지 말고, 죽을 병이면 두 가지만 걱정해라. 천국에 갈 거 같은가, 지옥에 갈 거 같은가?
> 천국에 갈 거 같으면 걱정하지 말고, 지옥에 갈 거 같으면 어차피 지옥 갈 사람이 무슨 걱정이냐?"

우리의 걱정 중 정말 진지한 걱정거리는 4%뿐이다. 성철 스님의 말처럼, 결코 일어나지 않을 일이나 이미 일어난 일, 아주 사소하거나 걱정해도 소용없는 일이 96%이다. 이 96%의 쓸데없는 걱정에서 자유로워야 행복하다. 우리 자신이 무한하고 신비한 우주 속에서 얼마나 보잘 것 없는 존재인지, 그럼에도 불구하고 온 우주가 그런 우리를 위해 존재해 왔고 지금도 존재하고 있음에 감탄해야 한다. 이 광활한 우주에서 푸른 바다와 숲, 푸른 별인 지구는 우리에게 얼마나 고마운 존재인가? 그 가운데 내가 '지금 여기'에서 살아있음을, 하늘의 별을 볼 수 있음을 감사하고 기뻐하는 바로 그 순간이 우리가 그렇게도 찾아 마지않는 낙원이다.

미국의 시인 에밀리 디킨슨(Emily Dickinson)은 "영원은 수없이 많은 지금으로 이루어져 있다"고 했다. 인생은 '여기'와 '지금'이다. 이것을 깨닫지 못하는 이들은 항상 다른 곳, 바깥에만 시선을 두고 지금 여기를 불행해 한다.

오늘을 인생의 마지막 날인 것처럼 살며, 가족과 이웃을 이해하고 공감하며, 있는 그대로를 받아들이면 바로 여기가 낙원이다. 사는 일이 즐거워야 한다. 일일시호일(日日是好日), 날이면 날마다 좋은 날이다. 불가에 '지금 네가 선 자리를 꽃방석으로 만들라'는 말이 있다. 과거도 미래도 보지 말고, 지금 여기를 살라는 말이다. 우리의 삶은 지금 여기로 무한회귀한다.

오늘, 지금, 여기에서 너와 나, 우리가 하나 되어 행복한 것, 그것이 내가 해야 할 일의 전부이다.

감사하는 마음

두 마을이 이웃해서 살고 있었다. 한 마을은 감사촌이고, 다른 마을은 불평촌이었다. 불평촌 사람들은 늘 불평한다. 봄에는 황사 때문에 먼지가 많다고 불평했고, 여름에는 너무 덥고 모기가 많다고 불평했다. 가을에는 나무 잎사귀가 많이 떨어진다고 불평했고, 겨울에는 눈이 많이 오고 춥다고 불평했다.

감사촌에 사는 사람들은 정반대로 어떠한 일에도 감사했다. 고생을 해도 감사하고 시련을 만나도 감사했다. 봄에는 꽃향기를 감사했고, 여름에는 더워도 시원한 나무 그늘이 있음에 감사했다. 가을에는 여름 내내 땀 흘려 가꾼 탐스런 열매를 감사했고, 겨울에는 나뭇가지에 하얗게 쌓인 눈꽃을 감사했다.

기독교에서 감사는 하나님을 기쁘게 하고, 불평은 사탄을 기쁘게 만든다고 한다. 사탄은 매일 우리의 귀에 대고 이렇게 속삭인다.

"항상 낙심하라! 쉬지 말고 원망하라! 범사에 불평하라! 이는 너희를 향한 사탄의 뜻이니라."

감사는 하나님의 뜻이고, 불평은 사탄의 뜻이다. 그리고 감사를 택하든 불평을 택하든 우리의 자유다. 그러나 결과는 판이하게 다르다. 같은 환경이지만 감사하기로 작정한 사람의 삶은 고난과 시련이 있어도 행복하다. 반대로 자기도 모르게 습관적으로 불평하는 사람의 인생은 늘 불행하다.

행복해지려면 감사에 눈을 떠야 한다. 많이 가졌다고 행복한게 아니라, 감사하는 사람만이 행복할 수 있다. 행복은 소유의 크기가 아니라 감사의 크기에 비례한다. 감사하는 사람은 행복하다. 감사가 바로 행복의 문을 여는 열쇠이기 때문이다(전광, 행복의 문을 여는 열쇠, 평생감사, 생명의 말씀사, 2007, 71쪽). 하나님이 거하시는 두 곳이 있는데 하나는 천국이요, 다른 하나는 감사하는 마음이다.

감사라고 다 같은 감사가 아니다. 감사에도 단계가 있다.

1차원적인 감사는 조건부(If) 감사이다. 만약 내가 다른 사람보다 더 잘되거나 더 많이 갖게 되면 감사하겠다는 것이다. 그러나 이는 다른 사람과 비교할 때 항상 자신이 갖지 못한 것만을 불평하는 어린아이 수준의 감사일뿐이다.

2차원적인 감사는 무엇을 받았기 때문에(Because) 드리는 감사다. 상대방과 비교하되 자기보다 못한 사람과 비교하여 자신이 받은 것을 감사하는 단계로, 대부분의 사람들이 여기에 속하지 않을까 싶다. 그러나 누가 자기보다 많이 받은 걸 보면 역시 불평불만 하는 단계이다.

마지막으로 3차원적인 감사는 '그럼에도 불구하고(in spite of)' 감사한다. 모든 악조건 속에서도 하나님의 은혜로 생각하고 범사에 감사하는 사람이다. 기독교인은 아니지만 그런 사람이 있었다. 세계적 전자제품 회사 파나소닉의 설립자 마쓰시다 고노스케는 경영의 신, 일본인이 가장 존경하는 경영인이다. 그는 하느님이 주신 세 가지 은혜 덕분에 성공할 수 있었다고 다음과 같이 말한다.

첫째, 집이 몹시 가난해서 구두닦이, 신문팔이 등 수없는 고생을 하였고, 이를 통해 세상을 살아가는 데 필요한 경험을 얻을 수 있었다.

둘째, 태어났을 때부터 영양부족으로 몸이 몹시 약해서 항상 운동에 힘써서 늙어도 건강할 수 있었다.

셋째, 초등학교도 못 나왔기 때문에 세상 모든 사람들을 스승삼아 배우는 일을 게을리 할 수 없었다.

감옥과 수도원의 생활은 겉으로 보기에는 별 차이가 없어 보이지만 안을 들여다보면 전혀 다른 삶이다. 거친 식사, 험한 잠자리, 열악한 환경 등 모두가 비슷한 것 같지만 죄수들은 불평과 다툼으로 하루가 지나가고, 수도사들은 감사와 찬양으로 하루를 보낸다.

죽기 직전 소 천 마리를 데리고 고향인 북한을 방문한 현대 그룹의 정주영 회장은 "나는 날마다 회사에 출근할 때 소풍 가는 기분으로 나갑니다. 나의 인생은 그저 감사하고 행복합니다"라고 말했다.

나의 일터를 소중히 여기고 감사하는 사람만이 일의 즐거움을 통해 행복한 삶의 보람도 경험할 수 있다. 모든 일에 감사한 마음을 갖는다면 지금의 내 자리가 낙원이다.

"나는 타자다"

이슬람교 수피파에 전해지는 이야기이다(프레데릭 르누아르, 철학, 기쁨을 길들이다, 이세진 역, 와이즈베리, 2016, 26~27쪽).

> 어떤 노인이 도시의 성문 앞에 앉아 있었다. 먼 곳에서 온 이방인이 노인에게 다가가 물었다.
>
> "어르신, 저는 이 도시를 잘 모르는 사람입니다. 이곳 사람들의 인심은 어떻습니까?"
>
> 노인은 대답하지 않고 그 낯선 이에게 물었다.
>
> "자네가 살던 곳은 어땠나?"

"자기밖에 모르는 못된 사람들 천지였지요. 그래서 그 도시를 떠나왔습니다."

그러자 노인이 대답했다. "여기도 마찬가지일세."

잠시 후, 다른 이방인이 와서 노인에게 물었다.

"저는 먼 곳에서 왔습니다. 여기 사람들은 어떻습니까?"

노인이 또 물었다.

"자네가 살던 곳 사람들은 어땠나?"

"착하고 정이 많은 사람들이었습니다. 좋은 친구를 많이 사귀었는데, 여기 오느라 헤어져야 해서 마음이 아팠지요."

그러자 노인이 대답했다.

"여기 사람들도 마찬가지일 걸세."

그 상황을 줄곧 지켜보던 낙타 상인이 노인에게 다가가 물었다.

"두 사람이 똑같은 질문을 했는데, 왜 대답은 그렇게 다르게 하신 겁니까?"

노인은 이렇게 대꾸했다.

"저마다 마음속에 자기 세상이 있는 법, 이 동네에서 불행한 사람은 세상 어느 동네를 가도 불행한 법이네."

불행한 사람은 어디를 가든 불행할 것이고, 자기 안에서 행복을 찾은 사람은 어디를 가든, 어떤 환경에 놓이든 행복할 것이다.

'수처작주 입처개진(隨處作主 立處皆眞)'이라고 선불교의 대가 임제 선사는 말하였다. 어디를 가든 주인인 듯 적극적·능동적으로 책임을 가지고 행동하고, 서 있는 곳마다 진실 되고 순수하라는 말이다. 그러면 언제 어디서든 누구와 있든 자기 삶을 향유하고 같이 있는 사람을 환대하여 모두가 행복한 낙원을 만들 수 있다.

한 가지 더, 당나라 시인 유우석은 〈누실명〉에서 이렇게 말한다.

산은 높지 않아도 신선이 있으면 명산이요.	山不在高 有仙則名
물은 깊지 않아도 용이 살면 신령스럽다.	水不在深 有龍則靈

환경이, 즉 산의 높고 낮음, 물이 얕고 깊은 배경은 문제가 아니다. 신선이 살고 용이 있어야 한다. 다른 누가 아닌 내가 산의 주인인 신선이고, 물의 주인인 용이어야 한다. 그래야 내가 서 있는 자리마다 주도적으로 환경을 제대로 향유하고 남을 환대하여 낙원을 만들 수

있다.

내가 주인공이 아니면 이 공간은 반드시 최고의 상태로 지켜야 할 나의 장소가 아니다. 이 상황은 지루하고 재미없다. 빨리 벗어나고 싶은 공간과 시간이 되고 만다.

내가 내 삶의 주인으로 이 세상의 주인공으로 살려면 어떻게 해야 하나? 우선 소크라테스가 말한 바와 같이 나 자신을 알아야 한다. 그리고 진정한 내가 되어야 한다. 내 생각과 행동을 지금 여기에서 바꿔 진짜 내가 되어야 한다. 그래야 만족하지 못한 현재의 삶이 아니라 다른 삶이 가능해진다.

경주 양동마을을 유명하게 만든 이언적은 벼슬에서 물러난 뒤 외부와의 접촉을 사양한 채 자연 속에서 홀로 즐기며(온전히 자기에 집중하며), 독락당(獨樂堂)에서 생활하였다. 가 보니 독락당은 담으로 이어지는 곳이었다. 이 담장은 자계천이란 계곡으로 이어지는데, 평행하는 두 담장 사이에 향나무 한 그루가 비스듬히 자리하고 있어 영원히 만나지 않을 수평관계에 인연을 만들어주고 있다. 아래의 사진이다.

독락당 두 담장 사이의 향나무

불현듯 루크레티우스(Lucretius)의 클리나멘(Klinamen)이 생각났다. 이탈과 탈주의 힘으로 반목하고 불화하는 세상을 연결하고야 마는 자유의지 말이다. 나만의 이기심을 벗어나 나의 몸과 마음, 나와 너, 나와 세계를 가로질러야 한다. 저항하는 중력과 루틴 속에서 안주하려는 관성을 돌파해야 자유로운 나를 만날 수 있다. 그리고 낯선 세상, 타자를 만날 수 있다. 작은 나가 없는, 아낌없이 주는 나무 같은 큰 나를 만나는 것이다. 그렇게 하나 되는 것이다. 그게 진짜 '나'이다. 그게 진짜 나를 위한 최대의 향유이다.

환대는 내가 내 인생의 주인(공)이 되어 우리의 가정이든, 도시나 관광지든, 지금 여기든 간에, 손님을 초대하는 것이다. 그리고 우리가 그렇게 할 때, 어떤 중요한 변화가 일어난다. 폐쇄적인 나의 일상 공간은 순식간에 확대되어 자유롭고 즐거운 우리의 향유 공간이 된다. 그럴 때의 세상이 바로 낙원이다.

『실낙원』에서 우리가 사탄의 유혹에 의해 조물주가 손대지 말라고 한 선악과를 따먹음으로서 신이 만든 낙원에서 쫓겨났다고 한다. 과일 하나 따먹었다고 낙원에서 추방된다는 것은 지나치게 가혹하다. 그런데, 예수의 희생과 은총으로 다시 복낙원할 수 있다고 한다. 이런 전개는 신이 인간을 사랑했지만, 인간을 원래 선한 존재로 스스로 낙원을 유지할 수 있는 존재로 보지 않았는지도 모른다. 사실 인간이 없는 우주 자연이 좋은 의미의 유토피아인지도 모른다. 삶 자체가 자연에 반하는 진정한 즐김과 누림의 향유를 모르는 인간이 한 명이라도 있으면 서로 환대하지 못하고, 불화하는 두 사람 이상이 있으면 유토피아는 불가능한 공상사회이다.

그러나 그럼에도 불구하고 우리는 낙관적, 긍정적, 능동적, 감사하는 태도를 가지고 낙원을 지향해서 해야 할 일을 하여야 한다. 그 일이란 생로병사의 고통 속에서도 내 삶을 재미있고 의미 있으며, 심미적으로 즐기고 누리는 향유함이다. 또 한편으로는 죽어가는 모든 타자들을 안타깝게 사랑하는 환대이다. 니체, 베르그송, 레비나스, 데리다 등의 철학자들은 인간에게 근원적인 욕망은 자기보존 충동이 아니라 자기를 초월하여 타자로 나아가려는 약동이라고 한다. 기존의 자기 동일성의 근저에 있던 존재론적 자기보다 더 깊은 차원에 있던 윤리적 자기가 드러나면서 폐쇄적이었던 자기 공간에 타자로 향하는 숨통이 트인다고 한다. 그것은 존재의 중심을 더 이상 자기에 두지 않고 타자에 두는 자기이다. 물론, 그 과정은 고통과 희생이 동반되지만 그러면서 너와 내가 다시 말해서 우리가 하나의 큰 나임을 깨닫게 된다. 그러면 너를 향한 환대와 내가 주인 되는 나를 위한 향유는 같다는 사실을 알게 된다.

랭보는 그의 시 〈나쁜 피〉에서 "다른 삶은 가능한가?"라고 질문한다. 그리고 〈이장바르에게 보내는 편지〉에서 "나는 타자이다"라고 답한다(시인의 의도와는 상관없이 저자는 그렇게 해석한다).

이 책은 처음에 '다른 삶은 가능한가?'라는 타자론으로 시작했었다. 이제 끝맺는다.

'너'가 타자로 고정되어 있을 때 사르트르의 말처럼 타인은 지옥이다. 그러나 '나'가 타자, 즉 '너'가 될 때 나를 위한 향유는 너를 향한 환대가 된다. 너와 내가 하나 되고, 환대와 향유가 하나 되는 세상이 되면 우리의 삶이 드라마틱하게 달라져서 지옥은 낙원이 된다.

저자소개

[신 동 주]

- 한양대학교 법정대학 정치외교학과 졸업
- 한양대학교 대학원 관광학과 졸업(관광학 석사 및 박사)
- 강원연구원 책임연구원, 연구위원
- 한국관광학회, 관광연구학회 부회장
- 강원대학교 인문사회과학대 학장
- 현, 강원대학교 관광전공 교수

[연구실적]

- 지역관광개발론(대왕사, 2001)
- 해양관광개발론(대왕사, 2005)
- 관광학원론(대왕사, 2013)
- 여행과 행복의 인문학(백산출판사, 2020)
- 관광공간개발론(대왕사, 2020)
- 여행관광철학(백산출판사, 2021)
- 여행과 관광의 이해(대왕사, 2022)
- 관광미학(대왕사, 2023)
- 한국미학여행(앨피, 2024)
- The Crisis and Strategies of Local Tourism Industry in IMF Period(1998) 외 논문 30편
- 설악 · 금강권 관광개발계획 외 프로젝트 책임 18건

다른 삶은 가능한가
-환대, 향유, 낙원-

초판 1쇄 인쇄 2026년 1월 10일
초판 1쇄 발행 2026년 1월 15일

저자 신동주 | 발행인 박성진 | 발행처 대 왕 사
등록 1976년 11월 30일 제5~54호
주소 서울시 동대문구 외대역동로 133-1
물류 경기도 파주시 소라지로 176-25(송촌동 414-12)
전화 (031)947-5471(代) | 팩스 (031)947-5470
홈페이지 http://www.daewangsa.net | 이메일 dws74@hanmail.net
값 22,000원

ISBN 978-89-456-9332-7 03190

문명 위에 서다

노 수 민

기 문 당

나는 '문명공학'이라는 표현이 적절하다고 생각한다.
인간의 복지, 생활환경 향상을 위한 공학을 총칭하는
학문으로 보자면 '문명공학'이라는 말이 틀리지 않기 때문이다.
– 본문 중에서 –

| 작가의 말 |

언제나 새로운 소재를 만나 탐구하는 마음으로 글을 쓴다는 일은 작가에게는 생기 도는 일이다. 이번 작품이 그랬다. 전혀 생소한 분야지만 새롭게 알아가고 새로운 사실 앞에 놀라면서 작품을 써나갔다.

토목이니 토목건설이니 하는 말은 많이 들어봤지만 실지로 토목 기술자를 만나 건설현장의 이야기를 들어보기는 처음이었다. 그 이야기를 들으며 우리가 살아가고 있는 이 모든 혜택의 기본이 되는 물과 도로와 터널과 댐의 존재 가치조차 모른다는 사실이 너무 무지하다는 생각이 들었다. 검색 결과 아직까지 토목건설에 관련된 소설이 없음을 알았고 소설로 꾸미면 의미 있는 작품이 될 것 같다는 판단아래 그것을 곧바로 현실로 옮겨 집필에 들어갔다.

이 소설의 주인공 강태민, 박진철, 한일수 세 사람은 실제로 존재하는 인물들을 토대로 소설화하였다. 세 분의 이름까지야 밝히지 않더라도 일일이 자료도 보내주시고, 그분들 일생에 관한 인터뷰에도 응해주시고, 글 쓰다가 모르는 부분까지도 세세히 설명해 주셨으니 그 세 분의 노고 또한 감사드리지 않을 수 없다. 노익장의 몸으로 세 시간씩 네 시간씩 시시콜콜한 질문에 성실하게 답변해주시는 그분들의 열정에 존경심을 표하고 감사할 따름이었다. 수박 겉핥기식일망정 필자인 나 역시 이 소설을 쓰면서 토목건설에 대해 다양한 지식을 얻었다.

아무리 실지 주인공들이 존재한다 하더라도 이것은 어디까지나 소설임이 분명하다. 그분들의 자서전이나 토목공학에 관련된 전문 서적이 아님을 염두에 두고 이 글을 읽어 주셨으면 한다. 오히려 토목인이 아닌 사람, 토목에 관심 없었던 사람, 토목에 대해 몰랐던 사람들이 이 책을 읽고 토목건설에 대해 작은 관심이라도 가지게 되기를 희망한다. 여행길에 나섰다가 도로, 철도, 댐을 만나게 되면 아주 잠시라도 그것을 위해 어떤 건설 종사자들의 땀과 노력과 희생이 있었는지 한 번쯤 생각해준다면 더 바랄 것이 없겠다.

끝으로 많은 분이 글 시작서부터 관련 자료를 찾아주시면서 이 글이 잘 완성되도록 지지해 주셨다. 그 많은 분께 감사를 드린다.

차 례

프롤로그

한 소년은 지게를 지고 산에 가서 나무를 해다가 아침 장에 내다팔았다. 종일 나무를 팔고 돌아올 때는 하교하여 집으로 가는 친구들과 마주치지 않기 위해 읍내 길이 아닌 먼 산길로 돌아 집으로 갔다.

한 소년은 멀리 만주에서 공부하겠다는 일념으로 혈혈단신 혼자 서울로 와 교회에서 밥을 얻어먹으며 봉사를 배웠다. 그 소년은 무엇이든 혼자서 해결해야만 했다.

또 한 소년은 대학교수인 아버지 보호 아래 단란하고 행복한 가정에서 자랑스러운 아들로 성장했다.

그 세 사람의 공통점은 단 하나도 없었다. 그런데도 그들은 피를 나눈 형제만큼 친한 친구로 평생을 함께했다. 무엇이 그들을 그렇게 만들었을까?

1

북극성이라 명명한다

전화가 걸려온 것은 정확하게 아침 9시였다. 박진철은 이미 테니스 회원들과 가벼운 게임으로 몸을 푼 뒤였다.

"저는 대통령 비서실장 이인수라고 합니다."

청정하고 상쾌한 가을 아침과는 달리 중저음의 묵직한 목소리가 그의 귀에 울려 퍼졌다. 주변 사람들의 왁자지껄한 소음에 그는 상대방의 자기소개를 잘 알아듣지 못했다. 진철은 휴대폰을 들고 무리를 떠나 조용한 벤치로 옮겨갔다.

"아, 죄송합니다만 주변이 시끄러워서 잘 듣지 못했습니다. 누구시라고요?"

"대통령 비서실장 이인수입니다."

그 순간 진철은 벤치에 앉으려던 몸을 바로 일으켜 세웠다.

"아, 예. 제가 정구장에 나와 있어서요."

진철은 아차, '누가 요새 정구라고 해요? 테니스라고 하세요!'하던 아내의 잔소리가 떠올랐지만 이미 입 밖으로 내뱉은 뒤였다.

"죄송합니다."

진철은 보이지도 않는 상대에게 꾸벅 고개를 숙이며 사과했다. 정구라고 한 것이 죄송한지 대통령 비서실장이라는 말을 한 번에 알아듣지 못한 것이 죄송한지 자신도 알지 못했다.

"괜찮습니다. 내일모레 17일 목요일 오전 열 시까지 댁으로 자동차를 보내겠습니다. 그 차를 타고 들어오시면 됩니다. 가능하시겠습니까?"

"아, 예. 가능합니다. 그런데 무슨 일로……"

"대통령께서 만나 뵙자고 하십니다. 철저히 보안을 지켜주시기를 부탁드립니다."

진철은 그 말과 동시에 자신의 목소리를 낮추었다.

"아, 예 예. 알겠습니다. 저희 집은……"

이미 전화는 끊겨 있었다. 어느 순간에 끊어졌는지 모르지만 기분이 씁쓸해져 입맛을 다셨다.

'청와대면 청와대지 건방지기는…… 내가 먼저 끊어야 하는 게 맞잖아.'

그는 투덜거리며 애매한 휴대폰만 한 대 갈기며 분풀이를 했다. 테니스 회원들이 빨리 오라고 손짓을 해댔다.

*

목요일. 진철은 새벽부터 목욕을 다녀오고 이발소를 다녀왔다. 아내가 꺼내서 다려놓은 와이셔츠와 세탁소에서 찾아다 놓은 양복을 몇 번이고 훑어보았다.

"어딜 가는데 그렇게 유난을 피워요?"

아내가 양말과 손수건을 침대 위에 가지런히 가져다 놓으면서 기어이 한마디한다.

"중요한 회의가 있다고 했잖아."

"회의 가는데 목욕이랑 이발은 왜 한대?"

그는 말없이 옷을 챙겨 입었다. 이야기를 더 나누다가는 기어이 대통령 만나러 간다는 말을 하고 말 것 같았다. 아직 15분이나 남아 있었지만 그는 만반의 준비를 하고 거실에서 서성거렸다. 경비실에서 인터폰으로 자동차가 왔다는 전갈이 왔다. 그는 주방에 있는 아내에게 나간다는 말도 하지 않고 황급히 아파트를 나섰다. 궁금증은 궁금증을 낳고 비약은 비약을 낳아 엄청난 스토리까지 급진전시키는 중이었다.

'세상을 이만큼 살았으면 좀 느긋한 성격이 될 때도 되었건만 변하질 않아.'

스스로도 급한 자신의 성격을 탓하며 현관으로 내려가자 잘 닦여진 검은 승용차가 그를 기다리고 있었다. 기사가 뒷문을 열어 그를 모셨다.

*

"박진철 어르신 모시고 왔습니다."

무전기로 어디엔가 보고를 하고 상대방의 지시를 받는 눈치였다. 대기실로 안내되는 동안 긴 복도를 걸으며 그는 움츠러드는 자신을 감추기 위해 자꾸만 가슴을 뒤로 젖혔다. 그가 제일 먼저 도착한 듯싶었다. 날씬하고 단아한 아가씨가 금테 두른 복고풍의 받침이 있는 잔에 인삼차를 내왔다. 잠시 후 아가씨가 다시 나타나 '회의실로 모시겠습니다.'하며 그의 앞에 두 손을 모으고 서서 기다렸다. 그는 남아 있는 인삼차를 훌쩍 마시고서야 아가씨 안내에 따라 일어났다. 몇 개의 문을 통과했다. 맨 마지막 문을 열어주고 아가씨는 멈추어 섰다.

"들어가시면 됩니다."

"수고했어요."

그는 안으로 들어섰다. 중앙의 고급스러운 탁자와 의자를 중심으로 각각의 탁자와 의자가 여러 개 놓여 있었다. 그것을 보는 순간 대통령과 독대를 하는 자리가 아니라는 것을 알았다. 회의실에는 귀에 이어폰을 꽂은 몸집 좋은 젊은이들이 몇 명 버티고 서 있었다. 그중 한 남자가 진철을 좌석으로 안내했다. 중앙 좌석에서 먼 자리였다. 참석할 사람들이 궁금해졌다. 문이 열리고 또 한 사람이 안내를 받으며 회의실로 들어왔다. 진철은 그가 누구인지 한눈에 알아보았다. 큰 키에 번쩍이는 금테 안경을 추켜올리며 점잖게 들어선 사람은 강태민이었다. 진철은 반가운 낯빛으로 그의 눈을 주시했다. 태민도 앉아 있는 진철과 눈이 마주쳤지만 무덤덤한 표정으로 안내를 받으며 자리에 가 앉았다. '에이, 조 냉정한 인간. 아는 척 좀 하면 어디가 덧나나?' 진철은 무안해서 잠깐 눈을 흘기고 얼굴을 무표정으로 되돌렸다. 다시 문이 열리고 또 한 사람이 들어왔다. 땅딸막한 키에 다부진 가슴을 숨기지 않은 채 흰 머리를 날리며 들어선 사람은 한일수 선배였다. 진철도 태민도 자리에서 일어서 그에게 목례를 보냈다. 경우에 어긋난 꼴을 그냥 보아 넘기는 법이 없고 그럴 때 한일수가 거침없이 뱉어내는 말에는 따끔따끔 아픈 침이 들어 있어 톡톡 쏜다고 해서 '쏘가리'라는 별명이 붙여진 사람이었다. 한선배는 여유 있게 손을 들어 그들의 목례에 답하고 자신만만하게 중앙 좌석 왼편에 안내되어 앉았다. 그의 일생이 그랬듯 당당하고 두려울 것 없는 표정이었다. 진철과 태민도 자리에 앉으며 서로 눈빛 대화를 나누었다. 진철은 오늘 이 자리가 어떤 자리냐고 묻고 태민은 자기도 영문을 모른다는 묵언의 대화였다. 한일수는 알고 있지 않을까 싶어 두 사람은 동시에 한일수를 쳐다보았지만 그는 무심히 중앙 좌석만을 바라볼 뿐 그들에게 시선도 주지 않았다. 문이 열리는 기척이었지만 상관하지 않고 여전히 그는 앞만 바라보았다. 진철과 태민은 마침 들어서는 사람을 볼 수 있는 위치에 있어 고개를 돌리지 않고도 그를 보았다. 장기성이었다. 태민은 별 달갑지 않은 표정이지만 짧은 눈인사를 교환했다. 진철은 보일 듯 말 듯 고개를 까딱하며 인사하고 원래 자세로 돌아갔다. 기성이 한일수 선배 앞으로 가서 공손하게 인사를 하고 안내 없이 지정된 자리에 가 앉았다. 이제 중앙 좌석을 제외하고 두 자리가 비어 있다. 그들의 옆쪽으로 몇 개의 의자가 탁자 없이 나란히 놓인 것으로 보아 초청된 인사 외에도 배석할 사람들이 있는 것으로 짐작되었다. 갑자기 검은 정장의 남자들이 부산하게 문 앞으로 몰려갔다. 그들은 대통령이 들어오는 것이라 짐작했다. 그러나 나타난 사람은 진한 감색 정장을 차려입은 틀 좋은 사내였다. 젊은이들이 그에게 허리 굽혀 정중히 인사를 했다. 한눈에 보아도 그들의 상관임이 틀림없어 보였다. 장기성만 자리에서 벌떡 일어났을 뿐 세 사람은 그냥 자리에 앉은 채 그를 맞았다.

“안녕하십니까? 오시느라 수고하셨습니다. 저는 전화로 인사드렸던 이인수 비서실장입니다.”

그가 한일수 선배부터 차례로 앉아 있는 사람들에게 일일이 악수를 청하며 인사를 나누었다. 기성은 이인수 실장이 들어올 때부터 옆에 서서 그의 보좌관처럼 행동하고 있었다. '관료 출신은 역시 달라.' 그들은 장기성의 몸에 밴 관료적 행동에 껄끄러운 눈빛을 보냈다. 이인수 실장은 중앙 좌석 오른쪽 옆에 가 앉았다. 그 옆에 장기성, 강태민, 박진철, 빈자리, 한일수, 다시 중앙 좌석의 순이었다.

"저 빈자리에는 정태선 회장님이 오시기로 되어 있었으나 사정상 참석하지 못하게 되었습니다. 오늘 이 회의는 담당자 외에는 철저히 비공개로 진행될 것입니다. 말씀드린 바와 같이 보안이 필요한 사안이기 때문입니다. 우선 오늘 회의 진행은 장기성 전 건설교통부 장관님께서 맡아 주시겠습니다. 오늘 회의 일정을 말씀드리면 장기성 장관님과 여러분이 의견을 충분히 나누시면서 오전 회의를 하고 대통령과 오찬을 하시게 됩니다. 오찬 후 잠시 차 한 잔씩을 드시고 오전에 정리된 내용으로 대통령과의 본격적인 회의를 할 예정입니다. 대통령께 질문은 오전 회의에서 약속된 범위 내에서 해주시고 대통령께서 던지는 질문에는 되도록 간략하고 쉽게 답변해 주시면 되겠습니다. 오찬 사십 분, 회의 한 시간을 지켜주시면 감사하겠습니다. 배석자로는 국토개발담당 비서관과 그 직원들이 있습니다. 진행하시죠."

이인수 비서실장은 장기성에게 바통을 넘겼다. 장기성이 옷깃을 바로잡으며 일어섰다.

"실장님께서 말씀하신 대로 제가 오늘 회의 진행을 맡게 되었습니다. 전문적인 고견을 듣는 자리이므로 정책과 기술의 내용을 잘 알고 있는 제게 진행을 맡기신 듯합니다."

새 대통령 접견을 장기성이 주제하는 회의로 시작한다는 것에 한일수, 강태민, 박진철은 모두 김빠진 표정이었다. 그렇다면 장기성은 오늘의 이 모임 내용과 중요성을 미리 알고 있었다는 말이 아닌가. 보안을 신신당부하던 것과는 다소 거리감이 있다는 생각이 들었다.

"참고로 장기성 전 장관님께서도 방금 한 시간 전에 오셔서야 오늘 모임이 프로젝트 때문이라는 것을 아셨습니다. 오해 없으시길 바랍니다."

이인수 실장이 세 사람의 마음을 들여다보고 있었던 것처럼 보충 설명을 하고 넘어갔다.

"우리에게 맡겨진 엄청난 프로젝트는 남북통일에 대비한 국토개발계획과 국토건설입니다."

장기성의 목소리는 강인했지만 안으로는 떨리고 있는 것이 분명했다. 세 사람은 '국토개발건설'이라는 말에 전율을 느꼈다. 참으로 오랜만에 들어보는 반가운 단어였다. 특히나 한일수에게는 의미가 남달랐다. 까맣게 잊어버렸던 향수를 불러일으키는 느낌마저 들었다. 만주에서 청진을 거쳐 드나들던 땅, 북한. 남북통일이라는 말에 그 심각성이 와 닿았다.

"이번에 우리 대통령은 러시아 대통령과 가진 정상회담에서 부산에서 출발해 러시아를 거쳐 유럽까지 갈 수 있는 대륙횡단철도를 꿈꾼다는 말씀을 하셨습니다. 꼭 남북통일이 아니라도 어쩌면 북한 국토건설은 피해갈 수 없는 필수적인 아이템이 될 것입니다. 북한의 국토는 우리의 삼십 년 전 국토를 떠올리면 됩니다. 도로, 터널, 교량, 철도, 항만, 공항, 댐이 모두 그렇습니다. 그 분야에서 일인자이신 여러분을 모신 이유는 바로 그 때문입니다. 항간에 떠도는 말과 관계없이 정부에서는 만반의 준비를 해 나간다는 것입니다. 국가기밀에 해당한다고 보아도 무방할 것입니다. 비밀리에 진행되는 프로젝트인 만큼 대통령 직속 관할 하에서 연구가 진행됩니다. 북한 지역에 관한 모든 정보는 청와대 북한담당 부서로부터 제공받게 되며 그 정보는 국가 간의 기밀까지도 포함되어 있음을 명심해 주십시오."

불이 꺼지고 벽면에 자료 화면이 떠올랐다. 저절로 칠판 하나가 설치된 셈이었다. 흰 스크린이 내려오고 올라가던 시대는 이미 구석기 시대라고 말하고 있는 것 같았다. 어디서 나타났는지 낯선 젊은이 하나가 전자 칠판 앞으로 나타나 프레젠테이션을 시작했다. 북한 국토의 기반시설에 대해 대략적인 설명이 이어지고 남북한을 잇는 연결고리에 대한 포괄적 접근을 요약해 주었다. 분야별 세세한 내용은 각기 따로 요약되어 있으며, 구체적인 건설 계획과 설계는 이제부터 이번 팀이 해내야 할 과제임을 밝혔다.

"6·25 전쟁 이후 폐허가 된 남한 국토를 개척하여 새롭게 건설해 냈듯이 북한을 제2의 남한으로 건설한다고 생각하시면 될 것입니다. 남한 국토건설에 사십 년이 걸렸다면 북한 국토건설에는 십 년도 채 걸리지 않을 것이라 장담합니다. 몇십 년 동안 쌓아 온 노하우가 있고 장비와 기술들이 그 당시와는 비교도 되지 않을 만큼 발전했기 때문입니다."

모인 사람들은 모두 숨을 죽인 채 고개를 끄덕였다. 도대체 저런 계획을 구체적으로 구상한 사람은 누구이며 저 자료 화면은 누가 만들었단 말인가? 너무도 치밀하고 빈틈없이 전문적인 지식을 가진 자가 만든 계획서였다. 우리가 일인자라고 자부하고 있는 동안 무서운 이인자들이 새로운 기술과 방대한 계획으로 이 나라 국토를 이끌어가고 있었구나! 하는 생각과 함께 뒷방 늙은이라는 느낌을 지울 수 없었다. 그러면서도 뒤를 잇고 있는 후배들이 있다는 것이 든든하게 여겨졌다. 다시 불이 켜지고 장기성이 그들 앞에서 회의를 마무리 짓기 위해 남은 진행을 맡았다. 프레젠테이션 하던 젊은이는 화면이 사라짐과 동시에 함께 사라지고 없었다. 그들 옆에 나란히 놓인 의자에는 국토개발담당 비서관이 앉아 있었다. 전자 불빛에 잠시 모습을 드러냈던 젊은이는 아마 그의 직원쯤 될 것이었다. 그들 모두를 장기성은 알고 있지 않을까 추측해 볼 뿐 아무것도 정답은 없었다. 이인수 실장은 국토개발 건설이라는 말이 어떤 의미인지 아는 듯 간간이 고개를 끄덕이며 경청하는 모습이었다.

"이제 이 프로젝트를 '북극성'이라 명명합니다. 당연히 북극성 프로젝트를 수행할 기본 멤버는 이미 구성되어 있고 여기 계신 여러분이 담당 분야의 건설계획을 수립하여야 합니다. 이제 여러분이 질문할 차례입니다."

그 말이 끝나기가 무섭게 박진철이 손을 번쩍 들었다.

"멤버가 구성되어 있다고 했는데 일이라는 게 손발이 맞아야 차질 없이 진행되는 거고 우리가 함께 일할 사람은 우리가 선정하는 게 맞지 않을까요?"

"청와대 자문위원들이 엄선하여 선정해 놓은 행정 멤버 외에 함께 일할 전문 기술자는 여러분이 선정하게 될 것입니다. 자세한 내용은 대통령께서 말씀해 주실 것이고 절차에 따라 단계별로 진행될 것입니다. 대통령께 드릴 질문은 이곳에서 미리 검토하여서 면담 시간을 단축하려 합니다. 한 분마다 한 가지씩만 질문을 하도록 해 주십시오."

한일수 선배가 탁자를 손가락으로 가볍게 두드려 의사 발언 표시를 하고 장기성에게 발언권을 얻었다.

"이런 중차대한 프로젝트를 놓고 서로의 머리를 짜내어 의견을 주거니 받거니 교환해도 될까 말까 한 상황에 질문마저 제한을 둔다는 것은 지나친 제한인 것 같은데 어찌 생각하시오?"

장기성은 한일수 선배의 질문에 뭐라 대답하지 못한 채 망설이는 사이 이인수 실장의 답변이 이어졌다.

"한일수 국장님, 대통령께서는 큰 틀만 알고 계시니 세세한 것은 우리끼리 의논하는 것이 효율적이라 생각합니다. 대통령과 머리를 맞대고 주고받을 의견은 없다고 판단되는데 안 그렇습니까? 실무적인 내용이야 실무자끼리 나누면 되는 것이지요."

한일수의 욱하는 성격이 터져 나올 것 같아 진철과 태민은 마음을 졸였다.

"예. 이실장님 말씀에 동감합니다. 한일수 선배님, 대통령께서 이 분야에 전문가도 아니시고 프로젝트를 적극 지원하겠다는 그 분의 의지만 확인하면 되는 게 아닐까요? 그게 우리도 편하고요. 한 시간 반의 시간을 낸 것도 워낙 중대 사안이라 무리하게 시간을 뺐다고 하니 그렇게 하시지요."

진철이 나서서 한일수를 설득하고 동의를 구했다. 그 자존심에 스스로 한발 물러설 양반이 아니니 그에게 양보할 명분을 만들어

줄 필요가 있었다.

“예. 한국장님, 언짢아하지 마시고 애로사항을 좀 양해해 주십시오. 이렇게 부탁드립니다.”

이인수 실장이 그에게 정중하게 허리를 굽혀 예를 갖추었다.

“됐어요. 한 나라를 다스리시는 분이니 공사가 다망하시겠지. 알았으니 그만 해요.”

“감사합니다. 강태민 박사님은 질문 없으십니까?”

“우리가 키워낼 전문 인력은 몇 명이나 되나요?”

강태민의 질문에 대한 답은 대통령과의 회의에서 듣기로 하고 이실장은 회의를 끝냈다.

“오찬 장소로 옮기시겠습니다.”

이인수 실장이 먼저 앞장을 섰다. 한일수는 진철과 태민이 다가오자 소년처럼 천진난만한 미소를 지으며 그들의 어깨를 한 번씩 툭 쳤다.

“보안 철저히 하랬다고 다들 나한테까지 입을 다물고 있었던 거야?”

강태민이 민망한 표정을 짓는 사이 진철이 사람 좋은 웃음을 웃으며 변명을 늘어놓았다.

“뭐 말씀드릴 시간적 여유나 있었나요? 바로 그저께 연락받았는데요.”

"허긴 그러네. 그 사이 통화할 일도 없었고."

"가시죠."

장기성은 이인수 실장과 앞서 걸어가며 무슨 이야긴가를 계속 나누었다.

태민은 같은 학교, 같은 과 동기 동창생인 장기성보다 다른 학교 출신인 박진철과 더 가까운 사이였다. 진철과는 같은 토목인의 길을 걸어와 동지애가 느껴졌지만 장기성은 같은 토목을 공부하고도 행정고시에 합격하여 결국 행정가의 길을 걸었다. 태민이 중요한 설계 책임을 맡을 때마다 우연히도 장기성은 정부 부서에 담당관으로서 그와 맞닥뜨렸다. 동기생끼리 도움이 되어주기는커녕 모르는 사람보다 더 그에게 걸림돌이 되어 앞을 가로막고 나섰던 기성이었다. 그가 장관을 마지막으로 퇴임하고 일손을 놓았을 때 태민은 정상에 우뚝 선 도로 설계의 일인자로 현직에 있는 기술연구소 소장이었다. 전직은 전직일 뿐 이 빠진 호랑이에 불과했다. 앞에서야 '장관님, 장관님' 하고 전직 장관에 대한 예우를 해주지만 돌아서면 그뿐 찾는 사람이 없었다. 외로웠는지 나오지 않던 동창회에도 참석하고 산행에도 자주 따라 나섰지만 진정으로 반기는 사람 없이 따돌림당하는 처지였다. 한동안 보이지 않다가 이번 프로젝트에서 책임을 맡았다며 모습을 드러낸 것이었다. 한일수는 강태민과 나이로는 다섯 살 차이가 나지만 학교로는 삼 년

선배가 되었다. 한일수가 학교를 조금 늦게 입학했기 때문이었다. 평소에는 형, 형 하고 어리광부리는 사이이고 일로 만났을 때는 깎듯이 한선배라 부르고 술 취하면 친구라며 헛소리하는 그런 사이였다. 그 둘 사이에 짓궂기도 하고 놀기도 좋아하는 박진철이 끼면 그들은 영락없는 개구쟁이 삼총사가 되는 묘한 관계로 젊은 시절을 보냈다.

오찬이 마련된 작은 연회실로 들어서니 간단하고 깔끔한 나무 쟁반에 잡곡밥과 맑은 무 소고기국, 그리고 4가지의 반찬으로 차려진 한식 세트가 한 사람 앞에 하나씩 각각 놓여 있었다. 5인 상이 차려진 것으로 보아 대통령과 프로젝트 멤버 4인만이 식사를 하는 모양이었다. 이인수 실장은 그들을 자리에 앉게 하고 안쪽으로 통하는 문 앞에서 서성였다. 경호팀에서 '도착하셨습니다.'라는 보고가 있자 그와 일행은 문 앞에 도열했다. 밖에서 문이 열리고 대통령이 잔잔한 미소를 띠며 오찬장으로 들어섰다. 네 사람도 동시에 일어나 대통령을 맞았다.

"앉으세요. 앉으세요. 회의는 잘 하셨나요?"

역대 대통령들을 대해 봤지만 여성 대통령을 맞이하는 남자들의 느낌은 신선했다. 차이나 디자인의 보라색 상의와 회색 정장 바지가 은은하고 우아한 기품을 돋보이게 했다.

"제가 알기로 선생님들은 아버지가 대통령으로 계실 때 왕성하게 활약을 하시던 분들이시지요?"

"그렇습니다. 그 당시 영애였을 때 뵌 적이 있는데 이렇게 대통령이 되셔서 만나니 감회가 새롭습니다."

한일수 선배가 대통령이 앉기를 기다렸다가 따라 앉으며 말문을 열었다.

"아버지가 한국에도 고속도로를 만들겠다는 선거공약을 내놓았을 때 사람들은 모두 무모한 공약이라고 코웃음을 쳤었지요. 고속도로 건설 계획을 세우신 후 아버지는 업무가 끝나고 나면 매일 밤늦게까지 선진국 고속도로에 대한 책을 들여다보며 공부하셨어요."

"대단하신 분이셨지요."

모두들 그 당시 대통령에 대한 추억에 잠기는 듯한 분위기가 되자 대통령은 어서 식사하자며 수저 들기를 권했다. 곳곳에 버티고 선 장정들 때문에 신경이 쓰이고 긴장한 탓인지 음식 맛을 느낄 여유가 없었으나 식사를 마다할 수도 없는 입장이었다. 입에 음식을 넣고 대화를 나눌 수도 없고 입에 음식이 없을 때에 대화하려고 대통령을 바라보면 마침 그때는 그녀의 입에 음식이 있어서 대화를 꺼내지 못하고 하면서 타이밍을 보다가 그렇게 힘들게 식사가 끝났다. 도톰하고 노릇한 갈치 한 토막이 따끈하게 잘 구워져 접시에 담겨 나왔지만 누구도 갈치를 먹는 사람은 없었다. 곧 대화를 나누어야 하는데 비린내라도 날까 조심스러웠던 눈치였다. 그저 국과 김치와 잡곡밥 그릇은 어느 정도 비워낸 터였다.

"음식이 입맛에 맞지 않으신 모양입니다."

대통령은 그들의 반상기를 훑어보며 염려스러운 표정을 지었다. 역시 여성 대통령이어서인지 자상하고 섬세하게 사람들을 살폈다.

"아닙니다. 아주 깔끔하고 담백한 식사였습니다. 늙으면 식사량도 줄어드는 법이지요. 잘 먹었습니다."

연장자인 한일수가 대표로 식사에 대한 감사함을 표했다. 사과 한 쪽과 알이 굵은 포도 세 알과 귤 반쪽을 후식으로 먹고 식사 자리를 끝냈다.

"어렵게 사는 국민이 많아서 청와대 식사도 되도록 반찬 수를 줄이라 일렀습니다. 이해해 주시길 바랍니다. 어르신들 모셔 놓고 너무 소찬이 아니었는지 송구합니다."

"아닙니다. 검소하신 생활을 본받아야 할 것 같습니다. 음식 쓰레기가 넘쳐나는 것도 우리 식생활의 문제점이라고 들었습니다."

"버리는 음식 줄이는 만큼 배곯는 사람도 줄어들 텐데요. 잠시 후에 회의실에서 뵙겠습니다."

대통령은 냅킨으로 입을 닦고 조용히 일어나 오찬장을 나갔다. 그녀가 일어설 때 그들도 모두 일어섰다.

“회의실로 옮겨 잠시 커피 한 잔 드시고 나서 곧바로 회의를 시작하겠습니다.”

대통령이 여자이기 때문에 더더욱 양치질과 화장 고칠 시간 등이 필요할 것이라고 그들은 이해했다. 오전에 회의했던 장소로 되돌아오는 중에 대기실에서 준비된 차를 마셨다.

*

드디어 대통령과의 미팅이 시작되었다. 미팅이라기보다는 대통령의 중대 발표를 직접 듣는 시간이라 함이 옳았다.

“이미 이인수 실장으로부터 대략적인 설명은 들으셨을 것입니다. 허허벌판인 이 나라 개발을 두고 고민하던 아버지께 힘이 되어주셨던 여러분을 뵈니 저 또한 힘이 납니다. 아무것도 없던 이 국토를 개발하고 건설하셨던 개척자들 아닙니까. 남북통일이 요원하다고는 생각지 않습니다. 아무 대책 없이 덜컥 통일된다면 남북통일이 오히려 남북한 모두에게 고통이 될 수도 있습니다. 따라서 만반의 계획을 세워 차근차근 준비하면서 통일을 맞아야만 혼란을 최소화할 수 있을 것입니다. 통일 이전에 남북 교통 연결이 먼저 이루어지게 될지도 모르는 일입니다. 이 프로젝트를 북극성이라 이름 지은 것은 세계가 바라보는 곳은 결국 한 곳이기 때문입니다. 누가 바라보아도 그 자리에 있는 저 높은 곳, 인간이 꿈꾸는 목표는 모두 같다는 말이 되겠지요. 북극성 프로젝트는 각 분야의 전문가들로 구성하여 은밀히 진행됩니다. 그중에서 산을 움직이고 강을 움직여 사람답게 살아갈 터전을 만들어 주실 여러분이 가장 큰 역할을 하시게 될 것이라 믿습니다. 여러분이 가지고 있는 혼자만의 노하우를 숨김없이 전수해주시고 풍부한 경험을 토대로 젊은 전문 인력들을 집중적으로 키워내십시오. 현재 활동하는 중장년층은 통일되었을 때 노동력을 잃을 수도 있고 감각이 시대에 뒤떨어질 수도 있습니다. 오십 년을 내다본다고 생각해 보십시오. 그때 어르신들은 아마도 이 세상에 존재하지 않을 것입니다. 그때까지도 존재할 수 있는 전문 고급 인력을 만들어 주세요. 어르신들 자신의 또 다른 나를 하나 남겨두신다 생각하시면 보람도 있으실 겁니다. 정부가 그 모든 뒷받침을 해드리겠습니다. 실장님이 보완 설명을 좀 해주시지요."

"키워낼 전문 인력 선발은 저희가 이미 선정 방침을 정했습니다."

이인수 실장이 대통령을 대신해 보충 설명을 시작했다.

"만 십칠 세에서 십구 세 미만의 남녀로 정규 학교의 교육을 받은 자, 지능지수가 우리가 정한 수치에 다다른 자, 학교 성적이 전교 십 위 안에 드는 자를 한 학교에서 한 명씩 추천받아 까다로운 자격 심사로 현재 선발중에 있습니다."

"우리가 키워내야 할 전문 인력은 몇 명이나 됩니까?"

태민이 질문을 던졌다. 이미 오전 회의에서 검토된 질문이었다.

"그것은 각 분야의 일인자들이 각 한 명씩 도제 방식으로 집중 교육을 하게 됩니다. 각 분야라 함은 정치, 경제, 종교, 문화, 언어, 사회생활, 교육 등 인간의 생활에 관련된 모든 것을 총망라하는 것으로써 너무 방대하여 다섯 개 분야로 묶어 분류했습니다. 그중 대통령께서 제일 처음 뵙기를 원하신 분들이 바로 여러분이십니다."

이인수 실장의 말에 네 사람은 약속이나 한 것처럼 모두 대통령에게로 시선을 돌렸다.

"국토건설 중 여러분이 맡으실 분야는 인간이 살아가는 데에 필요한 복지 중 가장 기본적인 기반이 되는 것이기 때문입니다."

그들은 할 말을 잃었다. 그녀가 존경스러웠다. 대통령은 아무나 하는 것이 아니구나 하는 신선한 충격에 휩싸였다. 한일수는 고개를 끄덕이며 대통령을 향해 깊은 동감의 뜻을 표했고 강태민은 감탄해 마지않는다는 듯 고개를 설레설레 저으며 자신의 메모지에 뭔가를 적었다. 박진철은 양손 엄지를 세워 대통령을 향해 흔들었다. 장기성은 소리 나지 않는 박수를 오래도록 쳤다.

그토록 그들이 듣고 싶었던 그 말을, 어느 누구도 그들 앞에 해주지 않았던 그 말을 한 나라의 여성 대통령이 당당하고도 자신 있게 해준 것이다. 우리는 노동자도 아니고 땅 파고 물 막는 인부가 아니라고 아무리 외쳐봤자 귓등으로도 들어주지 않아 울분이 치솟던 그들의 존재가치를 알아준 대통령이었다.

"물이나 전기 없이 살 수 없고 길 없이 아무 데도 갈 수 없으며 따라서 소통도 없는 것입니다. 인간의 삶을 배려하는 사랑으로 그 원초적인 기반을 만들어주시는 분들이 바로 선생님들 아닙니까? 기반이 조성되어야 모든 문명이 시작되는 것이니 인간의 복지라 할 밖에요."

그 말이 끝나자 진철이 의자에서 벌떡 일어났다. 사전에 약속된 바 없는 행동이었다. 그가 자리에서 벌떡 일어서자 건장한 검은 양복의 청년들이 긴장하여 진철 쪽으로 몸을 움직였다. 비서실장과 경호실장이 손으로 그들을 저지했다. 진철은 탁자에 머리가 닿도록 대통령을 향해 꾸벅 절을 올렸다.

"대통령님, 존경합니다. 우리 직업의 가치를 진정으로 알아주는 분은 처음 만났습니다. 이제 우리는 여한이 없습니다. 감사합니다. 있는 힘껏 대통령님께 힘을 보태겠습니다."

한일수는 '진철아, 너 또 오버한다.'하는 표정으로 빙긋이 웃었고 태민은 '거기까지만 해라.'하면서 제발 그 정도에서 그쳐주기를 빌었다. 기성은 어쩔 줄 몰라 비서실장과 경호팀을 번갈아 쳐다보며 안절부절 못했다.

“아, 예. 제가 오히려 감사합니다.”

대통령이 손등으로 입을 가리고 환하게 웃으며 진철에게 고개를 숙였다. 장내의 긴장감이 순식간에 사라졌다.

“그렇게까지 가치를 인정받지 못하셨던가요? 그럼 다른 사람들은 어떻게들 말하나요?”

다시 긴장하기 시작한 것은 일수를 비롯한 태민과 기성이었다. 진철의 입에서 무슨 말이 터져 나올지 예측할 수 없었기 때문이었다.

“노가다라고 합니다.”

대통령이 이번에는 약간의 소리까지 내면서 또다시 웃었다.

“저런, 무식한 사람들을 보았나?”

“일부 사람들이 공사장 인부와 전문기술자를 분간하지 못해서 다잡아 그렇게 말하는 것 같습니다. 한일수 선배님 다음 질문하시지요.”

장기성이 더 이상 진철의 발언을 허용하지 않겠다는 듯 화제를 돌렸다. 일수도 태민도 그 순간 장기성이 그렇게 고마울 수가 없었다.

“도제식 교육이라면 선발된 인재들을 우리가 만나보아야 할 것이 아닙니까?”

"물론입니다. 선발이 끝나면 그들을 만나게 될 것입니다."

비서실장이 답변하자 대통령이 좀 더 화기애애한 분위기로 보충 설명을 자청했다.

"제가 아바타라 하지 않았습니까? 말 그대로 자신의 아바타를 만드는 일인데 자신의 열정을 쏟아부을 마음이 생기지 않는다면 곤란한 일이 아닙니까? 뭔가가 자신과 닮은 점이 없다면 불가능한 일이겠지요. 충분히 관찰하여 선택할 시간을 드릴 것입니다. 그렇지요? 이실장님."

"예. 이미 일정에 들어 있습니다. 장기성 전 장관님은 질문이 없다고 하셨으니 마지막으로 대통령의 당부 말씀 듣고 회의를 마치겠습니다."

비서실장이 시계를 들여다보았다. 시간을 초과했으니 더 이상 아무 말 말라는 신호임이 분명했다.

"어르신들 잘 부탁드립니다. 제 임기 중에 가시적인 남북한 통합 국토 조감도라도 볼 수 있기를 기대합니다. 아버지가 여러분을 믿었듯이 저도 여러분의 저력을 믿습니다. 언제든 애로사항은 우리 이실장님께 말씀해 주세요. 그럼 또 뵙겠습니다."

대통령이 일어서서 그들 앞으로 다가가 일일이 악수를 청하며 회의장을 나갔다. 그들은 잠시 털썩 의자에 주저앉았다.

"자넨 왜 꼭 한 번씩 사람 피를 말리는 거야?"

한선배가 진철을 가리키며 검지를 흔들었다.

"내가 뭘요?"

"너 아까 경호원들이 너를 향해 달려들 기세라는 거 못 느꼈어? 총이라도 빼서 쏠 분위기였다고."

"그렇게 느닷없이 벌떡 일어나면 어떻게 해? 대통령 한두 번 만나보냐?"

태민도 거들고 나섰다.

"너무 감동해서 그랬지. 야, 대통령이라고 다 같은 대통령이 아니야. 어떻게 토목공학이 복지라는 말을 할 줄 아느냐고? 꼭 우리가 평소에 하는 말을 들은 것 같더라니까."

"또 시작이다. 가자."

한선배가 진철의 등을 떠밀었다. 경호원들이 그들의 앞과 뒤에서 자연스레 가는 길을 안내했다. 대통령을 배웅 갔던 장기성과 이인수 실장이 되돌아왔다.

"종합청사 옆 호텔 소회의실에서 국토건설에 참여할 행정 멤버들과 인사를 나누고 구체적인 일정을 논의하게 되어 있습니다. 저는 여기에서 인사드리겠습니다. 대통령께서 찾으셔서……"

이인수 실장이 기성에게 잘 부탁한다는 인사를 남기고 총총히 바쁜 걸음을 옮겼다.

"또 무슨 회의야? 목도 컬컬하고 긴장한 탓인지 밥 먹은 게 목

구멍에 걸려 아직 내려가지도 않았는데."

진철이 쉰 듯 걸걸한 목소리로 투덜거렸다.

"박진철 회장님, 거기는 자유로운 분위기니까 편안하게 한 잔 드셔도 돼요."

기성이 피식 웃으며 진철 곁으로 다가왔다. 사람 좋고 털털한 진철과는 별 껄끄러움 없이 잘 지내온 터였다. 동기생인 태민이나 학교 직계 선배인 한일수보다 오히려 편하게 여겨졌다. 동년배지만 오랜 세월 그래왔듯이 말을 놓는 사이는 아니었다. 진철이 철도건설창장을 할 때 장기성은 건설교통부 차관이었다. 진철이 자기 상사인 장관과 친하게 지내는 터에 기성은 더 이상 그에게 다가가지 못했다. 그가 장관이 되었을 때 진철은 반관반민 주식회사에 부회장이 되었으므로 서로 예우를 갖추는 사이였다. 가끔 만나기는 했지만 진철이 태민과 친구 사이라는 점을 감안하여 서로 일 관계의 예민한 사항에 대해서 언급을 피하는 정도는 신경을 써야만 했다. 태민은 진철이 기성과 업무상 만나는 것에 대해 아는 체하지 않았고 둘이 있을 때는 기성에 대한 불평도 입에 담지 않았다. 그러다가 한일수를 만나면 기성의 흉도 보고 욕도 하고 불평불만도 터뜨렸다. 그 자리에는 언제나 진철이 있었고 진철은 그 두 사람 사이가 편치 않음을 충분히 알고 있었다. 한일수는 같은 학교 같은 과의 직계 선배인데다가 공무원으로서도 선배여서 장기성은 그의 앞에서 유독 조심스러워했다. 한일수는 일찍부터 정부 부처에 없어서는 안 될 존재로 부각되었고 나중에는 1급 건설사 사장을 수차례나 지낸 인물이어서 그 누구도 그를 무시하거나 그의 말을 거역할 엄두는 내지 못했다. 또 그가 누구에게 지탄받을 행동이나 말을 하는 사람도 아니어서 한일수는 어디서도 자랑스러운 선배였다.

*

청와대에서 두 대의 승용차에 각각 나누어 타고 호텔로 이동했다.

자연스레 한일수와 강태민, 장기성과 박진철로 나뉘었다. 경호원이 운전하는 차를 탄 탓에 일수와 태민은 말을 아꼈다. 기성 역시 경호원의 눈치를 살폈지만 진철은 타고난 성품 그대로 대통령이 너무 멋지고 박식하다는 둥 준비된 대통령이라는 둥 입이 마르도록 칭찬을 쏟아냈다. 소탈하고 솔직담백한 그의 천성은 처음 만나는 사람조차 긴장을 풀게 하는 그만의 독특한 친화력을 가지고 있었다. 어쩌면 그것이 그의 성공 비결인지도 몰랐다. 자기의 사회적 위치를 의식하지도 않고 권위적이지도 않지만 그렇다고 때와 장소를 모를 정도의 수위를 넘는 행동도 하지 않았다. 위태위태한 수위 조절 또한 그의 인상을 상대방에게 깊이 심어주는 계기가 되기도 했다.

"한선배, 나는 간혹 박진철처럼 마음 내키는 대로 행동하고 말하는 것이 부러울 때가 있어요."

태민이 한일수에게 솔직한 심정을 털어놓았다.

"그거 아무나 할 수 있는 일이 아니야. 그게 그 사람의 단점일 수도 있고 장점일 수도 있지."

한일수도 태민과 같은 마음이었다.

"장점이 더 많은 것 같아요. 얼핏 보면 정말 천진난만한 것 같아 상대방이 경계심을 허물고 접근하게 돼요. 그렇다고 덮어 놓고 순수하고 속이 없는 것도 아니잖아요. 처음 만나는 사람에게 좋은 인상을 주는 그런 사람이에요. 누구하고든 쉽게 친해지는 재주가 있거든요."

"그러니까 남의 학교를 제 학교 드나들 듯이 드나들면서 자기 학교 친구보다 남의 학교 친구들이 더 많지."

한선배가 대학시절이 생각난 듯 빙그레 웃었다.

"전 그때 진철이가 우리 공대 학생인 줄 알았어요. 같이 강의 듣고 같이 밥 먹고 같이 돌아다니다가 한참 후에야 다른 공대 학생이라는 걸 알고 따졌더니 진철이가 뭐랬는지 아세요?"

"내가 내 입으로 너희 학교 학생이라고 말한 적 없다 했겠지 뭐!"

"어떻게 아세요? 진철이한테 들으셨어요?"

"그거야 안 들어도 뻔한 소리지. 내가 그 친굴 몰라?"

"그러고 나서도 하나도 주눅이 들지 않던 친구였어요. 난 죽었다 깨나도 그 친구처럼 할 수가 없거든요."

"자네도 자네한테 맞게 잘하고 살아왔어. 기술자인 거야 우리 세 사람 모두 똑같지만 자넨 학자에 가깝고 진철이는 사업가에 가깝지."

"맞아요. 선배님은 관료에 가까우시고요."

"그렇지. 제각각 성품 따라 가는 길도 정해졌을 거야."

그들이 몇 마디 대화를 나누는 사이 호텔에 도착했다. 먼저 내린 기성과 진철이 현관 앞에서 기다리고 있었다. 자동차는 곧바로 청와대로 돌아간다고 했다. 그들은 호텔에서부터는 각자 알아서 가라는 말로 새겨들었다.

"수고했네. 이제 우리 걱정 말고 잘 가시게."

진철이 친절하게 이르고는 손을 흔들었다. 인자한 할아버지가 손자한테 하듯이 다정스런 말투였다. 나머지 세 사람이 어이없는 표정으로 웃으며 그를 지켜보았다. 기성을 따라 호텔 안으로 들어서는 그들의 발걸음이 가벼웠다. 비 온 뒤끝이라 그런지 도심의 가을 하늘이 유난히도 파랗고 맑았다.

북극성 프로젝트의 국토건설 팀은 이렇게 탄생되었다.

2

할배 삼층사

국토개발건설 팀은 일주일간의 현지 답사여행길에 오르는 것으로 시작 테이프를 끊었다.

전국에서 선발된 아홉 명의 청소년이 그들의 숙제였다. 아이들과 여행하면서 관찰하다가 일주일간의 여행이 끝나면 단, 한 명을 자신의 아바타로 지목해야 하는 과제가 주어졌다. 애초에 도로건설협회 정태선 회장이 담당할 아이까지 열두 명을 선발할 예정이었으나 무슨 연유에서인지 그가 제외되는 분위기였다. 그 때문에 교육생 인원이 아홉 명으로 축소되었다. 아이들에게는 미리 수자원, 댐, 철도, 도로, 항만 등의 분야와 관계없이 프로젝트에 참여하게 하고 멘토는 그들을 관찰하면서 여행을 한 후 마지막에 아바타를 선택하기로 했다. 만약 아바타 쪽에서 다른 멘토를 원할 경우 이미 선택된 아바타와 양쪽 멘토, 그리고 다른 멘토를 원하는 아바타 4인이 합의하여 결정하도록 단서를 달았다. 세 명의 멘토와 아홉 명의 아바타 후보와 프로젝트 지휘자에 해당하는 운영·총괄 책임자 장기성, 그 외에 일선에 있는 전문 분야 서지운 행정담당관이 구성 요원이었다. 젊은 공학자 손명하 연구원이 교육생 인솔자 역할을 담당했다. 중형 버스 한 대로 이동하고 가는 거점마다 안내자가 대기하고 있기로 하였다.

할아버지와 손자뻘의 청소년들이 함께 일주일간의 합숙 생활을 하게 되는 것이었다.

장기성과 세 사람의 멘토는 여행 일정표가 완성된 날 다시 한 번 회동을 하였다.

"아이들의 인적 사항은 보안이라면서?"

한선배가 기성에게 물었다.

"선입견을 가지고 아이들을 대하게 될 것을 염려해서라네요."

"보안, 보안, 보안 유지해야 할 것도 많네. 그게 뭐 그리 대수라고 보안이야. 난 도무지 비밀을 지키라고 하면 그때부터 딱 부담이 돼서 아주 거북스러워진단 말이야."

진철이 자신의 입술을 손으로 두드리며 몸서리를 쳤다.

"말을 하도 많이 하니까 헛소리가 튀어 나올까봐 그러는 거지?"

"어떻게 알았어?"

태민과 진철은 그 나이에도 악동들처럼 티격태격 말씨름 질을 계속했다.

"근데 일리가 있는 말이야. 아이들 뒤 배경을 알고 나면 아무래도 보는 눈이 달라지는 게 인간이니까. 순수하게 그 당사자 하나만 보라는 거지. 일단 IQ나 지식 정도는 거의 대동소이하니까."

일수는 어떤 아이들인지 궁금하다고 했다. 진철은 기성과 한 방을 사용하고 일수는 태민과 한 방을 사용하기로 룸메이트를 정했다. 2인 1실이 기본이기 때문이었다.

"어디부터 시작하는지 한 번 봅시다."

진철이 기성에게 여행단이 거쳐 갈 코스를 알고 싶다고 하자 장기성은 지도 한 장을 펼쳤다.

"우리의 이번 여행은 공식적으로 단순한 국토순례라고 발표할 겁니다. 아이들도 그렇게 알고 있습니다. 코스는 여러분이 손수 설계하고 감독하고 감수해서 완성된 길과 철도를 따라 내려가면서 그 사이, 사이의 교량과 댐과 항만을 돌아보는 것으로 정했습니다. 여러분의 지난 발자취를 더듬는다 생각하시면 될 것 같습니다. 탐사할 근처 가까운 도시에 거점을 정하고 숙식이 편리한 곳을 찾아 일박씩 머물게 됩니다."

기성은 지도에 붉은 사인펜으로 노선을 긋고 숙박 예정 도시 다섯 군데에 동그라미를 쳤다.

"일정은 충분하기 때문에 무리하게 강행군을 할 필요는 없습니다. 우리보다 먼저 출발한 선발대가 숙박할 도시와 숙소를 매일 하루 전날 알려줍니다. 그 전에는 나도 어디에서 묵게 되는지 알 수 없습니다."

"그것도 또 보안이요?"

진철이 버럭 짜증을 내었다. 태민이 진철의 허리를 쿡 찔렀다.

"보안이라기보다는 안전을 위해서라는 말이 맞겠죠? 우리는 극비리에 프로젝트를 수행하고 있고 어떤 위해(危害) 요인이 우리를 기다릴지 모르는 일입니다. 북한 측에서 알게 된다면 속이 뒤집힐 일 아니겠습니까? 멀쩡한 남의 나라 땅을 우리 마음대로 재건설한다는 사실을 알면 어떤 기분일 것 같습니까?"

그 말에는 아무도 답변을 하지 못했다.

"제가 건설교통부 장관이던 시절 이와 같은 일을 계획한 적이 있었습니다. 남북한을 통틀어 우리나라라 가정하고 연결해야 할 도로와 철도, 뱃길 등을 알아보기 위해 은밀히 조사했었습니다. 북한에 있는 낙후된 교량, 도로, 철도, 항만 등을 항공 촬영하고 사람이 직접 조사하러 다녀오기도 했습니다."

"어떻게 조사하러 다녀올 수가 있었어?"

"물론 그 당시는 남북대화가 이루어지던 시기가 아니라 비밀리에 조사했지요. 남북철도 연결이니 지형 조사니 하는 말이 통하지 않을 때였으니까요. 다른 방법으로 몰래 훑어보는 정도였지요. 다

행히 김대중 노무현 대통령 시절에는 남북한 대화가 활발해지면서 철도공사 사장이 북한 철도를 정식으로 답사한 적도 있었지만요."

"어떻습디까?"

철도 분야의 선구자인 진철이 몹시 궁금한 듯 장기성을 채근했다.

"상상했던 것보다 훨씬 상황이 나빠서 좀 놀랬습니다. 북한에서는 승객 수송의 70%, 화물 수송의 90%를 철도에 의존하고 있으면서도 광복 이후 70년까지 거의 철도에 투자하지 않았어요. 일제 강점기에 놓았던 철도를 그때그때 손 봐가면서 겨우 사용하고 있었고요. 침목도 대부분 폐기처분할 시기가 지났고 레일도 부분부분 끊어진 채 그냥 쓰고 있는 겁니다. 다 걷어내야 할 정도고 꼬불꼬불 놓인 도로는 모두 직선화해야 할 지경이었어요. 북에서는 노후된 철도시설의 효율을 높이기 위해 전철화를 추진하고 있는 추세입니다."

장기성의 말이 잠시 중단된 틈을 이어 강태민도 지지 않으려는 듯 뒷말을 받았다.

"북한의 도로 실태도 열악하기는 마찬가지예요. 북한 지역 도로는 경사와 굴곡이 심하고 포장률이 8%밖에 되지 않아 시속 50km 이상 주행이 불가능한 실정이지요."

남북교역을 뒷받침하고 아시아 하이웨이 등 대륙고속화도로의 연결을 위해서라도 남북통합도로망이 확충되어야 한다고 태민은 보충 설명을 했다.

"현재 남북 간에 단절되어 있는 국도는 여섯 개 노선 182km에 이릅니다. 이 중 2000년 국도 1호선 남측 구간인 통일대교 북단과 남방한계선, 군사분계선 5.1km는 공사에 착공하여 2003년 11월에 완료했어요. 국도 7호선 출입국 관리시설 도로와 그 도로 연장을 통해 금강산 육로 관광을 건설한 것이 남북연결 도로의 전부인 셈이에요."

기성도 대충 알고 있는 내용이었지만 태민이 전문가적 입장에서 그렇게 구체적인 수치까지 낱낱이 기억하고 있다는 사실이 존경스러웠다. 역시 행정가인 자기와 기술자인 태민과는 다르다는 생각이 들었다.

"공식적으로 남북 합의하에 일하는 경우는 좀 다르겠지만 비밀리에 북한 지형을 탐사할 때는 몇 번인가 테러 위협을 받았어요. 예산 부족까지 겹쳐 중단하고 말았지만 건설교통부 수장으로서 그 과제를 끝까지 수행하지 못한 아쉬움이 남아 있습니다."

"그래도 철도는 남북한 연결이 제일 많이 이루어진 편이죠. 경의선, 경원선, 동해선이 모두 남북 철도 라인이고 경의선은 임진강에서 도라산역을 거쳐 개성공단까지 연결됐으니 남북 연결이다 된 것이고, 도라산 출입시설 건설공사 감리도 내가 속해 있는 회사와 철도기술공사가 같이 해낸 일이라 내가 잘 알아요. 남북대표단이 개성역까지 시험 승차도 했었잖아요."

진철이 철도 계통에서는 원로였고 대형 프로젝트는 그가 모르는 일이 없을 정도였다.

"그러고 보니 철도 쪽에서도 그런 일들을 계속 했었군."

한일수는 미처 알지 못했던 사실을 깨달은 사람처럼 고개를 주억거렸다.

"선배님도 그런 지시를 받았던 적이 있으셨던가 보죠?"

"댐이야 자연의 물을 다스리는 일인데 남쪽 물이 어디 있고 북쪽 물이 어디 있겠어. 그냥 다 물이지. 소양강 댐을 설계할 적에 홍수가 나면 북한에서 내려보내는 물의 양을 알아야 하니까 그쪽 지형조사와 현 수자원 상태를 조사 안 할 수가 없었지."

기성이 다시 원래의 대화로 돌아와 이번 프로젝트에 대한 마무리를 지었다.

"그렇지요. 남북 국토건설은 땅덩이가 붙어 있는 한 공동 건설을 해야 하는 숙제임에 틀림없어요. 그때 구체적인 그림을 못 그린 게 아쉬워서 남북통일 대책회의에서 대통령께 그 제안을 드렸어요. 마침 러시아와 대륙횡단 이야기가 화제였던 터라 '이 시점에서 꼭 필요한 작업'이라며 흔쾌히 받아주셔서 이 일이 시작된 겁니다.”

“아, 그렇게 된 거였군. 갑자기 누가 제안을 했을까 궁금했어. 정부 한 부서의 수장으로서 실무 경험이 있었기 때문에 가능한 제안이었을 거야. 아무튼 절실한 프로젝트인 것만은 틀림없어. 장관이던 당시 구상했던 아이디어를 남김없이 우리에게도 나누어 주시게.”

한일수가 기성의 이야기를 듣고 칭찬과 더불어 그의 노고를 치하했다. 테러 위협이 있었다는 말에 진철도 더는 보안에 대해 불만을 토로하지 않았다.

“이번 여행단은 시범 케이스입니다. 한 번 시도해 보고 다른 팀들에게도 같은 방식으로 계속할 건지 아니면 방법을 바꿀지 결정한답니다. 성공적인 결과를 얻었으면 합니다. 선발된 교육생들도 평범한 아이들이 아닙니다. 뛰어난 학습 능력과 머리를 가진 수재형들입니다. 그런 좋은 DNA를 가진 청소년들이 여러분을 대신해 후세에 남겨질 여러분 자신의 모습입니다. 귀하게 여겨 주시고 친손자처럼 어여삐 여기시면 될 것 같습니다.”

“선택된 세 명의 아바타 외에 다른 아이들은 어떻게 되는 거요?”

태민이 기성을 처음으로 마주 쳐다보며 진지한 눈빛을 던졌다.

“나머지 아이들도 모두 정부에서 지원하는 전문 교육을 받게 되나 도제식 교육에서는 제외되는 걸로 알고 있어요. 그 이상은 잘 모르겠소."

두 사람이 서로 말을 섞는 것도 오랜만이라 어딘가 어색한 느낌이었지만 그런대로 괜찮은 분위기였다. 그나마 둘이 말이라도 나누는 것을 보며 일수와 진철은 다행이라 여겼다. 합숙하는 일주일 동안 눈만 뜨면 마주 볼텐데 서로 말조차 하지 않는다면 주변 사람 모두가 불편해질 것은 불 보듯 뻔한 일이기 때문이었다.

"닷새 뒤 출정식에서 뵙겠습니다. 일주일간 길 떠날 짐 잘 챙기셔서 나오십시오."

기성과 헤어져 세 사람은 단골 일식집으로 자리를 옮겼다. 모처럼 진하게 한 잔 마시자며 진철이 술자리를 만들었다. 한일수가 요즈음 들어 술 마실 자리를 피하는 통에 세 사람이 함께 맘껏 술을 마신 지가 꽤 오래되었다.

"한선배, 정태선 회장이 내사를 받고 있다는 이야기 들었어요?"

"어제 진철이한테 들었어."

"너 어제도 한선배 만났어?"

태민이 진철을 돌아보았다. 젊은 시절부터 의붓동생에게 친형을 빼앗기는 것 같은 느낌을 종종 받을 때마다 태민은 신경을 곤두세웠다.

"아니. 전화로 통화했어. 에이그, 다 늙어서도 그 성깔은 못 버리는군. 조기 테니스회에 나가니까 다들 숙덕거리더라고.”

“무슨 일에 연루됐는데?”

“고속도로 공사 입찰가 정보를 미리 알려줬다나 봐.”

“돈 받고?”

“그러니까 문제가 됐겠지.”

“얼마나?”

“얼마 받았는지는 몰라.”

“정회장은 그럴 사람이 아닌데 ...... 뭐가 잘못된 거겠지.”

“자넨 정회장 개인적으로도 잘 알아?”

진철이 되물었다.

“그럼. 내가 기술개발공사에 부사장으로 있을 때 사장으로 한 일 년 모시면서 가깝게 지냈지. 일로는 서로의 속을 털어놓을 정도로 친했었어. 나보다 나이는 두 살 어려도 일찍 기술사 시험에 합격해서 먼저 자리를 잡았거든. 사람 똑 부러지고 고지식한 성격이야. 그럴 리가 없어.”

“아직 밝혀진 건 없고 내사 중이래.”

“틀림없이 음모에 휘말린 걸 거야. 성격이 호락호락하지 않으니까 적이 많은 편이지.”

강태민은 단호하게 정태선 회장이 그런 일을 했을 리가 없다고 장담하고 나섰다.

"내가 듣기로도 기술자로도 공직자로도 흠잡을 데 없다고 들었는데. 난 직접적으로 일해 볼 기회는 없었고."

"자, 자. 술이나 마셔. 열 길 물속은 알아도 한 길 사람 속은 모른다잖아. 그 속이야 누군들 알아?"

"술 마실 기운 있는 거 보니 아직 젊구나. 난 당뇨가 심해져서 될 수 있으면 술 줄이고 기름진 음식 피하는 중이야. 죽어라 고생해서 만들어 놓은 것들이 이제 칭찬받고 이제 인정받는데 억울해서라도 더 살아봐야 하지 않겠어? 건강할 때 조심들 해."

한일수가 두 사람과 잔을 부딪치며 특별히 술 밝히는 진철에게 주의를 주었다.

"난 인제 죽어도 여한이 없어요. 다 살았는데 지금 와서 술 끊으라고? 하던 짓 안하면 더 빨리 갑디다. 먹고 죽은 귀신 때깔도 좋다는데 나는 죽어도 먹고 죽을래요."

"그래라, 까짓 거. 네 목숨이지 내 목숨이냐?"

일수가 잔을 탁 부딪치고는 허허 웃으며 술을 마셨다. 그들은 옛날부터 모두 독주를 즐겼었다. 진철은 요즈음 들어 도수를 낮춘답시고 양주에 맥주 탄 폭탄주를 마시기 좋아했다.

"내가 생각해도 참 끈질기게 마신다. 육십 년을 마시고 있는 거 아니냐고."

진철이 폭탄주의 거품 묻은 입술을 닦으며 신이 나서 떠들었다.

그는 언제 봐도 쾌활 명랑한 사람이었다.

"그때 마시던 술에 비하면 이건 술도 아니지. 안주나 있었어? 김치에 깡 소주 아니면 오징어 다리에 막소주, 기껏 마음먹고 낫게 차린다고 차려봐야 계란 풀은 라면 국물에 병 소주. 인부들 호통치고 나면 그거 같이 안 마실 수 있나?"

태민이 얼굴이 발그스레해져 추억담을 늘어놓았다.

"자네들은 그랬어? 난 주로 양주를 많이 마셨는데, 현장에 출장 가면 시공사들이 어느 틈에 양주를 준비했다가 꼭 나한테는 그걸 마시라고 줬어."

"그건 형님이 중앙에 공무원으로 있으면서 현장 출장 갈 때 이야기지. 우린 공사사무소에서 매일 식모가 해주는 밥 먹으며 인부들이랑 같이 살다시피 하는데 어떻게 양주를 마셔요? 막걸리는 배불러서 못 마시고 맨 날 소주였지. 쏘가리 형님이야 사무실에서건 현장에서건 대접받았지. 결국은 도수 높은 고급술 좋아하다가 당뇨 걸리신 거 아뇨?"

진철이 고소하다며 속없이 허허거리자 일수도 태민도 어처구니없어 웃고 말았다.

"다 흘러간 옛 이야기다."

일수는 이 나이가 되어서도 허물없이 대해주는 후배들이 정겨운지 눈을 흘기며 술잔을 비웠다. 그들은 어느 결에 고급안주와 고급술을 앞에 놓고 안주 없이 마시던 강술에도 끄떡없던 젊은 시절로 돌아가 있었다.

"내 인생은 몇 살에 정해졌는지 알아? 그땐 몰랐지만 이젠 알겠어."

*

한일수는 대문 큰 집만 찾아다니면서 밥을 얻어먹던 피난시절이 항상 기억에 먼저 떠올랐다. 그 당시만 해도 인심이 좋았던 때라 그런 집을 찾아가면 비록 보리밥에 김치이기는 해도 한 사발씩 수북이 떠서 상을 차려주곤 했다.

중국 길림성에서 4년제 중학교를 졸업하고 그는 공부하겠다는 결심 하나로 서울까지 혼자 찾아왔었다.

"참 겁도 없었지. 뭘 믿고 그 먼 길을 연고자 하나 없는 서울까지 왔는지 ……"

그는 간혹 스스로도 그 용감한 어린 소년이 자기 자신이었다고 믿기지가 않았다. 아버지는 용정시에서 '한지(限地) 의사'라 하여 일정한 지역 내에서만 개업할 수 있는 자수성가한 의사였다. 아버지는 한일수가 공부하러 서울에 간다고 하자 꼭 의과대학을 가라고 당부했었다. 용정에서 목탄차 트럭을 타고 하루 온 종일 걸려

청진까지 가서 청진서 기차를 타고 동두천, 동두천에서 기차를 타고 청량리역에서 내렸다. 그때 청량리에서 전차를 처음 보고 설레던 기억이 생생하다.

"맨 먼저 청량리에서 전차를 타고 화신백화점을 찾아가 그 뒤 이문 설렁탕 집에서 설렁탕을 먹고 이문 여관에서 잠을 잤었어."

"선배님은 그래도 여관 갈 돈이라도 있었던 모양이네."

진철이 부러운 듯 볼멘소리를 했다.

"그럼. 그래도 우리 아버지가 의사였는데...... 집 떠날 때 천 엔이나 주신 걸. 그 당시 천 엔이면 큰돈이었어."

서울 와서 세브란스의대를 들어가려고 찾아가 상담했으나 삼만 엔을 내라고 하여 포기하고 말았다. 차비에 몇 끼니 밥값 정도만 손에 쥐고 서울로 온 처지에 삼만 엔은 그에게 엄청난 거금이었다. 빨리 졸업하고 빨리 취직해 돈을 벌고 싶어서 3년제 경성전문 토목부에 입학했다. 경성전문이, 경성공고, 경성제대가 합쳐져 서울 공대 전문부로 변경되었다가 국립서울공과대학이 되었다. 용정시 은진중학교에서 기초지식 정도의 토목공부를 했기 때문에 자신 있게 경성전문 토목부를 지원했던 것이다. 경성전문 토목부를 졸업하고 내무부 토목국에 취직했을 때 그의 인생은 이미 토목인으로 갈 길이 정해져 있었음을 그는 알지 못했다.

"그렇게 시작된 내 토목 인생에 나는 추호도 후회가 없어."

"잘 살아왔다고 자부하셔도 됩니다."

강태민이 그에게 술 한 잔을 권했다.

❇

"형님처럼 나 역시 살아온 길에는 후회가 없지만 뼈아픈 회한은 남아 있어요."

진철은 당장 끼니가 어려운 가정 형편상 중학교 2학년까지 학교에도 가지 못한 채 중앙통신 강의록으로 혼자 독학을 했다. 매일 어머니를 도와 땡볕에서 밭일을 해야만 했던 소년은 6·25 전쟁이 나고서야 중학교에 편입해 들어갈 수 있었다. 중학교 2학년은 한 달만 다니고 곧바로 중학교 3학년이 되었어도 다른 아이들에게 뒤지지 않는 영특한 아이였다. 학교에 다니는 중에도 그는 장이 서기 전날 지게를 지고 산으로 가서 하루 종일 나무를 한 짐 해 놓았다가 장날 새벽 4시에 출발하여 내다 팔았다. 먼저 내놓는 나무가 먼저 팔리기 때문에 그는 언제나 일찍 장에 나섰다. 나무를 팔고 장에서 귀가할 때는 하교하는 친구들과 만날까봐 읍내 길로 가지 못하고 빙 돌아서 8km나 되는 먼 길을 걸어 집으로 와야만 했다.

"나도 다른 애들처럼 집에서 조금만 내 뒷바라지를 해줬더라면 그 모진 고생은 안 했을 텐데 하고 부모가 원망스러웠어요."

중학교를 졸업하고 학비가 안 드는 관비학교인 교통고등학교에 입학했다. 학비가 안 들 뿐 아니라 먹여주고 재워주고 돈까지 준다니 전국에 형편 어렵고 우수한 학생들은 다 모여들었다. 16 대 1이라는 경쟁을 뚫고 용산에 있는 교통학교에 들어가 그는 토목과를 택했다. 토목과 외에 전기과, 통신과, 기계과, 차량과, 역무과 등이 있었지만 주변에서나 집안 친척들이 그래도 토목과가 가장 전망이 밝다는 의견이 많아 토목과를 선택하게 되었다. 학교에서는 때때로 멸치, 미역, 설탕 등 돈 대신 생활에 요긴한 것들을 나누어 주곤 해서 집에 가져다주는 재미가 있었다. 졸업하면 철도청에 근무하는 것은 당연한 의무였다. 그동안 본인 돈을 들이지 않고 국비로 공부한 대가였다. 만약 근무하지 않게 되면 그동안의 학비를 계산해 갚아야만 했다. 졸업 때면 그런 학생들이 한둘씩은 생겨났다. 철도청과 맺어진 인연은 가난한 집안 형편 때문이었으나 그 후로도 그의 젊은 시절은 철도를 떠나 존재하지 않았다. 진철의 천성 자체가 부지런하고 열정적인 덕에 같은 연배의 다른 철도인보다 승진도, 존재 가치를 인정받는 일도 빨랐지만 돌아보면 너무 고생을 많이 했다는 생각이 들곤 했다. 회한이 남는 자국들이 젊은 박진철의 인생 곳곳에 얼룩져 있었다.

"어떻게 살아도 회한은 다 남는 법이야. 나는 뭐 그런 회한이 없는 줄 알아?"

*

강태민이 진철의 하소연을 듣다가 위로를 한다는 게 자신의 비하인드 스토리로 자연스럽게 연결되었다.

"자네야 뭘? 공부하는 데만 전념하면 되는 인생이었잖아. 학비 걱정을 했어? 끼니 걱정을 했어? 모르긴 몰라도 자넨 사주팔자를 아주 잘 타고 났을 거야."

진철이 입을 삐죽이며 퉁명스럽게 쏘아댔지만 태민이 부러워서 하는 말이었다.

"이봐, 사람은 말이야 이러면 이런대로 저러면 저런대로 다 고민이 있게 마련이야."

"그거야 그렇지. 고민 없으면 그게 인간인가 짐승이지. 자네 고민은 뭐였는데? 이야기나 좀 들어보자."

진철은 맥주잔 안에 술이 든 양주잔을 넣고 그 가장자리에 맥주를 흘려 넣으며 태민을 힐끗 보았다. '이건 너 주려고 만드는 잔이야.'하는 짓궂은 웃음의 의미를 태민은 이미 읽었다. 그는 진철이 내미는 잔을 단숨에 비웠다.

"난 항상 내가 원하는 것에 결국 도달하지 못하는 게 괴로웠어.

기술도 장비도 연구도 계획도. 내가 원하는 곳은 저만치 있는데 그 지점까지 가보지도 못하고 언제나 끝이 나는 거야. 한 번도 '바로 여기다'하고 완벽한 성취감을 느끼면서 일을 끝낸 적이 없어."

태민은 일생 누구에게도 피해를 주지 않으려고 노력하면서 살아왔다. 또 상대방을 이겨보겠다는 경쟁심리로 부득부득 고집을 부려 본 적도 없었다. 단지 '아닌 것은 아니다.'라는 철칙만은 어떤 일이 있어도 지키며 살고자 했다. 일에 관해서는 더더욱 그랬다. 그런 그에게 되돌아오는 말은 깐깐하다, 고지식하다, 답답하다, 속이 좁다 등의 평가뿐이었다. 얼렁뚱땅 넘어가서는 안 될 일을 안 된다고 했을 뿐인데 '잘난 척 한다'로 받아들이는 동업자들이 싫었다. 공사비를 절감하기 위해 제대로 된 설계에 트집을 잡고 설계 기술자를 모함하는 그런 건설회사들이 싫었다. 국민을 위해서 꼭 필요한 사업인 줄 제일 잘 알면서도 예산이 없는 관계로 현실성이 없다는 핑계를 대면서 고민도 하지 않고 무산시켜버리는 그런 정부 관료들이 싫었다. 태민은 그런 세상이 싫었다. 건설사와 기술자들을 다른 선상에 놓고 분리해 달라고 제일 먼저 주장한 사람이 강태민이었다. 토목이 비리에 온상처럼 사람들에게 인식된 것도 굳이 따지자면 건설사와 불가분의 관계로 묶어져 있기 때문이라는 것이었다.

"그 고민 이해는 하겠는데 지금 이 시점에서 말하는 고민과는 한 차원이 다르잖아. 형님 안 그래요? 그러니까 잘난 척한다는 소리를 듣지."

진철은 짜증난 표정으로 술잔을 밀어내고 한일수를 쳐다보았다.

"저 친구로서는 끼니보다 더 심각한 고민일 수도 있는 거니까 너무 몰아세우지 말고, 사실 바로 코앞에 닥친 급한 불 끄느라고 거기까지 고민해 보지 않은 사람들이 반성해야 할 점이기도 하지."

"예. 이제는 토목공학도 백년대계를 내다보고 계획성 있게 연구에 임하지 않으면 토목인들도 미래가 없고 국가도 미래를 잃게 된다고요. 당장 개발하는 것만이 중요한 게 아니에요. 이미 완성된 도로, 철도, 댐, 항만 시설도 관리하고 보수해야 하는 것이 우리가 해야 할 일인데 정부도, 공학자 당사자들도 그것은 남의 일인 양 관심 없잖아요."

강태민은 내심 제일 친한 친구 진철이 자신의 고민에 공감해주고 응원해주기를 바랐다. 한선배는 이미 그러한 문제점을 학회에 발표한 적이 있었으므로 태민은 그를 염두에 두고 한 말은 아니었다.

"누가 뭐래? 모처럼 셋이 모인 사적인 자리에서까지 그걸 고민이라고 심각하게 떠벌릴 필요는 없다는 얘기야. 여기 그거 모르는 사람 있어?"

진철은 장난스럽던 표정을 거두고 싸늘한 눈빛으로 태민을 마주 보았다. 그가 상관으로서 실수를 저지른 부하 직원을 꾸짖을 때와 똑같은 특유의 서늘함을 보였다. 그럴 때는 더 이상 심기를 건드리지 않는 것이 최선이었다.

"알았어. 미안해. 술이나 마시자고."

태민이 술병을 잡았다.

"됐어. 술맛 떨어지는 소리는 저 혼자 다 해 놓고 이제 무슨 술을 마시자는 거야?"

진철이 벌떡 일어나더니 옷걸이에서 양복 겉저고리를 벗겨 걸쳐 입었다.

"닷새 뒤에는 같이 여행가야 하는데 그렇게 삐죽 성질내고 가면 어떻게 해? 자, 자. 한 잔씩 더 마시고 같이 일어서자고."

일수가 스트레이트 잔에 술을 한 잔씩 따랐다. 젊은 시절부터 두 사람이 언쟁을 하다가 싸움이 붙으면 늘 한일수가 둘을 화해시키곤 했었다.

"팔순이 다 돼가는 늙은이들이 아직 싸울 기운이 남았어? 내 앞에서 기운 자랑하냐? 에이, 서러워서 술 못 마시겠다."

일수가 술잔을 테이블에 탁 내려놓자 진철이 얼른 자리에 앉아 술잔을 들었다. 두 사람은 일수의 잔에 자기 잔을 갖다 대고 '건배'를 외쳤다. '너희가 그럴 줄 알았다. 내가 묘책을 쓴 걸 모르지?' 한일수가 씩 웃으며 잔을 비웠다.

"제발 여행 가서는 애들 앞에서 티격태격 좀 하지 마. 남세스럽게. 그만 가자고."

한일수가 술잔 비우기가 무섭게 자리에서 일어섰다. 두 후배가 늙었어도 성질들이 죽지 않은 걸 보니 아직 종이호랑이는 아닌 것 같아 한일수는 기분이 좋았다. '함께한 세월이 몇 년인가. 싸울 날도 얼마 남지 않았으니 실컷 싸워라.' 한일수는 세상 떠날 날 계산하며 어깻죽지 늘어뜨리는 것보다 백배 낫다고 껄껄거리며 일식집을 나섰다.

"왜 자꾸 웃으세요? 이상한 생각 들게 시리."

진철이 그의 팔을 부축하며 정겨운 말투로 면박을 주었다.

"왜? 치매 걸린 노인 생각나서?"

"에이, 형님도."

"누가 먼저 갈지는 모르지만 남은 시간 잘들 아껴주다가 떠나보내자고."

키 작은 한선배가 중간 키의 진철과 큰 키의 태민 어깨에 양팔을 걸치려는 시늉을 하자 두 사람은 키를 낮추어 한선배와 어깨동무를 해주었다. 태민이 엉거주춤 구부렸다가 견디지 못하고 일어서며 소리쳤다.

"아이고, 내 관절이야."

"키 크고 싱겁지 않은 놈 없다더니. 자넨 허우대 값 좀 해."

할배 삼총사는 주차장까지 걸어 나오는 짧은 시간 동안 십칠 세 소년이 되어 있었다.

3

여행은 괴로워

공식 명칭으로는 '작은 국토순례단', 출발 인원은 십오 명. 잠실에 있는 회관 3층의 컨벤션 소형 연회장에서 간소한 출정식을 가졌다. 출발 인원보다 출정식 축하객이 더 많은 진풍경 속에 상견례가 이루어졌다. 축하객은 아이들의 부모들과 북극성 프로젝트 행정 관계자와 공무원들이었다. 행정 관계자와 공무원들은 대개 한일수, 강태민, 박진철, 장기성의 제자들이어서 서로 반갑게 인사를 나누었다. 출정식에 참석을 원하는 부모님은 참석해도 좋다고 아이들에게 허락한 것은 부모님에게 일주일간 아이들을 맡아줄 책임자들과 조직을 보여주어 안심시키기 위해서였다. 의외로 부모들은 몇 명 참석하지 않아 집행부를 당황하게 했다. 아홉 명의 아이 중에 두 명의 여학생이 눈에 띄었다.

"여학생도 있었군. 의외네. 남학생들 속에서 잘 견디려나?"

강태민이 염려스러운 듯 두 여학생을 눈여겨보았다.

"예. 걱정하실 것 없습니다. 이미 아이들끼리도 몇 차례 모임을 가졌는데 너무나 자연스럽게 잘 섞이고 동성을 대하듯 스스럼이 없어서 오히려 저희가 놀랄 정도였어요."

인솔자인 젊은 토목공학자 손명하 연구원은 해외유학파로 미국에서 박사를 취득하고 돌아와 한국건설기술연구원에 재직 중이라고 자신을 소개했다. 언뜻 보면 대학생처럼 어려 보여 태민이 나이를 묻자 35세라고 대답했다.

"한국건설기술연구원에 부원장을 역임하셨다는 말씀 들었습니다."

손명하 연구원이 태민에게 본인 소개 후 인사를 올렸다.

"벌써 20년도 훨씬 넘은 일일세. 자네 같은 젊은 시절이 있었던 것 같기는 한데 자네처럼 멋진 젊은이였는지는 모르겠네."

태민은 그의 젊음이 부러웠다. 말갛고 싱그러운 얼굴로 아이들을 보살피는 여유로움이 멋져 보였다. '저 나이 때 나는 어디서 뭘 하고 있었지?'하며 자신의 그 시절을 더듬어 보게 했다. 일수는 참석한 인사들과 담소를 나누고 기성은 행정 관계자들에게 열심히 일정표를 놓고 상의 중이었다.

"마누라랑 작별 인사는 잘 나눴고? 맛있는 건 많이 싸왔냐?"

진철은 며칠 전 성질낸 어색함을 풀어버리려는 듯 태민에게 장난을 걸었다.

"집사람이랑 떨어져 지내는 게 어디 한두 번이라야 작별 인사를 하지. 걸핏하면 미국 아들 집에 갔다 오느라고 생이별한 게 최근에도 몇 번인데."

"참 그렇지. 한선배가 문제겠다. 선배는 젊었을 때부터 해외 책임자로 나갈 때도 부인이랑 함께 가지 않으면 안 간다는 조건을 내걸었던 양반 아니야?"

"일주일인데 뭐 어떻겠어? 젊어서 당뇨가 왔으니까 부인 음식 아니면 조절이 잘 안 된대. 사모님이 워낙 음식 솜씨 좋고 수발을 잘 드시기도 해. 자네야말로 노래 잘하는 마님 곁을 어찌 떠나 있으려나?"

"밤마다 녹음기 틀어 놓고 집사람 노래나 듣지 뭐. 녹음해서 가져 왔어."

진철이 능글맞게 주머니에서 MP3를 꺼내 흔들어 보이며 씩 웃었다.

"하여간 유별나긴 ...... 클래식 좋아하는 장기성이 밤마다 골치께나 아프게 생겼네."

곧 출발한다는 인솔자 서행정관의 안내 멘트가 나오자 실내가 갑자기 부산해졌다. 참석한 부모들은 자기 아이들의 짐을 챙기고 아이들은 이제 부모로부터 자유다 싶은지 얼른 챙긴 배낭을 어깨에 메고 서둘러 부모와 작별 인사를 나누었다.

"부모님들은 여기에서 인사를 끝내시고 교수님들과 단원들은 주차장으로 이동하시겠습니다."

한일수를 선두로 태민과 진철이 뒤따르고 손명하가 아이들을 이끌고 주차장으로 이동했다. 장기성은 행정 요원들과 남은 절차를 의논하고 맨 끝으로 연회장을 나갔다. 기성이 버스에 오르자 자동문이 닫히고 버스는 미련 없이 출발했다. 버스가 주차장을 돌아 나올 때 회관 입구에 서 있던 사람들이 손을 흔들었다.

"자기 짐 중에서 잃어버린 것이 없는지 잘 살펴보세요. 특히 출정식 때 나눠드린 일정표가 적힌 노트가 있는지 확인하십시오. 그 노트는 우리의 일정이 상세히 적혀 있을 뿐 아니라 매일 일지도 작성하게 되어 있으며 여행을 마치는 마지막 날 제출하게 됩니다. 그 노트는 매우 중요한 평가 자료로 여러분의 여행 결과물이 될 것입니다. 절대로 잃어버리지 않도록 주의하시기 바랍니다."

운전석 뒤 버스 맨 앞자리에 서행정관이, 통로 건너 옆자리에 손명하 연구원이 각각 앉아 업무를 보았다. 코스 안내, 거점 안내자와 통화, 휴게소 정차, 식사 등은 서행정관의 소관 업무였고, 구성원의 신상에 관한 모든 것은 손연구원의 소관이었다. 25인승 중형 버스에 15명이 탑승하여 차 안이 비좁지는 않았지만 15개의 키 큰 배낭들이 쌓여 있어서인지 넓다는 느낌도 들지 않았다.

"일주일간 내내 이 버스를 타고 전국을 무한정 돌아다니기만 하는 거요?"

손연구원 뒤에 앉은 태민이 서행정관에게 물었다.

"아닙니다. 때로는 짧은 구간 기차도 타고 중간 중간에 이동 없이 교육 프로그램을 진행하기도 하고 체력단련 시간도 갖고 체험관광도 합니다. 아이들 체력단련이나 교육 프로그램을 진행할 때 강의가 있으신 분을 제외한 교수님들은 쉬셔도 되고 볼일을 보셔도 되는 자유시간입니다."

서행정관의 말에 태민은 조금 안도하는 모습이 역력했다. 아이들과 함께 움직이는 동안 체력이 뒷받침해 줄지 내심 염려스러웠던 그였다.

"낮에는 되도록 아이들과 함께 시간을 보내시고 저녁식사 후에는 자유행동을 하셔도 됩니다. 아침식사는 네 교수님 중 한 분씩 교대로 참석하셔도 무방합니다. 위원회에서 연세도 있으신데 너무 무리하지 않으시도록 충분한 배려를 해드리라는 당부가 있었습니다. 너무 심적인 부담 느끼지 마시고 몸에 무리가 따른다 싶으시면 저에게 말씀해 주십시오."

손연구원이 버스 통로로 걸어 나와 허리를 숙인 자세로 네 사람만 들릴 만큼 조그맣게 그 말을 들려주었다.

"같이 왔으면 하는 데까진 같이 해보는 거지 뭘 그렇게까지 자유행동을 하겠어?"

제일 연장자인 한선배가 그렇게 말해 버리자 나머지 세 사람은 더 할 말을 잃은 채 입을 다물었다.

"같이 시간을 많이 보내야 아이들을 확실하게 관찰할 거고 그래야 제일 괜찮은 아이를 골라낼 것 아니겠어?"

"여하튼 선배님은 욕심도 많으셔."

아이들은 어른들이 앉은 좌석 두 번째 뒤부터 둘씩 앉아 있어서 그들의 소곤거리는 이야기를 들을 수 없었다. 더구나 자동차로 이동하는 동안 서로 친해지는 시간을 가지라는 손연구원의 말 때문은 아니겠지만 아이들은 열심히 옆에 앉은 상대와 대화를 나누었다. 남학생 속에 두 여학생은 벌써 꽤 친근해진 듯 보였다. 또래 중에서 상위 0.1%에 속하는 지능지수를 가진 학생들이라 그런지 하는 행동이 여느 아이들과는 달리 어른스러워 보였다.

"다들 고등학교에 재학 중인 학생들이야?"

진철이 아이들을 힐끗 둘러보고는 손연구원에게 물었다.

"아닙니다. 대학생도 두 명이나 있습니다."

"그래? 열일곱 살이 어떻게 대학생일 수 있지?"

"만 열일곱에서 열아홉 살까지가 자격 요건이니까요."

"아, 그랬던가? 만 열아홉 살이면 대학생이 될 수도 있겠네."

슬그머니 고개를 돌려 아이들을 둘러보아도 대학생으로 짐작되는 얼굴은 찾을 수 없었다. 다 어리고 앳된 얼굴이어서 그 애가 그 애 같고 도무지 분간이 가질 않았다. 두 여학생은 둘 다 긴 생머리에 하얗고 작은 얼굴, 짙은 쌍꺼풀 등이 맞춤 틀에 찍어다 내놓은 것처럼 똑같아 보였다. 키들은 아이들답지 않게 훌쩍 커서 늘씬늘씬하고 반바지 밖으로 드러난 다리는 하나같이 뽀얀 새 다리다.

"요새 애들은 힘을 안 쓰고 살아서 그런지 다 비실비실해 보여. 약골들 아녀? 우리 손자도 보면 녀석이 제 어미보다 더 힘을 못 써."

진철이 '내가 저만할 때는 힘이 장사였다'고 자랑을 늘어놓았다.

"자네만 그랬던 게 아니고 그땐 힘 못쓰면 밥 못 얻어먹을 때니깐 악으로라도 힘을 길렀지. 요새 애들이야 머리만 쓰면 되지 힘 쓸 일이 있어야지."

한일수는 '내 키가 더 크지 못한 건 어려서 너무 무거운 걸 많이 들어서야.'라고 말해 사람들을 웃겼다.

"자넨 힘쓸 일이 없었으니까 그렇게 키가 컸잖아."

"제 키는 집안 내력이고요. 요즈음은 영양가가 충분한 덕인지 애들이 죽죽 크더라고요. 우리 손자들도 다 저보다 크다니까요."

태민이 집안 키 자랑을 하자 한선배는 '작은 고추가 매운 법이

여!'하며 짐짓 삐친 사람처럼 창 쪽으로 돌아앉았다. 태민은 아차 하며 입을 다물고 한선배의 눈치를 살폈다. 진철이 고소하다고 킥킥 웃으며 양손 검지를 머리 위에 올려 뿔났다는 표시를 해보였다.

"망향휴게소에서 잠시 정차하겠습니다. 저는 여행 기간에 여러분의 일정과 안전을 담당할 서지운 행정관입니다. 서선생이라 부르시면 편할 것 같습니다. 제 휴대폰 번호는 노트 맨 뒷장에 적혀 있으니 혹 무슨 문제가 있으면 연락하시면 됩니다. 노트를 들고 다니기 불편하면 휴대폰에 입력하시면 되겠죠? 정확히 십오 분 후에 버스는 출발합니다. 버스는 늦는 사람을 기다리지 않습니다. 버스를 놓치신 분은 각자 알아서 대전까지 오시면 되겠습니다. 차비는 드리지 못합니다."

서행정관의 말에 아이들이 와 웃으면서 야유의 손뼉을 쳤다.

"버스를 놓치는 것도 평가 점수와 관계가 있나요?"

뒷좌석의 한 남학생이 큰소리로 물었다. 서행정관은 아무런 동요 없이 '당연히 그렇습니다.'하고 단호하고 짤막하게 대답했다. 손연구원이 먼저 내려 한일수가 내려서는 것을 거들고 장기성, 강태민, 박진철이 뒤따라 내렸다. 서행정관은 버스 안에서 아이들에게 무엇인가를 나누어주고 있었다. 목에 걸 자신들의 명찰이었다. 뒤편에는 국토순례라는 글씨와 로고가 그려져 있었다. 아이들은 목걸이 명찰을 목에 걸었다. 한 학생이 이름을 뒤집어 국토순례 쪽으로 돌리고 휴게소로 걸어가자 다른 아이들도 그렇게 했다. 휴게소에 있는 다른 사람들에게까지 이름을 알릴 필요는 없다고 생각을 한 것이다.

"화장실 다녀 와."

"뭘 먹은 게 있다고 화장실을 가?"

"대전까지 가려면 통을 비워야지."

"거참. 화장실도 같이 가자고?"

기성과 일수는 저만큼 화장실을 향해 앞서 가고 태민은 진철을 잡아끌고서야 화장실로 향했다.

"넌 나 죽으면 외로워서 어쩔래?"

진철이 싫지 않은 듯 태민과 나란히 걸으며 그를 올려다본다. 키가 큰 탓에 어느새 등이 조금 굽은 것처럼 보였다. 꼿꼿하던 청년 시절 유난히도 큰 키였는데 이제 그리 큰 키라 할 수도 없었다. 태민은 일류 공과대학에 다니고 진철은 철도청에 근무하면서 뒤늦게 생긴 이류 공과대학 야간에 다녔다. 낮 시간에 잠시 틈만 나면 태민이 다니는 대학에 가서 이름난 교수의 강의를 청강했다. 진철은 늘 키 큰 태민 옆자리에 가 앉았다. 태민이 다니는 대학에는 교수진이 워낙 막강했고 진철이 다니는 대학에는 한두 교수 외에는 대개 태민 학교 출신 선배들이 출강을 나왔다.

"그러게. 나도 그게 걱정이다."

농담으로 던졌는데 정색을 하고 받으니 오히려 진철이 머쓱해지는 분위기였다. 테니스로 대결이 붙으면서 더욱 친해진 두 사람, 오십 년이 넘은 세월이었다. 태민은 도로 기술자, 진철은 철도 기술자로 서로 일이 달라서 때론 반년씩 연락을 하지 못하거나 만나지 못하고 지내는 때도 있었지만 서로의 정보는 열심히 챙겼다. 지금은 어디에서 무엇을 하고 있는지 서로에 대해 알면서도 굳이 연락하려고 애쓰지도 않았다. 그 바닥 사람들끼리는 소문만 듣고 살아도 만난 것처럼 훤히 서로를 아는 그런 시절이었으니 철도계의 마당발 박진철이야 모르는 사람이 없을 정도였다.

강태민 역시도 마찬가지였다. 내무부 건설국 국도과에서 토목 기수로 시작하여 비포장도로에서 먼지 뒤집어 써가며 측량을 시작한 그였다. 그땐 공무원들이 직접 설계하고 감독까지 하던 시절이라 설계회사나 감리회사가 따로 필요치 않았다. 시공회사 사람들도 공무원의 말을 잘 따라 주어 충돌이 일어나지 않은 덕에 순조롭게 일이 진행되었다. 단지 장비 부족, 기술 부족, 예산 부족이 최대 관심사여서 함께 고심하는 동안 끈끈한 인간애가 생겨나기도 했다. 현장 사무소를 지을 형편도 못될 때는 가까운 이웃 주민 집을 빌려 사무소로 쓰고 그 집에 부탁해서 식재료를 사다주고 식사를 부탁하기도 했다. 출장비라야 여관비도 안 되는 적은 액수였고 밥 사먹고 나면 차비도 남지 않을 때였다. 또 현장 근처에 식당이라고는 없었고 돈이 있어도 밥 사먹을 곳이 없어서 이웃 주민 집에 신세를 졌다. 물론 밥 해주는 수고비를 민가에 지불하기는 하지만 그들도 기꺼이 정성을 다해 음식을 만들어 먹였다. '우리나라 위해 수고하시는 양반들'이라며 수고비 받기도 미안해하던 순박한 사람들이 있어 고단함을 달래고 일했다. 8년 뒤에는 경부고속도로 초기 단계부터 몸소 현장에 뛰어들어 인부들과 희로애락을 같이 해온 강태민을 도로계에서는 모르는 사람이 없었다. 그는 고달픈 현장 생활을 하면서도 더 나은 기술을 연구하고 개발하는 노력을 아끼지 않았다.

"일주일에 한 번쯤은 음식해주는 민가에다 저녁에 닭 잡아 달래서 막걸리 한 잔 마시면 그게 최고의 행복이었어. 공무원이랑 시공사 사람들이랑 인부들이 둘러앉아서 삶은 닭에 막걸리 한 잔 얼큰하게 마시고 나면 친형제가 따로 없었지. 다음날은 능률이 두 배로 오르는 거 알아?"

"그럼 알고말고. 나는 스물한 살에 감독관으로 나가서 나이 많은 십장들한테 그걸 배웠다니까."

태민이 호두과자 세 봉지를 사들고 버스로 향했다. 이미 버스에는 일행이 거의 다 탑승해 있었다. 버스에 오르면서 손연구원에게 한 봉지를 건네고 진철에게 한 봉지를 건네주자 그는 그것을 옆자리 기성에게 넘긴다. 한선배는 당이 있다고 군것질을 잘하지 않고, 진철은 원래 술이나 좋아할 뿐 군것질을 않는 편이었다. 그것을 알면서도 호두과자를 한 봉 더 산 것은 기성을 위한 배려였지만 직접 전해주기는 쑥스러웠던 것이다.

"다 온 거야?"

"여학생들이 아직 안 왔어요."

그때 한 여학생이 급히 버스로 달려왔다.

"서선생님, 잠시만 기다려주시면 안 돼요?"

"왜? 무슨 일인데?"

"장서연이가 계속 토하느라고 화장실에서 못 나오고 있어서요."

여학생은 울상을 지었다.

"제가 버스 잡아두려고 먼저 왔어요."

서행정관은 버스에 앉아 있는 손연구원을 쳐다보았다. '이건 당신 담당이잖아.'라고 말하는 것 같았다. 그가 버스에서 내려섰다.

"어디 아픈 거야?"

"특별히 그런 건 아니고요. 멀미를 많이 참았나 봐요. 아침 먹은 거 다 토하면 괜찮을 거래요. 그래서 자꾸 토해요."

차안이 술렁거렸다. 손연구원이 여학생을 데리고 화장실 쪽으로 달려갔다.

"우선 서연이를 데리고 나와. 진작 말했으면 준비해온 상비약이라도 줬을 거 아니야. 너무 토하면 힘들어서 안 돼."

울상 짓던 여학생의 명찰에는 김옥빈이라 적혀 있었다. 옥빈은 화장실로 들어가 서연을 데리고 나왔다. 서연의 얼굴이 새하얗게 질려 창백했다.

"좀 어떠니? 체한 건 아니고?"

손연구원이 여학생의 얼굴을 살폈다.

"이제 괜찮아요. 아침을 안 먹었어야 하는데 하도 할아버지가 권해서 먹었더니 심해졌어요. 죄송해요."

"괜찮다. 가자."

두 여학생이 버스에 오를 때 남학생들이 요란하게 박수로 맞이했다. 서연은 창백한 얼굴로 애써 웃으며 꾸벅 고개를 숙였다.

"늦어서 죄송합니다."

"괜찮아, 괜찮아, 괜찮아."

아이들이 합창을 하며 계속해 박수를 치자 지도교수들도 덩달아 박수를 쳤다.

"감사합니다."

여학생들은 비로소 얼굴이 발그스레해지며 웃는 낯으로 자리에 가 앉았다. 버스가 출발하자 서행정관이 마이크를 잡았다.

"장서연과 김옥빈은 버스를 놓치지는 않았지만 오 분이나 늦어 여러 사람을 기다리게 했다. 오 분 곱하기 열셋이면 모두 육십오 분이다. 남의 귀한 시간을 그만큼 빼앗은 것이기 때문에 평가 점수에 반영할 것이다."

버스가 서울에서 출발할 당시에 극존칭을 쓰던 그가 완전 군대식 하대로 바꾸면서 말투와 눈빛이 돌변하자 교육생들은 약간의 충격에 휩싸였다. 그의 말이 끝나자 아이들은 양손을 입에 대고 나팔을 만들어 '우우우'하는 야유를 쏟아냈다.

"이건 무슨 반응이지? 자기들의 귀한 시간을 빼앗겨도 괜찮다는 뜻인가? 이번 순례에서는 엄중한 규율과 정확한 룰에 의해 평가한다고 출정식에서 선서를 한 바 있다. 그것을 잘 지키도록 이끌어주는 일이 바로 내가 해야 할 역할이다. 내가 이 사정, 저 사정 다 봐주면 이 룰은 지킬 수가 없게 된다. 상대가 평가 점수를 덜 받으면 덜 받을수록 나머지 사람들은 더 유리한 위치를 차지하게 되는데 그것을 모르지는 않겠지? 이건 실전이고 경쟁임을 잊지 않도록. 오늘 우리가 묵게 될 숙소는 유성유스호스텔이며 지금부터 휴게소에 정차하지 않고 곧바로 그곳까지 갈 것이다. 또 한 가지. 이제 여러분은 휴대폰의 전원을 끈다. 실시!"

도르륵, 띠리릭, 찌리릭...... 휴대폰의 전원 꺼지는 기계음이 각양각색이었다.

"출정식에서 나누어준 각자 배낭에는 많은 사물이 들어 있다.

그중에서 비닐 지퍼 백을 찾아 폰을 넣고 나누어준 본인 이름 스티커를 붙여서 이 바구니에 넣도록 한다. 그리고 장서연과 김옥빈에게 육십오 분의 봉사활동으로 평가 점수를 만회할 기회를 주겠다. 봉사는 삼십이 분 삼십 초씩 나누어 해도 되고 원인 제공을 한 장서연이 혼자 다 해도 된다. 하겠나?"

장서연이 혼자 하겠다며 앞으로 나와 뚜껑 달린 바구니를 받아 들었다. 창백한 낯빛은 별로 나아지지 않은 채였다. 심란하게 서행정관을 쳐다보던 김옥빈이 일어나 서연에게서 바구니를 빼앗다시피 낚아챘다.

"반씩 나눠서 봉사하면 되잖아요."

김옥빈은 서행정관에게 화가 난 것 같았다. 친구를 도와준 일을 칭찬하지는 못할망정 서로 경쟁을 부추기는 인솔자에 대해 반감이 일었다. 서연은 바구니를 도로 빼앗으려 들었다.

"됐어. 나 때문에 평가 점수도 낮아지게 생겼는데 무슨 봉사를 나눠서 해?"

"지금 움직이면 다시 멀미가 날거 아니야. 그러면 또 토할 거고, 그 얼굴로 봉사하면 다른 친구들 마음은 편할 것 같아? 정말 짱나."

작은 목소리였지만 짜증스러움이 배어 있는 말투였다. 남학생들은 그녀들이 하는 말과 행동을 모두 보고 들으면서도 모르는 척

해주었다. 서연은 마지못해 바구니를 옥빈에게 넘기고 자리에 돌아와 앉았다. 손연구원이 약을 들고 그녀에게로 왔다.

"이건 소화제고 이건 멀미약이야. 어떤 걸 먹을래?"

"소화제는 됐고 멀미약을 먹을게요."

"잠이 올지도 몰라. 잠시 자는 것도 나쁘지 않을 것 같은데……"

"예. 알았어요."

몇몇 남학생이 옥빈의 바구니에 휴대폰을 넣으며 '화이팅!'하고 주먹을 쳐들어보였다.

"고마워."

아이들 중 몇몇이 사물 백에서 초코파이와 과자를 발견하고 두유와 함께 먹었다.

"백에 그런 것도 있었어?"

남학생들이 부스럭거리며 간식을 꺼내 먹기 시작했다.

"진작 열어 볼 걸."

"좀 출출했어."

짝꿍들끼리 제법 대화가 많아지는 시간이었다. 뒷자리에서 학생들이 간식을 먹는 동안 앞자리에도 집행부에서 준비한 간식이 주어졌다. 한 개씩 포장된 약식과 찰떡이었다. 음료수는 역시 아이들과 똑같은 두유였다.

"선배님 찰떡 드려요? 약식 드려요?"

태민이 두 개를 들고 한선배를 보았다.

"두 개 다 줘. 당이 너무 떨어지면 곤란해."

서행정관도 기사에게 약식 비닐을 벗겨서 전해주고 손연구원이 건네주는 찰떡을 맛있게 먹었다.

"그런데 예상치 못한 사건 때문에 규정을 어겨도 정말 평가 점수에 반영이 됩니까?"

통로를 건너와서 옆자리에 앉아 간식을 먹으며 손연구원이 행정관에게 슬쩍 물었다.

"집행부에서 모질게 할수록 아이들 결속력이나 단합 능력이 강해지게 마련이거든요. 자기들끼리 똘똘 뭉치면서 저절로 협동심이 생기고 우리를 공공의 적으로 여기게 되죠."

"아이들을 많이 인솔해 보셨나 봐요."

"청소년 국토순례가 모두 저희 부서 관할이다 보니 참여할 기회가 많아요. 이번 애들은 워낙 지능지수가 우수한 애들이라서 다른 경우와 같을지는 아직 모르겠어요. 한 번 던져보는 거죠. 손선생님은 이런 일 처음이시죠?"

"그럼요. 사람들과 무작위로 섞여 본 게 유학 시절에 다국적 친구들이랑 배낭여행한 것이 전부니까요. 한국 돌아오기 직전 마지막 학기 때 미국 서부를 일주했어요. 동부에서 공부만 하다가 그냥 귀국하려니까 너무 억울해서요."

"부럽습니다. 아무것도 돌아보지 않고 오로지 공부만 할 수 있다는 것도 큰 복이라 생각해요. 저는 정훈장교로 있으면서 공대를 다녔고 전역하면서 바로 기술직이 아닌 행정직으로 돌았어요. 정훈장교들이 정신교육 행정 하나는 끝내주게 잘하지 않습니까? 기술사 시험을 준비할 겨를이 없었어요."

"전 사람 관계를 잘 몰라요. 첫 경험인 셈이죠. 많이 배울 것 같네요. 잘 부탁합니다."

손연구원이 손을 내밀어 악수를 청했다.

"제가 조금 위인 것 같은데 실례지만 나이가 …… 저는 서른네 살입니다만."

서행정관이 손연구원의 나이를 묻다가 자기 나이를 먼저 밝혔다.

"그럼 제가 형인데요. 저는 다섯이에요."

손연구원의 말에 서행정관은 머리를 긁었다. 그때 뒷자리에 있던 한일수가 참견을 하고 나섰다. 아마도 두 사람의 이야기를 진작부터 듣고 있었던 모양이었다.

"저런 얼굴을 가지고 삼십대라고 우기면 곤란하지. 누가 봐도 이십대 후반으로 밖에 안 보이잖아. 그냥 서행정관이 형 해!"

"선생님, 그런 게 어디 있어요? 얼굴은 얼굴이고 나이는 나이죠."

손연구원이 웃음을 잃지 않은 채 상기된 얼굴로 일수에게 항의했다. 그 모습이 재미있고 귀여워서 네 사람은 단합하여 손명하 연구원을 궁지에 몰아넣었다. 뒤 아이들은 아이들대로 무슨 이야기가 그리 많은지 제각각 떠들어댔다.

어느덧 유성유스호스텔에 도착해 방 배정을 받았다. 서로 친숙할 수 있도록 큰 방 하나에 아홉 명을 함께 묵게 할 계획이었으나 여학생 두 명이 선발되는 바람에 부득이 여학생 방을 따로 배정할 수밖에 없었다. 두 여학생은 작은 방을 배정받았다. 나머지 일곱 명의 남학생은 온돌방 하나를 사용했다. 서행정관과 손연구원, 박진철과 장기성, 한일수와 강태민이 룸메이트였다.

"방에 짐만 들여다 놓고 곧바로 식당으로 모인다."

"예."

아이들은 배가 고픈지 식당에 모이라는 말에 힘을 주어 합창으로 답했다. 벌써 오후 한 시가 막 넘어가는 참이었다. 이미 한차례 식사 손님이 다녀간 모양으로 식당은 한산했다. 메뉴는 약간 부실해 보였다. 기름에 튀긴 조기, 야채가 더 많아 보이는 제육볶음, 기름에 잰 김, 깍두기, 그리고 우거지 된장국이었다. 대전지구 지원팀이 네 명의 지도교수를 외부 식당으로 모시겠다고 대기했으나 한일수가 나서서 첫 식사는 아이들과 함께 하는 것이 어떻겠느냐고 나머지 사람들을 설득했다.

“그렇게까지 할 건 뭐 있어요? 우리가 없어야 아이들도 편할 텐데. 바깥 식당으로 갑시다. 예약까지 해놨다는데.”

진철은 노골적으로 반대하고 나머지 사람들은 마지못해 한일수의 의견에 따랐다. 다수결에 의해 학생 식당으로 들어서며 진철은 ‘여행은 잘 먹어야 견디는 건데 ……’라고 투덜거렸다.

“저녁에 캠핑장에서 바비큐 한다잖아. 그때 잘 먹으면 되지.”

한선배가 그를 잡아끌며 다독였다. 그들이 들어서자 아이들은 식사를 하다말고 의외라는 듯 관심을 가졌다.

“맛있어?”

진철이 지나는 길에 두 여학생과 눈길이 마주치자 식판을 들여다보았다. ‘저게 영양 균형을 맞춘 식사라고?’ 영양사가 영양가를 계산해서 식단을 짰다고 보기에는 너무 부실해 보였다. 검은 쌀 몇 알갱이와 좁쌀 약간 섞인 밥은 잡곡밥이라 부르기도 애매한 수준이었고 기름에 튀기다시피 구운 조기는 뼈와 머리를 발라내고 나면 몇 입 먹을 것도 없이 잘았다.

“왜 이렇게 식단이 부실해?”

서행정관에게 태민이 물었다.

“저녁 식단에 바비큐가 있는 날 점심식사는 좀 간단하답니다.”

“아, 그런 게 있었군. 아이들도 알고 있나?”

"예. 주간 식단 일정표에 그렇게 나와 있다고 아이들이 알려줘서 저도 알았어요."

"어디서 검색을 해 본 모양이죠? 그런 것까지 검색이 되나?"

손연구원이 식판과 수저를 들고 차례를 기다리며 신기해했다. 어른들이 반찬 투정을 하고 있는 사이에 남학생 중에는 벌써 한 식판 뚝딱 먹어치우고 일어서는 아이도 있었다.

"밥이 꿀맛일 나이지."

"쉬다가 두 시까지 일층 백삼호 세미나실로 모이라고 해."

제일 먼저 식사를 마치고 나가는 학생에게 서행정관이 전달사항이라고 말해주었다. 대전 지원팀에서 선생들의 식탁 위에 몇 가지 반찬을 더 가져다 놓았다. 신선한 쌈 야채와 저민 마늘과 썬 풋고추, 그리고 쇠고기 불고기였다. 첫 식사만큼은 아이들과 똑같이 먹겠다던 한선배도 더 이상 그들을 나무라지 않았다. 그렇게라도 대접하고픈 그들의 정성 담긴 마음을 이해했기 때문이었다. 그들로서는 말로만 듣던 토목계의 거물들을 실지로 눈앞에 모시게 된 것이 황공스러울 따름이었다.

"제가 대전지방 국토건설관리청에 막 입사해서 말단 신입직원이었을 때 박사님께서는 원주관리청 청장님이셨어요. 저희가 원주에 출장갔다가 우연히 인사를 드린 적이 있습니다. 그때 저희에겐 하늘의 별 같은 존재여서 감히 마주앉기조차 송구하던 기억이 납니다. 뵙게 돼서 반갑습니다."

"그랬어요? 지금은 어디 계신가?"

태민과 대전지구 지원팀장이 인사를 나누는 동안 일수와 진철, 기성은 식사에만 열중했다. 서행정관과 손연구원은 서둘러 식사를 끝내고 세미나실로 달려갔다. 대전지구 행정팀이 세미나실 강의 준비를 돕기로 되어 있어 그들을 기다리고 있을 터였다.

2시 전에 아이들이 노트를 들고 세미나실로 찾아들었다. 정각 2시에 지도교수들도 입장을 마쳤다.

"오늘 이 시간은 자기소개, 자기 희망, 국토순례에 참여한 소감, 지도교수를 향한 마음의 소리 등 무엇이든 자기 자신을 상대방에게 인상 깊이 심어줄 스토리를 구성하도록 한다. 일주일 동안 여러분도 동료 교육생에 대해 평가를 하게 되는데 여러분 앞에 놓인 평가서 이름 옆에 점수를 적으면 된다. 참석한 친구들의 무기명 평가를 받게 되는 것이다. 지도교수님들은 따로 드린 평가서에 학생들의 이름을 확인하시고 평가표를 체크하시면 됩니다."

손명하 연구원의 설명에 따라 아이들과 지도교수는 탁자에 놓인 평가서를 확인했다. 지도교수들은 아홉 명 아이의 인성과 타고난 심성을 처음으로 관찰할 수 있는 시간을 갖게 된 것이었다. 발표순서는 보이지 않는 9개의 접은 쪽지를 집어서 그 숫자로 결정짓겠다고 했다.

"먼저 여러분 중 한 명의 팀장을 선출하여 집행부와 소통하도록 하는 것이 좋을 것 같은데요."

손명하의 말이 떨어지기가 무섭게 김옥빈이 팀장을 이미 선출했노라 대답했다.

"우린 홍재윤 오빠를 팀장으로 뽑았어요."

홍재윤이 일어섰다.

"제가 홍재윤입니다. 아홉 명 중에 나이가 제일 많아 저를 팀장으로 정한 것 같습니다. 저와 김옥빈은 대학에 재학 중입니다. 김옥빈과 함께 우리 팀을 잘 이끌어 가겠습니다."

홍재윤이 그들의 팀장임을 아이들의 박수가 증명했다.

"이미 지도교수님들의 프로필은 노트에서 보셨을 것입니다. 네 분의 지도교수님이 계시지만 장기성 교수님은 강의 지도를 하시지 않습니다. 강의하실 분은 실제로는 세 분이십니다. 여러분은 각 학교에서 한 명씩 추천된 삼백 명 중 한 명의 자격으로 선발된 상위 0.1%에 해당하는 교육생들입니다. 대한민국 전체 학생을 대표하는 상위 0.1%가 됐다는 것은 그만한 경쟁을 뚫고 뽑힌 엘리트라는 뜻이기도 합니다. 본인이 포기하지 않는 한 원하는 공대에서 토목공학을 공부하게 되고 집중적으로 전문기술을 전수받게 된다는 것은 선발 과정에서도, 선발되었을 때도 누누이 말씀드린 바 있습니다."

가느다랗고 까만테 안경이 썩 잘 어울리는 한 학생이 손을 들었다. 본인 이름을 변정태라 밝히고 질문을 던졌다.

"질문할 기회를 매번 놓쳐서 여쭙지 못했는데 긴급 질문이 있어요."

긴급질문이라는 데야 손연구원도 할 말이 없었다.

"우리를 국가에서 전액 무료로 공부시켜주고 최신 기술을 전수시켜준다는 건데 그렇게 막대한 투자를 해서 우리를 어디에 쓰려는 거죠? 아무 얻는 것도 없이 우리를 지도교수님들의 아바타로 만들어내지는 않을 거잖아요."

뭔지 모르게 불신임으로 가득 찬 그의 말투가 불손하게 들린 것은 듣는 사람 모두의 공통적인 느낌이었다. '아바타'라는 말에 지도교수들은 움찔 놀라는 기색을 감추지 못했다. 그 말은 아직 입밖에 낸 적도 없는 금기의 단어였다. 선발되었다고 흥분해 있는 아이들에게 변정태는 냉정한 이성을 찾도록 경종을 울리고 잘 생각해 보라고 종용하고 있는 것 같았다. 그 말에 교육생들이 웅성거리기 시작했다.

"변정태 학생이 그 질문을 한 것은 이번이 처음이 아니지요?"

손명하 연구원의 말투에 불쾌한 감정이 묻어나왔다.

"그땐 개인적으로 물었지만 오늘은 공식적으로 묻는 겁니다. 그때도 대답을 안 해주셨고요."

"교육과정이 다 끝난 다음 누락되지 않고 살아남은 교육생에게만 알려준다고 분명 답변을 했습니다."

"그것도 저 혼자 사적으로 들은 대답이기 때문에 친구들 앞에서 공식적으로 들려주고 싶었습니다. 오늘도 역시 대답해줄 수 없다는 말씀이신가요? 제 질문은 이상입니다."

손연구원은 목소리를 한 옥타브 높이는 것에 반해 변정태 교육생은 처음과 조금도 달라지지 않은 차분한 목소리로 또박또박 질문을 끝냈다. 더 그대로 두었다가는 순진한 손연구원이 스스로 화를 삭이지 못하고 단상을 내려올 판이었다. 보다 못해 장기성이 앞으로 나섰다.

"그 답변은 제가 보충해서 설명드리겠습니다."

술렁이던 학생들의 웅성거림이 잦아들었다.

"국가는 분명 목적과 목표가 있어 여러분을 선발했고 여러분에게 많은 투자를 계획했습니다. 그 투자는 국가 발전에 크나큰 힘을 보태기 위해 계획되었으며 그곳에 여러분의 고급 인력을 투입할 것입니다. 그러나 아직 우리는 여러분의 실력이나 의지력, 신뢰성을 확신할 수 없습니다. 정부 입장에서는 마지막 선별 과정이 한 번 더 남았다고 생각하고 있습니다. 교육생 전원이 다 합격일 수도 있고 탈락자나 낙오자가 있을 수도 있습니다. 그 과정을 위해서 일주일 동안의 여행과 합숙 훈련이 필요한 것입니다. 그 과정이 끝나 우리에게 확신이 주어졌을 때 그 답변을 드릴 것입니다. 변정태 교육생 이 정도면 답변이 되었나요?"

"예. 잘 알았습니다."

기성이 마치 정부 대변인으로 나선 것처럼 확고한 의지를 보이며 설명하자 변정태도 슬그머니 꼬리를 내렸다.

"역시 수재들인 게 분명해."

태민이 혀를 내두르며 속삭였다.

"저게 싸가지 없는 거지 수재가 저런 짓을 해? 어른을 가지고 놀잖아."

진철이 붉으락푸르락하며 금방이라도 정태를 불러서 야단칠 것처럼 시근덕거렸다. 기성이 들어오고 다시 손연구원이 진행을 맡았다.

"시간이 많이 지체됐네요. 네 분 지도교수님의 평가 방식부터 들어봐야겠지요? 한일수 교수님을 앞으로 모시겠습니다."

한일수는 성큼성큼 걸어나가 단상에 올랐다. 누구도 팔순이 넘은 노장이라고 말할 수 없는 씩씩한 모습이었다.

"프로필은 유인물에 나와 있으니 그걸로 내 소개는 됐을 것이고 이번 여행과 우리 관계에 대해서 잠깐 이야기할까 합니다. 지금 여러분이 일주일 동안 하게 되는 여행은 서로를 알아보자는 의미도 물론 있겠지만 가장 중요한 것은 앞으로 공부하게 될 전문적인 교육과도 무관하지 않다는 것입니다. 우리는 관광과 여가활용을 위해서 이 여행에 나선 것이 아닙니다. 내 나라를 진지하게 공학적인 시선으로 한 번 바라본다는 것이 포인트입니다. 내가 밟고 다니는 도로, 자동차가 달리는 고속도로, 기차가 다니는 철도를 무작정 누군가가 만들어 놓은 편의시설로만 여기지 말고 살필 것. 또 넓게 펼쳐진 강과 산 그 중간에 흐르는 계곡, 우리가 마시고 사는 물, 먹을거리를 만들어내는 논과 밭 등 산천초목을 하나의 스쳐가는 정경으로 바라보지 말고 시시콜콜 따지며 볼 것. 최초에 어떻게 생겨났으며 누가 무슨 필요에 의해 왜 저런 형태로 만들었는지 뭐가 잘못되고 뭐가 제대로 됐는지 시빗거리를 찾는 사람처럼 깊은 관심을 가지고 봐야만 할 것입니다. 이건 비밀입니다만 그래야 언제 어디서 여러분에게 내려질지 모르는 질문에 답을 할 수 있음을 살짝 귀띔해 드리는 겁니다. 이만하면 나에게 점수 좀 주겠지요?"

과제라는 말에 교육생들은 귀를 쫑긋 모았다. '중간 과제가 있단 말이야?' 아이들이 웅성거렸다.

"내가 평가에 중점을 둘 부분은 공학하는 사람이 가져야 하는 휴먼 정신입니다. 여러분이 지금 공학적인 실력을 가졌다고 해야 얼마나 가졌겠습니까? 냉철한 눈으로 살핀다고 해야 얼마나 정확한 눈으로 보겠습니까? 그것은 이제부터 전문가에게 가르침을 받으면 되는 일이지만 자기가 기본 바탕에 깔린 '사람 사랑하는 마음'은 이제 배운다고 갑자기 만들어지는 것이 아닙니다. 어떻게 하면 인간 삶의 질을 높여 줄 것인가 하는 애정이 없으면 일당 때문에 시간을 때우는 막노동자와 다를 바가 없다는 게 내 생각입니다. 나는 남을 배려하는 배려심에 높은 평가 점수를 부여할 것입니다."

아이들 눈이 흐트러짐 없이 한일수를 향해 있었다. 그들의 눈빛이 빛남을 그는 보았다.

"참고로 나는 수자원과 관련된 일을 주로 해왔고 오십년대 이후부터 칠십년대 중반까지에 만들어진 우리나라의 큰 댐공사에는 거의 다 참여했다고 보아도 과언이 아닐 것입니다. 오늘이 우리 만남의 시작이니 아직 많은 시간이 남아 있습니다. 제발 세상물정 모르는 뒷방 늙은이 취급하지 말고 잘 친해 봅시다."

약간의 이북 사투리가 섞인 억양으로 거침없이 쏟아내는 그의 말 속에는 힘이 넘쳤다. 교육생들에게도 노인이라기보다 중장년층의 아저씨 같은 느낌으로 와 닿았다. 한일수가 자리에 가서 앉을 때까지 아이들은 오랫동안 박수를 그치지 않았다.

"감명 깊은 한일수 지도교수님의 말씀 감사합니다. 다음에는 고속도로의 산 증인이라고 할 수 있는 강태민 교수님의 말씀을 들을 차례입니다."

그가 앞으로 걸어나가는 중에도 일부 아이들은 열심히 메모하거나 소곤거리며 대화를 나누는 등 산만한 분위기여서 태민은 은근히 심기가 불편했다. 그러나 막상 태민이 단상에 섰을 때는 거짓말처럼 아이들이 일제히 그에게 집중했다.

"반가워요."

조용하고 부드러운 말씨가 조금 전 한일수와는 완연하게 다른 탓에 아이들은 조금 생소한 표정을 지었다.

"나는 지금의 여러분보다 한두 살 더 많은 젊은 시절에는 도로를 놓고 터널을 뚫고 교량을 놓는 현장에 직접 뛰어들어 몸으로 체험하며 일을 했어요. 그러다가 어느 시점부터는 일을 하면서도 어떻게 하면 좀 더 잘해낼 수 있을지 그 방법과 기술을 연구하는 일에 몰두하기 시작했어요. 너무나 장비도 부족하고 기술도 부족하다는 것을 절실히 느꼈기 때문이죠. 수십 년의 일제 강점기를 거치는 동안 고급 기술자들은 다 일본 사람들이었고 우리나라 사람에게는 전문 기술을 쉬쉬하면서 가르쳐주지 않은 채 해방을 맞았던거지요. 모든 기술을 스스로 찾아내고 만들어내는 수밖에 방법이 없었어요. 전쟁으로 폐허가 된 이 나라를 복구하자는 데에는 그 누구도 이의를 제기할 사람이 없었지만 장비도 없고 기술도 없고 돈도 없이 뭘, 어떻게 하자는 건지 답답했어요. 우리의 선배들은 그래도 일본 사람들 어깨너머로 그들의 기술을 눈여겨보았고 그 눈동냥으로 익힌 기술을 단 한 가지라도 우리에게 가르쳐주고 알려주려고 애썼어요."

작고 느리고 다감한 말투가 오히려 아이들을 더욱 집중시키는 효과를 가져왔다. 메모지에 볼펜 움직이는 소리조차도 나지 않았다.

"정말 그때 모셨던 직장 상사, 같은 계통의 선배, 동료들을 생각하면 가슴이 찡해지고 감사한 마음이 듭니다. 어린 후배들을 끌고 다니면서 호통도 치고 막걸리도 사주면서 현장 일을 가르쳤어요. 요즈음처럼 1급 기술자라고 설계도만 들고 다니면서 진두지휘할 수 있는 상황이 아니었으니까요. 일손도 딸리고 한 푼이라도 공사비, 인건비를 아껴야 하기 때문에 공무원이라고 현장에서 몸을 사릴 형편이 아니었어요. 지금에 비한다면 주먹구구식이었지만 그 당시로서는 기술자의 눈과 감각과 판단이 어찌 그리도 정확했는지요. 당연히 기술자의 책임은 막중했고 그래서 더더욱 대접을 받았던 것 같아요. 거기에 비하면 여러분은 너무도 좋은 세상에서 교육을 받고 기술을 배울 수도 있으니 행복한 사람들이죠. 다 개척자이신 우리의 선배들이 모진 고생을 한 덕분이에요. 나는 여러분을 평가하는데 있어서 개개인의 신중한 판단력과 노력을 제일 우선으로 볼 거예요. 이번 여행을 통해서 좋은 인연이 되길 바라고 있어요."

들고 있던 메모 수첩을 닫고 조용히 단상을 내려왔다.

"말씀 잘 들었습니다. 최고의 기술자이신 지도교수님들께서 모두 말씀도 잘 하시죠?"

손연구원이 아이들의 진지한 태도에 만족감을 나타내며 호응을 살폈다. '예.'하고 즉각 반응이 되돌아왔다.

"이제 두 분 말씀마저 듣고 잠시 휴식 시간을 드리겠습니다. 다음 모실 분은 철도와 평생을 함께 해 오신 박진철 지도교수님이십니다. 박수로 모시겠습니다."

아이들의 박수 속에 진철이 앞으로 나섰다.

"여러분 안녕? 오전 내내 얼굴도 익혔고 밥도 같이 먹었으니 우리는 이미 한통속이 된 거죠? 한 밥통의 밥을 먹으면 한통속이라고 하던데?"

썰렁한 우스갯소리에 그래도 몇몇 아이들이 킥킥 웃어주었다.

"나는 교통고등학교를 졸업하면서 철도청에 입사해서 평생을 철도와 함께 살아온 사람이에요. 그렇다고 철도 침목 깔고 껌정 석탄 묻혀가면서 철도 인부부터 시작한 것은 아니고 철도 전문 공학도였다 이 말씀이지. 오늘 종일 여러분을 눈앞에 보면서 참으로 부럽다는 생각을 했어요. 나도 여러분 나이에 여러분처럼 풍요로운 환경에서 공부를 했더라면 내 인생이 달라졌을까 하는 생각을 해 봤어요. 물론 달라졌을 겁니다. 그렇게 아무것도 없는 상황에서도 우리나라의 일인자가 됐으니까 풍족했으면 아마 세계에서 제일가는 철도 기술자가 됐을 거예요. 안 그래요?"

박수가 쏟아졌다.

"고맙습니다. 내가 살아오면서 느낀 것은 혼자 만들어지는 일은 없다는 것이었어요. 다 사람과 사람이 만나서 이루어낸다는 겁니다. 그래서 나는 여러분이 진심으로 화합하고 교류하는 친화력에 중점을 두고 평가할 생각입니다. 적도 내 사람으로 만들 만큼 사람의 마음을 움직이는 친화력도 능력 중의 하나라 믿어요. 마음을 합하면 불가능도 가능하게 만들 수 있습니다. 우리 열다섯 명도 이번에 한 번 뭉쳐 봅시다. 좋습니까?"

"좋습니다."

모두는 아니었지만 대부분의 아이들이 그의 물음에 소리쳐 답했다. 정태를 비롯한 몇 남학생은 마지못해 손뼉만 쳤다. '혼자 만들어지는 것이 왜 없어? 창작도 발명도 모두 혼자 하는 거야.' 그렇게 말하고 싶은 아이들이었다. 마지막으로 장기성이 단상에 올랐다.

"나는 앞에 나오신 교수님들과 달리 공학의 기술을 가르치지는 않는다. 현장 기술을 어디다 어떻게 효율적으로 쓸 것인지, 어떤 자리에 어떤 기술자가 적합한지를 연구하는 행정 또한 기술 못지않게 조직에서는 중요하다. 그것은 이번 여행 중에 강의로 이루어질 것이 아니기에 강의 지도는 없이 단지 평가에만 참여할 것이다. 시간도 많이 흘렀고 교육생들의 발표순서도 남아 있어서 긴 이야기는 하지 않겠다. 나는 개개인의 독창적인 탐구심에 중점을 두고 평가를 하겠다. 이상이다.”

행정가답게 분위기 파악이 빨랐다. 아이들이 지루해하는 모습을 눈치 챈 장기성은 짧은 몇 마디로 자기 순서를 마쳤다. 짧아서 좋다는 환호의 박수가 터져 나왔다.

“이제부터 15분간 휴식 시간을 갖도록 하겠습니다. 뒤편에 간단한 음료와 다과가 준비되어 있으니 볼일도 보시고 편히 담소를 나누며 휴식을 즐기십시오.”

아이들이 우르르 일어나 문밖으로 몰려나갔다. 바깥바람이 쐬고 싶은 표정들이었다. 네 명의 지도교수 곁으로 서행정관, 손연구원 외에 대전지구 지원팀이 다가왔다.

“고단하지 않으세요?”

모두 일수를 염려하는 말투였다.

“왜들 그래? 팔순 넘은 노인네가 쓰러지기라도 할까봐 걱정이야? 자네들보다 더 건강하니까 염려 붙들어 매.”

일수가 벌떡 일어나 다과와 음료가 있는 곳으로 걸어갔다.

“아이들 자기소개 시간에는 방에서 쉬셔도 되는데 ……”

서행정관의 말에 태민은 고개를 저었다.

"한선배님을 몰라서 하는 소리지. 저 양반이 너희들끼리 행사해라 하고 방에 가서 쉬시는 성격이 아니야. 하시는 대로 내버려 둬. 챙겨 드리는 거 불편해 하시니까."

하나 둘 자리에서 일어나 각자 볼 일을 보기 위해 흩어졌다. 진철은 회의장 밖으로 나가 나무 그늘에 놓인 벤치에 가 앉았다. 아침 일찍부터 설친 탓인지 하루해가 길게만 느껴졌다. 단체가 움직이는 여행은 역시 피곤한 일이다 싶었다.

4

끝없는 갈등

아이들의 발표는 예상보다 솔직하고 신랄했으며 직선적이었다. 진행까지도 그들이 자율적으로 하도록 맡기고 집행부와 지도부는 뒷자리에서 말없이 지켜보기로 했다. 참석을 원치 않는 분은 저녁시간까지 휴식을 취해도 좋다고 했지만 일단 시작 타임에는 불참석자가 없었다. 어떤 아이들인지 그들도 궁금하기는 마찬가지인 모양이었다. 맨 먼저 발표자는 장서연이었다. 1번을 뽑았나보다.

"먼저 고속도로 휴게소에서 본의 아니게 오 분이나 늦은 점을 사과드립니다. 차를 타고 다니는 생활을 별로 해보지 않은 탓인지 차멀미를 심하게 하는 편입니다. 다행히 아무것도 먹지 않으면 머리만 띵하게 아플 뿐 남에게 민폐를 끼칠 정도는 아닌데 오늘은 저를 유난히 사랑하시는 할아버지 권유에 못 이겨서 아침밥을 먹었다가 곤욕을 치렀습니다."

또박또박 성의를 다해서 말하는 장서연의 말 속에서 진심이 느껴졌다.

"저를 도와주느라고 늦게 버스에 탑승한 김옥빈 언니에게도 너무 많이 미안합니다. 저는 고등학교 1학년 1학기를 휴학하고 대학 입시를 준비하고 있습니다. 고졸검정고시에 합격한 덕입니다. 이공계 학문에 관심이 많아 어떤 공학을 할지 검토 중이던 차에 이번 선발을 권유받았습니다. 남자들만의 분야라는 기술과 학문에 도전해보고 싶습니다. 여러 친구를 사귀게 되어 기쁘게 생각합니다."

간단명료하지만 해야 할 말은 다 포함된 자기소개라는 지도교수의 중론이 모아졌다. 박영이라는 남학생 순서였다.

"아직 어리둥절해서 반갑다는 말, 친하게 지내자는 말은 못해요. 여기 학생 중에서 내가 제일 나이 어린지도 몰라요. 엊그제 막만 십칠 세가 됐으니까요."

어딘가 한국말 억양이 어색한 구석이 느껴졌다. 그 의문은 곧 풀렸다.

"아빠 직업상 어릴 때부터 외국에 많이 나가 살았고 우리나라로 왔을 때마다 적응되지 않아 슬펐어요. 아빠는 그런 제 고민을 별로 몰라줬어요. 3년 전 미국에서 중학교에 다니는데 아빠가 일

끝났다고 또 우리나라로 돌아가자고 했어요. 나는 그곳에 남겠다고 고집했어요. 겨우 친구 사귀고 그 나라에 재미가 생겼는데 또 떠나다니요? 기어이 우리나라에 가자고 하면 이젠 학교에 다니지 않겠다고 울면서 말했어요. 그래서 미국에서 하이스쿨 다니고 있어요. 집에 다니러 왔다가 여기 오게 됐어요. 좋은 경험일 것 같아서 흥분이에요. 우리나라를 이렇게 여러 군데 돌아보는 것은 태어나서 처음이거든요. 많이 가르쳐 주세요."

교육생들이 박수로 그를 격려했다. 억양이나 단어 선택, 문장 연결은 조금 부족했지만 한국에서 생활한 시간이 다른 아이들보다 많지 않다는 점을 감안하면 훌륭한 자기소개였다. 외국 생활을 많이 한 탓인지 잘 웃고 무엇이든 재미있어 하는 귀여운 모습이 엿보였던 학생이었다. 변정태의 차례였다.

"전 사실 이런 단체 행동을 별로 좋아하지 않아서 오고 싶지 않았어요. 제 오야지인 아버지께서 워낙 강경하게 등을 떠밀어서 왔어요. 무엇 때문에 내키지 않는 이런 여행을 해야 하는지 알 수 없어서 자꾸만 질문을 던지기도 했었어요. 우리가 어디에 쓰이는 존재인지 확실한 목표가 생긴다면 이 여행의 가치를 느낄 수 있을 것 같아서요. 덮어놓고 공짜 좋아하는 사람들이 제일 싫고요, 자아도취돼서 선심 쓰는 사람들도 저는 싫습니다. 솔직히 말해 요즘 세상에 무조건적인 공짜가 어디 있겠어요? 뭔가 그 뒤에는 꿍꿍이 속이 숨어 있겠지요. 달가운 여행은 아니지만 어차피 왔으니까 단체에 폐를 끼치는 행동은 하지 않을테니 요주의 인물로 보지는 말아 주세요.”

역시나 삐딱한 면이 두드러져 보이는 내용으로 자신을 확실하게 표현하는 아이였다. 그리 불손한 단어들을 사용하지 않는데도 불구하고 상당히 불손하다는 느낌은 역시 지울 수가 없었다.

“어디 가나 고문관 하나는 있게 마련이지. 공사판을 좀 다녔나? 오야지는 또 뭐야? 어쩐지 저 녀석 예감이 좋지 않아.”

진철이 옆에 앉은 손명하에게 속삭였다.

“단체에 폐 끼치는 행동은 않는다고 하잖아요.”

“그건 자기 말이지.”

진철은 ‘저 애가 틀림없이 말썽 한 번 피울거라는 걸 장담한다.’며 손명하에게 내기를 제안했다.

“요주의 인물로 보지 말라고 부탁하는 말 못 들었어? 의외로 주관이 뚜렷하고 자존심이 강해서 단체 생활을 누구보다 잘해 낼 수도 있어. 애들 앞에서 그런 내색하지 마. 내기는 무슨 내기.”

한선배가 진철의 선입견을 일언지하에 단절시키며 그의 입을 막았다.

“왜 형님은 사사건건 나만 가지고 그러세요?”

진철이 큰소리로 버럭 짜증을 내며 자리에서 일어섰다. 교육실

안에 있던 사람들의 시선이 모두 그에게 모아졌다. 민망해진 진철은 문을 열고 교육실을 나갔다. 팀장인 홍재윤이 실내 분위기에 신경 쓰지 않고 자기소개를 계속하고 있었다.

"카이스트 환경공학과에 재학 중이기 때문에 누구보다 이번 선발에 관심이 많았습니다. 학교에서는 이론과 공식에 밝은 유학파 교수님들이 더 많으셔서 한국 국토건설현장에 관한 이야기는 별로 듣지 못했습니다. 옛날이야기는 더더욱 들을 기회가 없었는데 이번 현장 일선에 계셨던 개척자 교수님들을 뵙게 되어 영광입니다. 아홉 명의 명석한 친구들과도 한국의 미래에 대해 의견을 나누는 소중한 여행이 될 것 같습니다. 부족한 저에게 이왕 팀장이라는 책임을 맡겨주셨으니 많이 협조해 주시기 바랍니다."

키도 크고 인상도 서글서글하니 좋아 보이는 호감형으로 믿음이 가는 젊은이였다. 김옥빈, 강현석, 남선필, 이선호, 안철영의 발표가 남아 있었다. 대부분 별 특이사항은 없었고 김옥빈의 발표는 형식적이었고 단지 옥빈이 다니는 대학이 한일수와 강태민의 모교라는 점이 지도부의 관심을 끌었다.

"새까만 후배지만 같은 동문이라니까 그래도 반갑지?"

한선배가 태민을 쿡 찔렀다.

"형님은 동창회를 만드신 분이라 그런지 학교에 대해 특별한 애착이 많으셔서 그렇지요. 전 동문이라고 특별히 가깝게 느껴지거나 그렇지는 않아요. 같은 공과대학이라니까 기분은 좋네요."

남선필은 있는 듯 없는 듯 조용한 존재였고 이선호, 안철영은 얌전한 개구쟁이 스타일로 자기들끼리 장난질치며 히히거리고 강현석은 '접근금지'라고 써 붙인 아이처럼 누구에게도 도통 곁을 주지 않고 자기 할 일만 하면 그뿐인 성격이었다. 9명의 발표가 끝나고 공지사항을 알리겠다며 서행정관이 마이크를 받았다.

"지금 우리는 일층에 있고 각자의 숙소는 3층에 있습니다. 여러분 숙소 이외에 또 하나의 방이 있습니다. 3층 복도 맨 끝에 있는 단체 방은 편의상 '자유의 방'이라 합시다. 그 방은 우리 일행이면 누구든 자유롭게 들어가서 쉴 수도 있고, 모여 앉아 토론을 할 수도 있고, 짝꿍과 잡담을 할 수도 있으며 잠이 안 오는 밤에 혼자 독서를 할 수도 있는 방입니다. 기억했다가 적절히 활용하시기 바랍니다. 이곳에서 이틀을 묵기 때문에 한 번쯤은 필요성을 느끼리라 짐작됩니다. 쉬었다가 여섯시까지 숙소 뒤에 있는 캠핑장으로 나오시면 됩니다."

아이들이 나가고 난 교육실을 집행부와 대전지원팀이 정리하기 시작했다.

"아닌 게 아니라 꽤 고단하네. 방에 가서 좀 쉬어야겠어. 그런데 진철이는 어딜 간 거야?"

한선배가 복도를 두리번거렸다.

"자기 방에 갔겠죠! 뭐. 아까 무슨 일로 그랬어요?"

태민과 기성이 한선배에게 물었다.

"무슨 일은 무슨 일? 욱하는 성질 몰라?"

"욱하는 건 선배님 특기죠."

태민의 말에 세 사람은 껄껄 웃으며 숙소로 향했다.

*

해가 질 무렵의 캠핑장에는 준비가 한창이었다. 바비큐 화로에 불이 피워지고 의자가 붙어 있는 긴 야외용 테이블에는 갖가지의 쌈과 밑반찬들이 차려지는 중이었다. 커다란 쟁반에 수북이 담긴 삼겹살과 소시지를 보자 아이들이 군침을 삼켰다. 넓은 캠핑장 한가운데는 다른 단체에서 피운 캠프파이어 나뭇단이 삼각뿔 형태로 준비되어 있었다.

"우린 공짜로 캠프파이어를 즐기게 생겼네요."

홍재윤이 일회용 컵과 나무젓가락을 나누어 놓으며 신이 나서 캠핑장 가운데를 가리켰다. 강태민이 재윤의 설레는 표정이 보기 좋아서 말을 걸었다.

"제일 나이가 많다면서 그게 그렇게 좋아?"

"나이하고 상관없지요. 교수님은 안 좋으세요? 사람은 불이 타오르면 누구나 흥분하게 되어 있다던데요."

"난 불장난하면 오줌싼다는 소리는 들어 봤어도 흥분한다는 말은 처음 듣는 걸."

"왜 아시잖아요. 네로 황제가 불타는 로마를 내려다보며 화염에 맞추어 리라를 켜면서 술을 마시고 흥분했다는 이야기."

재윤은 이야기를 재미있게 하는 소질을 가지고 있는 것 같았다.

"술 마셔서 흥분된 게 아니고?"

"순서가 그게 아니죠. 술 마셔서 흥분된 게 아니고 흥분돼서 술을 마신 거죠."

"그런 거야?"

대전지원팀이 고기를 굽기 시작했고 일행은 야외 밥상에 모두 둘러앉았다.

"박진철 교수님이 아직 안 오셨어요. 장교수님, 숙소에서 함께 내려오시지 않았나요?"

서행정관이 룸메이트인 기성에게 진철의 동행 여부를 확인했다.

"발표 끝나고 들어갔더니 방에 없던 걸. 나는 외출했다가 캠핑장으로 바로 오려나 했지."

"아니 이 친구 어딜 간 거야?"

한선배가 제일 먼저 걱정하고 나섰다.

"아까 호텔 밖으로 나가시는 것 같던데요."

대전지원팀의 누군가가 밖으로 나가는 진철을 보았다고 하자 지도부는 걱정이 앞섰다. 태민이 주머니에서 휴대폰을 꺼내어 그에게 전화를 걸었다. 신호는 가는데 전화를 받지 않았다.

"이 친구 정말…… 내비 둬! 어린애라 길 잃을 것도 아닌데 뭘 걱정하는 거야? 올 때 되면 오겠지."

일수는 부글부글 끓는 마음을 삭이느라 애꿎은 상추만 자꾸 입으로 가져갔다. 젊어서도 가끔 한 번씩 말도 안 되는 심통을 부려 그의 속을 뒤집어 놓곤 했다. 내용인즉 같은 대학 동창이 아니라 등한시한다는 것과 철도계의 일인자임을 인정해주지 않고 무시한다는 것이었다. 그럴 때마다 자신의 마음을 몰라주는 것이 속상하고 서운해서 속을 끓였다. 붙임성 좋고 까다롭지 않은 성격이라 친근감을 가지고 마음 편하게 대했을 뿐인데 꼭 그런 식으로 오해하고 받아들이는 진철이었다.

고기가 지글지글 익어가고 석쇠에서 익은 고기가 접시에 수북수북 옮겨졌다. 어두움은 내리고 대신 머리 위 수은등에 불이 들어왔다. '와!'하는 함성이 들려서 돌아보니 캠프파이어에 불을 붙이는 순간이었다. 순식간에 마른 불쏘시개에 활활 불이 붙어 위로 타올랐다. 이쪽 아이들도 덩달아 손뼉을 쳤다. 대전지원팀이 작은 음료수병을 들고 교수들 곁으로 다가와 일회용 플라스틱 컵에 그

물을 따랐다.

"이게 뭐야? 색깔이 좀 다른데?"

"양주를 병째 내놓기가 그래서 음료수병에 덜어 온 겁니다. 고기에는 한 잔 있어야지요."

"생각 잘 했구만. 술병 흔들면 애들 보기 좀 미안하지. 저희들도 다 큰 성인이라 생각할 텐데."

일수가 컵에 따른 술을 한 모금 마시고 삼겹살 대신 구운 마늘을 집어 들었다.

"고기를 드시지 왜 마늘을......"

"기름진 음식을 피하는 중이라서 그러니 신경 쓰지 말아요. 신선한 야채가 좋잖아."

그때 서행정관이 구워진 살코기 부위를 지도교수들 앞에 가져다 놓는다. 삼겹살이 아닌 목 부위를 따로 준비시켰다는 것이었다.

"서행정관, 신경 써줘서 고맙네. 나이 들어서 기름진 음식 좋아하면 건강에 해롭거든."

태민이 한선배 앞으로 고기 접시를 당겨주며 자기도 한 점 맛을 보았다.

"요즈음 현장에서는 삼겹살에 소주지만 옛날에는 닭 삶아서 막걸리를 마셨지."

아이들은 사이다와 콜라를 취향대로 골라 마시는 중이었다. 자기들끼리야 충분히 술도 마실 수 있는 나이지만 이번 단체 여행에서는 교육생들의 음주가 금지되어 있었다. 다른 단체의 캠프파이어 불길이 타오를수록 순례단 일행의 열기도 뜨거워져 갔다. 그쪽이 노랫소리와 게임 열기로 시끌벅적해질수록 이쪽 순례팀 아이들은 굳게 입을 다물고 고기 먹는 일에만 열중하는 모습이었다. 그 침묵을 깨고 나타난 사람은 박진철이었다. 캠프파이어를 등지고 그들의 식사 테이블 앞에 불쑥 나타나 아이들에게 말을 걸었다.

"고기는 맛있냐? 네가 이번 교육생 팀장이지?"

홍재윤 옆에 털썩 앉으며 한숨을 쉬었다. 그의 입에서는 술 냄새가 진하게 풍겼다.

"교수님 저쪽 자리로 모실게요."

재윤이 일어나 그를 부축하려 들었다.

"됐어. 난 이곳에 손님이 찾아와서 저녁 대접받고 왔다. 어서 먹어."

서행정관과 손연구원이 달려왔다.

"선생님, 많이 걱정했어요. 선생님 자리로 모시겠습니다."

"어서 이리 와. 자네 없으니 밥맛도 없어."

일수가 긴 테이블 가운데로 고개를 들여 밀어 웃는 얼굴을 보여주며 소리쳤다. 진철은 식사가 중단된 분위기를 더 이상 지속시키지 않기 위해 말없이 한선배와 태민 사이에 가서 앉았다. 사용하지 않은 젓가락과 앞 접시가 이미 세팅되어 있었다. 그를 잊은 것이 아님을 확인하는 기분이었다. 한선배는 그의 1회용 빨간 컵에 음료수를 따랐다.

“나 음료수 안 마셔요.”

진철이 잔을 뒤로 물리며 음료수를 사양했다.

“이건 생명수야. 여태 자네가 마시다 온 거보다 더 고급.”

태민은 자기의 잔을 들어 건배하는 시늉을 해 보인다. 무슨 일인지 내막은 몰라도 틀림없이 진철 혼자 삐죽 토라졌다가 제풀에 마음 풀고 돌아온 것일 터였다. 젊은 시절은 만날 때마다 토라져서 돌아갔다가는 며칠 뒤에는 만나자고 먼저 연락을 해오던 친구였다. 그나마 나이 들어가면서 그 횟수가 줄어들기는 했어도 아직도 그 성격이 완전히 없어지지는 않았던 가보다.

“내일은 대청댐을 돌아보러 간다는데 수자원공사에 연락되어 있나요?”

태민이 기성에게로 화제를 돌리자 집행부와 지도부도 자연스럽게 내일 대책회의 분위기로 바뀌었다. 대전지부 지원팀들도 고기 굽는 일을 마치고 그들 곁에 와 앉은 상황이어서 마침 이야기는 순조롭게 풀려 나갔다.

"국장님 내려오신다는 소문이 진작부터 나돌아서 모두 긴장하고 있다던데요."

"뭐이? 내가 아직 옛날 호랑이 국장인줄 알아? 이빨 빠진 지가 언젠데. 그리고 말이야. 그 호칭도 이제 바꾸라. 아직도 국장이야? 건설사 사장도 지냈는데 만년 국장이래."

한일수는 한 잔 들어가고 진철이 돌아와 기분도 좋은지 마구 이북 사투리가 튀어 나왔다. 수자원공사를 사실상 만들어낸 장본인이고 가장 핵심부서인 초창기 건설부 수자원국장을 지낸 것이 그 계통 공무원에게는 깊이 각인되어 있었다. 건설부를 퇴임하고 몇 군데 큰 건설사 사장도 지내고 해외기술공사 대표도 지냈지만 공무원 출신들은 아직도 그를 '국장님'이라 불렀다. 한일수 자신도 그 호칭을 들을 때가 가장 가슴 뿌듯했고 각별한 프라이드를 느꼈다. 어둠은 짙어가고 아이들도 자기들끼리 사이다로 건배하며 무슨 이야기로인지 떠들면서 깔깔대는 중이었다. 역시 여학생을 중심으로 화제가 더 많아 보였고 웃음소리도 더 잦은 것이 확연히 눈에 띄었다.

"여학생들을 뽑은 건 잘한 일인 것 같아요."

손연구원이 아이들을 보면서 흐뭇한 표정으로 말을 꺼냈다.

"그건 그래. 남녀 구분이 없어지는 세상이고 암수가 함께 있지 않으면 모든 것이 시들한 법이거든."

진철이 그제야 마음이 풀린 듯 좌중 화제에 말참견을 했다. 암수라는 말에 손연구원은 잠시 어리둥절하다가 뒤늦게야 큰소리로 웃음을 터뜨렸다.

"이 사람 못 볼 걸 봤나 왜 혼자 웃고 난리야?"

서행정관이 옆에 있는 손연구원을 돌아보며 어이없는 얼굴이 되었다.

"아니, 사람에게도 암수라는 표현을 쓰나요?"

"인간은 동물 아니야?"

오히려 그런 손연구원이 더 이상하다는 듯 이번에는 서행정관의 웃음보가 터졌다.

"젊은 사람들이 하루 종일 노인들한테, 애들한테 시달리더니 드디어 해가 지자 실성을 했군. 생명수나 한 잔씩 마시고 정신차려!"

진철이 그들의 컵에 술을 넉넉하게 한 잔씩 따라주었다. 손연구원 얼굴이 빨간 홍당무가 되어갔다. 밤이 깊어갈수록 식탁에 둘러앉은 사람들의 수다도 늘어갔다. 숙소로 돌아와 취침 점호를 마친 뒤 간단한 샤워를 마치고 손명하는 자유의 방으로 갔다. 대부분 곯아 떨어져 방이 비어 있으려니 생각하고 들렀는데 의외로 변정태가 그 방을 차지하고 있다가 손연구원을 보고 일어나 앉았다. 식사 도중에 슬그머니 사라져 버리더니 곧바로 자유의 방을 찾은 모양이었다.

"선생님, 휴대폰은 돌려주시면 안 돼요? 외부와 단절되는 것까지는 괜찮은데 필요한 검색을 할 수가 없어서 답답해요."

"글쎄. 내가 정한 규칙이 아니라 내 마음대로 대답해 줄 수가 없어. 내일 책임자한테 건의해 볼게. 검색할 게 있니? 이걸 써."

손연구원은 자신의 스마트폰을 정태에게 내밀었다.

"난 오늘 일지를 정리하려고 왔으니까 그거 하는 동안 사용해도 좋아."

"감사합니다."

정태는 한 마디의 사양도 없이 대뜸 그의 스마트폰을 받아들고 열심히 검색을 시작했다. 손명하는 들고 온 물병의 물을 자주 마시며 일지를 정리했다. 아직 양주에 그리 익숙한 편이 못되었다. 미국에서는 주말에 친구들과 작은 병맥주를 한두 병 마시는 정도가 고작이었다. 유학 중 첫 번 추수감사절과 크리스마스에는 한국 학생끼리 갹출한 돈으로 싼 버번위스키를 한 박스나 사다가 콜라에 타서 홀짝홀짝 마시고는 취해 며칠을 고생한 적이 있었다. 그 이후로 그는 술을 멀리 하는 편이었다. 문이 조용히 열리고 태민이 방으로 들어섰다.

"선생님, 여태 안 주무시고 웬일이세요?"

"잠이 안 와서 책이나 읽으려고, 불 켜 놓으면 한선배한테 방해가 될 것 같고, 자유의 방 하나 만든 거 정말 잘했어."

한쪽에 요를 깔고 베개를 가져다 놓고 편한 자리를 만든 다음 태민은 누워서 가져온 책을 읽었다.

"교수님, 무라카미 하루키를 좋아하세요?"

정태가 힐끗 강태민의 책 표지를 훑어보더니 관심을 보였다.

"왜? 너도 좋아해?"

"작품은 별로 좋아하지는 않지만 작가의 상상력은 인정해요."

"오늘 우리가 달려온 도로는 경부고속도로죠? 그것도 교수님이 만드셨어요?"

아이들 사이에서는 별로 말이 없던 정태가 끊임없이 질문을 쏟아놓는 것이 강태민은 조금 놀라웠다. '호기심이 많고 궁금증이 많은 아이구나!'싶었다.

"내가 만들었다기보다 그 당시 나는 경부고속도로 건설사무소 감독 겸 토공 계장이었으니까 깊이 관여를 한 거지. 경부고속도로는 마디마디 잊을 수 없는 일이 너무나 많았어. 나중에 말할 기회가 있을 거야."

그가 보던 책을 펼쳐진 채 바닥에 엎어 놓고 생각할 것이 많은 듯 눈을 감았다. 정태도 더 이상 그에게 말을 걸지 않았다.

*

강태민은 대학을 졸업하자 내무부 건설국에 입사하여 토목기수로 사회생활을 시작했다.

1955년이었다. 전쟁이 끝난 대한민국 국토는 지금의 아프리카 후진국이나 다를 바가 없었다. 도로뿐 아니라 국민의 생활수준 자체가 피폐해져 있었던 그 시절 사람들은 먹고사는 일에 급급했다. 복구가 필요한 그 시점에서 그가 4년간 배운 토목공학은 이론에 그치도록 내버려두지 않았다. 기초과학, 측량학, 토질역학, 도로공학, 수리학, 하천공학, 응용역학, 철도공학 등 많은 기초공학 지식을 배웠으나 실지로 그것을 어디에 어떻게 쓸지도 모르는 초보자였다. 1959년 경기도 양주군 마석면 마석고개 끝자락 국도 6호선에 위치하는 마치교 설계를 하라는 지시를 받았다. 처녀 설계였다. 선배들에게 욕을 바가지로 먹어가며 처녀 설계에 도전했다. 설계부터 감독까지 공무원이 다 해내던 시절이었다.

현장에 나가 설계를 위한 조사측량을 하노라면 군용 트럭이 뭉게구름처럼 뽀얀 흙먼지를 날리면서 그들 앞을 지나갔다. 얼굴에 횟가루를 뒤집어 쓴 것처럼 허연 꼴은 아랑곳 하지 않고 삼각평판에 수북이 쌓인 황토먼지부터 불어내고 닦아내느라 정신이 없었다. 현장조사측량을 나갈 때는 출장비도 없는 경우가 허다했지만 그것이 당연한 줄 알고 선배들을 따라다녔다. 선배들이 진두지휘하며 가르쳐주는 것만도 그저 감사할 따름이었다. 낮에는 종일 길거리를 뛰어다니며 측량하고 밤이면 조사측량 성과 자료를 놓고 설계해야만 했다. 설계도가 완성단계에 이르렀을 때 그 기쁨은 며칠 밤을 새운 피로를 순식간에 날려 보낼 정도였다. 마치교는 미군이 스틸 빔을 원조해주어 무사히 완공을 보았다. 뒤이어 국도 개량포장공사 설계를 완료하고 건설국장님과 함께 현장에 투입되어 평판 측량팀에서 주도적인 역할을 하게 되었을 때는 어깨가 으쓱 올라가는 기분이었다. '이제 나도 어엿한 설계기사가 된 거야.' 라는 자부심에 바쁘다는 불만은 온데간데없었다. 출장을 마치고 몇 주 만에 사무실에 돌아오면 다음 설계에 착수하라는 구두 명령이 또 다시 내려졌다.

"바쁘다 바빠. 오줌 누러 갈 시간도 없네."

선배들은 고작 그런 정도의 대화를 주고받았을 뿐 더 이상의 불평은 없었다. 태민은 그런 선배들을 보면서 도로 기술자들은 모두 순하다는 생각을 했었다.

태민에게 열심히 일을 가르쳤던 3년 선배 건설국장이 토목국장을 지내다가 대한설계사무소를 설립하게 되었을 때 그는 태민에게 함께 일하자는 제의를 해왔다. 그를 따라 나가면 좀 더 큰 일들을 배울 것 같은 욕심에 그 제안을 받아들였다. 예상했던 대로 선배는 여주대교 상부공 · 하부공 설계를 맡기더니 그 경험을 토대로 제2한강교 교량 설계를 맡겼다. 한강 건너는 다리 중 순전히 한국 기술진만으로 시공하는 다리는 처음이었기 때문에 그에게는 각별한 의미가 있었다. 당시 그 외에 한강다리는 모두 다른 나라와 합작하여 시공한 교량이었다. 태민으로서는 광범위한 공부를 할 수 있는 기회이고 도전이었다.

교량 설계라고 다리 놓는 일만 하는 것이 아님도 알게 되고 홍수수위 조절은 수자원팀에서만 하는 것이 아님도 알게 되자 혼자 하는 일이 아니라는 것도 배우게 되었다. 수문(水文) 전문가의 의견도 귀담아 들어야 하고 물 밑에 들어갔다 나온 전문 잠수부의 의견도 설계에 중요한 근거 자료가 되었다. 그 모든 것을 혼자 해낼 수는 없는 일이었다. 200년 뒤의 홍수까지도 조사하고 검토해야 하는 혜안이 감각이나 느낌이 아닌 정확한 데이터에 의거해야 했다.

"자네는 이걸로 명실공히 어떤 교량도 설계할 수 있는 자격을 갖춘 셈이야."

소장은 제2한강교 착공식장에 나란히 섰을 때 그의 등을 두드려주었다. 감개무량했던 순간을 잊을 수가 없었다. 제2한강교 설계를 끝내고 다시 건설국 공사과에 토목기사보로 복직되자 미 국무성 초청 교량기술훈련 프로그램에 따라 3개 주 도로청 교량설계부에 파견근무를 나갔다. 12개월 동안 미시시피, 노스캐롤라이나, 캔자스 주에 근무하며 많은 새로운 지식을 익혔다. 당시 그로서는 신천지를 보는 것과 같았다. 귀국길에 일본 동경에 들러 교량주식회사 초청으로 3일간 교량 현장을 답사했다. 일본의 기술이 한국과는 30년은 앞선 기술임을 눈으로 확인하게 된 것이다. 선배들로부터 말만 들어왔던 일본 교량기술현장을 처음으로 경험하고 나니 분발해야겠다는 욕구가 치솟았다. 미국과 일본에서 견문을 넓히고 그곳에서 배운 지식으로 교량 설계에 실력을 발휘하려는 즈음에 사무실에서는 포장공사 감독자리가 비었다며 현장 감독으로 발령을 내겠다고 했다. 그에게 아스콘 포장 설계는 생소한 분야였다. 다시 원점으로 돌아간 기분이었지만 해내야만 하는 일이었다. 현장사무소 기술감독으로 명령받아 현장 근무도 처음 해 보았다. 국도 46호 서울~춘천 간 합동 포장 직영공사에 1년 8개월 동안 투입되었던 현장 근무는 잊을 수가 없는 기억이다. 3명의 기술감독이 청평유원지에서 막걸리를 마시며 '누구를 위해 근무를 하는가?'하고 목놓아 소리를 지르기도 했던 젊음이 새삼 그립다. 그때로써는 서른 살 노총각들의 신세 한탄이었겠지만 지금 돌아보면 젊기에 가능했던 패기가 아름답기만 하다. 그래도 그때 선배들은 친동생처럼 후배들을 야단치고 아끼고 가르쳤다. 어느 책을 보라든지 어디에 있는 참고 자료를 찾아보라든지 자기가 가진 책을 가져다주든지 하면서 갈 길을 알려주고 다독여주었다. 그 덕에 처음 시도하는 어떤 일도 해낼 용기가 생겼음이 분명했다.

그즈음 청와대에서는 경부고속도로 건설을 기획했고 건설부의 국도 건설관리 업무과장이 태민에게 소요사업비 산정기준을 요청했다. 강태민이 사업비 산정 기준 서류를 청와대 건설비서관에게 제출한 지 한 달 만인 1967년 9월. 본격적인 경부고속도로계획 노선 검토에 들어갔다. 국토보전국장, 도로과장, 그를 포함한 도로 기술공무원 열다섯 명이 광화문에 있는 여관에 연금되었다. 5만분의 1 군용지도를 놓고 고속도로 노선과 공사비 산정 작업을 하느라고 십일간 완전히 통제된 채 비밀 철야 작업을 계속했다. 서울~부산 간 총 연장 428km에 소요공사비 1안 540억 원, 2안 450억 원으로 작성하여 대통령께 보고를 올렸다.

대통령은 독일의 아우토반을 보고 돌아와 고속도로가 국가 경제촉진 원동력의 핵심이라는 확신을 가지고 건설 계획을 추진했다. 국가 재정은 열악했으며 국민은 보릿고개 넘기기 어려운 민생고에 시달리는 형편이었다. 국회와 고위 공무원, 교수들까지 이 형편에 고속도로가 웬 말이냐며 국민생활에 직접적인 영향을 미치는 제조공장 설치에 투자하라고 반대의 목소리를 높였다. 대통령은 외국에 차관을 요청했지만 기아선상에 허덕이는 보잘 것 없는 후진국에 투자할 나라는 없었다. 차관도 거절당한 사면초가 속에서도 대통령은 총 공사비 330억 원의 예산을 확보할 결심을 굳혔다. 외롭고 고독한 결정이었다. 나중에 밝혀진 사실이지만 그때 현대건설 정주영 회장이 해외고속화 도로건설 경험을 토대로 국가 재정이 어려운 점을 감안해 총 소요공사비를 실비로 280억 원에 확정지어 대통령에게 비공식적으로 제시하였다고 한다. 절차 없이 공사를 맡으려는 로비였던 셈이다. 절박한 그 당시로서는 국가에 도움이 되는 일이었을지 모르나 건설업계에서는 다시 그런 일이 있어서는 안 된다는 비난이 후일담이 되었다. 67년 말경에 건설계획조사단이 발족하고 건설사무소 설치가 준비 단계에 다다랐다. 68년 2월 드디어 중앙청 별관에서 경부고속도로 건설사무소 현판식을 거행하고 태민은 감독과 토공 계장으로 임명되었다. 경부고속도로 공사는 총 사업비의 40% 이상이 토공에 소요될 정도로 막대한 토공량이 될 것이었다. 진동기계장비로 토공다짐을 층층이 정밀하게 다지는 방법은 한국에서는 처음으로 시도하는 일이었다. 토공 계장의 임무는 막중했다. 중책을 맡을 정도로 인정받았다는 사실에 설레기도 했지만 한편 '내가 잘 해낼 수 있을까?' 하는 두려움도 설렘 못지않게 컸다. 두려운 속내를 누구한테도 털어놓지도 못하고 항상 긴장하던 태민이었다.

"교수님 여기서 주무시겠어요?"

손연구원이 가만히 태민을 흔들었다. 잠이 든 줄 아는 눈치였다.

"그래. 그냥 여기서 자야겠어. 다른 사람에게 방해되는 건 아니겠지?”

서너 명의 아이들이 모여 도란도란 이야기를 나누는 소리를 들으며 그는 깊은 잠에 빠져들었다. 말은 하지 않았지만 한선배의 코고는 소리에 잠들 수가 없어서 자유의 방을 찾아 나선 것이었다. 그 방으로 돌아갈 엄두는 나지 않았다.

5

지식과 지혜

아침식사가 끝나는 대로 간단한 귀중품과 평가 노트, 필기도구를 챙겨 버스에 오르라 일렀다. 재윤이 당황한 기색으로 이리저리 뛰어다니는 모습이 서행정관에게 포착되었다.

"홍재윤, 무슨 일이야?"

"실은 변정태가 보이지 않아요."

"언제부터?"

"어제 밤늦게까지 자유의 방에 있는 걸 봤는데 아침에는 숙소에도 자유의 방에도 없어요. 산책로와 운동장도 찾아봤지만 없고요."

재윤의 이마에 땀이 송골송골 맺혀 있었다.

"너 아침도 안 먹었잖아. 얼른 먹고 와. 내가 찾아볼게."

손연구원이 다가와 재윤을 식당으로 보냈다. 짐작되는 일이 있어서였다. 정태가 손명하의 스마트폰으로 열심히 검색하던 중에 전화가 걸려왔고 명하는 폰을 건네받아 전화를 받으러 나갔다. 전화를 받고 돌아와 보니 정태는 이미 그 방에 없었다. 자기 숙소로 돌아간 줄 알았는데 그게 아니라면 그때 어딘가로 사라졌다는 이야기가 된다. 손연구원은 유스호스텔 밖으로 달려 나갔다. 그는 호텔 들어오는 초입에서 본 PC방을 떠올렸다. 그는 정태가 PC방에 있을 것이라 확신했다.

정태는 어젯밤에도 검색할 것이 있어서 컴퓨터실에 갔었다고 그에게 말했다. 컴퓨터실이 꽉 차 있어서 자유의 방으로 왔노라 했다. 손연구원이 스마트폰을 건넸을 때 정태는 환한 얼굴로 넙죽 그것을 받아들고 좋아했었다. 정태가 궁금한 것은 못 참는 아이임을 그는 이미 파악한 터였다. 2층 PC방 출입문을 밀고 들어서자 갖가지 달갑잖은 냄새들이 그를 먼저 맞이했다. 어둠에 눈이 익기를 기다려 안으로 천천히 걸어 들어갔다. 안쪽 귀퉁이 칸막이 사이로 꼼짝하지 않고 컴퓨터를 들여다보고 있는 정태가 그의 눈에 잡혔다. 너무나 몰두하고 있어 그를 함부로 건드릴 수가 없었다. 갑자기 말을 걸면 그가 너무 놀랄 것 같았다.

"정태야."

작은 목소리로 그의 이름부터 불러주었다. 두 번째 부름에 아이가 고개를 돌렸다.

"야, 이 녀석. 여기서 이렇게 밤을 새운 거야?"

"벌써 날이 샌 거예요? 실내가 컴컴하니 아직도 밤인 줄 알았네."

"너 없어졌다는 말도 못하고 홍재윤이 속이 타서 찾으러 다니더라. 가자."

"죄송해요."

"나한테 죄송할 건 없고. 얼른 가자. 다들 기다린다."

손명하는 PC방 사용료를 지불하는 순간 정태가 꽤 긴 시간을 그곳에서 보냈음을 새삼 실감했다.

"넌 자주 컴퓨터 앞에서 밤을 새우니?"

"깜빡하는 사이에 시간이 그렇게 흐르더라고요. 근데 선생님은 제가 PC방에 있는지 어떻게 아셨어요?"

호텔로 걸어 들어오며 긴 시간 밤을 새우고도 전혀 피곤한 기색이 없는 정태가 신기했다. 일부 학생은 버스에 이미 탑승을 마쳤고 일부 학생은 버스 앞에서 이야기를 나누고 섰다가 정태를 반겼다.

"내가 저 녀석 사고칠거라 했지? 자네가 내기에 진 거야."

진철이 손연구원의 귀에 속닥거렸다.

"이건 사고가 아니에요. 지각했을 뿐입니다."

손명하가 고개를 저으며 완강히 부인했다. 한편에서 서행정관은 야무지게 아이들을 단속시켰다.

“전원 탑승이 완료되었으므로 대청댐으로 출발한다. 변정태 교육생은 신고 없이 숙소를 이탈하고 많은 인원을 기다리게 한 책임을 면할 수 없다. 우선 일정을 소화하는 일이 급선무라 그 일부터 본 뒤에 처리하기로 하자. 대청댐으로 이동하는 동안 손명하 연구원이 진행을 맡는다.”

앞자리 지도교수들은 각자 장기성에게서 받은 아이들 명단이 적힌 평가서에 평점을 작성하느라 바빴다. 하루를 보내고 자기 전에 작성해야 하는 일이었지만 고단한 하루를 마무리하는 시간에 평가서라는 짐까지 보탤 수가 없어서 다음날 아침에 평가하도록 시간을 바꾸었다. 기억이 흐려지기 전에 평가하는 것이 좋겠다는 기성의 제안이 있었다. 단체성, 화합능력, 활동성, 과제수행 능력, 협동성, 리더십, 동료에 대한 배려심 등 모두 열 개 항목에 각 10점을 최고점으로 하는 평가 방식이었다. 세로로 아홉 명의 이름과 가로로 열 개 항목이 적혀 있는 곳에 점수를 적으면 되는 일이었다.

“발표자 평가한 것 제출해 주고, 어제 일지를 작성한 사람은 손 들어봐.”

손연구원이 버스 통로 중간 자리로 옮겨갔다. 정태와 서연을 제외한 나머지 학생들이 모두 손을 들었다.

"이미 말한 바와 같이 매일 일지를 작성하든 나중에 몰아서 작성하든 그건 자유의사에 맡긴다. 선생님도 우리의 여행일지를 여러분처럼 작성하고 있다. 단지 나는 그날의 행사와 교육생들의 활동을 중심으로 적는 보고서 형식이고 교육생들은 그날 쌓은 체험과 교육받은 지식을 토대로 미래지향적인 자기만의 세계를 꿈꾸는 창작 기획서 형식이라는 것이 다를 뿐이다. 혹 여러분 중에 어제 우리가 자동차로 이동한 경로에 대해 아는 대로 말해 볼 사람 있어?"

"우리가 답변하는 이것도 평가에 반영이 되는 겁니까?"

김옥빈이 손을 들고 질문을 던졌다.

"물론이다. 여러분의 행동거지 하나하나가 다 평가의 대상이 되고 점수에 반영이 된다. 그러나 내가 친형이나 가까운 선배 입장으로 팁을 한 가지 준다면 평가에 연연하지 말라는 것이다. 의식하고 행동하는 점수라는 것이 일점 이점에 해당하는 미미한 것이라면 진심을 다 해서 우러나온 행동의 점수는 십 점 이십 점이 될 수 있음을 잊어서는 안 된다. 바꾸어 말하면 점수를 의식한 행동이나 답변보다 점수를 의식하지 않은 최선의 행동과 답변이 더 좋은 평가를 받을 수 있다는 이야기다. 그러니 지금부터 평가 점수 따위는 새까맣게 잊어버리도록 하는 게 어때?"

"좋습니다."

아이들이 군대식으로 고함을 치고 환호를 질렀다. 지도교수들이 뒤를 돌아보며 무슨 일인지 궁금해 했다.

홍재윤이 어제 경유한 도로에 대해 답을 하겠다고 손을 들었다.

"우리 일행은 잠실 시내를 빠져나와 외곽순환도로를 타고 오다가 판교에서 경부고속도로를 갈아타고 대전까지 왔습니다. 주된 도로는 경부고속도로였습니다."

"다른 의견은 없나요? 다들 그렇게 생각한다는 거네. 과연 그것만이 정답일까?"

손연구원은 계속해 의문점을 가진 사람처럼 제스처를 썼다. 변정태가 반대 의견을 내놓았다.

"경부고속도로를 타고 정확히 대전까지 온 건 아닙니다. 숙소가 유성구에 있었기 때문에 회덕 분기점에서 호남지선 고속국도로 들어섰다가 유성 IC에서 빠져 유스호스텔로 들어왔습니다."

"또 다른 의견은?"

"잠실에서 100번 고속국도 타고 판교에서 1번 고속국도로 옮겨타고 회덕에서 251번 지선 고속국도를 타고 유성으로 나왔습니다."

"또?"

더 이상 아무도 손을 들지 않았다. 손연구원이 흔들리는 버스에서 몸을 지탱하기 위해 의자 등받이를 한 팔로 껴안고 아이들을 뚫어지게 쳐다보았다.

“아직도 평가에 대한 압박감을 완전히 버리지 못했다는 생각이 드는 건 왜일까? 너희는 너무나 정확하게 말하기 위해서 애쓰고 있잖아. 나 같으면 그냥 ‘고속도로도 지나고 시골 길도 지나서 여기 왔어요.’라고 대답하겠어.”

“그렇지만 이건 미래의 시빌 엔지니어들에게 대선배들이 이루어 놓은 업적을 보여주며 꿈을 갖게 하려는 국토순례잖아요.”

장서연이 반론을 제기했다.

“그래. 맞아. 바로 그거야. 너희들에게 전문적인 용어나 전문적인 공학 지식을 요구하는 게 아니라고. 단지 미래의 문명공학자가 되겠다는 의지와 꿈을 심어주려는 여행이야. 그리고 너희가 진정으로 얼마나 이 일에 관심이 있고 얼마나 열정적인가를 알아보려는 것이 이 여행의 목적이라고.”

“왜 그런 속셈을 우리에게 다 알려주는 거죠?”

정태가 의아한 얼굴로 손명하를 빤히 쳐다보았다.

“이미 머리 좋은 너희는 그걸 다 알고 있으니까. 난 미국에서 유학하는 동안 가까운 곳에 주말여행 한 번도 안가고 죽어라 공부만 했어. 뼈 빠지게 학비 보내주시는 부모님 생각하면서. 어서 빨리 박사 학위 따서 학비 부담 덜어드리려고. 난 너희처럼 수재 형이 아니야. 완전 노력형이야. 그런 내가 이 분야에서 먼저 공학박사가 됐다고 까불다가는 너희한테 큰 코 다칠 게 뻔하잖아. 너희에게 의욕을 갖게 만들고 관심을 갖게 만드는 건 내 임무야. 이미 내 속을 다 꿰뚫고 있는 너희한테 다 털어놓고 친근하게 다가가는 것이 낫다고 판단했어. 그래서 방법을 바꾼거야. 지식을 얻기보다 지혜를 얻어서 간다면 이 여행은 값어치 있는 여행이 될 것이다. 내 말 믿어주겠니?"

"난 오픈 마인드를 믿어요. 형이라 부르고 싶어요."

박영이 누구보다 먼저 그에게 다가오는 느낌을 받았다. 다른 아이들은 쉽사리 반응을 내비치지 않았다.

"시간상으로 보아 이제 대청댐까지는 20분 정도가 남았다. 오늘 견학할 댐에 대해 잘 아는 사람 있지? 그는 누구?"

"한일수 교수님."

천진난만하게도 아이들은 입을 모아 한일수 지도교수의 이름을 외쳤다.

"날 부르는 거야?"

돋보기를 쓰고 평가서를 들여다보던 일수가 통로 쪽으로 몸을 빼내 뒤를 돌아보았다. 아이들이 까르르 웃는다. 손연구원은 한일수를 향해 손을 저었다. 신경 쓰지 말라는 뜻이었다.

"교수님은 1967년에 한국수자원개발기구의 필요성을 주장해서 공기업을 설립하신 분이니 당연히 댐에 대해 잘 아시겠지. 그렇지만 다들 틀렸어. 전문가이신 교수님 외에 너희 중에 또 한 사람이 있어."

손연구원의 말에 모두 어리둥절한 표정으로 서로의 얼굴을 쳐다보았다. '그게 누군데?'하는 눈빛이 오갔다.

"홍재윤 오빠 아닐까? 환경공학과에 다니잖아."

서연이 재윤을 보자 아이들 시선이 일제히 재윤에게 집중되었다.

"아니야. 나 아니라니까. 난 여기 오기 전까지 댐에 관심조차 없었어."

홍재윤은 당혹스러운 몸짓으로 두 손을 저었다.

"그럼 누구? 빨리 자수해서 광명 찾아라. 짱 나기 전에."

김옥빈은 입으로 푸 바람을 불어 머리카락을 뒤로 날리며 짜증난 제스처를 해보였다. 손연구원은 웃음을 머금고 그들이 하는 양을 그냥 지켜보기만 했다. 정태가 손명하의 미소에 눈을 흘기며 쭈뼛쭈뼛 손을 들었다.

"뭐야? 또 너야?"

김옥빈이 입을 다물지 못하고 그를 노려보았다.

"선생님은 제가 안다는 걸 어떻게 아셨어요?"

정태가 손연구원에게 오히려 반문했다. 그는 그 물음에 대답하지 않았다. 턱으로 한 번 읊어보라는 시늉만 하고 그의 입이 열리기를 기다렸다.

“뜸 들이지 말고 빨리 해. 아침에 없어져서 우리 팀이 전부 서바이벌 게임장까지 한 바퀴 돈 거 알아? 네 입으로 단체에 폐 끼치는 행동은 안 할 거니까 요주의 인물로 보지 말라며?”

“미안. PC방이 컴컴해서 날이 샌 걸 몰랐어.”

“그럼 너 PC방에서 밤을 새운 거야? 왜?”

재윤이 정태를 다그쳤다.

“자. 그만들 해. 원인은 휴대폰을 압수해 간 집행부 탓이야. 대청댐 견학 후 휴대폰을 돌려주기로 결정했어. 정태 덕분이니까 아침 일은 용서해 주든가 말든가. 댐에 도착할 때까지 정태가 밤새 썻 검색하며 공부하고 온 대청댐 소개나 우선 들어보자.”

정태는 잠시 눈을 감았다가 뜨면서 시선을 한 곳에 고정시키고 말문을 열었다. 말은 빠르지도 느리지도 않았지만 억양은 책을 읽는 듯 딱딱하고 사람을 끌어당기는 매력을 지니지 못했다.

“대청댐은 금강 본류를 가로지른 댐으로 우안과 좌안으로 나누어 보면 우안은 충청북도 청원군 문의면 덕유리에 속하고 좌안은 대전시 대덕군에 속한다. 한마디로 충청남도 대전시와 충청북도를 잇는 지점에 위치해 있으며 금강 하구부터 150km, 대전시 동북방 16km, 청주시 남방 16km에 있다.

1960년대에 실시한 4대강 유역조사사업의 성과에 따라, 1970년대 초에 완성된 4대강 유역 수자원개발 계획의 일환으로 1975년 3월부터 1981년 6월 사이에 건설부가 산업기지개발공사에 위탁하여 건설하였다.

댐 공법은 중력식 콘크리트댐과 중앙 코어형 필댐의 복합형 댐으로 금강 수계 최초의 다목적 댐이다. 다목적 댐이란 홍수와 가뭄을 조절하고 전력을 생산하며 생활용수, 공업용수와 농업용수를 공급하는 따위의 여러 가지 일을 한꺼번에 할 수 있는 댐을 말한다. 규모는 높이 72m, 길이 495m, 부피 123만㎥, 댐마루 해발 83m, 홍수위 해발 80m로서 3m의 여유고를 보유하고 있다.

최대 출력 90,000㎾의 발전시설로 240~196Gwh의 전력을 생산하여 공급한다. 청주지구 · 금강하류지구 · 만경강지구 66,000여 ha에 연간 3억 4,900만㎥의 농업용수를 공급하며 대전 · 청주 · 공주 · 부여 · 논산 · 장항 · 군산 · 전주 · 익산 등에 13억㎥의 생활용수 · 공업용수를 공급한다. 또한 홍수조절용량으로 홍수를 조절하여 댐 하류 금강 본류 연안의 홍수위를 낮추어 홍수 피해를 줄이는 데 크게 기여하고 있다. 이 댐의 건설로 충청남도, 충청북도 2개 도의 4군 2읍 11면에 걸쳐 조성된 대청호는 금강유역의 가장 큰 다목적 댐이다.

댐공사로 인해 수몰된 마을 중에 문의 마을이 있는데 백제 때 일모산군(一牟山郡)이었던 문의는 남쪽으로 금강에 접한다. 신라 때 연산군(演算郡)으로 지역명이 바뀌었던 문의는 조선 말기까지는 문의군이었다가 1914년에 청원군에 딸린 문의면이 되었다.

문의에는 천여 년 전인 고려 초기에 일륜대사가 제자들에게 남긴 예언이 전해지고 있다.

'사방의 정기는 영명하기 이를 데 없다. 장차 이곳에 문(文)과 의(義)가 크게 일어나 숭상될 것이다. 뭍으로 난 길과 물길이 사통팔달했으니 마을과 인물이 모두 번성할 것이다. 그러나 이 어인 조화인가. 앞으로 천 년 뒤의 운세가 물 밑에 잠겨 있으니. 그때에 이르러서야 새 터전을 마련하게 될 것이니라.'

이 말을 들은 사람들은 이곳의 지명을 '문의'라 지었고, 정말 예언대로 천 년 뒤에 호수가 만들어졌다. 천 년 뒤에 만들어질 대청댐과 그로 인해 생겨날 대청호를 어찌 알았을지 사람들은 일륜대사의 예사롭지 않은 예언을 두고 말이 많다. 대청댐은 당시 충청남도 대덕군과 충청북도 청원군 사이를 흐르는 물을 막아 만든 둑이라 하여 두 지역의 머리글자를 따서 대청이라는 이름을 지었다.

문의에 위치한 대청댐 부근에는 제5공화국 시절부터 역대 대통령들이 휴가를 보내면서 국정 계획을 세우던 청남대(靑南臺)가 있는데, 2003년 4월 22일부터 일반인에게도 개방되고 있다. 청남대는 5공화국 시절 대통령이 휴가 때 이용하기 위해 만든 별장이다.

대청호에 접해 있어서 경관이 빼어나며 청남대는 '남쪽에 있는 청와대'라는 의미이다. 얼마나 경관이 좋았으면 한 나라의 대통령이 별장을 지었을지 미루어 알 일이다. 대청댐을 둘러보러 온 대부분의 사람들은 한 번쯤 대통령들이 즐겼을 은밀한 풍광을 엿보기 위해서라도 청남대를 찾는다.

댐 건설로 충청남도와 충청북도 지방의 논밭 1,500만 평이 물에 잠겼고, 여기서 살던 4,275가구의 25,925명이 고향을 떠나 다른 곳으로 이주하였다. 이 댐 건설 계획이 발표되자 수몰예정지 주민을 중심으로 환경단체의 건설 반대시위가 잇달아 벌어졌다. 대청댐의 준공으로 금강 하류인 공주나 부여 부근의 하천 물높이는 말할 것도 없고 하류인 장항이나 군산의 하천 물높이까지도 조절할 수 있게 되었다.

대청댐은 건설로 조성된 대청호는 내륙의 다도해라고 불릴 정도로 아름다운 호수의 면모를 갖추고 있다. 대청호 오백 리 둘레길을 탐사하노라면 대청호에 비친 하늘, 구름의 그림자, 호수 속에 박힌 듯한 크고 작은 산들이 다도해 섬처럼 느껴지는 멋진 풍광에 빠져든다. 댐은 한껏 돋보이는 호수의 풍광을 만들어냈다.

한국수자원공사 대청댐관리단은 연례행사로 다문화 가정이나 소년소녀 가장들을 초대하여 워터 투어를 실시하는 등 다양한 행사를 통해 물의 소중함을 알리고 대청호의 아름다움을 홍보하는 봉사활동도 펼치고 있다.”

단 한 군데도 막힘없이 줄줄 댐 소개를 읊조리고야 그는 입을 닫았다. 아이들이 미처 박수칠 생각도 못한 채 웅성거렸다.

“재 뭐야? 저 긴 소개를 밤새 열라 외운거야?”

“그걸 어떻게 다 외워?”

“첫날부터 재수 없었어. 졸라 잘난 척은.”

수군거리는 동안 앞자리에서 박수 소리가 들렸다.

“브라보!”

한일수가 박수를 치며 버스 뒤편으로 걸어왔다. 서행정관이 흔들리는 버스를 염려해 그를 부축하고 따라왔다.

“자네 이름이 ……”

“변정탭니다.”

“PC방에서 밤을 새웠다는 바로 그 학생이지? 그걸 다 인터넷에서 검색해서 밤새 암기한 건가?”

“아닙니다.”

“그럼?”

“검색한 것은 문장 연결이 잘 안 되고 단어가 어려워서 제가 손질하고 짜깁기를 해서 노트에 정리했습니다.”

“그럼 지금 말한 내용을 다 이해했다는 이야긴가?”

“이해가 되지 않는 부분을 다시 검색하여 끼워 넣고 모르는 전문용어를 또다시 검색하여 자료를 만드느라 시간이 그렇게 흘렀던 것 같습니다."

"노트를 보여줄 수 있겠나?"

정태는 배낭에서 자신의 노트를 꺼내 한일수에게 내밀었다. 일지 난에 빽빽이 댐에 관한 글이 프린트되어 붙여져 있었다.

"그런데 어떻게 그걸 안 보고 다 이야기할 수 있지?"

"그건 저만의 노하우라 말씀드리기가 좀……"

"암기 방법이 따로 있는 모양인데 이 기회에 친구들에게 그 노하우를 알려줘서 다 같이 그 방법으로 공부한다면 좋은 선물이 되지 않겠나? 자네가 원치 않는다면 굳이 강요하지는 않겠네."

한일수의 말에 정태는 아무 대답을 하지 않았다.

"댐에 총 공사비가 얼마나 소요됐는지 혹시 아는가?"

"1,557억 원입니다. 맞나요?"

"나는 자료를 들여다보기 전에는 모르네. 이 속에 그런 것까지 담아 둘 용량이 못 되거든."

한일수는 검지와 중지로 자신의 머리를 툭툭 두드렸다.

"절대로 잊어서는 안 되는 더 귀중한 공식과 자료들이 많은데 무엇 때문에 그런 쓸데없는 것까지 담고 다니겠나? 자네의 노력은 가상하고 암기력은 놀랍지만 자넨 밤새껏 아까운 시간만 낭비한 걸세. 이제 곧 댐에 도착하면 대청댐관리단 사람들이 자네처럼 그렇게 말하며 우리 일행을 안내해 줄 걸세. 댐에 관한 자료는 어디에나 널려 있지만 댐을 건설하는 과정에 있었던 휴먼스토리는 나만의 것이지. 난 그것만 기억하면 되네. 어쨌든 수고했어. 편안하게 잠만 잔 사람들과 자네가 무엇이 다른지 모두들 깨달았을 걸세."

한일수가 정태의 어깨에 손을 얹었다가 내리면서 돌아섰다. 갑자기 침묵이 이어지는 가운데 태민의 다급히 전화받는 목소리가 어느결에 버스 안을 장악했다.

"그게 정말이요? 저런, 어떻게 그런 일이…… 알았어요. 알았다니까요."

평소에 조용조용하던 그가 매우 고조된 목소리로 전화를 받고 어쩔 줄을 몰라 했다.

"무슨 일이야?"

진철과 다른 지도교수들도 평소 침착하기로 소문난 태민의 허둥거리는 모습을 보며 사태의 심각성을 알아차렸다. 태민이 뒤 아이들에게 들리지 않을 정도로 목소리를 줄이며 몸을 구부려 속삭였다.

"정태선 회장이 자살했대. 조사받고 집에 돌아와 욕실에서 목을 맸다는 거야. 억울하다는 유서를 남기고. 번듯한 상주도 없고 내일 발인이라고 연락이 왔어. 난 좀 가봐야겠는데 어쩌지?"

"가 봐야지. 모셨던 양반이고 친분도 두터운 모양인데. 경사는 몰라라 해도 어려운 흉사에는 가주는 게 이쪽 사람들이잖아. 댐에 도착하면 대전역까지 태워다 줄 자동차를 섭외해 줄테니 거기서 가."

한선배가 혀를 차며 심란해 했다. 가깝게 지낸 사이는 아니지만 서로 마주치면 반갑게 인사를 나누던 후배였다. 서로 좋은 감정을 가지고 살면서도 동창회나 공식 모임에서가 아니면 따로 만날 일은 없던 정태선 회장. 일곱 살이나 아래라서 쉽게 어울리지 못했는지도 몰랐다.

"사람 참 ...... 억울할수록 살아서 누명 벗을 생각을 해야지 저렇게 가면 가족들은 어쩌라고."

"얼마나 억울하면 죽을 생각까지 했겠어요?"

진철은 사람 속을 누가 아느냐고 했던 자기 말이 찔려서 괜히 미안한 생각이 들었다.

댐에 도착하자 강태민은 서울로 가기 위해 일행과 잠시 헤어졌다. 발인까지 보고 대구에서 합류하는 것으로 일정을 조정했다. 버스가 주차장에 들어서자 아이들은 댐의 청결함과 그 규모에 놀랐다. 주차장 주변 짙은 녹음 사이로 댐 상부의 거대한 모습이 드러나고 곳곳에 다듬어진 소나무 조경과 붉은 보도블록이 잘 어우러져 있었다. 우선 물 문화관에 들러 대청댐에 관한 영상을 관람

한다고 했다. 여러 군데로 갈라지는 목재로 만든 통용로가 나무숲에 둘러싸여 마음을 푸근하게 해주었다. 그들이 도착하자 수자원공사의 대청댐관리단 직원들이 버스에서 내리는 한일수를 극진하게 맞이했다.

"국장님, 오랜만에 뵙습니다."

관리단장이 그에게 인사를 하자 한선배가 그의 손을 잡았다.

"수고가 많아요. 오늘 신세를 좀 지게 됐어요. 미래의 시빌엔지니어들이니 잘 좀 돌아보게 해줘요."

"국장님께서도 같이 돌아보실 건 아니시지요?"

"나야 뭐 얼마 전에도 왔다갔는데 뭘. 전문가들이 안내 잘 할 거 아니요. 관광객이 아니니 댐 상황실과 통제실이랑 수문 조정실 등 보안상 문제가 없는 곳은 죄다 좀 보여줘요."

"예. 알겠습니다. 임원 휴게실로 모시겠습니다."

서행정관과 손연구원은 아이들과 함께 댐 탐사에 나서고 지도교수들은 관리단장의 안내에 따라 임원 휴게실로 갔다.

"댐 전망대보다 휴게실 전경이 더 좋습니다."

댐 위로 난 도로와 전면에 조망되는 산사와 대청호가 훤히 내려다보이는 절경이 한눈에 들어왔다.

"밤에 조명이 켜지면 어떤 스카이라운지보다 멋들어지지요."

"수문 여섯 개를 모두 열어 방류할 때 보면 그야말로 장관이지.”

“한선배님이야 자주 보셨으니까 잘 아실테고 장관님께서도 방류를 보셨던가요?”

관리단장이 장기성에게 잔신경을 많이 쓰는 눈치였다.

“2012년 8월에 대전왔던 길에 우연히 모든 수문을 연다는 소릴 듣고 방류하는 걸 보기는 했습니다만, 밤에 조명을 켠 것은 못 봤어요.”

“아마도 그때가 집중호우로 여섯 개 문을 열고 육 일간 방류를 할 때였을 겁니다. 전 국내에 없었습니다만, 물 구경 온 사람들로 북새통이었다더군요. 사진작가들이 사진 찍기 좋은 자리 차지하려고 새벽부터 달려오기도 했고요.”

몇 가지의 과일과 다과, 음료를 들고 여직원들이 들어왔다.

“이 대청댐에는 국장님이 참여하지 않으셨지요?”

한일수에게 화제가 다시 돌아갔다.

“내가 수자원국장을 막 그만두고 이란 공사 수주를 받은 개발회사 부사장으로 가 있을 때 공사가 시작됐지. 그래도 건설 계획이니 사전 조사측량이니 하는 기본 틀은 다 내가 만들어 놓고 나갔어.”

“그러셨을 겁니다. 건설 계획이야 공사 몇 년 전부터 검토되는 거니까요.”

"요즈음은 댐 하나 건설한다하면 사람들이 애를 먹여서 그렇지 기술 부족으로 애 먹진 안잖아? 내가 일하던 시절은 사람들은 순해서 애먹이지 않는데 장비 부족, 기술 부족, 돈 부족이 큰 고민이었어."

"형님은 졸업하고 한국전력으로 입사했잖아요?"

진철이 한선배로부터 귀에 딱지가 앉도록 들은 이야기보따리를 풀었다.

"전쟁 중에 미8군에 있다가 내무부 토목국 기사로 들어가 수도부터 시작하기야 했지. 공대를 졸업하고 정식으로 시험을 쳐서 조선전업 그러니까 지금의 한국전력에 합격한 거고, 내가 조선전업 들어가서 제일 처음 무슨 댐을 만들었는지 알아? 괴산댐이야. 정말 호랑이 담배 피우던 시절이다. 이승만 대통령이 수력발전소를 지으라고 명령한 거야. 날 거기 발령을 내놓고 댐을 만들라는데 하늘이 캄캄하더라고. 일본 사람들이 만들어 놓은 청평댐, 화천댐을 보기는 했어도 댐을 만들어 본 사람이 있어야 말이지."

일수는 차도 다닐 수 없는 괴산의 높은 산 깊은 골짜기 칠성면을 생각하면 지금도 웃음밖에 나오지 않는다. 칠성면은 조치원에서 청주로 가서 청주에서 시골 버스를 타고 비포장도로로 반나절은 가야 하는 그런 오지였다. 현장 건설사무소 기사로 차출되어 그곳에 가니, 보이는 건 까마득한 산과 골짜기뿐이었다. 우선 먹고 자야 하므로 서당을 빌려서 임시 숙소로 사용했다. 그 부근에는 다급한 생필품 하나 살 곳도 없었고 뭐든지 괴산까지 나가서 사들여 와야 하는 실정이었다. 그곳의 운송수단이라고는 현장 사무소가 가지고 있는 스리쿼터가 전부였다. 괴산댐은 5년이 걸려 건설된 작은 댐이지만 그 의미는 각별했다. 순수한 국내 기술진에 의해 조사되고 계획·설계되었으며 시공된 최초의 발전 전용 댐이기 때문이었다.

"지질조사를 하고 측량을 하면서도 시멘트와 골재를 어떻게 그 산꼭대기로 실어 오느냐가 관건이었지. 거기까지 시멘트를 지고 메고 실어 나르다 보면 많은 시간이 소요되고 시멘트는 굳어 버릴 수도 있거든. 고심 끝에 플랜트를 설치하기로 결정을 내렸지. 또 골재 운반 철로를 만들고 골짜기를 건널 교량을 만드는 가설비 공사도 시급했어."

"실질적인 댐 공사보다 사전 공사가 더 힘들었겠습니다."

기성은 현장에서 뛰어본 경험이 없어서인지 상상만 해도 끔찍한 그 일들을 견뎌내고 해낸 한선배가 대단해 보였다. 젊은 패기에 몸 아끼지 않고 겁 없이 일하고도 건장한 모습으로 앉아 있는 노장이 존경스러웠다. 한선배가 저렇게 당당할 수 있는 것은 그 험난한 과정들을 지혜롭게 넘기고 완성을 보았기 때문이라 여겨졌다.

"마지막으로 남은 건 우리 공사에 적합한 시멘트를 찾는 일이었지."

"그걸 어디서 찾으셨습니까?"

기성이 한선배의 추억담에 장단을 맞추었다. 남자들이 제일 좋아하는 이야기는 군대 이야기, 노인들이 제일 기뻐하는 이야기는 젊은 시절의 무용담임을 그는 너무 잘 꿰뚫고 있는 관료였다.

"삼척에서 동양시멘트가 생산되고 있었는데 그건 일본 사람들이 운영하던 공장을 인수받은 거였어. 나는 그 시멘트가 우리 공사에 적합한지 알아보러 찾아갔지. 거기 가서 기능공이 얼마나 대단한 존재인지 알게 됐고 그때부터 나는 기능공들을 존경하는 마음으로 대하기 시작했어. 그전에는 내가 전문기사랍시고 어린 것이 건방을 떨면서 마음속으로 기능공들을 내 아래로 대했던 걸 깨달았지. 시멘트 성분을 체크하는 기계도 없이 눈으로, 느낌으로 조합을 하는데 그게 매번 너무도 정확했어. 놀라웠지."

"아무리 그래도 한일수 국장님하면 소양강댐이지요?"

기성이 대청댐을 바라보며 감회가 새로운 듯 보이는 한일수를 돌아보았다.

"그렇지. 소양강댐 때문에 수자원공사도 설립된 셈이니까. 지금 생각해도 내가 그때 다목적댐으로 해야 한다고 끝까지 우긴 것은 정말 잘한 일이야. 수력발전용 단일 목적댐으로 하느냐 다목적댐으로 하느냐를 놓고 한국전력과 건설부가 팽팽하게 맞섰지. 수력발전소를 지으라고 지시했던 박정희 대통령도 고민에 빠졌었어. 한국전력도 반대하지, 상공부도 반대하지, 예산은 없지 악조건 속에서 대통령의 결정도 쉽지 않았을 거야. 나도 단지 건설부 소속이라서 다목적댐을 주장한 것만은 아니야. 댐을 세울 수 있는 지점은 그곳에서는 단, 한 군데뿐이거든. 그 한 지점을 발전용 단일 목적댐으로 건설해버리면 다시는 그곳에 댐건설을 못하게 되는데 얼마나 아까워? 나는 장기적인 국가 발전을 위해서는 절대적으로 다목적댐을 건설해야 한다고 핏대를 세워가면서 목청을 높였지."

그는 다목적댐은 수자원개발동력의 혁명인 동시에 산업화의 선봉장이 될 것이 분명하며 경제적 가치가 완전히 다름을 강조하는 한편 백 년을 내다보아야 한다고 한국전력을 설득했다. 그의 주장을 받아들여 고민 끝에 대통령이 다목적댐으로 결정을 내렸다.

"조사측량을 나가는데 트럭 한 대 가지고 들어가면 두세 달은 거기 처박혀서 못 나오는 거야. 설계는 콘크리트 중력댐으로 완성됐는데 현대건설 측에서는 기어이 사력댐으로 해야 한다는 거야. 북한의 폭격을 받았을 경우 사력댐은 그냥 주저앉는 정도에서 그치기 때문에 서울이 한강에 잠기는 피해를 줄일 수 있다는 주장을 하는 거야. 소양강이 북한 가까운 곳에 있는 것을 염두에 두고 하는 말이었지. 콘크리트댐은 엄청난 철근과 시멘트를 거기까지 실어 날라야 하고 사력댐은 콘크리트 없이 점토와 모래, 자갈, 암석으로 건설하니까 자재 가격이 싸고 공급이 원활하다는 장점은 가지고 있었어. 더구나 수송이 늦어지면 굳어버리는 시멘트 특성상 시멘트 운송도 문제였고, 시공사 측에서는 공사비 부담을 줄이려는 계산도 있었겠지. 나는 그때 고민을 제일 많이 한 것 같아. 무궁화호 타고 춘천과 서울을 오가면서 설계를 고치자니 또 비용이 발생할 거고 안 고치자니 시공사와 물류비용이 문제고. 이러지도 저러지도 못하고 고민하다가 사력댐으로 용단을 내리고 나니 얼마나 속이 후련한지 ......"

"소양강 다목적댐은 그 당시 동양 최대의 사력댐으로 세계 4위였다면서요? 어떻게 그 시대에 그런 방대한 규모로 건설할 생각을 했을까요?"

"박정희 대통령의 결단력이 건설부에 힘을 실어준거지. 대통령은 국민에게 전력을 충분히 공급해주고 싶은 것은 물론 오늘날의 수도권 발전까지도 내다보셨던 거야."

실제로 소양강댐 발전소는 전국 수력발전 총량의 3분의 1의 전력을 공급하여 전력난 해소에 기여했다. 댐이 완공된 1973년에 제2차 석유 파동이 있었는데 그때 소양강수력발전소가 공급하는 전력이 아니었더라면 엄청난 전력대란을 겪어야 했을 것이었다.

"다목적댐 건설이 확정되자 나는 댐 완공 후 그것을 관리하려면 공무원만 가지고는 안 되니 일본처럼 수자원개발공사를 설립하자고 총대를 메고 나섰어."

"그게 큰 수확이었지요. 소양강댐이 수자원개발공사의 첫 사업이 되어버린 거지요. 수자원개발공사가 설립되고 나서 건설사들도 덕을 많이 봤어요. 현물차관인 대일 청구권자금으로 중장비를 사들여서 댐 공사에 참여한 건설사에 임대해 주었다고 들었습니다."

관리단장은 댐의 전설 같은 한일수를 만나자 평소에 궁금했던 것을 다 물어볼 기세로 질문 공세를 퍼부었다.

"그때 우리나라 건설사들이 영세해서 비싼 중장비를 구입할 자금 능력이 없었거든. 그뿐인가? 각종 작업을 할 수 있는 기능공들을 양성해서 각 건설사에 보내주기도 했는걸."

"그랬어요? 그렇게 애쓰면서 여기까지 온 거군요."

"소양강댐과 충주댐이 없다면 수도권이 존재하지 못한다는 것을 인식하는 사람이 국민의 몇 퍼센트나 될까? 댐이 주는 치수와 이수를 알긴 알까?"

"일반인들은 거의 모를 걸요. 댐이 없다면 홍수에 서울이 완전히 잠길 수도 있고 가뭄에는 씻을 물은커녕 식수 한 모금도 나눠 마셔야 할 정도로 물이 귀할 수도 있는데 그걸 누가 알겠어요?"

"알아달라는 말은 아니지만 사람들이 몰라도 너무 모르면서 조그만 이해득실 때문에 무작정 반대하니까 토목기술자들은 답답하지."

그때 구내전화 벨이 울리고 관리단장이 전화를 받았다. 국토순례팀의 댐 탐사 진행 사항을 보고하는 직원의 전화였다.

"그래 그렇게 해. 아직 점심시간까지는 시간이 넉넉하잖아."

단장이 전화를 끊고 지도교수들에게 탐사 진행 사항을 알렸다.

"댐 내 발전시설까지 탐사는 끝났고요, 우리 배로 호수 투어를 하면 어떻겠느냐고 해서 그렇게 하라 했습니다. 수자원공사 순시선인 39톤 선박으로 대청호를 한 번 둘러보는 코스인데 경관이 좋아서 꽤 볼만 합니다. 선박 운행 기름 값이 적지 않아서 누구에게나 투어를 해주지는 않는데 오늘은 특별히 배를 띄우는 겁니다. 역조정지 댐까지 들러서 점심식사를 하러 가면 시간이 맞을 것 같습니다. 괜찮죠?"

"좋지. 오늘 우리 교육생들이 호강하는구만."

"어르신들 오후 일정은 어떻게 되나요?"

관리단장이 장기성에게 물었다.

"아이들은 식사 후 청남대를 둘러보게 되고 지도교수들은 숙소에 가서 저녁 토론시간까지 쉬실 수 있게 되어 있습니다."

"잘 됐네요. 그럼 선배님들은 점심식사 후에 저희 차로 숙소까지 모실 테니 인솔자와 아이들만 청남대로 보내면 되겠군요. 지금부터 따로 일정을 잡는 걸로 인솔자에게 연락하십시오."

"어차피 점심식사 후에는 따로 행동하기로 이야기가 돼 있었으니까 문제는 없을 겁니다."

장기성은 서행정관에게 탐사 진행 사항을 묻고 저녁에 숙소에서 만나자며 통화를 끝냈다. 관리단장은 그들을 두 대의 승용차에 나누어 태우고 앞 차로 출발했다. 역조정지 댐을 한눈에 바라볼 수 있는 경관 좋은 식당이 있다는 것이었다. 진철은 태민이 서울로 가버리자 자신의 존재가 낙동강 오리 알 같다는 생각이 들어서인지 한선배에게 딱 붙어 다녔다.

"박진철 어디 갔어? 왜 이렇게 조용해?"

한선배가 휴게실을 나서며 진철을 돌아보았다.

"철도가 댐에 와서 할 말이 있나요? 닥치고 주는 젯밥이나 얻어먹어야지."

"또, 또...... 그럼 물쟁이는 고속철도로 달릴 땐 입 다물고 있어야겠네. 같은 토목공학 출신끼리 왜 자꾸 이것저것 편 가르고 그래."

그들은 차에 나누어 타고 레스토랑을 향해 출발했다. 아래 주차장에는 어느새 꽤 많은 자동차들이 즐비하게 주차되어 있었다. 아래 휴게소 근처에 단체 탐사팀들이 여기저기 눈에 띄었다. 댐이 하나의 관광지가 되어가는 느낌이었다.

"맑고 청정하게 유지되어야 할 호수에 배를 띄우는 일은 좀 고려해봐야 할 거야. 배에서 기름이라도 새어나오면 댐을 만든 기본 정신에 위배되는 일 아닌가?"

"명심하고 있습니다. 관광지나 유원지가 되지 않도록 각별히 관리에 신경을 쓰고 있으니까요."

"댐 건설 시작하면 공사 현장 인부들과 우리 기술자 사이에서는 꼭 갈등이 생기게 마련인데 내가 감독으로 간다고 하면 인부들이 싫어했어. 하도 꼼꼼히 파고드니까. 필댐에 있어서 점토심벽의 시공관리가 정말 중요하거든. 저수지에 물을 가두어 두는 차수벽 역할을 하기 때문이지. 양질의 점토심벽 재료는 시종일관 잘 다지면서 축조하는 일이 품질관리의 핵심이야. 그중에서도 기초암반에 붙여 시공하게 되는 접촉부 점토시공이 특히 중요해. 접촉부 점토시공은 다짐 장비를 수동으로 이동시키면서 작동하기 때문에 인부들이 힘을 많이 쓰게 되는데 감시감독이 조금만 소홀하면 대충 편하게 덮고 지나가려는 거야. 인력이동식 에어 래머로 때려 붙이고 템퍼로 다지는 특수다짐이 너무 힘드니까 철저하게 안 하는 거지, 덮고 지나가버리면 확인이 불가능하고 그렇게 되면 댐은 취약한 부위가 생기거든, 참 많이도 싸웠어. 나는 소양강댐 공사 2년 만에 거길 떠났는데 그때 인부들 속이 시원했을 거야."

한일수는 힘들었던 추억을 떠올리면서도 무엇이 기분 좋은지

시종일관 껄껄 웃었다. 진철도 그의 고충에 동감하며 관리단장에게 감독과 인부의 관계를 열심히 설명해준다.

“어느 공사 현장이나 마찬가지죠 뭐. 콘크리트 반죽질기 때문에 우리도 매번 인부들이랑 실랑이를 벌렸어요. 인부들은 현장에서 콘크리트를 타설할 때 묽으면 묽을수록 좋아하거든요. 콘크리트는 시방서의 슬럼프기준을 잘 지켜야만 수밀성, 내구성, 강도 등 품질이 좋아지는데 보통 콘크리트는 되기 때문에 다지기 작업을 하기가 아주 힘이 들어요. 그러니까 인부들이 기회만 되면 품질은 도외시하고 처음부터 물을 많이 부어 묽게 비비거나 잘 비벼진 콘크리트에 물을 부어 일을 편하게 하려고 들지요. 그렇게 되면 콘크리트 품질이 아주 나빠지거든.”

“현장감독 나가면 그런 고충이 있군요. 우린 현장에서 인부들과 부딪치는 일은 별로 안 해봐서 그런 건 잘 모르고 살았어요.”

관리단장은 자신이 경험해보지 못한 그들의 이야기가 흥미로운지 재미있게 귀담아 들었다.

댐 위 도로를 달리며 일수는 자원 없는 이 나라가 외관상으로는 너무나도 풍족한 것 같은 이 자체가 모두 겉치레가 아닐까 하는 생각을 하고 있었다. 그 속이야 어찌되었건 아름다운 산천을 가진 나라인 것만은 틀림없는 사실이었다. 에어컨을 끄고 창문을 열자 상쾌한 강바람이 차 안으로 밀려들었다.

6

새로운 도전

강태민이 강남에 있는 병원 장례식장에 들어섰을 때 상가에는 예상보다 사람들이 꽤 많았다. 아들도 없이 외동딸 하나뿐인 정태선 회장 빈소는 그의 부인이 혼자 지키고 있었다. 영정 앞에 절을 하고 부인과 마주했을 때 태민은 할 말을 찾지 못했다.

"따님은……"

"미국에서 출발했다는데 아직 도착하지 않았어요. 아마 곧 도착하겠지요."

딸이 남편과 이혼하고 미국에 교환교수로 나갔다는 이야기는 정태선 회장에게 들어서 알고 있었던 태민이었다.

"상심이 얼마나 크십니까? 정회장을 믿는 사람들이 힘을 모을 겁니다. 건강 살피십시오."

"부사장님은 우리 집 양반 마지막으로 만난 게 언제였어요?"

"한 달 전쯤 만났는데 그땐 표정이 아주 밝았어요."

"그럼 그 이후에 일이 벌어진 모양이네요. 말을 하지 않아서 전 정말 몰랐어요. 이게 무슨 날벼락인지……"

식사도 함께 하고 집으로 찾아가기도 해서 친분이 있는 강태민을 보자 부인이 이것저것 물으면서 울음을 삼켰다. 퉁퉁 부은 눈에 또다시 눈물이 차올랐다. 태민도 곱게 나이든 부인의 눈물을 보자 왈칵 눈시울이 뜨거워졌다. '이렇게 허망한 게 사람 목숨이구나!' 생각하니 자신도 갈 날이 멀지 않았다는 마음이 절실하게 와 닿았다. 제삿밥 차려줄 아들도 없어서 화장을 할 거라던 정태선 회장의 말이 떠올라 더욱 가슴이 아팠다.

"저녁식사하고 가세요."

부인과 인사를 나누고 옆방으로 옮겨가자 낯익은 얼굴들이 그에게 손짓을 했다. 도로협회 사람들이었다. 그들은 해 진 저녁 자살한 동료의 상가에 앉아 침울한 얼굴로 소주잔을 기울였다.

"참 답답한 양반, 우리한테 툭툭 털어놓고 사실대로 말이나 한번 해 볼 것이지. 틀림없이 건설업자한테 당한 거야. 고지식하고 순진한 양반이 모함에 걸린거라고. 우리한테 말했으면 역으로 그것들 혼꾸멍내줄 방법을 가르쳐줬을 텐데 말이야."

가깝게 지내던 친구들이 안타까움을 토로했다.

"그런데 정회장 손녀가 안 보이네. 딸이 미국가면서 정회장한테 맡기고 갔는데 하나뿐인 손녀를 엄청 예뻐해서 사적인 자리에 꼭 데리고 다녔는데……"

"엄마 따라 미국 간 모양이지."

그들은 상주도 마땅히 없으니 형편 닿는 몇 사람이 밤을 새워주자며 의논 중이었다. 강태민은 늦게 왔지만 자기도 밤을 새우겠노라 자청했다.

"정승집 개가 죽으면 상가에 손님이 넘치고 정승이 죽으면 손님이 없다는데 그래도 이 댁은 문상객이 많네."

"워낙 곳곳에서 대장을 여러 번 지낸데다 평판이야 좋았잖아."

문상객은 들고 나고를 계속했다. 태민과 함께 밤을 새울 협회 임직원들은 구석으로 자리를 옮겼다. 밤 9시쯤 갑자기 상가가 왁자지껄 분주하더니 여자들의 곡소리가 터져 나왔다.

"아버지, 아버지! 어떻게요. 어떡해. 이게 무슨 일이야."

딸이 도착한 모양이었다. 휘청휘청 몸을 가누지 못한 채 빈소로 들어선 그녀는 가방을 내던지고 정회장 빈소에 엎어져 몸부림치며 울었다. 정회장 여동생들이 달려와 다 같이 통곡하며 그녀를 에워쌌다. 꺼이꺼이 목놓아 울다가 기절을 했는지 울음소리가 멎고 정신 차리라는 말소리가 다급하게 들려왔다. 겨우 정신을 차리자 이번에는 또다시 정회장 부인이 딸을 얼싸안고 울음을 토해냈다.

"왔구나. 발인 때까지 못 오는 줄 알았다."

여인네들 통곡소리를 들으며 문상객들도 눈시울을 적셨다. 상가는 그야말로 비통한 분위기에 휩싸여 상가다웠다. 한참 후에야 정신을 가다듬은 딸이 검은 상복을 차려입고 문상객들을 맞았다. 그녀는 아버지의 죽음을 믿을 수 없는 듯 계속해 영정 사진을 보며 눈물을 그치지 못했다. 태민은 정태선이 얼마나 딸을 자랑스러워했는지 아는 터라 그녀를 보는 심정이 남달랐다. 대부분의 문상객이 물러가고 밤을 새울 유족과 협회 사람만이 남은 자정 무렵 또 한 차례 소요가 일었다.

"할아버지……"

비명에 가까운 어린 여자의 울음소리가 상가를 덮쳤다. 손녀가 왔다고 했다. 다시금 한밤중 통곡에 유족이 합세했다. 태민은 왜 그녀들이 뿔뿔이 흩어졌다가 이렇게 띄엄띄엄 나타나는지 영문도 모른 채 머리를 벽에 기대고 눈을 감았다. 내 빈소에 상주로 서 있을 두 아들과 아내, 문상객에게 음식을 내며 바삐 오가는 며느리들, 슬픈 얼굴로 어른들의 눈치를 살필 손자들을 눈앞에 그려보는 사이 그의 볼에도 눈물이 흘렀다. 그가 마음을 추슬러 화장실을 다녀오는 길에 여자화장실 앞에서 처녀 아이와 마주쳤다.

"교수님!"

지나치려는데 처녀 아이가 태민을 불렀다. 강태민이 돌아서서 여자를 보았다.

"아니, 너 ...... 장 ......"

"장서연이에요. 아까 친구 조문가신다고 서울 가셨다더니 여기 문상 오신 거예요?"

태민은 대전에 있어야 할 서연이 왜 이 상가에 와 있는지 잠시 어리둥절했으나 이내 사태가 파악되었다. 아이의 눈이 퉁퉁 부어 있었다.

"그래. 넌 ...... "

"저희 외할아버지세요. 제가 외손녀예요."

"그랬구나. 그럼 할아버지는 네가 국토순례 떠난 걸 알고 계셨구나."

"예. 할아버지도 지도교수로 함께 참여하실 것 같다고 마주치더라도 절더러 아는 체 말랬어요. 괜히 오해산다고. 제 실력으로 당당히 선발된 건데 왜 그래야 하냐니까 그냥 그렇게 하라고 하셨어요."

"차라리 국토순례를 떠나셨더라면 이런 일이 벌어지지 않았을지도 모르는데 ...... 할아버지 말씀대로 거기 돌아가면 나와 여기서 만난 건 없던 일로 하자."

"아니요. 안 갈 거예요. 할머니가 저한테 연락이 안 돼서 얼마나 애를 태우며 찾았는지 모른대요. 그게 다 휴대폰을 빼앗아 가서 벌어진 일이에요. 그런 배려심 없는 집단 필요 없어요."

강태민은 서연과 이야기를 끝내고 밤새우는 동료 문상객 곁으로 돌아오며 복잡한 심경이었다. 정태선의 외손녀가 장서연이었다니. 정태선도 이번 팀에 지도교수로 선정되었으나 불가피하게 참석하지 못했다. 같이 가려던 행사에 불미스러운 일로 외손녀만 혼자 보내는 심정이 어땠을까 생각하니 정회장의 착잡한 심정이 이해가 되었다. 사랑하던 외손녀 얼굴도 못 보고 줄에 목숨을 맡길 만큼 그리도 바빴을까? 고요한 밤 시간을 타서 빈소에 가보았다. 딸은 벽에 머리를 기댄 채 넋 나간 표정으로 앉아 있고 서연은 엄마한테 기대어 잠들어 있었다. 노부인은 잠깐 눈을 붙이러 유족 대기실로 들이간 모양이었다. 정회장의 영정 사진은 빙그레 웃고 있는 모습이었다.

'이 친구야, 이건 아니지. 아무리 분통 터지고 억울해도 이런 식으로 끝내는 건 아니지.' 그와 주고받고 대화를 나누고 싶었다. 죽은 자는 말이 없다는 그 말이 이리도 뼈저릴 수가 없었다. '그렇게 순리를 거스르면서 가지 않아도 곧 갈 사람들인데 뭘 그리 서둘렀나.' 삼총사인 한일수와 박진철에게는 정태선과 아주 친했다고 말하지 못했지만 사실 두 사람은 꽤 죽이 잘 맞는 사이였다. 동창회에 참석하면 언제나 두 사람은 서로를 찾아 곁에 앉곤 했다. 직장 관계에서는 한 때 위의 상사였던 정회장이 밖에서 만날 때마다 편하게 대해 달라고 몇 차롄가 강태민에게 말했던 적이 있었다. 한 해가 저물어가는 어느 겨울 어느 저녁에는 술이나 한 잔하자고 그에게 연락이 왔었다. 서로 상하 관계의 직장을 떠난 후 그가 전화를 걸어온 것은 오랜만이었다. 번잡한 식당은 싫다며 조촐한 일본 선술집도 괜찮겠냐고 물어서 좋다고 하자 위치를 알려주었다. 일, 이층으로 된 조그마한 선술집에 음식이 아주 맛깔스럽던 기억이 난다. 싱싱한 고등어 생선회에 찬 정종을 몇 잔 마신 연후에야 딸이 이혼하고 미국에 교환교수로 나가게 됐다며 한숨을 쉬었다. 누구에겐가 답답한 심정을 위로받고 싶었던 것이 아닐까 짐작되었다.

"요새 이혼은 뭐 그리 심각한 일도 아닌데 뭘. 능력 있는 여자가 못난 서방 놈 걷어차고 새롭게 살아보겠다는데 말릴 수 있나. 이혼이 흠도 아닌 세상인데. 부모가 참견할 일도 아니고 고민할 일은 더더욱 아니고. 따님이 오죽 잘 알아서 했겠어."

태민의 말에 '말려서 되는 일도 아닙디다.' 하며 그래도 마음이 아프다고 했다.

"외손녀가 하나 있는데 그 아일 우리 부부한테 맡기고 간답디다. 아기 때부터 우리 집 사람이 키워줘서 그런지 아이가 친할머니한테는 안 가겠다고 하니 어쩌겠어요."

"적적한데 잘되셨네. 나도 주말에 가끔 손자 손녀들이 오는데 걔들이 와야 사람사는 집 같던데."

"손녀는 제 부모 이혼한 것이 충격인지 말수가 줄었어요."

쾌활하고 말 많던 어린 손녀가 말이 줄어서 가슴 아프다던 정태선. 다시는 볼 수 없다고 생각하니 못다한 말이 많은 것 같았다.

"잘 가시게. 아끼던 손녀는 내가 거둠세."

태민은 바지 뒷주머니에서 손수건을 꺼내어 눈물을 닦고 영정 앞에서 일어섰다. 밤새울 사람들은 담요를 구해다 놓고 화투판을 벌였다.

*

화장터에서 관이 화구로 밀어 넣어질 때 부인과 딸이 관망실에서 정신을 잃었다 깨어나는 소동이 벌어졌고 화장한 뒤 유골을 수습하러 들어갈 때는 그녀들을 들어가지 못하도록 친척들이 막아섰다. 정회장의 매제되는 남자들이 들어갔는데 그곳에서 처음으로 굵직한 남자들의 울음소리가 들려왔다. 버스를 타고 서울로 돌아오는 장의사 버스에서 태민은 서연을 뒷자리로 데려갔다.

"오늘 하루 쉬고 내일 나하고 같이 대구로 내려가자. 내일 대구에서 합류하기로 했다."

"아니요. 가지 않겠다고 말씀드렸잖아요. 엄마는 삼우제 지나면 미국으로 돌아갈 거고 외할머니 혼자 두고 갈 수 없어요."

서연은 단호하게 복귀를 거부했다.

"난 어제 할아버지 앞에서 약속했다. 널 잘 보살피겠다고. 얼마나 좋은 기횐데 그걸 놓쳐? 할아버지도 네가 중단하는 걸 바라지 않을 거야."

"싫어요. 열심히 공부하다보면 기회는 또 있겠지요."

"할아버지와 난 학교 동창이기도 하지만 한 직장에서 사장, 부사장으로 일 년이나 함께 일하면서 우정을 나누었다. 외손녀 이야기를 자주 했어. 그게 넌 줄은 꿈에도 몰랐고, 남자를 능가하는 학자로 만들고 싶다고도 했지. 옛날에는 꿈도 꿀 수 없는 일이었지만 이젠 가능한 세상이 됐어. 어쩌면 여자가 더 섬세하게 계획하고 설계하고 건설할 수도 있어. 그전처럼 힘쓰는 일은 이제 공학자가 안 해도 되는 분업화 시스템이 완벽해졌거든. 나랑 같이 내려가기 싫다면 나 먼저 내려가마. 잘 생각해 봐. 널 만났다는 이야기는 하지 않을 거다."

서연은 강태민의 말이 끝나자 뒤도 돌아보지 않고 휙 몸을 돌려 할머니 옆 자기자리로 돌아갔다. 몹시 화가 난 표정이었다. 방금 사랑하던 사람의 시신을 태워 없앤 충격도 채 가시지 않은 아이를 붙들고 자기가 무슨 말을 했는지 그는 깨달았다. 지금 그 애 귀에 무슨 말인들 들리겠는가. 사람이 죽은 것도, 시신을 화장하는 것도 태어나 처음 본 아이였다. 관망실에서 쓰러지는 할머니와 엄마를 부축하며 그 애는 왜 그녀들이 그렇게 몸부림치는지 처음으로 알았을 것이다. 태민은 서울로 들어선 초입에 버스를 세우고 그곳에서 내렸다. 그대로 대구에 내려가 그들과 합류할 마음은 없었다. 심신이 지쳤다는 것을 스스로 느꼈다. 집에 가서 쉬고 싶다는 생각밖에 아무 생각도 나지 않았다. 장기성 책임자에게 그러한 사정을 전화로 설명하고 집으로 향했다.

그가 다음날 아침 KTX를 타고 대구에 도착했을 때 그들은 88올림픽고속도로를 이용해 해인사까지 가기 위해 그를 기다렸다. 경상북도 대구에서 전라남도 광주까지 영호남을 가로지르는 88올림픽고속도로는 강태민의 야심작이라 해도 과언이 아니었다. 그가 당시의 건설계획 과정과 공사 중의 에피소드들을 저녁 교육 시간에 소개하기로 예정되어 있었다.

버스에 오르자 기다리던 일행이 이틀 만에 만나는 그를 박수로 맞이해주었다. 뒷좌석 아이들을 돌아보며 장서연이 오지 않았다는 것을 알면서도 그 자리를 어느새 확인하고 있는 자신을 발견했다.

"서울에서 경부고속도로를 달려 대전까지, 그리고 대전에서 대구까지 오는 동안 많은 것을 보고 느꼈으리라 믿어요. 경부고속도로 하행선 금강휴게소 근처에 경부고속도로 건설순직자 위령탑이 있는데 우리가 거기에 들르지는 않았지만 칠십칠 명이 공사 중에 순직했어요. 경부고속도로 상행선 추풍령 휴게소 공원에 가면 고속도로 준공 탑과 함께 '고속도로의 노래'라는 시비가 있는데 그곳을 오르는 계단 역시 77개로 되어 있어요. 준공일 7월 7일과 순직하신 77명을 상징하는 것이지요. 그런 분들의 많은 희생이 있었기에 가능했던 일이지요. 다음에 기회 있으면 한 번 들러보기 바래요. 이은상 선생께서 지으신 시를 기억나는 부분만 조금 낭송해 볼게요.

> 달려라 자유의 길
> 달려라 부강의 길
> 천 리를 주름잡는 고속도로
> 어제보다 내일을 바라보는
> 슬기론 이 나라 자손이다.
> 달려라 승리의 길
> 달려라 통일의 길
> 역사를 창조하는 고속도로

대체로 그런 내용인데 앞 부분은 외우질 못했네요. 어제 나는 먼저 떠난 친구의 문상을 다녀왔는데 죽음과 삶의 차이가 종이 한

장 차이라는 사람들의 말이 틀렸다는 생각을 했어요. 죽음과 삶은 극과 극의 차이라는 것을 느꼈지요. 볼 수도 없고 만날 수도 없고 대화를 나눌 수도 없더군요. 순직하신 많은 분이 가족을 두고 그렇게 사라져 간 거예요. 한 해 3억 3천만 대의 자동차가 이용하는 고속도로는 그렇게 태어났어요."

마이크를 쥐고 의자 팔걸이에 걸터앉았던 태민은 대구 시내를 벗어나자 자리에 가서 앉고 좌석벨트를 맸다.

"우리가 이제 달릴 88올림픽고속도로는 내가 건설사무소 소장을 맡아 시작에서부터 완공까지 참여하여 심혈을 기울였던 도롭니다. 관심 깊게 눈여겨보길 바랍니다. 자세한 이야기는 오늘 저녁 강의시간에 하기로 해요."

그가 마이크를 서행정관에게 넘기고 말없이 눈을 감았다.

"장례는 잘 치렀어? 조문객은 많았고? 음택은 어디로 정한 거야?"

진철이 더 이상 못 참겠다는 듯 한꺼번에 몇 가지 질문을 쏟아냈다. 일수도 그들의 대화에 관심을 기울였다. 그 역시 궁금해서 묻고 싶었던 참이었다.

"화장했어. 화장터에서 관이 화구에 들어가는 걸 보고 부인이랑 딸이 실신해 쓰러지고 난리가 났었어."

"왜 화장을 했어? 자연사가 아니라 그랬나?"

"정회장이 원래 화장해달라고 했었대. 아들도 없는데 딸에게 부담주기 싫다고."

"아들이 없었어?"

그 말끝에 태민은 장서연을 다시금 떠올리고 이야기를 중단했다. 진철도 그의 심란한 마음을 헤아렸는지 더 묻지 않았다.

"아침에는 자네가 서울로 문상가고 저녁에는 장서연이라는 교육생한테 부고가 와서 울고불고 서울 가고 그날은 종일 심란한 날이었다니까."

장서연이라는 말에 태민은 감고 있던 눈을 번쩍 떴다.

"어디로 부고가 왔는데?"

"식사 끝나고 휴대폰 돌려주기로 했었잖아. 휴대폰 받아서 켰는데 할머니한테서 전화가 열 번도 넘게 와 있더래. 전화 걸려는 찰나에 또 전화가 온 거지. 할아버지 돌아가셨다고."

"그래서?"

"그래선 뭘 그래서야. 갑자기 식사 끝나고 나오다가 까무러칠 듯이 울고 난리가 났지. 손연구원이 택시 태워서 KTX 타는 데까지 데려다주러 갔는데 계속 섧게 울더래. 내 강의들을 때만 해도 그 애가 제일 신나게 흘러간 노랠 불렀는데......"

어제 진철은 대구 팔공산 유스호스텔에서 저녁 교육 시간에 철도의 역사와 자신이 참여한 철도 건설에 대해 90분 강의를 했었다. 딱딱하지 않게 각 철도노선에 얽힌 일화와 '이별의 종착역', '이별의 부산 정거장' 등 열차에 관련된 노래까지 불러준 덕에 강의는 대박이었다. 서연은 강의 시간에 진철이 부르는 노래 가사를 제일 많이 알고 있어서 진철이 가사를 놓치면 여지없이 다음 가사를 일러주었다. 어떻게 어린 학생이 옛날 노래를 그렇게 잘 아느냐고 하자 할머니가 노래를 좋아한다고 했다.

진철은 할아버지가 손자에게 옛날이야기를 들려주듯이 강의를 했다.

감독 조역으로 영월화력발전소의 석탄 운송 교량을 감독하던 시절 이야기를 했을 때는 아이들이 자기 앞에 닥친 일인 양 가슴 아파하는 모습이있다. 영하 17도의 맹추위 속에 급히 교량을 건설해야 하는 상황이었다. 진철은 PC빔 교량을 건설하기 위해 프리스트레스 콘크리트로 빔을 만드는데 양생 과정 중 얼면 안 되겠기에 인부에게 가마니를 덮고 옆에 난로를 피우도록 지시했다. 진철이 자고 있는데 불이 났다면서 소동이 벌어졌다. 추위에 옷도 제대로 걸치지 못하고 내복 바람에 달려가 보니 콘크리트 양생에 덮어 놓은 가마니로 난롯불이 옮겨 붙어 화재가 발생한 것이었다. 온몸이 얼어붙는 줄도 모르고 달라붙어 불을 껐다. 화재 진압 결과 교량에 사용해야 할 콘크리트 빔이 절반은 못쓰게 되어버린 것을 알았다. 안 그래도 공기가 짧아서 애를 태우던 중이어서 눈앞이 캄캄했다. 불 끄느라 온통 얼굴에 껌정 칠을 하고 내복 차림에 넋을 놓았다던 이야기에 여자 교육생들은 울먹거렸다.

"지금은 추억거리지만 그땐 순간적으로 소장이 알기 전에 도망을 가버릴까 하는 생각도 들었을 정도로 뼈아픈 경험이었지."

아이들은 강의 후 진심을 보여준 그에게 친근감을 가지고 다가왔다. 대학 강단에 섰던 것을 은근히 자랑으로 삼는 태민에게 보여주고 싶은 강의였다.

"걔가 할아버지 할머니와 살고 있었더구만. 두 사람이 서울 가버리고 나니까 사람 수가 확 줄어든 것 같이 허전하던 걸."

태민은 장서연의 이야기가 계속되자 다시 눈을 감아 버렸다. 진철이 무슨 눈치라도 챌까봐 염려되어서였다. 그때 뒷자리에서 교육생 한 명이 진철에게 다가왔다.

"교수님, 뒷자리로 잠깐 와 보실래요?"

팀장 홍재윤이 진철에게 조용히 속삭이더니 그를 모셔갔다. 어제 강의가 끝나고 자유 시간에 아이들이 노래 값이라며 아이스크림을 사와서 그에게 건네자 진철은 답례로 라지 사이즈 피자 세 판과 콜라로 한 턱을 쏘았다. 피자가 배달되자 서지운, 손명하 두 인솔자와 아이들이 피자를 먹기 위해 둘러앉았고 자연스레 돌아가면서 노래도 하고 게임도 할 시간이 마련되었다. 변정태가 게임에 걸려 팝송을 부르게 됐는데 그 노래 솜씨가 가수 뺨칠 정도라는 사실에 모두들 깜짝 놀랐다. 앙코르를 받고 걸 그룹의 노래를 춤추면서 부르자 '변태, 변태.'하며 그에게 환호를 보냈다.

"변태라니?"

"변정태의 준말이에요. 김옥빈은 김빈마마, 저는 홍재천, 박영은 박영폭포, 장서연은 장서각, 강현석은 돌부처 등등 다들 닉네임을 하나씩 만들었어요."

유치하지만 아이들은 무척이나 재미있어 했다. 유난히 노래를 좋아하는 진철에게도, 별다른 오락거리 없이 호텔에 갇혀 있던 아이들에게도 즐거운 시간이었다.

"이놈들아, 젊은 오빠를 왜 자꾸 불러대는 거야?"

신철은 아이들이 모여 있는 뒷좌석으로 자리를 옮겼다. 아이들이 검색창에 뜬 어느 개막식 사진을 놓고 논쟁을 벌이다가 진철의 확인이 필요해 그를 부른 것이었다. 편을 갈라서 내기를 걸었다고 했다.

"이 분이 교수님 맞죠?"

"아니죠? 이쪽에 이 분이 교수님이시죠?"

아이들이 흥미진진하게 여러 사람 중에 서로 다른 한 명을 지목했다.

"보자, 이게 도대체 어디서 찍힌 사진이냐?"

장본인인 자신의 기억에서마저 희미한 옛 사진 한 장이 엊그제까지도 그의 인생과 전혀 관계없던 아이들에게 포착됐다는 것이 그는 신기할 따름이었다. '내가 남모르게 애쓰며 살아온 세월이나 혼자만 애달파하며 산 세월이 아니었구나.'하는 묘한 충만함으로 뿌듯해지는 기분이었다. '내가 찾아내지 못해 보지 못했을 뿐 어딘가에 내 인생은 고스란히 남아 있었어. 누군가가 첨단기기 속에 샅샅이도 담아 놓았구나.'싶었다.

그는 주머니에서 돋보기를 꺼내 사진을 들여다보았다. 경부고속철도 어느 구간 기공식 기념사진이었다. 키 큰 외국인이 가운데 서 있고 양 옆에 서 있는 두 사람을 놓고 서로 박진철이라 우기는 중이었다. 흐릿하고 작은 인물 사진에서 그를 골라내는 일이 아이들에게는 어려운 일이었지만 진철은 한눈에 본인을 알아보았다.

"무슨 내기를 했는데?"

"진 팀에서 아이스 바를 사기로 했어요."

"나도 껴주는 거냐?"

"당근이죠."

"난 당근 싫어해."

그의 썰렁한 농담에도 아이들이 재미있다는 표정으로 웃었다. 그가 손가락으로 외국인 왼쪽을 가리켰다. 그를 맞힌 한 팀의 아이들이 '와!'하고 신나서 소리쳤다. 진철은 본인의 앞좌석으로 돌아와 앉으며 '나에게도 저런 신나는 시절이 있었던가.'싶었다.

*

황지에서 철암까지 가는 황지선 건설현장에 처음 감독관으로 나갔을 때 진철은 겨우 21살이었다. 어리디어린 청년이 보조감독관으로 오자 나이 든 건설현장 인부들은 '옛날에 너무 지독하고 못된 감독이 있어서 우리가 시멘트 콘크리트 치는데다가 슬쩍 밀어 처넣었었어.' 하며 농담처럼 겁을 주었다. 통지에서 심포 간 급경사 구간에는 여객들이 객차에서 내려 걸어올라 오고 여객과 화물은 인클라인으로 끌어올리던 곳이었다. 인클라인 구간의 불편함을 없애고 새로이 철도를 신설하는 공사였다. 현장 건설사무소에서 식모가 해주는 밥을 먹으며 동고동락하던 선배들 덕에 인부들과도 잘 지냈다. 소장 밑에 공사 조역, 그 밑에 토목기사가 감독이었는데 작업에 있어서는 기사의 위치를 누구도 무시하지 못했다. 위험성이 높은 터널을 뚫는 공사에서는 계산이 정확해야 하고 그런 측량 기술을 가진 기사 앞에서 숙달된 인부라 할지라도 그의 말을 거역할 수는 없었다. 일하는 중에도 소장이나 조역들의 잔심부름은 피할 수 없었는데 먹는 물심부름이 제일 싫었다. 먹는 물 한 주전자 뜨려면 저 아래 산 밑으로 내려가야만 했는데 하루에도 수차례 그 산을 오르내리며 물을 뜨러 다녔다. 산을 오르내리다가 옻이 올라서 온몸을 긁으며 가려움으로 고생하던 기억은 평생 지워지지 않았다.

낙동강 트러스 철교 조역을 할 때는 1년 정도 그곳에 나가 있었는데 어머니는 '낙동강 강바람이 ……'하는 노래를 들으며 아들이 걱정되어 많이 우셨다고 했다. 워낙 교통편이 불편할 때라 집에 잠시 다녀오고 싶어도 하루가 소요되는 통에 자주 집에 들를 수가 없었다. 그래도 철구조물 설계의 대선배들 틈에서 젊은 감각과 눈으로 정확한 판단을 내려 그들 의견에 반대도 하고 본인의 주장을 강력히 펼치기도 했다.

곧 우기가 닥칠 늦은 봄철 공사 때였다. 트러스 가설을 위한 토사 위의 경간 중앙에 세우는 스테이징 기초를 모래가마니 등을 쌓아 시공하겠다는 선배들의 설계에 조역인 진철은 반대하고 나섰다. 말뚝을 박고 그 위에 스테이징을 세우는 설계를 주장한 것이다. 장마에 부실한 토표를 쌓아 기초가 유실되면 가설 도중 트러스가 견뎌내지 못한다는 주장이었다. 결국 그의 주장을 관철시켜 설계를 바꾸었고 장마가 닥쳤을 때 안전할 수 있었다. 도면을 현장으로 들고 가서 일일이 대조하면서 트러스 리벳팅(철판과 철판을 잇는 작업)을 철저하게 검사하는 것을 보고 선배들이 그를 더욱 신임하게 되었다. 기술이 발달한 지금은 용접 교량이지만 그 당시는 트러스 아래 밑바닥에서 리벳을 빨갛게 달구어 던지면 익숙한 용접공들이 척척 받아서 때려 넣어 리벳팅을 완성했다. 그것을 평생 철교만 감독해 온 두 사람의 토목 수장이 손망치로 두들겨서 울리는 진동으로 튼튼한지 여부를 가려 흰 분필로 표시했다. 불량한 리벳은 녹여서 떼어내고 다시 시공하도록 했다. 그들이 검사해 놓은 리벳을 진철이 다시 손가락을 반대편에 대고 두드려 진동이 느껴지는 것을 찾아내고 재시공하도록 했다. 2만 개 가까이 되는 리벳을 재시공하라고 하자 시공사 리벳팅 책임자가 진철을 숙소로 데리고 가서 2만 원을 주며 '제발 대충 좀 넘어가자.'고 달랬다.

"나는 이런 거 바라고 까다롭게 구는 게 아닙니다. 사고 없는 튼튼한 다리를 만들고자 하는 일이니 제발 공사에 만전을 기해 주세요."

돈을 뿌리치고 오히려 당부하는 어린 감독에게 그들은 돌아서서 칭찬도 했다.

"젊은 친구가 대단해. 허기야 저렇게 철저하게 하면 절대 안전사고는 없겠지."

두려움도 모르고 폭 60cm 밖에 안 되는 트러스의 가장 높은 어파코드 위에 올라가 낱낱이 확인하고 다니는 그를 아무도 못 말렸다. 정의로움에 넘치고 활기찬 27살의 젊은 공사 조역이 시공사 측에서는 얼마나 눈에 가시였을까. 그렇게 완성된 낙동강 철교는 995m로 우리나라에서 제일 긴 철다리였다.

"이 88올림픽고속도로를 시작한 게 몇 년이지?"

진철이 문득 생각난 듯 태민에게 물었다.

"1981년이야. 그건 왜?"

"내가 경부고속철도의 필요성이라는 석사 학위논문을 발표할 때와 비슷한 시점이군. 내가 연구 논문을 철도청장이랑 최고위 간부 직원들에게 나눠주면서 우리나라도 고속철도 건설이 필요하다고 아무리 설명해도 귀담아듣질 않더라고."

"좁은 땅덩이에서 네 시간대의 고속도로가 있으면 됐지 더 빨라서 뭐 하느냐고들 했잖아."

"그래 맞아."

"박정희 대통령이 경부고속도로를 건설하겠다고 했을 때도 그랬어. 차도 없는데 큰 돈 들여서 고속도로는 만들어 뭐하느냐고. 그 돈 가지고 공장지으라고."

"우리가 하는 일은 시작할 때는 거의 반대에 부딪히는 것 같애. 다 끝내고 10년이 지나야 겨우 그 가치를 인정받으니 일할 땐 좀 외롭지? 댐짓는다 하면 수몰예정지 주민들이 데모하고, 길 뚫는다 하면 환경운동가들이 반대하고, 이거야 원 다 국민 편하고 잘 살게 하겠다는 일인데 지지해주는 사람이 없으니 ......"

진철은 경부고속철도 시공에 가장 큰 장애가 되었던 천성산을 통과하는 산악터널인 원효터널 기억이 새삼 떠올랐다.

경남 양산시에 소재한 천성산 정상 습지에 도롱뇽 등 희귀종이 살고 있는데 터널을 뚫으면 생태계가 파괴된다며 지율 스님이 단식 농성에 들어간 것이다. 환경운동가들이 합세를 했다. 2003년 4월에 시작된 단식 농성으로 매스컴들이 일제히 떠들어댔다. 2004년 11월에 공사가 재개되었으나 지율 스님의 3차, 4차 단식 농성으로 15개월간이나 공사가 중단되었다. 대법원 소송에서 기각됨으로써 2005년에 공사가 재개되었다. 경부고속철도 공사가 지연된 관계로 막대한 국가적 손실을 가져왔다. 공사요원으로 직접 참여하지는 않았지만 당시 철도학회 회장이었던 진철은 토목학회 원로들을 총동원하여 현지답사에 나서는 등 공사 재개를 위한 필사의 노력을 기울였다. 정확한 사태를 파악하여 국가기관에 건의서를 제출하기 위해서였다. 천성산 정상에 올라보니 그들이 주장한 것과 달리 습지도 없고, 도롱뇽도 서식하지 않으며, 억새풀만 무성한 평평한 지형이었다. 더구나 지율 스님의 절은 산 밑으로부터도 몇 km나 떨어져 있어 열차 소음과는 관계가 없는 상황이었다. 각 분야의 전문가들이 각각 자기 분야에서 분석한 자료들을 제시함으로써 공사에 재착공할 수 있었다.

"그러니 그 막대한 손실액은 누가 책임지냐고?"

"누가 책임져? 손실이 고스란히 국민 세금으로 다 돌아오는 거지. 토목인은 공사가 끝나 툴툴 털고 현장을 떠나면 고속도로가 남고, 댐이 남고, 철도가 남고, 항만이 남으니 억울해 할 것도 없어. 국민은 그것을 십 년, 이십 년 후에나 중요성을 깨닫고 그때서야 칭찬을 보내고 박수를 보내지. 그러다가도 또 새 토목구조물을 건설한다고 하면 반대 깃발을 들고 욕설을 퍼붓는 거야. 자기들의 보다 나은 미래를, 복지를, 희망을 그렇게 생각 없이 몇몇 사람의 계산적인 득실에 휘말려 포기한다는 일이 안타까워."

"그러게 말이야. 그 호된 고생을 하고도 공사가 끝나고 개통되어 쌩쌩 차가 달리고, 기차가 달리고, 전철이 달리는 것 보면 가슴 뿌듯하고 흐뭇한 걸 어째?"

"가뭄에도 호수에 물이 넘실대는 것 보면 안 좋고?"

자는 듯이 말이 없던 한선배가 두 사람 사이에 끼어들며 한 마디 던졌다. 내내 두 사람 대화를 듣고 있었던 모양이었다.

"그냥 좋아서 하면 돼. 신나서 하면 되고, 보람 느끼면서 하면 되고, 후회 없이 최선을 다하면 되고, 그러다보면 자식 대에 가서 할 말도 생기겠지. 그런 세상이 오고 있어. 우리 일할 땐 누가 알아주기를 바라면서 했어? 그저 맡은 일이니까 죽기 살기로 열심히 했던 거잖아. 그래서 후회도 없는 거야."

한선배는 정말 후회가 없다고 생각하며 살고 있는지 자신을 돌아보았다. 진심으로 후회는 없었다. 잘 살아왔다고 스스로에게 박수 한 번쯤 보내도 좋을 만큼 그런대로 만족한 삶이었다. 박진철도 강태민도 모두 그와 같은 마음인 것을 한일수는 알고 있었다. 언제나 새로운 도전 앞에 두려움이 없었던 그들이었으므로 지금도 당당할 수 있으리라.

7

아직 알 수 없는 것들

합천 해인사에 도착한 것은 11시경이었다.

"지금부터의 일정을 알려주겠다. 우리가 이곳으로 온 목적은 제일 먼저 88올림픽고속도로를 달리는 데 그 의의가 있었고, 며칠간 대도시에서만 숙박했기 때문에 물 좋고 공기 좋은 곳에서 심신을 쉬어가자는 의미도 있다. 영상 테마 파크를 둘러본 다음 점심식사를 하고 해인사로 간다. 해인사를 다녀와 곧바로 강의가 시작되는 대신에 오늘 공식 일정은 저녁식사 전에 모두 끝난다. 숙소가 유스호스텔이나 수련원이 아닌 식당에 달린 바로 옆 건물이고 위험한 지역이 아니라는 판단 아래 해인사 주변 구경을 나가도록 자유 시간을 허락한다. 밤 열 시에 숙소 단체 실에서 점호를 실시할 것이다."

"야호!"

남자 아이들이 저녁 이후 자유 시간을 허락한다고 하자 손뼉을 쳤다. 혼자가 된 여학생 김옥빈은 장서연이 없다는 것에 별로 불편함을 느끼지 않은 채 남학생들과 스스럼없이 잘 어울렸다. 아이들이 영상 테마 파크를 구경하고 즐기는 사이 네 명의 지도교수는 각각 배정받은 모텔 숙소에 가서 점심식사 때까지 휴식을 취하기로 했다. 어차피 크지 않은 모텔을 몽땅 빌려 쓰기로 식당측과 합의를 보았기 때문에 어른들은 1인 1실, 아이들은 2인 1실로 넓게 사용하게 되었다. 소집단의 세미나를 열 수 있도록 단체실을 구비하고 있어서 그곳을 강의실 겸 교육실로 이용하기로 했다.

영상 테마 파크에 들어선 아이들은 인기 드라마의 무대가 되었던 세드장을 만날 때마다 휴대폰 카메라로 사진 찍기에 여념이 없었다. 나흘 만에 처음으로 토목공학과 관계없는 순수한 관광객 행세를 해보는 셈이었다.

숙소에서 휴식을 취하던 지도교수들은 공기 좋은 곳에서 숙소방에 들어앉아 있기가 답답했는지 하나 둘 식당으로 연결된 2층 테라스로 나와 앉았다. 군기를 다잡는 서행정관과 형처럼 편안한 손연구원이 아이들을 잘 다스리고 있어 교수들은 별로 신경 쓸 일이 없었다.

"식사 전에 시원한 맥주나 한 잔 하실까요?"

장기성이 한선배의 눈치를 살폈다. 정작 갈증이 난 것은 장기성

본인처럼 보였다.

"그러던가. 물소리 바람소리 밖에 없으니 마음이 한갓지네."

맥주를 하지 않는 한선배가 후배들 기분을 헤아려 기꺼이 그러자고 한다. 그가 아래층으로 내려가 주문을 하고 올라온다. 개울을 흐르는 물소리와 대나무를 흔드는 바람 소리 외에 자동차 소리는 들려오지 않았다. 시원한 맥주 두 병에 정갈한 나물 반찬 서너 가지와 가느다란 멸치 볶음이 안주로 나왔다.

"한선배는 맥주 안 하시잖아요?"

태민이 맥주병을 들고 망설였다.

"한 잔이야 하지. 목마르니까."

서로의 잔에 맥주 한 잔씩을 따라주고 잔을 들었다.

"고인의 명복을 빌어주고 싶어요."

느닷없이 장기성이 맥주를 마시기 전에 불쑥 한 마디를 내뱉었다. 나머지 세 사람은 깜짝 놀라 그를 쳐다보았다. 기성은 단숨에 맥주 한 잔을 마셔 버리고 입에 묻은 거품을 닦았다.

"나 정회장 잘 알아요."

"누군 모르나? 다 같은 계통의 사람들인데 모를 수가 없지."

한선배가 맥주 한 모금을 마시고 잔을 내려놓으며 대수롭지 않게 넘기려 했다.

"그게 아니고...... 아주 잘 안다고요. 한때는 저하고 많이 친했었어요.”

기성이 맥주 한 잔을 더 자기 잔에 따르며 한숨을 쉬었다.

“제가 장관할 때 어느 회의에서 그 친구랑 험한 소리 오가며 한판 실랑이가 붙었었어요. 그리고는 서로 봐도 못 본 체하면서 지내왔던 거예요.”

“왜? 무슨 일로?”

한선배가 세 사람을 대신해 그의 다음 말을 재촉했다.

“그 친구 성격 알잖아요. 누가 틀리면 그 자리에서 꼭 틀렸다고 지적해야 속이 시원한 스타일인거. 어쨌거나 건설부 장관이면 자기 계통의 수장인데 많은 사람 앞에서 ‘장관이 거기에 대해서 쥐뿔도 모르고 있으면 우리는 다 어쩌라는 거요?’하고 소리를 지르는 거예요. 그 친구 의도는 제가 알고 있었어요. 다른 사람들이 지적하기 전에 먼저 날 호통쳐서 입막음하려는 거라고 이해를 했지만 정도가 좀 심하더라고요. 저도 사람들 앞에서 묵사발된 게 무안해서 심한 말로 맞섰지요. ‘무슨 그런 막말을 해요? 내가 당신 친구요? 엄연히 위계질서라는 게 있는데 말이면 다 말이요?’하고 고함을 쳤어요. 회의 끝나고 장관실로 따라 들어와서 어떻게 그럴 수 있냐고 따지는 겁니다. 자기는 할 말을 했을 뿐이라고.”

기성은 그의 부고를 듣고 내내 혼자 속을 끓였다고 했다. 태민이 문상을 간다는데 지도교수 두 사람이 한꺼번에 빠질 수도 없고 선뜻 달려갈 마음도 내키지는 않았지만 일이 손에 잡히지 않았다고 털어놓았다.

“조사받는다는 말 듣고 찾아가볼까 했었죠. 귀띔해 줄 말도 있고 해서.”

“너 정회장 누명 쓴 거에 대해서 뭘 알고 있었던 거 아니야?”

흥분한 강태민이 처음으로 그를 동기 동창다운 말투로 대했다.

“확실한 증거가 있는 건 아니고. 들리는 말을 종합해 보면 억울하게 누명 쓴 게 맞는 것 같아. 아무리 억울해도 자기 목숨을 가지고 왜 그런 짓을…… ”

기성도 태민이 처음으로 자기를 친구로 대하는 것 같아 마음이 편해졌다.

“이번 여행 끝내 놓고 그 친구 누명 씌운 건설업자 찾아내서 억울함 풀어주는 일에 너도 같이 나서 줘. 동창들이 이럴 때 힘을 합치자며 장례식장에서 의논들 했어.”

“알았어.”

“자네들 두 사람도 이쯤에서 지나간 일 다 털어버리고 화해해. 언제 누가 먼저 갈지 모르는 나이에 그렇게들 불편하게 지내서 좋을 게 뭐 있어?”

진철이 잔을 들어 두 사람 잔에 가져다대며 번갈아 얼굴을 들여다보았다.

"알았어. 애들 오기 전에 얼른 마시고 술병 치우자."

강태민이 자기 잔을 장기성의 잔에 부딪치고 술잔을 비웠다. 한일수도 빙그레 웃으며 두 사람을 쳐다보다가 남은 맥주를 홀짝 마시고 잔을 밀쳐냈다. 기성도 잔을 비우고 맥주병을 한구석으로 치웠다. 애들이 돌아오는지 조용하던 골목에 버스 다가오는 소리가 들리고 이어 재잘재잘 떠드는 소리가 2층까지 올라왔다. 지도교수 네 사람도 아래 식당으로 내려가 아이들과 한 방에 들어갔다.

미리 차려진 반찬 상에 찌개와 밥과 따뜻한 음식들이 더 나왔다. 여러 가지의 산채 나물들로 가득한 한정식 상차림에 아이들이 군침을 삼켰다. 지도교수들은 안쪽 다른 상에 한 상이 차려졌다.

"잘 먹겠습니다."

여기저기서 '호박 나물 더요, 무채 나물 더요, 취나물 더요.'하고 반찬 더 달라는 소리가 이어졌다. 한창 먹성 좋을 나이에 손바닥보다 작은 종지에 한 젓가락씩 담겨 있는 반찬들이 감질날 법도 했다. 음식이 제법 정갈하고 맛이 좋은 편이어서 지도교수들도 별로 남긴 반찬 없이 점심을 즐겼다. 옥빈이 큰 양푼에 남은 나물을 다 쏟아 붓고 두 공기의 밥을 비비자 아이들이 한 숟갈씩 맛을 보자며 덤벼들었다.

"옥빈마마 짱!"

"선생님, 한 숟갈만 잡숴 보세요. 들기름까지 넣었더니 정말 맛있어요."

옥빈은 손연구원 앞으로 양푼을 들고 가서 비빔밥을 권했다. 서행정관은 아이들이 그러거나 말거나 본인의 식사에만 열중할 뿐이었다.

일행이 해인사 사찰을 한 바퀴 돈 다음 땀을 식히고 세미나실에 모두 다 모인 것은 오후 4시경이었다. 태민은 반팔 티셔츠에서 반소매 와이셔츠로 갈아입고 세미나실에 들어섰다.

"고단한 눈친데 그렇다고 일정에 있는 강의를 건너 뛸 수는 없는 일 아니겠어?"

한선배가 심신이 지쳐 보이는 태민을 격려하려는 듯 인정 많은 이북사투리 억양으로 그를 다독였다.

"예."

"힘내. 우리도 정태선이나 다를 게 없는 나이야. 조금 먼저 간 것뿐이지."

한선배가 강의실 안으로 그의 등을 밀고 들어섰다.

"친구 문상을 다녀왔더니 마음이 우울하고 기운이 쭉 빠지네요. 힘도 없는데 90분 동안 나 혼자 떠드는 것보다 여러분과 함께 이야기를 주고받는 식으로 강의를 진행하려고 해요. 다들 준비됐어요?"

"예."

"내가 아까 버스 안에서 잠시 이야기했는데 경부고속도로에서는 몇 명이 순직했다고 했지? 한 명이 정답을 맞힐 때마다 10분씩 강의 시간이 줄어들고 오답을 하나씩 낼 때마다 5분씩 강의 시간이 늘어나는 옵션을 걸겠어. 어떻겠어요?"

"와이 낫? 질문을 몇 개 하실 건가요?"

박영이 구김살 없는 밝은 얼굴로 손가락을 튕기며 강태민을 보았다. 외국에서 살다온 아이들이 대체로 표현력이 솔직하고 순수한 이유가 학교에서의 교육 때문인지 사회 분위기 때문인지 태민은 잘 알 수 없었다. 귀엽고 발랄한 박영이 그에게 생기를 주는 것 같았다.

"우리가 달려온 고속도로 중에 오늘만 있고 내일은 없는 것."

강태민이 질문을 던지자마자 아이들이 손을 번쩍 들었다. 앞에서부터 차례로 대답하게 했다.

"그날그날의 식사. 놓치면 오늘의 그 끼니는 다시 찾아 먹을 수 없잖아요."

"그건 내일 식사도 똑같다. 5분 연장."

"시간. 지나간 시간은 돌아오지 않으니까."

"내일 시간도 내일 지나면 돌아오지 않는다. 5분 연장."

"오늘. 오늘은 내일에 없어요."

박영이 대답했다.

"정답. 10분 단축."

"에이, 그건 정확한 질문이 아닙니다. 사람에 생각에 따라 정답일 수도 있고 아닐 수도 있습니다. 난센스 퀴즈도 아니고."

아이들의 항의가 빗발치듯 쏟아졌다.

"알았다. 오분씩 두 번 연장하고 십분 단축했으니 원점으로 돌아온 거다. 우리가 너무나 힘들고 위험한 난공사를 할 때 우리의 선배들이 늘 하던 말을 여러분에게 들려준 것뿐이야. 일하는 오늘 그 순간이 너무 힘들다고 대충해서 넘기면 오늘은 가고 내일이 왔을 때 후회하게 된다는 뜻이지. 우리가 대구까지 타고 온 경부고속도로에는 있고 여기 88올림픽고속도로에는 없는 것은 무엇인지 아는가?"

"그건 수도 없이 많아서 다 일일이 말할 수가 없어요."

"그렇다. 어떤 시각에서 보느냐에 따라 있는 것 없는 것이 달리 보일 수 있을 것이다. 그럼 반대로 여러분이 나에게 물어주기 바란다."

"경부고속도로에는 있고 88올림픽고속도로에는 없는 것."

아이들이 합창으로 태민에게 질문했다.

"위령탑."

"오……"

갑자기 아이들 목소리가 잠잠하게 사그라졌다.

"경부고속도로는 77명의 건설순직자들의 위령탑이 세워져 있지만 88올림픽고속도로에는 단, 한 명의 사망자도 발생하지 않아 위령탑 없는 고속도로로 유명하다. 나는 이 고속도로 건설계획이 확정되면서부터 건설사무소 소장을 발령받아 준공 개통 때까지 현장을 지켰던 사람이다. 영남과 호남을 잇는 고속도로이자 국내에서 고속도로를 아스콘 포장이 아닌 시멘트 콘크리트 포장공법으로 시도하기는 처음이었다."

질문을 주고받는 강의를 하겠다던 강태민은 처음 어느 부분까지만 질문을 던지다가 끝내는 그 당시의 건설소장으로 되돌아간 듯 열띤 강의를 쏟아놓았다.

"철근 없는 무근 시멘트 콘크리트 포장 공법은 시공이 까다롭고 조심스러운 공법임을 실감하게 했지. 왜냐하면 시공 현장에 비가 오거나 대기에 습도가 많거나 건조하거나에 따라 콘크리트 반죽 함수비를 즉시 콘크리트 플랜트에서 조절해야 했어. 또 시멘트 콘크리트 포설 장비의 포설 속도로 함수비를 조정해야만 콘크리트 굳기가 적당해져서 콘크리트 끝 부위가 내려앉지 않게 되는 거였어. 처음이기 때문에 이론으로 납득하지 못했던 것들을 하나하나 현장에서 경험하면서 배우고 깨닫게 되는 것들이 많았지."

그때의 마음고생을 어찌 말로 다 아이들에게 전달할 수 있겠는가. 포장공사 시작 6개월 전 토공과 교량이 순조롭게 진행되는 것을 보고 워싱턴 DC 도로국 알선으로 미국 콘크리트 포장 기술자 미스터 얀슨의 지도 아래 포장을 배우고 돌아왔다. 시멘트 콘크리트 포설기 제작회사 3사와 8개 시공회사 장비 담당자들과 함께 배우고 와서 새로 도입된 장비로 시험 포장을 해 보았지만 잘 되지 않았다. 하는 수없이 다시 미국 포장 전문가를 초청해 시험 포장을 거듭하던 그 초조함은 이루 말할 수 없었다. 두 달 고생 끝에 겨우 시험 포장에 성공하고 터득할 수 있었다. 1983년 4월부터는 본격적으로 시멘트 콘크리트 포장이 순조롭게 진행되었다. 알고 보니 2월 말부터 3월 말까지는 햇볕은 좋았으나 골재와 물의 온도가 아직 낮고 기온 역시 밤에는 더 낮은 탓에 지반이 차가워서 시험 포장이 자꾸 실패했던 것이었다. 기온이 낮아서 실패하는 줄 모르고 기술력이 부족해서 그런 줄만 알고 온도에 대한 대책을 세우지 못한 것을 그때서야 깨달았다.

"이렇게 새로운 기술과 공법이 도입될 때는 어떤 부작용이 일어나는지 아는 사람?"

홍재윤이 자신 있게 손을 들었다.

"그전까지 해 왔던 기존 건설 장비, 건설 자재 공급자들이 방해를 놓는다고 들었습니다."

"바로 그거야."

강태민이 강의 메모 종이를 재윤에게 흔들며 맞장구를 쳤다.

"온갖 수단과 방법을 가리지 않고 새 기술에 대해 비방하고 모함하는 게 현실이야. 시멘트 콘크리트 포장도 마찬가지였어. 그 포장 공법이 성공하면 기존의 아스팔트 콘크리트 포장 공법의 포장은 줄어들게 되겠지. 그걸 우려해서 아스팔트 관련 업계에서는 언론 플레이로 콘크리트 포장을 깎아내리고 흠집내기에 혈안이 되었어. 현장에 와 보지도 않고 포장이 잘못되었느니 머지않아 포장도로가 갈라지느니 자동차에서 느끼는 승차감이 좋지 않다느니 하면서 신문에 오보 기사를 냈던 거야. 당연히 아무것도 모르는 외부 사람들이 우리를 비난하며 염려했지만 우린 대응하지 않았고 시간이 가면 저절로 알게 될 일이라며 묵묵히 견뎌냈어. 하지만 그 마음이 편할 리는 없었겠지?"

아이들에게 사회의 병폐와 부조리에 대해 그는 알려주고 싶었다. 그래야만 앞으로도 그에 대응할 힘을 키울 수 있다고 믿었다.

"끝으로 여러분이 와 있는 여기 합천 해인사가 나에게는 많은 생각을 하게 해주는 장소임을 말하려 한다. 우리가 건너온 성기대교를 여러분은 아무 느낌 없이 그냥 다리려니 하고 무심히 건넜겠지만 나에게는 공사 당시 힘겨운 애물단지였다. 88고속도로 중 최대의 난공사 구간이었거든. 깊은 협곡을 통과하는 길이 450m, 교각 높이 44m의 장대교를 건설하기까지 고심에 고심을 거듭했어. 교각 시공에 동바리와 비계 없이 슬립폼이라는 국내 처음으로 새로운 공법을 도입해서 교각을 세웠던 거야. 10개월 예정이었던 것을 5개월로 단축하고 제반 악조건을 극복하는 성과를 얻었던 교량이야."

슬립폼 공법이란 거푸집을 유압식 잭키로 계속 상승시키면서 콘크리트 작업 중단 없이 타설하여 교각을 세우는 공법인데 밀어넣기로 빔을 가설하는 광경이 장관이었다. 그 이후 고공 협곡 장대교 건설에 그만한 공법이 없다는 칭찬을 듣자 그 한 마디로 그 동안의 고생이 다 사라지는 보람을 느꼈던 태민이었다.

"오늘 강의는 새로운 도전과 도전 앞에 부딪쳐야 하는 이 사회 병폐에 대해 간략히 알려주고 싶었다. 할 말이야 태산같이 많지만 이것으로 끝낸다. 오늘은 그런 합천을 나도 즐길 것이다. 이상."

박수와 함께 강의가 끝났다. 일반 고등학생, 대학생과는 완연히 다른 이 국토순례단 아이들의 수업 태도를 지도교수들은 이미 감지하고 있었다. 아무리 생소한 전문 용어가 나와도 지루해하거나 무관심하지 않고 흥미를 가지는 태도였다. 때로는 그 자리에서 휴대폰을 꺼내어 검색해 보고 예상치 못한 질문을 하는 아이도 있었다.

"세계 최대 사장교는 경간 890m인 일본 타타라교, 세계 최대 현수교도 경간 1,990m로 일본 아카시대교, 일본 교량 건설 기술이 세계 으뜸인가요?"

"으뜸은 아니지만 상당히 앞서 있는 것은 인정해야겠지. 한때 우리는 일본에서 기술을 전수받아야만 했던 시절도 있었지만 이젠 우리도 국제수준에 도달했어."

이른 저녁식사를 끝내고 모두 각자의 방으로 흩어졌다. 지도교수들도 모처럼 룸메이트 없이 편안한 혼자만의 공간으로 돌아갔다. 산사의 밤은 도시보다 빨리 찾아오는 것 같았다. 어둠이 내리자 아이들이 해인사 입구 상가 쪽으로 모습을 드러내기 시작했다. 제일 먼저 김옥빈이 나와서 홍재윤을 불러냈다.

"우린 대학생이니까 막걸리 한 잔 해도 되잖아."

"다른 아이들이 보기라도 하면 미안하잖아."

"걔들도 다 주민등록증 나온 법적으로는 성인인 애들이야. 미성년자들이 아니라고."

옥빈이 막무가내로 약초를 전으로 붙여준다는 해인사 입구 동동주 집으로 이끌었다. 옥빈은 재윤의 반듯한 행동과 듬직한 체구에 마음이 이끌렸다. 잔신경을 쓰며 일행의 눈에 들통 나지 않으려고 노력하면서 재윤을 챙겼다. 그런데도 재윤은 아는지 모르는지 달리 내색을 하지 않았다. '곰탱이.' 옥빈은 그를 혼자 그렇게 부르고 있었다. 한 살이 위라 옥빈은 그를 '재윤 오빠'라고 불렀다. 두 사람은 약초 지짐에 동동주 한 단지를 주문했다.

"장서연은 언제 돌아온다는 말 들은 것 없어?"

"손연구원님께 여쭈어 봤는데 아직 모르겠다고 하시던데. 왜? 장서연이 없으니까 허전한가 보네."

가시 돋친 옥빈의 물음에 재윤은 뜨끔해져 괜한 말을 많이 늘어놓고 있었다. 재윤은 처음부터 장서연의 다소곳함에 보호본능이 일어 자꾸만 눈길이 갔었다. 할아버지가 돌아가셨다는 전화에 기절할 듯이 울면서 손연구원에게 안겨 택시에 오르던 눈물범벅이 된 서연의 얼굴을 잊을 수가 없었다.

"같이 있던 멤버가 없어졌는데 그럼 안 허전해? 너는 네 룸메이트가 그렇게 울면서 갔는데 아무렇지도 않아?"

"할아버지 사랑이 각별했던 것 같은데 얼마나 충격이 크겠어? 서울 떠나던 아침에도 할아버지가 하도 아침 한 숟갈만 뜨고 가라고 해서 거절 못하고 식사했다는 말을 몇 번이나 하던데. 걘 왜 할아버지 할머니랑 같이 살까? 부모님이 돌아가셨나?"

옥빈은 '에라 모르겠다. 술이 잘 들어간다.' 하며 넘실넘실 넘치는 동동주 잔을 들고 덤볐다.

재윤은 어이없이 웃으면서 '너 술 그렇게 잘 마시냐? 누가 이기나 해볼래?'하며 단숨에 잔을 비웠다.

"오호, 깜놀."

"그런 말 좀 쓰지 마. 난 정말 이상하게 줄임말이 귀에 거슬려. 깜짝 놀랐다고 하면 되지 왜 좋은 우리말 두고 '깜놀'이니 그런 말을 쓰는지 이해가 안 돼."

"알았어. 오빠가 싫다면 안 쓰면 되지. 나이는 만 열아홉이지만 구십 먹은 노인 같은 거 알아? 한일수 교수님보다 더 구식이야."

티격태격하며 한 단지를 다 비울 즈음 변정태와 박영이 주변 상가를 산책하다가 그들을 발견하고 안으로 들어왔다.

"오, 대박. 대학생들이라고 술 한 잔 마시는 거야? 여행 중에 음주는 금지라고 했던 것 같은데 ...... 서행정관님께 일러야겠다."

정태가 휴대폰을 꺼내들자 박영이 얼른 그것을 낚아챘다.

"그러지 마. 친구끼리 도와야 해. 막걸리는 술 아니랬어. 나도 막걸리 마셔보고 싶어."

"알았어. 휴대폰 이리 줘. 이런 걸 바로 협상이라고 하는 거야. 안 이를 테니까 나도 한 잔 달라 그러는 거."

"요런 변태. 넌 나한테 언젠가는 한 번 죽는다."

옥빈이 잔을 더 청하여 정태와 박영에게 한 잔씩을 따라 준다. 재윤은 못할 짓을 하다 들킨 사람처럼 무안해져 아무 말이 없었다. 하필 정태 눈에 잡힌 것이 찜찜한 일이었다.

"넌 막걸리 처음 마셔 봐?"

"아니. 미국서 깡통에 든 막걸리 마셔봤는데 맛이 없었어. 우리나라에서는 처음 마셔. 와, 이건 정말 맛있다."

박영이 벌컥벌컥 다 마시고 옥빈 앞으로 빈 잔을 내밀었다.

"또 달라고? 너 술 얼마나 마시는데? 주량이 얼마나 되냐고?"

"그건 모르지. 취하도록 안 마셔 봤으니까. 엄마 아빠 모두 술이 세니까 아마 나도 셀 걸."

"너 벌써 취했냐? 얘 혀가 꼬부라진 것 같지? 벌써 맛이 간 것 같은데."

옥빈의 말에 변정태가 박영의 어깨를 툭툭 쳤다. 정태는 잔만 받아 놓고 막걸리에 입을 대지 않았다.

"넌 안 마셔?"

재윤이 정태의 술잔을 가리켰다.

"난 막걸리 안 마셔. 텁텁한 맛이 싫어."

"어이없어. 그럼 변태 너는 소주라도 마시겠다는 거냐?"

옥빈이 연신 막걸리를 홀짝거리며 정태를 못마땅한 시선으로 흘겨본다.

"못 마실 것도 없지. 막걸리나 소주나 다 술인데 막걸리는 괜찮고 소주는 안 된다는 법이라도 있어?"

정태가 옥빈에게 지지 않겠다는 듯 쏘아붙였다.

"그런데 너 말이야. 노래를 따로 배운 거 아니야?"

박영이 두 사람의 화제를 다른 방향으로 돌리기라도 하려는 듯 혀 꼬부라진 말로 그렇게 물었다.

"따로 배운 건 아니고 유전인가 봐."

"부모님이 노래를 잘 하셔?"

"엄마가 젊었을 때 가수였어. 나이 든 사람들은 다들 기억하던데."

"성함이?"

재윤이 찜찜해하는 자신의 기분을 심기일전하려는 듯 정태에게 관심을 보였다.

"잘 모를걸. 여성 그룹에서 보컬하다가 싱글로 활동하던 윤희라는 가수."

"나 알아. 히트송이 가수 이름보다 더 유명하지?"

"응. 내가 어릴 땐 노래 부르기를 좋아했는데 이젠 안 좋아해."

"보통 솜씨가 아니던데 왜?"

"엄마랑 둘이 살다가 초등학교 졸업하고 아버지랑 살게 됐는데 아버지는 내가 노래 부르는 거 아주 싫어하고 나도 엄마 생각나서 노래 안 불러."

정태의 더 깊은 가정사가 나오려는 그 순간 손연구원이 들어와 그들 좌석에 끼어 앉았다.

"하루 종일 보살펴준 나는 빼놓고 너희들끼리 한 잔 푸는 거야? 인솔자 없이 음주는 금지야."

조금은 당황한 옥빈이 얼른 자기 잔을 비워 손명하에게 내밀었다.

"선생님, 변정태 어머님이 가수 윤희 씨래요. '하얀 연가' 부른 윤희 아시죠?"

"젊어서 한창 활동하다가 그만두신 예쁘장한 분? 내가 유학 떠날 때 CD를 사갔는데 그 속에도 '하얀 연가'가 리메이크로 수록되어 있었어. 그래서 정태가 노래를 그렇게 잘 불렀구나. 지금도 예뻐셔?"

"나도 몰라요. 초등학교 졸업식 때 보고는 못 봤어요."

정태는 굳이 뭘 숨기겠다는 마음 없이 묻는 말에 있는 그대로 대답했다. 부산 광안리에서 조그만 횟집을 하고 있다면서 전화가 걸려왔지만 엄마 번호를 알고부터는 전화도 받지 않는다고 했다. '지금 날 아버지한테 보내면 다신 내 얼굴 못 볼 줄 알아요.'하며 아버지에게 안 가겠다고 버티는 자기를 기어이 떼어 보낸 엄마가 원망스러워 한 번도 그녀를 만나지 않았다는 것이었다. 손연구원은 심각해지는 아이들의 분위기를 깨면서 화제를 돌렸다.

"강현석이랑 이선호는 보이지 않고 남선필이랑 안철영은 저 건너 치킨 집에서 프라이드치킨을 사가지고 숙소로 들어가던데 우리도 맛있는 거 사들고 단체실로 가는 게 어때?"

손연구원이 그들을 달래어 술자리를 끝내려고 마무리 멘트를 날렸다.

"안 그래도 그만 마실 거예요. 전 그냥 들어가 점호 때까지 쉴

래요. 괜히 술 냄새 풍겨서 선생님 입장 곤란하게 만들고 싶지 않으니까요.”

“날 그렇게 생각해 주셔서 석 되씩이나 드셨어?”

손연구원은 지갑을 꺼내 계산하고 아이들과 함께 그곳을 나왔다. 정태는 취기가 돌기 시작한 박영을 끌고 바람을 쐬겠다며 개울 쪽으로 걸어갔다. 손연구원은 약초전과 약간의 간식거리, 그리고 각종 음료를 골고루 사들고 단체실로 향했다. 단체실에는 강태민과 박진철이 바둑을 두고 있다가 들어서는 손연구원을 반겼다.

“오! 어서 와.”

“맛있는 거 사왔습니다. 드시고 하세요.”

“그래? 출출해서 이거 끝나면 나가려던 참이야. 야참 내기거든. 다 끝났어. 자, 승리는 나의 것.”

진철이 손바닥을 탁탁 털었다. 태민은 바둑판을 들여다보며 입맛을 다셨다.

“하여튼 잡기란 잡기는 못하는 게 없어. 일 안하고 맨 바둑만 뒀나? 내가 밤참 산다 사.”

태민은 바둑판을 휙 밀치고 손연구원이 펼쳐 놓는 음식 앞으로 다가 앉았다.

“약초를 넣고 지진 전이 별미예요.”

손연구원이 상 위에 사온 것들을 펼쳐 놓았다.

"전이 있으면 막걸리가 있어야 하잖아. 안주만 먹을 수는 없지."

"안주만 드시게 하지 않는 정도의 센스는 제가 가지고 있지요."

검은 비닐봉지에서 막걸리 병을 꺼내어 손연구원이 아래위 좌우로 마구 흔들었다.

"어이 이 사람, 큰일 낼 사람일세. 그렇게 흔들어 놓고 어쩔 셈인가?"

태민이 손연구원에게서 멀리 떨어져 앉으며 팔을 내저었다.

"잘 흔들어서 따야 한다면서요?"

"아서. 이리 줘. 이 사람 이거 박사라더니 아는 게 뭐야?"

약초 전을 한입 가득 베어 물고 진철이 막걸리 통을 그에게서 빼앗았다.

"누구 막걸리 샤워시킬 일 있나?"

태민과 진철이 그제야 도로 손연구원 곁으로 다가앉으며 웃음을 터뜨렸다.

"한일수 교수님 모셔 올까요?"

"한선배는 막걸리도 밤참도 안 잡숫는 양반이야. 쉬시게 냅둬."

막걸리 통을 한동안 엄지로 꾹꾹 눌러 진정시킨 다음 마개를 따서 종이컵에 따르며 진철이 손명하를 말렸다. 손명하는 캔 커피 하나를 따서 맛있게 마셨다.

"변정태 학생이 왜 그렇게 노래를 잘 부르나 했더니 그것도 유전이더라고요."

"왜 정태 부모가 가수라도 돼?"

진철은 약초 전을 나무젓가락으로 찢으며 무심히 지나가는 말처럼 물었다.

"네. 정태 어머님이 가수시래요."

"그래? 가수 누구?"

"'하얀 연가 부른 윤희 씨요."

진철은 젓가락을 떨어뜨리고 태민은 입으로 가져가던 막걸리 잔을 도로 탁자에 내려놓았다. 두 사람 모두 자신의 귀를 의심한 듯 '누구?'하고 동시에 손명하를 쳐다보았다.

"윤희요."

"변정태가 윤희 아들이라고? 정말이야?"

"본인이 한 말이니까 사실이겠지요? 두 분은 왜 그러세요?"

손명하가 오히려 이상한 눈으로 두 사람에게 반문하자 태민은 얼른 표정을 수습했다.

"아니. 우리 둘 다 윤희 노래를 정말 좋아했었거든. 구십년대 초반에 윤희는 아저씨들의 로망이었어. 워낙 예뻤잖아."

"아, 예. 제 세대는 노래는 알아도 가수 얼굴은 정확히 생각이 안 나고 예뻤다는 건 기억이 나요. 정태 세대 애들은 아예 그분

노래도 잘 모르던데 교수님들은 정확하게 기억하시는군요."

"그런데 정태는 지금 윤희랑 산대?"

진철이 궁금증을 못 참고 손명하에게 물었다.

"아뇨. 자세한 내막은 말을 안 하는데 초등학교 때까지는 엄마랑 살고 지금은 아버지와 살고 있다던데요. 아버지가 노래를 못 부르게 해서 이젠 노래를 부르지 않는다며 엄마를 그리워하는 눈치였어요. 엄마가 부산에 살고 있는데 이번에 만날지 말지 고민 중이래요. 못 만난 지 오래됐다고 하면서."

손명하는 정태에게서 들은 대로 그들에게 설명했다.

"아, 우리 교육생 중에 그런 아이도 있었네. 그래 아버지는 뭘 한다고 하던가?"

태민이 이어 궁금증을 드러냈다. 진철은 말없이 남은 막걸리를 혼자 부어 마셨다.

"그건 모르겠어요."

그때 손명하의 휴대폰 뮤직 벨이 울리고 그는 전화를 받으며 일어섰다.

"아, 서선생님. 전 여기 단체실에 있는데요. 열 시 점호요? 예. 제가 할테니 그냥 쉬십시오. 아직 한 시간이나 남은걸요 뭘."

그는 잠시 자기 방에 다녀오겠다며 단체실을 나갔다.

"넌 윤희에 대해 뭔가를 알고 있지?"

태민이 다짜고짜 진철을 노려보며 그를 향해 손가락을 겨누었다.

"내가 알긴 뭘 알아? 그때 윤희가 우리 셋한테 똑같이 연락을 끊었던 거 자네도 알잖아. 새삼스럽게 20년 전 이야기에 왜 그렇게 흥분을 하는 거야?"

진철은 안경 속에서 번쩍이는 태민의 눈빛에 주눅이 드는 것을 느꼈다. 벌써 20년이 흐른 이야기가 분명한데 그들 기억은 너무도 생생하고 선명했다.

*

세 사람. 한일수와 강태민과 박진철. 그들 모두 정점을 찍고 있던 시절이었다.

한일수는 일급 건설사 사장을 역임한 후 한국해외기술공사 감리단장을 맡아 수주받은 해외건설현장을 편안하게 시찰 다니던 시절이었다.

강태민은 정부 재투자 회사인 한국종합기술개발공사 부사장을 지내며 국가 예산으로 좋은 건설기술을 개발하여 프로젝트에 재투자하는 일을 하고 있었으니 정부 돈으로 연구에 투자를 받고 싶은 사람들은 그에게 줄을 대려고 안달하는 존재였다.

박진철은 철도건설창장직을 퇴임하고 굵직한 정부 공사를 도맡아 하는 중견건설용역업체인 주식회사의 사장으로 부임하여 최고의 주가를 올리던 중이었다.

이 세 사람이 모이면 솔직히 겁날 것이 없었다. 토목과 건설 계통을 아는 세간 사람들은 그들을 가리켜 건설교통부 하나는 들었다 놨다 할 만한 인물들이라고 수군거렸다. 그들 뒤에는 항시 청탁하려는 사람들이 호시탐탐 접대할 기회를 노렸고, 그 세 사람은 그런 사람들을 피해 소문나지 않게 마음 편히 한 잔 마실 집을 찾아다녔다. 그때 비슷한 레벨의 어떤 지인의 소개로 윤희가 운영하는 영업장을 알게 되었다.

잠실에 위치한 크지 않은 2층집이었는데 아래층은 아담한 규모의 일식집이고, 2층은 1층에서 음식을 올려다 먹을 수 있는 노래방이었다. 말이 노래방이지 룸이 워낙 고급스럽고 호수를 바라보는 전경이 좋아 답답한 지하 룸살롱보다 훨씬 만족스러워 하며 드나들었다. 아래층 일식 웨이터들이 드나들며 맛있는 음식을 챙겼고 그들이 손님 접대를 위해 필요로 할 때는 일류 호스티스들을 불러다주기도 했다. 대체로 윤희가 그들 방에 들어와 술도 같이 마시고 노래도 불러주며 함께 어울려 놀았고 때로는 그녀와 친한 가수들이 밥 먹으러 왔다가 그들 좌석에 합석하는 일도 종종 있었다. 어차피 자기 돈 내고 밥 먹고 술 마실 참에 주인이 믿을만하다고 귀띔하는 대단한 고관대작들과 어울리는 것도 나쁘지 않겠다 싶었던 것이었다. 술 마시면서 노래라도 신나게 두세 곡 불러주면 그냥 있을 사람들이 아니었다. 대리기사비하라는 명목으로 몇십만 원씩 봉투에 넣어 성의를 표하는 양반들을 굳이 마다할 이유가 없었다. 세 사람은 윤희에게 가면 밥 먹고 술 마시고 즐거운 사람들과 어울려 노는 일까지 한꺼번에 다 해결할 수 있어서 틈만 나면 그 집으로 갔다. 윤희에게는 VIP 단골고객이었고 그들이 온다는 연락이 오면 윤희의 영업장은 그들이 좋아하는 신선한 횟감을 준비하느라 비상이 걸릴 정도였다. 그 세 사람이 좋아하는 1번 룸은 무조건 그들이 최우선이었다. 그렇다고 윤희가 그들에게 바가지를 씌운다거나 자주 와달라고 강요하는 스타일도 아니었다.

"그렇게 매일 술 드시면 몸이 배겨내겠어요? 건강도 챙겨가면서 드세요. 저도 요즈음 체력이 달리는 것 같아서 저 먹으려고 약 좀 달였어요."

그들을 염려하여 가끔 한약을 넣고 장어를 달이거나 간에 좋다는 약재를 달인 파우치를 한 박스씩 퀵서비스로 회사에 보내왔다. 장삿속이 아닌 인간적인 배려에 그들은 윤희를 자기들 멤버라고 말할 정도로 가깝게 여겼다.

"나이는 스무 살이나 어리지만 윤희는 여동생 같고 누나 같은 가시나, 우린 여전히 철딱서니 없는 머슴애들이야."

윤희는 다음 히트곡을 내지 못한 채 차츰 젊은 가수들에게 밀려 방송에서는 부르는 사람이 없어지고 밤무대에서나 팔리기 시작했다. 저녁에는 본인의 영업장이 있는지라 밤무대에는 엄청 좋은 조건이 아니면 서지 않아서 그나마 유명가수의 품격을 유지해 나갔다. 그녀는 점점 더 가수 활동보다 영업에 전념하고 그에 따라 고객 관리에 많은 신경을 썼다. 그녀 영업장 매상에 절대적인 부분을 차지하는 세 남자에게는 말할 것도 없이 혼신의 힘을 다했다. 세 사람은 점점 윤희에게 매료되어갔다. 나긋나긋하고 새침하여 천생 여자라고 여기다가도 종업원들을 혼내고 인테리어를 리모델링 할 때의 과감하고 억척스러운 모습은 그들을 놀라게 했다.

"미스 윤도 좋은 배필 만나 결혼해야지. 언제까지 돈 버는 재미로 살 건가?"

삼십 대 후반이 된 윤희에게 사람들이 심심하면 한 번씩 던지는 인사에 윤희는 '날 누가 데려 가겠느냐?'며 웃어 넘겼다. 세 남자가 술에 거나해져 그 말을 하면 '강회장님 같은 남자 있으면 중매하세요. 제 이상형은 저런 남자예요.'하며 그녀는 술김에 강태민을 겨냥해 맞장구를 쳤다.

"강회장 같은 남자라면 외모를 말하는 거야? 인품을 말하는 거야? 사회적 지위를 말하는 거야?"

진철은 취한 척하고 그렇게 따져 묻기도 했다. 노래 부르기를 좋아하고 노래 잘하는 사람을 좋아하는 진철로서는 심사가 뒤틀리는 일이었다. 노래 지도를 받는다는 이유로 진철은 일수나 태민 모르게 윤희에게 더 많은 신경을 써주었다. 그녀의 생일, 명절, 인테리어 공사 때에도 물심양면으로 지원을 아끼지 않았다. 그런데도 술기운이 돌면 강태민을 흠모하는 듯한 제스처를 취하는 윤희였다.

"우선 키 크고 잘 생긴 외모도 내 이상형, 말 없고 신중한 성격도 내 이상형, 잘난 척하지 않고 나서지 않는 인품도 내 이상형. 하나에서 열까지 다 내 이상형이에요."

"야, 강회장 자네가 윤희를 거둬야겠다."

밖에서는 서로의 현 직책을 드러내지 않기 위해 회장이라는 호칭을 약속했기 때문에 서로를 그렇게 불렀다.

"쓸데없는 소리 하고 있어. 누구 혼삿길 막을 일 있어? 우린 다 자격 없는 유부남이란 걸 명심해. 자네더러 노래 잘 부르는 마님은 집에 놔두고 밖에 젊은 마님 하나 더 만들라고 하면 그렇게 할 거야?"

"그건 안 될 말이지. 집 사람한테 맞아죽을 소리마라. 우리 집 사람도 윤희 노래에 반해서 팬이 됐거든."

"아니죠. 제가 박회장님 사모님 팬이 된거죠. 사모님이 정말 노래를 잘 부르시더라고요. 제 노래하고는 완전히 차원이 다른 노래예요."

"언제 또 마님까지 우리 아지트에 모시고 왔었어? 우리 집사람 귀에 들어가는 건 시간문제네그려."

"아니야. 우리 아지트라는 말도 셋이 같이 온다는 말도 안 했어. 집이 가까우니까 우연인 것처럼 노래하러 한 번 들렀지.

그렇게 일 년 남짓 세 사람은 윤희와 공동 데이트를 하며 그녀의 집을 드나들었는데 어느 날 갑자기 결혼하게 됐다며 영업장을 다른 사람에게 넘기고 세 사람과 연락을 끊었다.

"결혼식에 우리를 부르지 않는 이유가 뭐야?"

결혼한다고 말했을 때 한일수가 윤희에게 서운하다며 따졌다.

"남자들을 상대로 술장사하던 여자가 시집가면서 자기 고객들 부르는 거 봤어요?"

그것이 끝이었다. 정식으로 작별 인사나 작별 파티를 나눈 것도 아니었고 결혼한다는 말 꺼낸 후 얼마 뒤 영업장에 갔더니 주인이 바뀌었다며 새 얼굴이 그들을 맞았다. 그녀의 휴대폰으로 전화를 걸어보았지만 없는 번호라는 안내 멘트만 흘러나왔다. 세 남자는 뭔가 알 수 없는 미스터리한 그녀와의 결별에 찜찜함을 가슴에 묻은 채 세월을 흘려보냈다.

그렇게 소식 끊긴 지 20년 만에 윤희의 아들이라는 변정태가 나타났으니 두 사람 모두 놀라지 않을 수 없는 일이었다. 그 당시 태민은 윤희의 신변 변화를 진철만은 알고 있을 것이라 짐작했지만 근거 없는 말을 했다가 오랜 우정에 행여 금이라도 갈까봐 그만 묻기로 했다. 이미 인사조차 없이 떠나버린 괘씸한 그깟 술집 여자 하나 때문에 서로 마음 상할 필요가 있겠느냐 싶어서였다. 태민은 겉으로 내색하지는 않았지만 윤희를 대하는 자신의 마음이 각별했음을 본인도 알았다. 가정을 가진 남자로, 아내나 자식에게 죄책감을 가질 짓을 하지는 않았지만 그는 분명 정신적인 간음도 간음이라 생각하는 남자였다. 아무도 모르게, 세상에 감쪽같이 숨길 수만 있다면 윤희를 숨겨진 내 여자로 들여앉히고 싶은 마음도 들었을 정도였다. 둘만의 집을 마련해놓고 머리 아파서 쉬고 싶을 때 한 번씩 그녀의 집에 찾아가는 상상을 해 본적도 한두 번이 아니었다. 저녁상에서 와인 잔을 나누고, 피아노를 치면서 부르는 그녀의 노래를 듣고, 그러다가 가냘픈 그녀를 번쩍 안고 침실로 가는 상상을 하면 남자의 힘이 불끈 솟기도 했다. 진철이 노래 지도를 받는다며 모임을 갖기 한 시간 전에 미리 윤희를 만나 단둘이 룸에서 노래 연습을 하는 것도 그로서는 사실 마음에 걸리는 일이었다. 진철의 노래 창법이나 호흡법이 달라지면서 실력이 부쩍 느는 것도 달갑지 않았다.

"지금 이 나이에 노래 지도받아서 전국노래자랑 나갈 거냐?"

가끔 못마땅한 표현이라도 할라치면 한선배가 그를 꾸짖었다.

"배우는데 나이가 무슨 상관이야? 노래 솜씨가 가수처럼 달라지니까 듣기 좋은데 뭘 그래?"

"윤희씨, 박회장한테 레슨비 두둑이 받아. 저 친구 알부자야."

"걱정마라. 이 나이에 레슨비에 인색할 것 같으면 노랠 안 배우고 말지. 나 그렇게 쪼잔 한 놈 아니다."

큰소리 뻥뻥 치는 걸로 봐서는 정말 두둑한 레슨비를 내고 있는 게 아닐까 하는 의심도 들었다. 그런 소리를 주고받을 때면 윤희는 그렇다는 표정도 아니라는 표정도 아닌 애매한 표정으로 웃음만 지었다. 윤희가 연락을 끊고 사라진 일이 어쩐지 진철과 관계가 있을 것 같다는 터무니없는 예감에 사로잡혀 한동안 진철과 만나는 기회를 의식적으로 피했던 태민이었다. 시간이 흐르고 서서히 윤희에 대한 감정도 퇴색된 채 그들은 다시 예전으로 돌아갔다.

*

본인도 모르게 터져 나온 '넌 뭔가 알고 있었지?'라는 말에 자신도 깜짝 놀라 태민은 그만 입을 다물었다. 그동안 용케도 잘 담고 있던 속내를 그에게 들키고 싶지 않았다.

점호 시간이 되었는지 트레이닝복을 입은 아이들이 하나 둘 단체실로 모여들었다. 자다가 깬 듯 눈도 제대로 뜨지 못하는 아이들이 있는가 하면 한바탕 뛰다 왔는지 땀에 젖어 숨을 헐떡이는 아이도 있었다. 진철과 태민은 눈으로 변정태부터 찾았지만 정태는 보이지 않았다. 손연구원이 못미더웠는지 서행정관이 기어이 나타나서 벽에 걸린 시계를 쳐다보았다. 손명하도, 박진철도, 강태민도, 모두 벽시계를 보았다. 오 분 전이었다. 재윤은 박영에게 다가가 '정태 어디 갔어?'하고 조용히 물었다. '몰라. 나 숙소에 데려다주고 나갔나 봐.' 한다. 막걸리에 취한 박영을 데리고 바람 쐰다고 같이 가던 정태의 모습이 생각나서 그에게 물었던 것이다. 정각 열 시에서 오 분이 지나도 정태는 나타나지 않았다. 점호가 끝나갈 무렵 방문이 열렸다. 일행 모두가 방문으로 시선을 돌렸다. 한일수가 트레이닝 앞섶을 여미지도 않은 채 머리카락을 털며 들어섰다. 팔팔한 정태를 기대했던 자리에 허연 머리로 하얀 내의를 드러낸 채 서 있는 한일수의 모습에 아이들이 킥킥 웃었다.

"오늘 하루도 수고 많았다. 내일은 아침식사 후 바로 출발할 예정이니까 잠을 푹 자두도록. 점호 끝."

교육생들은 뒤도 돌아보지 않고 삽시에 단체실을 나갔다. 단체실을 나오자 재윤은 박영을 붙잡고 다시 물었다.

"정태 어디 있는지 정말 몰라? 아까 너하고 둘이 개울 쪽으로 갔잖아. 그런데 넌 점호 시간에 왜 헐레벌떡 뛰어 왔어? 방에서 온 거 아니지?"

박영의 머리칼은 젖어 있었고 그가 숙소에서 온 것이 아님에 의심을 품고 재윤은 그를 다그쳤다.

"사실은 정태가 계속 술을 마시고 있어. 아무리 말려도 말을 안 들어. 개울에 들어가 앉은 걸 겨우 끌어 내놓고 점호에 간 거야."

박영이 울상을 지었다.

"가보자. 여기서 멀어?"

"상가에서 떨어져 있는데 멀진 않아."

박영의 뒤를 따라 재윤이 개울로 갔을 때 구멍가게 아저씨는 정태에게 그만 가라고 하고 정태는 소주 한 병만 더 달라며 실랑이를 벌이고 있는 참이었다. 돌층계 아래 개울 평상에 앉아 일어설 생각을 하지 않았다. 겉으로 보아 정태는 그리 취한 모습은 아니었다. 재윤은 구멍가게에 술값을 계산하며 정태가 술을 얼마나 마셨느냐고 물었다. 라면 두 그릇에 소주 세 병을 시켰는데 소주는 정태 혼자 다 마셨다고 했다.

"변정태. 너 여기서 뭐하냐?"

박영에게 아무 말도 못들은 것처럼 시치미를 떼고 재윤이 길 위에서 아래를 내려다보고 말을 걸자 정태는 창백해진 얼굴로 올려다보고 비웃는 듯 씩 웃었다. 그 웃음이 묘하게 심사가 뒤틀려 보였고 재윤을 무시하는 것처럼 보였다. 재윤이 돌층계를 내려가 평상에 있는 정태를 일으켜 세웠다. 구멍가게 아저씨는 그들에게 정태를 맡기고 가게로 돌아갔다.

"점호 받으러 가야지. 어서 일어나. 다들 기다리신다."

"이거 놔. 너 정말 재수 없어. 카이스트에서 환경공학 한다고 잘난 척하는 거 정말 밥맛 없다고."

정태는 재윤의 눈을 똑바로 쳐다보면서 또박또박 그렇게 말했다. 그의 눈빛은 전혀 술 마신 사람 같지 않아 오히려 그것이 섬뜩했다.

"갑자기 왜 그런 말을 해? 여태 그런 말 한 번도 안 했었잖아?"

"너한테 꿀리기 싫으니까 참았지. 넌 귀공자처럼 책상에 앉아서 토목공학을 배우지만 나는 깡소주 마시면서 십장들한테 배운다. 왜?"

무슨 소린지는 모르지만 재윤은 아마도 정태가 건설현장에서 아르바이트 막노동을 했었나보다 짐작하고 그의 말을 주정으로 받아넘겼다.

"어쨌든 다 좋아. 점호는 받아야 할 거 아냐. 네 말대로 요주의 인물 안 되려면."

"잔다고 해. 너무 피곤해서 깊이 잠들었다고 하라니까. 박영이 너 이 새끼, 내가 시킨 대로 안 한 거지? 배신자. 재수 없는 홍재윤은 왜 데리고 왔냐고?"

정태는 옆에 서 있는 박영에게 분풀이를 해댔다. 박영은 어쩔 줄 몰라 '나 때문에 미안해.'라고 중얼거렸다. 정태 입에서 독한 술 냄새가 풍겼다. 재윤이 팔짱을 껴서 부축하려 하자 정태는 그 팔을 뿌리치고 혼자 돌층계로 향했다. 걸음은 좀 불안해 보였지만 실수 없이 좁은 층계를 걸어 올라갔다. 박영 말에 의하면 자기를 술 깨게 하려고 개울로 나왔다가 개울가 평상을 발견하고 그곳으로 내려갔다는 것이었다. 물에 발을 담그고 앉았을 때 구멍가게 아저씨가 뭘 먹을 거냐고 주문 받으러 왔고 두 사람은 썰렁한 냉기에 뜨거운 얼큰 라면을 시켰다. 뜨끈한 라면에 김치가 오자 정태는 자연스럽게 소주 한 병을 주문했고 혼자 부어 혼자 마시기 시작했다. 아무것도 모르는 박영의 눈에도 정태의 행동이 처음 해보는 어색한 행동으로는 보이지 않았다. 너무나 능숙한 아저씨들처럼 편안해 보이는 모습이었다.

"이번에 부산가면 엄마를 만날지 말지 아직 결정을 못 내렸어."

"무조건 엄만 만나야지. 널 낳아주신 분이잖아. 그것 때문에 술을 마시는 거야?"

박영은 띵하던 막걸리의 취기가 겨우 사라진 뒤끝에 정태의 소주 마시는 모습을 보자 그가 대단해 보였다. 막걸리 두 잔에도 정신이 몽롱해지던 자신에 비해 말없이 혼자 소주 세 병을 다 마시는 정태가 진짜 남자다워 보였다. 막걸리는 맛이라도 있지만 소주는 쓰디쓴 맛뿐인데 어떻게 그렇게 맛있게 마시는지 이해가 되지 않았다. 그와는 아무래도 친구가 될 수 없을 것 같았다. 박영의 설명을 듣고 재윤은 정태를 다시 설득하기 시작했다.

"정태야, 너 단체 행동에 폐를 끼치지 않겠다고 네 입으로 말했지?"

"그랬지. 그것도 공식석상에서. 그런데 뭐? 너만 입 닫고 있으면 돼."

"알았으니까 지금부터 박영이랑 네 방에 들어가서 자. 박영이 잠든 너를 못 깨운 걸로 하자. 됐지?"

"재수대가리 없는 새끼. 끝까지 잘난 척이야."

정태는 그에게서 돌아서며 중얼중얼 욕설을 퍼부었다. 그때 손 연구원이 맞은편에서 플래시를 비추며 그들을 향해 걸어왔다. 박영이 '손선생님이야.'하고 소리죽여 말했다. 피할 수도 없는 외통길에서 마주쳐 버렸다. 재윤도 박영도 난감한 얼굴이 되었다. 정태는 오히려 덤덤한 얼굴로 꾸벅 그에게 인사를 하며 먼저 사과부터 했다.

"손선생님, 죄송합니다."

"누구야? 변정태?"

"예. 정탭니다."

재윤이 다급하게 두 사람 사이에 끼어들며 정태의 팔을 뒤로 잡아끌었다.

“정태가 개울 평상에서 잠이 들어버려서 이제 깨워오는 길입니다.”

박영은 그들보다 빨리 앞장서서 숙소로 걸어갔다. 당황한 표정을 감출 수가 없어서 그 자리에 서 있을 수가 없었다. 정태가 다시 앞으로 나서려 하자 재윤이 그의 팔을 꽉 붙잡았다.

“숙소가 좀 답답하기야 하지. 공기 좋은데서 한잠 잘 잔 모양이구나. 가자.”

코앞에 서 있는 정태의 입에서 풍기는 독한 술내를 못 맡았을 리 없는 손연구원이 아무렇지도 않게 그들과 이야기를 나누며 숙소로 돌아왔다. 서행정관은 2층에서 걸어오는 그들을 지켜보다가 자기 방으로 돌아갔다.

태민은 변정태를 불러 자세한 윤희 소식을 듣겠다하고 진철과 전후 사정을 알게 된 한선배는 밤이 늦었으니 내일 기회를 보자며 실랑이를 벌이다가 각자의 방으로 흩어졌다. 실컷 초저녁잠을 자고 일어난 일수는 무슨 이런 우연이 다 있나 싶어 잠을 이룰 수가 없었다. 태민 역시 정태선의 손녀 장서연과 윤희의 아들 변정태의 존재를 알고 나니 이번 여행이 피해갈 수 없는 업보 여행인 것만 같은 묘한 심정이었다. 진철은 그 두 사람보다 더 착잡한 심경이었다.

윤희, 그녀는 박진철의 트라우마였다. 그는 강태민의 말대로 많은 것을 알고 있었다.

❇

그날도 노래 지도를 받기 위해 저녁 모임 시간보다 한 시간 먼저 윤희의 2층 노래방에 도착했다. 늘 그들이 이용하는 룸에 문을 열고 들어섰을 때 놀랍게도 윤희가 간단한 안주를 놓고 낮술을 마시는 중이었다. 그를 쳐다보고도 눈인사만 건넸을 뿐 아무 말도 하지 않고 마시던 술을 마셨다.

"아이고, 우리 윤희씨가 해도 지기 전에 이게 무슨 일이신가? 꽤 마신 모양인데 도대체 몇 시부터 마신 거야? 나도 한 잔 주슈. 노래 연습은 틀린 것 같고 술은 주거니 받거니 하는 맛에 마시는 건데 윤희씨 술동무나 해줘야겠네."

진철이 히죽거리며 술잔을 들자 윤희가 말없이 술을 따랐다.

"왜 무슨 고민 있어?"

진철은 술 한 잔을 마시고나서 진지한 표정으로 윤희를 돌아보았다. 윤희가 술을 마시며 눈물을 흘리고 있었다. 진철은 술잔을 내려놓고 앞만 보고 있는 윤희를 자기 쪽으로 돌려 앉혔다.

"무슨 일이야? 말을 해 봐."

윤희가 와락 진철의 가슴에 얼굴을 묻고 참았던 울음을 터뜨렸다. 진철은 그녀의 등을 토닥거리며 자신의 가슴이 그렇게 뛰는 것을 처음 느껴보았다. 오십대 후반에 접어든 그에게도 아직 남자로서의 욕구가 그리 강하게 살아 있는지 스스로도 놀라웠다. 그는 자신을 억제하느라 진땀을 흘렸다. 그녀의 머리카락에서 풍기는 향기로운 샴푸 냄새와 코끝에 와 닿는 하얗고 가느다란 목덜미의 살내 음에 그는 정신마저 혼미해져 갔다. '욕정이란 게 이런 거로구나. 이러지 마. 이러지 마.' 속으로 뇌이며 그는 떨리는 손으로 윤희를 가슴에서 떼어 놓았다.

"친오빠처럼 대해 왔잖아. 무슨 일인지 말을 해야 방법을 찾을 것 아닌가."

윤희를 밀어내고 자신을 진정시키기 위해 얼음을 듬뿍 넣은 위스키 한 잔을 입에 털어 부었다. 윤희가 마음을 진정하고 사정 이야기를 털어놓았다. 자기 집이 경매에 넘어갈 지경에 처했다는 것이었다.

"이렇게 장사가 잘되는데 왜?"

그녀의 속사정을 들으니 이해가 갔다. 일이층 가게를 인수할 때 워낙 센 권리금을 주고 들어왔고 장사를 처음 시작할 때부터 돈 한 푼 없이 무리하게 돈을 빌려 시작했다는 것. 그동안 빚 갚아 나가느라 저축 없이 열심히 살았는데 임대 보증금과 월세를 올려

달라 해서 있는 대출에 또다시 담보로 대출을 받았다. 살림집은 단독 주택인 아래층을 세주고 이층에는 본인과 어머니가 살고 있는데 말도 안 될 정도로 집값이 반값으로 떨어졌다. 아래층 세사는 사람도 전세를 내려달라 하고 은행에서도 대출금 일부를 상환하라며 계속 독촉이었다. 사정하면서 시간을 끌었지만 더는 미룰 수가 없게 되었다. 하는 수 없이 사채를 빌려 대출금을 조금 갚았는데 이자가 제때 들어가지 않자 사채 장사는 집에 가압류를 붙였다. 세입자도 은행도 그 사실을 알고 그녀에게 상환금을 요구했다. 이래저래 몰릴 대로 몰려 경매에까지 이른 상황이었다.

"그랬군. 그동안 마음고생이 심했겠네. 우린 그런 줄도 모르고 조금 있으면 윤희가 이 건물 주인이 될 거라고 김칫국부터 마셨지."

아래층에 한일수가 도착했다는 인터폰이 왔다. 연락이 오자 진철은 아래층으로 내려가기 위해 급히 일어섰다.

"아무 소리 말고 기분 좋게 장사해. 나 먼저 내려갈테니 다른 걱정말고. 내일 전화할게. 알았지?"

윤희는 그가 해결 방법을 찾아주겠다는 언질에 고개를 끄덕였다. 진철은 아래층으로 내려가고 태민도 이어서 도착했다. 다음날 진철은 회의가 늦게 끝나 전화가 늦었다며 열한 시경에 전화를 걸어왔다.

"계좌번호 불러 봐. 나한테 여윳돈 좀 있는 거 넣어줄테니 우선 그걸로 급한 불 끄고 나머지 이야기는 나중에 하지."

"박회장님, 그래도 이건 예의가 아닌 것 같아요. 제가 그리로 갈테니 만나서 이야기해요."

"나 곧바로 며칠 지방 다녀올 거니까 우선 그쪽 일부터 처리해. 지금 보낼 테니까 빨리 계좌번호 불러."

윤희는 고맙다는 말도 제대로 할 틈 없이 그의 독촉에 계좌번호를 불러주었다. 잠시 후 그녀의 통장으로 5천만 원이 입금된 것을 확인했다. 윤희는 그 돈으로 사채업자를 만나 해결을 보고 은행을 수습했다. 사흘 뒤 진철은 자기가 주최하는 행사 때문에 부산에 와 있는데 초대가수로 참석하여 노래를 몇 곡 불러줄 수 있느냐고 전화를 걸어왔다. 윤희는 큰 신세도 진 입장에 기꺼이 그러겠다고 했다. 박진철의 비서실에서는 KTX 특실을 예약해 놓았다며 출발 시간과 좌석 번호를 알려왔다. 철도 관계자들이라 그들은 비행기보다는 열차를 이용하는 편이라고 덧붙였다. 도착하면 부산역에 행사장으로 모시고 갈 자동차가 기다린다고 했다. 윤희가 자기 영업장이 아닌 공식적인 자리에서는 진철을 처음으로 만나는 자리였다. 부산 해운대 웨스턴 조선비치호텔에서 갖는 철도학회 행사였다. 그는 전 철도학회 회장이자 현 명예회장으로 행사를 주관하는 입장이었다. 세 시부터 시작한 행사가 끝나고 만찬이 이어졌다. 해운대 바다가 훤히 내다보이는 대연회장 단상에서 축사를 하는 진철의 모습이 늠름해 보였다. 공식행사가 끝나고 철도계의 거물급 인사들이 그에게 다가와 담소를 나누고 윤희는 그의 소개로 많은 명사들과 통성명을 주고받았다. 뒤풀이 장소로 옮기기 전 여직원이 다가와 그녀가 묵을 객실 카드키를 넘겨주었다. 프런트에 가서 키를 받는 번거로움을 줄여주는 배려였다. 진철의 권유로 뒤풀이에도 참석했다. 그들이 묵을 호텔로 돌아왔을 때는 모두 다 기분 좋게 취해 있었다. 객실 엘리베이터까지 안내한 직원들도 인사를 하고 돌아갔다. 한 차에서 내린 일행 서너 명의 객실이 같은 층에 있음을 윤희는 그때 알았다.

"내 방에 가서 한 잔 더하자고. 애인이 기다리는 것도 아닌데 객지에 나와서 일찌감치 이불 뒤집어쓰고 잘 일도 아니잖아."

윤희를 제외한 남자들은 진철의 객실로 뒤따랐다. 윤희는 잠깐 방에 들러 편한 차림으로 가겠다고 양해를 구한 뒤 그녀가 묵을 객실로 갔다. 온몸을 옥죄는 보정 속옷도 벗고 스타킹도 벗고 하이힐도 벗어던진 채 편한 차림이 되고 싶었다. 객실에 들어서자마자 걸쳤던 것들을 훌훌 벗어던지고 욕실로 달려가 샤워기로 물부터 끼얹었다. 클렌징 폼으로 말끔히 화장도 지우고 끈적거리던 땀도 씻어냈다. 개운한 게 살 것 같았다. 묶어 올렸던 머리도 풀어 빗질까지 하고 나니 긴장이 풀어진 탓인지 취기가 한꺼번에 몰려왔다. 그대로 잠이 쏟아지고 침대에 드러누우려는 순간에 객실 전화벨이 울렸다.

"윤희씨, 옷 갈아입고 온다더니 어찌 된 일이요? 다들 기다리다 목 빠지겠다고 난린데?"

진철의 목소리 뒤로 떠들썩한 남자들의 웃음소리가 들려왔다. 회장인 진철의 체면을 봐서라도 잠깐 다녀와야 할 것 같았다. 반소매 분홍 트레이닝복으로 갈아입고 그의 객실로 들어섰다. 스위트룸 응접실에 벌인 술자리도 파장 분위기였다. 과일 안주와 마른 안주들이 마구 흩어져 볼 상 사나웠다. 그녀와 잠시 앉았던 사람들이 하나씩 둘씩 슬그머니 객실을 빠져 나가 그녀와 진철만이 남겨졌다. 그들도 차마 박회장을 혼자 두고 가지 못해 일어설 타이밍만 노리고 있었던 모양이었다. 진철은 1인용 소파에 깊숙이 앉아 고개를 옆으로 떨어뜨린 채 잠들어 있었다. 그냥 내버려두면 밤새 그렇게 잠들 것 같았다. 윤희는 그를 흔들어 깨웠다.

"박회장님, 일어나세요. 양복 벗으시고 침대에 가셔서 편히 주무세요."

윤희는 그를 일으켜 앉히려 애썼다. 진철이 그녀에게 이끌려 몸을 일으키며 눈을 떴다. "어? 이게 누구야? 윤희 아닌가?"

그를 안아 일으키던 윤희를 진철이 그대로 얼싸안아 버렸다. 윤희는 소파에 앉아 있는 그의 무릎 위에 안긴 꼴이 되었다. 취중에도 이건 아닌데 싶어 그를 필사적으로 밀어냈다.

"회장님, 이러지 마세요. 많이 취하셨어요. 우리 이런 사이 아니잖아요."

윤희는 그의 가슴을 밀어내며 쉴 새 없이 그의 정신을 깨웠다. 그녀가 알고 있는 박진철은 그런 무례한 인간이 아니었다. 그는 지금 취해서 이성을 잃었을 뿐이었다.

"내가 얼마나 널 안고 싶었는지 아니? 미친놈이래도 좋아. 내 여자가 돼주면 뒷바라지는 다 해줄게."

그는 점점 더 그녀를 힘주어 안았다. 육십을 바라보는 노장이라고는 믿기지 않을 만큼 팔 근육이 단단하고 힘이 세다는 사실에 윤희는 새삼 놀랐다. 아주 잠깐 그에게 자신을 맡기고 고날픈 삶을 쉬어갈까 하는 생각도 스치고 지나갔다. 능력 있는 남자임에 틀림없었다. 유부남이라는 것, 그리고 나이가 많다는 것을 빼면 그녀가 의지하기에는 흠잡을 데 없는 사람이었다. 그녀가 좋아하는 감정을 가진 사람은 강태민이지만 그는 이성적이고 냉정해서 윤희의 아픔들을 감싸 안아줄 위인이 아니었다.

"회장님, 잠깐만이요. 이거 놓고 우리 이야기 좀 해요. 정말 회장님이 저를 원하시는지 바로 앉아서 말씀하세요."

그녀의 힘으로 무조건 그를 밀쳐내기에는 역부족임을 알았다. 윤희가 힘을 빼고 그에게 안긴 채 대화를 계속했다. 그가 스르르 팔 힘을 풀었다. 윤희는 그에게서 놓여나 바로 옆 긴 소파로 옮겨 앉았다.

"회장님이 며칠 전 저에게 돈을 해주셨다고 지금 그 값을 치르라면 치르겠어요. 어차피 그 돈을 빠른 시일 안에 갚을 수도 없으니 몸으로 때우라면 그렇게 하지요."

그녀가 흐트러진 머리와 옷매무새를 가다듬으며 그의 눈을 똑바로 쳐다보았다.

"어차피 세상 물정 모르는 숫처녀도 아니고 그동안 그렇게 큰 사랑을 주신 분이니 얼마든지 하룻밤 같이 보낼 수 있어요. 그렇지만 친오빠처럼 아껴주던 사이를 이렇게 끝내고 싶지는 않아요."

윤희가 결국 울음을 터뜨리며 눈물을 흘렸다. 진철은 등을 파묻고 앉았던 소파에서 비틀거리며 일어서서 창가로 걸어가 창을 향해 선 채 말했다.

"미안해. 내가 취했어. 취한 건 사실이지만 술 힘을 빌려서 용기를 낸 것뿐이지 마음에도 없는 주정을 한 건 아니야. 윤희가 그렇게 생각했다면 정말 미안해. 돈 해준 거 하고 오늘 내 행동하고는 아무 상관없어. 진심으로 사과할테니 오해 풀고 울지 마."

그가 윤희를 향해 돌아서며 두 손으로 얼굴을 몇 번이고 쓸어올렸다. 자신에게 화가 나고 창피하고 이 상황이 쑥스러워서 견딜 수가 없었다. 윤희에게도 그의 진심이 전해져 왔지만 '이해한다.' 고도 '사과를 받아들이겠다.'고도 말하고 싶지 않았다.

"주무세요."

윤희는 그 말을 남기고 진철의 방을 나왔다. 진철의 객실 앞에서 여행 가방을 들고 온 젊은 남자와 마주쳤다. 남자가 그녀에게 언뜻 고개를 숙여 인사를 한 듯도 했다.

다음날 어렴풋이 잠이 깬 그녀의 객실에 메모가 전달되었다.

'8시에 호텔 라운지에서 부산지역 건설사가 준비한 조찬이 있소. 나의 진심어린 사과를 받아줄 마음이 있다면 조찬 자리에 참석해 주시기 바라오. 아침 한 끼 먹여 보내고 싶소.

-박진철-'

윤희는 진철이 적어 보낸 메모를 읽고 잠자리에서 일어났다. 잔정 많은 그의 따뜻함이 그녀의 잠을 깨웠다. 조찬 자리에 나타난 윤희를 박진철은 정중하게 맞았고 건설사 경영진에게 그녀를 가족 같은 지인이라고 소개했다. 식사 후 이미 인사를 나눈 건설회사 전무에게 윤희를 부산역까지 모셔달라고 부탁했다. 윤희는 전무라는 중책을 맡기에는 그가 너무 젊다는 생각을 잠시 했다. 그의 명함에는 '건설회사 전무 변성수'라고 적혀 있었다.

8

수학공식과 다른 나만의 공식

국토순례단 일행은 버스에 올랐다.

합천에서 대구까지 되돌아가 동대구역에서 KTX를 이용해 부산으로 가는 일정이었다. 버스는 빈 채로 출발하여 부산에 당도하고 순례단은 30분 후에 출발하는 KTX를 타고 부산으로 향한다. 빈 버스거나 기차 탄 일행이거나 누가 먼저 도착하든 부산역에서 기다렸다가 버스와 만나는 스케줄이었다.

동대구역에 도착했을 때 그곳에는 장서연이 일행을 기다리고 있었다. 생각지도 않았던 서연의 출현에 일행은 모두 놀라 그녀를 반겼다. 그중에서도 강태민은 반가움을 숨기지 못하고 서연에게 다가가 어깨를 한 번 두드려주었다. 며칠 사이에 통통하던 얼굴에 살이 빠져 더 어린 계집애처럼 작아 보였다. 서연이 포기하지 않고 여행을 계속하기로 마음을 돌려준 것이 태민은 그저 대견하기만 했다.

"서행정관 어찌 된 일이야?"

태민의 질문에 모두들 서행정관과 손연구원을 바라보았다.

"삼우제 끝났는데 여행단에 합류해도 되느냐고 서연이한테서 연락이 왔었어요. 장기성 단장님께 여쭈어 봤더니 동대구역에서 합류시키라 하셔서요."

"잘 했네. 잘한 결정이야."

한선배가 흡족한 얼굴로 고개를 끄덕이며 장기성에게 칭찬을 보냈다. 일행의 좌석과 뚝 떨어져 앉아 조용히 한 쪽에 박혀 있던 정태가 환영의 손뼉을 치자 남학생들은 모두 그를 따라 손뼉을 쳤다. 옥빈은 한 팔로 서연을 얼싸안아 일행의 무리 속으로 끌고 갔다.

"며칠간 함께 먹고 자며 합숙을 한 덕인지 이제 제법 서로에게 익숙해져 가는 모습이 역력하지?"

강태민이 손명하에게 넌지시 물으며 아이들을 눈으로 훑었다. 서서히 끼리끼리 모인다는 말처럼 세 개의 파로 분류되어가는 것이 손명하의 눈에는 보였다. 홍재윤 파, 변정태 파, 무관심 파였다. 홍재윤과 김옥빈, 남선필이 한 라인. 변정태와 박영, 장서연이 한 라인, 강현석과 안철영, 이선호가 무관심 파였다. 안철영과 이선호 둘은 티 안내고 제법 친하게 지내는 눈친데 다른 사람들에 대해서는 무관심했다. 그나마 겉도는 강현석에게 간식도 가져다 주고 없어지면 챙기는 것은 안철영과 이선호였다. 홍재윤과 변정태 사이에는 겉으로는 내색을 않지만 서로 라이벌 의식을 가지고 있는 듯 되도록 부딪치지 않으려는 껄끄러움이 느껴졌다. 손명하는 서행정관에게도 지도교수들에게도 교육생들의 그런 관계를 말하지 않았다. 평가도 관찰도 그들 스스로 해야 후회가 없을 것이고 자신의 섣부른 판단이 아이들 평가 점수에 영향이 미치는 것을 원치 않기 때문이었다.

며칠간 버스에 흔들리며 시달려 온 아이들은 고급스런 고속열차에 너무도 만족했다. KTX를 처음 타본다는 사람이 일행 중 반 이상을 차지했다. 손명하도 경부 KTX를 처음 타본다고 고백했다. 두 명씩 탁자를 가운데 두고 마주앉는 가족석을 두 자리 차지하고 여덟 명의 아이들은 신이 났다. 워낙 열차 내에 감도는 무거운 분위기에 주눅이 든 탓인지 이마를 맞대고 소곤거릴 뿐 마음 놓고 떠들지도 못했다. 늘 물에 기름처럼 겉도는 강현석만이 혼자 떨어져 앉아 휴대폰 화면에 열중해 있었다.

"잰 아무래도 자진해서 중도 포기할 것 같은 예감이 들어. 사람이 싫은 아이 같아."

손명하를 쿡 찌르며 진철은 강현석을 가리켰다.

"그래도 자기 할 일은 칼같이 끝내는 꼼꼼한 성격이에요. 친구들이 흘리는 소지품이나 준비물은 언제나 현석이가 다 챙기기도 하고요. 사람에게는 관심이 없어도 공학에는 관심이 많은 게 신기해요. 사람들과 어울리는 게 쑥스러운 건지 ...... 겉으로 전혀 감정 표현을 하지 않아서 속을 읽을 수가 없어요. 하루 종일 말도 몇 마디 안 해요."

"사람 성질도 천태만상이니 알 수가 있나. 부산서는 며칠 묵는 거야?"

"하루요."

"벌써 닷새짼가? 일주일간의 여행도 다 끝나가네."

"교육생들 파악은 좀 되셨어요?"

손명하와 박진철은 나란히 앉아 많은 대화를 나누었다. 서행정관과 장기성도 쉴 새 없이 이야기를 나누는 모습이었다. 한일수와 강태민은 각자 무슨 생각에 몰두해 있는지 말없이 빠르게 지나가는 차창 밖 풍경만 내다보았다. 손연구원이 들고 온 쇼핑백을 부스럭거리더니 삶은 달걀과 캔 사이다를 아이들의 탁자에 가져다 놓았다.

"여기서 먹어도 돼요?"

박영이 손연구원에게 물었다. 손명하도 주위를 둘러보며 음식을 도로 주워 담을 기세로 주춤거렸다.

"나도 처음 타보는 거라 잘 몰라. 영화에서 보니까 기차 여행에서는 이런 거 다들 먹던데? 박교수님, 고속열차에서는 이런 거 먹으면 안 되나요?"

지도교수들이 순진한 손명하의 질문에 빙그레 웃음을 참았다. 미국서 공부만 죽도록 했다더니 정말 우리나라에 대해서는 아는 게 없는 청년이었다. 때 묻지 않은 그가 노인들에게는 아름다워 보였다.

"먹어도 돼. 다른 사람한테 폐만 되지 않으면 괜찮아."

그제야 아이들은 삶은 달걀 하나씩을 주워들었다. 옥빈이 재윤의 이마에 달걀을 탁하고 쥐어박았다. 재윤의 '아,'하는 소리와 함께 달걀 껍데기가 부서졌다. 아이들이 주변 시선을 의식하여 가짜 박수를 치며 소리죽여 웃었다. 옆 좌석에 앉은 손연구원은 달걀로 자기의 이마를 때렸다. 그 모습을 보는 사람들의 입가에 저절로 미소가 지어졌다.

열차는 신경주역에 정차한다는 안내방송을 하고 몇몇 사람들이 내릴 채비를 서둘렀다.

"교수님, 이 노선이 잘못됐다는 것 아시죠? 대구에서 부산까지 직선으로 갈 수 있는데 굳이 경주, 울산, 포항을 거쳐 부산에 가도록 설계하신 이유가 뭔가요? 경부고속열차를 이용하는 승객의 80%가 부산행인데 빙빙 돌아가는 이유가 뭐죠?"

손연구원은 휴대폰을 꺼내어 경부고속열차의 노선을 진철 앞에

들이밀었다.

"그거 필요 없어. 안 봐도 알아. 그럴 수밖에 없는 이유가 있었어. 경부고속철도의 필요성이라는 내 논문에는 대구에서 창원역을 거쳐 창원시 남쪽 끝에서 낙동강을 건너 부산시 남쪽 끝 지역을 연결하여 부산역에 도착하는 안을 제시했었어."

"그게 지름길이죠."

"경부고속도로가 왜 울산을 경유해서 가도록 만들어졌는지 아나?"

"모릅니다. 그것도 이상해요."

"고속도로나 철도나 똑같은 이유로 그렇게 됐으니까. 경부고속도로 건설 당시 막강한 모 정보부장이 자기 고향인 울산을 경유해야 된다고 한마디 하자 노선은 그렇게 결정됐지. 그런데 고속열차 철도를 건설할 당시에는 철도청장 고향이 울산이었어. '고속도로와 나란히 가면 되는데 왜 다른 주장을 펼치느냐'는 말 한마디에 그냥 그렇게 노선이 정해진 거지."

손명하는 철도 노선을 들여다보며 60.1km를 돌아가는 이런 비경제적인 노선이 어디 있느냐고 분개했다.

"어느 노선 결정에나 당시 권력자의 입김이 작용하게 마련인데 그것을 누가 막아야겠나? 기술전문가의 수학적인 공식만으로 설득하기에는 역부족이야. 국민의 혈세가 나가는 일이니 국민이 막아야 하는데 국민 의식 수준이 아직 거기까지 도달하지 못한 건지 알면서도 권력층과 맞서기가 두려워서 모른 척하는 건지 나도 모르겠어. 그런 어리석은 일을 번복하지 않도록 하는 것은 이제 자네들 몫일세."

동대구를 떠난 지 1시간 5분 만에 부산역에 도착한다는 안내방송이 흘러나왔다. 아이들은 너무 짧은 시간을 아쉬워했다.

"대신 넓은 바다가 기다리고 있잖아. 바다가 싫다면 도로 태워서 서울로 보내줄 테니까 말만 해. 여기 철도계의 원로가 계셔서 열차 예약 걱정은 안 해도 되거든."

손연구원이 철부지 아이들처럼 그들의 대장이 되어 일행을 역사 밖으로 몰고 나갔다. 아이들이 손명하를 형처럼 따르는 모습이 보기 좋았다. 에스컬레이터를 타고 역 광장으로 내려가는 중에 버스를 운전하던 직원이 먼저 도착해 손을 흔들고 서있는 모습이 보였다. 무거운 배낭은 모두 버스에 실려 있었으므로 일행은 가벼운 차림으로 역 광장에 나섰다. 정태는 되도록 손연구원과 멀찍이 떨어져 움직였다. 손명하도 정태에게 의식적으로 눈길을 주지 않았다. 어제 술에 취한 모습을 보인 것이 미안하고 겸연쩍어 그러는 것 같았다. 진철은 조용히 정태를 불러 그의 어머니에 대해 묻고 싶었지만 그럴 기회가 주어지지 않았다. 태민과 일수의 눈이 자기를 계속 주시하고 있다는 착각까지 일어날 정도로 예민해져 있는 자신을 발견했다. 그만큼 그들이 신경 쓰였다. 두 사람은 윤희가 왜 부산에 와서 살고 있는지조차 궁금해 했지만 진철은 거기까지는 알고 있었다.

❊

부산에서 윤희와 그렇게 헤어진 몇 달 뒤 어느 날 부산지역 건설회사인 용성건설의 변용섭 사장 아들 변성수 전무가 그를 찾아왔다. 사장의 가운데 이름 '용'자와 아들의 가운데 이름 '성'자를 따서 '용성건설'이라 이름지었을 만큼 사장은 아들을 위해 건설사를 키워왔다.

부산에서 윤희와 그런 일이 있었던 다음 날 조찬을 마치고 변성수에게 윤희를 부산역까지 모시라고 부탁한 적이 있었는데 두 사람은 그것이 인연이 되어 결혼 이야기까지 오가는 사이가 되었다고 했다. 진철을 찾아온 이유는 혹 아버지가 묻더라도 윤희가 강남에서 일식집과 노래방을 운영했다는 말은 말아달라고 부탁하러 온 것이었다. 박진철 회장님 소개로 알게 되었다고 말했기 때문에 변용섭 사장이 윤희에 대해서 그에게 물어볼 수도 있다는 이야기였다. 곧바로 자신이 인도네시아 현지 사장으로 출국하게 일정이 잡혀 있어서 그들 결혼식은 자카르타에서 올리게 되었다고 전했다. 혹 그녀가 영업할 때 알던 남자들이 결혼식에 참석하는 사고(?)를 미연에 방지하기 위한 변성수의 묘책이 아닌가 짐작되었다. 진철은 그렇게 하겠다고 그에게 약속했다. 윤희를 잘 부탁한다는 말과 함께. 그가 다녀간 지 보름쯤 뒤에 윤희는 세 남자에게 결혼을 발표했다. 결혼 발표 전날 윤희는 회사 앞 커피숍으로 진철을 찾아와 가게를 처분했다며 빌린 돈 5천만 원을 내놓았다. 진철은 결혼 비용으로 쓰라면서 그 돈을 끝내 받지 않았다. 홀어머니 모시고 가진 것 없이 힘들게 사는 것을 다 알아버린 이상 그 돈을 차마 받을 수가 없었다. 결혼 축의금이라 생각해 달라고 그녀의 핸드백에 밀어 넣었다. 그에게도 적은 돈은 아니었지만 가장인 윤희에게는 결혼을 앞두고 유용하게 쓰일 돈이라 판단되었던 것이다. 결혼하고 1년간 인도네시아에 나가 살다가 부산에 돌아와 신접살림을 차릴 거라고 했다. 못 뵙더라도 건강하시라며 진심으로 감사를 표했다. 윤희는 눈가가 촉촉해져 작별인사를 하고 돌아섰다. 그리고 20년이 흘렀다.

❊

"오늘 교육이 끝나고 저녁에 변정태를 밖으로 불러내면 어떨까?"

버스에 오르자 일부러 진철의 옆에 와 앉은 태민이 그의 의사를 떠보았다.

"글쎄. 불러서 뭐라고 물어봐야 할지 답이 안 나와서 이렇게 고민하고 있어. '우리가 네 엄마를 처녀 때부터 알고 지낸 사이다.' 할 수도 없고 '네 엄마를 좀 봐야겠으니 만나게 해 달라.'할 수도 없고. 뭐라 하고 소식을 물어야 할지 그 좋은 머리로 연구를 좀 해 봐. 연구하는 거 좋아하잖아."

두 사람은 수군수군 아무리 궁리를 해 봐도 답을 찾지 못했다. 서행정관은 아이들에게 숙소에 대해 설명 중이었다.

"지금 우리는 우선 숙소로 간다. 부산에서 우리가 묵을 숙소는 부산 해운대에 있는 유스호스텔이 되겠다."

"바다가 보이나요?"

아이들의 관심사는 역시 바다였다.

"숙소에서 바로 바다가 내다보이지는 않지만 해변로를 따라 바다까지 걸어 나갈 수도 있는 곳이다. 대규모 컨벤션센터인 벡스코와 첨단 미래도시인 센텀시티가 숙소에서 그리 멀지 않다. 숙소가 해운대에 위치해 있다는 것만으로도 행복이 느껴지지 않나?"

서행정관은 시큰둥한 아이들의 반응에 혼자 쓴웃음을 지으며 일정 안내를 계속했다.

"이번 부산에서 관심 있게 살펴 볼 것은 교량이다. 잠시 후 여러분도 언론을 통해 잘 알고 있는 이름도 유명한 광안대교를 건너게 된다. 설명은 저녁 강의 시간에 듣게 되겠지만 옆 사람과 수다 떠느라고 다리를 감상하지 못하면 광안대교를 건너는 의미가 없어진다. 이따가 밤에는 땅에서 바라보는 광안대교를 감상하게 될 것이고 지금은 다리에서 바라보는 바다와 주변 환경이 될 것이다. 오늘 실지로 경험한 고속열차와 바다를 가로지르는 교량이 강의 내용의 핵심이다."

"바다에는 언제 나갈 수 있어요?"

"저녁식사 후 인솔자와 함께 광안리 바다를 산책할 예정이다. 강의 시간에 수업 태도가 좋으면 그에 따르는 보너스 간식도 지급할 용의가 있다. 순전히 인솔자의 사비를 털어서 사줄 계획이니까 너무 거창한 걸 기대하지 마라. 이제 바깥에 시선을 고정하고 잘 살펴보기 바란다."

서행정관이 마이크를 제자리에 꽂고 자리에 가서 앉았다. 집행부와 지도교수들도 아이들과 마찬가지로 광안대교를 음미할 자세를 갖추었다. 끝없이 뻥 뚫린 바다와 손을 뻗으면 잡힐 듯한 오륙도, 광안대교를 둘러싼 산과 아기자기한 백사장, 해운대 동백섬까지 한눈에 보인다니 눈을 부릅뜨고 보아야 할 판이었다.

"와, 굉장하다. 진짜 멋지다."

수영구 남천동 광장에서 해운대구 센텀 시티 부근까지 바다 한

가운데를 가로지르는 7.2km라는 긴 다리 광안대교. 다리 위를 달리며 사람들은 단지 멋들어진 주변 경관에만 감탄을 쏟는다. 감탄사를 연발하는 아이들을 보며 네 명의 지도교수들은 아름다움과 위용을 뽐내는 교량의 뒤에 숨겨진 땀과 노고에 먼저 감사를 보내라는 말을 하고 싶었다. 토목인으로 살아본 사람이라면 끝을 모르는 그 긴 다리를 건설하기 위해 비가 오나 눈이 오나 8년씩 고생했을 수많은 건설 종사자들을 먼저 떠올리게 된다. 건설 계획을 수립하고 건설 계획 조사단을 구성하고 타당성 조사에 착수하는 과정에서부터도 전문 토목공학자들의 절대적인 기술을 필요로 한다. 거기에 말할 것도 없이 첨단 기초과학기술인 구조해석이론이 필요함은 물론이다. 계획의 원칙을 세우고 조사 보고서를 검토하고 소요사업비를 산정하고 …… 수많은 절차를 밤낮 없이 거친 후에야 설계에 임하게 된다. 토목기술자에게는 설계도 완성 단계가 계획의 마지막 작업이자 시공을 알리는 최초의 시점이 되는 셈이다. 계획, 설계, 시공 중 마지막 관문이 남은 것이다. 골조를 세우고 철근 자르고 시멘트를 퍼붓고 망치로 때리는 일이야 인부들이 하는 일이지만 그 작업 하나하나가 설계에 맞게 진행되느냐 아니냐를 감시 감독하는 것은 토목기술자들의 몫이다. 어떤 경우 감독은 이미 시공해 놓은 상당량의 작업을 모두 허물거나 깨부수고 새로 시공할 것을 지시하는 경우가 있다. 시공회사에서는 그냥 넘어가자며 버티기도 하고 감독을 달래기도 하지만 감독은 이때 흔들려서도 절대 양보해서도 안 된다는 것을 알고 있다. 그랬다가는 언젠가 위험천만한 대형 사고를 불러온다는 것을 알고 있기 때문이다. 개통된 이후에 터널이 무너지거나 교량이 내려앉는다고 가정해보자. 무너진 삼풍백화점, 성수대교 사고가 얼마든지 또다시 일어날 수 있음을 그들 감독들은 이미 알고 있는 것이다.

강태민은 경부고속도로 공사 구간인 대전육교 아치가 무너져 사고를 당한 시신을 눈 앞에서 목격했다. 대통령이 '수고한다. 잘하고 있다.'고 칭찬하고 자리를 뜬 지 45분만이었다. 소장의 얼굴이 하얗게 질리는 것을 보고 '책임자라는 것이 저렇게 힘든 것이구나.'하고 느꼈었다.

박진철은 대전사무소 소장 시절, 호남선의 가수원역과 흑석리역 사이에 위치한 괴곡 터널이 붕괴되어 곤욕을 치룬 적이 있었다.

터널공사가 끝나 운행 중 2년 만에 사고가 발생하여 호남선, 전라선 상하행선 운행이 전면 중단된 사고였다. 지질이 고르지 않고 암반이 약한 그 지역의 특수지질이 문제였는데 그 문제를 완벽하게 해결하지 못한 시공이 사고로 이어졌다. 더구나 겨울 공사로 인해 더 큰 문제를 야기시킨 것이었다. 흙이 떨어져 내리고 지하수가 흘러들어 공동이 커지면서 천장 위에 있던 바위가 무너져 내려서 사고가 발생했다. 다행히 터널 붕괴 직전에 선로원 이명훈이 먼저 발견하고 열차를 통제하여 열차 파손과 인명 피해를 사전에 막았다. 박진철의 전 소장이 끝낸 공사였지만 현 소장이 다 뒤집어쓴 케이스로 그는 검찰에 소환되어 조사를 받았다. 조사과정에서 진철이 억울함을 호소하자 검찰에서 물었다.

"조사 자료를 보니 그 말씀이 맞는 것 같네요. 그런데 이 사건을 원점에서 다시 조사하게 되면 적어도 5~6개월은 많은 관계자들이 소환되고 시끄러워질 겁니다. 소장님이 억울하지만 여기서 끝내겠다고 하시면 이걸로 마무리되는 거고 안 그러면 한 6개월 조사가 계속될 겁니다. 어떻게 하시겠습니까?"

진철은 길게 생각해 볼 것도 없이 그냥 본인이 뒤집어쓰고 끝내겠다고 결정을 내렸다. 이 사람 저 사람 검찰에 불려다니고 또 다른 누군가가 책임추궁을 당하는 꼴을 보는 것도 괴로운 일이었다. 그 일로 직위해제되고 대기 발령 명령이 떨어졌을 때 진철은 낙천적인 성격대로 그 상황을 긍정적으로 받아들였다.

"내가 언제 한 번 이렇게 편안하게 놀아 보겠어? 여행 다니면서 바람이나 실컷 쐽시다. 이때 아니면 다시는 기회가 없을지도 몰라."

고민하는 아내를 끌고 6개월 동안 즐겁게 여행 다니며 오붓한 시간을 보냈다.

"잘 되면 그냥 제대로 한 거고 잘못되면 모든 게 다 우리 책임인거지. 과연 광안대교 건설 종사자들도 이 다리가 무조건 멋지고 아름답기만 할까? 모르긴 몰라도 이 다리 쳐다보기 싫은 종사자도 있을 걸."

진철이 지난 기억을 떠올리며 바깥 경관에 무심히 던졌던 시선을 손연구원에게로 돌렸다.

"그렇겠죠. 저도 미국에서 현장 실습 나간 적이 있는데 그때 우리 교수님이 그런 말씀하시는 거 듣고 좀 놀랐었어요. 그 교수님은 버지니아에 있는 '체서피크 베이 브리지' 말만 들어도 화가 나신다고요."

"미국에서 제일 긴 다리 아니야? 수심이 아주 깊은 중간에는 해저터널도 두 개나 있고. 메릴랜드 주와 버지니아 주를 잇는 다리지."

옆에 있던 태민이 그들 대화에 동참했다.

"맞아요. 미국 동부 여행을 오는 사람들에게 유명한 관광지가 됐어요. 교수님 아버지가 체서피크 다리와 해저터널 건설에 참여하셨는데 거기서 순직하셨대요. 어머니가 그렇게 말렸는데 기어이 기술요원으로 참여해서 변을 당하셨다더군요."

"쳐다보기 싫은 정도가 아니라 그 이름도 듣기 싫다는 게 이해가 돼. 그 양반에게는 아름답고 유명한 다리라기보다 아버지를 삼킨 다리로밖에 기억되지 않는 거지."

"그래도 다리는 남았잖아. 자네는 죽어도 자네가 공들인 88올림픽고속도로는 남듯이 말이야. 그때 저 친구는 기공식 날 대통령 내외와 헬기타고 고속도로 전 구간을 공중답사하면서 설명하고 준공식에는 대통령 내외와 영·호남 신랑 신부 결혼식에 주례 역할도 하고 참 대단했지. 그땐 내가 만나자고 해도 나 같은 건 만나주지도 않더라고."

진철이 능청을 떨자 태민은 '누가 들으면 내가 아주 못된 인간인 줄 알겠네.'하면서도 그 시절이 그리운 눈치였다. 아직 현직이라고는 하지만 후배들에게 조언해주고 상담해주며 그들을 이끌어갈 뿐 건설현장에 나가서 건설에 참여하는 일은 없다. 힘들고 고된 그 작업이 가끔씩 하고플 때가 있는 건 젊음이 아쉬워서만은 아닐 것이다.

숙소에 도착해 출입구를 들어서는 순간 아이들은 호텔이나 대형 콘도 못지않은 로비를 보자 얼굴을 환하게 밝혔다. 지도교수들도 말만 듣던 유스호스텔의 규모에 만족하는 표정이었다. 아이들이 묵을 단체 숙소와 VIP 호텔이 따로 분리되어 있어 강의 시간이 아니면 함께 만날 일조차 없을 것 같은 분위기였다. 숙소를 배정받고 교육생들끼리 자율 토론 시간을 가진 다음 점심식사를 하기로 했다.

"변정태를 좀 불러주겠나?"

태민은 그들이 묵을 호텔로 가기 전에 손연구원에게 부탁을 했다.

"무슨 일이신데요?"

손명하는 어제 정태가 술 마신 일을 그가 알고 있는 것이 아닌지 놀라 눈이 휘둥그레졌다.

"뭐 별일은 아니고 좀 물어볼 것이 있어서 ...... 오래 걸리지는 않을 거야."

"아, 예."

그때 진철이 '아냐. 됐어.'하고 태민이 지시한 일을 취소시켰다. 진철이 작고 빠르게 태민에게 속삭였다.

"방에 가서 나하고 먼저 이야기 좀 한 다음에 불러도 늦지 않아."

서행정관은 아이들 숙소 안내를 맡고 손연구원은 지도교수들을 호텔로 안내하는 일을 맡았다. 한일수와 장기성은 손연구원의 뒤를 따르며 박진철과 강태민이 밀고 당기는 모습을 힐끗 쳐다보았다. 장기성은 두 사람 사이가 부러웠다. 칠십을 넘긴 나이에 말하지 않아도 그 속까지 다 읽어주는 단짝 친구가 있다는 것은 분명 행운이었다. 대개 단짝 친구 중 한 명이 먼저 세상을 떠나고 없거나 병석에 누워 있어 못 만나거나 하는 경우가 허다했는데 그들은 아직 티격태격 다투면서 벗과 더불어 술까지 즐기고 있으니 복이 많은 사람들이다 싶었다. 기성은 뒤늦게 그런 마음의 친구 하나도 만들지 못한 자신을 뒤돌아보며 잘못 살아온 것은 아닌지 서글플 때가 있었다.

"뭐라고 물어볼 건지 결정해 놓고 정태를 불러야지 무조건 불러 놓고 무슨 말을 하려고?"

객실에 들어서자 진철은 태민을 마구 윽박질렀다. 여행 시작서부터 내내 룸메이트였던 한선배에게 진철은 의논할 것이 있어 태민과 한 방을 쓰겠다고 양해를 구했다.

"그런 거 생각하다가 아무것도 못 물어보고 기회를 놓칠까봐 그러지."

"변정태 만나기 전에 내가 할 말도 좀 있고……"

진철이 들릴 듯 말듯 기어들어가는 소리로 웅얼거렸다. 태민의 눈이 안경 속에서 번쩍 빛났다. '내 예감이 맞는 게로군. 뭔가 있다니까.' 태민의 예리한 눈빛에 진철은 심호흡을 했다. 정태로부터 윤희에 대해 어떤 이야기가 나올지는 모르지만 진철은 먼저 본인의 입으로 윤희와의 마지막 일들을 태민에게 고백해야 한다고 마음을 먹었다. 숨기려고 숨겼던 것도 아니고 잘못하면 괜한 오해의 소지가 되겠다 싶어서 말하지 않았을 뿐인데 20년 동안 항상 명치 끝에 걸렸던 일이었다.

"뭔데 그렇게 뜸을 들여?"

"좀 앉아 봐. 앉아야 무슨 말을 해도 할 거 아니야. 윤희에 대한 이야긴데...... 결혼하게 된 건 내 역할이 컸어."

"자네가 중매했어?"

"중매했다고 할 수 있지. 내가 주최하는 행사에 초청가수로 초대되어 와서 변성수를 만났으니까."

"변성수? 용성건설 사장 변성수?"

"그래. 그땐 전무였고 부산에 건설회사가 있었잖아."

용성건설은 15년 전 아버지 변용섭이 죽자 변성수가 이어받아 사장에 오르고 건설사 본사를 서울로 옮겼다. 그룹 계열에 속하지 않은 단일 건설사로는 꽤 자금력이 탄탄한 알찬 회사로 업계에 알려져 있었다.

"그럼 그때 윤희가 용성건설 며느리로 시집갔단 말이야?"

"그렇지. 변전무가 찾아와서 윤희가 강남에서 술집을 했었다는 이야기는 자기 아버지한테 하지 말아달라고 부탁을 했었지."

"술집은 무슨 술집? 일식당과 노래방을 한 건데."

"그건 우리 생각이고, 하여간 그래서 결혼식에 일체 윤희와 관계된 손님은 안 부른 거고 윤희도 우리랑 연락을 끊은 거였어."

"변용섭 사장이 아들 결혼식을 자카르타에 건설하는 호텔 기공식 끝나고 그곳에서 한다기에 무슨 일인가 했더니 다 그런 이유가 있었군.”

“그 아이디어를 낸 건 변성수였고 아무것도 모르는 변용섭 사장은 아들 설득에 넘어간 거지.”

“그러니까 변정태가 변성수의 아들이자 윤희의 아들이라는 거 아니냐고. 그런데 엄마랑 떨어져 아버지랑 산다는 이야기는 무슨 이야기야?”

“그건 나도 모르지. 결혼한다는 발표하고 연락 끊긴 건 자네나 나나 똑같으니까.”

“별 것도 아닌데 그 말을 왜 이제야 하는 거야?”

“변성수도 윤희도 우리 계통 사람들이 알기를 원하지 않으니까 말 안한 거지 뭐. 자네도 한선배도 변용섭과 다 아는 사인데 괜히 윤희랑 어울려 다니던 시절 생각나면 불편할 거 같기도 하고 해서……”

“속 깊은 친구둬서 고맙네그려.”

“아마도 윤희가 변성수랑 이혼을 한 것 같은데 잘못 말했다가는 애한테 더 깊은 상처를 줄 수도 있는 거잖아.”

“그거야 조심해야지. 윤희가 왜 연고도 없는 부산에 사는지 궁금했는데 결혼해서 부산에 정착한 거였군.”

“그렇게 된 거야. 거기까지 보고 끝.”

진철은 이야기를 끝내고 10년 묵은 체증이 다 내려가는 것 같다고 시원해했다. 지금이라도 용기를 내어 지난 이야기를 고백해준 친구에게 태민도 더 이상 추궁하고 싶지 않았다. 어쨌거나 다 지나간 과거가 아닌가.

"식사하러 갑시다."

객실 문을 두드리는 한선배의 쩌렁쩌렁한 목소리에 두 사람은 의자에서 벌떡 일어섰다.

"호텔 뷔페로 갈 거야? 아이들 있는 뷔페로 갈 거야?"

"한선배는 어쩌고 싶으세요? 아이들 있는 식당으로 가자고 그러시는 거죠?"

"그거야 내 마음대로 결정할 수는 없는 일이지. 값이 네 배라는 것만 알고 있으면 돼. 늙어서 음식 탐내면 고장날 일 밖에 없어."

일수는 이미 갈 식당을 정했으면서도 시종 강요는 아니라 말하며 미소를 잃지 않았다.

"그래도 여기가 바다를 끼고 있는 대도신데 호텔 뷔페나 가야 싱싱한 회 맛이라도 볼 수 있지 않을까요?"

기성이 한 마디 의견을 내놓았다.

"회는 염려 마. 저녁에 거하게 고급 회 먹여줄 테니까."

일수는 어느 사이 호텔을 나가 유스호스텔로 발걸음을 옮기고 있었다. 저녁식사 대접이 약속되어 있는 눈치였다. 항만국장을 지낸 한일수가 떴으니 부산 항만청 제자나 후배들이 가만있을 리가 없을 터였다. 아이들과 인솔자 두 사람은 벌써 음식을 가져다 놓고 나란히 자리를 잡은 채 이야기꽃을 피우고 있었다. 네 사람의 지도교수가 그들 옆 빈 테이블에 가서 앉아도 그 사실을 알지 못했다.

"난 우리나라에서 꼭 한 번 먹어보고 싶은 음식이 회야. 우리 엄마 아빠가 그러시는데 우리나라 회가 제일 맛있데. 여긴 부산이니까 싱싱한 회가 많겠지?"

박영은 접시에 담긴 음식을 내려다보았다. 박영의 시선을 따라 아이들도 모두 자기 접시에 담긴 음식을 보았다. 누구의 접시에도 회는 담겨 있지 않았다.

"여기 뷔페에는 네가 먹으려는 그런 회는 없어. 그게 소원이면 저녁에 내가 회 사줄게."

정태는 밥에 돼지불고기와 나물이 가득한 박영의 접시를 보다가 불쑥 그렇게 말해 버렸다.

"나도 회 좋아하는데. 따라가면 안 되냐?"

옥빈이 정태를 빤히 쳐다보면서 그 말을 하고는 혀를 날름 내밀었다. 서연도 그의 대답이 궁금한 듯 그를 바라보았다. 정태는 잠시 망설이다가 손연구원과 서행정관에게 물었다.

"혹시 저녁식사를 외부에 나가서 하면 안 되나요?"

"강의 끝난 뒤니까 미리 보고하고 허락받아서 나가면 괜찮을 거야. 왜? 부산에 만나야 할 친척이라도 있어?"

서행정관이 열심히 식사를 하면서 무심히 정태를 건너다보았다. 그는 식사도 업무의 연장인양 사무적으로 치르고 있는 느낌이었다.

"교육생 모두요. 두 분 선생님도 원하시면 함께 가셔도 좋고요. 엄마가 부산에서 횟집을 하시는데 친구들한테 저녁을 내고 싶다고 해서요."

손명하가 얼굴을 밝히며 쌍수를 들어 환영의 뜻을 밝혔다. 정태가 엄마를 만나기로 결정했다는 뜻임을 알았기 때문이었다. 서행정관은 정태의 사정을 모르기 때문에 손연구원이 왜 그리 좋아하는지도 알지 못했다. 교육생 부모가 저녁을 낸다는데 체면도 차리지 않고 저렇게 좋아할 일인가 싶었다. 철없는 그의 표정에 서행정관은 기어이 한마디 하고 말았다.

"손선생도 회를 좋아하시나 보죠?"

"예? 아, 예. 회를 아주 많이 좋아합니다. 그중에서도 부산 광안리"

손명하는 싱글벙글거리며 정태에게 윙크를 보냈다. 정태도 손연구원의 윙크를 쑥스러운 웃음으로 받았다. 박영은 손연구원과 눈이 마주치자 아무도 모르게 슬그머니 엄지를 세워 그에게 보여주었다. '작전 성공' 엄지의 의미를 알고 있는 손명하는 고개를 끄덕였다. 박영은 스스로 우쭐해져 신나게 점심을 먹기 시작했다. 박영과 손명하 두 사람의 합동 작전이었다.

숙소에 도착하기 전 버스로 이동 중일 때의 일이었다.

맨 뒷자리에 말없이 혼자 앉아 창밖만 내다보던 정태가 광안대교를 거의 다 건널 때쯤 휴대폰을 꺼내어 통화하는 것을 박영이 우연히 엿듣게 되었다.

"저 부산 왔어요. 국토순례단 일행이랑. 친구들이요? 아홉 명. 해운대 유스호스텔. 광안대교 지나가고 있는데 저 아래 바닷가가 광안리지 싶어서. 아, 그렇게 가까워요? 생각해 볼게. 내 마음대로 개인행동 할 수 없으니까. 지금 결정 못해. 알았어. 전화할게요."

대충 그런 내용이었다. 정태의 대화로 봐서 상대방은 무슨 일로 왔느냐, 혼자 왔느냐, 숙소는 어디냐, 어떻게 전화할 생각을 했느냐, 숙소에서 아주 가까우니 친구들 다 데리고 저녁 먹으러 오면 안 되냐고 정태에게 묻고 있는 것이 분명했다. 정태는 광안대교를 지나며 광안리에서 횟집을 한다는 엄마에 대한 그리움을 견디다 못해 전화를 걸었던 것 같았다. 박영은 정태가 술에 취해서도 엄마를 만날지 말지 고민하던 모습을 잊을 수가 없었다. 박영은 손연구원도 정태가 부산에서 엄마를 만나기를 바란다는 것을 알았다. 그 마음을 알기에 그는 합천에서 점호에도 빠진 채 술 냄새를 풍기며 괴로워하는 정태를 감싸주었으리라 믿었다.

"30분 후 강의실에서 보자."

서행정관이 볼일이 있는 듯 자리에서 먼저 일어서다가 그제야 지도교수 팀이 옆자리에서 식사하고 있는 것을 알았다.

"어? 교수님. 왜 호텔 식당으로 안 가시고 이리로 오셨어요?"

그가 놀라 큰소리로 인사를 하는 바람에 아이들이 모두 그들에게로 고개를 돌렸다. 손연구원이 일어나 급히 그들 테이블로 다가왔다.

"언제 오셨어요? 우린 오신 줄도 몰랐네요. 뭐 필요한 거 없습니까?"

손연구원에게 그들은 할아버지뻘의 인생 대선배이기도 하지만 학계에서도 원로 대선배여서 한 치라도 소홀히 대할 수 없는 입장이었다.

"어서 식사해. 여긴 뷔페야. 필요한 거 있으면 자기들이 알아서 가져다 먹는 곳인데 자네가 완전히 우릴 지팡이 짚는 노인 취급하는 것 같네."

한일수가 그를 식사 자리로 돌려보내려고 손을 내저었다. '

"뭐가 그렇게 재미있어서 우리 들어오는 줄도 모르고 수다를 떠드는 거야?"

그의 싱글거리는 얼굴을 보며 괜히 덩달아 기분이 좋아진 태민이 한마디 거들었다.

"아, 예. 강의 끝나고 저녁식사는 광안리 바닷가에 나가서 회를 먹기로 했습니다."

그가 기분 좋은 이유를 설명하고자 정태 엄마 이야기를 들려주었다.

"정태 어머니가 교육생 전부 다 초대했어요."

"그런데 자네가 왜 그렇게 좋아해? 아이들을 초대했다면서?"

"규정상 인솔자 없이는 외부에 내보낼 수가 없질 않습니까? 교수님들은 저녁엔 꼭 호텔 식당에서 드십시오."

"우리만 낙동강 오리알일세. 누군 바닷가에 앉아서 싱싱한 회 먹고 누군 호텔 뷔페나 먹으라 이거네. 정태 좀 이리 보내 봐."

장난기가 발동한 진철이 돌아서는 손연구원에게 짐짓 투덜거리는 척하며 정태를 부르자 손명하는 어찌할 바를 몰라 허둥거린다.

"그거 참. 사람 불편하게 왜 그래? 저 친구 순진한 거 몰라?"

일수가 진철의 짓궂음을 나무랐다. 기성은 휴대폰 메시지를 확인하더니 먼저 실례하겠다며 일어서서 식당을 나갔다. 정태가 그들 자리로 왔다.

"식사하는데 불러서 미안해."

태민이 정태를 그의 옆자리에 앉혔다.

"아니에요. 다 먹었어요."

"저녁에 어머니가 친구들을 초대하셨다면서?"

"예. 광안리에서 횟집을 하시거든요."

"어머니가 가수 윤희 씨라면서? 그럼 넌 어머니와 따로 살고 있는 거야?"

진철은 조심스럽게 정태의 눈치를 살폈다.

"제가 초등학교 들어가기 전쯤 아빠는 회사를 서울로 이전했어요. 일 년 정도 후에 두 분이 이혼하셨고요. 초등학교 졸업할 때까지는 엄마랑 부산에서 살았는데 중학교부터는 서울에서 아버지랑 살고 있어요."

"두 분은 왜 헤어지셨는데?"

한일수가 물었다.

"자세한 내용은 저도 잘 모르지만 헤어지기 전에 아빠와 엄마가 싸우는 소리를 들었는데 엄마가 결혼 전에 뭘 잘못한 것 같아요. 가수가 좋아서 결혼했다던 아빠가 엄마랑 이혼하고 나서는 노래를 아주 싫어하셨어요."

남의 이야기하듯 거리낌 없이 묻는 말에 술술 대답을 잘하는 정태가 오히려 그들 눈에는 이상스러웠다.

"넌 꼭 남의 이야기를 하고 있는 것 같구나. 부모한테 별 불만이 없다는 뜻 같기도 하고. 진심인지 어디 보자. 내 눈은 못 속이거든."

진철은 얼굴을 바짝 정태에게 들이대고 아이의 눈을 들여다보며 짓궂게 놀려댔다. 분위기를 심각하게 만들지 않으려고 일부러 하는 행동임을 태민은 알아차렸다. 정태가 그를 피해 몸을 뒤로 젖히며 진철에게서 얼굴을 돌리고 그와 좀 더 멀어지려고 버둥거렸다.

"그거야 제가 참견해서 될 일도 아니고 부모님 두 분의 인생이니까 두 분이 알아서 하시겠죠."

"그건 그렇지. 아버지는 이혼하고 혼자 살지는 않았겠지?"

"당연하죠. 새 엄마한테도 불만 없어요. 각자 알아서 잘 살고 있어요. 될 수 있는 대로 서로 간섭 안 하면서 사니까 다툴 일도 없고요. 아버지 회사에서 일 배우는 중인데 월급이 나오니까 대학 들어가면 독립할 거예요."

"고등학생이 일을 하고 있다고?"

"예. 바닥 인생을 배우고 있거든요. 막노동 인부들과."

정태 입에서 아버지 이야기가 나오자 진철은 더 묻지 않고 넘어갔다.

"그래? 그런데 왜 엄마를 6년씩이나 안 만나고 살았어?"

"절 아빠한테 보내겠다고 했을 때 제가 그랬거든요. 보내지 말아달라고 매달리면서 날 보내면 다시는 엄마를 찾지 않을 거라고. 그런데도 기어이 날 아빠한테 보냈으니까."

"어머니에게도 그럴만한 사정이 있었겠지. 자넨 아버지하고의 사이는 좋은 편이야?"

"예. 저밖에 아들이 없어서 그런지 기대가 크신 게 부담이지만 사인 좋아요."

한일수가 박, 강 두 사람에게 눈짓으로 그만하라는 신호를 보냈다. 아이의 지나간 상처를 건드리게 될 것을 염려하는 배려였다. 정태를 제자리로 돌려보내고 세 사람 사이에 또 다시 추측이 난무했다.

"변성수가 왜 윤희와 이혼을 결심했을까? 윤희가 결혼 전에 뭘 잘못했다는 거야?"

일수가 형사마냥 턱을 괴고 고개를 갸웃거리며 실마리를 잡으려 몰두했다.

"술집하면서 윤희랑 친하게 지낸 손님들한테서 무슨 말을 들은 게 아닐까요?"

태민은 변성수가 서울로 건설사를 이전한 후 이혼을 했다는 점이 마음에 걸렸다.

"부산에는 서울 사람들을 자주 만날 일이 없어서 모르고 지내다가 서울 와서 이 사람 저 사람 만나다보니 윤희의 영업장에 갔던 사람을 만났을 수도 있는 일이잖아요."

"그렇다고 윤희가 누구랑 연애를 했던 것도 아닌데 뭐가 문제겠어? 장사했던 건 이미 변성수가 알고 있던 일이었고."

진철도 이해가 되지 않는다고 했지만 따로 만나 돈을 건네주었던 일이 마음에 켕겼다. 태민이 강의할 시간이 되었다며 그들을 일으켜 세웠다. 오늘은 태민의 강의 시간이었다.

"아까 말했지만 저녁 약속들 잡지 마. 후배들이 모시러 온다니까."

"내는 변정태 따라 윤희네 횟집에나 갈랍니더. 한선배 후배들이야 철도장이도 아닐낀 데 내가 거가서 뭐 하겠노?"

진철이 경상도 사투리 흉내를 내면서 한일수를 놀려 먹었다.

"하여간 못 말려. 윤희가 보고 싶어서 그러는 거 내도 다 안다."

한일수도 한 번 진철을 흉내 내어 본다. 그들은 일단 방에 들렀다가 강의실로 가기로 했다.

9

아직 끝나지 않았다

강태민은 이번 강의로 자기의 아바타를 점찍을 마음을 굳혔다.

부산까지 왔으면 그가 보여주어야 할 주요 아이템은 대충 다 보여주었다는 생각이었다. 그가 건설에 참여한 경부고속도로와 88올림픽고속도로를 주행했고 많은 터널을 지나 성기대교를 건너고 자신이 건설을 한 것은 아니지만 남쪽에 있는 광안대교까지 건넜다. 도로라 칭하는 일반도로, 고속도로, 터널, 교량. 이 모든 분야를 교육생들은 몸소 체험했다. 일반 도로와 고속도로, 험준한 협곡을 가로지르는 산악교량과 터널, 바다 한가운데 띄워 놓은 해상교량까지 건너 부산 해운대에 도착한 것이다. 이제 여기까지 오는 동안 그들은 과연 무엇을 보았고 무엇을 느꼈는지 알아볼 시점이 되었다고 판단했다. 다른 멘토들은 어느 시점에서 교육생들을 평가하고 결정할지 모르겠지만 태민은 부산에서 아바타를 내정하고 남은 시간 동안 그 아바타를 주목해 지켜볼 속셈이었다. 그는 아홉 명의 교육생 이름을 한 번 더 훑어보며 기억에 저장시켰다. 남선필과 안철영, 이선호 등 자주 대면하지 않았던 교육생들 이름과 얼굴이 잘 매칭되지 않아 혼란이 일었다. 다른 강의 시간과 마찬가지로 맨 뒷좌석에는 인솔자 두 사람과 세 명의 지도교수들이 앉아 강의를 참관했다. 그들은 강사의 강의를 듣기 위해서가 아니라 강의를 듣는 교육생들을 평가하기 위해 강의실에 들어온 것이다.

"오늘로 여행 중 내 강의는 마지막이 될 거예요. 대신 오늘 강의는 단 일 분도 헛되이 쓰지 않도록 합시다."

강태민의 조용한 목소리가 아이들을 강의에 더욱 집중하도록 만들었다.

"토목 공학자를 영어로 시빌 엔지니어라 하는데 시빌 스펠링으로 'Civil'의 뜻을 사전 찾지 않고 바로 대답해 볼 사람?"

그가 교육생들을 눈으로 죽 훑었다. 예상했던 대로 박영이 손을 들었다.

"문명, 시민, 국가의 뜻으로 번역할 수 있습니다. 그 외에도 공손한, 예의 바른 등 다른 여러 가지 뜻을 가지고 있지만 우리가 사용하려는 의미와는 전혀 다릅니다."

“맞아요. ‘시빌’은 어디에도 ‘토목’이라 해석되어 있지 않아요. 뒤에 ‘엔지니어’나 ‘엔지니어링’이 붙어야만 비로소 ‘토목기사’니 ‘토목공학’이니 하는 말이 탄생하는 것이지요. 그러나 간혹 ‘시빌 엔지니어링’을 ‘시민공학’이나 ‘문명공학’이라 해석하는 사람들도 있고 요즈음은 ‘환경공학’이라 표현하기도 합니다. 토목이라는 말은 일본 사람들이 주로 사용했던 단어이기 때문에 바꿔보고 싶어서겠지요. 그 표현 모두 틀린 표현은 아닙니다. 직역을 한 ‘시민공학’이란 인간의 생명유지와 시민생활의 편리성을 위한 공학이라는 뜻이니 그것도 틀리지 않는 해석이지만 내 개인적으로는 ‘문명공학’이라는 표현이 더 적절한 표현이라 생각됩니다. 인간의 복지, 생활환경 향상을 위한 공학을 총칭한 학문으로 보자면 ‘문명공학’이라는 말이 틀리지 않기 때문입니다. 집 없이 인류가 어떻게 생존할 수 있을까요? 물을 건너는 다리나 물을 막는 댐 없이 어떻게 문명이 탄생할 수 있을까요? 도시 없이 어떻게 문화가 꽃피울 수 있겠어요? 타 공학은 산업혁명 이후에 시작됐지만 토목공학은 인류 역사와 함께 시작됐다고 나는 말하고 싶어요. 원시인류는 자신의 생명을 위협하는 자연재해로부터 피난처를 얻기 위해 토목기술을 터득하였으며 문명의 발상과 더불어 운하와 육지 길을 만들고 마실 물을 얻으며 농사에 필요한 물을 확보하기 위해 토목기술이 응용되었어요. 이집트의 피라미드, 중국의 만리장성,

로마의 도로와 도수관 등은 토목기술의 발전과 필요성을 보여준 좋은 예이기도 하지요. 미국 토목학회에서는 환경공학을 안전한 물을 공급하고 하수 및 폐수를 적절히 처리하며 수질, 토양, 대기를 보존·관리하는 학문이라 정의하고 있어요. 이 모두가 토목공학자들이 해오던 일이었어요. 이런 의미에서 보자면 환경공학은 토목공학보다 그 범위를 좁혀 세분화했다고 보아야겠지요. 토목과 건설은 상통하는 면이 있지만 건축과는 좀 다른데 사람들은 혼동하는 것 같아요. 누가 토목과 건축의 차이를 한마디로 정의해보겠어요? 현재 토목공학을 공부하고 있는 홍재윤 군이 한 번 말해보면 좋을 것 같은데."

아무도 손을 드는 교육생이 없자 태민은 홍재윤을 지목했다.

"어디선가 읽은 것입니다만, 토목은 예술이고 건축은 미술이라는 말이 가슴에 와 닿았습니다. 토목과 건축이 만나 사용자가 쓸 수 있는 완성품이 되는 것이라 생각합니다."

뒷좌석에서 한선배가 박수를 보내 홍재윤의 답변에 동감을 표했다.

"추상적이지만 고차원적인 답변을 했다고 생각해요. 토목을 종합예술로 생각하는 사람들이 많습니다. 저 뒤에 계시는 한일수 교수님도 보다시피 그렇게 생각하시는 분 중에 한 분이십니다. 차이는 홍재윤 군이 말한 것과 크게 다르지 않아요. 토목은 포괄적이고 건축은 그 한 부분을 차지하는 미적 마감재라 표현하면 어떨까요?"

아이들은 매우 진지한 모습으로 강의에 귀를 기울이고 틈틈이 노트 필기를 계속했다. 강태민 역시 여행 중 마지막 강의라고 선언한 만큼 의욕적이고 총괄적인 강의를 펼쳤다.

"토목공학은 정말로 스케일이 큰 학문이에요. 구조공학, 수리학, 수자원공학, 수문학, 철근콘크리트공학, 토질역학, 기초공학, 도로공학, 철도공학, 항만공학, 공항공학, 건설재료학, 암반공학 등이 폭넓게 포함되며 도로와 철도에 관련해서는 교량공학, 터널공학이 있어요. 또 댐공학, 위생공학, 하천공학, 발전수력공학이 있어요. 그러나 이들 공학 모두의 기초가 되는 것은 측량학이라 할 수 있지요. 측량학을 최근에는 지형공간정보공학이라고도 하고 있어요. 공학이 진보됨에 따라 점점 더 세분화되고 있는 추세지만 결국에는 그것들이 다 모여야 하나의 완성품이 만들어지는 것입니다. 내가 제2한강대교 지금의 양화대교를 설계할 당시 나로서는 그것을 도전이라 생각했어요. 교량 연장 결정을 할 때는 홍수계획에 대한 공부를 밤새워가며 했던 기억이 나는군요."

제2한강교는 총 연장 1,053m 경간 900m의 교량으로 순전히 우리나라 도로 기술진만으로 처음 시도한 작품이었다. 묻고 공부하고 자료 찾아가며 설계를 완공시켜 드디어 착공식장에 섰을 때의 그 감개무량함을 지금도 잊을 수가 없었다.

"내가 참여하지는 않았지만 여러분이 오늘 경험한 광안대교는 서해대교보다 110m나 더 길고 인천대교가 완공되기 전까지는 국내에서 제일 긴 해상 교량이었죠. 더구나 이 층 복층 구조로 된 교량은 국내 최초였어요. 아름다운 미관과 함께 부산을 알리고 광안리를 부흥시킨 다리로 평가받지요. 바다 위 도로라 하여 광안대로라 부르고 있어요."

1994년 8월에 착공하여 2002년 12월에 완공한 광안리 앞바다 수영만의 다리가 부산 앞바다의 모습을 바꾸었다. 수영만 바다를 끼고 먼 길을 돌아가야 하는 불편을 덜고 도시 중앙부의 교통난을 해소시켰다. 한국의 아름다운 길 1위를 차지할 만큼 촬영 명소, 관광 명소가 된 명물이다.

"이처럼 다리 하나가 도시 전체를 대표하는 거대한 조형물이 되기도 한다는 사실은 얼마나 근사한 일인가요? 백년대계를 내다보는 토목공학은 그래서 큰 학문이고 토목공학자는 그래서 위대한 겁니다. 나는 사라져도 내가 탄생시킨 작품은 퇴물이 되어 버려질 때까지 자연과 함께 남잖아요. 나는 그래서 토목공학자인 게 행복했어요. 이제 그 행복을 청정하고 싱싱한 여러분에게도 깨닫게 해주려는 것입니다."

교육생들은 박수로 그의 진심에 답했다. 변정태가 손을 들어 발언권을 얻고자 했다.

"검색해 보니까 교수님들은 당시 매 공사마다 새로운 공법시도, 국내 최초의 기술도입, 고심 끝에 기술개발 등등 혁신적인 시공을 많이 하셨던데 실패한 적은 없었나요?"

"좋은 질문이에요. 그때 우리가 남보다 머리가 뛰어나고 실력이 엄청나게 좋아서 새로운 시도를 했던 것은 아니었어요. 도무지 건설 전례가 없고 국내 기술자 중에는 실지로 그 방법으로 시공을 해 본 사람이 없던 시대여서 혼자 터득할 수밖에 없었던 거예요. 일본 자료, 러시아 자료들을 구해서 사전 찾아가며, 해당 외국어를 아는 사람한테 번역을 부탁해 가며 몇 날 며칠을 밤새워 방법을 찾아내야만 했어요. 방법이 나오면 시험시공을 해보는 거지요. 감독, 소장, 시공사측 현장 책임자, 기능공들이 다 함께 모여 머리를 맞대고 시험이 성공적인지 몇 번씩 확인한 후에야 본 시공에 들어가는 거예요. 정말 한마음 한뜻이라는 말 그대로 뭉쳤었지요. 그러니 국내 최초공법, 최초기술이라고 할 수밖에요. 언제까지 비싼 돈 주고 다른 나라 기술자의 도움을 받을 수는 없는 노릇이었으니까요. 부족한 장비, 부족한 예산, 경험 없는 기술이 우리를 더 열정적으로 일하게 만들었던 것 같아요. 저 뒤에 계시는 교수님들도 다 같이 공감하실 겁니다. 그렇죠?"

지도교수들이 박수로 그들의 뜻을 전했다.

"전문적인 토목공학 용어나 기술들을 일일이 설명하지 않은 것은 이제 본격적인 교육에 들어가면 원치 않아도 필수적으로 배우게 될 것이기 때문이에요. 이제 여러분이 무엇을 보았는지 무엇을 느꼈는지 잠시 쉬었다가 계속합시다."

휴식 시간에 지도교수들이 차를 마시며 다음 강의는 네 사람 모두 함께 강사가 되어 아이들의 발표를 듣는 것이 좋겠다는 쪽으로 의견을 모았다. 도로, 철도, 댐, 터널을 모두 경험한 아이들에게서 어떤 아이템에 관한 이야기가 쏟아져 나올지도 예측할 수 없으며 이참에 총정리도 겸하자는 데 동감한 것이다.

실지로 강의가 시작되었을 때 그들이 정확한 판단을 했음을 알았다. 교육생들에게서 다양한 시각에서의 소감과 질문이 쏟아져 나왔기 때문이었다. 장서연의 질문은 그들이 비밀리에 진행하는 프로젝트 내용을 꿰뚫어 본 듯이 근접한 내용이어서 지도부를 당황케 했다.

"우리나라 대통령이 얼마 전 러시아 대통령과 정상회담을 할 때 부산을 출발점으로 러시아를 거쳐 유럽까지 가는 대륙횡단 철도를 놓고 싶다는 희망을 내비쳤었죠? 만약 그것이 실현된다면 토목공학계에도 붐이 일어날 수도 있나요? 전망이 밝은 학문이 될 수 있는지 궁금합니다. 또 부산이 옛날의 활기를 되찾을 수 있을 것 같은데 실현 가능한 이야기인가요?"

강태민은 답변자로 박진철을 지목하고 자신은 뒤로 물러섰다.

"현실적으로는 통일 이후에나 가능한 일이 아닐까 판단됩니다. 우리나라도 대륙횡단철도와 아시안 하이웨이로 얼마든지 대륙과 연결될 수는 있습니다. 문제는 북한을 경유하지 않고는 불가능하다는 점이지요. 철도의 경우 부산에서 경의선(서울~신의주), 경원선(서울~원산), 동해선(부산~원산)을 거쳐야만 중국이든 러시아든 연결이 가능해지는 것이지요. 그러려면 남북한의 정치, 군사적인 문제가 우선적으로 합의에 도달해야 합니다. 북한의 낙후된 철로를 대대적으로 보강해야 하는 문제도 있습니다. 그것이 모두 해결된다는 전제하에 이야기를 해 봅시다. 지구 북쪽의 춥고 황량한 러시아 지방과 일본 같은 섬을 제외한 유라시아의 모든 도시 중에서 부산은 가장 태평양과 가깝고 북미, 중남미, 동남아, 오세아니아와의 접근성이 매우 좋은 항구이기 때문에 지리적으로, 경제적으로 요충지인 것은 분명하고 국제적인 수송 적환지가 맞습니다. 그 때문에 통일은 우리나라 국가적으로도 말할 수 없는 이득이 되지만 지역적으로는 부산광역시도 크나큰 이득을 얻게 됩니다. 부산이 얻는 이득은 정말이지 상상도 할 수 없을 정도로 엄청납니다. 왜냐? 부산시가 대륙횡단철도의 종착역이자 태평양과 가장 가까운 항구이기 때문에 육로수송에서 끝나는 것이 아니라 그 물동량이 모두 해상수송으로 바뀐다는 사실을 주목해야 합니다. 부산은 중요한 수송적환지이기 때문에 어마어마한 물동량과 유동 인구를 가지는 국제도시로 성장하게 되는 것은 말할 나위 없을 것입니다. 여기서 가장 중요한 두 단어가 '종착역'이라는 것과 '수송적환지'라는 것인데 수송적환지는 종착역이 선행되어야 만들어질 수 있습니다. 육로수송이 끝나는 길에서 해상수송이 시작되기 때문이지요. 토목공학계의 붐을 일으킬 수 있느냐 하는 질문의 답 역시 '그렇다.'입니다. 북한 철도, 전철, 지하철의 건설뿐만이 아니라 모든 사회기반시설 건설이 활발하게 이루어질 것이기 때문입니다. 한 마디로 러시아, 중국, 유럽 등 세계의 토목공학이 모두 활발해질 수도 있다는 말이 되기도 하지요. 장서연 양 답변에 만족합니까?"

진철이 진지하게 열변을 토하고 서연을 향해 물었다. 서연은 일어나 '충분히 만족하는 답변이었어요. 감사합니다.'라고 인사를 했다. 토목공학이 이렇듯 한 세상의 인류 문명을 바꿀 수 있다는 진철의 답변은 아이들에게는 미래 공상과학 이야기를 듣는 기분이었다. 이때 태민이 철도가 아닌 남북도로에 대해 잠시 설명하겠다고 앞으로 나섰다.

"우리 도로 쪽에서도 남북도로 연결에 대해 많은 연구를 계속하고 있어요. 서울과 신의주, 서울과 두만강을 잇는 고속도로를 가칭 '삼천리 고속도로'라 이름 지읍시다. 만약 건설 명령이 떨어진다면 언제라도 조사에 착수할 수 있도록 차근차근 마음의 준비를 하고 있다는 것을 말해 주고 싶었어요."

그의 설명이 끝나자 이번에는 박영이 질문을 해왔다.

"미국에서는 곳곳에서 해저터널을 보았는데 우리나라에서는 많이 볼 수 없었어요. 왜 그렇죠? 우리나라 기술이 부족해서 그런 건가요?"

박영의 질문에는 강태민이 답을 하겠다고 자청했다.

"현재로서는 기술 부족은 아니에요. 예전에는 물론 기술이 부족하기도 했었지요. 최근에는 해저터널이 많이 건설되고 있습니다. 부산과 거제를 잇는 거가대교 8.2km 중 3.7km가 해저 터널 구간인데 해저의 침매터널은 국내에서 처음으로 시도된 신기술, 신공법으로 국내 토목기술의 결정체라는 평가를 받고 있을 정도의 실력입니다. 세계에서 가장 깊은 수심 48m의 연약지반에 시공됐다는 점과 내해가 아닌 파도와 바람, 조류가 심한 외해에 건설됐다는 점에 많은 주목을 받고 있어요. 또 충청남도 보령시 원산도에는 대천항까지 이어지는 해저터널 공사가 한창이지요. 바다 수면에서 75m 아래에 건설되는 해저터널은 총 연장 6.9km로 국내 최장 양방향 4차로 터널이에요. 해저터널은 암반층을 뚫는 나틈(NATM)공법을 도입한 터널로 시공되고 있는데 바닷속에 콘크리트 구조물을 넣어 해저터널을 만드는 침매공법에 비해서 시공성과 안전성이 뛰어난 것으로 알려져 있어요. 이 건설사업은 2018년 완공예정입니다. 총 14.1km 구간 중 해저터널은 대천항에서 원산도까지 6.9km이고 원산도에서 태안 안면도 구간은 1.7km의 사장교로 건설될 것입니다. 사장교가 현수교처럼 수직 케이블로 다리를 매다는 것이 아니라 주탑에서 경사진 직선 케이블을 내려서 상부 구조를 매다는 공법으로 만들어진 다리라는 건 알고 있지요? 이렇듯 최근 들어 해저터널이 활발한 건설계의 움직임을 보이는 건 그만큼 기술이 발전했다는 이야기가 되겠지요. 답변은 이상입니다."

열기에 가득 찬 강의실 분위기에 아이들도 교수들도 시간가는 줄 몰랐다. 서행정관이 시계를 보다가 손을 들어 발언할 허락을 받았다.

"교수님, 시간 관계상 질문 하나만 더 받고 나머지는 내일 오전 강의에서 계속하셔야 할 것 같습니다."

"알았어요. 그렇게 하지. 다들 서선생 이야기 들었지요?"

태민이 한 사람만 더 질문할 시간을 준다고 하자 정태가 자리에서 일어섰다.

"수자원개발공사를 창설하시고 댐 공사의 원로이신 한일수 교수님께 여쭙겠습니다. 댐 건설로 인한 수몰지역의 피해 이주민들의 반대와 환경단체, 문화재 보호단체들의 거센 반대에도 불구하고 계속해서 댐 건설을 해야 할 만큼 아직도 국내 댐 건설이 필요한 건가요?"

한일수는 변정태의 묘한 말투가 항상 귀에 거슬리는 것이 참 이상하다는 생각이 들었다. 불손한 태도나 예의에 벗어나는 언어를 사용하고 있지 않은데도 불구하고 정태는 매번 삐딱한 시각을 가지고 있는 저항아 같은 느낌을 주었다. 그도 부드러운 답변 대신 강한 표현을 택했다.

"토목공학자들은 인간에게 가장 필요한 식수를 공급하는 상수도 건설을 계획할 때조차도 사람들에게 박수를 받아 본 적이 없다. 지금 공급되는 물로도 충분한데 왜 큰돈 들여서 식수원을 보호하느냐, 식수원 보호가 지역 경제를 망친다 하며 반대를 한다. 욕먹는 것이 두렵고 반대하는 세력들이 귀찮아서 그 건설을 포기한다면 언젠가는 마실 물이 없어서 목말라 죽는 날이 올 것이다. 이와 마찬가지로 백년대계를 내다봐야 하는 토목공학도들은 흔들림 없이 뚜렷한 주관을 가지고 일에 임하지 않으면 안 된다. 댐이 가져올 국가적인 경제 이익과 국민의 편의성을 따져보아 꼭 건설해야 할 타당한 이유가 있다면 언제라도 또 새로운 댐을 건설해야 하는 것이 토목인의 사명이라 생각한다."

한일수의 달변에 정태는 할 말을 잃고 아이들은 무엇에 홀린 사람처럼 멍한 표정인 채 강의가 끝났다. 아이들이 우르르 강의실을 나가고도 지도교수들은 한참을 의자에 앉아 있었다.

"그러니까 쟤네들이 닷새 동안 도대체 뭘 보고 뭘 느꼈다는 거야?"

진철이 세 사람 중 누구에게랄 것도 없이 혼자 중얼거렸다. 요란한 질문공세만 퍼부었을 뿐 그들이 보고 느낀 게 무엇인지 감을 잡을 수가 없었다.

"별로 감흥이 없었다. 뭐 그런 소리 같은데? 앞으로 전망이 있겠느냐, 우리나라 기술이 아직 부족한 건 아니냐 하는 질문이었잖아요?"

태민이 씁쓸한 얼굴로 한일수에게 동의를 구했다.

"최첨단 과학에 대해 넘칠 만큼 많은 정보를 공유한 아이들에게 몇 십 년 전 기술이라는 게 눈에 찼겠어요? 우리 토목공학도 현대 들어서서는 최첨단 시스템들이 추가되어야만 빛을 발하는 경우가 허다하잖습니까? 광안대교도 최첨단 조명 시스템 덕에 몇 배 더 아름답다는 소리를 듣는 거고요."

장기성은 아이들의 당돌함에 실망해 버린 세 원로들을 위로하기에 바빴다.

"세대 간의 차이는 쉽게 극복하기 힘들 거야. 충분하고 허심탄회한 대화로 풀어나가는 방법이 제일 현명한 방법이겠지. 호텔 로비로 가세. 우린 우리대로 가면 되는 거지?"

"예. 서행정관이랑 손연구원한테 나간다고 말했습니다."

강의실 문을 밀고 나오자 복도에서 음료를 마시고 있는 두 인솔자와 마주쳤다.

"가서 너무 폐 끼치지 말고 저녁만 먹으면 일찍 일어서. 열한 명이면 대식군데 회 값도 엄청나겠다."

한일수가 손연구원의 어깨를 한 번 쳐주고 호텔 쪽으로 돌아섰다.

"즐거운 시간 보내세요."

서, 손 두 사람도 인사를 하고 2층 아이들 숙소로 올라갔다.

아이들은 모처럼 초대받은 저녁식사에 대한 기대로 부풀어 몸단장이 한참이었다. 들떠 있는 아이들과는 반대로 정태는 2층 침대에 걸터앉아 말없이 휴대폰 화면을 들여다보고 있었다. 6년만의 재회인 첫 순간을 어떻게 행동해야 할지 자꾸 어색해지고 쑥스럽기만 했다. 초등학교 때 같이 사는 동안은 반말을 쓰고 살았는데 머리가 다 큰 지금 말투는 어떻게 해야 할지, 엄마라고 자연스레 부를 수는 있을지 모든 것이 다 염려가 되었다. 재윤은 서연에게 자꾸 마음이 끌리는 자신을 발견하고 의식적으로 서연 곁을 멀리 했지만 눈길이 자꾸 그녀에게 향하는 것은 어쩔 수가 없었다. 새침한 서연이 정태의 말에는 잘 웃어주고 유난히 싹싹한 것이 신경 쓰였다. 두 여자 아이들이 남자들의 방을 방문했다.

"우린 준비 다 됐어. 너희는?"

옥빈이 선머슴 같던 트레이닝복을 벗어버리고 짧은 치마바지로 산뜻하게 갈아입고 나왔다. 서연은 할아버지가 돌아가신 후 검은색이나 흰색 옷만을 입었다. 긴 생머리를 돌돌 말아 정수리에 올려 묶고 검은색과 흰색의 배색이 된 짧은 원피스를 입고 나타났다. 두 여학생의 차림을 보자 남학생들이 더 신이 나서 떠들었다.

"우와, 이게 누구셔? 옥빈이 누나랑 서연이 어디 갔지?"

"저기요, 예쁜 누나 번호 좀……"

옥빈이 싫지 않은 듯 남학생들 머리를 콕 쥐어박고 손뼉을 쳤다.

"자, 자. 얘들아 선생님이 우리를 기다리신다. 변정태, 네가 앞장 서."

옥빈이 정태를 불러내 앞장을 세웠다. 그 뒤를 따라 아이들이 주차장으로 나섰다. 정태는 엄마가 불러준 주소를 운전하는 직원에게 건넸고 내비게이션에 입력하고 버스는 출발했다. 버스를 타고 수영2교를 건너자 긴 해변이 나타났다. 해변을 따라 15분 쯤 되었을 때 버스가 넓은 백사장 바로 앞에 멈추었다. 동네가 온통 형형색색 횟집이라는 간판뿐이었다. 운전자는 1층 '맥주 광장'이라고 쓰인 호프집의 5층 '윤희 횟집' 간판을 가리켰다. 엄마 이름이 적힌 횟집 간판을 보는 순간 정태에 가슴이 찌르르 전기가 흐르는 느낌이 와 닿았다. 조그마한 횟집이라고 해서 초라한 시장

안의 횟집 정도를 상상했는데 상상과는 달리 꽤 근사한 빌딩 꼭대기에 번듯하게 자리 잡고 있었다. 서울과 달리 횟집이 모두 건물 높은 곳에 몰려 있는 것이 좀 생소한 풍경이었다. 빌딩 1층에서 엘리베이터를 타고 5층에 도착해서 내리는 곳이 바로 횟집 안이었다. 수족관이 양쪽으로 늘어선 실내로 들어서자 살아서 유유히 물속을 오가는 수족관의 갖가지 물고기를 구경하느라고 아이들은 그 자리에 멈추어 서버렸다. 검은 니트 원피스에 긴 카디건을 걸친 중년의 여인이 안에서 급히 달려 나왔다. 손연구원이 여자 앞으로 나서서 '변정태 어머님이신가요?'하고 인사를 했다. 서행정관도 고개를 숙였다.

"예. 어서 오세요."

인솔자들과 인사를 나누면서도 그녀의 눈은 아이들 중에서 정태를 찾느라 바빴다. 뒤에 서있던 정태의 등을 김옥빈이 떠밀었다. 정태가 마지못해 윤희 앞에 다가섰다.

"왔구나. 어서 들어와. 방에 준비해 놨어."

윤희는 정태의 손을 잡아끌었다. 윤희의 손이 부드러웠다. 방금 전까지 물을 만진 듯 촉촉하고 차가운 감촉이 정태에게 전해져 왔다. 큰방 문을 열고 들어서던 아이들이 와! 하고 환호성을 질렀다. 길게 차려놓은 수십 가지 음식들을 보고 일행은 눈이 휘둥그레졌다. 속칭 '쓰기다시'라는 음식들이었다.

"배고프지? 얼른들 앉아. 선생님 세 분이 안으로 들어가시던가요."

버스를 운전하던 직원도 음식을 보더니 기분이 좋은지 입이 귀에 걸려 벙싯거렸다.

윤희는 여전히 정태의 손을 놓지 않은 채 그들에게 자리를 권했다.

"우선 앞에 있는 거 맛보고 계세요. 곧 회가 나올 거니까 너무 많이 드시지는 말고요. 시작하세요. 정태야 잠깐 앉아 있어. 회 나오는 거 좀 살펴보고 올게."

정태를 문 앞 끝자리에 앉혀 놓고 윤희는 잠시 방을 나갔다.

"저기 좀 봐."

박영이 젓가락을 들다말고 창밖을 가리켰다. 아, 거기 창 앞에 광안대교가 펼쳐져 있었다.

"아하! 횟집이 높은 곳에 자리 잡은 이유가 바로 이거였구나."

손명하가 어린아이처럼 감탄사를 토하자 일행 모두 일어서서 창 앞으로 다가갔다. 커다란 통유리 밖으로 광안대교가 손에 잡힐 듯이 눈앞에 펼쳐져 있고 아래로는 이미 어둠이 내린 바다와 백사장이 훤히 내려다보였다. 어둑해진 바다 위에 보라색 연두색의 조명등이 다리 형태를 따라 불을 밝히고 있어 그야말로 그림엽서에서 본 야경 그대로였다. 아이들은 배고픔도 잠시 잊고 휴대폰을 꺼내 광안대교의 야경 사진을 찍느라 야단이었다. 가는 곳마다 휴대폰 카메라로 사진을 찍어대는 통에 지도교수들이 휴대폰 괜히 돌려주었다고 짜증을 냈다. 손연구원이 그건 많은 사람들과 다 같이 공유하자는 거라서 말릴 일은 아니라고 설명해주었다.

"대박! 빨리 찍어서 페북에 올려!"

"나도 태그해 줘."

손연구원은 그들이 SNS를 발달시킨 장본인임을 실감했다. 실시간으로 올라오는 SNS가 모두 그들의 전유물인양 자연스러운 모습이었다. 종업원과 함께 회를 들고 들어오던 윤희는 웃으며 아이들을 말렸다.

"자, 어서 식사들 해요. 광안대교는 어디 안 갑니다. 어두워질수록 불빛이 선명해져서 조금 있으면 훨씬 촬영하기 좋아요. 더 멋져지거든요. 금강산도 식후경이라는데 배부른 뒤에 감상하시고."

쟁반만큼 큰 도자기 접시에 담긴 싱싱한 회가 장식한 꽃들과 함께 피어났다. 아이들의 휴대폰 카메라가 일제히 회 접시로 옮겨왔다. 어른이고 아이고 모두 침을 꿀꺽 삼켰다. 요란한 젓가락질이 시작되었다. 선생들 앞에는 주전자에 따른 소주가 놓이고 아이들 앞에는 맥주잔과 맥주병이 군데군데 놓였다.

"같이 드시죠."

서행정관이 식사를 시작하며 윤희에게 음식을 권했다.

"예. 오늘은 저도 아들 옆에서 같이 먹을 거예요. 모두 잔을 채워서 우리 건배해요."

"엄마, 여행 중에 교육생들은 술을 못 마시게 돼 있다고요."

정태는 윤희가 들고 있는 맥주병을 빼앗으려 했다. 서행정관도 손연구원도 어떻게 해야 할지 몰라 정태가 하는 대로 내버려두었다. 윤희가 맥주병을 빼앗기지 않으려고 정태를 피하면서 까르르 웃었다.

"술 한 잔 없이 회를 어떻게 먹니?"

"엄마, 나 국토순례단에서 쫓겨나는 꼴 보고 싶어요?"

"얘, 내가 왜 우리 아들 쫓겨날 일을 하겠니? 이건 무알코올 맥주라는 거야. 써있는 걸 봐. 맛은 맥주 맛인데 알코올은 전혀 없는 탄산음료라고."

모두 맥주병을 들어 확인하고는 '에이!'하며 윤희에게 즐거운 야유를 보내고 서로의 잔에 맥주를 채웠다. 서행정관과 손연구원은 그제야 얼굴을 활짝 펴고 잔을 들었다.

"자, 국토순례단을 위해서 건배."

윤희가 기분 좋게 잔을 쳐들었다.

"잘 먹겠습니다."

일행이 합창하듯 커다랗게 소리를 질렀다. 정태는 혼자 염려했던 일들이 기우였음을 알았다. 너무 자연스럽게 엄마 소리도 나오고 손을 잡아도 어색하지 않고 존칭을 써도 반말을 써도 불편하지 않았다. '부모 자식 사이란 이런 것이구나.'싶었다. 박영은 이것저것 맛보느라 여념이 없는 가운데에도 정태와 윤희를 살금살금 훔쳐보며 히죽거렸다.

"다 맛있어요. 정말 맛있어요. 이름은 모르지만 모두 맛있어요."

박영이 천진난만한 표정으로 입에 음식을 가져가며 윤희에게 고개를 숙여 감사를 표했다.

"저 친구는 미국에서 왔는데 우리나라 음식 중에 회가 제일 먹어보고 싶었대. 쟤 때문에 여기 올 결심을 하게 됐어요."

정태도 어린 아기처럼 윤희에게 어리광을 피우고 싶은 마음이 들었다.

"그래? 미국 친구에게 상 줘야겠네. 우리 아들 여기 오게 해줘서 고맙다고."

"상은 이미 받았잖아요. 밥상."

말도 어눌한 박영이 썰렁 개그를 하자 와 웃음이 터졌다.

"이쪽 민락동 횟집은 높은 곳에 있을수록 비싼 집이라 생각하면 틀림 없어요. 광안대교를 즐기기 위해 찾아오는 곳이니까. 광안대교가 돈을 벌어주는 곳이지요."

윤희는 부지런히 아들이 좋아하는 음식들을 정태의 앞 접시에 가져다 놓았다. 엄마의 따뜻한 손길을 받아본 지가 언제였던가 싶게 아득한 기억이 그래도 가슴 저 밑바닥에 남아 있었던가 보았다. 엄마의 보살핌이 정태를 행복하게 했다. 정태의 가슴이 공처럼 부풀어 올랐다. 윤희의 말대로 광안대교는 점점 더 밝고 아름다운 색깔을 띠면서 그들의 방으로 가까이 다가왔다.

❇

한일수 일행은 2차를 끝내고서야 겨우 부산팀들로부터 놓여났다. 모두 적당히 기분 좋게 술기운에 젖어 있었다.

"아이들은 끝나고 숙소에 들어왔는지 전화 한 번 해 봐."

제법 많은 양의 술을 마셨는데도 한일수는 아직 까딱없다는 표정이었다. 팔십 넘은 노익장이라고 자신 있게 술 상대를 하다가는 큰 코 다칠 일이었다. 장기성이 서행정관에게 전화를 걸었다. 앞차에 한일수와 장기성이, 뒤차에 강태민과 박진철이 나뉘어 타고 호텔로 돌아가는 중이었다.

"다들 맛있게 먹고 돌아온 거야? 어디? 우리도 광안리 바닷가에 있었는데. 뭐? 윤희 횟집? 횟집이 다 이 근처인 모양이지. 그래 편히 쉬어."

"애들이 간 곳이 윤희 횟집이래? 본인 이름을 상호로 붙였군."

장기성의 전화를 듣고 있던 한일수가 창밖으로 고개를 돌리며 끝말은 혼자 중얼거렸다. 그때 기사가 손가락으로 맞은 편 오른쪽을 가리키며 '바로 저 집이 윤희 횟집이에요.'한다.

"뭐 윤희 횟집이 바로 여기란 말이요?"

"예. 조기 5층이요. 주인이 옛날에 가수였다고 하던데요."

부산에 살고 있는 승용차 운전자가 불 켜진 간판을 다시 가리켰다.

"잠깐 차 세워요."

"선배님, 왜 그러세요? 아이들은 다 끝나고 숙소에 들어왔다는데요."

앞 차가 멈추어 서자 뒤따라오던 차도 멈추었다.

"아, 내가 오래 전에 좀 알던 사람이라 잠깐 들러야겠어. 알아서 갈테니 차 대기하지 말고 들어가요. 오늘 수고했어요."

한일수가 지갑에서 오만 원 지폐 한 장을 꺼내 운전자의 어깨너머 운전석으로 떨어뜨렸다.

"아, 아닙니다. 사장님께서 특별히 잘 모시라는 말씀이 있으셨는데 이러시면……"

한일수는 벌써 차에서 내려 앞장서 걸어가고 장기성은 기사에게 성의 표시니까 그냥 넣어두라 이르고는 한일수의 뒤를 따랐다. 뒤차에서 내린 강태민과 박진철도 눈앞에 있는 간판을 보며 사태를 짐작했다. 그들의 차도 돌려보내는 게 어떠냐고 진철과 태민이 의논을 했다. 윤희에게 들러서 갈 모양인데 남의 차를 대기시킬 수는 없었다.

"얼마나 친했던 사람인데 그러시지? 가수였다면서?"

장기성이 두 사람에게로 걸어와 진철에게 '당신은 알지?'하는 눈빛으로 쳐다보았다.

"옛날에 행사 치를 때 자주 부르던 초청가수였어. 장교수도 몇 번 봤을 걸."

"나도 공식석상에서야 몇 번 인사는 했지. 그게 도대체 언제 적 일인데 만나보시겠다는 거야? 시간도 늦었는데 ......"

"고단한 눈친데 피곤하면 먼저 호텔에 가시던가? 내가 한선배한테 잘 말할 게."

박진철은 은근히 장기성이 호텔로 가주기를 바랐다.

"난 그러고 싶은데. 차 있을 때 그냥 호텔로 갈게."

마침 진철이 탔던 차가 막 출발하려는 중이었다. 그들은 차를 세워 장기성을 태워 보냈다. 강태민도 홀가분한 마음이 되어 황급히 한선배를 쫓아갔다. 변정태가 윤희의 아들인 것까지는 알게 되더라도 변성수의 아들인 것은 알리고 싶지 않았다. 엘리베이터 앞에서 한일수가 기다리고 있었다.

"너무 늦지 않았어요?"

강태민이 술로 빨개진 얼굴에 벗었던 안경을 닦아 쓰며 걱정스러운 듯 한선배를 보았다.

"애들도 얼마 전에야 다 들어왔다는 걸 보니까 꽤 늦게까지 있었던 모양인데 횟집이 늦긴 뭘 늦어."

5층 엘리베이터에서 내리는 순간 그들은 동시에 안에서 카운터를 정리하던 중년의 여인과 눈이 마주쳤다. 그녀가 잠깐 고개를 돌렸다가 다시 그들을 보았다. 세 남자는 더 들어가지 못한 채 문 앞에 그대로 서 버렸다. 옛날에 보았던 가냘픈 그 윤희가 아니었다. 앞머리를 모두 모아 뒤통수에 나지막이 틀어 올린 헤어스타일도 긴 생머리의 그녀가 아니었고 후덕하게 통통한 몸매도 바람 불면 날아갈 듯하던 윤희의 몸매가 아니었다.

"어머……"

두 손으로 얼굴을 감싸더니 잠시 후에 그들 앞으로 달려왔다.

"세상에…… 어쩐 일로…… 이 밤에……"

윤희는 무슨 말인가를 하려 해도 말이 되어 나오지 않는 모양이었다. 한일수가 한 발 다가서서 손을 내밀었다.

"윤여사라고 불러야겠구만. 오랜만이오."

그녀가 한일수의 손을 잡으며 눈물을 글썽였다.

"오라비들이 왔는데 계속 이렇게 세워 놓을 참이오?"

"아니…… 안으로 드세요. 박회장님, 강회장님. 아직 이렇게 세 분이 몰려다니시는 거예요?"

"잘 있었어요? 술 한 잔 하고 지나다가 윤희라는 이름이 반가워서 한 번 들어와 봤어요."

강태민이 그녀의 얼굴을 찬찬히 뜯어보며 그렇게 말하고 말았다. 세 사람은 방으로 안내되었다.

"이미 많이 드신 것 같은데 뭘 좀 내올까요?"

윤희는 어쩔 줄 몰라 서성였다.

"횟집 왔으면 회하고 술 먹어야지 뭘 먹겠어?"

한일수가 최고급으로 한 상 차려오라고 주문했다. 진철과 태민은 토할 것 같이 오만상을 찌푸리면서도 한선배의 속내를 읽었다. 음식점에 왔으니 음식을 팔아주겠다는 생각이었다.

"이 동네 오셨으면 좋은 회는 실컷 드셨을테고 20년 만에 만났으니 술이나 한 잔 하시지요."

윤희가 잠깐 밖에 나가서 종업원에게 한참 지시를 하고 돌아왔다.

"광복절 기념식에서 박회장님 사모님 애국가 부르시는 거 봤어요. 여전히 고우시고 여전히 노래 잘 하시던데요. 안 그래도 그걸 보면서 세 분 생각 많이 했어요."

예전과 너무도 변한 모습이지만 자세히 볼수록 고상한 중년의 기품이 느껴졌다.

"어떻게 사람이 그렇게 매정한가? 전화 안부라도 하고 지내면 좀 좋아?"

한일수는 테이블에 놓인 물 한 컵을 따라 마시며 눈을 흘겼다.

"다 건강해 보이시네요?"

"다들 많이 늙었지?"

"그때나 지금이나 별로 변하지 않으셨어요. 제가 많이 늙었죠. 원래 여자는 결혼하면 많이 변해요."

"살이 좀 붙어서 보기 좋은데 뭘. 하늘하늘 코스모스 같더니만 이젠 향 좋은 백합 같다고나 할까?"

"박회장님 립 서비스는 여전하시네요."

종업원이 음식을 들여왔다. 깔끔한 회 몇 점과 배부르지 않을 해물 두세 가지를 얼음 위에 얹어 내왔다. 회도 해물도 이름을 알 수 없는 것들이었다.

"마침 귀한 생선 들어온 것이 조금 남아 있어서 한 점씩만 맛보세요. 여전히 이 술 좋아하시지요?"

그녀가 강남에서 영업을 할 때 즐겨 마시던 블루를 진철에게 내밀었다. 늘 그랬듯이 병권을 쥐라는 소리였다.

"술 많이 했는데 형님 더 마실 거요?"

"따 봐. 못 다 먹으면 킵핑 해놓고 가면 되잖아. 그나저나 장기성인 어떻게 따돌렸어?"

그들은 옛날로 돌아간 것처럼 허심탄회하게 술잔을 나누었다. 윤희의 나이가 그들의 만남을 더욱 푸근하게 만들어주는 것을 느꼈다.

"그런데 이렇게 늦어도 괜찮아?"

"주방장은 진작 퇴근했고 종업원들도 여기서 숙식하는 사람 빼고는 다 퇴근시켰어요. 주인이 괜찮다는데 누가 뭐래요? 회장님들은 부산에 무슨 일로 오셨어요? 쫓아낼 사람 없이 오신 거죠?"

"우리야 슬슬 유람이나 다니는 팔잔데 어딘들 못 가나?"

한일수가 정태의 존재를 알릴 의사가 없음을 알고 그들도 안심했다.

"저는 돌싱이예요."

윤희가 술 몇 순배가 돌자 자기의 최근 신상을 털어놓았다. 세 사람은 그냥 그녀가 하는 이야기를 들어주기로 했다.

"돌싱이 돌아온 싱글인 건 아시죠? 아들 하나 낳고 이혼했어요. 아들은 애 아버지한테 보내고 저 혼자 살아요."

"서울로 가지 왜 부산에서 장사를 해? 어머니는?"

"어머닌 돌아가셨어요. 서울 가도 가족 없기는 매한가진데 내 재산 있는 곳이 낫지 싶어 그냥 눌러 앉았어요."

"외로운데 아들은 왜 아버지한테 보냈어? 데리고 살지."

"저도 그러고 싶었지요. 애도 그걸 원하고. 그런데 애 아빠가 자기한테 안 보내주면 아들한테 회사도 안 넘겨주고 한 푼 상속도 안 해준다고 해서 애를 위해 보냈어요. 새 여자한테서는 아들이 없거든요. 딸 하나 낳고 자궁 적출 수술받았대요."

"그랬군. 애를 위해서는 잘 한 일일지도 몰라. 내 핏줄이 어디 가겠어. 크면 다 찾아오게 돼 있어."

"안 그래도 오늘 6년 만에 찾아 왔더라고요. 오늘 반가운 사람들 만나는 날인가 봐요. 가슴이 벅차서 혼자라도 술 한 잔 하려던 참이었어요."

윤희는 술이 고팠다더니 정말 맛있게 술을 마셨다.

"우리가 마침 잘 온 거네."

"그렇다니까요. 세 회장님 집안이랑 자제분들도 다 안녕하시죠?"

"그렇지. 박회장은 노래 좋아하더니만 네 자식 중에 소원대로 딸 둘을 하나는 피아노 전공, 막내는 성악가를 만들었지. 가끔 딸이 출연하는 오페라 공연에도 우리 불러주고 그래. 강회장은 아들 둘 다 자기하고 똑같은 토목공학 공부시켜서 삼부자 토목공학 박사 집안이 됐고, 나는 당뇨 보살펴주는 마님이랑 아직도 해로하고 있고 자식 놈들 미국 가서 자리 잡았고. 다들 이만하면 복 많은 늙은이 아니겠어?"

"그렇다마다요. 정말 복 받으신 분들이시지요."

"윤여사도 복 받은 사람으로 보여. 그 나이에 이렇게 곱고 외롭지 않게 사람들 만나는 멋진 가게도 있고. 더구나 저 엄청난 광안대교를 떡하니 가게 안에 가지고 있으니 복 중에 큰 복 가졌구만. 무슨 연유로 이혼했는지는 몰라도 그냥 인연이 거기까지였나 보다 생각하고 미워하지 말고. 애 아버지잖아."

한일수는 인생 고참답게 윤희를 격려하고 다독였다. 박진철은 왜 헤어졌느냐고 그가 물어주기를 바랐지만 한일수는 끝내 묻지 않았다.

"미워하지 않아요. 이혼할 당시에 그 사람 오해가 심해서 갈등이 깊었었는데 그러면서도 헤어질 때 저한테 야박하게 하지 않았어요. 아들도 초등학교 졸업할 때까지 같이 살게 해줬고요. 엄마 돌아가셨을 때도 큰일 다 치러줬어요. 지금 이만큼 풍족하게 사는 것도 다 그 사람 덕분이거든요."

윤희는 친오빠를 만난 것처럼 편안하게 살아온 이야기를 들려주었다. 정태가 무엇이든 숨김없이 술술 이야기를 잘 털어놓는 것도 윤희를 닮았었다는 걸 그들은 뒤늦게 깨달았다. 옛날부터 무엇이건 별로 숨기려들지 않았던 제 어미 성격을 그대로 정태 역시 그러했던 것이다. 진철은 깊은 오해가 있었다는 윤희의 말이 자꾸만 귓전에 맴돌았다. 그들은 12시가 다 되어 윤희의 가게를 나섰다. 술기운이 혈관을 타고 온몸으로 번져 나가는 것이 느껴졌다.

"인생도, 승부도 아직 끝나지 않았어. 윤희 너도 내일 뭐가 될지 아무도 모르는 거야. 재벌 사업가가 될지 부산 시장이 될지 대통령이 될지. 그러니까 파이팅."

한일수가 윤희에게 주먹을 휘두르며 오랜만에 거나하게 취한 모습을 보였다.

"한선배가 모처럼 취한 걸 보면 우리가 많이 마시기는 많이 마신 것 같지?"

한일수는 '기분 좋다.'하며 진철의 팔을 끼고 엘리베이터에 올랐다. 윤희는 자기 승용차로 세 사람을 호텔까지 모셔다 드리겠다고 했지만 그들은 기어이 택시를 불렀다. 누가 먼저라고 할 것도 없이 세 사람 마음이 똑같았다. 정태가 묵고 있는 유스호스텔이 그들의 숙소임을 알리고 싶지 않은 마음도 있었고 그녀가 빨리 차 타고 들어가서 쉬기를 바라는 마음도 있었다. 그저 서로 배려하는 마음이 가득했던 가슴 훈훈한 밤이었다. 윤희도 그들도 젊음은 갔지만 아직 끝난 것은 아무것도 없었다. 그들의 인생도, 윤희의 인생도 그리고 살아 있는 모든 생명체의 삶도 그것이 살아 있는 한 아무것도 끝난 것은 아니었다. 20년 만에 만나 그들은 술에 취하고 겨우 그 결론을 얻었을 뿐이었다.

10

길 위에 서다

아침식사 후 강의실에는 지도교수 중에 한일수와 강태민만이 참석했다. 인솔자와 나머지 교수들은 방에 모여 앉아 작성한 평가서를 놓고 정리 중이었다.

강의 후에 교육생들은 거가대교와 해저터널을 이용해 거제도까지 가서 간단한 코스를 한 바퀴 둘러보고 서울로 출발할 예정이었다.

전날 회식의 감동이 채 사그라지지도 않은 아이들에게 유스호스텔의 아침식사는 별로 인기가 없었다. 정태는 엄마의 센스로 무알콜 맥주에 신이 났던 박영과 서연에게 아침까지 침이 마르는 칭찬을 들었다.

여행 동안 보고 느낀 소감 발표는 대부분의 교육생들이 심드렁하게 받아들이는 점이 강태민은 아쉬웠다. 특이 사항은 내내 묻는 질문에 대한 답변 외에 말이 없던 강현석이 자청해서 소감 발표를 했다는 점이며 그 내용 또한 신랄했다는 점이었다. 일수는 눈을 감은 채 집중하여 발표를 들었고 강태민은 놀라고 황당해하는 얼굴을 숨기지 못한 채 현석의 발표를 들었다.

"저는 이번 여행에서 교수님들의 업적을 보여주시고자 했던 것들에 대해 조금은 실망을 했습니다. 교수님들이 참여했던 그 당시는 최초의 공법, 최초의 시도, 최초의 시공으로 의미가 있었는지 모르지만 시대를 앞서가는 저희의 눈에는 이미 지나간 구시대의 구조물일 뿐이었습니다. 최첨단 공법과 과학기술이 첨가된 대형 토목구조물들이 새롭게 건설되고 있는 이 우주시대에 이미 퇴색되어가는 50년 전 도로와 교량과 터널이 감탄스러울 수 없는 건 당연한 일이라 생각됩니다. 옛 것을 복기하기보다 일반인들이 보기 힘든 미래지향적인 구조물을 보여주신다면 앞으로 큰 도움이 될 것 같습니다. 실제로 존재하는 구조물이 아니라 가상의 세계를 가정하여 만들어진 모형 구조물이라도 상관없을 것 같습니다. 이번 국토순례는 투자 대비 소득의 효과는 마이너스인 듯합니다. 차라리 서울에 있는 교실에 앉아 교수님의 이 아이 로드(eiRoad)를 자세하게 설명듣는 것이 미래 시빌 엔지니어를 원하는 우리 공부에 훨씬 도움이 되었을 것입니다. 죄송합니다."

현석은 말을 마치고 두 교수를 향해 꾸벅 인사를 하고 태민과는 눈도 마주치지 않은 채 자리에 앉았다. 강태민의 얼굴이 석고상처럼 굳어져 쉬 말문을 열지 못하자 한일수가 앞으로 나섰다.

“잘 들었네. 강태민 교수가 개발한 도로 최적설계 프로그램인 이 아이 로드는 얼마든지 설명을 들을 기회가 있을 것이다. 소감을 솔직하게 말해줘서 고맙다. 그러나 군이 한 가지 잘못 이해하고 있는 것이 있다. 이번 여행에서 우리의 업적을 보여주고자 했던 것이 아니라 그렇게 어렵고 힘든 상황에서도 열정적으로 일했던 선배들의 의지를 보여주고자 했던 것이다. 우리에게는 기술을 전수해 줄 선배가 없었다. 그럼에도 불구하고 여기까지 다다른 것은 자네가 하찮게 평가하는 우리의 ‘최초기술’이 기본 바탕이 되었고 그것을 아낌없이 전수했기 때문이다. 최근 우리나라 토목공학 기술이 세계 상위권에 든다고는 하지만 이제 세계 1위의 자리로 끌어올려야 할 중책이 바로 여러분에게 있는 것이다. 세계적으로 해외건설 수출 1위가 된다면 우리나라 위상은 완전히 달라진다. 그것이 미래 시빌 엔지니어인 자네들의 몫임을 명심하도록. 군은 눈에 보이는 것만을 보았을 뿐 그 뒤에 숨어 있는 땀과 피나는 노력과 찬란한 미래를 보지 못한 것이다. 잘 생각해 보기 바란다.”

한일수가 물러나자 강태민이 조금 안정을 찾은 얼굴로 강의를 마무리지었다.

“더 다른 발표자가 없다면 강의를 이것으로 마칠까 한다. 이상.”

강태민은 언짢은 얼굴로 한일수를 따라 강의실을 나가고 몇몇 아이들은 강현석 주위로 몰려들었다.

“너 그렇게 말 잘하면서 왜 여태 가만있었어? 이 아이 로드를 찾아봤는데 무슨 뜻인지 잘 이해가 안 가던데 넌 이해가 가?”

“도로 노선을 선정할 때 생태수치 지형도에서 자연훼손을 최소화하고 공사비를 최소화할 수 있는 전산 프로그램인데 한 마디로 설명하기는 어려워.”

박영은 그와 말동무가 되고 싶은지 현석의 곁에 의자를 끌어다 앉았다. 정태도 현석과 같은 생각을 하고 있었지만 인간적으로 할아버지 같은 다정한 노인 교수들에게 차마 말할 용기가 나지 않았다. 자기가 하고 싶은 말을 용기 있고 과감하게 대신 말해준 현석이 당연히 고마워야 할 일인데 어쩐지 괘씸하다는 생각이 드는 건 무슨 일인지 알 수 없었다.

*

방에서는 합산된 교육생들의 평가 점수를 놓고 토론이 한창이었다.

"강태민 교수님은 아바타를 결정하셨다는데 남은 두 분은 결정하셨나요?"

장기성이 진철과 일수를 향해 물었다.

"여행 끝날 때까지 결정하면 되는 거 아니었어? 강교수는 누구로 결정했는데?"

한일수가 평가서를 들추며 강태민을 보았다.

"저는 장서연을 제 아바타로 정했어요."

"그 이유는?"

"여성 토목인을 하나 키우고 싶고 그만한 머리에 그만한 의지력이라면 가능할 것 같아서요."

"의지력이요? 걔가 특별히 의지력을 보여준 일이라도 있나요?"

손연구원이 궁금한 표정을 감추지 못했다. 다른 사람들도 동감이라는 얼굴이었다.

"대단한 의지력을 봤어요. 의지하던 할아버지 장례를 치르고 곧바로 여행단에 복귀한다는 것은 그 나이에 쉬운 일이 아니라고 생각해요. 어릴 때부터 할아버지와 할머니 손에서 커서 그 애한테는 아버지나 다름없는 할아버지였어요. 부모님 이혼 후에는 더욱 그랬지요. 그것뿐이 아니에요. 고등학교 때 몸이 아파서 학교를 일 년 휴학했는데 친구들보다 일 년 뒤지는 게 싫어서 고졸 검정고시를 보아 합격했다고 합니다."

"어떻게 그렇게 상세히 잘 알아?"

한일수의 질문에 태민은 비스듬한 자세를 바르게 고쳐 앉으며 어렵사리 비밀을 털어놓았다. 감추고 있었던 미안함을 달리 표현할 길이 없었다.

"죄송합니다. 장서연은 정태선 회장의 외손녀였어요. 장례식장에서 보고야 저도 그때 알았어요. 아이가 울다가 까무러치고 화장터에서는 완전히 넋을 잃은 모습이었어요. 그걸 보고 이번 여행을 중도 포기하겠구나 생각했는데 돌아왔잖아요. 의지력 없이는 아무나 그럴 수 없는 일이예요. 가르치고 싶습니다."

"개인적인 동정심이나 청탁에 의한 선택만 아니시라면 굳이 반대할 이유는 없을 것 같습니다만…… 반대 의견 있으시면 말씀해 주십시오."

장기성이 방안 사람들을 차례로 둘러보았다. 별말 없이 침묵이 이어지는 가운데 한일수가 의견을 내놓았다.

"평가 점수는 어느 정도요?"

"상당히 높은 점수를 받았습니다. 더구나 같은 교육생들이 부과한 점수가 1위를 차지했고요. 긍정적이고 협동심이 좋다는 평가를 받고 있습니다."

"그럼 됐네. 나는 내 아바타로 마음에 두고 있는 교육생이 있었는데 아침까지 결정을 못 내렸다가 조금 전 강의 시간에 결정했어."

"어느 교육생인지요?"

"강현석군이오."

"예?"

방에 있던 사람들이 일제히 자기 귀를 의심하는 듯 의아해했다.

"이유가 있으시겠지요?"

장기성은 얼른 중심을 잡고 평가 책임자로서의 본 모습으로 돌아갔다.

"동료와 어울리는 친화력은 부족하지만 꼼꼼하고 사려 깊은 면이 곳곳에서 내 눈에 띄었고 결정적으로 이성적인 판단력을 가지고 있는 것이 마음에 꼭 들었소."

"한선배님께서는 첫날 아이들 앞에서 휴먼 정신과 남을 배려하는 마음에 점수를 주겠다고 하셨습니다. 강현석 군이 거기에 부합되는 교육생입니까?"

"평가에 점수를 주는 것과 내 아바타로 선정하는 문제는 다른 것 아니겠어?"

그의 고집을 못 꺾을 것을 알면서도 기성은 자신이 냉철한 평가를 해야 한다고 생각했다. 그때 강태민이 '잠깐'하고 그들의 대화를 중지시켰다.

"한선배님, 강현석을 아바타로 선정하는 것을 저는 반대합니다."

"무슨 그럴만한 이유라도 있어요?"

기성이 태민의 심각한 표정에 의문을 가졌다.

"강현석은 실은 제 친손자입니다. 제 두 아들이 다 토목공학자인 것은 잘 아시지 않습니까? 큰손자 현석이가 선발되었다기에 절대로 참석시키지 말라고 현석 아비에게 말했지요. 그랬더니 한 번도 내 말을 거역한 적이 없는 아들이 그럴 수 없다며 저에게 덤벼들더군요. 큰 아들은 현석이를 최고의 토목공학 교육을 받게 해서 자기 후계자로 삼겠다는 목표를 가지고 있다고 했어요. 저에게 도와주지는 못할망정 방해는 하지 말라고 소리쳤습니다. 확인하려고 현석이를 우리 둘 앞에 불렀어요. 너도 그 공부가 하고 싶으냐고 물었지요. 그렇다는 거에요. 나는 너무 화가 나서 만약 거기 나타나면 나하고는 끝이라고 그 애들에게 말했는데 기어이 손자가 참석했던 겁니다. 이번 여행에서 현석이가 사람들을 피해 혼자 겉돈 것도 다 저하고의 관계 때문이었어요."

"참 묘하네요. 토목공학에 종사해 왔던 집안일수록 더 많이 토목공학자를 원하니 말이에요. 모든 부모들이 자기 직업은 자식한테 물려주고 싶지 않다고 하는데 토목기술자들은 자기 대를 잇고 싶어 한다는 뜻이잖아요. 토목학계로서는 고무적인 현상인데요."

장기성과 손명하가 보기 좋은 일이라며 흐뭇해하자 한선배도 '그 가치를 알기 때문일 거야.'하고 맞장구를 쳤다. 반면 진철은

'잘난 손자 뒀으면 좋아해야지 왜 손자한테 화를 내는 거야?'하며 태민을 비난했다.

"어쨌거나 나는 자네 손자라는 걸 모르고 선택했고 아바타를 바꿀 마음이 없으니 그리 알게."

한일수는 고집을 부렸다. 태민이 고개를 읊조리며 한선배 앞으로 다가 앉았다.

"제발 부탁입니다. 그냥 정부에서 지원하는 교육을 받는 것만 양해해 주시고 아바타에서는 빼 주세요. 다른 학생에게 그 기회를 주셔야 제 마음이 편할 것 같아 그럽니다. 현석이는 제 아비나 저에게 도제 교육을 받아도 되지 않겠어요?"

"그럼 자네가 개인적으로 잘 가르치겠다고 나한테 약속해. 그러면 내가 취소하지."

"예. 선배님이 가르치는 것처럼 제가 잘 가르치겠습니다."

"그럼 됐어. 홍재윤 군을 선택하고 싶지만 그 애는 이미 좋은 선생들한테 잘 배우고 있으니까 선택에서 제외시키는 게 어때? 변정대는 노래 좋아하는 박진칠이가 맡을 것 같으니까 나는 귀엽고 머리 좋고 싹싹한 박영이나 맡아야겠다."

일수가 지나가는 농담처럼 말하고 있었지만 그가 중요한 일을 그런 식으로 얼렁뚱땅 처리할 성질이 아님은 그들 모두 알았다. 우리나라 실정에 대해 너무 모르고 있는 박영을 안타깝게 바라보던 한일수의 시선을 그들은 감지하고 있었다. '저런 순수 무구한 인재를 외국에 그냥 놔두면 그 나라에 뺏기는 건데.'하며 몇 번인가 혀를 차던 일수였다.

"그럼 한선배님은 지금 날더러 변정태를 아바타로 뽑으라고 강요하는 겁니까?"

진철이 한쪽 눈꼬리를 추켜올리고 악역 배우처럼 한일수를 삐딱하게 올려다보았다.

"싫으면 내가 맡을게. 인재 하나 뺏기는 거지. 걘 모르긴 몰라도 학습 능력이 뛰어나서 하나를 가르치면 서너 개는 알아먹는 교육생일걸. 암기력은 거의 컴퓨터 수준이잖아. 내가 정태를 선택하려다가 양보한 줄이나 알아."

한일수가 엄포를 놓으며 슬쩍 윙크를 보내자 진철은 능청맞게 씩 웃으며 '선배가 까라면 까야지 뭐.'하고 결정을 보았다.

"역시 세 분의 모습이 보기 좋습니다. 이로써 멘토들의 아바타 선정은 끝났고 여행 일정이 끝난 후 세 교육생을 따로 불러 원하는 멘토에 대해 알아볼 것입니다. 다른 교육생들에게는 끝까지 도제 교육에 대해서는 비밀로 해주시기를 부탁드립니다. 점심식사 후 거가대교와 해저터널을 거쳐 거제도를 돌아보는 탐사가 남았습니다. 인솔자들만 동행해도 되는 코스니까 지도교수님들은 자유의사대로 하십시오. 저는 거가대교 개통 후 가보지를 못해서 이번 기회에 동참하려고 합니다."

"부산에서는 몇 시에 출발하나요? 남은 일정은 서울에서 소화하게 되겠네요."

손연구원은 서행정관에게 오늘 이후의 일정에 대해 구체적으로 설명을 들었다.

"네 시에 서울로 출발할 예정입니다. 서울 수유리 아카데미 하우스에서 하룻밤을 보내고 내일 오전에 천천히 소양강댐을 답사한 후 춘천관광호텔에서 오찬을 하고 다시 서울로 갑니다. 처음 출정식을 가졌던 곳에서 해단식을 하면 끝나는 일정으로 짜여 있습니다."

"아, 그럼 칠박을 하는 건 아니군. 육박 칠일인 셈이네."

태민이 얼굴색을 밝히며 숙박에 대해 확인을 했다.

"그런데 말이야 장교수 이러면 어떨까?"

"거가대교를 가지 않는 사람은 먼저 KTX를 타고 서울 숙소에 가 있으면 서로 편할 것 같은데. 안 되나?"

한일수는 거제도 탐사 후 버스가 부산에 남은 일행을 어디론가 태우러 오는 문제와 부산에서 거제도 간 팀을 기다려야 하는 일행의 시간 낭비를 지적했다.

"안 될 것 없습니다. 좋은 생각이신데요. 지도부 대표로 제가 참가하니까 아무 걱정 안 하셔도 됩니다. 다섯 시간 동안 서울 가는 버스에 시달려야 하는 것도 고단하실텐데 잘 됐네요."

함께 점심식사를 하고 세 사람은 서울로 가기로 합의를 보았다. 적어도 그들에게는 다섯 시간 이상의 휴식시간이 주어지는 셈이었다.

"애들아, 서울에서 만나자. 박영! 미국에는 해저터널이 많은데 우리나라는 기술이 부족한 게 아니냐고 했지? 잘 보고 와."

강태민은 버스에 오르는 아이들과 인사를 나누었다. 한일수와 박진철도 손을 흔들었다. 장기성, 손연구원, 서행정관 순서로 버스에 오르고 차문이 닫혔다. 아이들이 창밖으로 손을 내밀고 그들을 향해 흔들었다.

"나이 탓인지 교육생 어느 한 놈도 안 귀여운 놈이 없어."

진철은 버스가 보이지 않을 때까지 손을 흔들다가 서운한 듯 돌아섰다.

"나이 탓도 있겠지만 애들이 유난히 똑똑해서 더 정이 가는 것 같아. 우리도 슬슬 가보죠?"

태민은 말없이 서 있는 한선배를 채근했다.

"내가 걸어온 길을 가겠다고 하는 아이들인데 왜 안 예쁘겠어? 가자고."

여행 가방은 모두 버스에 실어 두었기에 덜렁덜렁 맨손이 허전했다. 마침 들어온 택시를 타고 그들은 부산역으로 향했다. 세 사람만 이동하면 마음이 홀가분할 줄 알았는데 오히려 먹먹해지는 기분이었다. 갑자기 외지에 와서 자기들만 뚝 떨어져 버림받은 것 같은 그런 쓸쓸함이 몰려왔다. 뭐라 뭐라 떠들어대고 시시덕거리며 웃던 아이들의 소리에 그들은 자기도 모르게 익숙해져 있었던 것을 알았다. 서울로 가는 고속열차 안에서 그들은 모두 각자 생각에 빠져들었다.

수유리에 있는 아카데미 하우스에 도착하여 그들은 예약을 확인하고 객실 열쇠를 받았다. 합숙 마지막 밤이라고 배려를 했는지 2인 1실이 아닌 1인 1실이었다.

"형님, 우선 방에 가서 조금씩 쉽시다. 내 고향 서울에 도착하니까 긴장이 풀어져서 그런지 무척 고단하네."

진철은 복도를 걸어가며 두 사람의 의중을 물었다. 복도 끝이 진철의 룸, 그 옆방이 태민, 엘리베이터에서 가까운 방이 한일수의 방이었다.

"오늘 같은 날은 집에 가서 자고 오라면 좋잖아. 호텔비도 절약되고 잠도 편히 자고 이래저래 좋을 텐데."

태민이 처음으로 불평을 토로했다. 잠자리가 바뀌면 통 잠을 이루지 못하는 예민한 습관이 나이 들어가면서 점점 더 심해지는 것 같았다.

"그러면 그게 합숙 훈련이야? 아이들도 대부분 집이 다 서울이던데 걔들도 집에 가서 자고 온다고 하면 어쩔 거야? 오늘 하루만 참아. 내 코고는 소리에 잠을 못자서 더 집이 그리운 거지?"

일수가 다 알고 있다는 듯 태민의 등을 툭 치고 제일 먼저 객실에 카드 키를 꽂았다.

"한두 시간 쉬었다가 저녁식사 때 보자고."

"예. 쉬세요."

일수가 방문을 닫고 들어가자 진철이 태민을 다시 엘리베이터 쪽으로 잡아끌었다.

"이봐, 침대에 눕는다고 대낮에 잠이 오겠어? 와인을 한 잔씩 하면 잠이 잘 올 거야."

진철은 태민을 살살 자극하며 유혹했다. 태민 역시 지금 눕는다고 잠이 올 것 같지도 않았다.

"북한산 국립공원 안이라 주변에 온통 산뿐이고 저 아래 상가도 자동차 없이는 가기 힘들텐데 어디 가서 와인을 마시자는 거야?"

"이 친구 촌스럽긴…… 여기 스카이라운지가 얼마나 공기 좋고 시원한지 알아?"

"그래? 난 여기 처음이라 잘 몰라. 높지도 않은 호텔에 무슨 스카이라운지야?"

진철에게 이끌려 올라간 스카이라운지는 높지 않은데도 그의 말대로 북한산에 둘러싸여 꽤 전망이 좋았다. 푸른 산과 나무에 둘러싸여 공기가 더없이 맑았다.

"한선배도 오시라고 해. 혼자 떼놓고 우리끼리 미안하잖아."

태민이 휴대폰을 꺼내어 그에게 와인을 한 잔씩 하면 어떻겠느냐고 묻자 그냥 둘이서 하라며 전화를 끊었다. 폐 끼치지 않는 그의 성격 탓에 말은 하지 않아도 최고령자인 한선배가 제일 고단할 것이라 짐작되었다.

"우리 아바타를 서로 바꾸면 좋지 않겠어?"

웨이터가 레드 와인을 따서 시음을 하게 한 뒤에 테이블에 놓고 물러나자 대뜸 그 이야기를 꺼낸 것은 진철이었다.

"정회장 손녀도 자네와 이미 아는 사이라 뭔가 좀 불편할거고 나는 변정태 아버지와 윤희를 중매한 사람이니까 좀 거북스럽고."

"나도 그게 좀 신경이 쓰였어. 장서연이가 불편해할 것 같아서. 장기성한테 설명은 내가 할 게. 그 친구도 정회장을 잘 아니까 아마 이해할 테지. 그 말 하려고 한선배 빼고 날 여기까지 끌고 온 거군."

"그 말도 해야겠고 답답한 객실에 우두커니 혼자 들어가 있으면 뭐해. 게다가 정태는 제 아버지 건설사에서 십장들하고 일도 한다니까 가르치면 좋은 재목이 될거야. 잘 됐잖아?”

“그래. 마음 편하게 됐네. 여긴 어떻게 알았어?”

“그전에 여기 와서 바비큐 뷔페에 무한리필 맥주를 마신 적이 있는데 푸른 숲이 좋았던 기억이 남아 있어서 오자고 했어.”

“잘했어. 만능박사 박진철이 있어서 많이 배운다니까. 행복이 별거야. 바로 이 순간 이게 행복이지. 그런 의미에서 짠.”

두 사람은 이제 갓 여름을 넘긴 북한산의 초가을을 만끽하며 붉은 와인에 입술을 적시고 가슴을 적셨다. 와인 한 잔씩을 비웠을 때 한선배가 나타나 두 사람 자리에 동석했다.

“이렇게 좋은 줄 알았으면 진작 올라올 걸 그랬네. 와인 마신다기에 어두컴컴한 칵테일바로 가는 줄 알았지. 여기서 저녁식사까지 해결하고 자러 가면 되겠구만.”

한선배는 실외를 한 번 둘러보고 오더니 무작정 실외 테이블로 옮기자고 서둘렀다.

“내 말 들어서 손해 본 적 있어? 에어컨 바람보다 피톤치드를 마셔야지.”

실외로 나가자 세 사람은 동시에 심호흡을 했다.

“가슴이 탁 트이는 게 정말 좋네. 야, 산속이라는 게 실감이 나는걸.”

태민은 팔을 펼쳐 가슴을 활짝 열고 공기를 힘껏 들이마셨다.

폐부 깊숙이 맑고 청정한 푸름이 그동안의 피로를 씻어주는 것 같았다.

"역시 우리 셋은 함께 뭉쳐야 뭐가 이루어진다니까. 형님이 최고!"

진철이 재세팅이 끝난 테이블에 앉아 잔 세 개에 와인을 따르고 잔을 높이 들었다. 한, 강 두 사람도 잔을 들었다. 어스름 석양이 지기 시작한 산 중턱에 앉아 그들은 자신들의 삶도 그와 같다고 생각했다. 하루가 저물면서 석양이 지듯이 그들의 인생도 그쯤에 와 있다고 느꼈다. 이제 싱싱하고 똑소리 나게 명쾌한 젊은이들이 그들의 자리에 유능한 토목공학인으로 자리매김해주기를 소망할 뿐이었다.

"비행기를 타고 가다가 창밖으로 아래를 내려다 본 적이 있나? 구름 아래에서 산과 바다를 빼고 나면 무엇이 보이지? 모두 사람이 손댄 시설이나 구조물이야. 위대한 공산품도 최첨단 기계도 보이지 않는다고. 상공에서 눈에 보이는 모든 것은 사람이 건설한 것이다 이 말이야. 거센 자연의 비바람도 견디면서 자연과 동화된 인간 기술의 찬란한 구조물들이지. 우리 토목공학자들의 목숨, 피, 땀이란 말이야."

한일수가 저무는 붉은 해를 바라보다가 누구에게라고 할 것도 없이 의미심장한 말을 하며 주먹을 불끈 쥐었다.

"어디 그뿐이에요? 이 나라를 부강하게 만드는 사람들이 누군데요? 지난 해만 해도 국내건설사들의 해외 수주 규모가 전자나 자동차 산업의 연간 수출액을 훨씬 뛰어넘었다고요. 우리나라의 토목공학 기술력이 뒷받침됐으니까 그런 실적을 올렸지요."

강태민도 우리 모두 자부심을 가지자며 한선배를 거들었다. 일수도 진철도 태민의 말에 동감을 표했다. 진철은 더 중요한 것이 있다고 지적했다.

"무엇보다 우리는 이 나이에도 아직 현직이라는 사실이 제일 중요해요. 다들 육십만 되면 일손 놓고 새파란 나이에 경로당이나 기웃거리며 무료하게 보내잖아요. 우리 토목기술자는 병 걸리거나 정신줄 놓기 전까지는 거의 다 현직에서 일하잖아요. 자문을 해주던 연구를 하던 감리를 하던 말이에요."

"맞아. 그래서 더 건강한 노후를 보내는 모양이야."

오로지 자신이 살아온 삶에 의미를 부여하기 위해서 또는 저물어가는 나이를 자위하기 위해서 하는 말만은 아님을 그들은 알고 있었다.

인간이 존재하는 한 토목공학은 발전에 발전을 거듭하며 끝 모르고 번창할 것을 그들은 믿었다. 땅 위, 바다 위에 건설하던 구조물들이 땅 밑, 바다 밑을 뚫는 토목구조물로 발전했듯이 어느 날은 하늘과 하늘에 다리를 놓고 도로를 놓을지 그 누가 알겠는가?

상상이 현실이 되는 기적을 사람들은 너무도 많이 보아왔다. 그들은 아직도 목적지를 향해 길 위를 달리는 중이라고 말하고 싶었다. 간혹 길을 잃지 않기 위해 북극성을 올려다보면서.

해단식은 출정식보다 조촐하게 거행되었다.

이미 춘천관광호텔 중식당에서 '가슴 속 한 마디'라는 제목으로 각자 말하고 싶은 여행의 마지막 감상을 고백하며 작별인사를 나누었고 프로젝트 스케줄에 따라 교육시스템이 가동될 때 다시 만날 것을 기약했다. 소양강댐에서 보여준 한일수 교수의 따뜻하고 인정미 넘치는 자상한 안내에 아이들은 급기야 그에게 달려들어 감동의 포옹을 마다하지 않았다. 85세라는 나이가 무색하게 몸소 층계를 오르내리며 댐 설계과정부터 완공까지 공학적인 측면에서 일일이 설명하는 성의를 표시했다. 감사함과 송구스러움으로 아이들은 몸 둘 바를 몰라 했다. 노익장의 이마에 맺힌 땀방울을 보는 순간 그가 살아온 시간들이 얼마나 소중했는지 알 것 같았다.

"오늘 여행이 끝나 잠시 헤어지지만 우리는 곧 선배와 후배, 스승과 제자의 입장으로 다시 만나게 됩니다. 그땐 좀 더 허심탄회하게 많은 대화를 나누도록 합시다. 여러분이 일정을 마치고 무사히 서울로 귀환한 것을 대통령께서도 기뻐하셨습니다. 이것으로 국토순례단의 해체를 선언합니다.”

장기성의 마지막 인사로 해단식은 끝을 향하고 있었다.

해단식 마지막 순서에 크리스털로 만들어진 국토순례 기념패가 하나씩 주어졌다. 패에는 참가자의 이름과 지도교수들의 이름이 적혀 있었다. 식순이 다 끝날 무렵 아이들이 서행정관에게 잠시 시간을 달라고 청했다.

“저희가 선생님들께 조그만 마음의 선물을 전달하려고 합니다. 한일수 교수님께서 대표로 받아주시면 감사하겠습니다.”

팀장 홍재윤의 부탁에 한일수가 앞으로 나갔다. 아홉 명의 아이들이 무엇인가를 함께 받쳐 들고 걸어 나와 그것을 협동하여 주르르 펼쳤다.

“할아버지 사랑해요. 훌륭한 토목공학도가 되겠습니다.

－손자 후배 일동－”

그렇게 적힌 글귀 양옆, 아래위로 아홉 명의 사진과 이름이 박힌 아담한 플래카드였다. 머리 위에 두 팔로 하트 모양을 하고 있는 아이들의 표정이 갖가지였다. 양 볼을 풍선처럼 불룩하게 만든 아이, 입을 활짝 벌리고 웃는 아이, 윙크를 하는 아이, 뽀뽀하듯 입을 앞으로 쭉 내민 아이 등 아홉 명의 표정이 제각각이었다. 펼친 것을 아이들이 떠받들어 한일수 교수에게 바쳤다. 족자처럼 말아서 종이 곽에 담은 것 다섯 개도 그에게 전했다. 인솔자 두 명과 지도교수 네 명에게 하나씩 전하려는 것이었다. 한일수가 그것을 받아들어 번쩍 머리 위로 쳐들었다. 지도교수들이 자리에서 일어나 앞으로 걸어 나오자 박수가 쏟아졌다. 그들은 일일이 아이들 한 명 한 명과 다정하게 포옹을 했다. 강태민은 강현석을 안았을 때 눈물을 글썽이며 팔에 더욱 힘을 주었다. 현석도 태민의 포옹을 힘차게 받아들였다. 아이들은 그 두 사람의 포옹을 별로 눈여겨보지 않았다. 반면에 인솔자와 지도교수들은 두 사람이 포옹할 때 더 힘껏 박수를 보냈다. 한일수는 박영을, 강태민은 변정태를, 박진철은 장서연을 안아주며 미래에 남을 자신의 모습을 상상했다. 보이지 않던 미래가 눈앞으로 다가오는 착각에 가슴이 벅차올랐다.

노수민/소설가

1950년 부산 출생
1972년 경희대 국문과 졸업
1979년 중앙일보, 동양방송 제1회 문예대상 장편소설 부문 수상, 등단
1993년 도서출판 향실 대표이사
1998년 한국문인협회 감사
2005년 한국소설가협회 윤리위원장
2008년 한국소설가협회 이사
2009년 안동시 스토리텔링 개발 및 소설화(동녘, 사랑이 머무는 곳)
2010년 안동 스토리 영화화
한국콘텐츠진흥원 스토리텔러 양성 프로젝트에 참여
2011년 한국문인협회 평생교육원 설립위원
2011년 이천 스토리 개발 및 소설화(천년의 만남)
2011년 이천 스토리 영화화 결정(미국 할리우드와 추진 중)
2012년 한국소설가협회 감사(현)

수상

1971년 경희 문화 예술상(문학 부문)
1980년 중앙일보 문예대상(1회)
1990년 경희 문학상(7회)
1994년 한겨레 문학상(1회)
2002년 한국 소설문학상(28회)
2012년 만우 박영준 문학상(8회)

작품 및 저서

장편소설 고독한 파수꾼, 위험한 연가, 불바다, 광대들의 들판에 비는 오지 않는다, 천년의 만남, 그녀들만의 도미요리 외 20권
꽁 트 집 일 더하기 일은 삼
번역 소설 불바다(일본어)
위험한 연가(중국어)
천년의 만남(영어)

문명 위에 서다

초판 1쇄 2013년 10월 21일
저 자 노수민
자 문 박태권 어일선 정진우
펴 낸 이 강해작
펴 낸 곳 도서출판 기문당
주 소 서울시 성동구 무학봉 28길 4-1
(왕십리동 966-22)
전 화 02)2295-6171(代)~5
팩 스 02)2296-8188
출판등록 1976. 10. 7 (1-44)
홈페이지 http : // 기문당
http : // www.kimoondang.com
I S B N 978-89-6225-543-0 03800

정 가 15,000원

(검인생략)

이 도서의 국립중앙도서관 출판시도서목록(CIP)은
서지정보유통지원시스템 홈페이지(http://seoji.nl.go.kr)와
국가자료공동목록시스템(http://www.nl.go.kr/kolisnet)에서
이용하실 수 있습니다.(CIP제어번호 : 2013020478)